बाबरनामा

"मैमोरिस ऑफ जहीरूद्दीन मोहम्मद बाबर"
का हिन्दी अनुवाद

प्रथम भाग

लिट्रेरी सर्किल

ISBN-978-93-85445-76-7 (set)

प्रथम संस्करण- 2025

मूल्य- 995/- (प्रथम भाग)

प्रकाशक

लिट्रेरी सर्किल

सी-13, प्रथम तल,
खण्डेलवाल गर्ल्स कॉलेज के सामने,
संसार चन्द्र रोड़, जयपुर-302001
email-literarycirclejpr@yahoo.com

मुद्रक

शीतल प्रिन्टर्स, जयपुर

बाबर नामा या तुज़ुके बाबरी

६१० हि०

(१४ जून १५०४ ई०–४ जून १५०५ ई०)

बाबर का फ़रगाना त्यागना

मुहर्रम मास (जून–जुलाई) में फ़रगाना छोड़ कर खुरासान की ओर प्रस्थान करने के उद्देश्य से मैं ईलाक–यीलाक़[1] में जो हिसार की ग्रीष्म ऋतु की चारागाह है उतरा। इस पड़ाव पर मैं २३वें वर्ष में प्रविष्ट हुआ और मैंने अपने मुख पर अस्तुरा फिरवाया।[2] छोटे बड़े जो आशा लगाये हुए मेरे साथ थे उनकी संख्या २०० से अधिक तथा ३०० से कम थी। उनमें से अधिकांश लोग पैदल थे। उनके हाथों में डंडे, पांव में चारूक़[3] तथा शरीर पर चापान[4] थे। हम लोग इस सीमा तक दीनता को प्राप्त हो गये थे कि हमारे पास दो ही खेमे रह गये थे। मेरा खेमा मेरी माता के लिये लगाया जाता था। मेरे बैठने के लिये प्रत्येक पड़ाव पर अलाचूक[5] लगाया जाता था।

यद्यपि हम लोगों ने खुरासान की ओर प्रस्थान करना निश्चय कर लिया था किन्तु उस समय जो स्थिति थी[6] और हम जिस दीन अवस्था को प्राप्त हो गये थे उसमें हिसार देश तथा खुसरोशाह के सहायकों से आशायें बंध चली थीं। कोई न कोई हिसार अथवा मुगूलो के क़बीलों और जत्थों से प्रति दिन आकर ऐसी बातें करता जिससे हमारी आशायें बंधी रहीं। उसी समय पशाग़र का मुल्ला बाबा जिसे मैंने खुसरो शाह के पास दूत बना कर भेजा था, उसके पास से वापस आया। खुसरो शाह ने जो बातें कही थीं, उससे कोई संतोष न हो सकता था किन्तु मुगूल क़बीलों तथा जत्थों की बातें संतोषजनक थीं।

---

1 सम्भवतः इलक घाटी की चरागाह।

2 अर्सकिन के अनुसार तुर्की कबीलों में पहले पहल मुख पर अस्तुरा फिरवाने के समय बड़ा आनन्द मंगल मनाया जाता है और समारोह होता है, किन्तु बाबर की दशा इतनी शोचनीय हो गई थी कि सम्भवतः किसी प्रकार के समारोह का प्रबन्ध नहीं किया गया।

3 भद्दे और बिना कमाये हुये चमड़े के बूट। खीरगीज के पहाड़ी एवं कारवान वाले यात्रा के समय ऐसे जूतों का प्रयोग करते हैं।

4 मध्य एशिया का साधारण पहनावा; लम्बा कोट।

5 नमदे का खेमा जिसके डंडे मोड़ कर रख लिये जाते हैं और जो सुगमतापूर्वक तह करके एक स्थान से दूसरे स्थान को ले जाया जा सकता है।

6 ऊजबेग के ६०६ हि० (१५०३–४ ई.) के आक्रमण के कारण खुसरो शाह की शक्ति को बड़ा धक्का पहुंचा था।

ईलाक से तीन–चार पड़ाव आगे बढ़ कर हम लोगों ने हिसार के समीप ख्वाजा एमाद नामक स्थान में पड़ाव किया। मुहिब अली कूरची[1], इस पड़ाव पर, खुसरो शाह के पास से आया। हम लोग खुसरो शाह के राज्य से होकर दो बार गुजर चुके थे। यद्यपि वह अपनी कृपा तथा उदारता के लिये प्रसिद्ध था किन्तु उसने मेरे प्रति वह सौजन्य प्रदर्शित न किया जो वह साधारण से साधारण लोगों के प्रति प्रदर्शित किया करता था। क्योंकि हम लोगों को उस देश वालों तथा कबीलों से आशायें थीं अतः हम लोग प्रत्येक पड़ाव पर विलम्ब करते जाते थे। इस कठिनाई के समय शेरीम तग़ाई, जो हमारे समस्त साथियों की अपेक्षा अधिक प्रतिष्ठित था, इस कारण कि वह खुरासान न जाना चाहता था, हमसे पृथक् हो जाने के विषय में सोचने लगा। सरे पुल की पराजय के उपरान्त[2] जब मैंने समरकन्द की रक्षा हेतु प्रस्थान किया तो उसने अपने परिवार को अपने पास से भेज दिया था, और अकेला हो गया था। वह कायर था और कई बार इसी प्रकार व्यवहार कर चुका था।

खुसरो शाह के एक सम्बन्धी का बाबर से मिल जाना

जब हम लोग कबादियान पहुँच गये तो खुसरो शाह के एक छोटे भाई बाक़ी चग़ानियानी ने, जो चग़ानियान, शहरे सफ़ा तथा तिरमिज़ का हाकिम था, करशी के खतीब[3] को मेरे पास भेज कर मेरे प्रतिनिष्ठा प्रदर्शित की और हमसे मिल जाने की इच्छा प्रकट की।

जब हमने अमू नदी को ऊवाज नामक घाट पर पार कर लिया तो वह स्वयं मुझसे भेंट करने आया। उसके कहने पर हम लोग नदी के नीचे तिरमिज़ के सामने की ओर रवाना हुए। बिना किसी संकोच के उसने वहाँ वालों के परिवार को धन सम्पत्ति सहित हमारे पास बुलवा लिया।[4] इसके उपरान्त हम लोग साथ–साथ काहमर्द तथा बामियान की ओर जो उस समय उसके पुत्र अहमदे क़ासिम[5] के अधीन थे रवाना हुए। अहमदे कासिम खुसरो शाह का भागिनेय था। हमने समस्त सामान तथा परिवार वालों को काहमर्द घाटी के अजर नामक किले में सुरक्षा की दृष्टि से छोड़ कर, जिस ओर भी आक्रमण करना उचित हो उधर आक्रमण करना निश्चय किया। ईबक में यार अली बलाल जो खुसरो शाह के पास से भाग कर चला आया था, बहुत से वीरों सहित हमारे साथ आकर मिल गया। वह इससे पूर्व भी मेरे साथ रह चुका था और कई बार मेरे समक्ष तलवार चलाने की कला का प्रदर्शन कर चुका था किन्तु, इस समय जब हम मारे मारे फिर रहे थे[6], वह हमसे पृथक् हो गया था और खुसरो शाह के पास चला गया था। उसने मुझे बताया कि

---

[1] अस्त्र–शस्त्र की देख–रेखकरने वाला।

[2] ९०६ हि० (१५००–१५०१ ई०)।

[3] वह व्यक्ति जो नमाज के खुत्बे (एक प्रकार का प्रवचन) पढ़ता है।

[4] उनमें बाबर के चाचा महमूद की विधवा तथा परिवार वाले सम्मिलित थे ।

[5] सम्भवतः बाकी के पुत्र अहमद का पुत्र ।

[6] फरगाना एवं समरकन्द का राज्य खोकर।

जितने मुगूल खुसरो शाह के अधीन हैं, वे सब मेरे हितैषी हैं। इसके अतिरिक्त जब हम लोग जिन्दान घाटी में पहुंचे तो क़म्बर अली बेग, जो क़म्बर अली सिलाख के नाम से प्रसिद्ध था, भाग कर हमारे पास चला आया।

काहमर्द की घटनायें

तीन चार पड़ाव पार करने के उपरान्त हम लोग काहमर्द पहुंचे और अपने परिवार तथा असबाव को अजर में छोड़ दिया। जब हम लोग अजर में थे तो जहाँगीर मीर्जा का विवाह सुल्तान महमूद मीर्जा तथा खानजादा बेगम की पुत्री[1] से कर दिया गया। जहाँगीर मीर्जा की मंगनी उसके साथ मीर्जाओं[2] के जीवन काल ही में हो चुकी थी।

इसी बीच में बाक़ी बेग मुझसे निरन्तर इस बात का आग्रह करता रहता था कि एक राज्य में दो बादशाहों का होना तथा एक सेना में दो सेनापतियों की उपस्थिति सर्वदा अशान्ति एवं विनाश का कारण रहती है। यह कहा जाता है कि दो दरवेश एक कमली में सो सकते हैं किन्तु दो बादशाह एक इकलीम[3] में नहीं समा सकते।

शेर

"यदि कोई ईश्वर का भक्त आधी रोटी खाता है,
तो वह दूसरी आधी दरवेशों को दे देता है।
यदि कोई बादशाह सातों इक़लीमों को भी विजय कर ले,
तो वह एक अन्य इक़लीम (विजय करने का) स्वप्न देखा करता है।"[4]

बाक़ी बेग ने कहा, "आशा की जाती है कि आज कल में खुसरो शाह के समस्त सेवक एवं अश्वारोही पादशाह (बाबर) की सेवा में उपस्थित हो जाएंगे। हमारे साथ अनेक षड्यंत्रकारी हैं उदाहरणार्थ अयूब बेगचीक के पुत्र एवं कुछ अन्य लोग। वे लोग मीर्जाओं[5] की आपस की शत्रुता एवं वैमनस्यता का कारण रह चुके हैं। यदि इसी समय जहाँगीर मोर्जा को कुशलतापूर्वक खुरासान की ओर विदा कर दिया जाय तो फिर पश्चात्ताप एवं परेशानी न उठानी पड़ेगी।" क्योंकि मेरे स्वभाव में यह बात थी कि चाहे मेरे भाई अथवा सम्बन्धी, छोटे या बड़े मेरे साथ कुछ ही क्यों न करें, मैं उन्हें कोई हानि नहीं पहुँचाता, अतः मैंने उसकी बात स्वीकार न की। यद्यपि इसके पूर्व मुझमें तथा जहाँगीर मीर्जा में सेवकों तथा राज्य के विषय में अत्यधिक मतभेद तथा विरोध रह चुका था किन्तु इस बार यह फ़रग़ाना से मेरे साथ आ रहा था और एक सगे सम्बन्धी एवं सेवक के समान व्यवहार कर रहा था और कोई ऐसी बात न हुई थी जिससे उसके प्रति मुझे असंतोष होता। यद्यपि बाक़ी

---

[1] अली बेगम।

[2] महमूद तथा उमर शेख के जीवनकाल में, ८६५ हि० (१४६० ई०) में।

[3] जलवायु के प्रदेश । मध्यकालीन भूगोलवेत्ताओं के अनुसार संसार सात इकलीमों में विभाजित था।

[4] यह शेख सादी की 'गुलिस्तां' के प्रथम अध्याय की तीसरी कहानी से उदधृत है।

[5] महमूद के पुत्र, जिनके अधीन बाकी रह चुका था।

बेग ने बड़ा आग्रह किया किन्तु मैंने स्वीकार न किया। अन्त में जैसा कि बाकी बेग ने कहा था वही हुआ। वे षड्यंत्रकारी अर्थात् यूसुफ़ एवं अयूबे बहलूल मेरा साथ छोड़ कर जहांगीर मीर्जा से मिल गये और उन्होंने विरोध एवं विद्रोह करना प्रारम्भ कर दिया। वे जहांगीर मोर्जा को मुझसे पृथक् करा कर खुरासान ले गये।

सुल्तान हुसेन मीर्जा के पत्र

उन्हीं दिनों सुल्तान हुसेन मीर्जा के पास से बदी–उज्–जमान मीर्जा, मेरे, खुसरो शाह तथा जुन्नून बेग के नाम लिखे हुये लम्बे लम्बे पत्र पहुंचे जो मेरे पास आज तक सुरक्षित हैं। इन सब पत्रों में एक ही बात इस प्रकार लिखी थी :

"सुल्तान अहमद मीर्जा, सुल्तान महमूद मीर्जा तथा ऊलूग़ बेग मीर्जा तीनों भाइयों ने मिलकर मेरे ऊपर आक्रमण किया। मैंने मुर्गाब तट की इस प्रकार रक्षा की कि मीर्जा लोग निकट पहुंच जाने के बावजूद सफलता न प्राप्त कर सके और वापस लौट गये। यदि अब ऊजबेग आक्रमण करेंगे तो मैं मुर्गाब तट की पुनः रक्षा कर लूंगा। बदो–उज्–ज़मान मीर्जा, बल्ख, शिवन तथा अन्दिखूद की रक्षा अपने आदमियों द्वारा कराये और स्वयं गिरजवान, जंग घाटी और उस ओर के पर्वतीय प्रदेशों की रक्षा करे।" क्योंकि उसे पता चल चुका था कि मैं भी उसी क्षेत्र में पहुँच गया हूँ अतः उसने मुझे लिखा था कि, "आप काहमर्द, अजर तथा उस ओर के पर्वतीय प्रदेश की रक्षा करें। खुसरो शाह अपने विश्वासपात्रों को हिसार तथा कुन्दूज़ में नियुक्त कर दे। उसका अनुज बली बदख्शां तथा खुतलान की पहाड़ियों की रक्षा करे। इस प्रकार ऊज़बेग लोग भाग जायेंगे और कुछ भी न कर सकेंगे।"

सुल्तान हुसेन मीर्जा के इन पत्रों ने हमें चिन्ता में डाल दिया। कारण कि उस समय तीमूर बेग के राज्य में सुल्तान हुसेन के समान कोई प्रतापी बादशाह न था। उसकी आयु, सेना की शक्ति तथा राज्य को देखते हुए कोई भी उसका मुकाबला न कर सकता था। आशा की जाती थी कि उसके राजदूत निरंतर आ आ कर यह आदेश पहुंचाया करेंगे, "तिरमिज़, किलीफ़ तथा कीरकी के घाटों पर इतनी नौकाओं का प्रबन्ध कर दो", "पुल बंधवाने की जितनी सामग्री हो सके एकत्र करो", "तूक़ज़ ऊलूम के ऊपर के घाटों की भली भांति रक्षा करो।" इन आदेशों का उद्देश्य उन लोगों को, जो वर्षों के ऊज़बेगों के आक्रमण के कारण हतोत्साहित हो चुके हैं, पुनः प्रोत्साहित करना होगा,[1] किन्तु सुल्तान हुसेन मीर्जा सरीखे बादशाह के जो तीमूर बेग के स्थान पर शासन कर रहा था, शत्रु पर आक्रमण करने की बात त्याग कर प्रतिरक्षा की बात करने पर फिर किसी क़बीले अथवा जत्थे को क्या आशायें रह सकती थीं।

---

[1] शैबाक़ ने ९०९ हि० (१५०३–४ ई०) में खुसरो शाह को बदख्शां की पहाड़ियों में भगा दिया था किन्तु कून्दूज पर अधिकार न जमाया था। खुसरो शाह वहीं पहुँच गया था और अभी तक वहीं ठहरा रहा।

हमने अपने साथियों एवं सहायकों में से भूखे तथा कमजोर लोगों, घर के सैनिकों, माल–असवाब बाक़ी बेग एवं उसके पुत्र मुहम्मद कासिम, उसके सैनिकों और क़बीले वालों तथा उनके असवाव को अजर पहुंचा कर वहीं छोड़ दिया और हम अपने सैनिकों को लेकर चल खड़े हुए।

बाबर के सहायकों में वृद्धि

खुसरो शाह के मुगलों के पास से निरन्तर लोग आ आ कर यह समाचार पहुँचाते थे कि "मुगूल लोग पादशाह के प्रति निष्ठावान हैं। वे लोग तालीखान[1] से प्रस्थान कर के इशकीमीश[2] तथा फूलूल की ओर रवाना हो गये हैं। पादशाह प्रयत्न कर के शीघ्रातिशीघ्र पहुँच जायं कारण कि खुसरो शाह के अधिकांश सैनिक छिन्न–भिन्न हो चुके हैं और पादशाह की सेवा में उपस्थित होने के लिये आ रहे हैं।" उसी समय समाचार प्राप्त हुए कि शैबाक़ खां ने अन्दिजान पर अधिकार जमा लिया है और हिसार तथा कून्दूज़ पर आक्रमण करने के लिये प्रस्थान करने वाला है। यह सुन कर खुसरो शाह कून्दूज़ में न ठहर सका और अपने समस्त सैनिकों को लेकर काबुल की ओर प्रस्थान कर दिया। उसके कून्दूज से प्रस्थान करते ही उसके प्राचीन, योग्य तथा निष्ठावान् सेवक मुल्ला मुहम्मद तुर्किस्तानी ने उसकी, दौबाक खां के लिये, प्रतिरक्षा प्रारम्भ कर दी।

जिस समय हम शमतू के मार्ग से क़िज़ील–सू[3] की ओर पहुँचे तो ३–४ हजार मुगूल कुटुम्ब जो खुसरो शाह के सहायक थे, और जो हिसार तथा कून्दूज़ में थे, सपरिवार आ कर हमारी सेवा में सम्मिलित हो गये।

क़म्बर अली का पदच्युत किया जाना

क़म्बर अली बेग जिसका कई बार उल्लेख हो चुका है बड़ी ही मूर्खतापूर्ण बातें किया करता था। बाकी बेग को उसका आचरण पसन्द न था। बाक़ी बेग की प्रसन्नता के लिए उसे विदा कर दिया गया। उसका पुत्र अब्दुश् शकूर जहांगीर मीर्जा का सेवक बना रहा।

खुसरो शाह का बाबर की सेवा में उपस्थित होना

खुसरो शाह ने जब यह सुना कि मुगूल जत्थे मुझसे मिल गये हैं तो यह निःसहाय होगया। उसने कोई अन्य उपाय न देख कर अपने जामाता अयूब के याकूब[4] को राजदूत बना कर भेजा और सेवा–भाव तथा निष्ठा प्रदर्शित करते हुए मेरे पास सन्देश प्रेषित किया कि यदि मैं वचन दूं तो वह मेरी सेवा में सम्मिलित हो जायेगा। उसका प्रस्ताव स्वीकार कर लिया गया कारण कि बाक़ी चग़ानियानी बड़ा प्रभावशाली व्यक्ति था। यद्यपि वह अपने आपको मेरा

---

[1] तालीकान।

[2] इशकीमीश कून्दूज से दक्षिण–पूर्व की ओर लगभग १५ मील पर है। यह तालीखान से ३० मील दक्षिण में है।

[3] सम्भवतः सूर्खाव। यह नदी सुर्ख किले से होती हुई पश्चिम में काहमर्द के समीप से बहती है और अन्दराब नदी में दूशी के नीचे गिरती है।

[4] अयूब के पुत्र याकूब ।

हितैषी प्रदर्शित करता था किन्तु वह अपने भाई का भी पक्ष लिया करता था अतः उससे इस शर्त पर सन्धि हो गई कि उसके प्राणों को कोई हानि न पहुंचाई जायेगी। वह अपनी धन सम्पत्ति में से जो कुछ लेना चाहे उससे उसे न रोका जायगा। याकूब को विदा कर देने के उपरान्त हम लोग क़िजील–सू से प्रस्थान करके उस स्थान पर उतरे जहाँ यह नदी अन्दराब से मिलती है।

दूसरे दिन रबी–उल–अव्वल मास के मध्य (अगस्त १५०४ ई० के अन्त) में थोड़े से अश्वारोहियों एवं असबाब सहित मैं अन्दराब के पार हुआ और दूशी के निकट एक बहुत बड़े चुनार (के वृक्ष) की छाया में आसीन हुआ। दूसरी ओर से खुसरो शाह बड़े वैभव के साथ अत्यधिक आदमियों सहित आया। नियम तथा प्रथानुसार वह दूर से उतर पड़ा। भेंट के पूर्व वह तीन बार घुटनों के सहारे से झुका[1] और विदा होते समय भी इसी प्रकार तीन बार घुटनों के सहारे से झुका। मुझसे कुशल–क्षेम पूछने के उपरान्त वह एक बार घुटनों के सहारे झुका। जब वह अपने उपहार प्रस्तुत कर चुका तो वह पुनः घुटनों के सहारे झुका। उसने जहाँगीर मीर्जा तथा मीर्जा खान (वैस) के प्रति भी इसी प्रकार व्यवहार किया। वह आलसी वृद्ध, जो वर्षों से राज्य से लाभान्वित हो रहा था, जिसे बादशाही के सभी अधिकार प्राप्त थे केवल अपनी बादशाही का खुत्बा ही न पढ़वा सका था, २५–२६ बार इसी प्रकार निरन्तर घुटने के सहारे झुकने तथा आने–जाने के कारण थक गया। वह गिरने ही वाला था। उसका इतने वर्षों का राज्य एवं अधिकार जमाने का स्वप्न उसकी दृष्टि के सामने से गायब हो गया। जब वह अभिवादन कर चुका और अपने उपहार प्रस्तुत कर चुका तो मैंने उसे बैठने का आदेश दिया। एक–दो घड़ी[2] तक इधर उधर की बातें होती रहीं। कायर तथा नमकहराम तो वह था ही किन्तु उसके साथ–साथ उसकी वार्ता भी नीरस थी। उसने दो बातें ऐसी कहीं जो इस अवस्था में, जब कि उसके विश्वासपात्र सेवक उसके पास से पृथक् होकर विभिन्न समूहों में आ–आ कर मेरी सेवा में सम्मिलित होते जा रहे थे और अब यह सीमा आ गई थी कि वह व्यक्ति जो बादशाही कर चुका था, इस प्रकार अपमानित हो रहा था, बड़ी विचित्र थीं। उनमें से एक बात यह थी कि जब मैंने उसके आदमियों के उससे पृथक् होने के विषय में सहानुभूति प्रकट की तो उसने उत्तर दिया कि "ये लोग इसी प्रकार चार बार मुझसे पृथक् हो कर पुनः मेरे पास वापस आ चुके हैं। दूसरी बात उसके भाई वली के सम्बन्ध में थी। मैंने उससे पूछा, "वह कब आयेगा और अमू नदी को किस घाट से पार करेगा?" उसने उत्तर दिया, "यदि उसे घाट मिल गया तो वह शीघ्र आ जायेगा किन्तु नदी के जल में बाढ़ आ जाने के कारण घाटों में परिवर्तन हो जाता है। यह लोकोक्ति है कि घाट को नदी बहा ले गई।" उस समय जब कि उसका राज्य तथा उसके सेवक उसके हाथ से निकल रहे थे, ईश्वर ने उसकी जिह्वा से इस

---

[1] अभिवादन किया।

[2] एक घड़ी में २४ मिनट होते हैं।

प्रकार के शब्द कहलाये। एक दो घड़ी बैठ कर मैं वहाँ से उठ खड़ा हुआ और सवार होकर अपने शिविर को चल दिया। वह जिस स्थान पर ठहरा हुआ था, वहाँ चला गया। उसी दिन से उसके बेग अपने सेवकों, छोटे–बड़े, अच्छे–बुरे सभी लोगों सहित विभिन्न समूहों में उससे पृथक् होकर सपरिवार मेरी सेवा में आने लगे। प्रातःकाल से मध्याह्नोत्तर की नमाज तथा मध्याह्नोत्तर से सायंकाल की नमाज़ के पूर्व तक कोई भी उसके पास न रहा।

"कहो–हे ईश्वर! जो राज्यों का स्वामी है। तू देता है, राज्य जिसे तू चाहता है और तू ले लेता है, राज्य उससे जिससे तू चाहता है। तेरे हाथ में उत्कृष्टता है. कारण कि तू ही सर्वशक्तिमान है।"[1]

ईश्वर की महिमा बड़ी ही अद्‌भुत है। ऐसा व्यक्ति जो २०–३०,००० सेवकों का स्वामी था और जिसके अधीन सुल्तान महमूद मीर्जा का पूरा राज्य था, जो कहलूगा से जिसे लोहे का फाटक कहते हैं[2] हिन्दूकुश तक फैला हुआ था, जिसके एक दुष्ट वृद्ध कर वसूल करने वाले हसन बरलास ने ईलाक से ऊबाज तक हमें उसी प्रकार यात्रा करने तथा पड़ाव करने पर विवश कर दिया था, जिस प्रकार कर वसूल करने वाले अन्य लोगों को विवश कर देते हैं, वही ईश्वर द्वारा बिना किसी युद्ध के हमारे सरीखे २००–२५० दीन तथा दरिद्र व्यक्तियों के स्वामी के समक्ष इतना अपमानित, तिरस्कृत तथा अनादृत हो गया कि न तो उसके सेवक ही उसके अधिकार में रहे और न उसके प्राण तथा उसकी धन सम्पत्ति।

खुसरो शाह पर मीर्जा खान द्वारा हत्या का आरोप

जिस सायं को हम लोग खुसरो शाह से भेंट करके शिविर को वापस हुए, मीर्जा खान[3] मेरी सेवा में उपस्थित हुआ और उसने अपने भाइयों की हत्या के प्रतिकार के विषय में आग्रह किया।[4] हमारे बहुत से सहायक इससे सहमत थे। वास्तव में शरा[5] तथा न्याय दोनों के अनुसार यह वात उचित थी कि ऐसे व्यक्ति को कठोर दंड दिया जाय, किन्तु प्रतिज्ञानुसार खुसरो शाह को मुक्ति प्रदान कर दी गई। उसे आदेश दे दिया गया कि वह जितनी धन–सम्पत्ति ले जा सके ले जाय। तदनुसार उसने ३–४ खच्चरों तथा ऊंटों की कतारों[6] पर अपनी समस्त धन–सम्पत्ति, जवाहरात, सोना, चांदी तथा बहुमूल्य चीजें लदवा कर अपने साथ ले ली। मैंने शेरीम तग़ाई को उसके

---

[1] कुरान शरीफ से उद्धृत।

[2] 'दरबन्दे आहनी'।

[3] मीर्जा खान (सुल्तान वैस मीर्जा) बाबर के चाचा सुल्तान महमूद मीर्जा का सबसे छोटा पुत्र था।

[4] महमूद मीर्जा के भाई बाई–संगर मीर्जा की खुसरो शाह ने हत्या करा दी थी और उसके एक भाई मसऊद मीर्जा को उसने अन्धा बनवा दिया था।

[5] इस्लाम का धर्म विधान ।

[6] एक कतार में लगभग ७ पशु होते हैं।

साथ करके आदेश दे दिया कि वह खुसरो शाह को गूरी[1] तथा दहाना के मार्ग से खुरासान की ओर विदा करके स्वयं काहमर्द चला जाय और मेरे परिवार वालों को मेरे पीछे–पीछे काबुल से ले आये।

बाबर का काबुल की ओर प्रस्थान

उस पड़ाव से हम लोगों ने काबुल की ओर प्रस्थान किया और ख्वाजा जैद में उतरे।

उसी दिन हमजा बी मंगफ़ोत ने ऊजबेग आक्रमणकारियों के एक दल सहित दूशी[2] पर छापा मारा था। सैयिद क़ासिम ईशक आका[3] तथा मुहम्मद कासिम कोहबुर को बहुत से वीरों सहित उन पर आक्रमण करने के लिये भेजा गया। उन लोगों ने उनके पास पहुँच कर उन्हें बुरी तरह पराजित कर दिया और कुछ सिर काट लाये।

उसी पड़ाव पर खुसरो शाह के शस्त्रागार के समस्त अस्त्र शस्त्र[4] को सैनिकों में बाँट दिया गया। उनमें लगभग ७००–८०० जौशन[5], तथा कूहाह[6] थे। यह एक प्रकार की वस्तुयें थीं जिन्हें खुसरो शाह छोड़ गया था। हमें चीनी के कुछ बरतन भी प्राप्त हुए किन्तु इनके अतिरिक्त कोई भी वस्तु किसी काम की न थी।

ख्वाजा जैद से तीन चार पड़ाव पार करके हम लोग गूरबन्द[7] पहुंचे और उश्तुर शहर में उतरे। हमें वहाँ सूचना प्राप्त हुई कि मुकीम का मुख्य बेग शेरक अरगून वारान नदी पर सेना सहित पड़ाव किये हुए है। उसे हमारे विषय में कोई सूचना न थी। वह अब्दुर्रज़ाक़[8] मीर्जा को जो उस समय काबुल से भाग खड़ा हुआ था और लमगान की ओर तुर्कलानी अफ़ग़ानों के साथ था, पंजहीर के मार्ग से आगे बढ़ने से रोकने के लिए ठहरा हुआ था। यह समाचार पाते ही मध्याह्नोत्तर की दोनों नमाज़ों के मध्य में हम लोग चल

---

[1] काहमर्द के उत्तर पूर्व में।

[2] दूशी, गूरो से दक्षिण पूर्व की ओर १२ मील पर है।

[3] फाटक का रक्षक।

[4] जीबा।

[5] कवच व जिरह ।

[6] घोड़ों के शरीर की रक्षा के लिये लोहे की जिरह ।

[7] गूरबन्द अथवा गूर दर्रा, हिन्दकुश की ऊँची पहाड़ियों के दक्षिण में स्थित है और बल्ख से काबुल के मार्ग का मुख्य दर्रा है।

[8] अब्दुरज्जाक मीर्जा ऊलूग बेग मीर्जा का जो बाबर का एक चाचा था, पुत्र था। ऊलूरा बेग मीर्जा की मृत्यु ६०७ हि० (१५०१ २ ई०) में हुई। अब्दुरज्जाक मीर्जा उसका उत्तराधिकारी बना किन्तु उसकी अवस्था के कम होने के कारण उसके एक बेग शेरीम जिक्र ने समस्त अधिकारों का अपहरण
कर लिया किन्तु अन्य बेगों ने शेरीम की हत्या कर दी। इसके उपरान्त जो उथल–पुथल हुई उसके कारण जन्नून बेग अरग़न के पुत्र मुहम्मद मुकीम अरगन ने ६०८ ई० (१५०२ ३ ई०) में काबुल पर अधिकार जमा लिया और अब्दुरज्जाक मीर्जा की एक बहिन से विवाह कर लिया।

खड़े हुए और रात भर यात्रा करके प्रातःकाल तक हूपियान[1] दर्रे को पार कर लिया।

इससे पूर्व मैंने सुहैल[2] के कभी दर्शन न किये थे। जब मैं दर्रे के बाहर निकला तो हमें नीचे की ओर एक चमकता हुआ तारा दृष्टिगत हुआ। मैंने कहा, "सम्भवतः यह सुहैल नहीं है।" लोगों ने बताया कि यही सुहैल है। बाक़ी चग़ानियानी ने यह शेर पढ़ा :

शेर

"हे सुहैल! तू कब तक चमकता है और कब निकलता है,
तेरी आंख सौभाग्य का चिह्न है उस व्यक्ति के लिये जिस पर पड़ जाय।"

जब सूर्य एक नेज़ा चढ़ गया[3] तो हम लोग सन्जिद घाटी में पहुँचे और और वहां उतर पड़े। शत्रु के विषय में भेद लाने वाले जिन वीरों को मैंने पूर्व से भेज दिया था उनकी मुठभेड़ क़रा बाग[4] के नीचे ऐकरीयार के समीप शेरक के आदमियों से हो गई। साधारण सी झड़प के उपरान्त हमारे आदमियों को विजय प्राप्त हो गई। उन्होंने अपने शत्रुओं को भगा दिया। ७०–८० वीरों को घोड़ों से गिरा कर बन्दी बना लिया गया। शेरक भी बन्दी बना लिया गया। हमने उसको क्षमा कर दिया और वह हमारी सेवा में प्रविष्ट हो गया।

मुग़ूल जत्थों का पहुँचना

खुसरो शाह ने अपने जिन जिर्गों तथा जत्यों और मुग़ल समूह को, उनकी चिन्ता न करके, कून्दूज में छोड़ दिया था उनकी संख्या ५–६ थी। एक जत्या बदख्शां वालों का था––यह रूस्ता हजारा था, जो सैयिदीम अली दरवान[5] के साथ पंजहीर[6] दर्रे से होता हुआ इसी पड़ाव पर मेरे पास पहुँचा। पहुँचा। उसने मेरी अधीनता स्वीकार कर ली। दूसरा जत्था अयूब के यूसुफ़ तथा अयूब के बहलूल के साथ इसी पड़ाव पर पहुँचा और उसने भी मेरी अधीनता स्वीकार कर ली। एक अन्य जत्था खुतलान से खुसरो शाह के अनुज वली[7] के साथ पहुंचा। मुग़ूल क़बीलों का एक जत्था जो ईलानचक निकदीरी तथा कून्दूज़ में था, वह भी आ गया। अन्तिम दो जत्थे अन्दराब

---

1 'ऊपीयान', चारीकार से थोड़ी दूर उत्तर की ओर, परवान के मार्ग में।

2 अफगानिस्तान का एक विशेष सितारा। वहाँ वाले दक्षिण को जुनूब नहीं अपितु 'सुहैल' कहते हैं। इसके उदय से इन लोगों का एक मौसम प्रारम्भ होता है और बड़ा शुभ समझा जाता है।

3 लगभग ९–१० बजे दिन।

4 काला उद्यान।

5 द्वारपाल।

6 हिन्दूकुश की पर्वतीय श्रृंखलाओं में, कीपचान के पूर्व में, जिस मार्ग से बाबर आया था।

7 वली पराजित होकर ख़्वास्त पहुँचा था और कून्दूज में महमूद बेग ऊज़बेग के पास रक्षा हेतु पत्र लिखे। 'शैबानी नामा' का लेखक मुहम्मद सालेह उसे कून्दूज़ ले गया। वह कून्दूज से समरकन्द भेज दिया गया।

तथा सरे–आव से पंजहीर दर्रे से होते हुए आये। सरे–आब में जत्थे वाले आगे आगे थे। वली उनके पीछे–पीछे आ रहा था। उन लोगों (मुगूल जत्थों) ने मार्ग रोक लिया और उससे युद्ध करके उसे पराजित कर दिया। वह स्वयं ऊज़बेगों के पास भाग गया। शैबाक़ खां ने समरकन्द के चौराहे पर उसका सिर कटवा दिया। उसके शेष सभी सहायक पराजित तथा लुटे हुए जत्थे वालों के साथ इसी पड़ाव पर मेरी सेवा में उपस्थित हुए और उन्होंने अधीनता स्वीकार कर ली। उन लोगों के साथ यूसुफ़ बेग भी उपस्थित हुआ।

काबुल पर अधिकार

उस पड़ाव से प्रस्थान करके हम लोग करा बाग़ की आक़ सराय नामक चरागाह में उतरे। खुसरो शाह के आदमी अत्याचार तथा उदंडता के आदी थे। उन्होंने अत्याचार करना प्रारम्भ कर दिया। अन्त में मैंने सैयिदीम अली दरबान के एक बड़े उपयोगी आदमी को जबरदस्ती तेल का एक घड़ा ले लेने के अपराध में खूब पिटवाया। उसको तत्काल मृत्यु हो गई। उसके उदाहरण से अन्य लोग शान्त हो गये।

हमने उस पड़ाव पर लोगों से काबुल पर तत्काल आक्रमण कर देने के विषय में परामर्श किया। सैयिद यूसुफ़ तथा कुछ अन्य लोगों का मत था कि शीत ऋतु के निकट होने के कारण हम लोग सर्वप्रथम लमग़ान की ओर प्रस्थान करें। वहां से जैसा उचित होगा किया जायेगा। बाक़ी बेग तथा कुछ अन्य लोगों का मत था कि हम लोग तत्काल कावुल चले चलें। यह मत स्वीकार कर लिया गया। हम लोग वहाँ से प्रस्थान करके आवा क़्रूरूक़ में उतरे।

मेरी माता तथा असवाब जो कामर्द में रह गया था हमारे पास आवा कूरूक पहुंच गया। वे बड़े खतरे में थे। उसका सविस्तार उल्लेख इस प्रकार है : शेरीम तगाई को खुसरो शाह के साथ इस आशय से भेज दिया गया था कि वह खुसरो शाह को खुरासान की ओर भेज कर काहमर्द से मेरे परिवार वालों को ले आये। जब वह दर्रे दहाना पहुंचा तो शेरीम ने देखा कि वहां उसका कोई अधिकार नहीं चलता। खुसरोशाह उसके साथ काहमर्द की ओर जहां उसका भागिनेय अहमदे कासिम था चल खड़ा हुआ। उसने अहमदे कासिम को इस बात पर तैयार किया कि वह मेरे परिवार वालों के साथ दुर्व्यवहार करे। बाक़ी बेग के बहुत से मुगूल सेवकों ने जो इन परिवारों के साथ काहमर्द में थे गुप्त रूप से शेरीम तगाई से मिल कर निश्चय किया कि वे खुसरो शाह तथा अहमदे क़ासिम को बन्दी बना लें। खुसरो शाह तथा अहमदे क़ासिम को इसकी सुन गुन मिल गई। वे उस मार्ग से, जो काहमर्द की घाटी से होता हुआ अजर दर्रे की ओर जाता है, खुरासान भाग गये। शेरीम तग़ाई तथा मुगलों का उद्देश्य भी यही था। खुसरो शाह के भय से मुक्त होने के उपरान्त जो लोग परिवारों के साथ थे, उन्हें लेकर वे अजर के बाहर चल खड़े हुए किन्तु जब वे काहमर्द पहुँचे तो साक़ान्ची क़वीले वालों ने शत्रुता प्रदर्शित करते हुए मार्ग रोक दिया और अधिकांश परिवारों को जो

बाक़ी बेग के आदमियों से सम्बन्धित थे, लूट लिया गया। कुले बायजीद के एक छोटे पुत्र तीज़क को उन लोगों ने बन्दी बना लिया। वह तीन चार वर्ष उपरान्त काबुल पहुँचा। लुटे तथा दुखी परिवारों ने क़ीपचाक़ दर्रे को हमारे समान पार किया और हमसे आबा लरूक में आकर मिल गये।

वहाँ से प्रस्थान करके एक रात पड़ाव करके हम लोग चालाक नामक चरागाह में ठहरे। परामर्श के उपरान्त यह निश्चय हुआ कि काबुल का अवरोध कर लिया जाय। हम लोग वहाँ से चल खड़े हुए। सेना के मध्य भाग के जितने आदमी भी थे, उन्हें लेकर मैं स्वयं हैदर तक़ी के उद्यान तथा कुले बायजीद बकावल[1] के मक़बरे के मध्य में उतरा। जहाँगीर मीर्जा सेना की दाई पंक्ति के सैनिकों सहित मेरे चार बाग़ में उतरा। नासिर मीर्जा सेना की बाई पंक्ति के साथ कतलक क़दम के मकबरे में उतरा।[2] हमारे आदमी मुकीम के पास जा–जा–कर बात करते थे। कभी वह उनसे कोई वहाना बना देता था और कभी चिकनी–चुपड़ी घातें कर देता था। शेरक की पराजय के उपरान्त उसने अपने पिता तथा बड़े भाई के पास तुरन्त आदमी दौड़ा दिये थे। क्योंकि उसे उनसे सहायता की आशा थी, अतः वह टाल–मटोल करने लगा था।

एक दिन सेना के मध्य, दायें तथा बायें भाग को पंक्तियों को आदेश दे दिया गया कि वे अस्त्र शस्त्र धारण करके तथा अपने घोड़ों को भी लोहे की झूल इत्यादि पहना कर नगर के समीप पहुंच जायें और अपने सामान तथा तैयारी का इस आशय से प्रदर्शन करें कि भीतर वाले आतंकित हो जायें। जहांगीर मीर्जा तथा सेना के दायें भाग वाले कचाबाग से होते हए सीधे बढ़ते चले गये। क्योंकि सेना के मध्य भाग के समक्ष नदी थी अतः मैं उन लोगों को लेकर कूतलूक कदम के मकबरे से होता हुआ एक पुश्ते के सामने की ऊँची भूमि पर पहुंचा। सेना का अग्र भाग कूतलूक कदम के पुल पर एकत्र हुआ यद्यपि उस समय वहाँ कोई पुल न था। जब वीर लोग अपना प्रदर्शन करते तथा घोड़ों को भगाते हुए चिर्म गरां द्वार तक पहुँचे तो थोड़े से लोग जो बाहर निकले हुए थे, युद्ध न कर सके और भाग कर किले के भीतर प्रविष्ट हो गये। बहुत से काबुली जो मनोरंजन हेतु बाहर एक ऊंचाई पर थे, बड़ी तेजी से किले के भीतर भाग खड़े हुए जिसके कारण अत्यधिक धूल उड़ी। फाटक तथा पुल के मध्य में बहुत से गड्ढे खोद दिये गए थे जिन्हें लकड़ियों तथा घास से भर कर बन्द कर दिया गया था। सुल्तान कुली चूनाक तथा बहुत से अन्य वीर जब उधर से घोड़ा दौड़ाते हुए पहुंचे तो गिर पड़े। दाईं ओर की पंक्ति के एक दो वीरों ने कुछ लोगों से जो गलियों एवं

---

[1] वह व्यक्ति जो बादशाह के भोजन का प्रबन्ध करता था।

[2] बाबर ने यहाँ उन स्थानों के नाम लिखे हैं जो उसने बाद में प्राप्त किये । ९१० हि० में बकावल जीवित था। चार बार बाबर ने ९११ हि० (१५०५–६ ई०) में क्रय किया और कृतलूक कदम कनवाह के युद्ध में ९३३ हि० (१५२७ ई०; में उपस्थित था।

उद्यानों में थे, तलवार के एक–दो हाथ चलाये किन्तु इस कारण कि युद्ध का आदेश न था, वे इतना हो करके लौट आए।

किले वाले अत्यधिक आतंकित तथा भयभीत हो गये। मुकीम ने बेगों को मध्यस्थ बना कर अधीनता स्वीकार कर ली तथा काबुल समर्पित कर देना निश्चय कर लिया। उसका मध्यस्थ बाकी बेग मेरी सेवा में उपस्थित हुआ। हमने अपनी कृपाओं तथा प्रोत्साहन द्वारा उनकी शंकाओं तथा भय का अन्त करा दिया। यह निश्चय हुआ कि कल वे अपने समस्त सेवकों, अश्वारोहियों तथा धन सम्पत्ति सहित किले से निकल जायें और किला हमें सौंप दें। जो लोग खुसरो शाह से सम्बन्धित थे, वे अनुशासनहीनता तथा उदंडता ही जानते थे। हमने मुकीम तथा उसके परिवार वालों[1] एवं उनके सेवकों तथा धन–सम्पत्ति को किले के बाहर निकालने के लिए जहांगीर मीर्जा, नासिर मीर्जा एवं अन्य प्रतिष्ठित लोगों को नियुक्त किया। उनके शिविर का तीपा[2] में प्रबन्ध कर दिया गया। जब मीर्जा तथा बेग लोग दूसरे दिन प्रातःकाल फाटक पर पहुंचे तो उन्हें वहां सर्वसाधारण की अत्यधिक भीड़ तथा शोर–गुल दिखाई दिया। उन लोगों ने एक आदमी को मेरे पास भेज कर कहलाया, "जब तक आप न आयगे, इन लोगों को कोई भी न रोक सकेगा।" अन्त में मैं स्वयं घोड़े पर सवार हुआ। चार–पांच व्यक्तियों को बाण का लक्ष्य बनवाया और एक दो व्यक्तियों के टुकड़े–टुकड़े करा दिये। कोलाहल शान्त हो गया। मुकीम सपरिवार अपनी धन–सम्पत्ति सहित सुरक्षित तीपा पहुंच गया।

रवी–उल–आखिर के अन्तिम १० दिनों (नवम्बर १५०४ ई०) में ईश्वर ने अपनी कृपा द्वारा बिना किसी युद्ध के काबुल, गजनी तथा उनके अधीनस्थ स्थान प्रदान कर दिये।

काबुल

काबुल चौथी इक़लीम में कृषि योग्य भूमि के मध्य में स्थित है।[3] इसके पूर्व में लमग़ानात[4], परशावर[5], हश्त नगर तथा हिन्दुस्तान के कुछ प्रदेश हैं। इसके पश्चिम में पर्वतीय प्रदेश हैं जिनमें करनूद[6] तथा गूर सम्मिलित हैं जहां हजारा तथा निकदीरी नामक कबीले निवास करते हैं। उत्तर दिशा में हिन्दूकुश पर्वत, कून्दूज़ तथा अन्दराब प्रदेशों को पृथक् करता है। दक्षिण में फ़रमूल, नग्र[7], बन्नू तथा अफ़ग़ानिस्तान[1] हैं।

---

[1] मुक़ीम की एक पत्नी ऊल्लूरा बेग काबुली की पुत्री तथा बाबर की चचाजाद बहिन थी। दूसरी बीबी ज़रीफ खातून, माह चूचूक की माता थी।

[2] आक सराय के मार्ग पर काबुल से ६ मील उत्तर में।

[3] फरमाना के सिरे पर स्थित बताया गया है।

[4] वे स्थान जिनका 'लमगान' मुख्य स्थान है।

[5] पेशावर।

[6] यह नाम स्पष्ट नहीं।

[7] नग्ज ।

नगर तथा आस–पास के स्थान

काबुल स्वयं बड़ी छोटी सी विलायत[2] है। इसका सब से अधिक विस्तार पूर्व से पश्चिम तक है। यह चारों ओर से पर्वतों से घिरा हुआ है। नगर की दीवारें एक पहाड़ी तक चली गई हैं। नगर के दक्षिण–पश्चिम में एक छोटी सी पहाड़ी है। क्योंकि इस पर्वत की चोटी पर काबुल के (हिन्दू) शाह ने एक किले का निर्माण कराया था अतः इसे शाह काबुल कहते हैं। शाह काबुल, दूर्रीन के सकरे मार्ग से प्रारम्भ होता है और देहे याकूब के सकरे मार्ग पर समाप्त होता है। इसका घेरा २ शरई[3] होगा। इस पर्वत के आंचल में बाग़ ही बाग़ हैं। मेरे चाचा ऊलूग बेग मीर्जा तथा उनके अतका वैस के समय में इस पर्वत के आंचल में एक नहर निकाली गई थी। जो उद्यान इस पर्वत के आंचल में हैं, वे इस नहर से हरे भरे रहते हैं। नहर एक ऐसे स्थान पर समाप्त होती है जोकि बड़े ही एकान्त में है। वह स्थान कुलकीना कहलाता है। वहाँ अत्यधिक बलात्कार होता रहता है। ख्वाजा हाफ़िज़[4] के एक शेर का यह हास्यजनक अनुकरण मैंने तैयार किया :

शेर

''क्या ही अच्छा समय था वह जब कि थोड़े दिन तक बिना किसी चिन्ता के,
हम कुलकीना निवासी रहे अपनी थोड़ी सी कुख्याति के साथ।''

नगर के दक्षिण तथा शाह काबुल के पूर्व में एक बहुत बड़ा तालाब है जिसकी परिधि एक शरई[5] होगी। पर्वत के उस ओर से जिधर नगर है तीन छोटे–छोटे झरने निकलते हैं। इनमें से दो कुलकीना के समीप हैं। एक के ऊपर ख्वाजा शमू[6] का मक़बरा है और दूसरे के ऊपर ख्वाजा खिज्र[7] की क़दमगाह[8] है। काबुल वाले यहाँ मनोरंजन हेतु जाया करते हैं। तीसरा झरना ख्वाजा रौशनाई नामक स्थान पर है जो ख्वाजा अब्दुस् समद के समक्ष है। शाह काबुल की पहाड़ी से एक छोटा–सा पर्वतीय टीला निकला है। उसे उक़ाबैन कहते हैं। उसके अतिरिक्त एक अन्य छोटी–सी पहाड़ी है जिस पर

---

1 बाबर का अफगानिस्तान से तात्पर्य उन प्रदेशों से है जहां अफगान कबीले निवास करते हैं। वे काबुल से परशावर को जाने वाले मार्ग के दक्षिण में स्थित थे।

2 प्रदेश, राज्य।

3 ४ मील।

4 ख्वाजा शम्सुद्दीन मुहम्मद फारसी के बड़े प्रसिद्ध कवि हुये हैं। उनका जन्म शीराज में हुआ था और १३८९ ई० में शीराज ही में उनकी मृत्यु हुई।

5 २ मील।

6 हई की हस्तलिखित पोथी की एक टिप्पणी के अनसार ख्वाजा शम्सुद्दीन जांबाज'।

7 एक पैग़म्बर जिनके विषय में मुसलमानों का विश्वास है कि वे अब भी जीवित हैं और भूले भटके यात्रियों को मार्ग दर्शाते हैं।

8 ख्वाजा खिज्र के कदम के चिह्नों के कारण पवित्र ।

काबुल का क़िला है। भव्य चहारदीवारी से घिरा हुआ नगर इसके उत्तरी सिरे पर है। यह एक विचित्र ऊंचाई पर बड़े ही उत्कृष्ट वायुमंडल में स्थित है। भव्य तालाब जिसका उल्लेख ऊपर हो चुका है, उसके सामने है। सियाह संग, सुंग कूरगान तथा चालाक नामक चौरस घास के मैदान भी उसके सामने हैं। जब यह चौरस घास के मैदान हरे भरे रहते हैं तो बड़ा ही सुन्दर दृश्य उपस्थित करते हैं। ग्रीष्म ऋतु में काबुल में उत्तरी वायु कभी कम नहीं होती और इसे लोग परवान वायु कहते हैं। भीतरी किले के उत्तरी दिशा के घरों की खिड़कियों के लिये यह बड़ी ही उत्तम वायु है। काबुल के किले की प्रशंसा करते हुए मुल्ला मुहम्मद तालिब मुअम्माई[1] इस शेर को, जिसकी रचना बदी उज्जमां मीर्जा के लिये हुई थी, पढ़ा करता था:

शेर

''काबुल के दुर्ग में मदिरापान करो और प्याला निरन्तर चलाते रहो,
कारण कि (काबुल) पर्वत भी है, नदी भी है, नगर भी है और मैदान भी है।''[2]

काबुल के व्यापार

जिस प्रकार अरब वाले अरव के अतिरिक्त समस्त स्थानों को अजम कहते हैं उसी प्रकार हिन्दुस्तान वाले हिन्दुस्तान के अतिरिक्त समस्त स्थानों को खुरासान कहते हैं। हिन्दुस्तान तथा खुरासान के स्थल मार्ग में दो व्यापार की मंडियाँ हैं–एक काबुल दूसरी क़न्धार। काबुल में काशगर, फ़रगाना, तुर्किस्तान, समरकन्द, बुखारा, बल्ख, हिसार तथा बदख्शां से कारवान आते रहते हैं। कन्धार में कारवान खुरासान से आते हैं। यह देश खुरासान तथा हिन्दुस्तान के मध्य में स्थित है। यह बड़ा अच्छा व्यापारिक केन्द्र है। यदि व्यापारी खिता[3] अथवा रूम[4] जायें तो उनको अधिक लाभ नहीं हो सकता। प्रत्येक वर्ष ७–८ अथवा १० हजार घोड़े काबुल आते रहते हैं। हिन्दुस्तान से भी १०–१५–२०,००० घर वालों के कारवान आते रहते हैं। वे हिन्दुस्तान से दास, सफ़ेद कपड़े, मिश्री, साधारण तथा उत्तम प्रकार की शकर तथा सुगन्धित जड़ें लाते हैं। बहुत से व्यापारी १० पर ३० एवं ४० लाभ[5] प्राप्त कर

---

[1] वह बाबर की सेवा में प्रविष्ट होने के पूर्व बदी उज्जमान मीर्जा का सद्र था। उसकी मृत्यु ६१८ हि० (१५१२ ई०) में कुले मलिक के युद्ध में हुई जिसमें उबैदुल्लाह ऊज़बेग ने बाबर को पराजित कर दिया था।

[2] यह शेर इस प्रकार है :
'बखर दर अर्के काबुल मै, बगर्दा कासा पै दर पै,
कि हम कोह अस्तो हम दरिया व हम शहर अस्तो हम सहरा।'

[3] उत्तरी चीन ।

[4] टर्की विशेष रूप से ट्रेबीजोंद के समीप के प्रांत ।

[5] ३०० अथवा ४०० प्रतिशत ।

के भी संतुष्ट नहीं होते। खुरासान, रूम, एराक़ तथा चीन की वस्तुयें काबुल में मिल जाती हैं। हिन्दुस्तान का तो काबुल बाजार ही है।

जल–वायु तथा पैदावार

काबुल में पास ही पास गरम तथा ठंडे दोनों प्रकार के प्रदेश हैं। काबुल से एक दिन की यात्रा के उपरान्त मनुष्य ऐसे स्थान पर पहुँच सकता है जहाँ कभी भी बर्फ़ नहीं गिरती अथवा दो ज्योतिष के घंटों में यात्रा करके वह ऐसे स्थान पर पहुँच सकता है जहाँ उस समय तक जब तक अत्यधिक गरमी नहीं पड़ती, बर्फ कभी पिघलती ही नहीं।

नगर के समीप ही विभिन्न स्थानों पर गरम जल–वायु तथा ठंडी जल–वायु दोनों ही के फल मिल जाते हैं। ठंडी जलवायु के फलों में अंगूर, अनार, सेब, जर्द आलू, बिही, शफ़तालू, आलू बालू तथा चहार मग़ज़, काबुल तथा काबुल के अधीनस्थ स्थानों में मिल जाते हैं। मैंने आलू–बालू की कलमें मंगवा कर यहाँ लगवाईं। वे भलीभांति बढ़ीं और खूब उन्नति की। गरम जलवायु के फलों में लोग लमशानात से नगर में नारंगी, चकोतरा, अमलूक तथा गन्ने लाते हैं। मैंने गन्ने मंगवाकर यहां लगवाये। निज अऊ से जील गूजा तथा पर्वतीय प्रदेशों से अत्यधिक मधु काबुल में आता है। लोग मधुमक्खी के छत्ते भी रखते हैं। केवल ग़ज़नी की ओर से मधु नहीं आता।

काबुल की श्वेत चीनी अच्छी होती है। यहाँ की विही तथा आलू बड़े ही उत्तम होते हैं। बादरंग भी इसी प्रकार बड़े उत्तम प्रकार का होता है। यहाँ एक प्रकार का अंगूर होता है जिसे अंगूर जल[1] कहते हैं। वह बड़े ही उत्तम प्रकार का होता है। काबुल की मदिरा बड़ी मस्त कर देने वाली होती है। ख्वाजा खावन्द सईद नामक पर्वत के आंचल की मदिरा अपनी तेजी के लिये प्रसिद्ध है। इस अवसर पर मैं केवल अन्य लोगों की प्रशंसा को ही दोहरा सकता हूं:

शेर

''मदिरा का स्वाद मादक ही जानता है,
जो मादक नहीं है उसे इसका स्वाद क्या मालूम।''[2]

काबुल में कृषि अच्छी नहीं होती। यदि बीज का चौगुना या पचगुना प्राप्त हो जाय तो इसे लोग बड़ा अच्छा समझते हैं। यहाँ खरबूज़ा भी अच्छा नहीं होता किन्तु यदि खुरासान का बीज बोया जाय तो बुरा भी नहीं होता।

यहाँ की जलवायु बड़ी ही उत्तम है। संसार में कोई अन्य स्थान ऐसा नहीं है जहाँ की जल–वायु इतनी उत्तम हो। गरमी में भी कोई पोस्तीन पहने

---

[1] 'साहिबी' नामक एक प्रकार के अंगूर की समरकन्द के फलों में बाबर ने प्रशंसा की है । एक अन्य प्रकार का अंगूर काबुल में होता है जो 'हुसैनी' कहलाता है। इसमें बीज नहीं होते।

[2] बाबर ने इस स्थान पर अपने ९३३ हि० (१५२७ ई०) में मदिरापान त्याग देने की ओर संकेत किया है।

बिना रात्रि में नहीं सो सकता। यद्यपि कुछ स्थानों पर अत्यधिक बर्फ गिरती है, किन्तु ठंड बहुत अधिक नहीं होती। समरकन्द तथा तबरेज़ दोनों ही अपनी उत्तम जलवायु के लिये बड़े प्रसिद्ध हैं किन्तु वहाँ बड़ी अधिक ठंड होती है।

काबुल के घास के मैदान

काबुल के चारों ओर बड़े ही उत्तम घास के मैदान हैं। सूंग कूरगान नामक मैदान काबुल के उत्तर–पूर्व में २ कुरोह[1] पर है जोकि बड़ा ही उत्तम है। यहां की घास घोड़ों के लिये बड़ी अच्छी होती है और मच्छर भी बहुत कम होते हैं। उत्तर–पश्चिम में कोई एक शरई[2] पर चालाक नामक मैदान है, यह बहुत बड़ा है किन्तु यहां मच्छर घोड़ों को बड़ा कष्ट पहुंचाते हैं। पश्चिम में दुर्रीन है। वास्तव में वहां दो मैदान हैं : तीपा तथा क़श नादिर । यदि यह दो भी सम्मिलित कर लिये जायं तो कुल ५ मैदान हो जायेंगे। दोनों मैदान काबुल से एक एक शरई पर होंगे। वे यद्यपि छोटे–छोटे हैं किन्तु यहां घोड़ों के लिए उत्तम घास प्राप्य रहती है और मच्छर भी नहीं होते। काबुल के घास के मैदानों में इनके समान उत्तम मैदान नहीं हैं। पूर्व में सियाह संग नामक मैदान है। इसके तथा चिर्म गरां द्वार के मध्य में कूतलूक क़दम का मक़बरा है।[3] गरमी में यहां मच्छरों की बहुतायत हो जाती है अतः यह अधिक काम का नहीं है। इस मैदान से मिला हुआ कमरी नामक मैदान है। यदि काबुल के घास के मैदानों में इसे भी सम्मिलित कर लिया जाय तो कुल छः मैदान हो जायेंगे किन्तु इनकी संख्या चार ही बताई जाती है।

हिन्दूकुश के दर्रे

काबुल एक बड़ा ही दृढ़ प्रदेश है। इस प्रदेश पर शत्रुओं का शीघ्र आक्रमण करना बड़ा कठिन है। हिन्दूकुश पर्वत से होकर, जो काबुल को बल्ख, कून्दूज तथा बदख्शां से पृथक् करता है, सात दर्रे हैं। इनमें से तीन दर पंजहीर से निकलते हैं, उदाहरणार्थ खवाक जो सब के ऊपर है, उससे नीचे तूल बाज़ारक है। उनमें से तूल नामक दर्रा सब से उत्तम है। किन्तु मार्ग सब से अधिक लम्बा है। इसी कारण इसे तूल कहते हैं। सब से सीधा दर्रा बाज़ारक का है। तूल के समान यह भी सरे–आब तक पहुंचा देता है। क्योंकि यह पारन्दी से होकर गुजरता है अतः स्थानीय लोग इसे पारन्दी कहते हैं। एक अन्य मार्ग परवान के ऊपर जाता है। परवान तथा ऊंचे ऊंचे पर्वतों के मध्य में, छोटे–छोटे दरें हैं। वे हफ्त–बचा कहलाते हैं। अन्दर से दो मार्ग आकर मुख्य दर्रे के नीचे मिल जाते हैं। ये मार्ग हफ्त–बचा से होते हुए परवान तक चले जाते हैं। इस मार्ग की यात्रा बड़ी कठिनाई से की जा सकती है। गूरबन्द से भी तीन मार्ग निकलते हैं। परवान के बाद ही दूसरा

---

[1] ४ मील ।

[2] २ मील।

[3] वह कनवाह के युद्ध में सम्मिलित था अतः वह मार्च १५२७ ई० के बाद ही दफन हुआ होगा।

मार्ग, जो यंगी यूल कहलाता है, वालियान से होता हुआ खिनजन तक जाता है। इसी के ऊपर कीपचाक़ मार्ग है जो उस स्थान को काटता है जहां अन्दराब तथा सूर्ख आब (किजील–सू) का संगम है। यह भी बड़ा ही उत्तम मार्ग है। तीसरा मार्ग शिब्रतू दर्रे को जाता है। जो इस मार्ग से ग्रीष्म ऋतु में यात्रा करते हैं वे बामियान तथा सैग़ान हो कर जाते हैं किन्तु जो लोग इससे शीत ऋतु में यात्रा करते हैं वे आबदरा हो कर जाते हैं। शिवतू के अतिरिक्त हिन्दूकुश के सभी मार्ग शीत ऋतु में तीन चार मास तक बन्द हो जाते हैं कारण कि घाटी की तलहटी से जब कि जल अधिक होता है तो किसी भी मार्ग से यात्रा नहीं की जा सकती। यदि कोई उन दिनों घाटी की तलहटी से न जाना चाहे अपितु हिन्दूकुश को पर्वत की ओर से पार करना चाहे तो उसकी यात्रा बड़ी ही कठिन हो जाती है। शरत् ऋतु के तीन चार महीने, जब बर्फ कम तथा जल अधिक नहीं रहता, बड़े ही उत्तम होते हैं। चाहे पर्वत हो अथवा घाटी की तलहटी, काफ़िर लुटेरे कम संख्या में नहीं मिलते।

काबुल से खुरासान को कन्धार होता हुआ मार्ग जाता है। यह पूर्णतः समतल है और इसमें कोई दर्रा नहीं है।

हिन्दुस्तान के दर्रे

हिन्दुस्तान की ओर से काबुल को चार मार्ग जाते हैं। एक मार्ग खेबर पर्वत से होता हुआ एक नीचे के दर्रे से, दूसरा बंगश की ओर से, तीसरा नग्र[1] की ओर से और चौथा फ़रमूल की ओर से। अन्तिम तीनों दर्रे भी नीचे हैं। सिन्द के तीन घाटों से उन मार्गों पर पहुंचा जा सकता है। जो लोग नीलाब[2] घाट से यात्रा करते हैं वे लमग़ानात होकर आते हैं।[3] शीत ऋतु में लोग सिन्द नदी (हारू)[4] घाट से पार करते हैं। यह स्थान उस स्थान के ऊपर है जहां काबुल नदी से सिन्द नदी मिलती है। इस घाट से पार करने से काबुल नदी भी पार करनी पड़ती है। मैंने अपने हिन्दुस्तान के बहुत से अभियानों के समय उन घाटो को पार किया, किन्तु अन्तिम अभियान के समय जब मैंने सुल्तान इबराहीम को पराजित करके हिन्दुस्तान विजय किया तो मैंने नीलाब पर नौकाओं द्वारा नदी पार की।[5] इस स्थान के अतिरिक्त किसी अन्य स्थान से सिन्द नदी नौका के बिना पार नहीं की जा सकती। जो लोग दीनकोट[6] पर नदी पार करते हैं वे बंगश होकर जाते हैं। जो लोग चौपारा नामक स्थान पर नदी पार करते हैं वे यदि फ़रमूल के मार्ग से जाते

---

[1] नग्ज।

[2] अटक के १५ मील नीचे।

[3] सम्भवतः दो मार्गों से, या तो खैबर–नीनगनहार–जगदालीक मार्ग से और या काबुल नदी के उत्तरी तट से गोश्ता होकर।

[4] सम्भवतः हारून, अटक के लगभग १० मील ऊपर ।

[5] ६३५ हि० (१५२५ ई०) में।

[6] सम्भवतः यह स्थान धान कोट तथा मुअज्जम नगर दोनों नामों से प्रसिद्ध है । यह सिंध के पूर्वी तट पर काला बारा के समीप रहा होगा।

हैं तो गजनी पहुंच जाते हैं और यदि दश्त[1] के मार्ग से जाते हैं तो कन्धार पहुंच जाते हैं।

काबुल निवासी

काबुल में विभिन्न बहुत–सी कौमें पाई जाती हैं। घाटियों तथा मैदानों में तुर्क, ईमाक[2] तथा अरब हैं। नगर तथा कुछ ग्रामों में सात क़बीले वाले रहते हैं। बहुत से अन्य भागों तथा ग्रामों में पशाई, पराजी, ताजीक, बीर्की तथा अफ़ग़ान बसे हैं। पश्चिमी पर्वतों में हजारा तथा निकदीरी क़बीले पाये जाते हैं जिनमें कुछ मुगूली भाषा बोलते हैं। पर्वतों के उत्तरी–पूर्वी भाग में काफ़िरिस्तान है उदाहरणार्थ कितूर तथा गिबरिक। दक्षिण में अफ़ग़ान कबीले निवास करते हैं।

काबुल में ११–१२ भाषायें बोली जाती हैं। अरबी, फारसी, तुर्की, मुगली, हिन्दी, अफ़ग़ानी, पशाई, पराजी, गिबरी, बीर्की तथा लमग़ानी। यह नहीं कहा जा सकता कि किसी अन्य देश में भी इतनी क़ौमें तथा इतनी विभिन्न भाषायें पाई जाती है अथवा नहीं।

काबुल के भाग

काबुल में १४ तूमान हैं। समरकन्द, बुखारा तथा उन प्रदेशों के आस–पास के स्थान जोकि एक बहुत बड़ी विलायत[3] के अधीन होते हैं, तूमान कहलाते हैं। अन्दिजान, काशग़र तथा उसके आसपास उसे ऊरचीन कहते हैं। हिन्दुस्तान में उसे परगना कहते हैं। वजीर, सवाद तथा हश नगर कभी काबुल के अधीन रहे होंगे। किन्तु अब अफ़ग़ानों के कारण उनमें से कुछ नष्ट भ्रष्ट हो गये हैं और कुछ अफ़ग़ानों के अधीन हो गये हैं। अब उन्हें विलायत[4] नहीं कहा जा सकता।

काबुल के पूर्व में लमग़ानात हैं जिनमें ५ तूमान तया २ वुलूक[5] कृषि–योग्य भूमि के है। सब से बड़ा तूमान नीनगनहार[6] है। कुछ इतिहासों में इसे नगरहार भी लिखा गया है। इसके दारोगा[7] का निवास स्थान अदीनापूर[8] अदीनापूर[8] में है जो काबुल से पूर्व की ओर लगभग १३ यीगाच[9] पर है। काबुल से नीन गनहार का मार्ग बड़ा कठिन है। तीन–चार स्थानों पर छोटे–छोटे पहाड़ी दर्रे हैं और तीन–चार स्थानों पर बड़ा ही सकरा मार्ग है। जब तक इस मार्ग पर कोई आबादी न थी, खिरिलची तथा अन्य अफ़ग़ान

---

[1] आधुनिक दामन ।

[2] मुगूल कबीले।

[3] यहाँ जिले से तात्पर्य है।

[4] आबाद प्रदेश।

[5] तूमान से छोटा भाग ।

[6] काबुल नदी से मिला हुआ, दक्षिण में।

[7] हाकिम।

[8] इसका प्राचीन रूप सम्भवतः 'उद्यानपुरा' है।

[9] लगभग ८२ मील।

डाकू यहां लूट मार किया करते थे। जब से मैंने करूक साई के नीचे का भाग करातू आबाद करा दिया तब से यह मार्ग सुरक्षित हो गया। इस मार्ग पर 'बादाम चश्मा' नामक दर्रे के कारण गरम तथा ठंडी जल वायु के प्रदेश पृथक् हो जाते हैं। इस दर्रे के उस भाग में जो काबुल की ओर है बर्फ गिरती रहती है तथा लमशानात की ओर क़रूक साई में बर्फ़ नहीं गिरती। इस दर्रे को पार करते ही एक दूसरा संसार दृष्टिगत होने लगता है। वहाँ के वृक्ष, पौधे, पशु तथा लोगों के रस्म रिवाज अन्य ही प्रकार के हैं। नीनगनहार में ६ जल धारायें बहती हैं। यहां चावल तथा अनाज की उत्तम फ़सलें होती हैं। यहां संतरा, चकोतरा तथा अनार बड़ी अधिक संख्या में होते हैं। ६१४ हि० (१५.०८–६ ई०) में मैंने एक चार बाग़ का निर्माण कराया जो बागे वफ़ा[1] के नाम से प्रसिद्ध है। यह एक पुश्ते पर अदीनापूर के किले के समक्ष दक्षिण की ओर है। इसके मध्य में सूर्ख रूद है। वहां भी संतरे, चकोतरे तथा अनार बड़ी अधिक संख्या में होते हैं। जिस वर्ष मैंने पहाड़ खां को पराजित करके लाहौर तथा दीपालपूर को विजय किया[2] तो मैंने केले लाकर यहाँ लगवाये। वे भलीभांति उन्नति कर गये। इस वर्ष के पूर्व मैंने वहाँ गन्ने लगवाये थे। वे भी बड़े अच्छे हुए। उनमें से कुछ बुखारा तथा बदख़्शा[3] भेज दिये गये थे। बाग़ ऊंचाई पर स्थित है और निकट ही जल बहता है तथा हल्की ठंड पड़ती है। बाग के मध्य में एक छोटा सा पुश्ता है। बाग़ के मध्य में इसी पुश्ते से होकर एक पनचक्की के योग्य जल–धारा बहती है। उद्यान के मध्य में जो चार चमन है वे इसी पुश्ते के ऊपर स्थित है। बाग के दक्षिण–पश्चिम में एक हौज है जो १०x१० के आयतन[4] में है। इसके चारों ओर संतरे के और कुछ अनार के वृक्ष हैं। यह पूरा भाग एक त्रिपत्ती के आकार के घास के चौरस मैदान से घिरा हुआ है। यह उद्यान का सब से अधिक उत्तम भाग है। जब संतरे पक जाते हैं तो यहाँ का दृश्य बड़ा ही रमणीक हो जाता है। निःसंदेह यह बाग़ बड़े ही उत्तम स्थान पर लगा

नीनगनहार के दक्षिण में सफ़ेद कोह है। यह पर्वत नीनगनहार और बंगश को एक दूसरे से पृथक करता है। इस पर्वत में सवार होकर यात्रा नहीं की जा सकती। इस पर्वत से ६ जल–धारायें निकलती हैं। इस पर्वत को सफ़ेद कोह[5] कहने का कारण यह है कि इसकी बर्फ कभी भी कम नहीं होती। इस पर्वत की तलहटियों में ज़रा भी बर्फ़ नहीं गिरती। बर्फ की सीमा

---

[1] इस बारा के लगवाने का कहीं कोई और उल्लेख नहीं मिलता। यह कार्य ६१४ हि० (१५०८–६ ई०) के महमन्द के आक्रमण के समय प्रारम्भ किया गया होगा । इस वर्ष के निष्ठावान् सहायकों के नाम पर सम्भवतः बाबर ने इसका नाम 'बागे वफा' रक्खा।

[2] हि ६३० हि० (१५२३–२४ ई०) का वर्णन कहीं नहीं मिलता। सफर ६२६ हि० से सफर ६३२ हि० (जनवरी १५२० से नवम्बर १५२५ ई०) के पृष्ठ नष्ट हो गये हैं।

[3] सम्भवतः हुमायूँ के पास जो उस समय बदख्शां का हाकिम था।

[4] सम्भवतः १० गज X १० X १० गज ।

[5] श्वेत पर्वत।

से इस स्थान तक आधे दिन में यात्रा की दूरी है। इसके आस–पास के बहुत से स्थानों की जल–वायु बड़ी ही उत्तम है। यहाँ का जल बड़ा ठंडा होता है और बर्फ की आवश्यकता नहीं होती।

अदीनापूर के दक्षिण में सूर्ख रूद[1] बहती है। किला ऊंचाई पर स्थित है और रूद की ओर से ४०–५० कारी[2] की खड़ी ऊंचाई पर है। इसके उत्तर में अलग पहाड़ी के टुकड़े हैं। यह किला बड़ा ही दृढ़ है। यह पर्वत नीनगनहार तथा लमग़ान[3] के मध्य में स्थित है। जब काबुल में बर्फ गिरती है तो इस पर्वत की चोटी पर भी बर्फ गिरती है। लमग़ान निवासी काबुल में बर्फ गिरने के विषय में, इस पर्वत को चोटो की बर्फ के कारण, अवगत हो जाते हैं।

काबुल से लमगानात की यात्रा के उद्देश्य से यदि लोग कूरूक़ साई से यात्रा करें तो एक मार्ग मिलेगा जो दीरी दर्रे से होकर बारान को बूलान पर काटता हुआ लमग़ानात में चला जाता है। दूसरा मार्ग करा–तू से होता हुआ कूरूक साई के नीचे नीचे बारान नदी को ऊलूग नूर पर काटता है और फिर लमग़ानात को बादे पीच[4] दर्रे से चला जाता है। यदि लोग निज अऊ से होकर यात्रा करें तो उन्हें बद्र अऊ तथा क़रा नकारिक होते हुये बादे पीच नामक दर्रे से जाना पड़ेगा।

यद्यपि नीनगनहार, लमगान तूमान के पांच तूमानों में से एक है किन्तु लमग़ानात से केवल तीन तूमान समझे जाते हैं।

तीन तूमानों में से एक अली शंग तूमान है। उसके उत्तर में हिन्दूकुश से मिले हुए बहुत बड़े बड़े पर्वत हैं जो बर्फ से ढंके रहते हैं। यहां काफ़िर क़ौम वाले निवास करते हैं। काफ़िरिस्तान से अली शंग के निकटतम मील (पर्वत) है जहां से अली शंग धारा निकलती है। हज़रत नूह पैग़म्बर के पिता मेहतर लाम की कब्र अली शंग तूमान में है। कुछ इतिहासों में उसे लमक एवं लमकान लिखा गया है। कुछ लोग काफ़[5] के स्थान पर गन[6] बोलते हुए भी देखे गये हैं। इसी कारण इस प्रदेश को लमग़ान कहते हैं।

दूसरा तूमान अलंगार है। काफ़िरिस्तान का जो भाग इससे निकटतम है वह गवार कहलाता है। यहाँ की जल–धारा गवार से निकलती है। यह

---

[1] सूर्ख रूद सफ़ेद कोह से निकलती है और जगदालीक तथा गंडमक के मध्य में काबुल नदी में गिरती है।

[2] लगभग ४०–५० गज ।

[3] खास लमगानात । यह पर्वत श्रेणी विभिन्न नामों से प्रसिद्ध है । फारसी में इसे सियाह कोह (काला पर्वत) कहते हैं जिसका अर्थ तुर्की नाम "करा ताग" के समान 'बिना बर्फ का' होगा। ताजीक लोग इसे "बागे अत्का", अफगान "कन्दा गुर' तथा लमगानी "कोहे बूलान" कहते है।

[4] यह पर्वत भी भिन्न–भिन्न नामों से प्रसिद्ध है।

[5] क () ।

[6] रा ()।

जल–धारा अली शंग की जल–धारा से मिल कर बहती हई मंदरावर के नीचे बारान नदी से मिलती है। मंदरावर लमग़ानात का तीसरा तूमान है।

लमग़ान के दो बुलूकों में एक नूर घाटी है। यह बड़ा अद्वितीय स्थान है। इसका किला घाटी के मुंह पर एक चट्टान की नोक पर स्थित है। इसके दोनों ओर जल–धारायें हैं। यहाँ का चावल ढालू पुश्तों पर बोया जाता है जहां केवल एक मार्ग से पहुंचा जा सकता है। यहाँ संतरे, चकोतरे और गरम जल वायु के प्रदेश के फल बड़ी अधिक संख्या में होते हैं। कहीं कहीं खजूर के भी वृक्ष होते हैं। किले के दोनों ओर जो जल–धारायें बहती हैं उनके किनारे–किनारे बहुत बड़ी संख्या में वक्ष लगे हैं। इनमें से अधिकांश अमलूक के वृक्ष हैं । इनके फल को कुछ तुर्क लोग क़रा ईमीश कहते हैं। यहाँ यह अत्यधिक संख्या में होते हैं किन्तु अन्य स्थान पर लेशमात्र भी नहीं होते। इस घाटी में अंगूर भी होते हैं। अंगूर की बेल वृक्षों पर चढ़ा दी जाती है। इनसे जो मदिरा निकलती है वह लमग़ान की मदिरा के नाम से प्रसिद्ध है। यहाँ दो प्रकार के अंगूर होते हैं : अरह ताशी तथा सूहान ताशी। अरह ताशी पीलापन लिये रहते हैं किन्तु सूहान ताशी उत्तम प्रकार के लाल रंग के होते हैं। अरह ताशी की मदिरा का नशा बड़ा आनन्दवर्धक होता है। किन्तु दोनों जितनी प्रसिद्ध हैं उतनी उत्तम नहीं हैं। इसकी कंदराओं में से एक के ऊपर बन्दर भी होते हैं। इससे ऊपर बन्दर कहीं नहीं मिलते। इससे पूर्व यहाँ वाले सूअर भी पालते थे किन्तु हमारे राज्य–काल में उन्होंने यह कार्य त्याग दिया है।

लमग़ान का एक अन्य तूमान नूर गल सहित कूनार है। यह तूमान लमग़ानात से कुछ पृथक् स्थित है। इसकी सीमायें काफ़िरिस्तान से मिली हैं। यद्यपि यह अन्य तूमानों के बराबर है और यहाँ का राजस्व भी कम है किन्तु लोग वह भी अदा नहीं करते। चग़ान सराय नदी उत्तर–पूर्व के मध्य से काफ़िरिस्तान होती हुई कामा नामक बुलुक में पहुंचती है और वहां बारान नदी में मिल कर पूर्व की ओर बहती है। नूर गल इस नदी के पश्चिम में है और कूनार पूर्व की ओर।

मीर सैयिद अली हमदानी[1]–ईश्वर की उन पर दया हो–यात्रा करते हुए यहां पहुंचे और कूनार से एक शरई[2] पर मृत्यु को प्राप्त हो गये। उनके शिष्यों ने उनका शव खुतलान ले जाकर दफन कर दिया। जिस स्थान पर उनकी मृत्यु हुई वहां उन्होंने एक मज़ार का निर्माण करा दिया। मैंने ९२० हि० (१५१४ ई०) में जब चग़ान सराय पर अधिकार जमा लिया तो इस मजार का तवाफ़[3] किया।

---

[1] एक प्रसिद्ध सूफ़ी जो हमदान से भागकर १३८० ई० में कश्मीर पहुँचे। उनकी मृत्यु १३८४ ई० में हुई।

[2] २ मील ।

[3] कुछ हस्तलिखित पोथियों में ९२० हि. और कुछ में ९२५ हि. है। दोनों में से कोई तारीख ठीक ज्ञात नहीं होती। यह घटना ९२४ हि० (१५१८ ई०) में घटी होगी।

इस तूमान में संतरों, चकोतरों तथा धनिये के पौधों की बहुतायत रहती है। तेज़ मदिरायें काफिरिस्तान के लाई जाती हैं।

यहां के लोग एक विचित्र बात की चर्चा किया करते हैं जो असम्भव ज्ञात होती है किन्तु यह ज्ञान विभित्र सूत्रों से प्राप्त हुआ है। मुल्ता कुन्दी[1] के ऊपर समस्त पर्वतीय प्रदेश में उदाहरणार्थ कूनार, नूर गाल, बजौर, सवाद या उसके आस–पास यह प्रसिद्ध है: जब यहां किसी स्त्री की मृत्यु हो जाती है और उसके जनाजे को उठाया जाता है तो वह यदि दुराचारिणी नहीं है तो जनाज़ा उठाने वाले चारों आदमियों को इस प्रकार हिला देती है कि यदि वे प्रयत्न कर के अपने आपको रोके न रहें तो लाश गिर पड़ती है और यदि वह दुराचारिणी होती है तो फिर लाश नहीं हिलती। मैंने यह बात केवल कुनार वालों से नहीं सुनी है अपितु बजौर, सवाद तथा समस्त पर्वतीय प्रदेश वाले यही बात कहते हैं। हैदर अली बजौरी ने, जो बजौर का सुल्तान या और जिसने उस प्रदेश पर भली भांति शासन किया, अपनी माता को मृत्यु पर कोई शोक और दुःख प्रकट न किया और न काले वस्त्र धारण किये और आदेश दिया कि उसका जनाजा तैयार कर के उठाया जाय, यदि वह न हिला तो मैं उसे जलवा दूंगा।'' जब उसका जनाजा तैयार करके उठाया गया और प्रथानुसार हिलने लगा तो उसने यह सुन कर ही काले वस्त्र धारण किये तथा शोक प्रकट किया।

एक अन्य बुलूक चगान सराय है जोकि एक छोटा सा ग्राम है और जिसमें थोड़ी सी भूमि है। यह काफिरिस्तान के मुंह पर है। यहां के निवासी यद्यपि मुसलमान हैं किन्तु काफ़िरों से मेल जोल के कारण उन्हीं के रीति–रिवाजों का पालन करते हैं। एक बहुत बड़ी धारा यहाँ उत्तर–पूर्व से बजौर के पीछे से पहुंचती है और पीच नामक एक छोटी सी जल–धारा काफ़िरिस्तान से होती हुई आती है। यहाँ पीलापन लिये हुई तेज मदिरा मिलती है किन्तु वह दूर घाटी की मदिरा के समान नहीं होती। इस ग्राम में अंगूर के बाग नहीं होते। यहाँ की मदिरा काफ़िरिस्तान नदी के ऊपर से तथा पीचे काफ़िरिस्तान से आती हैं।

जब मैने चगान सराय पर अधिकार जमा लिया तो पीच के काफ़िर यहाँ के ग्राम वालों की सहायतार्थ आये थे। वहाँ मदिरा का इतना अधिक प्रयोग होता है कि प्रत्येक काफ़िर मदिरा की चमड़े की मशक ग्रीवा में लटकाये रहता है और जल के स्थान पर मदिरा का सेवन करता है।

कामा[2], यद्यपि कोई पृथक् ज़िला नहीं है किन्तु नीनगनहार के अधीन है। यह भी बुलूक कहलाता है।

---

[1] मुल्ता कुन्दी के विषय में बाबर की टिप्पणी:
क्योंकि मुल्ता कुन्दी, नूर गल सहित कूनार के तूमान का निचला भाग बताया जाता है अतः नीचे (नदी पर) का भाग नूर तथा अतर घाटी से सम्बन्धित है।'

[2] इसे नीनगनहार के अधीन रखना चाहिये था।

निज्र अऊ एक अन्य तूमान है। यह काबुल के उत्तर में पर्वतीय प्रदेश में स्थित है। उसके पीछे पर्वतीय प्रदेश में केवल काफ़िर ही निवास करते हैं। यह एकांत स्थान है। यहां अंगूर तथा फल बहुत बड़ी संख्या में होते हैं। यहां के लोग अत्यधिक मदिरा तैयार करते हैं किन्तु वे इसे उबाल लेते हैं। शीत ऋतु में ये लोग पक्षियों को मोटा कर लेते हैं। वे अत्यधिक मदिरापान करते हैं, नमाज़ नहीं पढ़ते, मूर्ख तथा काफ़िरों के समान होते हैं।

निज्र अऊ के पर्वतों में अरचा, चिलगोज़ा, बिलूत तथा खनजक बड़ी अधिक संख्या में होते हैं। इनमें से उपर्युक्त तीन निज अऊ के ऊपर नहीं होते अपितु नीचे उगते हैं और हिन्दुस्तानी वृक्ष हैं। चिल गोजे की लकड़ी यहाँ के निवासियों के लिये दीपक का काम देती है। यह मोमबत्ती के समान जलती है और बड़ी ही आश्चर्यजनक लकड़ी है। इन पर्वतों में उड़ने वाली गिलहरी पाई जाती है। यह चिमगादड़ से बड़ी होती है और चिमगादड़ के पंख के समान इसके बाहुओं तथा टांगों के मध्य में एक पर्दा होता है। लोग इसे कभी कभी लाते थे। कहा जाता है कि यह एक वृक्ष से दूसरे वृक्ष तक नीचे की ओर गिज़[1] के समान उड़ती है। मैंने स्वयं इसे कभी उड़ते नहीं देखा। एक बार हमने एक गिलहरी वृक्ष पर रख दी। वह हाथों–पैरों से वृक्ष को पकड़ कर चल दी। जब लोग उसके पीछे दौड़े तो वह अपने पंखों को फैला कर नीचे उतर आई और उसे कोई हानि नहीं पहुंची, मानो वह उड़ कर आई हो। निज अऊ पर्वत की एक विचित्र वस्तु लूखा पक्षी है। उसे बू क़लमून[2] भी कहते हैं। कारण कि इसके सिर तथा दुम के बीच में चार पांच परिवर्तनशील रंग रहते हैं जो कबूतर की गरदन के समान चमकदार होते हैं। यह लगभग कव्के दरी[3] के बराबर होता है। हिन्दुस्तान का कव्के दरी ज्ञात होते है। लोग इसके विषय में इस विचित्र घटना का उल्लेख करते हैं : शीत ऋतु में यह पर्वत के आंचल में उतर आता है। जब यह उड़ कर किसी अंगूर के बाग़ के उस पार पहुंच जाता है तो फिर यह नहीं उड़ पाता और पकड़ लिया जाता है। निज अऊ में एक प्रकार का चूहा होता है जिसे मुश्क का चूहा कहते हैं। इसमें से मुश्क[4] के समान सुगन्धि आती है। मैंने स्वयं उसे नहीं देखा है।

एक अन्य तूमान पंजहीर नामक है। यह पंजहीर मार्ग पर काफ़िरिस्तान के समीप स्थित है। काफ़िर लूटेरे इसी मार्ग से यात्रा करते हैं। क्योंकि काफ़िर लोग यहाँ के अत्यधिक निकट हैं, अतः वे यहाँ से कर भी वसूल करते हैं। जिस बार मैंने हिन्दुस्तान को विजय किया[5] तो काफ़िरों ने पंजहीर

---

[1] कम दूर जाने वाला बाण जो छोटे छोटे पक्षियों के शिकार के काम आता है।

[2] गिरगिट की तरह सदा रंग बदलने वाला।

[3] पहाड़ी चकोर जिसकी चाल बड़ी सुन्दर होती है।

[4] कस्तूरी।

[5] १५२६ ई०।

पहुंच कर यहां अत्यधिक मनुष्यों की हत्या कर दी और यहां बड़ा उपद्रव मचाया।

एक अन्य तूमान गूरबन्द है। उस प्रदेश में कूतल को बन्द कहते हैं। गूर की ओर इसी कूतल से यात्रा की जाती है, इसी कारण इसे गूरबन्द कहते हैं। इसकी घाटियों के सिरों पर हज़ारो लोग निवास करते हैं। इसमें बहुत थोड़े से ग्राम हैं और यहाँ से बहुत कम राजस्व प्राप्त होता है। कहा जाता है कि गुरबन्द के पर्वतों में चांदी तथा नीलम की खानें पाई जाती हैं।

इसके अतिरिक्त हिन्दूकुश पर्वत के दामन में ग्राम[1] भी हैं जिनमें ऊपर की ओर मीता–कचा तथा परवान एवं नीचे की ओर दूरनाम, कुल १२ अथवा १३ हैं। उन ग्रामों में अत्यधिक फल होते हैं। उन समस्त ग्रामों में मदिरा भी होती है। ख्वाजा खान सईद की मदिरा सब से अधिक तेज़ होती है। समस्त ग्राम पर्वत के नीचे स्थित हैं। कुछ से माल गुज़ारी मिल जाती है किन्तु सभी से नहीं प्राप्त की जा सकती कारण कि वे पर्वतों में अत्यधिक दूरी पर स्थित हैं।

पहाड़ियों के आंचल तथा बारान नदी के बीच में दो समतल भूमि के टुकड़े हैंः एक कुर्रत ताजियान और दूसरा दश्ते शेख कहलाता है। क्योंकि यहाँ एक प्रकार की बाजरे की सी हरी घास अधिक मात्रा में उगती है अतः यहाँ तुर्क तथा मुगूल क़बीले आते रहते हैं।

इन पहाड़ियों के आंचल में नाना प्रकार के रंगों के लाले के फूल खिले रहते हैं। एक बार मैंने उन्हें गिना था। ३२ अथवा ३३ विभिन्न किस्में निकलीं। हमने एक का नाम लाल गुलाब रख दिया कारण कि उसकी सुगन्धि लाल गुलाब के फूल के समान थी। यह दश्ते शेख के एक भूमि के टुकड़े पर बिना लगाये उगता है और किसी अन्य स्थान पर नहीं निकलता। इसके अतिरिक्त इन्हीं पहाड़ियों के आंचल में परवान से नीचे १०० पंखड़ियों वाला लाला होता है। वह भी गूरबन्द के संकीर्ण मार्ग के निकासी के स्थान पर होता है। इन दो भूमि के समतल टुकड़ों के मध्य में एक छोटी सी पहाड़ी है जिसे ख्वाजये रेगे खां कहते हैं। इसमें ऊपर से नीचे तक एक बालू की पट्टी चली गई है। लोग कहते हैं कि ग्रीष्म ऋतु में इससे नक्कारे की ध्वनि निकलती रहती है।

कुछ ग्राम काबुल के अधीन भी हैं। नगर के दक्षिण–पश्चिम में बर्फ से ढंके हुए पर्वत हैं जहाँ निरन्तर बर्फ गिरा करती है। एक वर्ष की बर्फ दूसरे वर्ष तक जमी रहती है। बहुत ही कम वर्ष ऐसे होते हैं जब कि दूसरे वर्ष की बर्फ पहले वर्ष पर न पड़े। जब काबुल के बर्फ के भंडारों की बर्फ समाप्त हो जाती है तो इसी पर्वत से बर्फ लाकर लोग जल ठंडा करते हैं। यह छः शरई[2] पर स्थित होगा। बामियान पर्वत के समान यह भी दुर्गम है। हरमन्द,

---

[1] ये ग्राम किसी तूमान में सम्मिलित नहीं हैं।

[2] १२ मील ।

सिन्द, कून्दूज की दूग़आबा तथा बल्ख–आब इसी पर्वत से निकलती है। इस प्रकार एक ही दिन में चारों नदियों का जल पिया जा सकता है।

इसी पर्वत को श्रेणियों में से एक श्रेणी के आंचल में काबुल के अधीनस्थ अधिकांश ग्राम स्थित हैं। इनमें अंगूर बड़ी अधिक संख्या में होते हैं। यहां प्रत्येक प्रकार के फलों का बाहुल्य रहता है। इन ग्रामों में इस्तालीफ तथा अस्तरगच के समान कोई अन्य ग्राम नहीं है। सम्भवतः इन्हीं दोनों को ऊलूग़ बेग मीर्जा[1] अपना खुरासान तथा समरकन्द कहा करता था। पमगान एक अन्य उत्तम स्थान है। इस्तालीफ़ तथा अस्तरगच के समान यहाँ फल तथा अंगूर तो नहीं होते किन्तु यहाँ की उत्तम जल–वायु को देखते हुए इसकी तुलना उससे नहीं हो सकती। पमग़ान पर्वत की श्रेणियाँ बर्फ से ढंकी रहती हैं। इस्तालीफ़ का मुक़ाबला बहुत कम ग्राम कर सकते हैं। इसके मध्य में एक बहुत बड़ी धारा बहती है।

धारा के दोनों ओर अंगूर की बेलों के बाग तथा अन्य उद्यान हैं जो बड़े ही उत्तम तथा हरे भरे रहते हैं। यहाँ का जल बड़ा ही ठंडा होता है और बर्फ की आवश्यकता नहीं पड़ती। यह जल अधिकांश स्वच्छ रहता है। यहाँ के बड़े बागों में से ऊलग बेग मीर्जा ने एक बाग का अपहरण कर लिया था। मैंने उसका मूल्य चुका कर उसके स्वामी से उसे क्रय कर लिया। बाग़ के बाहर बहुत बड़े–बड़े चुनार हैं जो अपनी छाया, हरियाली तथा स्वच्छता के कारण बड़े ही उत्तम विश्रामगृह हैं। बाग़ में एक जल–धारा बहती रहती है जिसका जल एक पनचक्की के लिये पर्याप्त होता है। इसके दोनों ओर वृक्ष बहुत अधिक संख्या में हैं। प्रारम्भ में यह बड़ी टेढ़ी मेढ़ी तथा विषम थी। मैंने इसे सीधा तथा नियमित कराया। इस कारण यह स्थान बड़ा ही रमणीक हो गया। ग्राम तथा घाटी की तलहटी के मध्य में ढाल की ओर ४–६ मील पर एक झरना है जो सेहयारान[2] के नाम से प्रसिद्ध है। इसके चारों ओर तीन प्रकार के वृक्ष पाये जाते हैं। झरने के ऊपर चुनार के वृक्ष बड़ी अधिक संख्या में हैं। इनकी छाया बड़ी उत्तम होती है। झरने के दोनों ओर उन पुश्तों पर जो पर्वत के नीचे हैं, बिलूत के वृक्ष बहुत बड़ी संख्या में पाये जाते हैं। इन दो बिलूतिस्तानों के अतिरिक्त, पश्चिमी काबुल के पर्वतों में कहीं भी बिलूत नहीं होता। झरने के समक्ष दश्त की दिशा में अत्यधिक अरगवान[3] होते हैं। इन अरग़वानों के अतिरिक्त किसी अन्य स्थान पर अरगवान नहीं होते। लोगों का कथन है कि ये तीनों प्रकार के वृक्ष इन तीनों सन्तों[4] का चमत्कार हैं।

---

[1] तीमूर के पुत्र मीर्जा शाह खन का पुत्र जो ज्योतिष के ज्ञान के लिये बड़ा प्रसिद्ध था। वह १४४७ ई० में सिंहासनारूढ़ हुआ और १४४६ ई० में उसके पुत्र अब्दुल्लतीफ मीर्जा ने उसकी हत्या करा दी।

[2] तीन मित्र।

[3] एक लाल फूल लाने वाला वृक्ष ।

[4] एल्फिन्सटन की तुर्की पांडुलिपि की एक टिप्पणी के अनुसार ख्वाजा मौदूद चिश्ती, ख्वाजा स्नावन्द सईद, तथा ख्वाजा रेगे रवां ।

इसी कारण इनका यह नाम पड़ा। मेरे आदेशानुसार झरने को १०X१०[1] के आकार के पत्थर तथा चूने के घेरे से घेर दिया गया। इसके प्रत्येक ओर एक सुडौल समकोणयुक्त चबूतरा बनवा दिया गया। यहां से अरग़वान के वृक्षों का दृश्य सुगमतापूर्वक देखा जा सकता है। जब अरगवान के फल पूर्णरूप से खिल जाते हैं तो यह स्थान इतना रमणीक हो जाता है कि संसार के किसी स्थान से इसकी तुलना नहीं हो सकती। पीले रंग के अरगवान के फूल बड़ी अधिक संख्या में होते हैं। लाल रंग के अरगवान भी होते हैं और कभी–कभी लाल तथा पीले दोनों रंग के अरगवान एक साथ खिलते हैं।

इस झरने के दक्षिण–पश्चिम में एक जल–धारा सर्वदा बहती रहती है। इस जल से मैंने एक नहर निकलवाई जिसके विषय में मैंने आदेश दिया कि उसे खोद कर पुश्ते के ऊपर से, जो सेहयारान के दक्षिण–पश्चिम के मध्य में है, लाया जाय। इस पुश्ते के ऊपर मैंने एक गोल चबूतरे का निर्माण कराया। इस नहर की तारीख ''जुए खुश''[2] के अक्षरों से निकाली गई।

काबुल का एक अन्य तूमान लुहुगुर है। इसमें चीख नामक एक बहुत बड़ा ग्राम है। हज़रत मौलाना याकूब तथा मुल्ला जादा उस्मान भी चीख के निवासी थे। ख्वाजा अहमद तथा ख्वाजा यूनुस सजावन्द के थे। सजावन्द भी यहीं का एक ग्राम है। चीख में बहुत से उद्यान है किन्तु लुहूगुर के किसी अन्य ग्राम में बाग़ नहीं पाये जाते। यहां के निवासी ऊग़ान शाल हैं। यह शब्द काबुल में बड़ा प्रचलित है। सम्भवतः ऊगान शआर[3] के अशुद्ध उच्चारण से यह शब्द इस प्रकार प्रसिद्ध हो गया।

एक अन्य विलायत ग़ज़नी है। कुछ लोग इसे तूमान भी कहते हैं। यह सुबुक्तिगीन[4], सुल्तान महमूद[5] तथा उसके उत्तराधिकारियों की राजधानी भी रह चुकी है। कुछ लोग इस शब्द को ग़ज़नी भी लिखते हैं। सुल्तान शिहाबुद्दीन गूरी[6] की भी राजधानी ग़ज़नी थी। 'तबक़ाते नासिरी"[7] तथा हिन्द के कुछ इतिहासों में उसे मुइज्जुद्दीन लिखा गया है।

---

1 सम्भवतः १० गज़ X १० गज ।

2 उत्तम नहर; इन अक्षरों से ९२५ हि० (१५१९ ई०) निकलती है ।

3 अफगान स्वभाव का।

4 सुबुक्स्तिगीन, महमूद का पिता था । उसकी मृत्यु ३८७ हि० (९९७ ई०) में हुई।

5 सुल्तान महमूद गजनवी की मृत्यु ४२१ हिः (१०३० ई०) में हुई।

6 उसकी मृत्यु ६०२ हि० (१२०६ ई.) में हुई।

7 तबकाते नासिरी' का लेखक मिनहाजुद्दीन उस्मान बिन सिराजुद्दीन मुहम्मद जूजजानी था। इस इतिहास में हज़रत आदम से लेकर लेखक के समय तक के संसार के प्रत्येक उन भागों के सुल्तानों का हाल है जिनके विषय में उस समय के विद्वानों को ज्ञान था। इसके खंड २०, २१, २२ तथा २३ में हिन्दुस्तान के मुइज़्ज़ी सुल्तानों, हिन्दुस्तान के शम्सी सुल्तानों, शम्सी मलिकों एवं इस्लाम पर संकट तथा मुग़ूलों के आक्रमण का वर्णन है। यह सुल्तान नासिरुद्दीन को समर्पित की गई और इसमें शव्वाल ६५८ हि० (सितम्बर–अक्टूबर १२६० ई०) तक का इतिहास दिया हुआ है।

ग़ज़नी को जाबुलिस्तान भी कहते हैं। यह तीसरी इक़लीम में है। कुछ लोगों का मत है कि कन्धार इसी का एक भाग है। यह काबुल के दक्षिण–पश्चिम में १४ यीगाच पर स्थित है। यहां से काबुल के लिये यदि कोई पौ फटते ही प्रस्थान करे तो मध्याह्नोत्तर की दोनों नमाज़ों के मध्य में वहाँ पहुंच जायेगा जब कि अदीनापूर, जो काबुल से १३ ही यीगाच पर है, मार्ग के कठिन होने के कारण कोई एक दिन में भी नहीं पहुंच सकता।

गजनी में कृषि योग्य भूमि बड़ी थोड़ी है। इसकी जलधारा में ४–५ पनचक्कियों के योग्य जल होगा। ग़ज़नी नगर का काम इसी जल–धारा से चलता है तथा चार–पांच अन्य ग्रामों की कृषि के लिये भी केवल यही जल उपलब्ध रहता है। तीन–चार अन्य ग्रामों में भूमिगत जल की नालियों से कृषि होती है। ग़ज़नी के अंगूर काबुल के अंगूरों से उत्तम होते हैं। यहाँ खरबूजे भी काबुल से अधिक होते हैं। यहां के सेब बड़े ही उत्तम होते हैं और हिन्दुस्तान भेजे जाते हैं। ग़ज़नी में कृषि हेतु बड़ा परिश्रम करना पड़ता है। जितनी भूमि पर कृषि होती है उसके लिये प्रत्येक वर्ष नई मिट्टी लानी पड़ती है किन्तु काबुल की कृषि की अपेक्षा यहाँ की कृषि से अधिक आय होती है। यहाँ मजीठ की खेती होती है और पूरी फ़सल हिन्दुस्तान चली जाती है जिसके कारण कृषकों को अत्यधिक लाभ होता है। ग़ज़नी के खुले मैदानों में हज़ारा तथा अफ़ग़ान क़बीले निवास करते हैं। यदि काबुल से यहाँ की तुलना की जाय तो यहां सर्वदा चीजें सस्ती रहती हैं। यहां के लोग हनफ़ी मजहब का पालन करते हैं और बड़े कट्टर तथा धर्मनिष्ठ मुसलमान होते हैं। यहाँ के बहुत से लोग तीन–तीन[1] मास तक रोजा रखते हैं।। इस बीच में उनके परिवार वाले उनसे अलग रहते हैं।

गजनी के प्रतिष्ठित लोगों में मुल्ला अब्दुर्रहमान हुए हैं। वे बहुत बड़े विद्वान् थे और सर्वदा शिक्षा प्रदान किया करते थे। वे बड़े ही धर्मनिष्ठ तथा गुंणवान् थे और पवित्र जीवन व्यतीत किया करते थे। जिस वर्ष नासिर मीर्जा की मृत्यु हुई उसी वर्ष उनका भी निधन हुआ।[2] सुल्तान महमूद की कब्र उस क्षेत्र में है जो उसकी कब्र के कारण रौजा कहलाता है। गजनी के उत्तम अंगूर वहीं होते हैं। वहाँ उसके उत्तराधिकारियों, सुल्तान मसऊद[3] तथा सुल्तान इबराहीम[4] की भी क़ब्रे हैं। गजनी में अत्यधिक पवित्र मज़ार हैं। जिस जिस वर्ष मैंने काबुल तथा ग़ज़नी विजय किया[5] और कोहाट, बन्नू के मैदान तथा अफ़ग़ानों के प्रदेश को नष्ट–भ्रष्ट करता हुआ दूकी तथा आबे इस्तादा

---

[1] रजब, शाबान तथा रमजान मास में।

[2] ६२१ हि० (१५१५ ई०)।

[3] सुल्तान महमूद का पुत्र जो १०३० ई० में गजनी में सिंहासनारूढ़ हुआ। १०४१ ई० में उसकी हत्या करा दी गई।

[4] सुल्तान मसऊद का पुत्र जो अपने भाई फरुख जाद के बाद १०५६ ई० में सिंहासनारूढ़ हुआ। उसकी मृत्यु १०८८ ई० में हुई।

[5] ६१० हि० (१५०४–५ ई०)।

के मार्ग से ग़ज़नी पहुंचा तो लोगों ने मुझे बताया कि ग़ज़नी के एक ग्राम में एक ऐसी क़ब्र है जहाँ दुरूद[1] पढ़ते ही वह हिलने लगती है। मैंने जा कर निरीक्षण किया तो मुझे अनुभव हुआ कि क़ब्र हिल रही है। अन्त में ज्ञात हुआ कि यह मजार के मुजाविरों की धूर्तता है। उन लोगों ने क़ब्र पर एक प्रकार का मंच बनवा दिया था जो धक्का देने पर हिल जाता था। उसके हिलने से क़ब्र उसी प्रकार हिलती हुई ज्ञात होती थी जिस प्रकार नौका पर बैठे हुए लोगों को नदी–तट हिलता हुआ अनुभव होता है। मैंने मुजाविरों को आदेश दिया कि वे मंच से दूर हट जायें। तदुपरान्त बहुत दुरूद पढ़ी गई किन्तु कब्र न हिली। मैंने आदेश दिया कि क़ब्र से मंच हटा दिया जाय और उस पर एक गुम्बद का निर्माण कर दिया जाय। मुजाविरों को चेतावनी दे दी गई कि वे पुनः इस प्रकार का कोई कार्य न करें।

ग़ज़नी बड़ा ही साधारण स्थान है। यह बड़ी ही आश्चर्यजनक बात है कि जिन बादशाहों ने हिन्दुस्तान तथा खुरासानों[2] को विजय कर लिया था वे भी इन स्थानों को छोड़ कर ग़ज़नी सरीखे साधारण स्थान को अपनी राजधानी बनाये रहे। सुल्तान महमूद के राज्य–काल में यहां तीन चार बांध रहे होंगे। एक बांध उसने ग़ज़नी नदी के उत्तर–पश्चिम में कोई तीन यीग़ाच[3] की दूरी पर बनवाया। यह लगभग ४०–५० कारी[4] ऊंचा तथा ३०० कारी लम्बा होगा। यहाँ जल एकत्र कर लिया जाता था और आवश्यकतानुसार कृषि हेतु दिया जाता था। जब अलाउद्दीन जहांसोज़ गूरी ने इस देश को अपने अधिकार में किया[5] तो उसने इसे नष्ट करा दिया। उसने सुल्तान महमूद के उत्तराधिकारियों के बहुत से मक़बरे जलवा दिये और नष्ट करवा डाले। ग़जनी नगर को जलवा दिया तथा नष्ट–भ्रष्ट करवा डाला। वहाँ के निवासियों को लूट कर उनकी हत्या करा दी। ग़ज़नी को नष्ट–भ्रष्ट कराने में उसने कोई कसर उठा न रक्खी। उस समय से यह बन्द वीरान है। जिस वर्ष मैंने हिन्दुस्तान विजय किया उस वर्ष इस बांध की मरम्मत हेतु ख्वाजा कलां द्वारा धन प्रेषित किया।[6] ईश्वर की कृपा से आशा है कि यह पुनः कार्य योग्य हो जायेगा।

एक दूसरा बांध सखन नामक है जो २–३ यीगाच[7] की दूरी पर नगर के पूर्व में है। यह दीर्घकाल से खराब पड़ा है और अब इसका ठीक कराना सम्भव नहीं। एक अन्य बांध सरे देह है जो अब भी कार्ययोग्य है।

---

1 दुआ और सलाम विशेष रूप से मुहम्मद साहब, उनकी संतान तथा मित्रों पर।

2 वे देश जो खुरासान के साथ सम्मिलित थे।

3 लगभग १८ मील।

4 गज।

5 ५५० हि० (११५२ ई०) में।

6 १५२६ ई०।

7 १२–१८ मील।

पुस्तकों में लिखा है कि ग़ज़नी में एक ऐसा झरना है जिसमें यदि गंदी तथा अशुद्ध वस्तुयें डाल दी जायें तो तत्काल बड़े ज़ोरों का तूफ़ान उठ खड़ा होता है और जल तथा बर्फ की वर्षा होने लगती है। एक अन्य इतिहास में मैंने पढ़ा हैं कि जब सुबुक्तिगीन को हिन्द के राय[1] ने घेर लिया तो उसने आदेश दिया कि झरने में गंदी तथा अशुद्ध वस्तुयें डाल दी जायं। फलतः तूफ़ान के साथ जोर की वर्षा होने लगी और बर्फ गिरने लगी। इस उपाय से उसने शत्रु को भगा दिया।[2] मैंने ग़ज़नी में अत्यधिक पता लगवाया किन्तु किसी ने भी झरने के विषय में मुझे कोई सूचना न दी।

इन देशों में गजनी तथा ख्वारिजम ठंड के लिये उसी प्रकार प्रसिद्ध हैं जिस प्रकार दोनों एराक़ तथा अज़रबाईजान में सुल्तानिया एवं तबरेज़ हैं।

जुरमुत एक अन्य तूमान है। यह काबुल से दक्षिण की ओर १२–१३ यीगाच[3] पर और ग़ज़नी के दक्षिण–पूर्व में ७–८ यीगाच[4] पर है। यहाँ के दारोगा[5] का मुख्य स्थान गीरदीज़ में है। गीरदीज़ के किले के मध्य में अधिकांश घर तीन–चार मंजिलों के हैं। वे बड़े दृढ़ हैं। जब वहाँ के निवासियों नासिर मीर्जा के विरुद्ध विद्रोह कर दिया तो उसे बड़ी कठिनाई का सामना करना पड़ा। यहाँ के निवासी ऊगान शाल हैं। वे अनाज की कृषि करते हैं किन्तु न तो अंगूर के बाग़ लगाते हैं और न अन्य फलों के। शेख मुहम्मद मुसलमान की क़ब्र एक झरने पर बरकिस्तान नामक पर्वत के आंचल में, जो तूमान के दक्षिण में है, एक ऊंचे स्थान पर है।

फ़रमूल एक अन्य तूमान है। यह बड़ा साधारण स्थान है। यहाँ के सेब बुरे नहीं होते। ये मुल्तान तथा हिन्दुस्तान भेजे जाते हैं। हिन्दुस्तान में अफ़ग़ानों के राज्यकाल में जिन शेखजादों को अत्यधिक प्रोत्साहन प्रदान हुआ था, वे फ़रमूल के शेख मुहम्मद मुसलमान की संतान से थे।

एक अन्य तूमान बंगश है। इसके चारों ओर अफ़ग़ान लुटेरे आबाद हैं। उदाहरणार्थ खूगियानी, खिरिलची, तूरी तथा लन्दर। दूर स्थित होने के कारण यहाँ के लोग स्वेच्छा से राज–कर नहीं अदा करते। मुझे कुछ महान कार्य करने थे, उदाहरणार्थ कन्यार, बल्ख, बदख्शां तथा हिन्दुस्तान की विजय। अतः मुझे बंगश वालों को आज्ञाकारी बनाने का अवकाश न मिल सका। यदि ईश्वर ने चाहा तो अवकाश मिलते ही में उन बंगश लुटेरों को ठीक कर लूंगा।

काबुल के बुलूकों में एक आला साई है जो निज्र अऊ से २–३ शरई[6] पूर्व में स्थित है। निज अऊ से सीधा मार्ग जो आला साई को जाता है, जब

---

[1] राजा जयपाल ।

[2] लगभग ३७८ हि० (९८८ ई०) में राजा जयपाल ने ग़ज़नी पर आक्रमण किया था।

[3] ७२–७८ मील।

[4] ४२–४८ मील।

[5] हाकिम।

[6] ६४–६ मील।

कूरा नामक स्थान तक पहुँचता है तो वह एक छोटे से दर्रे में प्रविष्ट हो जाता है। वह दर्रा उस क्षेत्र के गरम जलवायु तथा ठंडी जलवायु के भागों को पृथक् करता है। इस दर्रे से पक्षी ऋतु के परिवर्तित हो जाने पर एक भाग से दूसरे भाग में पहुंच जाते हैं। उस समय पीचग़ान निवासी बहुत से पक्षियों को पकड़ लेते हैं। पीचग़ान निज अऊ के अधीन है। शिकार इस प्रकार किया जाता है : दर्रे के मुंह पर थोड़ी थोड़ी दूर पर चिड़ीमारों के छिपने के लिये स्थान बना दिये जाते हैं। जाल के एक कोने को ५–६ गज की दूरी पर दृढ़तापूर्वक बांध दिया जाता है और दूसरे कोने को भूमि पर पत्थर से दबा दिया जाता है। जाल के दूसरे भाग में चौड़ाई की ओर आधी दूर तक ३–४ गज़ लम्बी लकड़ी बांध दी जाती है। लकड़ी का एक सिरा वह चिड़ीमार अपने हाथ में लिये रहता है जो पत्थर के पीछे छिपा रहता है। पत्थर में इस प्रकार दराजें छोड़ दी जाती हैं कि वह उसमें से देखता रहता है। जब पक्षी निकट आ जाते हैं तो वह जाल को जितना ऊंचा उठा सकता है, उठा देता है। पक्षी जाल में स्वयं फंस जाते हैं। कभी कभी इतने पक्षी फंस जाते हैं कि उनके जिबह[1] करने का समय तक नहीं मिलता।

उस क्षेत्र में आला साई के अनार बड़े प्रसिद्ध हैं। यद्यपि वहाँ के अनार अधिक अच्छे नहीं होते, किन्तु उस क्षेत्र में आला साई के अनारों से अच्छे अनार किसी अन्य स्थान पर नहीं होते। वहां के अनार हिन्दुस्तान भेजे जाते हैं। वहाँ के अंगूर भी बुरे नहीं होते। निज़ अऊ की अपेक्षा आला साई की मदिरा अधिक अच्छी तथा तेज़ होती है।

बद्र अऊ भी एक अन्य बुलूक है। वह आला साई की बग़ल में स्थित है। वहाँ फल नहीं होते। वहाँ के निवासी काफ़िर हैं और अनाज की कृषि करते हैं।

काबुल के क़बीले

जिस प्रकार तुर्क तथा मुगल क़बीले खुरासान तथा समरकन्द के खुले मैदानों में निवास करते हैं उसी प्रकार काबुल में हजारा तथा अफ़ग़ान लोग निवास करते हैं। हजारा लोगों में सब से बड़े 'सुल्तान मसऊदी हजारा' हैं और अफ़ग़ानों में 'महमन्द'।

काबुल की जमा

काबुल की जमा जो कृषि, तमगा तथा खुले मैदानों के निवासियों द्वारा प्राप्त होती है, कुल मिला कर ८ लाख शाहरुखी[2] है।

काबुल के पर्वतीय प्रदेश

अन्दराब, ख्वास्त तथा बदखशांनांत के पर्वतीय प्रदेशों में अरचा[1] होती है। पूर्वी काबुल के बहुत से झरनों तथा पुश्तों पर ऐसी घास होती है जो कि

---

[1] 'बिस्मिल्लाहो, अल्लाहो अकबर' कह कर गला काटना।

[2] एक रुपया २३ शाहरुखी के बराबर होता था। एक शाहरुखी को १० पेंस के बराबर माना जाता है। योरोपियन विद्वानों ने यहाँ का राजस्व ३३,३३३ पौंड ६ शिलिङ्ग ८ पेंस बताया है।

सुन्दर फ़र्श के समान प्रतीत होती है। अधिकांश स्थानों पर बूता काह होती है जो घोड़ों के लिये बड़ी लाभदायक होती है। अन्दिजान प्रदेश में लोग बूता काह की चर्चा किया करते थे, किन्तु इस नाम के पड़ने का मुझे कोई कारण ज्ञात न था। काबुल में ज्ञात हुआ कि क्योंकि यह घास नरम गुच्छों के समान होती है अतः इसे बूता काह कहते हैं। यहाँ के पर्वतों के शिखर हिसार, खुतलान, फ़रग़ाना, समरकन्द तथा मुगूलिस्तान के शिखरों के समान हैं। यद्यपि फ़रगाना तथा मुगूलिस्तान के शिखरों की इन शिखरों से कोई तुलना ही नहीं की जा सकती किन्तु पर्वत तथा शिखर सभी एक प्रकार के हैं।

इन पर्वतों से निज अऊ, लमग़ानात तथा सवाद के पर्वत इस दृष्टि से पृथक् हैं कि यहाँ देवदार, चिलगोजे, जैतून, बिलूत तथा खनजक के वृक्ष बड़ी अधिक संख्या में होते हैं। यहाँ की घास भी विभिन्न प्रकार की होती है। यह बड़ी धनी तथा लम्बी–लम्बी होती है और न घोड़ों के काम की होती है और न भेड़ों के काम की। यद्यपि ये पर्वत पूर्व उल्लिखित पर्वतों के समान ऊँचे नहीं हैं और देखने में बड़े साधारण ज्ञात होते हैं किन्तु ये अत्यन्त दृढ़ हैं। जो भाग पुश्तों के समान ज्ञात होते हैं वे भी बड़ी कड़ी चट्टान के हैं, जिन पर घोड़े पर सवार होकर जाना बड़ा कठिन है। उन पर्वतीय प्रदेशों में हिन्दुस्तान के बहुत से पशु–पक्षी पाये जाते हैं। उदाहरणार्थ तोता, मैना, मोर, लूजा, बन्दर, नील गाय, कूता पाई[2] इत्यादि। इन पशु–पक्षियों के अतिरिक्त जिनका ऊपर उल्लेख किया गया कुछ ऐसे पशु–पक्षी भी पाये जाते हैं जिनके विषय में हिन्दुस्तान में भी कभी कुछ नहीं सुना गया।

काबुल के पश्चिम जिन्दान घाटी, सूफ़ घाटी, गरजवान तथा गजिस्तान सभी के पर्वत एक ही प्रकार के हैं। उनके अधिकांश घास के चौरस मैदान घाटियों में हैं। इन पर्वतों तथा पुश्तों पर वैसी घास नहीं होती जैसी घास का उल्लेख किया जा चुका है। यहां उस प्रकार के वृक्षों के झुंड भी नहीं हैं। यहाँ की घास घोड़ों तथा भेड़ों के लिये बड़ी अच्छी होती है। इन पर्वतों के ऊपर जहाँ हर प्रकार की कृषि होती है ऐसी समतल भूमि प्राप्य है जहाँ घोडे दौडाये जा सकते हैं। इस पर्वतीय प्रदेश में कीयिक[3] अत्यधिक संख्या में होते हैं। यहां की घाटियों की तलहटियाँ अत्यन्त दृढ़ हैं और पर्वत इस प्रकार खड़े हैं कि ऊपर से यहाँ तक पहुंचना असम्भव है। यह बात बड़ी ही विचित्र है कि अन्य पर्वतों के दृढ़ स्थान पर्वतों के ऊपर ऊंचे स्थानों पर होते हैं किन्तु इनके दृढ़ स्थान नीचे की ओर हैं। गूर, करनूद तथा हजारा के पर्वत भी एक ही प्रकार के हैं। उनके अधिकांश चौरस घास के मैदान उनकी घाटियों में हैं। वहाँ वृक्ष बड़ी कम संख्या में होते हैं। वहाँ अरचा की लकड़ी भी अच्छी नहीं होती। वहाँ की घास घोड़ों तथा भेड़ों को बड़ी रुचिकर होती

---

[1] देवदार अथवा चीड़।

[2] हिन्दुस्तान के पशुओं का वर्णन ९३२ हि० के इतिहास के सम्बन्ध में किया गया है।

[3] जंगली भेड़ें तथा बकरे।

है। उन पर्वतों की अपेक्षा जिनका उल्लेख किया जा चुका है ये पर्वत इस दृ ष्टि से पृथक् हैं कि यहाँ के दृढ़ स्थान नीचे नहीं हैं।

ख्वाजा इस्माईल के पर्वत, दश्त, दूकी तथा अफ़ग़ानिस्तान के पर्वत जो काबुल के दक्षिण–पूर्व में हैं. सब एक ही प्रकार के हैं। वे छोटे–छोटे हैं। हरियाली भी कम और जल का भी अभाव रहता है। ये वृक्षों से शून्य तथा भद्दे हैं और किसी काम के नहीं हैं। ये पर्वत यहाँ के निवासियों के अनुकूल हैं जैसा कि कहा जाता है, "तींग बूलमा गूचा तूश वूलमास"[1]। संसार में इस प्रकार के व्यर्थ के पर्वत बहुत कम होंगे।

काबुल की ईंधन के योग्य लकड़ियाँ

काबुल में यद्यपि बड़े कड़ाके का जाड़ा पड़ता है और बर्फ भी अधिक गिरती है किन्तु ईंधन की लकड़ी बड़ी अधिक संख्या में निकट ही मिल जाती है। यदि जाने आने के लिये एक दिन मिल जाय तो खनजक, बिलूत, बादामचा तथा क़रक़न्द की लकड़ी लाई जा सकती है। इनमें खनजक की लकड़ी सब से अच्छी होती है। इसमें से जलते समय अच्छी लपट निकलती है। इसके धुंयें से भी सुगन्धि निकलती है। इसका कोयला भी बड़ी देर तक जलता रहता है। गीले होने पर भी यह लकड़ी जल जाती है। बिलूत भी जलाने में बड़ा उत्तम होता है। यद्यपि खनजक की अपेक्षा इसमें से अच्छी लपट नहीं निकलती किन्तु जलने में बड़ा अच्छा होता है और कोयला भी अत्यधिक होता है। इसमें से सुगन्धि भी निकलती है। जलते समय इसकी यह विशेषता है कि जब इसकी पत्तीदार शाखायें जलाई जाती हैं तो वे बड़ी विचित्र आवाज़ से जलती हैं। वे जलती जाती हैं और ऊपर से नीचे तक पतंगे छूटते जाते हैं। इसके जलाने में बड़ा आनन्द आता है। बादामचा की लकड़ी सब से अधिक मिलती है और अधिक प्रचलित है किन्तु इसकी आग देर तक नहीं ठहरती। करकन्द छोटी तथा कांटेदार झाड़ी होती है। इसकी गीली तथा सूखी दोनों प्रकार की लकड़ियाँ जलाई जाती हैं। समस्त गजनी वाले इसी लकड़ी को इंधन के रूप में प्रयोग करते हैं।

पशु–पक्षी

काबुल की कृषि योग्य भूमि पर्वतों के मध्य में स्थित है और ये पर्वत बड़े बड़े बांधों के समान हैं। इन पर्वतों की घाटियों की तलहटी में अधिकांश ग्राम तथा बस्तियां हैं। इन पर्वतों पर कीयिक[2] तथा आहू[3] बड़ी कम संख्या में होते हैं। इन पर्वतों में ग्रीष्म तथा शीत ऋतु के मध्य में कीजील कीयिक, अरकारगल्चा भागते फिरते हैं। साहसी जवान उनके शिकार हेतु कुत्ते एवं बाज़ लेकर जाते हैं। खूर्द काबुल तथा सूर्ख रूद की ओर एक प्रकार का जंगली गधा होता है। किन्तु सफ़ेद कीयिक नहीं पाये जाते। ग़ज़नी में दोनों

---

[1] 'संकीर्ण विचार वाले के लिये तंग स्थान बड़ा फैला होता है।

[2] जंगली बकरे तथा भेड़ें।

[3] मृग।

ही पाये जाते हैं। जिस प्रकार के मोटे ताजे सफ़ेद कीयिक ग़ज़नी में मिलते हैं वैसे किसी अन्य स्थान पर बहुत कम मिलते हैं।

गरमी में काबुल में पक्षियों के शिकार के स्थान भरे रहते हैं। अधिकांश पक्षी बारान नदी के तट पर पहुंच जाते हैं कारण कि इसके पूर्व तथा पश्चिम दोनों ही दिशाओं में पर्वतीय प्रदेश हैं। बारान नदी के सामने हिन्दूकुश का बहुत बड़ा दर्रा है। इस दर्रे के अतिरिक्त कोई अन्य दर्रा नहीं है। इसी कारण समस्त पक्षी इसी स्थान से गुज़रते हैं। जब उत्तरी हवायें चलती हैं अथवा हिन्दूकुश में थोड़े से बादल आ जाते हैं तो वे दर्रे को पार नहीं कर सकते। ऐसे अवसरों पर वे सब के सब बारान नदी के मैदान में उतर पड़ते हैं। उस समय स्थानीय लोग अत्यधिक पक्षियों को पकड़ लेते हैं। बारान नदी के तट पर शीत ऋतु के अन्त में बहुत बड़ी संख्या में मुर्गियां आती हैं जो बड़ी मोटी ताजी होती हैं। तदुपरान्त कुलंग, करकरे तथा अन्य बड़े पक्षी बहुत बड़ी संख्या में पहुँच जाते हैं।

पक्षियों का शिकार

कुलंग के लिये बारान नदी के किनारे डोरियां लगा दी जाती हैं और डोरियों द्वारा अत्यधिक संख्या में कुलंग पकड़ लिये जाते हैं। अऊकार, करकरे तथा कूतान भी बहुत बड़ी संख्या में डोरियों द्वारा पकड़ लिये जाते हैं। पक्षियों के पकड़ने का यह बड़ा ही विचित्र ढंग है। जितनी दूर तक एक बाण पहुँच सकता है उतनी दूर तक वे लोग एक डोरी बट डालते हैं। डोरी के एक सिरे पर बाण तथा दूसरे सिरे पर बीलदूरगा[1] बांध देते हैं। तदुपरान्त कलाई के बराबर मोटा तथा एक बालिश्त लम्बा लकड़ी का टुकड़ा लेकर डोरी को बाण के सिरे से लेकर बीलदूरगा के सिरे तक लपेट देते हैं। फिर वे लकड़ी निकाल लेते. हैं और डोरी में छल्ले बने रह जाते हैं। बीलदूरगा को हाथ में मजबूती से पकड़ कर पक्षी के झुंड की ओर बाण फेंका जाता है । यदि डोरी का छल्ला पक्षी की ग्रीवा अथवा पंखों में फंस जाता है तो पक्षी नीचे गिर पड़ता है। बारान पर सभी लोग पक्षी इसी प्रकार पकड़ते हैं। इस प्रकार पक्षियों के पकड़ने में बड़ा परिश्रम करना पड़ता है। इसके लिये वर्षा की रातों की आवश्यकता होती है। इन रातों में पक्षी वन पशुओं के भय से रात भर प्रातःकाल तक बड़े नीचे–नीचे उड़ते रहते हैं। रात भर वे बहती हुई नदी पर उड़ते रहते हैं। बहता हुआ जल उनको मार्ग दर्शाता रहता है। भय के कारण वे जल के ऊपर तथा जल तक सवेरे तक उड़ते रहते हैं। जब वे इस प्रकार ऊपर जाते तथा नीचे आते रहते हैं तो डोरी फेंक दी जाती है। मैंने एक बार रात्रि में डोरी फेंकी। डोरी टूट गई। पक्षी का भी पता न चला। प्रातःकाल टूटी हुई डोरी तथा पक्षी मिल गया। उन्हें मेरे पास लाया गया। इस प्रकार बारान नदी के निवासी अत्यधिक कुलंग पकड़ लेते हैं। इससे वे

---

[1] एक छोटी, गोल सिर की कील जो रस्सी को फिसलने से रोके रहती होगी।

पगड़ी के लिये परों की कलंगी बनाते हैं जो काबुल से खुरासान में बिकने जाती हैं।

इन चिड़ियों का शिकार करने वालों के अतिरिक्त बहुत से दारा भी चिड़ीमारी का कार्य करते हैं। इनके २००–३०० घराने हैं। इन्हें तीमूर बेग के किसी उत्तराधिकारी ने मुल्तान से बारान पर ला कर बसाया था। इनका व्यवसाय चिड़ीमारी है। ये तालाब खोद कर अन्य पक्षियों को फंसाने के लिये पालतु पक्षी तालाब के भीतर डाल देते हैं; ऊपर से जाल बिछा देते हैं। प्रत्येक युक्ति से ये अत्यधिक चिड़ियां पकड़ते हैं। केवल चिड़ीमार ही चिड़िया नहीं पकड़ते अपितु बारान का प्रत्येक निवासी यही कार्य करता है। चिड़ियाँ, डोरियों, जाल तथा अन्य युक्तियों से पकड़ी जाती हैं।

मछलियों का शिकार

पक्षियों के समान इसी मौसम में बारान की मछलियां भी एक स्थान से दूसरे स्थान को जाती हैं। बहुत सी मछलियां जाल द्वारा तथा बहुत सी जल में चीग[1] बांध कर पकड़ ली जाती हैं। शरद् ऋतु में कऊलान कऊयिरऊगा नामक पौधा पूर्ण रूप से बढ़ जाता है और इसमें फल निकल आते हैं तो लोग इसके १०–२० गट्ठे[2] तथा हरी शाखाओं के २०–३० गट्ठे ले जाकर, उन्हें टुकड़े टुकड़े करके जल में डाल देते हैं। जैसे ही वे उन्हें जल में डालते हैं मछलियाँ जो मस्त रहती हैं उन्हें खाने लगती हैं। लोग जल में प्रविष्ट होकर इन मछलियों को पकड़ लेते हैं। नीचे की ओर किसी उचित स्थान पर किसी छेद में पूर्व ही अंगुली के बराबर मोटी चीग्र लगा दी जाती है। उसके एक सिरे पर पत्थर रख दिये जाते हैं। जल चीग्र पर से लहरें मारता हुआ बहता रहता है किन्तु जो मछलियां तैरती हुई आती रहती हैं वे चीग्र ही पर रुक जाती हैं। गुल बहार, परवान तथा इस्तालीफ़ में इसी प्रकार मछलियाँ पकड़ी जाती हैं।

लमग़ानात में शीत ऋतु में इस विचित्र विधि से मछलियाँ पकड़ी जाती हैं : जिन स्थानों पर जल ऊपर से गिरता होता है वहाँ घर के बराबर गड्ढे बना लिये जाते हैं। खाना पकाने की भट्ठी के पायों के समान उस गड्ढे में पत्थर छोड़ दिये जाते हैं। उसके ऊपर भी पत्थर चुन देते हैं। जल के नीचे केवल एक छेद रह जाता है। जल पत्थरों की दराजों से बहता रहता है किन्तु मछलियां इस छेद के अतिरिक्त कहीं से नहीं आ जा सकतीं। इस प्रकार यह एक तरह का मछलियों का तालाब बन जाता है और शीत ऋतु में आवश्यकतानुसार वहाँ से ३०–४० मछलियां निकाल ली जाती हैं। जिस स्थान पर आवश्यकतानुसार छेद रक्खा जाता है उसके अतिरिक्त मछली के तालाब को चारों ओर से धान के प्याल में बांध कर दृढ़ कर दिया जाता है और उस पर पत्थर रख दिये जाते हैं। छेद के द्वार पर जाल के समान कोई चीज़ बिन दी जाती है। उसके दोनों सिरों को एक स्थान पर कर के बांध

---

[1] एक प्रकार की लकड़ी।

[2] सम्भवतः फल के।

दिया जाता है। उसके मध्य में एक दूसरी नलकी को जाल से बांध कर दृढ़ बना दिया जाता है। इस प्रकार छेद को जाल द्वारा बन्द कर दिया जाता है। मछली छोटे टुकड़े से बड़े में प्रविष्ट हो जाती है और फिर उससे नहीं निकल पाती। भीतर के मुंह का दूसरा मार्ग इतना सकरा होता है कि मछली उसमें एक बार प्रविष्ट हो कर पुनः घूम नहीं सकती कारण कि भीतरी मुंह के किनारे बड़े नुकीले होते हैं। टहनियों का जाल लगा देने तथा मछली के तालाब को प्याल की डोरी से दृढ़ कर देने के उपरान्त जो मछलियाँ भीतर होती हैं वे पकड़ी जा सकती हैं और जो भागने का प्रयत्न करती हैं वे टहनियों के जाल में फंस जाती हैं, कारण कि उनके निकलने का कोई अन्य मार्ग नहीं होता। मछलियाँ पकड़ने की यह विधि हमने किसी अन्य स्थान पर नहीं देखी।

एतिहासिक वर्णन

मुकीम का प्रस्थान तथा भूमि का वितरण

काबुल पर अधिकार जमा लेने के कुछ दिन उपरान्त मुकीम ने कन्धार जाने की अनुमति मांगी। क्योंकि वह सन्धि तथा प्रतिज्ञा के उपरान्त बाहर निकला था अतः उसे उसके सहायकों, धन–सम्पत्ति एवं अन्य बहुमूल्य वस्तुओं सहित उसके पिता[1] तथा बड़े भाई[2] के पास जाने की अनुमति दे दी गई।

उसके प्रस्थान के उपरान्त काबुल का राज्य मीर्ज़ाओं तथा अतिथि बेगों[3] में बाँट दिया गया। जहांगीर मीर्जा को ग़ज़नी तथा उसके अधीनस्थ एवं समीप के स्थानों में नियुक्त कर दिया गया। नासिर मीर्जा को नीनगनहार के तूमान, मंदरावर, नूर घाटी, कूनार, नूर गल तथा चग़ान सराय प्रदान कर दिये गये। कुछ बेगों तथा अमीरों को जिन्होंने छापा मार युद्धों में हमारा साथ दिया था और काबुल तक हमारे साथ आये थे उन्हें ग्राम तियूल[4] के रूप में प्रदान किये गये। विलायत किसी को भी प्रदान नहीं की गई[5]। केवल इसी अवसर पर मैंने अतिथि बेगों तथा अपरिचित बेगों के प्रति प्राचीन सेवकों तथा अन्दिजान निवासियों की अपेक्षा अधिक कृपा दृष्टि नहीं प्रदर्शित की अपितु मैं सर्वदा से ही, जब परमेश्वर मेरे प्रति दया प्रदर्शित करता था, इसी प्रकार का

---

[1] शाह बेग ।

[2] जुन्नून ।

[3] मिहमान बेगलार । इस शब्द का प्रयोग बाबर ने सर्वप्रथम इसी स्थान पर किया है और सम्भवतः खुसरो शाह के सहायकों के उससे मिल जाने के कारण इस शब्द का प्रयोग किया गया है ।

[4] जागीर।

[5] सम्भवतः इसका अर्थ यह है कि उसने काबुल की भूमि अपने ही अधिकार में रखी, और केवल किला ही नहीं अपितु काबुल के तूमान भी अपने हाथ में रक्खे होंगे।

आचरण करता चला आया हूँ। यह बड़े आश्चर्य की बात है कि इस पर भी लोग निरन्तर मेरी इस प्रकार कटु–आलोचना करते रहते हैं मानों मैं प्राचीन सेवक तथा अन्दिजान निवासियों के अतिरिक्त किसी के प्रति कोई कृपा–दृष्टि नहीं प्रदर्शित करता। एक लोकोक्ति[1] है कि "वह शत्रु ही कैसा है जो सब कुछ नहीं कहता, और वह स्वप्न ही कैसा है जिसमें सब कुछ नहीं दिखाई देता।"

शेर

"नगर के फाटक को बन्द किया जा सकता है,
विरोधियों का मुंह नहीं बन्द किया जा सकता ।"

बहुत से क़बीले तथा जत्थे समरकन्द, हिसार तथा कून्दूज से काबुल में आ गये थे। काबुल एक छोटा–सा देश है। यह तलवार का देश है लेखनी का नहीं।[2] यहाँ से इतने सब क़बीले वालों के लिये धन प्राप्त करना असम्भव था अतः यह उचित ज्ञात हुआ कि इन कबीलों के परिवार वालों के लिए खाद्य सामग्री प्राप्त कर ली जाय तदुपरान्त वे सुगमतापूर्वक सेना के साथ इधर–उधर धावों पर जा सकेंगे। तद्नुसार यह निश्चय हुआ कि काबुल तथा गजनी एवं उसके अधीनस्थ स्थानों से ३०,००० खरवार[3] अनाज वसूल किया जाय। हम लोगों को उस समय फ़सल तथा उत्पत्ति का कोई ज्ञान न था और यह मालगुजारी बड़ी ही अधिक थी। इस कारण देश को अत्यधिक हानि हुई।

उन्हीं दिनों मैंने बाबरी[4] नामक हस्त–लिपि का आविष्कार किया।

हजारा पर धावे

सुल्तान मसऊदी हज़ारा पर अत्यधिक घोड़ों तथा भेड़ों की प्राप्ति कर के रूप में लगाई गई थी। उसे वसूल करने के लिये अधिकारी भेजे गये। कुछ दिन उपरान्त उन अधिकारियों ने सूचना भिजवाई कि हज़ारा लोग कर नहीं अदा करते तथा विद्रोह कर रहे हैं। क्योंकि इसी क़बीले वाले इसके पूर्व गजनी तथा गोरदोज़ के मार्ग पर छापा मार चुके थे अतः हम लोग सुल्तान मसऊदी हजारा वालों पर अचानक आक्रमण करने के उद्देश्य से सवार हो गये। मैदान मार्ग की यात्रा करके हमने रात्रि में निर्ख दर्रे को पार कर लिया और प्रातःकाल की नमाज के समय हम जालतू के समीप उन पर टूट पड़े। यह आक्रमण इच्छानुसार (सफल) न हो सका। हम लोग संगे सूराख के मार्ग से वापस आ गये। जहांगीर मीर्जा को वहां से ग़ज़नी जाने की अनुमति दे

---

[1] तुर्की लोकोक्ति।

[2] 'यहाँ कर केवल तलवार द्वारा प्राप्त हो सकता है लिखित आदेशों द्वारा नहीं'।

[3] गधे के बोझ के बराबर । अर्सकिन के अनुसार एक बोझ में ७०० पौंड आते हैं।

[4] निजामुद्दीन तथा बदायूनी ने भी इस हस्त लिपि का उल्लेख किया है और लिखा है कि बाबर ने इस लिपि में एक कुरान शरीफ नकल करके मक्का उपहार स्वरूप भेजा था। बदायूनी के अनुसार उसके समय (अकबर के राज्य–काल) में किसी को इसका ज्ञान न था।

दी गई। जब हम लोग काबुल पहुँच गये तो दरिया खां का पुत्र यार हुसेन भीरा से हमारी सेवा में उपस्थित हुआ।

हिन्दुस्तान की ओर प्रथम बार प्रस्थान

जब कुछ दिन उपरान्त सेना का निरीक्षण हो गया तो ऐसे लोगों को, जो देश के विषय में पूर्ण रूप से परिचित थे, बुलवाकर देश की प्रत्येक दिशा के विषय में प्रश्न किया गया। कुछ लोगों का मत था कि दश्त[1] की ओर प्रस्थान किया जाय, कुछ बंगश को उचित समझते थे और कुछ ने हिन्दुस्तान के विषय में परामर्श किया। विचार–विमर्श के उपरान्त यह निश्चय हुआ कि हिन्दुस्तान की ओर आक्रमण किया जाय।

शाबान मास (६१० हि०, जनवरी १५०५ ई०) में जब सूर्य कुम्भ राशि में था तो हम लोगों ने काबुल से हिन्दुस्तान की ओर प्रस्थान किया। बादाम चश्मा तथा जगदालीक[2] के मार्ग से छः पड़ाव पार करने के उपरान्त हम लोग अदीनापूर पहुंचे।[3] उस समय तक मैंने कोई गरम देश अथवा हिन्दुस्तान के सीमान्त के प्रदेश न देखे थे। नीनगनहार हमको एक दूसरा ही संसार दृष्टिगत हुआ––अन्य प्रकार की घास, अन्य प्रकार के वृक्ष तथा अन्य ही प्रकार के पशु–पक्षी एवं वहां के कबीलों तथा जत्थों के अन्य प्रकार के रीति–रिवाज। हम लोग आश्चर्यचकित हो गये और वास्तव में आश्चर्य का विषय ही था।

नासिर मीर्जा, जो इससे पूर्व अपनी विलायत को जा चुका था, मेरी सेवा में अदीनापूर में उपस्थित हुआ। हम अदीनापूर में इस आशय से कुछ समय तक ठहर गये कि जो आदमी पीछे रह गये हैं वे भी आ जायं। इसके अतिरिक्त हमें उस क़बीले के एक दल की प्रतीक्षा थी जो हमारे साथ काबुल तक आया था और इस समय लमग़ानात में शीत ऋतु व्यतीत कर रहा था। जब सब लोग आ गये तो जुए शाही के नीचे पहुंच कर हमने कूश गुम्बज में पड़ाव किया। वहां नासिर मीर्जा ने यह कह कर ठहर जाने की अनुमति मांगी कि वह अपने आश्रितों एवं सहायकों का कुछ प्रबन्ध कर के दो–तीन दिन उपरान्त पोछे–पीछे पहुंच जायेगा। कूश गुम्बज से प्रस्थान कर के जब हम लोग गरम चश्मे पर उतरे तो वहां गागियानी का सब से बड़ा सरदार एक फ़ज्जी[4] जो कारवान वालों के साथ आया था, लाया गया। उसे मार्ग दर्शाने के उद्देश्य से साथ ले लिया गया। एक दो पड़ावों के उपरान्त खबर को पार करके हम लोग जाम[5] पहुंचे।

---

[1] मेहतर सुलेमान के पूर्व एवं पश्चिम का भूभाग । बाबर का अभिप्राय 'दामन' से है।

[2] यह काबुल से पेशावर तथा अटक का सीधा मार्ग है।

[3] जगदालीक दर्रा शताब्दियों से काबुल तथा नीनगनहार को पृथक् करता चला आया है।

[4] यह शब्द निश्चित रूप से नहीं पढ़ा जा सका है।

[5] जामरूद (जाम जल धारा)।

हमने गूर खत्तरी[1] के विषय में कहानियां सुन रक्खी थीं। यह योगियों तथा हिन्दुओं का एक तीर्थ स्थान बताया जाता था जहां वे बड़ी दूर दूर से जाकर सिर तथा दाढ़ी मुंडवाते थे। जाम में उतरते ही मैं तत्काल बीगराम[2] की सैर हेतु रवाना हो गया। मैंने वहां के बड़े वृक्ष का निरीक्षण किया और आस पास के स्थानों की सैर की। मैंने गूर खत्तरी के विषय में बहुत पूछा किन्तु हमारे मार्ग दर्शक मलिक बू सईद कमरी[3] ने कुछ न बताया। जब हम अपने शिविर में लगभग पहुंच गये तो उसने ख्वाजा मुहम्मद अमीन को बताया कि वह स्थान बोगराम में है। उसने सकरे मार्गों तथा भयानक कंदराओं के कारण कुछ न बताया। ख्वाजा ने तत्काल उसे डांट फटकार कर जो कुछ उसने कहा था, वह हमें बता दिया किन्तु दूरी तथा दिन के समाप्त हो जाने के कारण हम लोग वापस न जा सकते थे।

कोहाट के विरुद्ध प्रस्थान

इस मंजिल पर हमने इस विषय पर विचार विमर्श किया कि हम सिन्द नदी पार करें या किसी अन्य स्थान की ओर प्रस्थान करें। बाक़ी चग़ानियानी ने निवेदन किया कि हम लोग नदी पार किये बिना और केवल रात ठहर कर कोहाट पहुंच जायं। वहां बहुत से धनी कबीले रहते हैं। इसके अतिरिक्त उसने बहुत से काबुलियों को प्रस्तुत किया जिन्होंने उसके मत का समर्थन किया। हमने इस स्थान के विषय में कभी कुछ न सुना था। क्योंकि हमारे एक प्रतिष्ठित व्यक्ति ने कोहाट की ओर आक्रमण करने की सलाह दी और अपने मत की पुष्टि साक्षियों द्वारा कराई थी अतः हमने सिन्द पार करके हिन्दुस्तान की ओर अग्रसर होने के विचार त्याग दिये। जाम से प्रस्थान करके हमने बारा नदी पार की और मुहम्मद नामक पर्वत से होते हुए दर्रे के समीप पड़ाव किया। उस समय गागियानी अफ़ग़ान परशावर में थे किन्तु वे हमारी सेना के भय से पहाड़ी के आंचल में भाग गये। उनके एक सरदार ने इस पड़ाव पर उपस्थित होकर हमारे प्रति अभिवादन किया। हमने उसे भी फज्जी के साथ मार्ग दर्शाने के लिये ले लिया। हम आधी रात में शिविर से रवाना हो गये और प्रातःकाल मुहम्मद फ़ज्ज को पार करके कलेवे के समय कोहाट पर टूट पड़े। हमारे आदमियों को अत्यधिक मवेशी तथा भैंसें प्राप्त हुई। बहुत से अफ़ग़ान बन्दी बना लिये गये। मैंने उन्हें एकत्र करके मुक्त कर दिया। कोहाट वालों के घरों में अपार अनाज प्राप्त हुआ। हमारी सेना के अग्र भाग ने सिन्द नदी तक धावा मारा। वे लोग एक रात वहां ठहर कर दूसरे दिन हमारे पास आ गये। हमको बाक़ी चग़ानियानी ने जो आश्वासन दिलाया था, वह पूरा न हुआ। वह अपनी योजना के कारण बड़ा लज्जित हुआ।

---

1 बाबर ने ६२५ हि० (१५१६ ई०) में इस स्थान का निरीक्षण किया।

2 बीगराम नाम के चार स्थान हूपियान, काबुल, जलालाबाद तथा पेशावर के समीप हैं।

3 सम्भवतः सिंध नदी पर स्थिति 'कमरी' ।

कोहाट में दो रात तथा दिन तक ठहरने तथा अग्र भाग के वापस आ जाने के उपरान्त हमने इस विषय पर विचार विमर्श किया कि अब किस दिशा की ओर प्रस्थान करना चाहिये। हमने बंगश तथा बन्नू के आस–पास के अफ़ग़ानों पर आक्रमण करके या तो नग्न और या फ़रमूल के मार्ग से काबुल वापस जाना निश्चय किया।

कोहाट में दरिया खां के पुत्र यार हुसेन ने जो काबुल में मेरी सेवा में उपस्थित हुआ था, आकर निवेदन किया कि, "दिलाजाक, यूसुफ़ जाई तथा गागियानी क़बीले वालों को फ़रमान लिख दिये जायें ताकि जब मैं बादशाही तलवार को सिन्द नदी के उस पार चलाऊं तो वे मेरा विरोध न करें।" मैंने उसकी इच्छानुसार उसे फ़रमान देकर कोहाट से विदा कर दिया।

तहाल के विरुद्ध प्रस्थान

कोहाट से निकल कर हम लोग हंगू के मार्ग से ऊपर की ओर बंगश के लिये रवाना हुए। कोहाट तथा हंगू के मार्ग के मध्य में एक घाटी है। उसके दोनों ओर पर्वत हैं। जब हम इस घाटी में घुसे तो कोहाट एवं आस–पास के अफ़ग़ान जोदोनों पर्वतों के आंचल में एकत्र हो गये थे, बड़े जोर–जोर से युद्ध–नाद लगाने लगे। मलिक बू सईद कमरो, जो समस्त अफ़ग़ानों के विषय में भली भांति जानता था, हमारा मार्ग दर्शक था। उसने निवेदन किया कि, "आगे दाईं ओर एक पृथक् पहाड़ी है। यदि अफ़ग़ान लोग इन पर्वतों के आंचल से वहां पहुंच जायें तो हम लोग उन्हें घेर कर बन्दी बना लेंगे। ईश्वर की कृपा से ऐसा ही हुआ। अफ़ग़ान लोगों की जब हमसे मुठभेड़ हुई तो वे उसी पर्वत पर, जो पृथक् था, पहुंच गये। मैंने जवानों के एक दल को आदेश दिया कि वे दोनों पर्वतों तथा पहाड़ी के मध्य की भूमि पर अधिकार जमा लें। दूसरी सेना वालों को आदेश दिया कि वे उस ओर तथा इस ओर अर्थात् प्रत्येक दिशा से अग्रसर होकर अफ़ग़ानों को नष्ट–भ्रष्ट कर दें। चारों ओर से आक्रमण हो जाने के कारण वे युद्ध भी न कर सके। १००–२०० अफ़ग़ान नीचे उतार लाये गये। कुछ लोग तो जीवित लाये गये किन्तु अधिकांश के सिर लाये गये। जब अफ़ग़ान लोग युद्ध करने में असमर्थ हो जाते हैं तो वे अपने शत्रु के समक्ष अपने दांतों में घास दबा कर उपस्थित होते हैं। इस प्रकार वे यह प्रकट करते हैं कि "हम तुम्हारी गऊ हैं।" हमने इस प्रथा को यहां पर देखा। अफ़ग़ान लोग जब युद्ध करने में असमर्थ हो गये तो अपने दांतों के नीचे घास दबा कर उपस्थित हुए। जो लोग हमारे समक्ष बन्दी बनाकर लाये गये थे उनके विषय में आदेश दिया गया कि उनके सिर काट डाले जायें और हमारे शिविर में उनके सिरों का स्तम्भ तैयार कर दिया गया।

दूसरे दिन वहां से प्रस्थान करके हम आगे चल दिये और हंगू के समीप पड़ाव किया। इस क्षेत्र के अफ़ग़ानों ने एक पहाड़ी पर संगुर का निर्माण कराया था। मैंने प्रथम बार संगुर की चर्चा काबुल में पहुंच कर सुनी थी। ये लोग पर्वत में एक दृढ़ स्थान बना लेने को संगुर कहते हैं। हमारे आदमी

सीधे संगुर तक धावा मारते चले गये। उन्होंने उसे नष्ट कर दिया और १००–२०० उदंड अफ़ग़ानों की हत्या कर दी। वहां भी सिरों का एक स्तम्भ बनवाया गया।

हंगू से प्रस्थान कर के और एक रात्रि ठहर कर हम लोग बंगश के नीचे तील[1] नामक स्थान पर पहुंचे। वहां भी हमारे आदमियों ने पहुंच कर समीप के अफ़ग़ानों पर धावे मारे । उनमें से कुछ संगुर से बिना अधिक सामान के लौट आये।

बन्नू में

वहां से प्रस्थान करके हम लोग बिना किसी मार्ग के, एक पड़ाव करने के उपरान्त प्रातःकाल एक ढाल स्थान पर शीघ्रातिशीघ्र पहुंच गये। मार्ग छोड़ कर दूर के सकरे रास्तों से होते हुए दूसरे दिन हम लोग बन्नू पहुंच गये। सेना वालों, ऊंट तथा घोड़ों ने पर्वत की ऊंचाई तथा सकरे मार्गों के कारण अत्यधिक कष्ट भोगे। जो मवेशी लूट में प्राप्त हुए थे उनमें से अधिकांश मार्ग में छूट गये। प्रचलित मार्ग हमारे दाईं ओर एक–दो कोस पर होगा। जिस मार्ग से हमने यात्रा की वह सवारी की यात्रा के योग्य न था। क्योंकि कभी–कभी चरवाहे तथा गल्लेबान इन सकरे मार्गों से अपनी भेड़ों के गल्ले तथा झुंड ले जाया करते थे, अतः इस मार्ग को लोग गोस्फ़न्द लियार[2] कहते थे। अफ़ग़ानी भाषा में मार्ग को लियार कहते हैं। हमारे बहुत से आदमियों का विचार था कि इस बायें हाथ के मार्ग से यात्रा मलिक बू सईद कमरी की दुष्टता के कारण करनी पड़ी।

बन्नू तथा ईसा खेल प्रदेश

बंगश के पर्वतों से निकलते ही बन्नू मिल जाता है। यह एक समतल स्थान है। इसके उत्तर में बंगश तथा नग्र की पहाड़ियां हैं। बंगश जल–धारा बन्नू में प्रविष्ट हो कर यहां की भूमि को उपजाऊ बना देती है। उनके दक्षिण (पूर्व) में चौपारा तथा सिन्द नदी स्थित हैं। उनके पूर्व में दीन कोट है। (दक्षिण)–पश्चिम में दश्त (मैदान) है। वह बाज़ार तथा ताक़ कहलाता है। बन्नू में कुरानी, कीवी, सूर, ईसा खेल तथा निया जाई अफ़ग़ान क़बीले कृषि करते हैं।

बन्नू पहुंचने पर हमें यह समाचार प्राप्त हुए कि इस मैदान के क़बीले वाले उत्तरी पर्वत में संगुर बना रहे हैं। जहांगीर मीर्जा के अधीन एक सेना उनके विरुद्ध भेजी गई। कीवी नामक संगुर पर पहुंच कर उन्होंने एक क्षण में उसे अपने अधिकार में कर लिया और अत्यधिक आदमियों के सिर काट कर वे लोग मेरी सेवा में आ गये। उन्हें अत्यधिक (सफेद) कपड़े प्राप्त हुए। बन्नू में भी सिरों का एक स्तम्भ बनवाया गया। संगुर की विजय के उपरान्त, कीवी का सरदार शादी खां अपने दांतों में घास दबाये हुए मेरी सेवा में

---

[1] तहाल।

[2] भेड़ों का मार्ग।

उपस्थित हुआ और अधीनता स्वीकार कर ली। मैंने समस्त बन्दियों को क्षमा कर दिया।

कोहाट की विजय के उपरान्त यह निश्चय हुआ था कि हम लोग बंगश तथा बन्नू पर धावे मार कर नग्र अथवा फरमूल के मार्ग से लौट जायें। बन्नू की विजय के पश्चात्, उन लोगों ने, जो उस ओर की समस्त दिशाओं के विषय में जानते थे. निवेदन किया कि दश्त भी निकट ही है। वहां का मार्ग भी अच्छा है और वहां की जन–संख्या भी अधिक है। अतः यह निश्चय हुआ कि दश्त को विजय कर लेने के उपरान्त फरमूल के मार्ग से काबुल वापस होना चाहिये।

दूसरे दिन प्रातःकाल हमने प्रस्थान किया और उसी नदी[1] पर स्थित ईसा खेल ग्राम में पड़ाव किया किन्तु यहां के निवासी हमारे आगमन के विषय में सुन कर चौपारा पर्वत की ओर चल दिये थे। हमने वहां से प्रस्थान करके चौपारा के आंचल में पड़ाव किया। हमारी सेना के अग्न भाग ने पहाड़ी में प्रविष्ट होकर ईसा खेल संगुर को नष्ट–भ्रष्ट कर दिया और भेड़ों, गल्लों तथा अन्य असबाब को अपने अधिकार में कर लिया। उसी रात्रि में ईसा खेल अफ़ग़ानों ने हमारे ऊपर छापा मारा किन्तु इस अभियान में हमारे पहरे का प्रबन्ध इतना उत्तम था कि वे लोग सफलता प्राप्त न कर सके। हम लोग इतने सावधान रहते थे कि रात्रि में हमारी सेना का दायाँ, बायाँ, मध्य तथा अग्र भाग इस प्रकार रहता था मानो वे उसी समय घोड़ा से उतरे हों। प्रत्येक उसी स्थान पर रहता था जिस स्थान पर वह रण–क्षेत्र में रहता। प्रत्येक अपने स्थान पर तैयार रहता था। पदाती शिविर के चारों ओर खेमों से एक बाण के मार की दूरी पर रहते थे। प्रत्येक रात्रि में सेना इसी प्रकार रखी जाती थी और हर रात में मेरे घर के तीन–चार सैनिक बारी बारी मशालें लिये चक्कर लगाया करते थे। मैं भी प्रत्येक रात्रि में एक बार चक्कर लगाता था। यदि कोई भी अपने स्थान पर न मिलता था तो उसकी नाक कटवा ली जाती थी और उसे सेना के चारों ओर घुमाया जाता था। दायें बाजू की सेना जहांगीर मीर्जा के अधीन रहती थी। बाक़ी चग़ानियानी, शेरिम, तगाई, सैयिद हुसेन अकबर तथा अन्य बेग उसके साथ रहते थे। मीर्जा खान के अधीन बायें बाजू की सेना रहती थी। अब्दुर्रज्ज़ाक़ मीर्जा, कासिम बेग तथा अन्य घर के बेग उसके साथ रहते थे। मध्य भाग किसी बड़े बेग के अधीन न रहता था। उसमें सब घर के बेग रहते थे। सैयिद क़ासिम ईशक आका सेना के अग्र भाग में रहता था। बाबा ऊगूली, अल्लाह बीरदी तथा कुछ अन्य बेग उसके साथ रहते थे। सेना छः भागों में विभाजित रहती थी। प्रत्येक भाग बारी–बारी रात तथा दिन में पहरा देता था।

पर्वत के उस आंचल से पश्चिम की ओर प्रस्थान करके हम लोग बन्नू तथा दश्त के मध्य में एक बिना जल के मैदान में ठहरे। सेना वालों ने सूखे

---

[1] कूराम नदी।

जल की धारा के मार्ग को १ से १३ गज़ तक खोद कर अपने तथा मवेशियों के लिये जल निकाला। यह घटना केवल यहीं नहीं घटी अपितु हिन्दुस्तान की समस्त नदियों की यही विशेषता है। १ अथवा १/1.२ गज खोदने पर जल निकल आता है। ईश्वर की यह विचित्र लीला है कि जहां बड़ी बड़ी नदियों के अतिरिक्त जल की धारायें नहीं हैं, सूखे जल के मार्ग में इस प्रकार खोदने से जल प्राप्त हो जाता है।

हम दूसरे दिन प्रातःकाल उस सूखी जल धारा से चल दिये। मध्याह्नोत्तर के समय हमारे कुछ आदमी जो बिना अधिक सामान इत्यादि के तेज़ी से यात्रा कर रहे थे, दश्त के ग्रामों में पहुंच गये। उन्होंने कुछ ग्रामों पर छापे मारे और वहां से गल्ले, असबाव तथा उन घोड़ों को ले आये जो व्यापार हेतु पाले गये थे। बोझ लादने वाले पशु, ऊंट तथा अन्य वीर जो पीछे रह गये थे शिविर में रात भर, प्रातःकाल तथा दूसरी रात तक आते रहे। जब हम लोग वहां ठहरे हुए थे तो चारा इत्यादि का प्रबन्ध करने वाला अग्र दल, भेड़ें तथा मवेशी, दश्त के ग्रामों से छीन कर लाया। मार्ग में अफ़ग़ान व्यापारियों से जो उन्हें मिल गये, वे अत्यधिक सफ़ेद कपड़े, सुगन्धित जड़ें, शकर, तीपूचाक़ तथा घोड़े[1], जो व्यापार हेतु तैयार किये गये थे, छीन लाये। हिन्दी मुग़ूल, ख्वाजा खिज्र नोहानी नामक एक प्रतिष्ठित तथा सम्मानित व्यापारी को घोड़े से गिरा कर उसका सिर काट कर ले आया। एक बार शेरीम तग़ाई की, जो अग्र भाग वालों के पीछे पीछे जा रहा था, एक अफ़ग़ान से मार्ग में मुठभेड़ हो गई। उसने शेरीम पर इस प्रकार तलवार का वार किया कि उसकी तर्जनी कट गई।

काबुल की ओर वापसी

जिस स्थान पर हम लोग थे वहां से दो मार्गों के विषय में कहा जाता था कि वे ग़ज़नी को जाते थे। एक संगे सूराख मार्ग था जो बिर्क होता हुआ फ़रमूल को जाता था। दूसरा गूमाल से होता हुआ फ़रमूल को जाता था किन्तु बिर्क होकर न जाता था। जितने दिन भी हम दश्त में रहे निरन्तर वर्षा होती रही। गूमाल में इतनी अधिक बाढ़ आ गई थी कि हम लोग जिस घाट पर पहुंचे उसे पार करना बड़ा कठिन था। इसके अतिरिक्त जो लोग मार्ग से परिचित थे, उन्होंने निवेदन किया कि गूमाल मार्ग से यात्रा करने पर, इस नदी को कई बार पार करना पड़ेगा। जल के इतना अधिक हो जाने के कारण यह सर्वदा ही कठिन होगा और इस मार्ग के विषय में कोई बात निश्चय–पूर्वक नहीं कही जा सकती। उस समय यह बात निश्चय न हो सकी कि किस मार्ग से यात्रा की जाय। मेरा विचार था कि दूसरे दिन यह बात निश्चय हो जायेगी। दूसरे दिन जब कूच का नक्कारा बज जायेगा तो हम लोग घोड़ों पर सवार हो जायेंगे और मार्ग के विषय में विचार–विमर्श करते जायेंगे। दूसरे दिन ईदे फ़ितर (७ मार्च १५०५ ई०) थी। मैं ईद के

---

[1] सम्भवतः यहाँ तीपूचाक घोड़ों तथा साधारण घोड़ों से तात्पर्य है।

स्नान में व्यस्त हो गया। जहांगीर मीर्जा तथा बेग लोग मार्ग के प्रश्न पर वाद–विवाद करते रहे। कुछ लोगों का मत था कि मेहतर सुलेमान नामक पर्वत, पहाड़ियों तथा मैदान के मध्य में है। यदि हम उसकी नाक की ओर से मुड़ जायें तो हमें एक समतल मार्ग मिल जायेगा, यद्यपि इस मार्ग से दूरी में कुछ पड़ावों का अन्तर पड़ जायेगा। उस मार्ग से यात्रा करना निश्चय करके वे चल खड़े हुए। मेरे स्नान के समाप्त होने के पूर्व समस्त सेना घोड़ों पर सवार होकर चल खड़ी हुई थी और अधिकांश ने गूमाल को पार भी कर लिया था। हम लोगों में से किसी ने भी वह मार्ग न देखा था। किसी को भी इस बात का ज्ञान न था कि वह दूर है अथवा निकट। हम लोग केवल किंवदंती के आधार पर चल खड़े हुए थे।

ईद की नमाज गूमाल नदी के तट पर पढ़ी गई। उस वर्ष नव रोज[1] भी ईदे फ़ितर के कुछ ही दिन उपरान्त पड़ रहा था। उनके लगभग एक दूसरे के कुछ दिन उपरान्त होने के विषय में, मैंने निम्नांकित (तुर्की) पद्य की रचना की :

शेर

"बैराम[2] का चन्द्रमा उसके लिये सौभाग्यशाली है जो चन्द्रमा अपने चन्द्रमुखी प्रियतम दोनों का मुख देखता है,
मेरे लिये बैराम का चन्द्रमा दुखदायी है कारण कि मैं तेरे मुख तथा तुझसे दूर हूं। हे बाबर ! अपने सौभाग्य का स्वप्न देख जब तेरी दावत है तेरे नव–वर्ष एवं मुख का मिलन,
उससे उत्तम सैकड़ों नव–वर्ष तथा बैराम नहीं हो सकते।"

गूमाल जल–धारा को पार करके हम लोग दक्षिण की ओर पर्वत के आंचल के सहारे से चल दिये। हम लोग एक दो कोस की यात्रा कर चुके थे कि कुछ मृत्यु के अभिलाषी अफ़ग़ान पुश्ते पर, जोकि पर्वत के आंचल में था, प्रकट हुए। हम लोग घोड़े भगा कर उनकी ओर लपके। उनमें से अधिकांश तो भाग गये किन्तु कुछ लोग पर्वत के नीचे की एक चट्टान पर मूर्खता प्रदर्शित करते हुए युद्ध हेतु ठहर गये। उनमें से एक अफ़ग़ान एक अकेली चट्टान पर पहुंच गया जिसके दूसरी ओर पत्थर की खड़ी दीवार–सी थी। वहां से उसके भागने के लिये कोई मार्ग भी न था। सुल्तान कुली चूनाक़[3] जो पूर्ण रूप से अस्त्र–शस्त्र धारण किये हुए था, घोड़ा भगाता हुआ उसके पास तक पहुंच गया, और उसे बन्दी बना लिया। सुल्तान कुली ने यह पराक्रम मेरी आंखों के समक्ष प्रदर्शित किया। इससे उसके प्रति मेरे स्नेह

---

[1] ईरानियों का राष्ट्रीय प्रसिद्ध त्यौहार जो उस दिन मनाया जाता है जब सूर्य मेष राशि में प्रविष्ट होता है।

[2] मुसलमानों का पवित्र त्योहार।

[3] एक कान वाला।

तथा उसकी श्रेणी में वृद्धि हो गई। एक दूसरी चट्टान पर कूतलूक क़दम ने एक अफ़ग़ान से तलवार चलानी प्रारम्भ कर दी। वे एक दूसरे से बाहुयुद्ध करते हुए १०–१२ गज़ की सीधी ऊंचाई से गिर पड़े। अन्त में कूतलूक क़दम ने उस अफ़ग़ान का सिर काट लिया और मेरे पास ले आया। कूपूक बेग का एक अन्य अफ़ग़ान से बाहुयुद्ध होने लगा और दोनों लुढ़कते हुए नीचे तक चले आये। उसका सिर भी काट कर मेरे पास लाया गया। बहुत से अफगान जो बन्दी बना लिये गये थे, मुक्त कर दिये गये।

दश्त से दक्षिण की ओर प्रस्थान करके और मेहतर सुलेमान नामक पर्वत के आंचल में होते हुए, तीन रात्रि के पड़ाव के उपरान्त हम लोग सिन्द तट पर स्थित बीलह नामक छोटे से कस्बे में जो सुल्तान के अधीनस्य है पहुंचे। गांव वाले नौकाओं पर बैठ कर नदी के उस पार उतर गये किन्तु कुछ लोग पार करने के लिये नदी में कूद पड़े। कुछ लोग बीलह के समक्ष एक टापू में खड़े दिखाई पड़े। हमारे अधिकांश आदमी, घोड़े तथा अस्त्र–शस्त्र सहित जल में कूद पड़े और टापू में पहुंच गये। कुछ लोग नदी में बह गये। मेरे सेवकों में एक कुले अरुक[1] तथा एक मुख्य फ़र्राश थे। एक जहांगीर मीर्जा का सेवक क़आईतमास तुर्कमान था। इस टापू में बहुत से कपड़े तथा टापू वाले जो असबाब छोड़ गये थे, वह प्राप्त हुए। गांव के सभी लोग नौकाओं पर नदी के उस पार पहुंच गये। नदी के पार पहुंच जाने के उपरान्त कुछ लोग लम्बे चौड़े पाट के कारण तलवार चलाने का प्रदर्शन करने लगे। हमारा एक आदमी कुले बायजीद बकावल, जो टापू में पहुंच चुका था, अकेला नंगे घोड़े पर सवार होकर उन लोगों से युद्ध करने के लिये जल में कूद पड़ा। टापू के उस ओर नदी का पाट इस ओर को अपेक्षा दुगना अथवा तिगुना था। वह घोड़े को तैराता हुआ उन लोगों के पास तक एक बाण के मार की दूरी पर एक छिछले स्थान पर पहुंच गया। वहां उसके भार तथा जल में संतुलन रहा होगा। जल उसके घोड़े की काठी के लटकते हुए भाग तक रहा होगा। वहां उसने उतनी देर तक प्रतीक्षा की जितनी देर तक दूध उबल जाता है। पीछे से कोई भी उसकी सहायता हेतु न पहुंचा। उसे सहायता पहुंचने की आशा भी न थी। वह उनकी ओर लपका। उन लोगों ने उस पर कुछ बाण चलाये किन्तु बाणों के कारण वह न रुका। यह देखकर वे भाग खड़े हुये। सिन्द सरीखे दरिया को अकेले बिना किसी अस्त्र–शस्त्र के नंगे घोड़े पर पार करना जब कि कोई भी उसकी सहायतार्थ न आ रहा हो और शत्रु को भगा देना तथा उसके स्थान को अपने अधिकार में कर लेना वास्तव में बड़ी वीरता का कार्य था। जब उसने शत्रुओं को भगा दिया तो अन्य सैनिक भी वहां पहुंच गये और वस्त्र तथा अन्य प्रकार के असबाब वहां से ले आये। कुले बायजीद अपनी उत्तम सेवाओं तथा कई अवसरों पर पौरुष दिखाने के कारण पूर्व से ही मेरे स्नेह तथा कृपा का पात्र था। इसी कारण मैंने उसे बावर्चीगोरी के पद से खासे के भोजन के बकावल के पद पर पहुंचा

[1] दुबला–पतला दास ।

दिया था। उसके इस बार के पराक्रम के कारण मैंने उसके प्रति अत्यधिक कृपा एवं दया प्रदर्शित की। वास्तव में वह इस सम्मान तथा पदोन्नति के योग्य भी था। इसका उल्लेख बाद में किया जायेगा।

सिन्द[1] नदी के नोचे–नीचे हमने दो पड़ाव तक और यात्रा की। हमारे आदमियों ने मार्गों पर निरन्तर घोड़े दौड़ा–दौड़ा कर अपने घोड़ों को खराब कर डाला। अधिकांश उन्हें मवेशी ही प्राप्त होते थे जिनके लिये घोड़ों को इतना दौड़ाना लाभदायक न था। कभी कभी दश्त में भेड़ें और कभी एक अथवा दूसरे प्रकार के वस्त्र मिल जाते थे, किन्तु दश्त के समाप्त हो जाने के उपरान्त मवेशियों के अतिरिक्त कुछ न प्राप्त हो सका। सिन्द नदी के तट की यात्रा के समय एक सेवक तक ३००–४०० मवेशी ले आता था; किन्तु प्रत्येक पड़ाव पर जितने प्राप्त होते थे उनसे अधिक मार्ग में छोड़ दिये जाते थे।

पश्चिम दिशा में प्रस्थान

सिन्द नदी के किनारे–किनारे यात्रा करते हुए हम लोगों ने तीन अन्य पड़ाव किये। जब हम लोग पीर कानू[2] के मजार के सामने पहुंचे तो हम सिन्द नदी से पृथक् हो गये। मजार पर पहुंच कर हम वहां उतर पड़े। हमारी सेना के कुछ आदमियों ने मजार के मुजाबिरों को हानि पहुंचा दी थी, अतः हमने उनके टुकड़े–टुकड़े करा दिये। यह मजार हिन्दुस्तान में बड़े आदर की दृष्टि से देखा जाता है और मेहतर सुलेमान पर्वत से मिली हुई पहाड़ियों के आंचल में स्थित है।

पीर कानू से प्रस्थान करके हम लोग (पत्रत) नामक दर्रे में उतरे। तदुपरान्त दूकी की एक जल–धारा के किनारे[3] पड़ाव किया। इस पड़ाव से प्रस्थान करते समय सीवी के दारोगा[4] फाजिल कूकूल्दाश को शाह बेग के २०–३० सेवकों सहित बन्दी बना कर प्रस्तुत किया गया। वे हमारे विषय में पता लगाने के लिये आये थे, किन्तु उस समय हमारे तथा शाह बेग के सम्बन्ध बुरे न थे, अतः हमने उन्हें घोड़ों तथा अस्त्र–शस्त्र सहित जाने की अनुमति दे दी। एक रात के पड़ाव के उपरान्त हम दूकी के चूतीआली नामक ग्राम में पहुंचे।

यद्यपि हमारे आदमी सिन्द नदी पर पहुंचने के पूर्व तथा सिन्द नदी के तट पर धावों के उद्देश्य से निरन्तर घोड़े दौड़ाते रहे थे किन्तु दाने तथा हरी घास की बहुतायत के कारण उन्होंने अपने घोड़े न छोड़े थे। जब हम नदी छोड कर पीर कानू की ओर रवाना हो गये तो हरा चारा भी उपलब्ध न था। दो तीन मंजिलों के पश्चात् थोड़ो सी हरी फ़सल दृष्टिगत हो जाती थी

---

[1] सिन्ध नदी।

[2] रैवर्टी के अनुसार पीर कानून' । यह सखी सरवर का मजार था जिसके प्रति हिन्दु तथा मुसलमान दोनों को ही श्रद्धा है।

[3] कन्धार में।

[4] हाकिम।

किन्तु घोड़ों का दाना प्राप्य न था, अतः उपर्युक्त मंजिल के उपरान्त घोड़े छोड़े जाने लगे। चूतीआलो के उपरान्त बोझ लादने वाले पशुओं के अभाव के कारण मुझे अपना खरगाह[1] छोड़ना पड़ा। उसी पड़ाव पर एक रात्रि में इतनी वर्षा हुई कि मेरे खेमे में घुटने तक जल पहुंच गया। मुझे कम्बल के एक ढेर पर बैठे–बैठे समस्त रात्रि बड़ी कठिनाई से काटनी पड़ी।

बाक़ी चग़ानियानी द्वारा विश्वासघात

कुछ पड़ावों को पार कर लेने के उपरान्त जहांगीर मीर्जा ने मेरे कान में आकर कहा, "मैं एक बात एकान्त में कहना चाहता हूं।" उसने एकान्त में निवेदन किया कि, "बाकी चग़ानियानी ने मुझसे आकर कहा है कि बादशाह को ७–८ व्यक्तियों सहित सिन्द नदी के उस पार चले जाने दो और स्वयं बादशाह बन जाओ।" मैंने उससे पूछा कि, "कौन कौन और उससे परामर्श करते हुए सुने गये हैं ?" उसने उतर दिया कि, "इस समय तो मुझसे बाको बेग ने कहा है। अन्य लोगों के विषय में मुझे कोई ज्ञान नहीं।" मैंने कहा कि, "पता लगाओ कि अन्य कौन लोग इसमें सम्मिलित हैं? सम्भवतः सैयिद हुसेन अकबर तथा खुसरो शाह के बेग एवं जवान इसमें सम्मिलित हों।" वास्तव में जहांगीर मीर्जा ने इस अवसर पर बड़ा अच्छा काम किया और एक सगे सम्बन्धी के समान व्यवहार किया। जहांगीर मीर्जा का यह कार्य मेरे उस कार्य के समान था जो मैंने काहमर्द में इसी दुष्ट पिशाच को योजनाओं के सम्बन्ध में किया था।

दूसरे पड़ाव पर उतरने के उपरान्त मैंने जहांगीर मीर्जा को आस–पास के कुछ अफ़ग़ानों पर आक्रमण हेतु भेजा।

प्रत्येक पड़ाव पर बहुत से घोड़ों को छोड़ देना पड़ता था। यहां तक कि एक दिन ऐसा आ गया कि केवल २००–३०० घोड़े रह गये थे। सेना के उत्तम जवान बिना घोड़ों के हो गये। सैयिद महमूद ऊगलाक़ची को भी, जो हमारे घर के उत्तम वीरों में से था, अपना घोड़ा छोड़ कर पैदल हो जाना पड़ा। गजनी पहुंचने तक घोड़ों को यही दशा रही।

जहांगीर मीर्जा ने ३–४ पड़ाव के उपरान्त कुछ अफ़ग़ानों को लूट लिया और कुछ भेड़ें ले आया।

आबे इस्तादा

जब कुछ पड़ाव पार करके हम लोग आबे इस्तादा पर पहुंच गये तो एक विचित्र प्रकार का विस्तृत जल का टुकड़ा दृष्टिगत हुआ। उसके उस पार की समतल भूमि दिखाई ही न पड़ती थी। ऐसा ज्ञात होता था कि इसका जल आकाश का चुम्बन कर रहा है। दूर के पर्वत तथा पुश्ते आकाश तथा भूमि के मध्य में मृग तृष्णा के समान दृष्टिगत होते थे। जो जल यहां एकत्र था वह कत्ताबाज़ मैदान, जुरमुत घाटी तया ग़ज़नी की जलधारा के क़रा बाग

---

[1] बड़ा खेमा ।

के घास के मैदानों का था जो गरमी में नदियों की बाढ़ एवं वर्षा के कारण एकत्र हो जाता था।

जब हम आबे इस्तादा के पास एक कोस पर पहुंच गये तो हमें एक बड़ी ही विचित्र चीज़ दृष्टिगत हुई। जल तथा आकाश के मध्य में लाल सी कोई चीज़ जो पौ फटने के समय दृष्टिगत होती है, प्रकट होती तथा लुप्त हो जाती थी। जब तक हम लोग निकट पहुंचे यही दशा रही। तदुपरान्त ज्ञात हुआ कि वे १०,००० अथवा २०,००० की संख्या में नहीं अपितु असंख्य बाग़लान क़ाज़ थे। उनके झुंड उड़ते समय जब अपने पंख चलाते थे तो कभी लाल पंख दृष्टिगत हो जाते थे और कभी नहीं। वहां केवल यह पक्षी ही अगणित संख्या में न पाया जाता था, अपितु नाना प्रकार के पक्षी वहां मौजूद थे। नदी तट पर अंडों के ढेर लगे थे। दो अफ़ग़ान जो उन्हें एकत्र करने के लिये वहां आये हुए थे, हमें देख कर जल में कोई आधे कुरोह[1] तक भाग गये। हमारे कुछ आदमी उनका पीछा करके उन्हें पकड़ लाये। वे लोग जहां तक जल में प्रविष्ट हुये, गहराई एक समान थी अर्थात् घोड़े के पेट तक। सम्भवतः जल गहरा न था।

हम लोग उस जल धारा के तट पर जो कत्ताबाज़ मैदान से आबे इस्तादा में गिरती है, उतर पड़े। वह सूखी जलधारा है। इससे पूर्व कई बार हम लोग उस जलधारा की ओर से गुजर चुके हैं किन्तु हमें कभी भी उसमें जल प्राप्त न हुआ और वह सर्वदा शुष्क ही मिली किन्तु इस बार बहार की वर्षा के कारण उसमें इतना जल था कि हमें उसे पार करने का स्थान न मिल सका। जलधारा का पाट तो अधिक न था किन्तु वह गहरी बहुत थी। घोड़ों तथा ऊंटों को उसमें से तैरवाकर पार कराया गया। कुछ सामान रस्सियों की सहायता से उस पार उतारा गया। पार उतर जाने के उपरान्त हम लोग प्राचीन नानी नामक स्थान तथा सरे देह होते हुए ग़ज़नी की ओर चल दिये। ग़ज़नी में जहांगीर मीर्जा ने कुछ दिनों तक हमारा आतिथ्य–सत्कार किया। उसने हमारे भोजन की व्यवस्था की और पेशकश प्रस्तुत की।

काबुल को वापसी

उस वर्ष बहुत सी नदियों में बाढ़ आ गई थी। देहे याकूब नामक नदी पर भी पार करने का कोई घाट न मिल सका, इस कारण हम लोग सजावन्द दर्रे से होते हुए सीधे कमरी की ओर रवाना हुए। कमरी में मैंने एक तालाब में एक नौका की व्यवस्था कराई थी। उसे मंगवाकर हम लोग कमरी के सामने देहे याकूब नदी द्वारा पहुंचे। इसके द्वारा हमारे सब आदमी भी पहुंच गये।

हम लोग जिलहिज्जा (मई, १५०५ ई०) में काबुल पहुंच गये। कुछ दिन पूर्व सैयिद यूसुफ़ ऊगलाक़ची, वायुगोला के कारण मृत्यु को प्राप्त हो गया।

---

[1] मील।

नासिर मीर्ज़ा का दुर्व्यवहार

इस बात का उल्लेख हो चुका है कि नासिर मीर्ज़ा ने कूश गुम्बज़ नामक स्थान पर ठहर जाने की अनुमति ले ली थी और यह निवेदन किया था कि वह अपने सहायकों एवं परिजनों के लिये अपनी विलायत से कुछ प्रबन्ध करके थोड़े दिनों बाद पहुंच जायेगा।[1] हमसे पृथक् होकर उसने नूर घाटी के आदमियों के विरुद्ध एक सेना भेजी। उन लोगों ने कुछ विद्रोह प्रदर्शित किया था। इस बात का उल्लेख हो चुका है कि उस घाटी की उसके किले की विचित्र स्थिति तथा धान की खेती के कारण सुगमतापूर्वक यात्रा नहीं हो सकती। मीर्ज़ा के सेनापति फ़ज़ली ने ऐसे दुर्गम मार्ग में अपने आदमियों को रक्षा करने के स्थान पर उन्हें चारा इत्यादि लाने के लिये छिन्न–भिन्न कर दिया। नूर दर्रे के लोगों ने पहुंचकर उन्हें छिन्न–भिन्न कर दिया। शेष लोग भी अपने स्थान पर ठहर न सके। नूर दर्रे वालों ने कुछ लोगों की हत्या कर दी और बहुत से आदमियों तथा घोड़ों को पकड़ लाये। फ़ज़ली जैसे व्यक्ति के अधीन किसी सेना को भेजने का जो दुष्परिणाम हो सकता था, वह हुआ। इस घटना के कारण अथवा निराश हो जाने की वजह से मीर्ज़ा हमारे पीछे–पीछे न आया और रुक गया।

इसके अतिरिक्त अयूब का पुत्र यूसुफ़, जिसे मैंने अलंगार प्रदान कर दिया था, और बहलूल[2] जिसे मैंने अली शंग प्रदान कर दिया था, और जिनके समान दुष्ट, धूर्त तथा अभिमानी कोई भी न होगा, अपनी विलायत से कुछ लेकर नासिर मीर्ज़ा के साथ आने वाले थे। क्योंकि नासिर मीर्ज़ा न आया अतः यह लोग भी न आये। उस पूरी शीत ऋतु में वे उसके साथ भोग–विलास तथा मदिरापान का जीवन व्यतीत करते रहे। उन लोगों ने तरकलानी अफ़ग़ानों पर भी छापे मारे। ग्रीष्म ऋतु आ जाने के कारण मीर्ज़ा ने उन क़बीलों, समूहों तथा जत्थों को, जो नोनगनहार तथा लमगानात में शीत ऋतु व्यतीत कर रहे थे, उनकी धन–सम्पत्ति सहित भेड़ों के समान बारान नदी तक भगा दिया।

बदख़्शा

जब कि नासिर मीर्ज़ा बारान नदी पर शिविर लगाये हुए था तो उसने सुना कि बदख़्शी लोग ऊजबेगों के विरुद्ध संगठित हो गये हैं और उन्होंने कुछ ऊजबेगों की हत्या कर दी है। इसका सविस्तार वर्णन इस प्रकार हैः

जब शैबाक खां ने कम्बर–बो को कून्दूज प्रदान कर दिया और स्वयं ख्वारिज्म चला गया तो क़म्बर–बी ने बदख़्शियों को मिलाने के लिये मुहम्मद मख्दूमी के महमूद नामक पुत्र को उनके पास भेज दिया किन्तु मुबारक शाह ने जिसके पूर्वज बदख़्शां के शाहों के बेग बताये जाते हैं, अपने सिर को उठा कर[3] महमूद तथा कुछ ऊजबेगों के सिरों को काट डाला। उसने उस किले

---

[1] देखिये पूर्व पृ० ३४ ।

[2] बहलूल बेगचीक।

[3] विद्रोह करके।

को, जो कभी शफ़तीवार के नाम से प्रसिद्ध था और जिसका नाम उसने क़िलये जफ़र रखा था, दृढ़ बना लिया। इसके अतिरिक्त, रूस्ताक़ में मुहम्मद कूरची ने जो खुसरो शाह का कूरची था और जो उस समय खमलनगान पर अधिकार जमाये हुए था, शैबाक़ खां के सद्र[1] तथा कुछ ऊजबेगों की हत्या कर दी और उस स्थान को दृढ़ बना लिया। राग़ के जुबैर ने भी, जिसके पूर्वज भी बदख्शां के बादशाहों के बेग रहे होंगे, राग़ में विद्रोह कर दिया। खुसरो शाह के वली के एक सेवक जहांगीर तुर्कमान ने कुछ भागे हुए सैनिकों एवं कबीले वालों को, जिन्हें वली छोड़ गया था, एकत्र किया और उन्हें साथ लेकर एक पर्वतीय दृढ़ स्थान को भाग गया।

नासिर मीर्जा इन घटनाओं को सुन कर तथा कुछ अल्पदर्शी मूर्खों के मार्ग भ्रष्ट कर देने के कारण बदख्शां पर अधिकार जमाने का लोभ करने लगा। उसने शिब्रतू तथा आबदरा नामक मार्ग से कूच किया और उन लोगों के कुटुम्ब को, जोकि अमू[2] के उस पार से काबुल में आये थे, भेड़ों के समान भगा दिया।

खुसरो शाह

जिस समय खुसरो शाह तथा अहमद कासिम आजर से खुरासान की ओर भागे तो वे बदी उपज्मान मीर्जा तथा जुन्नून बेग को साथ लेकर सब के सब सुल्तान हुसेन मीर्जा के पास हेरी चले गये। वे लोग उसके प्राचीन शत्रु थे। सभी ने उसके प्रति बड़ी धृष्टता का व्यवहार किया था और कोई ऐसा कष्ट न छोड़ा था, जो उसे न पहुंचाया हो किन्तु सभी उसके पास अपनी इस कठिनाई के समय पहुंचे और सब मेरे द्वारा गये, कारण कि यदि मैंने खुसरो शाह को उसके साथियों से पृथक् करके विवश न कर दिया होता और जुनून के पुत्र मुक़ीम से काबुल न ले लिया होता तो यह सम्भव न था कि वे उससे मिल सकते। बदीउज्ज़मान मीर्जा स्वयं अन्य लोगों के हाथों में कठपुतली के समान था। वह उनके आदेश के विरुद्ध कुछ न कर सकता था। सुल्तान हुसेन मीर्जा ने सब के प्रति कृपा दृष्टि प्रदर्शित की। उसने किसी के दुर्व्यवहार की कोई चर्चा नहीं की। अपितु उन लोगों को उपहार प्रदान किये।

वहां पहुंचने के बाद ही खुसरो शाह ने अपने देश को वापस जाने की अनुमति मांगी और यह कहा कि, "यदि मैं चला जाऊँगा तो उसको अपने अधिकार में कर लूंगा।" क्योंकि वह बिना किसी सामान व साधन के हेरी पहुंचा था, अतः वे लोग उसे आज्ञा देने में कुछ हिचकिचाहट प्रदर्शित करते थे। वह अत्यधिक आग्रह करने लगा। मुहम्मद बरन्दुक ने उसे उत्तर दिया कि, "जब तुम्हारे पास तीस हजार आदमी थे और पूरा देश तुम्हारे अधीन था तब तुमने उन ऊज़बेगों को कौन सी हानि पहुँचा दी जो अब तुम पांच सौ आदमियों को लेकर ऐसी अवस्था में जब कि ऊज़बेग लोग देश पर अधिकार

---

[1] मुसलमानों के धार्मिक मामलों की देख–रेख करने वाला सब से बड़ा अधिकारी।
[2] इस प्रकार वे लोग बारान नदी से भगा दिये गये।

जमा चुके हैं, पहुँचा दोगे ?" उसने उसे संक्षिप्त सा परामर्श भी दिया, किन्तु इसका कोई लाभ न हुआ कारण कि खुसरो शाह की मृत्य निकट आ चुकी थी। उसके आग्रह के कारण उसे अनुमति दे दी गई। खुसरो शाह अपने तीन सौ अथवा चार सौ सहायकों को लेकर सीधा दहाना की सरहद पर बढ़ता चला गया। क्योंकि वहां नासिर मीर्जा अभी–अभी पहुंचा था, अतः दोनों की भेट हुई।

बदख्शी सरदारों ने केवल मीर्जा को आमंत्रित किया था, उन्होंने खुसरो शाह को न बुलवाया था। मीर्जा ने खुसरो शाह को पर्वतीय प्रदेशों[1] की ओर चले जाने के लिये राजी करने का अत्यधिक प्रयत्न किया किन्तु उसने सब बातों को समझते–बूझते हुए भी जाना स्वीकार न किया। उसका विचार था कि यदि वह मीर्जा के साथ प्रस्थान करेगा तो वह उस देश को अपने अधिकार में कर लेगा। अन्ततोगत्वा जब खुसरो शाह राज़ी न हुआ तो दोनों ने इशक्रीमीश में अपने सैनिकों की पंक्तियां ठीक की, उन्हें अस्त्र शस्त्र पहनवाये और एक दूसरे से पृथक् हो गये। नासिर मीर्जा बदख्शां की ओर चल दिया। खुसरो शाह अव्यवस्थित समूह को जिसमें छोटे बड़े एक हजार व्यक्ति थे, लेकर कुन्दूज़ का अवरोध करने के उद्देश्य से ख्वाजा चारताक की ओर वहाँ से १ या २ यीगाच[2] आगे रवाना हुआ।

खुसरो शाह की मृत्यु

जिस समय शैबाक़ खां सुल्तान अहमद तम्बल तथा अन्दिजान को विजय करके हिसार की ओर बढ़ा तो हज़रत[3] खुसरो शाह अपने राज्य कून्दूज तथा हिसार को बिना तलवार चलाये छोड़ कर भाग निकला। इस पर शैबाक़ खां हिसार पहुंचा। वहाँ शेरीम तथा कुछ अन्य वीर थे। उन्होंने हिसार समर्पित न किया, हालांकि उनका सम्मानित बेग राज्य को छोड़ कर भाग चुका था किन्तु उन्होंने हिसार को दृढ़ बना लिया। शैबाक़ खां ने हिसार का अवरोध हमज़ा सुल्तान तथा महदी सुल्तान को सौंप दिया और कून्दूज पहुंचा। उसने कून्दूज़ अपने अनुज महमूद सुल्तान को दे दिया और स्वयं चीन सूफ़ी के विरुद्ध ख्वारिज्म की ओर अविलम्ब रवाना हो गया। जब वह पूर्व की भांति ख्वारिज्म जाते हुए समरक़न्द पहुँचा तो उसने कन्दूज में अपने भाई महमूद सुल्तान की मृत्यु के समाचार सुने। उसने वह स्थान मर्व के कूम्बर–बी को दे दिया।

जब खुसरो शाह कून्दुज के विरुद्ध रवाना हुआ था तो वहाँ कम्बर–बी था। उसने तत्काल द्रुतगामी दूत हमज़ा सुल्तान तथा अन्य लोगों को जिन्हें शैवाक़ खां छोड़ गया था, बुलाने के लिये भेजा। हमज़ा सुल्तान अमू नदी के तट पर सराय नामक स्थान तक पहुंचा, जहाँ उसने एक सेना अपने पुत्रों तथा अमीरों के अधीन नियुक्त करके खुसरो शाह के विरुद्ध भेजी। वहाँ न तो

---

[1] सम्भवतः हिसार।

[2] लगभग ५–१० मील ।

[3] यह शब्द व्यंग्य प्रदर्शित करता है।

वह मोटा साधारण व्यक्ति युद्ध कर सका और न भाग सका। हमजा सुल्तान के आदमियों ने उसे घोड़े से गिरा लिया। उसकी बहिन के पुत्र अहमद क़ासिम शेरोम तथा अन्य वीरों की हत्या कर दी। वे उसे कून्दूज ले गये और वहाँ उसका सिर काट कर शैबाक़ खां के पास ख्वारिज्म भेज दिया।

खुसरो शाह के सहायकों का काबुल में व्यवहार

जैसा खुसरो शाह ने कहा था वैसा ही उसके सहायकों ने किया। उसके कून्दूज की ओर प्रस्थान करते ही उसके प्राचीन सेवकों तथा परिजनों ने मेरे प्रति अपना व्यवहार बदल दिया और उनमें से अधिकांश ख्वाजये रिवाज की ओर चल दिये। मेरी सेवा में जितने लोग थे उनमें अधिक संख्या उसके आदमियों की थी। मुगलों ने बड़ा ही उत्तम व्यवहार किया और वे मेरा साथ देते रहे। इसके साथ साथ खुसरो शाह की मृत्यु के समाचार ने उसके सहायकों पर वही प्रभाव किया जो अग्नि पर पानी करता है।

९११ हि
(४ जून १५०५ ई०—२४ मई १५०६ ई०)
क्रूतलूक निगार खानम की मृत्यु

मुहर्रम मास में मेरी माता (कूतलूक निगार खानम) को ज्वर हो गया। रक्त निकलवाया गया किन्तु उससे कोई लाभ न हुआ। सैयिद तबीब[1] नामक एक खुरासानी तबीब ने खुरासानी प्रथानुसार उन्हें तरबूज़ दिये किन्तु उनकी मृत्यु का समय आ चुका था। शनिवार को छः दिन रुग्ण रहने के उपरान्त उनकी मृत्यु हो गई।

रविवार को मैं तथा कासिम कूकूल्दाश उनकी लाश को पर्वत के आंचल में स्थित नवरोज़ नामक उद्यान में ले गये। यहाँ ऊलूग बेग मीर्जा ने एक भवन का निर्माण कराया था। उसके उत्तराधिकारियों की अनुमति से हमने उन्हें वहां दफ़न कर दिया।

जिस समय हम उनकी मृत्यु सम्बन्धी शोक मना रहे थे, लोगों ने मेरे छोटे दादा अलचा खां तथा मेरी नानी ईसान दौलत बेगम की मृत्यु के समाचार पहुंचाये।[2] खानम के चालीसवें[3] के निकट खुरासान से खातों की माता शाह बेगम आई। उसके साथ मेरी खाला मेहर निगार खानम जोकि सुल्तान अहमद मीर्जा की पत्नी रह चुकी थी तथा मुहम्मद हुसेन कूरकान दूग़लात आये। फिर से रोना–पीटना प्रारम्भ हो गया और उनकी मृत्यु का अत्यधिक शोक मनाया गया। शोक सम्बन्धी प्रथाओं के समाप्त हो जाने के उपरान्त गरीबों तथा दरिद्रियों को भोजन कराया गया और कुरान का पाठ किया गया और मरे हुए लोगों की आत्मा की शांति के लिये ईश्वर से प्रार्थना की गई तथा हृदय को सम्भाला गया।

कुन्धार के विरुद्ध प्रस्थान

जब हम लोग इन कार्यों से मुक्त हो गये तो बाक़ी चग़ानियानी के आग्रह पर हम क़न्धार के लिये सेना तैयार करके सवार हो गये। प्रारम्भ में मैं कूश नादिर[4] की ओर रवाना हुआ। वहाँ पहुंच कर मुझे ज्वर आ गया। यह एक विचित्र प्रकार का रोग था कारण कि मुझे जितनी भी कठिनाई से जगाया जाता में पुनः सो जाता। ४–५ दिन बाद मैं स्वस्थ हुआ।

---

[1] चिकित्सक।

[2] अहमद लगभग १३ मास पूर्व ९०९ हि० (१५०३–४ ई०) में मृत्यु को प्राप्त हो चुका था।

[3] मृत्यु के ४०वें दिन शोक मनाने के लिये लोग एकत्र होते हैं और मरे हुये व्यक्ति की आत्मा की शान्ति के लिये दरिद्रियों को भोजन बांटा जाता है तथा कुरान शरीफ का पाठ किया जाता है।

[4] नावर।

एक भूकम्प

उस समय एक इतना बड़ा भूकम्प[1] आया कि क़िले तथा बाग़ों की अधिकांश चहारदीवारियाँ गिर पड़ी। क़स्बों तथा ग्रामों में घर धराशायी हो गये और बहुत से लोग दब कर मर गये। पग़मान ग्राम का प्रत्येक घर गिर पड़ा। ७०–८० सम्मानित घर वाले दीवारों के नीचे दब कर मर गये। पग़मान तथा बेगतूत के मध्य में भूमि का एक टुकड़ा जोकि पत्थर की मार की दूरी के बराबर चौड़ा होगा, उखड़ कर एक बाण के मार की दूरी पर गिर पड़ा। उस स्थान पर एक झरना उत्पन्न हो गया। इस्तरगच तथा मैदान के मध्य की भूमि ६ अथवा ८ यीगाच तक इस प्रकार फट गई कि कुछ स्थानों पर तो हाथी के बराबर टीले बन गये और कहीं–कहीं वह इतनी ही भीतर धंस गई और लोग उसमें समा कर नष्ट हो गये। जब भूकम्प प्रारम्भ हुआ तो पर्वतों की चोटी से धूल उड़ने लगी थी। नूरुल्लाह तम्बूरची[2] मेरे समक्ष तम्बूरा[3] बजा रहा था, उसके पास दो तम्बूरे थे। भूकम्प के समय दोनों तम्बूरे उसके हाथ में थे। उसका उन दोनों पर कोई अधिकार न रहा और वे एक दूसरे से टकराने लगे। जहांगीर मीर्ज़ा एक घर की ऊपरी मंजिल के दालान में था, जिसे ऊलूग़ बेग मीर्ज़ा ने तीपा में बनवाया था। जब भूकम्प आया तो वह कूद पड़ा किन्तु उसे कोई हानि न पहुंची। जहांगीर मीर्ज़ा के निकटवर्तियों में से कोई व्यक्ति उसी बालाखाने में था, बालाखाने की छत उसके ऊपर गिर गई, ईश्वर ने उसे बचा लिया और उसे कोई हानि न हुई। तीपा के अधिकांश घर धराशायी हो गये। प्रथम दिन तैतीस बार भूकम्प आया और एक मास तक उसके उपरान्त चौबीस घंटे में २–३ बार भूकम्प आ जाया करता था। बेगों तथा सैनिकों को आदेश दिया गया कि वे काबुल के किले की बुर्जो तथा दीवारों की टूट–फूट की मरम्मत कर डालें। बीस दिन अथवा एक मास के अत्यधिक परिश्रम के उपरान्त उन सब को ठीक कर लिया गया।

क़लाते ग़िलज़ाई के विरुद्ध अभियान

मेरी रुग्णावस्था तथा भूकम्प के कारण कन्धार पर आक्रमण करने की जो योजना हमने बनाई थी, वह स्थगित कर दी गई थी। मैं स्वस्थ हो गया, किले की मरम्मत हो गई अतः पुरानी योजना को पुनः प्रारम्भ कर दिया

---

1 "इसी समय रविवार ३ सफर ६११ हि० (६ जुलाई १५०५ ई०) को आगरा में बहुत बड़ा भूकम्प आया और पर्वत तक कांपने लगे ! भव्य तथा दृढ़ भवन भी गिर पड़े। जीवित लोग कयामत समझने लगे। और मुर्दे हुअ !... 'आदि काल से लेकर इस समय तक हिन्दुस्तान में इस प्रकार का भूकम्प कभी नहीं आया था और ऐसे भूकम्प के विषय में किसी को कोई स्मृति नहीं। कहा जाता है कि उसी दिन हिन्दुस्तान के अधिकांश नगरों में भूकम्प आया था।" (निजामुद्दीन : 'तबकाते अकबरी भाग १, पृ० ३२५–२६; रिजवी : 'उत्तर तैमूर कालीन भारत' भाग १, पृ० २२० (अलीगढ़ १६५८ ई०)।

2 तम्बूरा बजाने वाला।

3 एक तार वाला बाजा, जिसमें नीचे की ओर तुम्बी होती है।

गया। शनीज[1] नामक स्थान के नीचे पड़ाव करने के उपरान्त हमने यह निर्णय न किया था कि हम कन्धार की ओर जायेंगे अथवा पर्वतों एवं मैदानों में छापे मारेंगे। जहांगीर मीर्जा तथा बेग लोग एकत्र हो गये। परामर्श किया गया और यह निश्चय हुआ कि हम लोग कलात की ओर बढ़ें। इस योजना के लिये जहांगीर मीर्जा तथा बाकी चग़ानियानी ने बड़ा आग्रह किया।

ताजी[2] नामक स्थान पर ज्ञात हुआ कि शेरे अली चुहरा, कीचीक बाक़ी दीवाना तथा अन्य लोग भागने की योजना बना रहे हैं। उन्हें बन्दी बना लिया गया। शेरे अली की हत्या करा दी गई कारण कि उसने मेरी सेवा में रहते हुए तथा मेरी सेवा के बाहर इस प्रदेश तथा उस प्रदेश में नाना[3] प्रकार के अनुचित व्यवहार तथा विद्रोह प्रदर्शित किये थे। अन्य लोगों के घोड़े तथा अस्त्र–शस्त्र ले लिये गये और उन्हें जाने की अनुमति दे दी गई।

क़लात पहुँच कर हम लोगों ने बिना अस्त्र–शस्त्र एवं अवरोध के यंत्रों के प्रत्येक दिशा से आक्रमण प्रारम्भ कर दिया। जैसा कि इस इतिहास में उल्लेख हो चुका है, कीचीक ख्वाजा, ख्वाजा कलां का बड़ा भाई बड़ा ही साहसी एवं वीर था। वह मेरे समक्ष कई बार तलवार चलाने का प्रदर्शन कर चुका था। आज के दिन भी वह क़लात के दक्षिणी–पश्चिमी बुर्ज की ओर कठिनाई के बावजूद चढ़ता चला गया और ऊपर पहुँचने वाला ही था कि उसकी आंख में एक भाला लगा। विजय के २–३ दिन उपरान्त इस घाव के कारण उसकी मृत्यु हो गई। इस स्थान पर कीचीक बाकी दीवाना, जो शेरे अली चुहरा के साथ भागने की योजना बनाने के कारण बन्दी बना लिया गया था, क़िले की दीवार के नीचे एक पत्थर द्वारा मारा गया और इस प्रकार उसे अपनी दुष्टता का बदला मिल गया। एक दो आदमी और भी मारे गये। मध्याह्नोत्तर की नमाज़ तक इस प्रकार युद्ध होता रहा। जिस प्रकार हमारे आदमी परिश्रम और संघर्ष के कारण थक कर चूर हो गये थे, वही दशा किले वालों की भी थी। उन्होंने संधि करके क़िला समर्पित कर दिया। जुनून अरगून ने मुकीम को क़लात दे दिया था और इस समय उसमें मुकीम के सेवक फर्रुख अरगून तथा करा बोलूत[4] थे। जब वे अपनी तलवार तथा निषंग अपनी गरदनों में लटकाये हुए बाहर निकले, तो हमने उनके अपराध क्षमा कर दिये। मेरा यह उद्देश्य न था कि उस सम्मानित वंश को अधिक कष्ट पहुँचाया जाये कारण कि यदि हम ऐसा करते तो ऐसी अवस्था में जब कि ऊज़बेग इत्यादि हमको चारों ओर से घेरे हुए थे वे लोग जो इस घटना को सुनते अथवा देखते हमारे विषय में क्या कहते?

क्योंकि क़लात पर जहांगीर मीर्जा तथा बाकी चगानियानी के आग्रह पर आक्रमण किया गया था अतः उसे मीर्जा को प्रदान कर दिया गया। वह उसे

---

[1] काबुल–गजनी मार्ग पर ।

[2] यह गजनी–कलाते गिलजाई माग पर है।

[3] काबुल तथा हिमालय के उस पार के प्रदेश।

[4] करा बीलूत अफगान ।

स्वीकार करने के लिये तैयार न था। बाक़ी इस विषय में संतोषजनक उत्तर न दे रहा था। इस प्रकार इतने तीव्र आक्रमण तथा संघर्ष के उपरान्त क़लात की विजय व्यर्थ हो गई।

कलात के दक्षिण में सवासंग तथा आलाताग के अफ़ग़ानों पर छापे मारकर हम लोग काबुल वापस चले आये। जिस रात्रि में हम लोग काबुल में उतरे, मैं किले के भीतर गया। मेरा शिविर तथा अश्वशाला चारबाग़ में थे। एक खिरिलची चोर उद्यान में प्रविष्ट होकर मेरे एक घोड़े एवं उसके साज़ व सामान एवं मेरे खच्चर[1] को ले गया।

वाक़ी चग़ानियानी की मृत्यु

जिस समय से बाक़ी चग़ानियानी[2] अमू नदी के तट पर मेरी सेवा में उपस्थित हुआ था, उस समय से कोई भी व्यक्ति उसके मुकाबले में मेरा विश्वासपात्र न था। यदि मैं कोई बात कहता अथवा कोई कार्य करता तो वह बात तथा कार्य उसी के होते थे। इसके बावजूद उसने मेरी उचित सेवा न की और न मेरे प्रति उचित शिष्टता प्रदर्शित की। इसके विपरीत वह अशिष्ट एवं निंद्य कर्म करता रहा। वह कृपण, दुष्ट, अशिष्ट, ईर्ष्यालु एवं चिड़चिड़ा था। वह इतना कृपण था कि जब वह अपने परिवार तथा धन–सम्पत्ति सहित तिरमिज़ में आया था तब उसके पास ३०–४० हजार भेड़ें थीं। भेड़ों का यह बहुत बड़ा गल्ला प्रत्येक मंजिल पर हमारे सामने से होकर गुजरता था किन्तु उसमें से उसने हमारे वीरों के अत्यधिक भूखे एवं कष्ट में होने के बावजूद भी कोई भेड़ किसी को न दी। अन्ततोगत्वा उसने काहमर्द में पचास भेड़ें दीं।

यद्यपि उसने मुझे पादशाह स्वीकार कर लिया था किन्तु वह अपने द्वार के समक्ष नक्कारा बजवाता था। वह न तो किसी का मित्र था और न किसी का सम्मान करता था। काबुल में जो कुछ भी कर प्राप्त होता है वह तमगा[3] द्वारा प्राप्त होता है। तमगे की पूरी आय उसके अधिकार में थी। इसके साथ–साथ उसे काबुल, पंजहीर, गदाई हज़ारा तथा कुशलूक के दारोगा का पद तथा द्वार के नियंत्रण का अधिकार प्राप्त था। इतनी रियायतों के बावजूद भी वह इनसे संतुष्ट न था और नाना प्रकार की अनुचित योजनायें, जिनका उल्लेख हो चुका है, बनाया करता था। हमने उसकी लेशमात्र भी चिन्ता न की और उनका उससे कोई बदला न लिया। वह सर्वदा जाने की अनुमति मांगा करता था और इस सम्बन्ध में बहुत बुरी तरह आग्रह किया करता था।

---

[1] कुछ लोगों ने इसे 'खंजर' पढ़ा है। खच्चर तथा ऊंटों का प्रयोग सामान लादने के लिये किया जाता था।

[2] उसने ६10 हि० में बाबर से खुरासान न जाने तथा काबुल की ओर प्रस्थान करने का आग्रह किया। इसी वर्ष उसने कोहाट की ओर आक्रमण कराया जिसके कारण बाबर को बड़े कष्ट भोगने पड़े।

[3] सीमा शुल्क अथवा चुंगी । इसे तमगा इस कारण कहा जाता है कि जिन वस्तुओं पर शुल्क लगाया जाता है उन पर लकड़ी के ठप्पे से मुहर कर दी जाती है।

हम लोग उसके नखरों को बरदाश्त करते और उसे जाने से रोकते थे। १–२ दिन बाद वह पुनः आकर अनुमति मांगता था और अत्यधिक आग्रह एवं नखरे करता था। हम लोगों ने उसके दुर्व्यवहार से परेशान होकर उसे अनुमति दे दी। इस पर लज्जित होकर उसने पुनः आग्रह करना प्रारम्भ कर दिया किन्तु हमने उसकी चिन्ता न की। उसने मेरे पास यह लिखकर भिजवाया कि, "पादशाह ने मुझे वचन दिया है कि जब तक मैं ६ अपराध न कर लूंगा मुझे किसी प्रकार का दंड न दिया जायेगा।" मैंने उसे उसके ११ अपराधों का स्मरण दिलाते हुए उसका पत्र पशाग़र के मुल्ला बाबा के हाथ वापस कर दिया। उसने स्वीकार कर लिया और उसे अपने परिवार तथा धन सम्पत्ति सहित हिन्दुस्तान की ओर जाने की अनुमति दे दी गई। उसके कुछ सेवक उसे खैबर तक पहुंचा कर लौट आये। उसने बाक़ी गागियानी के कारवान के साथ नीलाब पार किया।

दरिया खां का पुत्र यार हुसेन उस समय कचाकोट[1] में था। उसने मुझसे कोहाट में एक फ़रमान प्राप्त कर लिया था जिसके आधार पर उसने कुछ दिलाजाक, यूसुफ़ ज़ाई अफ़ग़ानों एवं कुछ जटों[2] तथा गूजरों को नौकर रख लिया था। इन लोगों को लेकर वह मार्ग में लोगों पर छापे मारा करता तथा हर श्रेणी के लोगों से चुंगी वसूल किया करता था। बाक़ी के विषय में सुनकर उसने मार्ग रोक लिया और उसके समस्त साथियों को बन्दी बना लिया। उसने वाक़ी की हत्या कर दी और उसकी पत्नी पर अधिकार जमा लिया। हमने बाक़ी को बिना किसी हानि के जाने की अनुमति दे दी थी किन्तु उसे अपने दुराचार का बदला मिल गया और उसने अपने कुकर्मों का फल भोग लिया।

शेर

"तुझे यदि कोई हानि पहुंचाता है तो उसे भाग्य के सिपुर्द कर दे;
कारण कि भाग्य ही तेरे साथ जो बुराई हुई है उसका बदला ले लेगा।"

तुर्कमान हज़ारा पर आक्रमण

उस शीत ऋतु में हम लोग १–२ बार बर्फ गिरने तक चारबाग़ में ही ठहरे रहे। हमारे काबुल पहुंचने के उपरान्त तुर्कमान हज़ारा नाना प्रकार को धृष्टता प्रदर्शित कर चुके थे और मार्गों पर डाके मारते रहते थे, अतः हमने यह निर्णय किया कि उन्हीं पर आक्रमण किया जाय। हम लोग नगर में बूस्तान सराय में स्थित ऊलग़ बेग मीर्जा के घर में पहुंचे और वहां से शाबान (फ़रवरी, १५०६ ई०) में आक्रमण हेतु रवाना हो गये। हमने कुछ हज़ारा लोगों पर जंगलीक में, जो कि दर्रए खुश के मुहाने पर स्थित हैं, आक्रमण किया। कुछ लोग सम्भवतः एक गुफा में दर्रे के मुंह पर छिपे हुए थे। शेख दरवेश

---

1 हसन अब्दाल के समीप ।

2 जाटों।

कूकूल्दाश असावधानी में गुफा के मुंह तक बढ़ता चला गया। एक हज़ारा ने उसके सीने पर बाण मारा और वह उसी स्थान पर गिर कर मर गया।

शेख दरवेश मेरे साथ छापा मार युद्ध के समय रह चुका था और कूरबेगी[1] के पद पर नियुक्त था। वह कड़ी से कड़ी धनुष खींच सकता था और बड़ा अच्छा बाण चलाता था।

क्योंकि ऐसा प्रतीत होता था कि बहुत से तुर्कमान हज़ारा दर्रए खुश में शीत ऋतु व्यतीत कर रहे हैं अतः हम लोग उनके विरुद्ध बढ़े।

यह घाटी एक मील लम्बे जलमार्ग से, जोकि दर्रे के मुहं की ओर जाती है, बन्द हो गई है। सड़क पर्वत को चारों ओर से घेरे हुए है। कहीं कहीं नीचाई पर ५०–६० गज़ लम्बा सीधा ढाल है और उसके ऊपर एक सीधा करारा है, वहां से सवार केवल एक पंक्ति में गुज़र सकते हैं। हम जलमार्ग से होते हुए पूरे दिन यात्रा करते रहे। दोनों नमाज़ों के मध्य[2] तक यात्रा करने के बावजूद हमें कोई आदमी न मिला। किसी स्थान पर रात्रि व्यतीत करने के उपरान्त हमें हज़ारा लोगों का एक मोटा ऊंट मिला। हमने उसकी हत्या कर दी और उसके थोड़े से मांस का कबाब बनवाया और थोड़ा सा आफ़ताबे[3] में पकवाया। हमने कभी इतना स्वादिष्ट ऊंट का मांस न खाया था। बहुत से लोग यह पहचान न सकते थे कि यह ऊंट का मांस है अथवा भेंड़ का।

दूसरे दिन हम हज़ारा के शीत ऋतु के शिविर की ओर चल दिये। पहले पहर के समय आगे से किसी ने आकर कहा कि सामने से हज़ारा लोगों ने नदी के घाट को शाखाओं द्वारा रोक दिया है और हमारे आदमियों को रोक कर युद्ध कर रहे हैं। उस शीत ऋतु में गहरी बर्फ जमी थी। सड़क के अतिरिक्त किसी अन्य मार्ग से यात्रा करना कठिन था। दलदली चरागाहें, जोकि जलधारा के समीप थीं, जम कर बर्फ़ हो गई थीं। बर्फ के कारण जलधारा केवल सड़क से पार की जा सकती थी। हज़ारा लोगों ने बहुत सी शाखाएं काट दी थीं और उन्हें जलधारा में डाल दिया था। वे एक दर्रे की तलहटी में घोड़े पर सवार होकर तथा पैदल युद्ध कर रहे थे और प्रत्येक दिशा से बाणों की वर्षा कर रहे थे।

मुहम्मद अली मुवश्शिर बेग, जोकि हमारा बड़ा ही साहसी वीर था और जिसे हाल ही में बेग को श्रेणी प्रदान की गई थी और जो इस सम्मान के योग्य भी था, शाखाओं द्वारा रुके हुए मार्ग पर बिना कवच धारण किये हुए बढ़ता चला गया। उसके पेट में एक बाण लगा और तत्काल उसकी मृत्यु हो गई। क्योंकि हम शीघ्रातिशीघ्र बढ़ते चले गये अतः हममें से बहुत से लोग कवच न धारण किये हुए थे। हमारे ऊपर से बाण उड़–उड़कर जाने लगे।

---

[1] वह अधिकारी जो अस्त्र–शस्त्र की देख भाल करता था।

[2] लगभग ३ बजे सायं।

[3] एक प्रकार का लोटा जिसमें दस्ता होता है।

यूसुफ़े अहमद चिन्ता प्रकट करते हुए प्रत्येक से कहता था कि, "तुम लोग इस प्रकार नंगे ही जा रहे हो। हमने दो बाणों को तुम्हारे सिर पर से गुजरते हुए देखा है।" मैंने कहा, "चिन्ता मत करो! ऐसे बहुत से बाण मेरे सिर पर से गुजर चुके हैं।" हमने इतनी ही बात कही थी कि क़ासिम बेग तथा उसके आदमियों ने हमारे दाहिनी ओर एक घाट का पता लगा लिया और उसे पार किया। हज़ारा लोग जब उसके आक्रमण का मुकाबला न कर सके तो भाग खड़े हुए। उसने उनका शीघ्रातिशीघ्र पीछा किया और एक के बाद दूसरे को घोड़े पर से गिराने लगा।

इस पौरुष के प्रदर्शन के कारण कासिम बेग को बंगश प्रदान कर दिया गया। हातिम कूरबेगी ने भी इस अभियान में कोई बुरा कार्य न किया था अतः उसे शेख दरवेश के स्थान पर कूरबेगी नियुक्त कर दिया गया। बाबा कुली के कीपिक[1] ने भी बड़ी वीरता प्रदर्शित की अतः उसे मुहम्मद अली मुबरिशर का पद प्रदान कर दिया गया।

सुल्तान कुली चूनाक हज़ारा लोगों के पीछे रवाना हुआ किन्तु बर्फ के कारण यात्रा न की जा सकती थी। मैं भी इन वीरों के साथ गया।

हजारा लोगों के शीत ऋतु के शिविर के समीप हमें बहुत–सी भेड़ों एवं घोड़ों के गल्ले मिले। मैंने स्वयं चार–पांच सौ भेड़ें तथा २०–२५ घोड़े एकत्र किये। सुल्तान कुली चूनाक़ तथा मेरे दो–तीन व्यक्तिगत सेवक मेरे साथ थे। मैं दो बार इस प्रकार के छापे मार चुका हूं। यह पहला छापा था। दूसरा छापा खुरासान से आते समय मारा गया जब कि हमने इन्हीं तुर्कमान हजारा लोगों पर आक्रमण किया।[2] हमारे छापा मारने वाले बहुत भेड़ें तथा घोड़े लाये। हज़ारा लोगों की स्त्रियां तथा बालक बर्फ से ढंके ढलवा स्थानों पर चले गये थे और वहीं निवास करने लगे थे। हमने कुछ काहिली प्रशित की और दिन अधिक ढल जाने के कारण हम लोग वापस आ गये और उन्हीं के निवास स्थानों में उतर पड़े। उस शीत ऋतु में निस्संदेह बहुत गहरी बर्फ पड़ी थी। मार्ग के उस पार घोड़े की कापताल[3] तक बर्फ जमी हुई थी और बर्फ की अधिकता के कारण पहरा देने वाले प्रातःकाल तक घोड़े की ज़ीन पर बैठे रहते थे।

दर्रे के बाहर निकल कर हमने दूसरी रात्रि दर्रे के एक मुंह में हज़ारा लोगों के शीत ऋतु के निवास स्थानों में व्यतीत की। वहां से प्रस्थान करके हमने जंगलीक में पड़ाव किया। जंगलीक में यारक तग़ाई तथा अन्य लोगों को जो देर से पहुंचे थे यह आदेश दिया गया कि वे उन हजारा लोगों पर जिन्होंने शेख दरवेश की हत्या की थी, आक्रमण करें। वे लोग अपने दुर्भाग्य एवं अपनी मौत के कारण गुफा ही में मालूम होते थे। यारक तग़ाई तथा

---

[1] यह शब्द स्पष्ट नहीं।

[2] ९१२ हि० (१५०६–७ ई०)।

[3] घोड़े की काठी के नीचे का भाग।

उसके साथियों ने गुफा में धुआं करके ७०–८० लोगों को बन्दी बना लिया जिनमें से अधिकांश की तलवार द्वारा हत्या कर दी गई।

निज़ अऊ के कर की वसूली

हजारा के अभियान से लौटते समय हम लोग बारान के नीचे आई तूग़दी के समीप निज अऊ के कर की वसूली करने के लिये पहुंचे। जहांगीर मीर्ज़ा ग़ज़नी से आकर उस स्थान पर मेरी सेवा में उपस्थित हुआ। उस समय १३ रमज़ान (७ फ़रवरी) को मुझे नितम्ब सम्बन्धी घोर पीड़ा हुई। ४० दिन तक लोगों को मुझे इधर–उधर करवट लेने में सहायता करनी पड़ती थी।

निज नदी की (सात) घाटियों में से पीचकान घाटी मुख्य है और उस घाटी का मुख्य स्थान है। वहां का सरदार हुसेन गैनी एवं उसके बड़े और छोटे भाई अपनी उदंडता एवं विद्रोही भावनाओं के लिये प्रसिद्ध थे। इस कारण जहांगीर मीर्ज़ा के अधीन एक सेना भेजी गई। क़ासिम बेग को भी उनके साथ भेजा गया। वे सरेतूप तक पहुंच गये और आक्रमण करके एक संगुर को अधिकार में कर लिया और कुछ लोगों को उनके भाग्य तक पहुंचा दिया[1]।

नितम्ब पीड़ा के कारण लोगों ने मेरे लिये एक प्रकार की डोली सी बना ली थी जिसमें लादकर वे मुझे बारान नदी के किनारे किनारे तथा बूस्तान सराय नामक क़स्वे में ले गये। वहां मैं कुछ दिनों तक ठहरा रहा। इस रोग के समाप्त होने के पूर्व ही मेरे बायें गाल में एक फोड़ा निकल आया। उसकी शल्य–चिकित्सा की गई और मैंने भी मुसहिल[2] लिया। उससे मुक्त होकर मैं चारबाग़ पहुंचा।

जहांगीर मीर्ज़ा की दुष्टता

जिस समय जहांगीर मीर्ज़ा मेरी सेवा में उपस्थित हुआ, अयूब के पुत्र यूसुफ़ तथा बहलूल ने, जो उसकी सेवा में थे, मेरे प्रति षड्यंत्र करना प्रारम्भ कर दिया था, अतः मीर्ज़ा का व्यवहार उसके पिछले व्यवहार के समान न रह गया था। कुछ दिन उपरान्त वह तीपा के बाहर अस्त्र–शस्त्र धारण करके चल दिया और ग़ज़नी की ओर वापिस चला गया। वहां उसने नानी नामक स्थान पर अधिकार जमा लिया और वहां के कुछ लोगों की हत्या कर दी तथा सबको लूट लिया। तदुपरान्त वह अपने उन आदमियों सहित जो उसके साथ थे, हज़ारा लोगों की ओर से होता हुआ बामियान की ओर चल दिया। ईश्वर ही जानता है कि न तो मैंने और न मेरे आश्रितों ने कोई ऐसा कार्य किया था जिससे उसे किसी प्रकार का असंतोष अथवा कष्ट होता। बाद में उसके जाने का जो कुछ कारण मालूम हुआ, वह इस प्रकार है: जब क़ासिम बेग अन्य लोगों के साथ उस समय जब वह ग़ज़नी में आया था उसके स्वागतार्थ पहुंचा तो मीर्ज़ा ने एक बाज़ को लवा के पीछे छोड़ा। जैसे ही

---

[1] हत्या करा दी।

[2] दस्त लाने वाली औषधि ।

बाज़ लवा के निकट पहुंच कर उसके ऊपर झपटा, तो लवा भूमि पर गिर पड़ा। शोर मच गया कि, "पकड़ लिया, पकड़ लिया।" क़ासिम बेग ने कहा कि, "शत्रु को अपने पंजे में पाकर कौन छोड़ता है?" इस बात के कारण बड़ा भ्रम उत्पन्न हो गया। इस भ्रम के कारण वे चल दिये किन्तु उन लोगों ने अन्य २–३ शिकायतों को अपने प्रस्थान का बहाना बना लिया था

ग़ज़नी में जो कुछ उल्लेख हो चुका है वह करके वे हज़ारा लोगों के बीच से होते हुए मुगूल क़बीलों की ओर चल दिये। इन क़बीलों ने उस समय नासिर मीर्जा का साथ छोड़ दिया था किन्तु ऊज़बेगों के साथ अभी तक नहीं मिले थे और याई, अस्तर–आब तथा उसके आस पास की ग्रीष्म ऋतु की चरागाहों में थे।

सुल्तान हुसेन मीर्जा द्वारा शैवाक़ खां के विरुद्ध सहायता मांगना

सुल्तान हुसेन मीर्जा ने शैबाक़ खां को पराजित करने का संकल्प करके अपने समस्त पुत्रों को बुलवा भेजा। उसने मुझे भी, सैयिद अली ख्वाबबीन[1] के पुत्र सैयिद फ़ज़्ल को मेरे पास भेज कर, बुलवाया। बहुत से कारणों से हमारे लिये खुरासान की ओर प्रस्थान करना ठीक ही था। एक कारण तो यह था कि जब सुल्तान हुसेन मीर्जा सरीखे प्रतापी बादशाह ने, जोकि तीमूर बेग के स्थान पर सिंहासनारूढ़ था, शैवाक खां के विरुद्ध आक्रमण करना निश्चय कर लिया और बहुत से आदमियों तथा अपने पुत्रों और बेगों को बुलवाया तो ऐसी अवस्था में यदि कुछ लोग अपने पांव से चल कर गये तो हमें अपने सिर के बल जाना चाहिये था। यदि कुछ लोग हाथ में डंडा लेकर रवाना होते तो हमें पत्थर लेकर जाना चाहिये था। दूसरा कारण यह था कि जहांगीर मोर्जा इस सीमा तक पहुंच चुका था और इतनी धृष्टता प्रदर्शित कर चुका था कि हमारे लिये अत्यन्त आवश्यक हो गया कि या तो हम उसके असंतोष को दूर करें और या उसके आक्रमण को।

चीन सूफ़ी की मृत्यु

इस वर्ष शैबाक़ खां ने चीन सूफ़ी को १० मास तक घेर कर ख्वारिज्म पर अधिकार जमा लिया। अवरोध के समय भीषण युद्ध हुआ। ख्वारिज्म के वीरों ने पौरुष के अनेक कार्य प्रदर्शित किये। उन्होंने कोई कसर उठा न रखी। बार बार उनके बाण इस तेज़ी से चलते थे कि वे ढालों तथा कवच को छेद डालते थे और कभी कभी दो–दो कवच छेद देते थे। दस मास तक बिना किसी स्थान से सहायता की आशा के वे उस अवरोध का मुकाबला करते रहे। तदुपरान्त कुछ वीरों ने साहस छोड़ दिया और ऊज़बेगों से सन्धि की वार्ता प्रारम्भ कर दी। वे उसे क़िले में ले ही आने वाले थे कि चीन सूफ़ी को इसका पता चल गया और वह उस स्थान पर पहुंच गया। जिस समय वह ऊज़बेगों के विरुद्ध अपनी सेना को आगे बढ़ा रहा था उसके एक चुहरा[2]

---

[1] वह व्यक्ति जो स्वप्न का फल बताता हो।

[2] तरुण सेवक ।

ने पीछे से उसके ऊपर बाण का वार कर दिया। कोई भी युद्ध के लिये शेष न रहा और ऊज़बेगों ने ख्वारिज्म पर अधिकार जमा लिया। ईश्वर चीन सूफ़ी की आत्मा को शांति प्रदान करे जिसने क्षण भर भी अपने सरदार के लिये अपने प्राणों की बलि देने की ओर उपेक्षा न की। शैवाक़ खां ने ख्वारिज्म को कूपुक–बी को सौंप दिया और समरकन्द चला गया।

सुल्तान हुसेन मीर्जा को मृत्यु

सुल्तान हुसेन मीर्जा का दफ़न किया जाना ।

सुल्तान हुसेन मीर्जा अपनी सेना को शैवाक़ खां के विरुद्ध बाबा इलाही तक ही ले जा पाया था कि ज़िलहिज्जा मास में उसकी मृत्यु हो गई।[1] ......

[2] जिस समय सुल्तान हुसेन मीर्जा की मृत्यु हुई तो मीर्जाओं में केवल बदीउज्ज़मान मीर्जा तथा मुज़फ़्फ़र हुसेन मीर्जा उपस्थित थे। मुज़फ्फर हुसेन मीर्जा अपने पिता का बड़ा ही प्रिय पुत्र था। उसका मुख्य बेग मुहम्मद बरन्दुक बरलास था। उसकी माता खदीजा बेगम मीर्जा की बड़ी ही विश्वासपात्र थी। मीर्जा के सब लोग उसके पास एकत्र हो गये। इन कारणों से वदीउज्जमान मीर्जा चिन्तित हो गया था और उसने न आना ही निश्चय किया[3] किन्तु मुज़फ़्फ़र हुसेन मीर्जा तथा मुहम्मद बरन्दूक बेग स्वयं सवार होकर पहुंचे और उसकी चिन्ता का निराकरण करके उसे ले आये।

सुल्तान हुसेन मीर्जा[4] को हेरी पहुंचाया गया और वहीं उसके मदरसे में शाही सम्मान के साथ दफ़न कर दिया गया।

उसके उत्तराधिकारी

इस दुर्घटना के अवसर पर जुनून बेग भी उपस्थित था। वह, मुहम्मद बरन्दुक बेग तथा मीर्जा के बेग तथा दोनों (छोटे) मीर्जा उपस्थित हुए और उन्होंने यह निश्चय किया कि दोनों मीर्जाओं को हेरी का सुल्तान नियुक्त कर दिया जाय। जुन्नून बेग बदीउज्ज़मान मीर्जा के फाटक पर अपना अधिकार स्थापित रक्खे और मुहम्मद बरन्दूक बेग मुज़फ़्फ़र हुसेन मीर्जा के फाटक पर। शेख अली तग़ाई प्रथम के लिये हेरी का दारोगा नियुक्त हो और यूसुफ़ अली द्वितीय के लिये। यह एक बड़ी विचित्र योजना थी। राज्य में साझा एक ऐसी समस्या है जिसके विषय में कभी कुछ नहीं सुना गया है। इसके विपरीत शेख सादी[5] ने 'गुलिस्तां' में लिखा है:

---

[1] ११ जिलहिज्जा ६११ हि० (५ मई १५०६ ई०)।

[2] सुल्तान हुसेन मीर्जा तथा उसके दरबार के हाल का अनुवाद नहीं किया गया।

[3] अपने शिविर के बाबा इलाही तक।

[4] की लाश को।

[5] शेख मसलहुद्दीन सादी शीराज़ी का जन्म ५७१ हि० (११७५ ई०) के करीब हुआ था और दीर्घकाल तक जीवित रह कर वे ६६१ हिं० (१२६२ ई०) को मृत्यु को प्राप्त हुये। उनकी रचनाओं में 'गुलिस्तां' को बड़ी प्रसिद्धि प्राप्त है।

शेर

"दस दरवेश मिल कर एक कम्बल में सो रहते हैं,
किन्तु दो बादशाह एक इकलीम में स्थान नहीं पाते।"

९१२ हि०

(२४ मई १५०६ ई० से १३ मई १५०७ ई०)

बाबर का सुल्तान हुसेन मीर्जा के पास प्रस्थान

मुहर्रम मास में गूरबन्द तथा शिब्रतू से होते हुए हम लोग ऊज़बेगों के विरुद्ध रवाना हो गये।

क्योंकि जहांगीर मीर्जा उस विलायत से असंतुष्ट होकर चला गया था अतः हम लोगों ने सोचा कि यदि उसने ईमाक[1] को अपनी ओर मिला लिया तो अत्यधिक दुष्टता करेगा। उसकी दुष्टता के विचार से हमने यह निश्चय किया कि सर्वप्रथम हम ईमाक़ को संगठित कर लें; अतः हम लोग शीघ्रातिशीघ्र चल खड़े हुए और अपने साथ बहुत सूक्ष्म सामान रक्खा तथा भारी सामान उरतुर शहर में वली खाजिन[2] तथा दौलत कदम क़रावल[3] को सौंप दिया। उस दिन हम लोग जहाक़ नामक किले पर पहुंच गये। वहां से हमने गुम्बज़क कूतल को पार किया और साईगान होते हुए दन्दान शिकन दर्रे में पहुंचे और काहमर्द को चरागाह में उतर पड़े। काहमर्द से हमने सैयिद अफ़ज़ल ख्वाबबीन[4] तथा सुल्तान मुहम्मद दूल्दाई को एक पत्र सहित सुल्तान हुसेन मीर्जा के पास भेजा और काबुल से रवाना होने का हाल उसे लिख कर प्रेषित किया।[5]

जहांगीर मीर्जा मार्ग में इधर–उधर फिर रहा होगा। जब वह बामियान के समक्ष २०–३० आदमियों सहित पहुंचा तो उसने हमारे आदमियों के खेमे डेरे जो सामान भी रह गया था, वह देखा। यह सोच कर कि हम वहां होंगे वह तथा उसके सहायक अपने अपने शिविर को बिना कुछ देखे भाले तथा अपने आदमियों को जो पीछे आ रहे थे, चिन्ता किये बिना चल दिये और वहां से यका ऊलांग की ओर रवाना हो गये।

शैबाक खा

जब शैबाक खां ने बल्ख का, जो उस समय सुल्तान कुले नचान के अधीन था, अवरोध कर लिया तो उसने दो तीन सुल्तानों को तीन चार हजार आदमियों सहित बदख्शां पर आक्रमण करने के लिये भेजा। उस समय मुबारक शाह तथा जुबेर नासिर मीर्जा से मिल गये थे, यद्यपि इन लोगों के बीच में इससे पूर्व अत्यधिक शत्रुता एवं मतभेद था। वे सब लोग किश्म के

---

[1] मुगल क़बीलों।

[2] कोषाध्यक्ष ।

[3] सेना के उस दस्ते का अधिकारी जो आगे जाता तथा शत्रु की सेना के समाचार पहुँचाता है।

[4] वह व्यक्ति जो स्वप्न का फल बताता हो ।

[5] सुल्तान हुसेन मीर्जा की मृत्यु के समाचार बाबर को ९१२ हि० तक न प्राप्त हो सके, यद्यपि उसकी मृत्यु ९११ हि० में हो गई थी।

नीचे तथा किश्म नदी के पूर्व में शकदान में पड़ाव किये हुए थे। रात्रि में यात्रा करते हुए ऊजबेगों के एक दस्ते ने सुबह होते होते नदी पार कर ली और मीर्जा के विरुद्ध बढ़ा। मीर्जा एक ऊंचे पुश्ते पर चढ़ गया और वहां उसने नफ़ीर[1] बजा कर अपनी सेना एकत्र की और शत्रुओं का मुकाबला कर के उन्हें पराजित कर दिया। ऊजबेगों के पीछे किश्म नदी थी जिसमें बाढ़ आ चुकी थी। बहुत से लोग उसमें डूब गये, बहुत बड़ी संख्या में लोग बाण तथा तलवार द्वारा मारे गये, अधिक लोग बन्दी बना लिये गये। मुबारक शाह तथा जुबेर मीर्जा नदी की ऊंचाई पर तथा किश्म के समीप थे। ऊजबेगों ने जो उन पर आक्रमण करने के लिये अलग से भेजे गये थे उन्हें पुश्ते की ओर भगा दिया। जब मीर्जा को इस विषय में उस समय सूचना मिली जब कि उसने अपने आक्रमणकारियों को पराजित कर दिया था तो वह उनके विरुद्ध रवाना हुआ। कोहिस्तान के बेगों ने भी जो अश्वारोहियों तथा पदातियों सहित नदी के और ऊपर एकत्र थे, उनका साथ दिया। ऊज़बेग लोग आक्रमण का मुकाबला न कर सके और भाग खड़े हुए। इस दस्ते के भी बहुत से लोग तलवार, लक्ष्य बाण तथा जल[2] द्वारा मारे गये। कुल एक हजार से डेढ़ हजार तक आदमी मरे होंगे, यह नासिर मीर्जा की एक बहुत बड़ी विजय थी। यह समाचार हमें एक आदमी द्वारा, जब कि हम काहमर्द की जलगाह[3] में पड़ाव किये हुए थे, प्राप्त हुए।

बाबर का खुरासान की ओर प्रस्थान

जब हम लोग काहमर्द में थे तो हमारी सेना गूरी तथा दहाना से अनाज लाई। वहां भी हमें सैयिद अफ़ज़ल तथा सुल्तान मुहम्मद दूल्दाई के पास से, जिन्हें हमने खुरासान भेजा था, पत्र प्राप्त हुए और उनसे भी यही सूचना मिली कि सुल्तान हुसेन मीर्जा की मृत्यु हो गई है।

इस समाचार के बावजूद हम लोग खुरासान की ओर रवाना हो गये। यद्यपि हमारे इस आचरण के अन्य कारण भी थे किन्तु जिस कारण से हमने निर्णय कर लिया वह तीमूर वंश की मर्यादा की रक्षा थी। हम लोग आजर दर्रे से होते हुए तूप तथा मन्दग़ान की ओर बढ़े और बल्ख नदी पार कर के साफ़ नामक पहाड़ी की ओर पहुँचे। वहां हमें यह समाचार प्राप्त हुए कि ऊज़बेग लोग सान तथा चारयक को नष्ट भ्रष्ट कर रहे हैं। हमने क़ासिम बेग के अधीन एक सेना उनके विरुद्ध भेजी। वह उन लोगों के पास पहुंच गया और उन्हें बुरी तरह पराजित करके बहुत से लोगों के सिर काट कर लौट आया।

हम लोग साफ़ नामक पहाड़ी की चरागाह में कुछ दिनों तक ठहरे रहे और जहांगीर मीर्जा तथा ईमाक़ के विषय में समाचार की प्रतीक्षा करते रहे।

---

[1] एक प्रकार का बिगुल।

[2] डूब कर।

[3] घाटी के नीचे का स्थान ।

ईमाक[1] के लोग पूर्व ही से भेजे जा चुके थे। वह पहाड़ी जंगली भेड़ों तथा बकरों से भरी हुई थी अतः हमने एक बार शिकार भी किया। समस्त ईमाक कुछ ही दिनों में मेरी सेवा में उपस्थित हो गये। वे लोग केवल मेरे ही पास आये और जहांगीर मीर्जा के पास, यद्यपि उसने उनके पास आदमी भेजे थे, न गये। जहांगीर मीर्जा ने एक बार एमादुद्दीन मसऊद को भी उनके पास भेजा था। जहांगीर मीर्जा भी इस प्रकार मेरी सेवा में उपस्थित होने के लिये विवश हो गया। जब मैं साफ़ नामक पहाड़ी के नीचे उतरा तो वह मेरी सेवा में उपस्थित हुआ। खुरासान की चिन्ता के कारण न तो हमने उसकी ओर ध्यान दिया और न ईमाक की ओर अपितु गुरजवान, अलमार, कैसार, चीचीकतू तथा फखरुद्दीन के ऊलूम से होते हुए बाम घाटी में जोकि बादशीग के उपान्त में है, पहुंच गये।

संसार वैमनस्यता से परिपूर्ण था। प्रत्येक व्यक्ति विलायतों तथा क़बीलों और जत्थों से कुछ न कुछ छीन लेता था। हम लोगों ने भी इसी प्रकार तुर्कों तथा उस भाग के कबीलों पर कर लगा कर छीनना झपटना प्रारम्भ कर दिया। २–३ महीने में हमने लगभग किपकी[2] के तीन सौ तूमान[3] अपने अधिकार में कर लिये।

खुरासान के मीर्जाओ का संगठन

हमारे बाम घाटी में पहुंचने के कुछ दिन पूर्व खुरासान के कुछ हलके हथियारों युक्त सवारों तथा जुन्नून बेग के आदमियों ने पन्द देह तथा मरूचाक़ में ऊजबेग आक्रमणकारियों को बुरी तरह पराजित कर दिया और बहुत से आदमियों की हत्या कर दी।

बदीउज्जमान मीर्जा तथा मुजफ्फर हुसेन मीर्जा ने मुहम्मद बरन्दूक वरलास, जुन्नून अरगून तथा उसके पुत्र शाह बेग को साथ लेकर शैवाक़ खां पर, जो उस समय सुल्तान कुले नचाक[4] को बल्ख में घेरे हुए था, आक्रमण करना निश्चय किया। इस दृष्टि से उन्होंने सुल्तान हुसेन मीर्जा के समस्त पुत्रों को बुलवाया और अपने उद्देश्य की पूर्ति हेतु हेरी के बाहर निकले। चेहल दुरुतरान नामक स्थान पर सुल्तान अबुल मुहसिन मुहम्मद, मर्व से उनकी सेवा में पहुंच गया। इब्ने हुसेन मुहम्मद भी तून तथा काईन से उनके पीछे–पीछे पहुंचा। कूपुक[5] मुहम्मद मशहद में था। यद्यपि उन्होंने उसे कई बार बुलाया किन्तु उसने धृष्टता पूर्वक व्यवहार किया और अपशब्द कहे तथा उपस्थित नहआ। उसमें तथा मुज़फ़्फ़र मीर्जा में ईर्ष्या थी। जब मुजफ़्फ़र मीर्जा संयुक्त बादशाह बना दिया गया तो उसने कहा कि, "मैं उसकी सेवा में किस प्रकार जाऊं?" ऐसी कठिनाई के समय भी जब कि उसके समस्त बड़े

---

[1] मुग़ूल कबीले।

[2] अर्सकिन के अनुसार अंडाकार आकृति का तांबे का एक सिक्का ।

[3] तूमान, १०,००० के बराबर होता था ।

[4] यह शब्द स्पष्ट नहीं।

[5] कीपिक ।

तथा छोटे भाई संगठित होकर शैवाक़ खां सरीखे शत्रु के विरुद्ध आक्रमण करने के लिये एकत्र हो रहे थे, वह इस नैराश्ययुक्त ईर्ष्या के कारण उपस्थित न हुआ। कूपुक मुहम्मद ने भी शत्रुता को ही अपनी अनुपस्थिति का बहाना बनाया, किन्तु अन्य हर आदमी का यह मत था कि वह अपनी कायरता के कारण नहीं आया है। एक बात तो यह है कि इस संसार में मनुष्य की कीर्तियां ही उसकी मृत्यु के उपरान्त उसके नाम को जीवित रखती हैं। यदि किसी में लेश मात्र भी बुद्धि है तो वह मृत्यु के उपरान्त बदनाम होने का प्रयत्न न करेगा। यदि किसी को कोई अभिलाषा है तो वह इस प्रकार कार्य क्यों न करे कि लोग मृत्यु के उपरान्त तक उसकी प्रशंसा करें। यदि किसी का नाम आदरपूर्वक लिया जाता है तो वह इस प्रकार एक दूसरा जीवन प्राप्त कर लेता है।

मीर्जाओं के पास से भी मेरे पास दूत आये। मुहम्मद बरन्दुक बरलास स्वयं उनके पीछे पहुंचा। जहां तक मेरा सम्बन्ध है मेरे प्रस्थान के लिये कोई वस्तु बाधक न थी। मैंने इसी कारण सौ–दो सौ यीगाच[1] की यात्रा की थी। मैं तत्काल. मुहम्मद बरन्दूक बेग के साथ मुर्गाब की ओर, जहां मीर्जा लोग पड़ाव किये हुए थे, रवाना हो गया।

मीर्जाओं से बाबर की भेंट

यह भेंट सोमवार ८ जमादि उस्सानी (२६ अक्तूबर १५०६ ई०) को हुई। अबुल मुहसिन मीर्जा एक मील आगे तक मेरा स्वागत करने के लिये आया। हम लोग एक दूसरे से मिलने के लिये आगे बढ़े। मैं अपनी ओर उतर पड़ा और वह अपनी ओर। हम लोग बढ़े, एक दूसरे से भेंट की और सवार हो गये। शिविर के समीप मज़फ़्फ़र मीर्जा तथा इब्ने हुसेन मीर्जा ने हमसे भेंट की। वे अबुल मुहसिन मीर्जा से छोटे थे, अतः उन्हें उससे पहिले आगे बढ़ कर मुझसे भेंट करनी चाहिये थी।[2] उनके द्वारा यह विलम्ब किसी अभिमान के कारण न था अपितु मदिरापान की वजह से थक जाने के कारण। उन्होंने मेरी उपेक्षा हेतु असावधानी न की थी अपितु यह उनकी विलासप्रियता के कारण हुई। मुजफ्फ़र मीर्जा ने इस बात पर जोर दिया कि हम दोनों बिना घोड़े से उतरे हुए एक दूसरे से भेंट करें और इब्ने हुसेन मीर्जा तथा मैंने भी यही किया। हम लोग साथ साथ घोड़े पर चल दिये और बदीउज्ज़मान मीर्जा के फाटक पर एक बहुत बड़ी भीड़ के बीच में उतरे। आदमियों की इतनी अपार भीड़ एकत्र हो गई थी कि कुछ लोगों के पांव तीन–चार क़दम तक ज़मीन पर न पहुंचते थे और कुछ लोग जो निकल जाने की इच्छा करते थे वे पीछे के मार्ग पर ४–५ क़दम पहुंच जाते थे।

---

[1] ५००–६०० मील।

[2] बाबर ने केवल अवस्था का ध्यान रक्खा है और इस बात का नहीं कि मुजफ्फर मीर्जा संयुक्त बाद शाह था।

हम लोग बदीउज्ज़मान मीर्जा के दीवानखाने में पहुंचे। यह निश्चय हो चुका था कि मैं प्रविष्ट होकर एक बार घुटने के बल झुकू[1] और मीर्जा उठ कर नीचे वाले चबूतरे तक आये और हम लोग एक दूसरे से वहीं भेंट करें। मैं भीतर प्रविष्ट होकर घुटने के बल झुका और सीधा बढ़ता चला गया। मीर्जा ने उठने में विलम्ब किया और धीरे–धीरे आगे बढ़ा। क़ासिम बेग मेरा हितैषी था। वह मेरी मर्यादा की अपनी मर्यादा के समान ही रक्षा करता था। उसने मेरी पेटी को पकड़ कर खींचा। मैं समझ कर और धीरे धीरे चलने लगा। निश्चित स्थान पर हमने भेंट की।

इस शिविर में चार तूशुक[2] लगाई गई थीं। मीर्जाओं के खेमे में सर्वदा एक ओर दालान–सा बना रहता था और वह इस दालान के करीब बैठता था। वहां उसी समय एक तूशुक बिछाया गया, जिस पर वह तथा मुजफ्फ़र मीर्जा एक साथ आसीन हुए। अबुल मुहसिन मीर्जा तथा मैं दूसरे तूशुक पर बैठे जोकि दाईं ओर एक सम्मान के स्थान पर लगाया गया था। दूसरे पर, बदीउज्ज़मान के बाई ओर, इब्ने हुसेन मीर्जा, कासिम सुल्तान ऊज़बेग, जो स्वर्गीय मीर्जा का जामाता तथा कासिम हुसेन सुल्तान का पिता था, बैठे। मेरे दाईं ओर तथा मेरे तूशुक के नीचे जहांगीर मीर्जा तथा अर्ब्दुरज्जाक मीर्जा बैठे। कासिम सुल्तान तथा इब्ने हुसेन मीर्जा के बाईं ओर किन्तु काफ़ी नीचे मुहम्मद बरन्दूक बेग, जुन्नून बेग तथा कासिम बेग बैठे।

यद्यपि यहां इस समय कोई खाने–पीने की गोष्ठी का आयोजन न था किन्तु मदिरा के साथ मांस लाया गया। सोने चांदी की सुराहियां चुन दी गईं। हमारे पूर्वज सर्वदा से ही चिनगीज़ी तूरा[3] का बड़ा आदर करते थे और उसके विपरीत चाहे गोष्ठी हो और चाहे दरबार, चाहे बैठने का अवसर हो चाहे खड़े होने का, कोई कार्य न करते थे। यद्यपि इसके लिये कोई दैवी आदेश नहीं है जिसका कि अनिवार्य रूप से पालन ही किया जाय किन्तु फिर भी व्यवहार के अच्छे नियमों का चाहे जिसने भी उन्हें बनाया हो, पालन करना ही चाहिये। यह उसी प्रकार आवश्यक है जिस प्रकार कि यदि किसी के पूर्वज ने कोई बुरा कार्य किया है तो उस बुरे कार्य को अच्छे कार्य में परिवर्तित कर देना चाहिये।

भोजन के उपरान्त मैं मीर्जा के शिविर से चल खड़ा हुआ और अपने पड़ाव पर जो लगभग दो मील पर स्थित था, पहुंच गया।

बाबर द्वारा उचित सम्मान की मांग

मेरी दूसरी भेंट के समय वदीउज्जमान मीर्जा ने मेरे प्रति जैसा कि पहिले सम्मान प्रदर्शित किया था, उससे कम सम्मान प्रदर्शित किया अतः मैंने मुहम्मद बरन्दुक बेग तथा जुनून बेग के पास संदेश भेजा कि "यद्यपि मेरी

---

[1] अभिवादन करूँ।

[2] मसनद ।

[3] चिंगीजी विधान । इन्हें 'यासये चिंगीजी' भी कहते हैं।

अवस्था कम हैं[1] किन्तु मेरी श्रेणी की दृष्टि से मेरा अधिक सम्मान वांछनीय है। मैं समरकन्द में अपने पूर्वजों के सिंहासन के ऊपर दो बार अपनी तलवार के ज़ोर से आरूढ़ हो चुका हूं और मेरे प्रति उचित सम्मान प्रदर्शन की उपेक्षा अनुचित है कारण कि मैं केवल तीमूर के वंश की मर्यादा की रक्षा हेतु ही इतने बड़े शत्रु से संघर्ष तथा युद्ध करता रहा हूं।" मेरा यह कथन न्याय–युक्त होने के कारण उन लोगों ने अपनी भूल स्वीकार कर ली और जैसे सम्मान की मैंने मांग की थी, वह मेरे प्रति प्रदर्शित किया।

बाबर द्वारा मदिरा की उपेक्षा

एक बार जब मैं मध्याह्नोत्तर की नमाज़ के उपरान्त बदीउज्ज़मान मीर्जा से भेंट करने गया तो मदिरापान की एक महफ़िल आयोजित की गई थी। उस समय मैं मदिरापान न करता था। यह महफ़िल बड़े ही सुन्दर ढंग से आयोजित की गई थी। ख्वानों[2] में प्रत्येक प्रकार की गजक[3] रखी हुई थी। मुर्ग तथा क़ाज़ के कबाब एवं हर प्रकार के भोजन लगे हुए थे। बदीउज्ज़मान मीर्जा की महफ़िलों की बड़ी प्रसिद्धि थी और यह सत्य ही था। इसमें किसी प्रकार की कोई अव्यवस्था न थी और बड़े शान्तिपूर्वक ढंग से यह महफ़िल आयोजित की गई थी। जितने समय हम मुर्गाब के तट पर ठहरे रहे, दो–तीन बार मैं मीर्जा की महफ़िलों में उपस्थित हुआ। जब उन्हें यह ज्ञात हो गया कि मैं मदिरापान नहीं करता तो वे मुझसे आग्रह न करते थे।

मैं मुज़फ़र मीर्जा की भी एक मदिरापान की महफ़िल में पहुंचा। अली जलायर का हुसेन तथा मीर बद्र दोनों वहां उपस्थित थे। वे उनकी सेवा में थे। जब मीर बद्र पर अधिक मदिरा चढ़ गई तो वह नृत्य करने लगा और उसने बड़ा ही सुन्दर नृत्य, जोकि उसका ही आविष्कार था, किया।

मीर्जाओं की आलोचना

मीर्जाओं को हेरी से निकलने तथा संगठित होने एवं सेना एकत्र करने और मुर्गाब पहुंचने में तीन मास लग गये। इस बीच में सुल्तान कुले नचाक[4] की बड़ी ही दुर्दशा हो गई और उसने ऊज़बेग को बल्ख समर्पित कर दिया था किन्तु ऊजबेग यह सुन कर कि हम लोग उसके विरुद्ध संगठित हो गये हैं, शीघ्रातिशीघ्र समरकन्द की ओर बढ़ा। मीर्जा लोग बातचीत करने एवं पारस्परिक व्यवहार में बड़े ही शिष्ट थे किन्तु उन्हें युद्ध, अभियान, अस्त्र–शस्त्र की व्यवस्था, रणक्षेत्र एवं सेना के प्रबन्ध का कोई ज्ञान न था।

---

[1] २४ वर्ष।

[2] थालों।

[3] मदिरा के साथ खाने की चीजें।

[4] यह नाम स्पष्ट नहीं।

शीत ऋतु की योजनायें

जब हम लोग मुर्गाब में थे तो यह समाचार प्राप्त हुए कि हक़ नज़ीर चपा ४००–५०० आदमियों को लेकर चीचीकतू के आसपास के स्थानों का विध्वंस कर रहा है। सभी मीर्जा लोग वहां पर उपस्थित थे। उन्होंने आपस में खूब सलाह की किन्तु वे इन आक्रमणकारियों के विरुद्ध कोई हलके हथियारों से युक्त दस्ता भी न भेज सके। मुर्गाब तथा चीचीकतू के मध्य में दस यीगाच[1] की दूरी है। मैंने उनसे इस कार्य के करने की अनुमति चाही किन्तु उन्होंने अपनी मर्यादा की दृष्टि से मुझे आज्ञा न दी।

वर्ष के अन्त पर शैबाक़ खां भी लौट गया। मीर्जा लोगों ने यह निर्णय किया कि जिस स्थान पर भी सुविधा हो वहीं पर रुक कर शीत ऋतु व्यतीत की जाय और दूसरे वर्ष ग्रीष्म ऋतु में एकत्र होकर शत्रु पर आक्रमण किया जाय।

उन लोगों ने मुझसे भी खुरासान में शीत ऋतु व्यतीत करने के लिये आग्रह किया किन्तु मेरे किसी हितैषी ने भी इसे अच्छा न समझा कारण कि काबुल तथा ग़ज़नी दुष्टों एवं विद्रोहियों से परिपूर्ण थे और वहां तुर्क, मुग़ूल एवं अफ़ग़ान तथा हजारा कबीलों के विभिन्न समूह एकत्र थे। इसके अतिरिक्त खुरासान तथा काबुल के बीच का निकटतम मार्ग जोकि पर्वतीय था, यदि बर्फ़ एवं अन्य रुकावटों के कारण असम्भव न हो गया हो, एक मास दूर था। नीचे के प्रदेशों के मार्ग से ४०–५० दिन की दूरी थी। हमारा राज्य जो नया–नया प्राप्त हआ था अभी किसी सुव्यवस्थित दशा में न था अतः हमने मीर्जा लोगों से क्षमा मांगी किन्तु उन लोगों ने हमारी कोई बात स्वीकार न की और जितना अधिक हम उनसे आग्रह करते, वे उतना ही और जोर देते थे। अन्ततोगत्वा बदीउज्जमान मीर्जा, अबुल मुहसिन मीर्जा तथा मुज़फ़्फ़र मीर्जा स्वयं मेरे शिविर में पहुंचे और मुझसे शीत ऋतु वहीं व्यतीत करने के लिये आग्रह किया। मैं मीर्जा लोगों के समक्ष कुछ न कह सका कारण कि एक तो ऐसे प्रतापी बादशाहों ने स्वयं कष्ट करके आकर ठहरने का आग्रह किया था दूसरे हेरी के समान संसार में अन्य कोई भी नगर न था। सुल्तान हुसेन मीर्जा के आदेशों तथा प्रयत्नों के फलस्वरूप उसका गौरव एवं सुन्दरता दस गुनी–बीस गुनी बढ़ गई थी।[2] क्योंकि मेरी भी वहां ठहरने की बहुत इच्छा थी अतः मैंने उसे स्वीकार कर लिया।

अबुल मुहसिन मीर्जा अपनी विलायत मर्व को चला गया। इब्ने हुसेन मीर्जा तून तथा क़ाईन को चला गया। बदीउज्जमान मीर्जा तथा मुजफ़्फ़र मीर्जा हेरी की ओर चल दिये। मैं भी उनके पीछे पीछे चेहल दुख़्तरान तथा ताशेरबात के मार्ग से रवाना हो गया।

---

[1] २५०–५५ मील।

[2] प्रकाशित फारसी अनुवाद में "यके व देह बल्कि ब बिस्त तरक्की कर्दा" है।

बेगमों से बाबर की हेरी में भेंट

सभी बेगमों,[1] मेरी फुफी पायंदा सुल्तान बेगम, खदौजा बेगम, अपाक़ बेगम तथा मेरी अन्य फुफी बेगमें, सुल्तान अबू सईद मीर्जा की पुत्रियां उस समय जबकि मैं उनके दर्शन हेतु गया तो, सुल्तान हुसेन मीर्जा के मदरसे में उसके मक़बरे पर जमा हो गई थीं। मैं सर्वप्रथम पायन्दा सुल्तान बेगम के समक्ष घुटनों के बल झुका और उनसे भेंट की। तदुपरान्त मैंने अपाक़ बेगम से भेंट की किन्तु उनके समक्ष घुटने के बल झुका[2] नहीं। इसके पश्चात् मैं ख़दीजा बेगम के समक्ष घुटनों के बल झुका और उनसे भेंट की। वहां थोड़ी देर बैठ कर हाफ़िज़ों द्वारा हम कुरान का पाठ सुनते रहे। तदुपरान्त हम मदरसे के दक्षिण की ओर, जहां खदीजा बेगम के खेमे लगे थे, पहुंचे। वहां हमारे लिये भोजन की व्यवस्था की गई थी। भोजन के उपरान्त हम पायन्दा सुल्तान बेगम के खेमे में पहुंचे और रात्रि वहीं व्यतीत की।

हमारे शिविर हेतु सर्वप्रथम नवरोज़ नामक बाग प्रदान किया गया था। वहां हमारे खेमे लगवाये गये। यहां हमने बेगमों से भेंट के बाद. के दिन की रात्रि व्यतीत की किन्तु मुझे इस स्थान पर सुविधा न होने के कारण अली शेर बेग का महल प्रदान कर दिया गया। जब तक मैं हेरी में रहा वहीं ठहरा रहा। एक–दो दिन उपरान्त मैं बागे जहां आरा में पहुंच कर बदीउज्ज़मान मीर्जा की सेवा में उपस्थित होता था।

दावते

कुछ दिन उपरान्त मुज़फ्फ़र मीर्जा ने मुझे बुलवाया। वह बागे सुफ़ेद में इतभिनान से ठहर चुका था। खदीजा बेगम भी वहीं थी। मेरे साथ जहांगीर मीर्जा भी गया। जब हम बेगम के समक्ष भोजन कर चुके तो मुज़फ़्फ़र मीर्जा मुझे तरबखाने में, जहां मदिरापान की महफ़िल आयोजित हुई थी, ले गया। इस भवन का निर्माण बाबर मीर्जा[3] ने करवाया था। यह सुन्दर और छोटा–सा दो मंजिला भवन उद्यान के मध्य में स्थित था। इसकी ऊपरी मंज़िल के बनवाने में बड़ा ही परिश्रम किया गया था। इसके चारों कोनों पर हुजरे[4] थे। दो हुजरों के बीच का स्थान एक शहनशीन[5] के समान था। इन हुजरों तथा शाहन शीनों के बीच में एक बहुत बड़ा कमरा था जिसके चारों

---

[1] यह वाक्य स्पष्ट नहीं है। फुफी बेगमें पायंदा सुल्तान, खदीजा सुल्तान, अपाक सुल्तान तथा फ़ख जहां बेगमें हो सकती है। वे सब की सब अबू सईद की पुत्रियां थीं।

[2] अभिवादन किया।

[3] अबुल कासिम बाबर मीर्जा, मीर्जा बाईसुंगर का पुत्र तथा शाहरुख मीर्जा का पौत्र था। मीर्जा ऊलूग बेग तथा उसके पुत्र अब्दुल्लतीफ की मृत्यु के उपरान्त जनवरी १४५२ ई० में सिंहासनारूढ़ हुआ। उसने खुरासान को पूर्ण रूप से अपने अधिकार में कर लिया। उसकी मृत्यु २२ मार्च १४५७ ई० को हुई। उसकी मृत्यु के उपरान्त सुल्तान अबू सईद मीर्जा ने खुरासान पर अधिकार जमा लिया।

[4] कोठरियाँ, कमरे।

[5] दालान के पीछे ऊँचाई पर एक दूसरा दालान ।

ओर चित्र बने हुए थे। यद्यपि इस भवन का निर्माण बाबर मीर्जा ने करवाया था किन्तु चित्र अबू सईद मीर्जा ने बनवाये थे और इसमें उनके युद्धों को चित्रित किया गया था।

उत्तरी शाहनशीन में दो तूशुक एक दूसरे के समक्ष उत्तर की ओर बिछे थे। एक तूशुक पर मैं तथा मुजफ्फर हुसेन मीर्जा बैठे तथा दूसरे पर सुल्तान मसऊद मीर्जा तथा जहांगीर मीर्जा बैठे। क्योंकि हम लोग मुज़फ़्फ़र हुसेन मीर्जा के घर मेहमान थे अतः मुज़फ्फ़र हुसेन मीज ने मुझे अपने से ऊपर बैठने के लिये स्थान दिया। मदिरा के प्याले भरे गये। साक़ियों को प्याले मेहमानों तक पहुंचाने का आदेश हुआ। अतिथि लोग उसे आबेह्यात[1] समझ कर पीने लगे। जब मदिरा का नशा अधिक चढ़ गया तो महफ़िल में गरमी आ गई। उन्होंने मुझे भी मदिरापान कराना चाहा और अपने साथ घसीटना चाहा। यद्यपि मैंने इस समय तक मदिरापान न किया था और उसके आनन्द एवं स्वाद को भली–भांति न जानता था किन्तु मुझे मदिरापान की इच्छा होने लगी थी और इस घाटी की सैर करने को मेरा दिल चाहने लगा था। मुझे मदिरापान से बाल्यावस्था में कोई रुचि न थी। मुझे उसके आनन्द तथा नशे का कोई ज्ञान न था। कभी–कभी मेरे पिता मुझसे मदिरापान करने के लिये कहते तो मैं कोई न कोई बहाना बना देता और यह पाप न करता। उनकी मृत्यु के उपरान्त ख्वाजा काजी के चरणों के आशीर्वाद से मैं पवित्र जीवन व्यतीत करता रहा। मैं उस समय संदिग्ध[2] भोजन का भी प्रयोग न करता था तो मदिरापान का पाप कर ही कैसे सकता था? अन्त में युवावस्था की मस्ती तथा वासना की तृप्ति हेतु मैं मदिरापान की ओर आकृष्ट हुआ तो उस समय कोई ऐसा न था जोकि मुझे आग्रह कर के पिलाता और न किसी को मेरी रुचि का ज्ञान था। यद्यपि मेरी हार्दिक इच्छा मदिरापान की होती थी किन्तु ऐसे कार्य को जिसको अभी तक न किया हो एकाएक ही प्रारम्भ कर देना मेरे लिये कठिन था। मैंने इस समय यह सोचा कि अब मीर्जा लोग मुझसे आग्रह कर रहे हैं और हम हेरी सरीखे सुन्दर नगर में हैं जहां भोग–विलास की समस्त सामग्री उपलब्ध है तो यदि हम ऐसे स्थान पर भी मदिरापान न करेंगे तो फिर कब करेंगे? मैंने मदिरापान करने का संकल्प कर लिया किन्तु मैंने यह सोचा कि "मैंने बदीउज्जमान मीर्जा के घर में उसके हाथ से, जो मेरे बड़े भाई के समान था, मंदिरा न पी थी। यदि मैं उसके छोटे भाई के घर में उसके हाथ से मदिरापान करता हँ तो यह उसे अच्छा न लगेगा।" यह सोच कर मैंने अपने असमंजस को उनके समक्ष प्रस्तुत कर दिया। उन्होंने इस कठिनाई को न्याय संगत समझते हुए उस महफ़िल में मुझसे मदिरापान के लिये आग्रह न किया और यह निश्चय हुआ कि जब मैं दोनों मीर्जाओं[3] के साथ हूं तो मैं उनके आग्रह पर मदिरापान करूं।

---

[1] अमृत।

[2] वह भोजन जिसके विषय में सन्देह हो कि वह शरा के आदेशों के अनुकूल न होगा।

[3] बदीउज्जमान मीर्जा तथा मुजफ्फर हुसेन मीर्जा ।

उस महफ़िल में गायकों तथा वादकों में हाफ़िज़ हाजी तथा जलालुद्दीन बीणा बजाने वाला, गुलाम शादी का अनुज गुलाम बच्चा चंग[1]–वादक उपस्थित थे। हाफ़िज हाजी ने बड़ा ही सुन्दर संगीत प्रस्तुत किया। हेरी वालों की प्रथानुसार वह धीरे–धीरे मन्द स्वर में तथा लय से गाता रहा। जहांगीर मीर्जा के साथ एक समरकन्दी संगीतज्ञ मीर जान था जो बड़े उच्च स्वर में कठोर आवाज से बेसुरा अलापता था। जहांगीर मीर्जा ने मदिरा के नशे में उससे गाने के लिये कहा। उसने बड़े विचित्र स्वर में बड़ा ही बुरा गाना गाया। खुरासानी लोग बड़े ही शिष्ट हैं। जो लोग उपस्थित थे उनमें से कुछ लोग यह गाना सुनकर अपने कान पकड़ते थे और कुछ लोग मुख फेर लेते थे किन्तु मीर्जा के कारण कोई मना नहीं कर सकता था।

शाम की नमाज के उपरान्त हम लोग तरबखाने से मुजफ्फ़र मीर्जा के शीत ऋतु के एक नव निर्मित महल में पहुंचे। वहां यूसुफ़ अली ने मस्त होकर बड़ा सुन्दर नृत्य किया। उसे नृत्य के सिद्धान्तों का बड़ा ही उत्तम ज्ञान था। उसके नृत्य से महफ़िल में बड़ी गरमी आ गई। मुज़फ़्फ़र मीर्जा ने अन्त में उसे तलवार की पेटी, मेमने की खाल का एक जुब्बा[2] तथा एक सुरमई तीपूचाक़ घोड़ा प्रदान किया। जानक ने तुर्की गाना गाया। मीर्जा के दो दासों ने जो बड़े चांद तथा छोटे चांद के नाम से प्रसिद्ध थे, मस्त होकर बड़े ही अनुचित व्यवहार किये। महफ़िल रात तक गरम रही। तदुपरान्त उपस्थित जन इधर उधर चले गये। मैं रात्रि में वहीं ठहरा रहा।

क़ासिम बेग ने जब यह सुना कि मुझसे मदिरापान करने का आग्रह किया गया है तो उसने जुनून बेग के पास किसी को भेज कर मीर्जाओं को परामर्श देने का आग्रह किया। उसने मुजफ्फर मीर्जा से बड़े स्पष्ट शब्द कहे। फलतः मीर्जा लोगों ने मुझसे मदिरापान का आग्रह न करने के विषय में संकल्प कर लिया।

बदीउज्ज़मान मीर्जा ने यह सुनकर कि मुज़फ़्फ़र मीर्जा ने मेरी दावत की है, जहां आरा नामक बाग में मुकव्वीखाने में एक दावत का आयोजन किया। वहां उसने मेरे साथ मेरे कुछ वीरों तथा विश्वासपात्रों को भी बुलवाया। मेरे विश्वासपात्र मेरे कारण मदिरापान न कर सकते थे। यदि कभी कभी वे मदिरापान की इच्छा करते तो ३०–४० दिन उपरान्त द्वार बन्द करके मदिरापान करते और सर्वदा बड़े भयभीत रहते थे। इस प्रकार के लोग जब आमंत्रित किये गये तो उन्होंने बड़ी सावधानी से मदिरापान किया। कभी वे मेरा ध्यान किसी अन्य ओर कर देते और कभी हाथ से छुपा कर बड़ी सावधानी से पीते, यद्यपि मैंने इस बात की अनुमति दे दी थी कि वे लोग इस महफिल में प्रचलित प्रथा का पालन करें, कारण कि यह दावत एक ऐसे व्यक्ति द्वारा आयोजित हुई थी जो मेरे पिता तथा बड़े भाई के समान था।...[3]

---

[1] टेढ़े आकार का एक बाजा।

[2] एक प्रकार का चुगा अथवा लम्बा अँगरखा।

[3] आगे के कुछ शब्द स्पष्ट नहीं।

उस दावत में भुना हुआ क़ाज़ लाया गया। क्योंकि मैं पक्षियों को काटना एवं टुकड़े–टुकड़े करना न जानता था, अतः मैंने उसे उसी प्रकार छोड़ दिया। मीर्ज़ा ने पूछा, "क्या तुम्हें यह पसन्द नहीं है !" मैंने कहा, "मैं इसे भली भांति काट नहीं सकता।" इस पर बदीउज्ज़मान मीर्जा ने उस काज़ के, जो मेरे सामने था, टुकड़े–टुकड़े करके मेरे समक्ष रख दिये। इन बातों में वह अद्वितीय था। दावत के उपरान्त उसने मुझे एक जड़ाऊ कमर में बांधने की कटार, एक चार कब[1] तथा एक तीपूचाक़ प्रदान किया।

बावर का हेरी की सैर करना

जब तक मैं हेरी में रहा, रोजाना किसी न किसी नये स्थान की सैर को जाया करता था। इन यात्राओं में यूसुफ़ अली कूकूल्दाश मेरा मार्गदर्शक हुआ करता था। जहाँ कहीं हम लोग ठहरते वह हमारे लिये भोजन का प्रबन्ध किया करता था। उन चालीस दिनों में सुल्तान हुसेन मीर्जा की खानकाह के अतिरिक्त कोई ऐसा स्थान न रह गया होगा जिसकी हमने सर न कर ली हो।

मैंने गाजुरगाह[2], अली शेर के बागीचे, जवारे काग़ज़, तख्त आस्ताना, पुले गाह, कहदस्तान, बागे नज़रगाह, नेमताबाद, ख्याबाने गुज़रगाह, सुल्तान अहमद मीर्जा का हजीरा[3], तख्ते सफ़र, तख्ते नवाई, तख्ते बरगीर, तख्ते हाजी बेग, तख्ते बहाउद्दीन उमर, तख्ते शेख जैनुद्दीन, मौलाना अब्दुर्रहमान जामी[4] का मजार एवं मकबरा[5], नमाज़ गाहे मुख्तार[6], मछलियों के हौज़[7], साके सुलैमान[8], बुलोरी जिसे अबुल वलीद[9] ने ईजाद किया होगा, इमाम फ़ख्र[10] (का मक़बरा), ख्याबान बाग, मीर्जा का मदरसा तथा मकबरा, गुहर शाद बेगम[11] का मदरसा तथा मकबरा, जामा मस्जिद, कौओं का बाग़, नव रोज़ बाग़, जुबैदा बाग[12], सुल्तान अबू सईद मीर्जा द्वारा निर्मित आक सरा[1],

---

[1] जरदोजी के वस्त्र।

[2] ख़्वाजा अब्दुल्लाह अन्सारी (मृत्यु ६ रबी–उल–अव्वल ४८१ हि०, २ जुलाई १०८८ ई.) का मकबरा हेरी के उत्तर में लगभग २ मील पर है ।

[3] हाता अथवा कोई सुन्दर भव्य भवन ।

[4] मौलाना नूरुद्दीन अब्दुर्रहमान जामी फारसी के बड़े प्रसिद्ध कवि तथा सूफी हुये हैं। उनका जन्म –१४१४ ई० तथा मृत्यु १४६२ ई० में हुई।

[5] जामी का मकबरा हेरी की ईदगाह में था ।

[6] सम्भवतः मुसल्ला।

[7] हेरी से लगभग ५ कोस पर ।

[8] हेरी के उत्तर में।

[9] मृत्यु २३२ हि० (८४७ ई०)।

[10] इमाम फखरुद्दीन राजी, मृत्यु ६०६ हि० (१२१० ई०)।

[11] गुहर शाद तीमूर के पुत्र शाहरुख की पत्नी थी। उसकी मृत्यु ८६१ हि० (१४५७ ई०) में हुई।

[12] सम्भवतः हारुनुर्रशीद की पत्नी की ओर संकेत है।

जो एराक़ द्वार के बाहर थी, पूरान[2] धनुर्धरों का चबूतरा, चर्रा चरागाह, अमीर वाहिद[3] (का मक़बरा), मालान–पुल[4], ख्वाजा ताक़, सफ़ेद बाग़, तरब खाना, बागे जहांआरा, कूश्क[5], मुक़व्वी खाना, सौसन[6] खाना, बारह बुर्ज, जहांआरा के उत्तर का बड़ा हौज़ और उसके चारों ओर चार भवन, किले के पांच फाटक–मलिक, एराक, फ़ीरुज़ाबाद, खूश तथा कीपचाक़ फाटक, चार सू, शेखुल इस्लाम का मदरसा, मलिक की जामा मस्जिद, बागे शहर, बदीउज्ज़मान मीर्जा का मदरसा जो अजील नहर पर था, अली शेर बेग के महल जहाँ हम निवास करते थे और जो उनसीया कहलाते थे, उसका मक़बरा तथा मस्जिद जो कुदसिया कहलाती थी, उसका मदरसा तथा खानकाह जिसे लोग खलासिया तथा इख्लासिया कहते थे, उसका हम्माम तथा दारुशशफ़ा जिसे शफ़ाइया कहते थे, इन सब की अल्प समय में मैंने सैर की।

मासूमा सुल्तान से बाबर का विवाह

सम्भवतः उन्हीं परेशानी के दिनों[7] में हबीबा सुल्तान बेगम जो सुल्तान अहमद मीर्जा की सब से छोटी पुत्री मासूमा सुल्तान बेगम की माता थी, अपनी पुत्री को हेरी लाई होगी। एक दिन जब मैं अपनी आका से भेंट करने गया तो मासूमा सुल्तान बेगम भी अपनी माता के साथ वहीं आई। वह मुझे देखते ही मेरी ओर अत्यधिक आकृष्ट हो गई। दोनों ओर से समाचार–वाहक भेजे गये। मेरी आका तथा मेरी यीनका ने यह निश्चय किया कि हबीबा सुल्तान बेगम अपनी पुत्री को मेरे काबुल पहुँचने के उपरान्त लेकर पहुंच जाये। मैं पायन्दा सुल्तान बेगम को आका तथा हबीबा सुल्तान बेगम को यीनका कहा करता था।

बाबर का खुरासान से प्रस्थान

मुहम्मद बरन्दूक बेग तथा जुनून अरगून ने मुझसे यहीं शीत ऋतु व्यतीत करने के लिये आग्रह किया था किन्तु मेरे लिये उचित स्थान की व्यवस्था न की थी और न तत्सम्बन्धी अन्य प्रबन्ध कराये थे। शीत ऋतु आ गई। हमारे तथा काबुल के बीच के पर्वतों पर बर्फ गिरने लगी और मैं काबुल के विषय में चिंतित रहने लगा। हमारे लिये न तो शीत ऋतु व्यतीत करने के लिये

---

1 सफेद भवन।

2 बहुत से प्रसिद्ध लोगों का निवास स्थान जिनमें मौलाना जलालुद्दीन पूरानी (मृत्यु ८६२ हि०, १४५७ ५८ ई०, शेख जमालुद्दीन अबू सईद (मृत्यु ६२१ हि०, १५१५ ई.) इत्यादि सम्मिलित हैं।

3 इनका मक़बरा ३५ या ३७ हि० (६५६ ई० या ६५८ ई.) का बताया जाता है।

4 हेरी की एक नहर।

5 खूश तथा कीपचाक फाटक के मध्य में।

6 एक प्रकार का नीले रंग का फूल जिसकी पत्ती जबान के समान होती है।

7 जब समरकन्द तथा अन्दिजान उसके हाथ से निकल चुके थे।

वहाँ कोई स्थान था और न कोई अन्य प्रबन्ध। आवश्यकतावश हम कुछ कह भी न सकते थे किन्तु विवश होकर हम हेरी से चल दिये।

शीत ऋतु के लिये उचित स्थान की व्यवस्था के बहाने से हम लोग नगर से ७ शाबान (२४ दिसम्बर १५०६ ई०) को रवाना हो गये और बादगीस के समीप पहुँच गये। हम इतने धीरे–धीरे तथा आराम से यात्रा कर रहे थे कि मीर ग़यास के लंगर से कुछ दूर उपरान्त ही रमज़ान के चांद के दर्शन हो गये। हमारे वीरों में से बहुत से लोग, जो विभिन्न कार्यों के लिये गये हुए थे, हमारे पास आ गये। कुछ लोग हमारे काबुल पहुँचने के २० दिन अथवा एक मास बाद पहुंचे। कुछ लोग हेरी में ही रुक गये और मीर्जा की सेवा में प्रविष्ट हो गये। इनमें से एक सैयिदीम अली दरबान था। वह बदीउज्ज़मान का सेवक हो गया। मैंने खुसरो शाह के किसी सेवक के प्रति इतनी कृपा दृष्टि न प्रदर्शित की थी जितनी उसके प्रति। जब जहांगीर मीर्जा ने ग़ज़नी छोड़ दिया था तो मैंने ग़ज़नी सैयिदीन अली को ही प्रदान कर दिया था। जब उसने सेना सहित प्रस्थान किया तो अपने छोटे भाई दोस्त अंजू शेख को वहाँ छोड़ आया। खुसरो शाह के सेवकों में वास्तव में सैयिदीम अली दरबान तथा मुहिब अली कूरची से बढ़कर कोई अन्य व्यक्ति न था। सैयिदीम अली बड़ा ही चरित्रवान् तथा शिष्ट व्यक्ति था। वह तलवार चलाने में बड़ा ही कुशल तथा प्रत्येक कार्य को बड़े नियमित रूप से करता था। उसका घर कभी भी महफ़िलों तथा समारोहों से शून्य न रहता था। वह बड़ा ही दानी एवं हास्यप्रिय व्यक्ति था। उसका केवल दोष यही था कि वह व्यभिचारी एवं मुगलिम [1] था। वह धर्म की ओर भी उपेक्षा किया करता था। उसमें विश्वासघातियों की सी भावनायें पाई जाती थीं। इसे कुछ लोग उसकी हास्यप्रियता का कारण बताते थे किन्तु इसमें कुछ तथ्य भी था। जब बदीउज्जमान मीर्जा ने शैबाक़ खां को हेरी पर अधिकार जमा लेने दिया और शाह बेग अरगून के पास चला गया तो उसने सैयिदीम अली को इस कारण कि वह मीर्जा से कुछ तथा शाह बेग से कुछ बातें करता था, हरमन्द नदी में डलवा दिया था। मुहिब अली का वर्णन बाद में किया जायेगा।

पर्वतीय यात्रा

मीर ग़यास के लंगर[2] से हम लोग गर्जिस्तान के सीमान्त के ग्रामों से होते हुए चच–चरान पहुँचे। लंगर से लेकर ग़र्जिस्तान तक बर्फ ही बर्फ़ दिखाई पड़ती थी। आगे तो वह और भी अधिक थी। चच–चरान के समीप वह घोड़े के घुटने तक गहरी थी। चच–चरान जुनून अरगून के अधीन था। वहाँ उसका सेवक मीर जान ईरदी हाकिम था। उससे हम लोगों ने जुनून बेग की समस्त खाद्य सामग्री को मूल्य दे कर क्रय कर लिया। १–२ पड़ाव के उपरान्त बर्फ और भी अधिक हो गई थी, और घोड़े के रकाब तक पहुँचने लगी थी। बहुत से स्थानों पर तो घोड़े के पाँव भूमि न छू पाते थे।

---

[1] गुदामैथुन, लौंडे बाजी।

[2] लंगर : वह स्थान जहाँ से दरिद्रियों को भोजन बांटा जाता है।

हमने मीर ग़यास के लंगर पर काबुल जाने के मार्ग के विषय में परामर्श किया था। बहुत से लोग इस बात से सहमत थे कि, "यह शीत ऋतु है, पर्वतीय मार्ग बड़ा ही कठिन एवं खतरनाक है। कन्धार से होकर जो मार्ग जाता है यद्यपि कुछ दूर का है किन्तु सरल एवं सुरक्षित है।" कासिम बेग ने कहा कि, "वह मार्ग बड़ा लम्बा है, इसी मार्ग से यात्रा करनी चाहिये।" उसके अत्यधिक बहस करने पर हम लोग पर्वतीय मार्ग से चल दिये।

पीर सुल्तान नामक एक पशाई हमारा मार्गदर्शक था। इसे उसकी वृद्धावस्था का कारण समझिये अथवा दुस्साहस और या बर्फ की अधिकता कि वह मार्ग भूल गया और हमें मार्ग न दिखा सका। क्योंकि हमने यह मार्ग कासिम बेग के आग्रह पर चुना था अतः उसने तथा उसके पुत्र ने अपनी मर्यादा की रक्षा हेतु घोड़े से उतर कर बर्फ में मार्ग टटोला और जब भार्ग मिल गया तो उसने पुनः हमारा पथप्रदर्शन प्रारम्भ कर दिया। एक दिन तो बर्फ इतनी अधिक थी और मार्ग इतना अनिश्चित था कि हम लोग आगे न बढ़ सके। जब कुछ भी सम्भव न हो सका तो हम लोग वापिस लौट गये और एक स्थान पर जहाँ कुछ ईधन उपलब्ध था, उतर पड़े। ६०–७० अच्छे आदमियों को चुनकर हमने अपने मार्ग में स्थित घाटी के नीचे इस आशय से भेजा कि यदि उन्हें कोई हजारा जो घाटी की तलहटी में शीत ऋतु व्यतीत कर रहा हो, मिल जाय तो उसे ले आयें ताकि वह हमें मार्ग दिखा सके। वे लोग ३–४ दिन बाद वापस आये अतः हम लोग उस समय तक आगे न बढ़ सके। वे किसी मार्ग–दर्शक को न ला सके। एक बार पुनः हमने सुल्तान पशाई को आगे भेजा और ईश्वर पर भरोसा कर के उसी मार्ग पर चल दिये जहाँ से हम वापस आये थे और जहाँ से हम रास्ता भूल गये थे। इन दिनों बडे ही कष्ट भोगने पडे। ऐसे कष्ट मैंने अपने जीवन में बहुत कम भोगे थे। इन कष्टों की अवस्था में मैंने निम्नांकित शेर की रचना की :

शेर

"भाग्य का कोई ऐसा कष्ट अथवा हानि नहीं है जिसे मैंने न भोगा हो,
इस टूटे हुए ह्रदय ने सभी को सहन किया है। हाय ! कोई ऐसा कष्ट भी है,
जिसे मैंने न भोगा हो।"

हम लोग लगभग एक सप्ताह तक बर्फ पर यात्रा करते तथा बर्फ को रौंदते रहे और दो या तीन मील प्रति दिन से अधिक आगे न बढ़ पाते थे। मैं भी अपने १०–१५ घरेलू सैनिको के साथ बर्फ को रौंदता रहता था। कासिम बेग उसका पुत्र तींगरी बीरदी, कम्बर अली तथा उनके २–३ सेवक भी यही कार्य करते थे। ये लोग ७–८ गज़ आगे बढ़ जाते, बर्फ में मार्ग टटोलते और प्रत्येक क़दम पर कमर अथवा सीने तक बर्फ में फंस जाते थे। कुछ कदम चल कर जो व्यक्ति आगे होता वह थक कर खड़ा हो जाता था और दूसरा आगे बढ़ता था। जब १०, १५, २० आदमी बर्फ को अच्छी तरह रौंद लेते थे तब एक घोड़े को उस पर यात्रा कराई जा सकती थी। जो घोड़ा आगे बढ़ता

वह रकाब तक धंस जाता और १०–१२ क़दम से आगे न बढ़ पाता और उसे रोक दिया जाता और दूसरे घोड़े को आगे बढ़ाया जाता था। जब हम १०, १५, २० क़दम बर्फ अच्छी तरह रौंद लेते थे और घोड़ों को इस प्रकार आगे बढ़ा लेते थे तो बेग तथा प्रसिद्ध वीर इस मार्ग पर सिर झुका कर आगे बढ़ते थे। इस अवसर पर किसी को न तो आदेश दिया जा सकता था और न किसी से जबरदस्ती की जा सकती थी। लोग स्वेच्छा से तथा स्वयं ही इस कठिन कार्य को करते थे। इस प्रकार बर्फ को रौंदते हुए ३–४ दिन में हम उस कठिन स्थान से खवाले कूती[1] नामक गुफा में पहुँचे जोकि ज़रीन दर के नीचे थी।

उस रात्रि में इतनी अधिक बर्फ गिरी और इतनी तीव्र वायु चली कि प्रत्येक व्यक्ति अपने प्राणों का भय करने लगा। जिस समय हम लोग खवाल पहुँचे तो तूफ़ान ने विकराल रूप धारण कर लिया था। उस भाग के लोग गार को खावाक कहते हैं। हम लोग उसके मुंह पर उतर पड़े। वहाँ बड़ी गहरी बर्फ पड़ी हुई थी और केवल एक आदमी के चलने का मार्ग बड़ी कठिनाई से मिल सकता था। बर्फ के रौंदने तथा मार्ग निकालने के कारण घोड़ों के लिये गड्ढे बन गये थे। दिन बड़े छोटे थे। कुछ लोग दिन के प्रकाश ही में गुफा तक पहुंच गये और अन्य लोग सायंकाल की नमाज तथा सोने के समय की नमाज़ तक आते रहे। इसके बाद जो पहुँचे उन्हें जहां भी स्थान मिला वे वहीं उतर पड़े। जब पौ फटी तो भी कुछ लोग अपने घोड़ों की जीनों पर ही थे।

वह गुफा बड़ी छोटी थी। मैंने एक फड़वा लेकर उसके मुख पर एक बैठने की चटाई के बराबर स्थान खोदा। सीने तक खोद लेने के उपरान्त भी भूमि न दिखाई पड़ी। जब मैं उसके भीतर बैठ गया तब मुझे हवा से कुछ शरण मिल सकी। मैं गुफा में प्रविष्ट न हुआ यद्यपि लोग मुझसे आग्रह करते रहे। मैंने सोचा कि "जब मेरे कुछ आदमी बर्फ़ तथा तूफ़ान में फंसे हुए हैं ऐसी अवस्था में यह कैसे हो सकता है कि मैं उस गरम स्थान में शरण लूं। मेरा समस्त दल बाहर कष्ट भोग रहा हो और मैं भीतर आराम से सोऊँ ? यह सौजन्यता थी मित्रता के अनुकूल नहीं। जो कुछ भी कष्ट एवं कठिनाई हो मैं उसका मुकाबला करूंगा। "फारसी की एक लोकोक्ति है कि, "मित्रों के साथ मरना ईद के समान होता है।[2]" रात्रि की नमाज़ के समय तक मैं उसी स्थान पर जिसे मैंने खोदकर निकाला था, बर्फ के बीच में बैठा रहा। बर्फ इतनी तेजी से गिर रही थी कि मेरे सिर, पीठ तथा कानों के चारों ओर चार अंगुल बर्फ जम गई। उस रात्रि की ठंड का मेरे कानों पर बड़ा कुप्रभाव हुआ। रात्रि की नमाज़ के समय कोई गुफा को बड़ी सावधानी से देखकर चिल्लाया कि, "यह बड़ी ही विस्तृत गुफा है और इसमें प्रत्येक व्यक्ति आ सकता है।" यह सुनकर मैंने अपने ऊपर से बर्फ की छत को हटाया और जो

---

[1] भाग्यवान गुफा।

[2] "मर्ग ब यारान ईद अस्त'।

वीर मेरे निकट थे, उन सब को भीतर प्रविष्ट होने के लिये आमंत्रित किया। वहाँ ५०–६० आदमियों के लिये स्थान था। लोग अपनी खाद्य सामग्री भी वहीं ले गये; ठंडा मांस, भुना हुआ अनाज तथा जो कुछ भी उनके साथ था। उस ठंडे तथा परेशानी के स्थान की अपेक्षा यह गरम स्थान बड़ा ही आनन्ददायक तथा शांतिपूर्ण था।

दूसरे दिन बर्फ़ तथा हवा रुक गई। हम लोग जल्दी ही रवाना हो गये और बर्फ को रौंद कर मार्ग का पता लगाते हुए अग्रसर हुए। मार्ग पर्वत के एक बाजू से घूम कर ज़रीन दर्रे की ओर जाता था। हमने उस मार्ग से यात्रा न की अपितु सीधे घाटी की तलहटी की ओर रवाना हुए। रात्रि होते–होते हम (बक्काक) दर्रे के उस पार पहुँच गये। हमने घाटी के मुंह पर रात्रि व्यतीत की। वह रात्रि भी बड़ी ही ठंडी थी और बड़े ही कष्ट से हमने उसे व्यतीत किया। बहुत से आदमियों के हाथ पाँव ठिठुर कर रह गये। उस रात्रि की ठंड के कारण कीपा के दोनों पाँव, सीऊन्दूक तुर्कमान के दोनों हाथ तथा आही के दोनों पांव नष्ट हो गये। दूसरे दिन प्रातःकाल हम लोग घाटी से रवाना हो गये। ईश्वर पर भरोसा कर के हम लोग सीधे अत्यन्त ढालू मार्ग से जहां अचानक बडे–बडे खडडे–तथा ढाल मिलते थे, रवाना हो गये, यद्यपि हम यह जानते और देखते थे कि यह ठीक मार्ग नहीं है। सायंकाल की नमाज़ के समय हम लोग घाटी के उस पार पहुँच गये। किसी भी वृद्ध से वृद्ध की स्मृति में यह बात न होगी कि इतनी गहरी बर्फ़ में किसी ने उस दर्रे को पार किया होगा। शायद ही वर्ष के उस भाग में किसी ने कभी उस मार्ग पर यात्रा करने के विषय में सोचा होगा। यद्यपि बर्फ की अधिकता के कारण हमको कुछ दिनों तक अत्यधिक कष्ट भोगने पड़े किन्तु अन्त में हम लोग अपने लक्ष्य पर पहुँच गये। यदि ऐसा न होता तो फिर हम कैसे बिना मार्ग के तथा खड्डे एवं ढाल से परिपूर्ण स्थान पर यात्रा करते।

शेर

"प्रत्येक अच्छा और बुरा जो सामने आता है,
यदि तुम भली–भांति सहन कर जाओ तो यह प्रभु की असीम अनुकम्पा है।"

यकाऊलांग वालों को हमारे आगमन एवं वहाँ पड़ाव करने के समाचार तुरन्त प्राप्त हो गये। तत्काल हमें गरम मकान, मोटी–मोटी भेड़ें, घोड़ों के लिये दाना और चारों ओर आग के लिये ईंधन मिल गया। उस बर्फ़ तथा ठंडक से निकल कर ऐसे गांव में जहाँ इस प्रकार के गरम मकान तथा जहाँ इतना आराम हो, पहुँचने के आनन्द का अनुमान केवल वही लोग लगा सकते हैं जोकि हमारी कठिनाइयों एवं कष्टों की कल्पना कर सकते हैं। हम एक दिन यकाऊलांग में निश्चिन्त होकर आराम से ठहरे रहे। दूसरे दिन हमने दो यीगाच[1] की यात्रा कर के पड़ाव किया। दूसरे दिन रमज़ान के बाद

[1] १०–१२ मील ।

की ईद[1] थी। बामियान से होते हुए शिब्रतू को पार करके हम लोग जंगलीक पहुँचने के पूर्व उतर पड़े।

तुर्कमान हजारा पर दूसरा आक्रमण

तुर्कमान हजारा लोग अपनी स्त्रियों तथा छोटे–छोटे बालकों सहित हमारे मार्ग में शीत ऋतु व्यतीत कर रहे थे और उन्हें हमारी कोई भी सूचना न थी। जब हम लोग उनके मवेशियों के बाड़े तथा खेमों के पास पहुँच गये तो हमने इनमें से दो या तीन को लूट लिया। हज़ारा लोग अपने बालकों तथा घर–बार आदि सम्पत्ति को छोड़कर भाग गये। आगे से समाचार प्राप्त हुए कि एक ऐसे स्थान पर, जोकि बड़ा सकरा है, हजारा लोगों का एक दस्ता बाणों की वर्षा कर रहा है और इस प्रकार मार्ग रोक लिया है कि कोई आगे नहीं बढ़ सकता। हम लोग शीघ्र उस ओर बढ़े किन्तु हमें कोई सकरा मार्ग न मिला। थोड़े से हज़ारा लोग बड़े ही कुशल सैनिकों के समान एक पहाड़ी पर खड़े हुए बाण चला रहे थे।.....[2]

मैंने स्वयं हज़ारा लोगों की कुछ भेड़ें एकत्र की और उन्हें यारक तग़ाई को सौंप दिया और आगे बढ़ गया। पहाड़ियों तथा घाटियों में घोड़ों एवं भेड़ों को अपने सामने भगाते हुए हम लोग तीमूर बेग के लंगर में पहुंचे और वहीं उतर पड़े। हमने १४–१५ हजारा चोरों को बन्दी बना लिया था। मैंने यह संकल्प कर लिया था कि अगले पड़ाव पर पहुंच कर उन्हें अत्यधिक कष्ट एवं वेदना देकर उनकी हत्या करा दूंगा ताकि समस्त डाकुओं और चोरों के लिये वह दंड चेतावनी का कार्य करे किन्तु क़ासिम बेग को मार्ग में उन पर तरस आ गया और उसने समय के प्रतिकूल कृपा प्रदर्शित करते हुए उन्हें मुक्त करा दिया। दयाभाव के कारण अन्य बन्दियों को भी मुक्त कर दिया गया।

शेर

दुष्टों के साथ नेकी करना ऐसा है
जैसा नेकों के साथ बुराई करना,
ऊसर में बालछड़ नहीं पैदा होती,
वहाँ सदाचार के बीजों को नष्ट मत करो।"[3]

काबुल में षड्यंत्र

जिस समय हम तुर्कमान हजारा लोगों पर आक्रमण कर रहे थे, समाचार प्राप्त हुए कि मुहम्मद हुसेन मीर्जा दूगलात तथा सुल्तान संजर बरलास ने उन मुगूलों को, जो काबुल में रह गये थे, अपनी ओर मिला लिया है और

---

[1] २१४ फरवरी १५.७ ई०, बाबर की २४वीं वर्ष–गांठ ।

[2] यहाँ पर एक तुर्की पद्य है जिसे मुश्किल से ही बाबर की रचना बताया जा सकता है। यह पद्य बाबर के इस वर्णन के प्रसंग में ठीक बैठता भी नहीं। इसका अनुवाद नहीं किया गया।

[3] सादी की 'गुलिस्तां' से उद्धृत, प्रथम अध्याय चौथी कहानी।

मीर्जा खान[1] को बादशाह बना लिया है। उन्होंने किले को घेर लिया है। और यह समाचार प्रसिद्ध कर दिये कि बदीउज्जमान मीर्जा तथा मुजफ्फ़र मीर्जा ने मुझे बन्दी बनाकर इख्तियारुद्दीन के किले में, जिसे आजकल अलाकूरगान कहते हैं, भेज दिया है।

काबुल के किले की देख–रेख के लिये मैं पशागर के मुल्ला बाबा, खलीफ़ा, मुहिब अली कूरची, अहमद यूसुफ तथा अहमद कासिम को नियुक्त कर गया था। उन लोगों ने बड़ी ही उत्तम सेवाएं प्रदर्शित की और किले को दृढ़ बनाकर उसकी रक्षा करते रहे।

बाबर का काबुल की ओर अग्रसर होना

तीमूर बेग के लंगर से हमने क़ासिम बेग के एक सेवक मुहम्मद अन्दिजानी द्वारा काबुल के बेगों के पास अपने आगमन का लिखित वर्णन भेजा तथा निम्नांकित योजना की सूचना कराई :

जब हम लोग गूरबन्द के सकरे मार्ग को पार कर लेंगे तो हम उनके ऊपर अचानक टूट पड़ेंगे। हमारे आगमन का चिह्न यह होगा कि हम लोग मीनार नामक पहाड़ी पार करने के बाद आग जला देंगे। तुम लोग भी उसका उत्तर भीतरी किले के पुराने कश्क[2] के ऊपर जहाँ अब खजाना है आग जला कर देना ताकि हमें यह विश्वास हो जाय कि तुम्हें हमारे आगमन की सूचना मिल गई है। हम लोग अपनी ओर से अग्रसर होंगे और तुम लोग अपनी दिशा से। तुम लोग जो कुछ भी कर सको, उसकी ओर से उपेक्षा न करना। यह लिखकर मुहम्मद अन्दिजानी को भेज दिया गया।

दूसरे दिन प्रातःकाल हम लोग लंगर से रवाना होकर उश्तुर शहर के समक्ष उतरे। दूसरे दिन प्रातःकाल हमने गुरबन्द के दर को पार किया और सरे पुल के सामने उतर पड़े। वहाँ हमने अपने घोड़ों को जल पिलाया और आराम कराया। मध्याह्नोत्तर की नमाज के उपरान्त हम लोग वहां से पुनः रवाना हो गये। हमारे तूतकावल पहुँचने तक ज़रा भी बर्फ़ न थी किन्तु उसके आगे जितना ही हम अग्रसर होते गये बर्फ़ अधिक मिलती गई। जम्मा यख्शी तथा मीनार के मध्य में इतनी कड़ाके की सर्दी थी कि ऐसी सर्दी का अनुभव हमें कभी भी अपने जीवनकाल में न हुआ था।

हमने अहमद यसावल तथा करा अहमद यूरुनची द्वारा बेगों के पास यह संदेश भेजा कि, "हम लोग निश्चित समय पर पहुँच गये हैं, तुम लोग तैयार हो जाओ और साहस से काम लो।" मीनार पहाड़ी को पार करने तथा उसके दामन में पड़ाव करने के उपरान्त जाड़े से विकल हो कर हमने तापने के लिये आग जलाई। यह आग निश्चित चिह्न की आग न थी। हमने उसे केवल इस कारण जलाया क्योंकि उस कड़ाके की सरदी से बचने का कोई अन्य उपाय न था। पौ फटते ही हम मीनार पहाड़ी से चल खड़े हुए। वहाँ से

---

[1] मीर्जा खान बेंस।

[2] महल।

काबुल तक घोड़े के घुटने तक बर्फ जमकर सख्त हो गई थी और मार्ग से पृथक चलना बड़ा कठिन था। एक पंक्ति में पूरे मार्ग की यात्रा करते हुए हम उचित अवसर पर काबुल पहुँच गये। किसी को कुछ पता न चला। हमारे बीबी माहरूई पहुँचने के पूर्व किले से अग्नि की लपटें यह घोषणा करने लगी कि बेग लोग हमारी प्रतीक्षा कर रहे हैं।

विद्रोहियों पर आक्रमण

सैयिद कासिम के पुल पर पहुँच कर शेरीम तग़ाई तथा सेना के दायें भाग के लोगों को मुल्ला बाबा के पुल की ओर भेजा गया। हम लोग तथा बायें एवं मध्य भाग की सेना वाले बाबा लूली नामक मार्ग की ओर बढ़े। जहाँ इस समय खलीफ़ा का उद्यान है वहाँ उस समय एक छोटा सा बाग़ था, जिसे ऊलग़ बेग मीर्जा ने एक लंगर के लिये बनवाया था। उसकी कोई झाड़ी अथवा वृक्ष वर्तमान न रह गया था केवल दीवार ही बची थी। इस बाग़ में मीर्जा खान निवास किया करता था। मुहम्मद हुसेन मीर्जा, ऊलूग बेग मीर्जा के बागे बहिश्त में था। मैं मुल्ला बाबा के उद्यान की गली में कब्रिस्तान तक पहुंचा था कि हमें चार आदमी मिले जोकि मीर्जा खान के स्थान तक बढ़ते चले गये थे और जिन्हें मारकर भगा दिया गया था। उन चारों में से एक सैयिद कासिम ईशक आका, दूसरा कूम्बर अली वल्द कासिम बेग तीसरा शेर कुली करावल और चौथा सुल्तान अहमद मुगूल, शेर अली के दस्ते का एक व्यक्ति था। ये चारों बेतहाशा मीर्जा खान की हवेली तक बढ़ते चले गये। शोर सुन कर मीर्जा खान घोड़े पर सवार होकर भाग खड़ा हुआ। अबुल हसन कूरबेगी का छोटा भाई मुहम्मद हुसेन तक भी मीर्जा खान की सेवा में प्रविष्ट हो गया था। इन चारों लोगों में से शेर कुली पर उसने आक्रमण किया और उसे गिरा दिया था। वह उसका सिर काटने वाला ही था कि शेर कुली ने अपने आपको मुक्त कर लिया। यह चारों तलवार तथा बाण का मज़ा चखने वाले आहत हो कर उपर्युक्त स्थान पर पहुँच गये।

हमारे सवार गली के सकरे होने के कारण उसमें फंस गये और आगे अथवा पीछे हट या बढ़ न सकने के कारण चुपचाप खड़े हो गये। जो वीर लोग निकट थे, उनसे मैंने कहा कि, "बढ़ कर मार्ग बनाओ।" नासिर का दोस्त, ख्वाजा मुहम्मद अली किताबदार, बाबा शेर ज़ाद एवं शाह महमूद तथा अन्य लोगों ने तत्काल आगे बढ़कर मार्ग को साफ़ कर लिया। शत्रु भाग खड़े हुए।

हम लोग यह प्रतीक्षा करते रहे कि किले से बेग लोग आयेंगे किन्तु वे कार्य के समय न पहुँच सके अपितु जब हमने शत्रु को भगा दिया तो १–१, २–२ करके आते रहे। अहमद यूसुफ़ चारवाग़ में जहाँ मीर्जा खान था, मेरे वहाँ पहुंचने के पूर्व उनके पास से चला आया था। वह मेरे साथ भीतर प्रविष्ट हुआ किन्तु जब हम दोनों ने यह देखा कि मीर्जा वहाँ से चला गया है तो हम दोनों वापस आ गये। उद्यान के फाटक में सरे पुल का दोस्त प्रविष्ट हो रहा था। वह एक पदाती था किन्तु मैंने उसकी वीरता के कारण

उसे कोतवाल नियुक्त करके काबुल में छोड़ दिया था। वह हाथ में तलवार लिये सीधा मेरे पास उपस्थित हुआ। मैं अपना जिरह वक्तर पहिने हुए था किन्तु ग़रीचा[1] न बांधे था और न खोद[2] लगाये था। उसने या तो बर्फ़ एवं ठंडक के प्रभाव से मुझमें जो परिवर्तन हो गया था मुझे पहिचाना नहीं और या युद्ध की परेशानी से मेरे "हाय दोस्त", "हाय दोस्त" चिल्लाने एवं अहमद यूसुफ़ के शोर मचाने के बावजूद निस्संकोच मेरे बाजू पर जिस पर कोई रक्षा की सामग्री न थी, प्रहार किया किन्तु यह ईश्वर की महान् कृपा थी कि मुझे बाल बराबर भी कोई हानि न पहुँची। 'यदि समस्त संसार की तलवारें चलें, तो एक नस भी नहीं काट सकतीं, यदि ईश्वर की इच्छा न हो।' मैंने यह प्रार्थना पढ़ रखी थी और इसी का आशीर्वाद था कि ईश्वर ने मुझे उस हानि से बचा लिया।.........[3]

'उस उद्यान से निकलकर हम लोग बागे बहिश्त में मुहम्मद हुसेन मीर्जा की हवेली की ओर रवाना हुए किन्तु वह छिपने के लिये वहाँ से भाग खड़ा हुआ था। ७–८ आदमी एक स्थान पर जहाँ उद्यान की दीवार टूटी हुई थी खड़े थे। मैं उनकी ओर बढ़ा। वे ठहर न सके और भाग खड़े हुए। मैने उनका पीछा किया और उनमें से एक के ऊपर तलवार का वार किया। वह इस प्रकार लुढ़क गया कि मैं समझा कि मैंने उसका सिर काट लिया है। मैं उसे छोड़ कर आगे बढ़ गया। ऐसा प्रतीत होता है कि वह मीर्जा खान का कूकुल्दाश तूलिक था और मेरी तलवार उसके कंधे पर लगी थी। जिस समय मैं मुहम्मद हुसेन मीर्जा की हवेली के द्वार पर पहुंचा तो कोठे के ऊपर से एक मुगल ने जोकि मेरा सेवक था और जिसे मैं पहिचानता था, मेरे ऊपर इतनी दूर से जितनी दूर एक दरबान द्वार से खड़ा होता है बाण का वार करने के लिये धनुष खींचा किन्तु लोग चारों ओर से चिल्लाने लगे "हाय हाय! ये पादशाह हैं।' उसने अपना निशाना बदल दिया और तीर चला कर भाग गया। इस समय उसके बाण चलाने से कोई लाभ भी न था। उसका मीर्जा तथा उसके अन्य सरदार या तो भाग गये थे और या बन्दी बना लिये गये थे तो फिर वह क्यों बाण चला रहा था?

वहाँ लोग सुल्तान संजर बरलास को लाये। उसकी ग्रीवा में रस्सी बंधी हुई थी। मैंने उसके प्रति कृपा दृष्टि प्रदर्शित करते हुए उसे नीनगनहार तूमान प्रदान कर दिया था किन्तु उसने भी इस विद्रोह में भाग लिया था। वह व्याकुल हो कर चिल्लाता रहा कि "हाय मेरा क्या अपराध है ?" मैंने कहा कि, "तुम इन लोगों के सब से बड़े सहायक तथा परामर्शदाताओं में से थे अतः तुमसे बढ़कर कौन अपराधी हो सकता है?" किन्तु वह मेरे खानदादा की

---

[1] अर्सकिन के अनुसार जिरह बक्तर के सामने, पीछे तथा दोनों ओर बराल के लोहे के तवे।

[2] लोहे की टोपी।

[3] प्रार्थना का अनुवाद नहीं किया गया।

माता शाह बेगम की बहिन का पुत्र था अतः मैंने आदेश दिया कि "उसे इतना अपमानित करके मत लाओ, उसे मृत्यु दण्ड न दिया जायेगा।"

उस स्थान से प्रस्थान करके मैंने अहमद कासिम कोहबुर को जोकि किले का एक बेग था, कुछ वीरों सहित मीर्जा खान का पीछा करने के लिये भेजा।

बाबर का कृतघ्न स्त्रियों से व्यवहार

जब मैं बागे बहिश्त से रवाना हुआ तो मैं शाह बेगम तथा (मेहर निगार) खानम से भेंट करने गया। वे लोग उद्यान के समीप खेमों में ठहरी हुई थीं। क्योंकि शहर के दुष्टों एवं गुंडों ने विद्रोह कर दिया था और लोगों की धन–सम्पत्ति लूटनी प्रारम्भ कर दी थी अतः मैंने कुछ लोगों को इस आशय से नियुक्त किया कि वे उन लोगों को भगा दें और दंड देकर ठीक कर दें।

शाह बेगम तथा खानम एक खेमे में बैठी थीं। मैं जितनी दूरी पर घोड़े से उतर जाया करता था, उतनी दूरी पर उतर पड़ा और पूर्व की भांति बड़े नम्रतापूर्वक अभिवादन करके उनसे भेंट की। शाह बेगम तथा खानम बहुत परेशान, लज्जित, और शर्मिन्दा थीं। वे न तो कोई उचित बहाना कर सकती थीं और न स्नेहपूर्वक मेरे कुशल समाचार पूछ सकती थीं। मझे उनसे इतनी कृतघ्नता की आशा न थी। जिस दल ने इतनी दुष्टता प्रदर्शित की थी, उसमें कोई ऐसा न था जो शाह बेगम तथा खानम की बात न सुनता। मीर्जा खान, बेगम का पौत्र था और उसके साथ दिन–रात रहता था। यदि वह उससे सहमत न होती तो उसे रोक सकती थी।

दो बार जब दुर्भाग्य एवं काल के कुचक्र के कारण राज्य एवं सिंहासन तथा नौकर–चाकर से वंचित होकर, मैं तथा मेरी माता उनके पास शरण हेतु पहुंचे थे तो उन्होंने हमारे प्रति कोई कृपा–दृष्टि प्रदर्शित न की थी। उस समय मेरे छोटे भाई[1] मीर्जा खान तथा उसकी माता सुल्तान निगार खानम के पास बड़ी आबाद एवं समृद्ध विलायत थीं किन्तु मुझे तथा मेरी माता को विलायत का तो कोई प्रश्न ही नहीं कोई ग्राम अथवा थोड़ा सा खेत तक न प्रदान किया। क्या मेरी माता यूनुस खां की पुत्री न थीं? क्या मैं उनका नाती न था? मैंने अपनी समद्धि के काल में अपने सगे सम्बन्धियों को जो चीज़ उनके अनुकूल थी और चग़ताई वंश वालों को वह श्रेणी जिसके वे पात्र थे, अपने हाथ से प्रदान की। उदाहरणार्थ जब सम्मानित शाह बेगम मेरे पास आई तो मैंने उन्हें काबुल का पमग़ान नामक सर्वोत्कृष्ट स्थान प्रदान कर दिया और सेवा भाव एवं सम्मान प्रदर्शित करने में कोई कमी न की। जब काशगर का खान, सुल्तान सईद खां पांच–छः नंगे सहायकों सहित पैदल पहुँचा[2] तो मैंने उससे सम्मानित अतिथि के समान व्यवहार किया और उसे लमग़ान तूमान का मंदरावर प्रदान कर दिया। इसके अतिरिक्त जब शाह

---

[1] चचा जाद भाई।

[2] ९१४ हि० (१५०८–९ ई.) में।

इस्माईल[1] ने मर्व में शैबाक़ खां की हत्या कर दी और मैं कून्दूज़ पहुँचा[2] तो अन्दिजान निवासियों में से कुछ ने अपने दारोगाओं को निकाल दिया और उन स्थानों को दृढ़ बना कर मेरी ओर देखने लगे तो मैंने उस अवसर पर अपने प्राचीन खानदानी सेवकों को इसो सुल्तान सईद खां के सिपुर्द कर दिया और उसे खान बना कर वहाँ भेज दिया। आज तक[3] उस वंश का जो भी आदमी मेरे पास आता है, मैं उसके साथ वही व्यवहार करता हूँ जो एक सगे–सम्बन्धी के साथ किया जाता है। उदाहरणार्थ इस समय मेरी सेवा में चीन तीमूर सुल्तान, ईसान तीमूर सुल्तान, तूख्ता बूशा सुल्तान तथा बाबा सुल्तान हैं। इनमें से प्रत्येक के साथ मैंने अपने सगे–सम्बन्धी को अपेक्षा उत्तम व्यवहार किया है।

मैं यह बात शिकायत के रूप में नहीं लिख रहा हूँ। मैंने जो सच बात थी वह लिख दी। मेरे इस लिखने का उद्देश्य अपनी प्रशंसा नहीं करना है। इस इतिहास में मैं इस बात पर दृढ़ रहा हूँ कि हर बात जो लिखू वह सच लिखू और जो घटना जिस प्रकार घटी हो उसका ठीक–ठीक उसी प्रकार उल्लेख करूं। इस कारण यह आवश्यक हो गया कि जो कुछ अच्छा–बुरा ज्ञात हुआ उसे लिख दूं। अपने पिता, बड़े भाई, सम्बन्धियों एवं अन्य लोगों के गुणों तथा अवगुणों के विषय में मैंने बड़ी सावधानी से लिखा है। पाठक गण मुझे क्षमा करें और कोई आलोचना न करें।

फ़तहनामा

वहाँ से उठ कर मैं चार बाग़ जहां मीर्जा खान था, पहुंचा और विलायतों, कबीलों एवं सेवकों के पास फ़तहनामा[4] भिजवाये। तदुपरान्त में सवार होकर भीतरी किले में चला गया।

विद्रोही नेताओं का बन्दी बनाया जाना

मुहम्मद हुसेन मीर्जा भय के कारण भाग कर खानम के तूशुक खाने[5] में घुस गया और अपने आपको तूशुक में लपेट लिया। हमने मीरीम दीवान को क़िले के अन्य बेगों के साथ इस आशय से नियुक्त किया कि वे उन भवनों को अधिकार में कर लें और उसे बन्दी बना लायें। मीरीम दीवान ने खानम के द्वार पर पहुंच कर कुछ स्पष्ट तथा कठोर शब्द कहे और किसी न किसी प्रकार मीर्जा को पकड़ कर भीतरी किले में मेरे पास ले आया। मैं तत्काल मीर्जा के स्वागतार्थ बढ़ा और उससे जिस प्रकार आदरपूर्वक पूर्व में मिलता था, उसी प्रकार मिला। मैने उसके समक्ष अपने मुख पर भी कठोरता के कोई चिह्न न आने दिये। मुहम्मद हुसेन मीर्जा ने जितनी दुष्टता एवं निंद्य कर्म किये थे और जिस प्रकार उसने इस षड्यंत्र एवं विद्रोह की अग्नि भड़काई

---

[1] शाह इस्माईल सफ़वी, ईरान का शाह, मृत्यु (१५२४ ई.)।

[2] ९१६ हि० (१५१०–११ ई०) में।

[3] लगभग ९३४ हि० (१५२७–२८ ई०)।

[4] विजय–पत्र।

[5] वह स्थान जहाँ तूशूक (कालीन इत्यादि) रक्खे जाते हैं।

थी, उसे देखते हुए यदि मैं उसके टुकड़े टुकड़े करवा देता तो यह भी न्याय–युक्त था। उसे नाना प्रकार की दारुण वेदना दे कर मरवा डालना चाहिये था किन्तु हममें और उसमें एक प्रकार के सम्बन्ध हो गये थे। मेरी माता खूब निगार खानम की बहिन से उसके पुत्र तथा पुत्रियाँ थीं। मैंने इस बात को ध्यान में रखते हुए उसे मुक्त कर दिया और उसे खुरासान जाने की अनुमति दे दी। इस पर भी यह कृतघ्न कायर, जिसको मैंने जीवन दान दिया था, मेरी कृपाओं को पूर्णतः भूल गया और शैबाक़ खां के पास जाकर मेरी निन्दा की। कुछ समय उपरान्त शैवाक़ खां ने उसकी हत्या करा दी। इस प्रकार उसे अपनी कुकृतियों का बदला मिल गया।

शेर

"तेरे साथ जो बुराई करे तू उसे भाग्य पर छोड़ दे,
कारण कि भाग्य तेरा सेवक बन कर उससे बदला ले लेगा।"

अहमद कासिम तथा अन्य वीरों ने जो मीर्जा खान का पीछा करने के लिये भेजे गये थे, उसे करगा योलाक की पहाडी में पकड लिया। वह भाग न सका और अँगुली तक न हिला सका। उन्होंने उसे बन्दी बना लिया और पुराने दरबार के भवन के उत्तरी पूर्वी दालान में जहाँ मैं बैठा था, लाये। उससे कहा, "आओ हम एक दूसरे से भेंट करें।" किन्तु वह दो बार ही अपने घुटने के बल झुक सका था कि परेशानी के कारण गिर पड़ा। जब हमने एक दूसरे की ओर देखा तो मैंने उसे प्रोत्साहन देने के लिये अपने पास बैठा लिया और जो शरबत लाया गया था उसे उसके भय के निराकरण हेतु स्वयं पहले पिया। जिन सैनिकों, साधारण लोगों, मुग़लों तथा चगताइयों[1] ने उसका साथ दिया था और जो बड़े असमंजस में थे, उनके विषय में मैंने आदेश दिया कि वे कुछ दिन तक मेरी बड़ी बहिन के घर में रहें। किन्तु कुछ दिन उपरान्त उन्हें खुरासान[2] जाने की अनुमति दे दी गई कारण कि जिन लोगों का उल्लेख हो चुका है वे बड़े ही अनिश्चित चरित्र के थे अतः उनका काबुल में ठहरना उचित न था।

---

[1] बाबर ने इस स्थान पर तथा अन्य स्थानों पर भी मुग़ूलों एवं चगताइयों को एक दूसरे से पृथक् बताया है। उसके तथा मीर्जा हैदर दोनों के वर्णन से पता चलता है कि वह अपनी माता को आधा चगताई तथा आधा मुगूल समझता था और यदि वह इस प्रकार के कबीले की शब्दावली को अपने लिये प्रयोग करता तो अपने आपको आधा तीमूरिया तुर्क तथा आधा चगताई बताता। उसने हिन्दुस्तान में जिस वंश को चलाया उसे या तो तुर्क और या तीमूरिया कहता। वह उसे अपनी नानी के रिश्ते से मुगूल अथवा मुगूल न कहता। बाबर ने स्वयं कई स्थानों पर अपने हिन्दुस्तान के राज्य के विषय में लिखा है कि वह उन स्थानों पर शासन कर रहा है जहाँ तुर्कों का शासन रह चुका है ।

[2] वे कंधार पहुँचे और उन्हें वहाँ अत्यधिक कष्ट भोगने पड़े।

कोहदामन की सैर

उन दोनों को जाने को अनुमति देने के उपरान्त हम वारान, चाशतूपा तथा गुलबहार के दामन की सैर को गये। संसार के किसी भी भाग की अपेक्षा, यहाँ तक कि काबुल की भी अपेक्षा, बहार में बारान तथा चाशतूपा के मैदान एवं गुलबहार का दामन अत्यन्त रमणीक हो जाते हैं। नाना प्रकार की किस्मों के कुमुदनी के रंग–बिरंगे फूल यहाँ खिले रहते हैं। एक बार जब हमने उनकी गणना कराई तो उनमें ३४ प्रकार के फल निकले। उन्हीं स्थानों की प्रशंसा में इस शेर की रचना की गई है:

शेर

"हरियाली एवं खिले हुए फूलों के कारण बहार में काबुल स्वर्ग बन जाता है,

इसके बावजूद बारान तथा गुलबहार की बहार अद्वितीय होती है।"

इसी सैर के समय मैंने इस ग़ज़ल की रचना समाप्त की––

ग़ज़ल

"मेरा हृदय गुलाब की कली के समान, खून के छींटों से रँगा हुआ,

चाहे यहां लाखों बहारें क्यों न आयें मेरे हृदय की कली नहीं खिल सकती।"

सत्य तो यह है कि बहार की सैर, बाज द्वारा शिकार एवं चिड़ियों के शिकार के लिये इन स्थानों से बढ़ कर कोई अन्य स्थान नहीं हैं। इनका संक्षिप्त उल्लेख काबुल तथा ग़ज़नी के वर्णन में किया गया है।

नासिर मीर्जा का बदख्शां से निकाला जाना

इस वर्ष बदख्शां के बेगों में से मुहम्मद कूरची, मुबारक शाह, जुबेर तथा जहांगीर, नासिर मीर्जा तथा उसके आश्रितों के दुर्व्यवहार के कारण विद्रोही हो गये। उन्होंने संगठित होकर सवार तथा पदातियों की एक सेना एकत्र की और कूकचा नदी के समीप के मैदान में पंक्तियाँ सुव्यवस्थित करके यफ़तल तथा राग़ की ओर नीची–नीची पहाड़ियों से होते हुए खमचान के लिये रवाना हुए। मीर्जा तथा उसके अनुभव शुन्य बेग बिना सोचे समझे तथा असावधानी की अवस्था में उन लोगों से उन्हीं छोटी छोटी पहाड़ियों में युद्ध करने के लिये बढ़े। रणक्षेत्र असमतल था। बदख्शी लोगों में पदातियों को बहुत बड़ी संख्या थी जो मीर्जा के सवारों के आक्रमण के समय दृढ़तापूर्वक जमे रहे और इस प्रकार आक्रमण किया कि सवार ठहर न सके और भाग खड़े हुए। मीर्जा को पराजित कर के बदख्शी लोगों ने उसके आश्रितों एवं सहायकों को लूट लिया।

पराजित तथा लुटकर वह तथा उसके विश्वासपात्र इशकीमोश एवं नारीन के मार्ग से होते हुए कोलागाही की ओर रवाना हुए। वहाँ से वे क़िज़ीलसू के ऊपर होते हुए आबदरा मार्ग की ओर पहुँचे और शिब्रतू को पार कर के ७०–८० सहायकों सहित, थके मारे तथा नंगे बुच्चे काबुल पहुंचे।

यह ईश्वर की महान् कृपा थी कि दो–तीन वर्ष पूर्व मीर्जा काबुल से शत्रु के समान कबीलों एवं विभिन्न दलों को भेड़ों के समान भगाता हुआ काबुल से चला गया था और बदख्शां पहुँचकर उसके किले तथा घाटी को दृढ़ बना लिया था। पता नहीं वे अपने मस्तिष्क में कौन–सी कल्पना लेकर गये थे। अब तो वह सिर झुकाये हुए अपने पिछले कुकृत्यों पर लज्जित होकर बड़ी दीन अवस्था में वापस हुआ था और मुझसे पृथक् होने पर बड़ा लज्जित था।

मैंने उसके प्रति कोई क्रोध प्रदर्शित न किया। मैंने कृपापूर्वक उसके कुशल–समाचार पूछे और उसे उसकी उस दीन अवस्था से मुक्ति दिला दी।

६१३ हि०
(१३ मई १५०७ ई० से २ मई १५०८ ई०)

गिलजी अफ़ग़ानों पर आक्रमण

हमने काबुल से गि़लजी[1] अफ़ग़ानों पर आक्रमण करने के उद्देश्य से प्रस्थान किया। जब हम सरे देह पर पहुँचे तो समाचार प्राप्त हुए कि मश्त तथा सिहकाना में हमसे एक यीगाच[2] दूर महमन्द अफ़ग़ानों का एक समूह पड़ा हुआ है। हमारे बेगों तथा वीरों ने एक मत होकर कहा कि, "महमन्दों पर आक्रमण करना चाहिये किन्तु मैंने कहा कि, "क्या यह उचित होगा कि हम लोग अपने लक्ष्य से हट कर अपनी ही प्रजा पर आक्रमण करें, यह नहीं हो सकता।"

सरे देह से हमने रात्रि में प्रस्थान किया और अँधेरे में कट्टवाज़ के मैदान को पार किया। रात बड़ी अंधेरी थी। मैदान बिल्कुल सपाट था। न तो कोई पहाड़ी और न कोई टीला दृष्टिगत होता था, न कोई ज्ञात मार्ग तथा रास्ता था और न कोई आदमी हमारा पथ–प्रदर्शन करने वाला था। अन्ततोगत्वा मैंने स्वयं पथ–प्रदर्शन प्रारम्भ किया। मैं उस भूभाग से होकर एक–दो बार गुज़र चुका हूँ। उस समय के ज्ञान से लाभ उठाते हुए मैंने ध्रुव तारे को अपने दाहिने कन्धे की ओर कर के कुछ चिन्ता की मुद्रा में प्रस्थान करना प्रारम्भ किया। ईश्वर की कृपा से कुशलतापूर्वक यात्रा हो गई। हम लोग सीधे कीआक़तू तथा ऊलाबातू जलधारा की ओर बढ़ते चले गये अर्थात् ख्वाजा इस्माईल सिरीती की ओर जहाँ गिलजी लोग पड़ाव किये हुए थे। मार्ग जलधारा की ओर से हो कर जाता है। जलधारा के निकट उतर कर हम तथा हमारे घोड़े थोड़ी देर के लिये सो गये और विश्राम करके पौ फटते ही हम लोग तैयार होकर चल दिये। उन पहाड़ियों तथा घाटियों की तलहटी से निकल कर मैदान में जहाँ गि़लजी पड़ाव किये थे पहुँचते–पहुँचते दिन निकल आया। हमारे और उनके मध्य में अच्छे खासे यीशाच की दूरी थी।[3] जैसे ही हम मैदान में पहुँचे, हमको उनको स्याही जो या तो उनकी थी अथवा उनकी आग के धुंयें की थी, दृष्टिगत होने लगी।

पता नहीं कि अपनी ही इच्छा से अथवा जल्दी के उद्देश्य से पूरी सेना घोड़ों को सरपट भगाने लगी। मैंने भी उनके साथ घोड़े को सरपट भगाया और कभी किसी आदमी पर और कभी किसी घोडे पर बाण चला कर उन्हें एक या दो कुरोह[4] पर रोका। ५–६ हज़ार सरपट भागते हुए वीरों को, जो

---

[1] सम्भवतः गिलजी अथवा गिलजाई।

[2] लगभग ५ मील ।

[3] सम्भवतः ५–६ मील।

[4] कोम ।

घोड़ों को सरपट भगा रहे थे, रोकना बड़ा ही कठिन है। ईश्वर की कृपा से कुशल ही रही। वे रुक गये। जब हम लोग एक शरई[1] आगे बढ़ चुके तो अफ़ग़ानों को स्याही सर्वदा हमारे सामने थी और आक्रमण की अनुमति दे दी गई। हमें बहुत बड़ी संख्या में भेड़ें प्राप्त हुई। इतनी अधिक भेड़ें इससे पूर्व कभी न प्राप्त हुई थीं।

जब हम पड़ाव करके लूट की धन–सम्पत्ति एकत्र कर रहे थे तो अफ़ग़ानों का एक के बाद दूसरा दस्ता मैदान में आने लगा और हमें युद्ध के लिये प्रेरित करने लगा। हमारे कुछ बेग तथा घर के लोग एक दस्ते के विरुद्ध रवाना हुए और उनमें से प्रत्येक की हत्या कर दी। नासिर मीर्जा ने इसी प्रकार दूसरे दस्ते की हत्या कर दी। अफ़ग़ानों के सिरों का एक स्तम्भ बनवा दिया गया। दोस्त कोतवाल नामक पदाती के, जिसका उल्लेख इससे पूर्व हो चुका है, पांव में एक बाण लग गया। जब वह काबुल पहुँच गया तो उसकी मृत्यु हो गई।

ख्वाजा इस्माईल से प्रस्थान करके हम लोगों ने एक बार पुनः ऊलाबातू पर पड़ाव किया। मैने अपने कुछ बेगों तथा घर के सैनिकों को इस आशय से आगे भेजा कि वे लूटमार में प्राप्त धन के खुम्स[2] का विभाजन कर दें। क़ासिम बेग तथा कुछ अन्य लोगों से, उनके ऊपर विशेष कृपा होने के कारण, हमने खुम्स न लिया। जो कुछ प्राप्त हुआ था उसमें से १६ हजार खुम्स निकाला अर्थात् ८० हजार भेड़ों का पाँचवाँ भाग १६ हजार। इनमें यदि जो भेड़ें खो गई तथा जिनकी किसी ने इच्छा न की, उनको भी सम्मिलित कर लिया जाय तो कुल १ लाख भेड़ें होंगी।

शिकार का घेरा

दूसरे दिन जब हम लोग उस पड़ाव से रवाना हुए तो कट्टवाज़ के मैदान में, जहां कियीक[3] तथा जंगली गधे बहुत मोटे मोटे तथा बड़ी संख्या में होते हैं, शिकार का घेरा तैयार किया गया। बहुत से उस घेरे में प्रविष्ट हो गये और बहुत से मार डाले गये। शिकार के समय मैंने एक जंगली गधे के पीछे सरपट घोड़ा दौड़ाया। उसके समीप पहुंच कर मैंने उसके ऊपर एक बाण तथा दूसरा बाण चलाया किन्तु उसे भूमि पर न गिरा सका। वह केवल दो घाव के कारण धीरे धीरे चलने लगा। घोड़े को एड़ लगा कर जंगली गधे के बिल्कुल समीप पहुंच कर मैंने उसकी गरदन के नीचे कानों के पीछे तलवार मारी। उससे उसका नरखरा कट गया। वह रुक गया और मुड़ कर मर गया। मेरी तलवार ने बड़ा अच्छा कार्य किया। वह जंगली गधा इतना अधिक मोटा था कि उसे देख कर आश्चर्य होता था। उसकी पसलियां एक एक गज़ लम्बी रही होगी। शेरीम तग़ाई तथा अन्य लोगो ने जिन्होंने मुग़ूलिस्तान

---

[1] २ मील।

[2] पांचवाँ भाग जो बादशाहों का हक़ होता था। शेष चार भाग सैनिकों को बांट देने का इस्लाम के धर्म–विधान के अनुसार आदेश है।

[3] एक प्रकार के मृग।

के कियीक देखे थे, आश्चर्य प्रकट करते हुए कहा कि मुगूलिस्तान में भी इतने मोटे कियीक न होंगे। मैंने एक अन्य जंगली गधे का शिकार किया। उस शिकार में जितने भी जंगली गधे तथा कियीक मारे गये वे सब के सब बड़े मोटे ताजे थे किन्तु उनमें से एक इतना मोटा था जितना कि वह गधा था जिसे हमने पहिले मारा था।

इस अभियान से लौट कर हम लोग काबुल पहुंचे और वहां उतर पड़े।

शैबाक खाँ का खुरासान के विरुद्ध प्रस्थान, खुरासान के मीर्जाओं का कुछ निश्चय न करना, ऊजबेगों द्वारा जुन्नून बेग की हत्या, शैबाक खाँ का हेरी पर अधिकार जमा लेना, अबुल मुहसिन मीर्जा तथा कूपुक मीर्जा की, जो मशहद में असावधानी में पड़े थे, हत्या। [1]

बाबर का क़न्धार की ओर प्रस्थान

इन दिनों में शाह बेग तथा उसके छोटे भाई मुहम्मद मुक़ीम[2] ने शैबाक़ खां के भय से मेरे पास निरन्तर प्रार्थना पत्र भेजे जिनमें निष्ठा एवं शुभ चिन्ता की चर्चा थी। मुक़ीम ने अपने एक पत्र में मुझे स्पष्ट शब्दों में आमंत्रित किया। हमें यह देखते हुए अच्छा न लगता था कि ऊज़बेग लोग पूरे मुल्क पर छापे मार रहे हैं। क्योंकि शाह बेग तथा मुक़ीम ने पत्रों एवं दूतों द्वारा मुझे आमंत्रित किया था अतः इसमें अधिक संदेह नहीं रह गया कि वे मेरी सेवा में उपस्थित होंगे।[3] जब सभी परामर्शदाताओं तथा बेगों से परामर्श कर लिया गया तो यह निश्चय हुआ कि हम लोग सवारों को एकत्र करें और अरगून बेगों के पास पहुंच जायं और उनसे मिल कर तथा उनके परामर्श से निर्णय करें कि खुरासान पर आक्रमण किया जाय अथवा जैसा उचित हो, किसी अन्य स्थान पर।

ग़ज़नी तथा कलाते ग़िलज़ाई में

हबीब सुल्तान बेगम ने, जिसे मैं यीनका[4] कहता था, हमसे ग़ज़नी में भेंट की। वह जैसा कि निश्चय हो चुका था, अपनी पुत्री मासूमा सुल्तान बेगम को लेकर हेरी से आई थी। सम्मानित बेगम के साथ खुसरो कूकूल्दाश, सुल्तान कुली चूनाक़ तथा गदाई बलाल थे जोकि हेरी से भाग कर मेरे पास आ गये थे। सर्व प्रथम वे लोग इब्ने हुसेन मीर्जा के पास तदुपरान्त अबुल मुहसिन मीर्जा के पास पहुंचे किन्तु वे उन दोनों में से किसी के पास भी न रह सके।

कलात में सेना को हिन्दुस्तानी व्यापारियों की एक बहुत बड़ी संख्या मिली। वे वहां व्यापार हेतु आये थे किन्तु ऐसा प्रतीत होता है कि वे वहां से जा न सके थे। उनके विषय में लोगों का सामान्य मत यह था कि जो लोग

---

[1] इस अंश का अनुवाद नहीं किया गया है।

[2] ये दोनों जुन्नून बेग के पुत्र थे और अपने पिता की मृत्यु के उपरान्त कन्धार में ज़मीनदावर इत्यादि के हाकिम थे।

[3] अधीनता स्वीकार कर लेंगे।

[4] चाची।

ऐसी शत्रुता के समय किसी शत्रु के देश में प्रविष्ट हों तो उन्हें लूट लेना चाहिये। मैं इससे सहमत न हुआ। मैंने कहा कि, "व्यापारियों का क्या दोष है? यदि हम ईश्वर की प्रसन्नता के लिये इन साधारण लाभों की उपेक्षा करेंगे तो परमेश्वर हमें अधिक लाभ प्रदान करेगा। लगभग हमको ऐसी ही अवस्था का सामना करना पड़ा। जब हम लोग गिलजियों पर आक्रमण करने के लिये गये थे उस समय भी बहुत से लोग इस बात से सहमत थे कि महमन्द अफ़ग़ानों, उनकी भेड़ों, धन–सम्पत्ति तथा परिवार पर इस कारण आक्रमण करना चाहिये कि वे हमसे पांच मील की दूरी पर थे। उस समय भी तुमसे इस समय की भांति सहमत नहीं हुआ था। दूसरे ही दिन परमेश्वर ने अफ़ग़ान शत्रुओं की इतनी अधिक भेड़ें तुमको प्रदान कर दी जितनी कि इससे पहिले कहीं भी सेना को नहीं प्राप्त हुई थीं।" जब हमने क़लात की दूसरी ओर पड़ाव किया तो उनमें से प्रत्येक व्यापारी से थोड़ी सी पेशकश[1] प्राप्त की गई।

दक्षिण की ओर प्रस्थान

कलात के आगे दो मीर्जा लोग आकर हमसे मिल गये। यह लोग कन्धार से भाग कर आ रहे थे। इनमें से एक मीर्जा खान वैस था जिसे काबुल में पराजित हो जाने के उपरान्त खुरासान जाने की अनुमति दे दी गई थी। दूसरा अब्दुर्रज्जाक मीर्जा था जो उस समय जब कि मैं खुरासान से चला था तो वहीं रह गया था। उनके साथ जहांगीर मीर्जा के पुत्र पीर मुहम्मद की, जो कि पहार मीर्जा[2] का पौत्र था, माता मेरी सेवा में आ कर उपस्थित हुई।

अरगून सरदारों का व्यवहार

जब हमने शाह बेग तथा मुकीम के पास आदमी एवं पत्र इस संदेश सहित भेजे कि 'हम तुम्हारे वचन पर आ गये हैं, ऊजबेग सरीखे शक्तिशाली शत्रु ने खुरासान पर अधिकार जमा लिया है, आओ, हम लोग मिल–जुलकर निश्चय करलें कि सब लोगों का हित किस बात में है तो उन लोगों ने एक कठोर तथा अशिष्ट उत्तर भेजा और निष्ठा सम्बन्धी जो पत्र एवं निमंत्रण भेजे थे, उनकी उपेक्षा की। एक अशिष्टता तो यह थी कि शाह बेग ने जो पत्र मेरे पास भेजा उस पर पलटकर बीच में मुहर लगाई, जहां बेग लोग बेगों को पत्र लिखतें समय लगाते हैं, अपितु जिस प्रकार कोई बड़ा बेग छोटे को पत्र लिखते समय मुहर लगाता है। यदि वह इस प्रकार धृष्टता एवं कठोरता का उत्तर न देता तो उसका मामला इस सीमा तक न पहुंचता जैसा कि पहुंच गया था कारण कि लोगों ने कहा है कि––

---

[1] उपहार।
[2] पहाड़ मीर्जा।

शेर

"झगड़े के वचन प्राचीन वंश तक को नष्ट कर देते हैं।"

इस उदंडता एवं धृष्टता के कारण उन्होंने ३०–४० वर्ष पुराने क़बीले एवं वंश को नष्ट करा दिया।

एक दिन जब कि हम लोग शहरे सफ़ा[1] के समीप थे तो शिविर के बिल्कुल बीच में एक झूठी चेतावनी की घोषणा की गई। समस्त सेना को अस्त्र शस्त्र धारण कराये गये और वह सवार हो गई। उस समय मैं स्नान कर रहा था। बेग लोग बड़े असमंजस में थे। मैं तैयार होते ही सवार हो गया। क्योंकि शोर झूठा था अतः वह शीघ्र ही बन्द हो गया।

एक पड़ाव से दूसरा पड़ाव पार करते हुए हम लोग गुज़र की ओर बढ़े। वहाँ पहुँच कर हमने अरगूनों से पुनः वादविवाद करने का प्रयत्न किया किन्तु उन्होंने हमारी ओर कोई ध्यान न दिया। वे उसी प्रकार उदंडता एवं अशिष्टता का व्यवहार करते रहे। हमारे कुछ हितैषियों ने जोकि स्थानीय भूमि तथा नदियों के विषय में जानकारी रखते थे, हमसे कहा कि "जो जलधारायें कन्धार में आती हैं उनका स्रोत बाबा हसन अबदाल तथा खलीशक में है; अतः हमें उस ओर इस आशय से प्रस्थान करना चाहिये कि उन जलधाराओं को बिल्कुल काट दिया जाय।" इस बात को इसी स्थान पर छोड़ कर हमने दूसरे दिन अपने आदमियों को अस्त्र–शस्त्र धारण कराये और उन्हें दाहिनी ओर तथा बाईं ओर की पंक्तियों में सुव्यवस्थित करके कन्धार की ओर प्रस्थान कर दिया।

क़न्धार का युद्ध

शाह बेग तथा मुकीम एक शामियाने के नीचे, जोकि क़न्धार की पहाड़ी के अन्तरीप के समक्ष लगाया गया था और जहां अब मैंने एक भवन का निर्माण कराया है, बैठे हुए थे। मुकीम के आदमी वृक्षों में होते हुए बढ़ते चले गये और लगभग हमारे समीप तक पहुँच गये। जब हम शहरे सफ़ा में थे तो तूफ़ान अरगून हमारे पास भाग कर चला आया था। वह इस समय अकेला अरगून सेना की ओर बढ़ता चला गया, जहाँ इश्कुल्लाह नामक एक व्यक्ति ७–८ आदमियों को लिए शीघ्रातिशीघ्र बढ़ता चला आ रहा था। तूफ़ान अरगून ने अकेले ही उसका मुकाबला किया और उस पर तलवार चलाई तथा उसे घोड़े से गिरा दिया और उसका सिर काटकर मेरे पास, जब कि हम लोग संगे लखशक पार कर रहे थे, लाया। हमने इसे एक शुभ शगुन समझ कर स्वीकार किया। झाड़ियों तथा वृक्षों के समीप, जहां कि हम लोग थे, उस स्थान से युद्ध करना उचित न देख कर हम लोग पहाड़ो के दामन से होते हुए बढ़ते चले गये। जिस समय हमने खलीशक के समक्ष कन्धार की ओर जलधारा के किनारे घास के मैदान में शिविर लगाना निश्चय कर लिया

---

[1] कंधार के पूर्व लगभग ४० मील पर।

था और उतर रहे थे उसी समय शेर कुली करावल भागता हुआ आया और उसने निवेदन किया कि शत्रु पंक्ति सुव्यवस्थित करते हुए हमारी ओर युद्ध के लिए बढ़ते चले आ रहे हैं।

कलात से प्रस्थान करते समय सेना को भूख तथा प्यास के कारण बड़े कष्ट भोगने पड़े थे। अधिकांश सैनिक खलीशक के समीप पहुंच कर भेड़ों तथा पशुओं, अनाज एवं खाद्य सामग्री के लिए इधर उधर छिन्न–भिन्न हो गये थे। उन्हें एकत्र करने का प्रयत्न किये बिना हम शीघ्रातिशीघ्र बढ़ते चले गये। हमारी सेना की संख्या कुल दो हज़ार रही होगी किन्तु इनमें से एक हजार से अधिक युद्ध के लिए उपस्थित न थे कारण कि बहुत से लोग छिन्न–भिन्न हो गये थे और समय पर युद्ध के लिए उपस्थित न हो सके।

यद्यपि हमारे आदमियों की संख्या कम थी किन्तु मैंने उन्हें सुव्यवस्थित कर लिया और एक बड़ी ही उत्तम योजना एवं नियम के अनुसार तैयार किया। मैंने कभी भी इससे उत्तम पंक्ति की सुव्यवस्था न की थी। मैंने विशेष रूप से अपने अधीन ऐसे आदमियों को रखा जोकि वीर तथा पराक्रमी थे। उनको १० तथा ५० की टोलियों में बाँट दिया। प्रत्येक १० तथा ५० एक सरदार के अधीन थे। उन्हें सेना के दायें, बायें तथा मध्य भाग में अपने आदमियों के निश्चित स्थान का पूरा ज्ञान था और वे प्रत्येक के कार्य के विषय में पूर्ण रूप से परिचित थे कि उन्हें युद्ध में क्या करना है और वे उनका पूर्ण रूप से निरीक्षण कर सकते थे। इस व्यवस्था के अनुसार दायें एवं बायें, दायें एवं बायें हाथ वाले, दायें एवं बायें बाजू दायें बायें बिना तवाची की आवश्यकता के आक्रमण कर सकते थे।

यद्यपि वरानग़ार (दायाँ बाजू) अऊंगकल (दायां हाथ) अऊंगयान (दाईं ओर) तथा अऊंग (दायाँ) सभी के एक अर्थ हैं किन्तु इनका मैंने विभिन्न अर्थों में प्रयोग किया है और इनका तात्पर्य अलग–अलग है। जिस प्रकार अरबी के मैमना तथा मैसरा जो तुर्की के वरानग़ार (दायाँ बाजू) एवं जवानग़ार (बायां बाजू) हैं अरबी 'कल्व' में जिसे तुर्की भाषी गूल कहते हैं, सम्मिलित नहीं हैं, वही दशा मध्य भाग की है। यदि मध्य भाग की ही व्यवस्था को ले लिया जाय इसके यमीन एवं यसार (अरवी के दायें और बायें) का नाम मैंने अऊँग कूल तथा सूल कूल (दायाँ एवं बायाँ हाथ) तुर्की में रक्खा। खासा तोबेईन (शाही विशेष सेना जो मध्य में होते हैं, उनके भी यमीन एवं यसार (अरबी दायें और बायें) होते हैं, उनका नाम मैंने ऊँग यान तथा सल यान (दायाँ–बायाँ बाजू) रक्खा। खासा तोबेईन में बूई (नींग) तीकीनी (भीतरी घेरा) तथा उसके यमीन और यसार (दायाँ तथा बायाँ) होते हैं। वे सूंग तथा सूल कहलाते हैं। तुर्की भाषा में एक अकेली चीज़ को बूई कहते हैं किन्तु उस बूई से यहाँ कोई मतलब नहीं यहां भीतरी (याक़ीन) से तात्पर्य है।

दायें बाजू (बरानगार) में मीर्जा (वैस) खान, शैरीम तगाई, यारक तग़ाई एवं उनके बड़े तथा छोटे भाई, चिलमा मुगूल, अय्यब बेग, मुहम्मद बेग,

इबराहीम बेग, अली सैयिद मुगूल तथा उसके अधीनस्थ मुगूल सुल्तान कुली चुहरा, खुदा बख्श, अबुल हसन एवं उसके बड़े तथा छोटे भाई थे।

बायें बाजू (जवानग़ार) में अब्दुर्रज्ज़ाक़ मीर्जा, कासिम बेग, तीगरी बीरदी, क़म्बर अली, अहमद ईलची बूगा, गूरी बरलास, सैयिद हुसेन अकबर तथा मीर शाह कूलचीन थे।

अग्र भाग (ईरावल) में नासिर मीर्जा, सैयिद कासिम ईशक आग़ा, मुहिब अली कूरची, पापा ऊगूली, अल्लाह वैरान तुर्कमान, शेर कुली मुगूल करावल उसके बड़े तथा छोटे भाई तथा मुहम्मद अली थे।

मध्य भाग (गूल) में मेरे दायें हाथ की ओर क़ासिम कूकूल्दाश, खुसरो कूकूल्दाश, सुल्तान मुहम्मद दूल्दाई, शाह महमूद परवानची, कुले बायज़ीद बकाबल, कमाल शरबतची, थे। मेरे बायें हाथ की ओर ख्वाजा मुहम्मद अली, नासिर का "दोस्त", नासिर का "मीरीम", बाबा शेरजाद, खान कुली, वली खाजिन, कूतलूक क़दम "करावल", मकसूद सूची तथा बाबा शेख थे। जो लोग मध्य में थे वे सब के सब मेरे घर के सैनिक थे। उनमें कोई बड़ा बेग न था। उनमें से कोई भी बेग की श्रेणी को न प्राप्त कर सका था। बूई (भीतरी घेरे) में शेर बेग, हातिम कूरची बेगी, कूपूक, कुली बाबा, अबुल हसन कूरची तथा मुगूलों में, अरुस अली सैयिद, दरवेश अली सैयिद, खूस कील्दी, चिल्मा, दोस्त कील्दी, चिल्मा ताग़ची, दामाची, मिन्दी तथा तुर्कमानों में मनसूर, रुस्तम अली तथा उसके बड़े एवं छोटे भाई तथा शाह नाजिर और सीऊन्दुक थे।

शत्रु की सेना दो दलों में विभाजित थी। एक दल शाह शुजा अरगून के अधीन था जो शाह बेग कहलाता था और जिसे अब शाह केवल शाह बेग लिखा जायगा, दूसरा दल उसके छोटे भाई मुकीम के अधीन था।

कुछ लोगों का अनुमान था कि अरगूनों की सेना की संख्या ६–७००० रही होगी। इसमें तो कोई सन्देह ही नहीं है कि शाह बेग के जो अपने आदमी अस्त्र–शस्त्र धारण किये हुए थे, उनकी संख्या ४–५००० रही होगी। उसने हमारी सेना के दायें भाग का तथा मुकीम ने जिसकी सेना अपने भाई की सेना से थोड़ी सी कम थी हमारी सेना के बायें भाग से मुक़ाबला किया। मुकीम ने हमारी सेना के बायें भाग अर्थात् क़ासिम बेग पर बड़ा तीव्र आक्रमण किया। कासिम बेग के पास से दो–तीन आदमी युद्ध प्रारम्भ होने के पूर्व सहायता की याचना करने आये। हम एक आदमी को भी अलग न कर सकते थे कारण कि हमारे सामने भी शत्रु अधिक शक्ति के साथ जमे थे। हम अविलम्ब बढ़ गये। शत्रु हमारे अग्र भाग पर अचानक टूट पड़े और उसे पीछे हटा कर मध्य भाग की ओर ढकेल दिया। जब हम बाणों की वर्षा करते हुए आगे बढ़े तो ऐसा प्रतीत हुआ कि वे लोग, जो कुछ समय से बाण चला रहे थे, मुकाबला करेंगे। कोई अपने आदमियों को पुकारता हुआ मेरे पास तक पहुंच गया और मेरे पास घोड़े से उतर कर धनुष में बाण लगाने लगा किन्तु वह कुछ न कर सका कारण कि हम देर किये बिना बढ़ गये। वह पुनः घोड़े

पर सवार हो कर वापस चला गया। वह सम्भवतः शाह बेग स्वयं रहा होगा। युद्ध के समय पीरी बेग तुर्कमान तथा उसके ४–५ भाई शत्रु के पास से भाग कर अपने हाथ में पगड़ी लिये हुए[1] हमारे पास चले आये।

"यह पीरी बेग उन तुर्कमानों में से था जो उन तुर्कमान बेगों के साथ हेरी में पहुंचा था जो अब्दुल बाक़ी मीर्जा तथा मुराद बेग के अधीन उस समय[2] आये थे जब कि शाह इस्माईल ने वायन्दार सुल्तानों को पराजित कर के एराक के देशों पर अधिकार जमा लिया था।"[3] .

सर्व प्रथम हमारी सेना के दायें भाग ने शत्रु को पराजित कर के भगा दिया। इसका अन्तिम सिरा उन लोगों को भेदता हुआ उस स्थान तक पहुंच गया जहां मैंने अब एक उद्यान लगवाया है। हमारी सेना का बायां बाजू हसन अब्दाल के बहुत नीचे तक जो बड़ी जल धारा एवं उसकी नालियों से मिला है, फैला था। मुक़ीम इस दल का मुकाबला कर रहा था। उसके दल की अपेक्षा हमारे इस दल की संख्या बड़ी कम थी। ईश्वर की कृपा से सब कुछ ठीक हो गया। तीन चार जल–धारायें, जो कन्धार तथा उसके ग्रामों को जाती हैं, शत्रु तथा मेरे बायें बाजू के मध्य में थीं। हमारे आदमियों ने घाटों पर अधिकार जमा लिया था और शत्रुओं का मार्ग रोक रक्खा था। कम संख्या में होने के बावजूद उन्होंने वीरतापूर्वक युद्ध किया और प्रत्येक आक्रमण का दृढ़तापूर्वक मुकाबला करते रहे। अरगूनों की ओर से हलवाची तरखान ने तींगरी बीरदी तथा कम्बर अली से जल–धारा के भीतर यद्ध किया। कम्बर अली आहत हो गया। कासिम बेग के माथे पर एक बाण लगा। गूरी बरलास की भृकुटी पर एक बाण लगा जो उसके गाल के ऊपर से निकल गया।

इसी बीच में हमने शत्रुओं को भगा दिया और जल–धाराओं को उस ओर से जहां से मुर्ग़ान पर्वत का मोड़ है पार किया। जब हम लोग पार हो रहे थे तो हमने देखा कि कोई सफ़ेद तीपूचाक़ घोड़े पर सवार पहाड़ी के आंचल में कभी आगे जाता है और कभी पीछे आता है। वह शाह बेग के समान था। सम्भवतः वही हो।

जैसे ही हमारे आदमियों ने शत्रुओं को पराजित कर दिया, उन्हें उनका पीछा करने एवं बन्दी बनाने के लिये भेजा गया। मेरे साथ गिनती के ११ आदमी रह गये होंगे जिनमें एक अब्दुल्लाह किताबदार था। मुकीम अब भी अपने स्थान पर डटा हुआ युद्ध कर रहा था। अपने आदमियों की अल्प संख्या पर ध्यान दिये बिना, हमने नक्कारा बजवा दिया और ईश्वर पर भरोसा करके हम मुकीम की ओर बढ़ गये।

---

[1] अधीनता प्रदर्शित करने का एक चिह्न ।

[2] ६०८ हि० (१५०२ ई.)।

[3] पीरी बेग के विषय में टिप्पणी।

शेर

"चाहे थोड़े हों, चाहे बहुत, शक्ति देने वाला ईश्वर है,
उसके दरबार में किसी की कोई शक्ति नहीं।"

"अधिकांश छोटी सेनाओं ने ईश्वर की कृपा से बड़ी बड़ी सेनाओं को पराजित कर दिया है।"

नक्कारे की आवाज़ सुनकर मुकीम को ज्ञात हो गया कि हम आ रहे हैं। वह अपनी निश्चित योजना भूल कर भाग खड़ा हुआ। ईश्वर की कृपा से कुशल ही रही।

शत्रुओं को भगा कर हम क़न्धार की ओर रवाना हुए और फ़र्रुख ज़ाद बेग के चार बाग़ में, जिसका अब कोई चिह्न शेष नहीं रहा उतर पड़े।

बाबर का क़न्धार में प्रवेश

शाह बेग तथा मुकीम जब भागे तो कन्धार के किले में प्रविष्ट न हो सके। शाह बेग शाल तथा मस्तुंग और मुक़ीम ज़मीनदावर की ओर चले गये। उन्होंने कोई ऐसा व्यक्ति न छोड़ा जोकि किले की दृढ़ता पूर्वक रक्षा कर सकता। अहमद अली तरखान कुली बेग, अरगून के छोटे तथा बड़े भाइयों सहित वहां था। कुली बेग अरगून की मेरे प्रति निष्ठा एवं श्रद्धा प्रसिद्ध थी। थोड़े से वादविवाद के उपरान्त उन्होंने अपने बड़े तथा छोटे भाई के परिवारों के लिए रक्षा की याचना की। उनकी प्रार्थना स्वीकार कर ली गई और जिन लोगों का उल्लेख हो चुका है, उनके प्रति कृपा की गई। तदुपरान्त उन लोगों ने नगर का माशूर नामक द्वार खोल दिया। उन लोगों का कोई भी नेता न रह गया था। फाटक के ऊपर शेरीम तग़ाई तथा यारीम बेग नियुक्त कर दिये गये। मैं अपने घर के थोड़े से सैनिकों सहित भीतर प्रविष्ट हुआ और बिना सरदार के आदमियों में से २–३ आदमियों की अन्य लोगों की शिक्षा हेतु हत्या करा दी।

क़न्धार की लूट की धन–सम्पत्ति

मैं सर्व प्रथम मुक़ीम के खजाने की ओर पहुँचा। वह बाहरी किले में था। अब्दुर्रज्जाक मीर्जा ने मेरी अपेक्षा अधिक जल्दी कार्य किया कारण कि जब मैं वहाँ पहुंचा तो वह उस समय वहां उतर रहा था। मैंने उसमें से कुछ चीजें उसे भी दे दी। मैं दोस्त नासिर बेग, किले बायज़ीद बकावल और बख्शियों में से तगाई शाह बख्शी को मुक़ीम के खजाने की देख–रेख सिपुर्द कर के वहां से क़िले में पहुँच गया। शाह बेग के खजाने का प्रबन्ध मैंने ख्वाजा महमूद अली, शाह महमूद तथा बख्शियों में से तग़ाई शाह बख्शी को सौंप दिया।

नासिर के मीरीम तथा मकसूद शरबत प्रस्तुत करने वाले को जुनून के दीवान मीर जान का घर नासिर मीर्जा के लिए सुरक्षित रखने का आदेश

दिया। मीर्जा खान के लिये शेख अबू सईद तरखान का घर तथा अब्दुर्रज्जाक मीर्जा के लिए[1]

इतने चांदी के सिक्के उन प्रदेशों में इससे पूर्व कभी न देखे थे और न किसी के विषय में सुना गया था कि उसने देखे होंगे। उस रात्रि में जब कि हम स्वयं भीतरी किले में ठहरे तो शाह बेग का दास सम्भल बन्दी बना कर लाया गया। यद्यपि वह उस समय शाह बेग का विश्वासपात्र ही था किन्तु उसे कोई उच्च श्रेणी न प्राप्त थी। मैंने उसे अपने एक आदमी के सिपुर्द कर दिया किन्तु पहरा ठीक न होने के कारण वह भाग गया। दूसरे दिन मैं अपने शिविर फ़र्रुख ज़ाद बेग के चार बाग़ में चला गया।

मैंने कन्धार को नासिर मीर्जा को प्रदान कर दिया। जब खज़ाना सुव्यवस्थित हो गया और लदवा कर लाया जाने लगा तो वह ऊँटों की एक क़तार[2] पर लदे हुए चांदी के तन्कों को भीतरी किले के खजाने में ले गया और उन्हें रख लिया। मैंने उन्हें उससे वापस नहीं मांगा और वे उसी को प्रदान कर दिये।

कन्धार से प्रस्थान करके हम लोग कूशखाना की चरागाह में उतरे। सेना को आगे भेज देने के उपरान्त मैं सैर करने के लिये चला गया था अतः शिविर में देर से लौटा। यह कोई अन्य शिविर था क्योंकि पहिचाना नहीं जा सकता था। उत्तम तीपूचाक ऊंटों और ऊंटनियों की कतारें, उत्तम कपड़ों से लदे हुए खच्चर, मखमल के खेमें, हर प्रकार के शामियाने तथा कारखाने एवं गधों पर लदे हुए खजाने थे। बड़े तथा छोटे अरगून भाइयों की धन–सम्पत्ति पृथक् खजाने में रखी गई थी। उनमें से बोझ के बोझ तथा गाठे निकाल कर लाई गईं जिनमें पहिनने के वस्त्र तथा चांदी के तन्कों भरे बोरे थे। ऊताग तथा चादर[3] में प्रत्येक व्यक्ति के लिये पर्याप्त लूट की धन–सम्पत्ति थी। बहुत सी भेड़ें भी प्राप्त हुई थीं किन्तु उनकी कोई चिन्ता न करता था।

मैंने कासिम बेग को मुकीम के परिजनों, जो कलात में कूज अरगून तथा ताजुद्दीन के अधीन थे, को उनकी धन–सम्पत्ति सहित प्रदान कर दिया। कासिम बेग अनुभवी आदमी था। उसने कन्धार में अधिक समय तक रहना हमारे हित में उचित न समझा और बात करते करते और परेशान करते करते उसने हमें चलने पर विवश कर दिया। जैसा कि लिखा जा चुका है कि मैंने कन्धार नासिर मीर्जा को प्रदान कर दिया था, उसे वहाँ जाने की अनुमति दे दी गई। हम लोग काबुल की ओर चल दिये।

जब तक हम कन्धार में थे उस समय तक लूट की धन–सम्पत्ति के वितरण का कोई अवसर न मिल सका था। यह कार्य कराबाग़ में, जहां हम २–३ दिन ठहरे, किया गया। सिक्कों को गिनना कठिन था अतः वे तराजू में तौल कर बाँट दिये गये। प्रत्येक श्रेणी के परिजनों, सेवकों तथा घर के

---

[1] आगे कुछ नहीं लिखा है।

[2] एक कतार में ७ पशु होते हैं।

[3] खेमों की विभिन्न किस्में !

सैनिकों ने बोरे पर बोरे चांदी के तन्कों से लदवा कर गधों पर लदवा लिये और अपनी वृत्ति तथा अपने सैनिकों के वेतन के रूप में ले गये। हम लोग धन–सम्पत्ति तथा खजाना लेकर बड़े सम्मान एवं ऐश्वर्य से काबुल पहुँच गये।

मासूमा सुल्तान से बाबर का विवाह

काबुल वापस आकर मैंने सुल्तान अहमद मीर्जा की पुत्री मासूमा सुल्तान बेगम से, जिससे मैंने खुरासान में विवाह करने की इच्छा की थी और जो वहां से लाई गई थी, विवाह किया।

शैबाक़ खां का क़न्धार पहुंचना

कुछ दिन उपरान्त नासिर मीर्जा का एक सेवक यह समाचार लाया कि शैबाक खां ने कन्धार पहुंच कर उसे घेर लिया है। जैसा कि उल्लेख हो चुका है, मुकीम जमीनदावर की ओर भाग गया था और वहां से वह शैबाक खां की सेवा में उपस्थित हुआ। शाह बेग के पास से भी शैबाक खां के पास निरन्तर आदमी पहुंचे। इन दोनों की प्रार्थना पर खान शीघ्रातिशीघ्र इस विचार से कि मैं उसे वहां मिल जाऊंगा, पर्वतीय मार्ग से होता हुआ कन्धार पहुंचा। कासिम बेग सरीखे अनुभवी व्यक्ति के मस्तिष्क में यही बात थी जिसके कारण उसने हमको परेशान कर के कन्धार के समीप से चले जाने पर विवश कर दिया।

शेर

"जो कुछ एक युवक एक दर्पण में देख सकता है,
उसे एक अनुभवी आदमी पक्की ईंट में देख सकता है।"

शैवाक़ खां ने पहुंच कर नासिर मीर्जा को क़न्धार में घेर लिया।

हिन्दुस्तान तथा बदख्शां की ओर प्रस्थान करने के विषय में वाद विवाद

जब यह समाचार प्राप्त हुये तो बेगों को परामर्श हेतु बुलवाया गया और इन बातों के ऊपर वाद–विवाद किया गया। शैवाक खां तथा ऊजबेग सरीखे प्राचीन शत्रु उन समस्त प्रदेशों के ऊपर अधिकार जमाए हुए हैं जोकि कभी तीमूर बेग की संतान के अधीन थे। जो तुर्क तथा चगताई कोनों एवं सीमान्त के भूभाग में पड़े हुए हैं, वे स्वेच्छा तथा इच्छा के विरुद्ध उसके सहायक बन गये हैं। केवल मैं ही बच गया हूँ। मैं स्वयं काबुल में हूँ। शत्रु अत्यन्त शक्तिशाली है और मैं बड़ा ही शक्तिहीन। न तो मेरे पास ऐसे साधन हैं जिनके द्वारा मैं सन्धि कर लूं और न इतनी शक्ति कि उनका विरोध कर सकूँ। ऐसी आवश्यकता एवं ऐसे प्रभावशाली व्यक्ति की उपस्थिति में हमें किसी न किसी सुरक्षित स्थान की खोज करनी चाहिए जहाँ हम कठिनाई एवं परेशानी के समय जाकर शरण ले सकें और शक्तिशाली शत्रु से कुछ दूरी पर रह सके। अब केवल बदख्शां एवं हिन्दुस्तान ही के विषय में निर्णय करना है कि कौन सा स्थान चुना जाय। कासिम बेग तथा शेरीम तपाई बदख्शां के विषय में सहमत थे। इस कठिनाई के समय जिन लोगों को बदख्शां में प्रभुत्व प्राप्त था वे थे, बख्शियों में मुबारक शाह तथा जुबेर,

जहांगीर तुर्कमान एवं मुहम्मद कूरची। उन्होंने नासिर मीर्जा को तो निकाल दिया था किन्तु वे ऊजबेगों से न मिले थे।

मैने तथा मेरे बहुत से घर के बेगों ने हिन्दुस्तान को अधिक उचित समझा और लमगान की ओर प्रस्थान करने के विषय में निर्णय किया।

कन्धार पर अधिकार जमाने के उपरान्त मैंने कलात एवं तुरनूक, अब्दुर्रज्ज़ाक़ मीर्जा को प्रदान कले उसे कलात में छोड़ दिया था किन्तु ऊजबेगों द्वारा कन्धार के अवरोध के कारण वह कलात में ठहर न सका और उसे छोड़कर काबुल भाग आया। वह उसी समय पहुंचा जब कि हम लोग प्रस्थान कर रहे थे अतः उसे काबुल की देखरेख के लिए छोड़ दिया गया।

बेगमों तथा मीर्जाओं का बदख्शां की ओर प्रस्थान

बदख्शां में न तो कोई बादशाह था और न शाहज़ादा। मीर्जा खान[1] की इच्छा उस ओर जाने की थी। इसका एक तो यह कारण था कि वह शाह बेगम[2] का सम्बन्धी था और दूसरे शाह बेगम इस बात से सहमत थीं।[3] उसे जाने की अनुमति दे दी गई और सम्मानित बेगम स्वयं उसके साथ चली गई। सम्मानित खाला मिहर निगार खानम[4] भी बदख्शां जाना चाहती थीं। यद्यपि उनका मेरे साथ रहना अधिक उचित था कारण कि वह मेरी सगी सम्बन्धी थीं किन्तु जो भी आपत्ति प्रकट की गई उससे वह सहमत न हुई और बदख्शां की ओर चल दी।

बाबर का दूसरी बार हिन्दुस्तान की ओर प्रस्थान

हिन्दुस्तान की ओर प्रस्थान करने की योजना बनाकर हम लोग जमादि–उल–अव्वल मास (सितम्बर १५०७ ई०) में छोटे काबुल के मार्ग से सूर्ख रबात तथा कूरूक साई होते हुए यात्रा करने के उद्देश्य से काबुल से चल दिये।

काबुल तथा लमग़ान[5] के बीच के अफ़ग़ान या तो स्वयं डाकू हैं और या वे डाकुओं की सहायता करते रहते हैं। वे शान्ति के समय भी यह कार्य नहीं

---

[1] मीर्जा खान सुल्तान महमूद का पुत्र तथा शाह बेगम का पौत्र था। उसे १५०८ ई० में बदख़्शां में बाद शाह मान लिया गया।

[2] शाह बेगम, शाह सुल्तान मुहम्मद बदख्शां के बादशाह की पुत्री और बाबर के नाना यूनुस खां की विधवा थी। वह सुल्तान निगार खानम की माता थी। मीर्जा खान सुल्तान निगार खानम तथा हिसार के सुल्तान महमूद मीर्जा का पुत्र था। शाह बेगम इस प्रकार खान मीर्जा की नानी थी।

[3] हैदर मीर्ज़ा ने लिखा है कि शाह बेगम बदख्शां को अपना समझती थी और कहा करती थी कि 'यह राज्य ३००० वर्ष से मीरास में हमारा है; यद्यपि मैं स्त्री होने के कारण राज्य नहीं कर सकती तो क्या मेरा नाती मीर्जा खान इस पर राज्य नहीं कर सकता है'––'तारीखे रशीदी।

[4] वह बाबर की माता की सबसे बड़ी बहिन थी तथा समरकन्द के सुल्तान अहमद मीर्ज़ा की विधवा थी।

[5] नीनगनहार।

छोड़ते। वे ईश्वर से ऐसे अशान्ति के समय की प्रार्थना किया करते हैं किन्तु उन्हें ऐसा समय बहुत कम मिल पाता है। जब उन्हें यह ज्ञात हो गया कि मैं काबुल छोड़कर हिन्दुस्तान की ओर जा रहा हूं तो उनकी पूर्व की धृष्टता दस गुनी बढ़ गई। उनमें से अच्छे से अच्छा आदमी उद्दंडता पर तुला हुआ था और बात यहां तक बढ़ गई कि जिस दिन प्रातः काल हम जगदालीक से रवाना हुये तो जो अफ़ग़ान जगदालीक तथा लमग़ान के मध्य में निवास करते थे उदाहरणार्थ खिज़्र खेल, शीमू खेल, खिरिलची, खूगियानी ने दर्रे को रोक देना निश्चय कर लिया और पर्वत के उत्तर की ओर पंक्ति सुव्यवस्थित करके खड़े हो गये। तम्बूर बजाते तथा तलवार चमकाते हुए वे आगे बढ़ने लगे और अपनी शक्ति का प्रदर्शन करने लगे। हमने सवार होकर अपने आदमियों को आदेश दिया कि प्रत्येक व्यक्ति उस स्थान से जहां कि वह उतरा हुआ है, पहाड़ी की ओर यात्रा करे। वे प्रत्येक पहाड़ी तथा घाट पर घोड़े दौड़ाने लगे, और विभिन्न घाटियों एवं प्रत्येक मार्ग से जो उन्हें मिल सका वे.बढ़ने लगे। अफ़ग़ान लोग कुछ देर तक तो चुपचाप खड़े रहे किन्तु वे एक बाण भी न चला सके और भाग खड़े हुए। जब मैं उनका पीछा करते हुए पर्वत में था तो मैंने एक अफ़ग़ान के जोकि मेरे नीचे की ओर भागा जा रहा था, बाण मारा। वह घायल तथा कुछ अन्य लोग लाये गये। कुछ लोगों को अन्य लोगों की शिक्षा हेतु सूली दे दी गई।

हम लोग नीनगनहार तूमान के अदीनापूर किले के समक्ष उतर पड़े।

शीत ऋतु की सामग्री हेतु छापे

उस समय तक हमने यह निश्चय न किया था कि कहां शिविर लगाये जायं, कहां जाया जाय और कहां ठहरा जाय। हम लोग ऊपर नीचे यात्रा कर रहे थे और नये स्थानों के ऊपर शिविर लगाते थे तथा समाचार[1] की प्रतीक्षा कर रहे थे। शरद काल का अन्त था। मैदान के बहुत से निवासी अपने चावल का भंडार ले जा चुके थे। स्थानीय जानकारी रखने वालों ने निवेदन किया कि अलीशंग तूमान की नदी के ऊपर 'भील काफ़िर' लोग बहुत अधिक मात्रा में चावल पैदा करते हैं, सम्भव है कि हम सेना के लिये खाद्य सामग्री एकत्र कर सकें जोकि शीत ऋतु में सेना के काम आये। तदनुसार हम लोग नीनगनहार जुलगा[2] से रवाना हो गये और (बारान नदी) को साईकल नामक स्थान पर पार किया और शीघ्रातिशीघ्र पुरअमीन घाटी तक पहुंच गये। वहां सैनिकों ने अधिक मात्रा में चावल एकत्र किया। चावल के खेत पर्वत की तलहटी में थे। लोग भाग गये किन्तु कुछ काफ़िरों की हत्या कर दी गई। वारान की घाटी की ऊंचाई पर उन्होंने कुछ आदमियों को

---

[1] शैबाक खां तथा मीर्जा खान के समाचार ।

[2] घाटी।

एक सरकोब[1] पर नियुक्त कर दिया था। जब काफ़िर लोग भाग गये, तो यह दल शीघ्रातिशीघ्र पहाड़ी से उतर पड़ा और हम पर बाणों की वर्षा करके हमें परेशान करने लगा; वे लोग क़ासिम बेग के जामाता पूरान के पास तक पहुंच गये और उसके ऊपर कुठार से प्रहार किया। उसी समय कुछ वीर लोग वापस लौट गये और उन्होंने साहस कर के उन लोगों को भगा दिया तथा पूरान को मुक्ति दिला दी। काफ़िरों के चावल के खेतों में एक रात्रि ठहर कर हम लोग अत्यधिक खाद्य सामग्री लेकर अपने शिविर को लौट आये।

मुकीम की पुत्री का विवाह

जिन दिनों हम मन्दरावर के समीप थे तो मुकीम की पुत्री माहचूचूक का विवाह कासिम कूकूल्दाश से हो गया। इस समय वह शाह हुसेन अरगून की पत्नी है।

हिन्दुस्तान पर आक्रमण का विचार त्यागना

क्योंकि उस समय हिन्दुस्तान की ओर प्रस्थान करना उचित न समझा गया अतः मैंने पशागर के मुल्ला बाबा को कुछ वीरों सहित काबुल वापस भेज दिया। इसी बीच में मैंने मन्दरावर से अतर तथा शीवा को ओर प्रस्थान किया और वहां कुछ दिन तक ठहरा रहा। अतर से मैंने कूनार एवं नूरगल की यात्रा की। कूनार से मैं एक जाला[2] पर शिविर में वापस चला गया। मैं जाला पर प्रथम बार बैठा था। वह मुझे बड़ी अच्छी लगी और तदुपरान्त उसका सामान्य रूप से प्रयोग होने

शैबाक खां की कन्धार से वापसी

उन्हीं दिनों में फरकत का मुल्ला बाबा नासिर मीर्जा के पास से शैबाक़ खां के सविस्तार समाचार लेकर आया। शैबाक खां कन्धार के बाहरी किले पर अधिकार जमाने के उपरान्त भीतरी किले को विजय न कर सका था कि वापस चला गया। वह यह समाचार भी लाया कि मीर्जा भी विभिन्न क़ारणों से कन्धार छोड़ कर ग़ज़नी चला गया।

हमारे प्रस्थान के थोड़े ही दिन उपरान्त शैबाक़ खां के कन्धार पहुंच जाने के कारण किले वाले भौंचक्के हो गये और वे बाहरी क़िले को दृढ़ न बना सके। उसने भीतरी किले के चारों ओर कई बार सुरंगें लगवाई और आक्रमण किये। वह स्थान हाथ से निकलने वाला ही था। उस चिन्ता की अवस्था में ख्वाजा मुहम्मद अमीन, ख्वाजा दोस्त खावन्द, मुहम्मद अली पदाती तथा शामी दीवार से कूदकर भाग गये। जो लोग किले में थे वे परेशान होकर क़िला समर्पित करने वाले ही थे कि शैबाक खां ने सन्धि का प्रस्ताव रखकर स्थान छोड़ दिया। उसके वहां से प्रस्थान करने का यह कारण था :

---

[1] किले पर आक्रमण करने के लिये एक ऊँचा स्थान इस प्रकार बनाया जाता था कि वह किले की दीवार तक पहुंच जाता था और वहां से शत्रुओं पर सुगमतापूर्वक आक्रमण किया जा सकता था।

[2] एक प्रकार की बांस की नौका ।

ऐसा प्रतीत होता है कि वह वहां पहुंचने के पूर्व अपने अन्तःपुर को नीरहतू[1] भेज गया था। अब नीरहतू में किसी व्यक्ति ने विद्रोह करके किले पर अधिकार जमा लिया अतः खान एक प्रकार से सन्धि करके कन्धार से वापस चला गया।

बाबर की काबुल को वापसी

यद्यपि यह बीचों—बीच जाड़ा था, हम लोग बादे पीच के मार्ग से काबुल को वापस हो गये। मैंने आदेश दिया कि उस दर्रे को पार करने की तिथि बादे पीच के ऊपर एक पत्थर पर खोद दी जाय।[2] हाफ़िज़ मीराक ने लेख तैयार किया, उस्ताद शाह मुहम्मद ने उसे खोदा, किन्तु जल्दी के कारण खुदाई अच्छी न हो सकी।

मैंने ग़ज़नी नासिर मीर्जा को प्रदान कर दिया और अब्दुर्रज्जाक मीर्जा को नीनगनहार तूमान, मन्दरावर, नूर घाटी, कूनार तथा नूरगल सहित प्रदान कर दिया।

बाबर का पादशाह की उपाधि धारण करना

उस समय तक तीमूर बेग के उत्तराधिकारियों को चाहे वे राज्य ही क्यों न कर रहे हों, लोग मीर्जा कहते थे किन्तु इस समय मैंने आदेश दिया कि लोग मुझे पादशाह कहा करें।[3]

बाबर के पहले पुत्र का जन्म

इस वर्ष के अन्त में मंगलवार ४ ज़ीक़ाद को जब कि सूर्य मीन राशि में था, हुमायूं का काबुल के भीतरी किले में जन्म हुआ। मौलाना मसनदी नामक कवि ने "सुल्तान हुमायूं खां" नामक शब्दों के अक्षरों से जन्म तिथि निकाली। काबुल के एक अन्य साधारण कवि ने "शाहे फ़ीरोज़ क़द्र" के अक्षरों से जन्म तिथि निकाली। १—२ दिन उपरान्त उसका नाम हुमायूं रक्खा गया। जब वह ५—६ दिन का हो गया तो मैं चार बाग़ पहुंचा जहां उसके जन्म का समारोह मनाया गया। सभी बेग लोग छोटे तथा बड़े उपहार लाये। चांदी के तन्कों का इतना बड़ा ढेर लग गया कि इससे पूर्व ऐसा ढेर न देखा गया। यह बड़े ही उत्तम प्रकार का समारोह हुआ।

---

1 अर्सकिन के अनुसार "कालिऊन" हेरी के पूर्व बादगीस में।

2 अबुल फजल के अनुसार यह लेख उसके समय में मौजूद था।

3 उस उपाधि के धारण करने के अनेक अनुमान लगाये गये हैं। वास्तव में तीमूरियों में इस समय वही एक महत्वपूर्ण व्यक्ति जीवित था। उसकी महत्त्वाकांक्षायें इस बात की द्योतक थीं कि वह तीमूर का स्थान ग्रहण करेगा। इस समय मीर्जा खान के विद्रोह को दवा दिया गया था। अरग़न पराजित हो गये थे । ऊजबेग लोग काफी दूर पर थे और वह काबुल का स्वामी था।

९१४ हि०
(२ मई १५०८ ई० से २१ अप्रैल १५०९ ई०)

इस वर्ष बहार के मौसम में महमन्द अफ़ग़ानों के एक समूह पर मुकुर के समीप छापा मारा गया।

मुगूलों का विद्रोह

उस आक्रमण से हमारी वापसी के कुछ दिन उपरान्त क्रूजबेग, फ़कीर अली, करीमदाद तथा बाबा चुहरा हमसे पृथक् होने के विषय में सोच रहे थे कि उनकी योजना का पता चल गया और लोगों को भेजा गया जिन्होंने उन्हें अस्तगाच के समीप पकड़ लिया। जहाँगीर मीर्जा के जीवन काल में भी उन्होंने कई बार दुर्व्यवहार किये थे। मैंने आदेश दे दिया था कि बाजार के सिरे पर उनकी हत्या कर दी जाय। वे उस स्थान पर ले जाये गये। रस्सियां लगाई गई और उन्हें सूली दी जाने वाली ही थी कि कासिम बेग ने खलीफ़ा को मेरे पास भेज कर आग्रह कराया कि मैं उनके अपराधों को क्षमा कर दूं। उसे प्रसन्न करने के लिए मैंने उन्हें क्षमा कर दिया किन्तु मैंने आदेश दिया कि उन्हें बन्दी अवस्था में रखा जाय।

हिसार तथा कून्दूज निवासी एवं उच्च श्रेणी के मुगूल जो खुसरो शाह की सेवा में थे जिनमें चिलमा, अली सैयिद, सकमा, शेर कुली, ईकू सलाम, खुसरो शाह के विश्वासपात्र चग़ताई सेवक जो सुल्तान अली चुहरा तथा खुदा बख्श के अधीन थे और ३००० उपयोगी तुर्कमान वीर जो सीऊन्दूक तथा शाह नज़र के अधीन थे, मिलकर मेरे विरोधी हो गये। ये लोग ख्वाजा रिवाज के सामने सूंग–क्रूरगान के घास के मैदान से चालाक नामक स्थान तक फैले हुए थे। अब्दुर्रज्जाक ने नीनगनहार से आकर देहे अफ़ग़ान में स्थान ग्रहण कर लिया।

इससे पूर्व मुहिब अली कूरची, खलीफ़ा तथा मुल्ला बाबा को उनकी एक या दो बार की गोष्ठियों की सूचना दे चुका था और दोनों ने मुझे संकेत किया था किन्तु वह बात असम्भव सी प्रतीत होती थी अतः मैंने उस ओर कोई ध्यान न दिया। एक रात्रि में सोने के समय की नमाज के वक्त जब मैं चार बाग़ के दरबार कक्ष में बैठा हुआ था तो मूसा ख्वाजा एक आदमी के साथ दौड़ता हुआ आया. और उसने मेरे कान में कहा कि "मुगूल लोग वास्तव में विद्रोह कर रहे हैं। हम निश्चयपूर्वक यह नहीं कह सकते कि उन्होंने अब्दुर्रज्जाक मीर्जा को अपनी ओर मिला लिया है अथवा नहीं। उन्होंने आज रात्रि में विद्रोह करना निश्चय नहीं किया है।" मैंने इस समाचार को इस प्रकार सुना मानो मुझे उसकी कोई चिन्ता नहीं। मैं थोड़ी देर उपरान्त अन्तःपुर की ओर, जो उस समय यूरूनचका बाग़ तथा बागे खिलवत की ओर था, रवाना हुआ किन्तु जब रक्षक तथा यसावल मेरे अन्तःपुर के समीप पहुंचने पर वापस चले गये तो मैं मुख्य दास के साथ नगर की ओर खाई की तरफ़ से होता हुआ रवाना हुआ। मैं लोहे के फाटक तक पहुंचा था

कि ख्वाजा मुहम्मद अली मेरे पास पहुंचा। वह बजौर के मार्ग से होता हुआ दूसरी ओर से आ रहा था। वह मेरे साथ हो लिया....[1]

---

[1] समस्त पांडुलिपियों में इसके बाद कुछ नहीं लिखा है।

६२५ हि०
(३ जनवरी से २३ दिसम्बर १५१६ ई०)

बाबर द्वारा बजौर के किले पर अधिकार

(३ जनवरी)––सोमवार १ मुहम को चन्दावल[1] जुलगे के नीचे के भाग में बड़ा भयंकर भूकम्प आया और एक ज्योतिषीय घंटे तक चलता रहा।

(४ जनवरी)––प्रातःकाल हम लोग बजौर के किले पर आक्रमण करने के उद्देश्य से शिविर से रवाना हुए और उसके समीप उतर पड़े। हमने एक विश्वासपात्र को दिलाजाक अफ़ग़ानों के पास उन्हें यह परामर्श देने के लिए भेजा कि वे अधीनता स्वीकार कर लें तथा किला समर्पित कर दें। उस मुर्ख तथा अभागे समूह ने इस परामर्श को स्वीकार न किया और धृष्टता प्रदर्शित करते हुए उत्तर भेजा। सेना को तैयारी का आदेश दे दिया गया और किले पर अधिकार जमाने के लिए सीढ़ियों एवं अन्य सामग्री की व्यवस्था करने का हुक्म हुआ।

(५ जनवरी)–इस उद्देश्य से उसी स्थान पर एक दिन पड़ाव किया गया।

(६ जनवरी)––बृहस्पतिवार ४ मुहर्रम को सेना वालों को आदेश दिया गया कि वे अस्त्र शस्त्र धारण कर लें और घोड़ों पर सवार हो जायें। सेना का बायां भाग क़िले के ऊपरी ओर शीघ्रातिशीघ्र प्रस्थान करे और जिस स्थान पर जल प्रविष्ट होता है वहां से जल को पार करके किले की उत्तरी दिशा में ठहर जायें। सेना का मध्य भाग जल के पार न जाये अपितु किले के उत्तरी–पश्चिमी ऊबड़–खाबड एवं असमतल स्थान पर उतर पड़े। दाहिना भाग नीचे के फाटक के पश्चिम की ओर पड़ाव करे। जब बायें भाग के बेग लोग, जोकि दोस्त बेग के अधीन थे, नदी पार करके पड़ाव कर रहे थे तो १०० से १५० तक पदाती किले के बाहर निकलकर बाणों की वर्षा करने लगे। बेग लोग भी इस ओर से बाण चलाते हुए अग्रसर हुए, यहां तक कि उन लोगों ने इन आदमियों को क़िले की दीवार तक ढकेल दिया। ख्वास्त का मुल्ला अब्दुल मलूक एक पागल के समान अपने घोड़े पर बैठकर उनकी ओर सीधा बढ़ता चला गया। यदि सीढ़ियां तथा कमन्द[2] तैयार होते तथा दिन अधिक चढ़ न गया होता तो किले पर तत्काल विजय प्राप्त हो जाती। मुल्ला तिरिक अली तथा तींगरी बीरदी के एक सेवक ने शत्रु से तलवार से मुकाबला किया और प्रत्येक अपने अपने शत्रु का सिर काट कर ले आया। प्रत्येक को इनाम का वचन दिया गया था।

---

[1] ६२५ हि० के प्रारम्भ में काबुल से बहुत दूर और खहर किले के पूर्व में उसे विजय करने का प्रयत्न कर रहा था। अफगान तथा अन्य सूत्रों के अनुसार सम्भवतः यह सर्व प्रथम चंगान सराय, और तदुःपरान्त हैदर अली बजौरी के दृढ़ स्थान जिब्री पर जो बाबा करा घाटी के सिरे पर था, अधिकार जमा कर चंदावल घाटी में पहुंचा होगा।

[2] फंदा, एक लम्बी रस्सी जिसके एक सिरे पर गोह बँधी रहती थी, इसके द्वारा ऊँची–ऊँची दीवारों पर चढ़ा जा सकता था। गोह जिस स्थान पर चिपक जाती है उसे नहीं छोड़ती।

क्योंकि बजौरी लोगों ने कभी तुफ़ंग[1] न देखा था अतः सर्वप्रथम उन्होंने उसकी कोई चिन्ता न की अपितु जब उन्होंने उसकी आवाज़ सुनी तो उसकी खिल्ली उड़ाते हुए बड़ा ही अनुचित व्यवहार किया उस दिन उस्ताद अली कुली ने तुफ़ंग द्वारा पांच आदमियों की हत्या कर दी और वली खाज़िन ने दो आदमियों की। अन्य तुरूंग चलाने वालों ने भी तुफ़ंग चलाने में बड़ी कुशलता दिखाई और ढाल, जिरह वक्तर एवं कुसारू की आड़ में आदमियों की निरन्तर हत्या की । लगभग ७–८ अथवा १० बजौरी तुफ़ंग द्वारा रात तक मार डाले गये। इसके बाद ऐसा हुआ कि तुफ़ंग चलने के कारण एक सिर भी दृष्टिगत न होता था। आदेश दिया गया कि अब रात हो गई है, शत्रुओं को चले जाने दो। प्रातःकाल यदि यंत्र तैयार हो जायं तो क़िले पर धावा बोल दिया जाय।

(७ जनवरी)–शुक्रवार ५ मुहर्रम को पौ फटते ही आदेश दिया गया कि जब युद्ध के नक्कारे बज जायें तो सेना अग्रसर हो और प्रत्येक व्यक्ति अपने निश्चित स्थान से ऊपर की ओर आक्रमण कर दे। बायें भाग तथा मध्य भाग वाले कमन्दे लेकर अपने अपने स्थान से पंक्ति बना कर अग्रसर हुए और सीढ़ियां लगा कर चढ़ गये। मध्य भाग के बायें बाजू को, जो खलीफ़ा, शाह हसन अरगून तथा यूसुफ़ अहमद के अधीन था, आदेश हुआ कि वे सेना के बायें भाग की सहायता करें। दोस्त बेग के आदमी किले की उत्तरी पूर्वी बुर्ज के नीचे तक पहुंच गये और उसे नष्ट करने की व्यवस्था करने लगे। उस्ताद अली कुली वहां भी था। उसने उस दिन अपनी तुफ़ंग बड़ी कुशलता से चलाई और दो बार फ़िरंगी[2] दागी। वली खाजिन ने भी अपनी तुफ़ंग से एक आदमी को गिरा दिया। मध्य भाग के बायें बाजू वाले सैनिकों में से मलिक अली कुतनी सर्वप्रथम सीढ़ी लगाकर चढ़ गया और कुछ समय तक युद्ध करता रहा। मध्य भाग से मुहम्मद अली जंगजंग तथा उसका छोटा भाई नौरोज़ अन्य सीढ़ी से ऊपर चढ़ गये और भाले तथा तलवार चलाने लगे। बाबा यसावल एक अन्य सीढ़ी से चढ़ा और अपने कुठार से किले की दीवार तोड़ने लगा। हमारे अधिकांश वीर बढ़ते चले गये और बाणों की घोर वर्षा करते रहे, यहां तक कि उन्होंने शत्रु को सिर न निकालने दिया। अन्य लोग क़िले को तोड़ने का जी तोड़कर प्रयत्न करने लगे। उन्हें शत्रु के आक्रमण की कोई चिंता न थी और वे उनके बाणों तथा पत्थरों की ओर ध्यान भी न देते थे। नाश्ते के समय तक दोस्त बेग के आदमियों ने उत्तरी–पूर्वी बुर्ज के एक भाग को तोड़ डाला और उसमें प्रविष्ट होकर शत्रु को भगा दिया। मध्य भाग के आदमी उसी समय सीढ़ी से पहुंच गये किन्तु जिनका उल्लेख हो चुका है, वे पहिले से ही वहां थे। ईश्वर की महान् कृपा द्वारा यह दृढ़ तथा

---

[1] बन्दूक।

[2] एक प्रकार की तोप । इनका नाम फिरंगी इस बात का द्योतक है कि यह योरुप वालों का आविष्कार है। बाबर ने अन्य स्थानों पर भी कई प्रकार की तोपों के प्रसंग में फिरंगी का अलग से नाम लिया है।

भव्य किला दो तीन ज्योतिषीय घंटों में विजय हो गया। किले को देखते हुए हमारे वीरों ने महान् पौरुष एवं संघर्ष प्रदर्शित किया और वीरों सरीखा नाम तथा प्रसिद्धि प्राप्त कर ली।

क्योंकि बजौर वाले विद्रोही तथा मुसलमानों के शत्रु थे और क्योंकि उनमें काफ़िरों की प्रथाएं प्रचलित थीं तथा इस्लाम के नाम का भी उस क़बीले–से समूलोच्छेदन हो गया था अतः सामान्य रूप से उनके संहार का आदेश दे दिया गया और उनकी स्त्रियां तथा बच्चे बन्दी बना लिये गये। लगभग तीन हजार आदमियों से अधिक मार डाले गये। क्योंकि योद्धा लोग किले की पूर्वी दिशा तक न पहुंचे थे अतः कुछ लोग उस ओर से भाग खड़े हुए।

किले पर अधिकार जमा लेने के उपरान्त हम लोग उसमें प्रविष्ट हुए तथा किले का निरीक्षण किया। घरों की दीवारों पर तथा गली कूचों में लाशें पड़ी हुई थीं, किस संख्या में यह ज्ञात नहीं। हम अपने निरीक्षण के उपरान्त बजौर के सुल्तान के महल में बैठे। हमने बजौर प्रदेश ख्वाजा कलां[1] को प्रदान कर दिया और वीरों की एक बहुत बड़ी संख्या उसकी सहायता हेतु नियुक्त कर दी। सायंकाल की नमाज के समय हम लोग शिविर को लौट गये।

बाबा क़रा की ओर प्रस्थान

(८ जनवरी)–६ मुहर्रम की प्रातःकाल प्रस्थान करके हम लोगों ने बाबा करा के झरने के पास, जोकि बजौर घाटी में है, पड़ाव किया। ख्वाजा कलां के आग्रह पर शेष बन्दियों के अपराध क्षमा कर दिये गये और उन्हें उनकी पत्नियां तथा बालक वापस कर दिये गये और जाने की अनुमति दे दी गई किन्तु बहुत से विद्रोही एवं उद्दण्ड सुल्तानों की हत्या करा दी गई। कुछ सुल्तानों तथा अन्य लोगों के सिर काबुल विजय के समाचार के साथ भेज दिये गये। विजय पत्र के साथ कुछ सिर बदख्शां कून्दूज़ 'तथा बल्ख भी भेजे गये।

शाह मन्सूर यूसुफ़ जाई अपने कबीले के पास से दूत बनकर आया था। उसने अपनी आंखों से विजय तथा संहार का दृश्य देखा। हमने उसे एक तून[2] प्रदान करके विदा कर दिया और यूसुफ़ जाई कबीले को चेतावनी युक्त पत्र उसके हाथ भेज दिये।।

(११ जनवरी)–बजौर किले के महत्वपूर्ण कार्यों से निश्चिन्त होकर हम लोग मंगलवार ६ मुहर्रम को वहां से रवाना हुए और बजौर घाटी के एक कुरोह[3] तक यात्रा के उपरान्त आदेश दिया कि वहां एक पुश्ते पर आदमियों के सिरों का एक स्तम्भ बनवाया जाय।

---

[1] वह मौलाना मुहम्मद सद्र का, जो उमर शेख मीर्जा के दरबार का एक विशेष व्यक्ति था, पुत्र था।

[2] एक प्रकार का कोट।

[3] २ मील।

(१२ जनवरी)–बुधवार १० मुहर्रम को हम लोग बजौर के किले की सैर करने को गये। ख्वाजा कलां के घर में मदिरापान की एक महफ़िल हुई।[1] बजौर के समीप के काफ़िर लोग मदिरा से भरी कई मशके लाये थे। बजौर में समस्त मदिरा तथा फल काफ़िरिस्तान के समीप के भागों से आते हैं।

(१३ जनवरी)–हमने रात्रि वहीं व्यतीत की और किले की बुर्जो तथा दीवारों का निरीक्षण करके प्रातःकाल वहां से रवाना हो गये। मैं सवार होकर शिविर की ओर चल दिया।

(१४ जनवरी)–प्रातःकाल प्रस्थान करके हम लोगों ने ख्वाजा खिज़्र नामक जलधारा पर पड़ाव किया।

(१५ जनवरी)–वहां से प्रस्थान करके हम लोगों ने चन्दावल नामक जलधारा पर पड़ाव किया। यहीं उन लोगों को जिन्हें बजौर के किले की प्रतिरक्षा हेतु नियुक्त किया गया था आदेश दिया गया कि वे सब के सब उस स्थान को चले जायें।

(१६ जनवरी)––रविवार १४ मुहर्रम को ख्वाजा कलां को एक पताका प्रदान की गई और उसे बजौर जाने की अनुमति दे दी गई। उसे जाने की अनुमति देने के कुछ दिन उपरान्त मैंने एक छोटा सा पद्य बनाया और उसे लिखकर उसके पास भिजवा दियाः

पद्य

"मुझ में तथा मेरे मित्र में कोई ऐसी प्रतिज्ञा तथा कोई ऐसा वचनं न था,
अलग हो जाने के कारण मुझे दारुण पीड़ा हो रही है और मैं अत्यधिक व्याकुल हूं।
भाग्य के अत्याचारों के विरुद्ध किया ही क्या जा सकता है !
अन्ततोगत्वा ज़बरदस्ती[2] मेरा मित्र मुझसे छिन गया।"

(१६ जनवरी)–बुधवार १७ मुहर्रम को सवाद का सुल्तान अलाउद्दीन, जो सवाद के सुल्तान वैस[3] का प्रतिस्पर्धी था, मेरी सेवा में उपस्थित हुआ।

(२० जनवरी)–बृहस्पतिवार १८ मुहर्रम को हमने बजौर तथा चन्दावल के मध्य की पहाड़ी में शिकार खेला। वहां के बूगू मराल[4] पूर्णतः काले होते हैं, केवल दुम दूसरे रंग की होती है। वहां से नीचे हिन्दुस्तान में वे पूर्णतः काले होते हैं। आज एक सारीक कूश[5] पकड़ी गई, वह पूर्ण रूप से काली थी और उसकी आंखें भी काली थीं। आज एक बूरकूत[6] ने एक कियीक को पकड़ा।

---

[1] यह मदिरा–पान का पहला उल्लेख है। इस समय उसकी अवस्था ३७ वर्ष की है। उसका विचार था कि वह ४० वर्ष की अवस्था में मदिरा–पान त्याग देगा।

[2] बजौर । इसी प्रकार इस पद्य में कई शब्दों में श्लेष का प्रयोग किया गया है।

[3] असकिन के अनुसार उसका राज्य सवाद नदी से बारामूला तक फैला हुआ था। यूसुफ जाई कबीले ने उसे वहाँ से भगा दिया।

[4] एक प्रकार का मृग।

[5] एक प्रकार का पक्षी।

[6] एक प्रकार का गरुड़।

क्योंकि सेना में अनाज की कमी हो गई थी अतः हम लोगों ने कहराज घाटी में पहुंच कर कुछ अनाज प्राप्त किया।

(२१ जनवरी)–शुक्रवार (१६ मुहर्रम) के दिन हम सवाद की ओर यूसुफ़ ज़ाई अफ़ग़ानों पर आक्रमण करने के उद्देश्य से रवाना हुए और पंजकूरा नदी तथा चन्दावल नदी एवं बजौर नदी के संगम के मध्य में उतरे। शाह मन्सूर यूसुफ़ जाई थोड़ी सी बड़ी स्वादिष्ट एवं नशे की कमाली लाया था।[1] उसमें से एक को तीन भागों में विभाजित कर के मैंने एक भाग खाया। गदाई तग़ाई ने एक भाग तथा अब्दुल्लाह किताबदार[2] ने दूसरा भाग खाया। इससे बड़ा ही उत्तम प्रकार का नशा हुआ। यहां तक कि जब सायंकाल की नमाज के समय बेग लोग परामर्श के लिए एकत्र हुए तो मैं बाहर न निकल सका। यह एक बड़ी विचित्र बात थी। यदि इन दिनों[3] में मैं पूरी ही कमाली खा जाऊं तो मुझे संदेह है कि मुझे उसका आधा नशा भी होगा।

कहराज पर कर

(२२ जनवरी)–वहां से प्रस्थान करके हम लोग कहराज के समक्ष, कहराज तथा पेश ग्राम घाटियों के मुंह पर उतरे। जब हम वहां थे तो टखनों तक बर्फ पड़ी हुई थी। उस समय बर्फ का गिरना बड़ी ही विचित्र बात थी और लोग बड़े आश्चर्य में थे। सवाद के सुल्तान वैस की सहमति से कहराज वालों को सेना के प्रयोग हेतु चार हजार गधों के बौझ के बराबर चावल कर के रूप में अदा करने का आदेश दिया गया और उसको ही एकत्र करने के लिए भेजा गया। उन धृष्ट पहाड़ियों ने कभी भी इतना अधिक भार सहन न किया था। वे सब अनाज न दे सके और बड़ी दीन अवस्था को प्राप्त हो गये।

पंजकूरा पर आक्रमण

(२५ जनवरी)–मंगलवार २३ मुहर्रम को हिन्दू बेग के अधीन पंजकूरा पर आक्रमण करने के लिए एक सेना भेजी गई। पंजकूरा पहाड़ी के ढाल के मध्य में स्थित है। उसके गांव में पहुंचने के लिए लोगों को दर्रे से होकर एक कुरोह[4] की यात्रा करनी पड़ती है। वहां के लोग भाग खड़े हुए थे। हमारे आदमी कुछ पशु तथा अत्यधिक अनाज एवं घोड़े लाये।

(२६ जनवरी)–दूसरे दिन (२४ मुहर्रम) को कूजबेग को सेना के एक दस्ते का सेनापति बना कर आक्रमण करने के लिये भेजा गया।

(२७ जनवरी)–बहस्पतिवार २५ मुहर्रम को हम लोगों ने मानदीश नामक ग्राम में पड़ाव किया। यह कहराज घाटी में है। हमारा उद्देश्य सेना के लिए अनाज एकत्र करना था।

---

[1] कुछ नशीली वस्तुओं का सम्मिश्रण।

[2] पुस्तकालयाध्यक्ष।

[3] सम्भवतः ६३३ हि० (१५२६–२७ ई०)

[4] २ मील।

माहीम द्वारा दिलदार के पुत्र को जिसका जन्म न हुआ था गोद लेना

(२८ जनवरी)—हुमायूं की माता के कई बच्चे पैदा हुए और मर गये। हिन्दाल का अभी जन्म न हुआ था। जब हम उस भाग में थे तो माहीम का एक पत्र प्राप्त हुआ जिसमें लिखा था कि "चाहे वह पुत्र हो अथवा पुत्री, यह मेरे भाग्य एवं अवसर की बात है, मुझे दे दो। मैं उसे अपना बच्चा बना कर रखूगा।" शुक्रवार २६ मुहर्रम को जब कि हम उसी पड़ाव पर थे, यूसुफ़ अली रिकाबदार को काबुल पत्र देकर भेज दिया गया और हिन्दाल को, जिसका अभी जन्म न हआ था, उसे प्रदान कर दिया गया।

पत्थर के एक चबूतरे का निर्माण

जिस समय हम लोग मानदीश ही के पड़ाव पर थे, मैंने आदेश दिया कि घाटी के मध्य में ऊंचाई पर पत्थर का इतना बड़ा चबूतरा बनाया जाय जिस पर सेना के अग्रभाग के सभी खेमे लग सकें। समस्त घर के सैनिक तथा अन्य सैनिक उसके लिये चींटियों की भांति १—१ कर के पत्थर ले आये।

बाबर का अफ़ग़ान पत्नी बीबी मुबारका[1] से विवाह

---

[1] अफगान इतिहासकारों के अनुसार बाबर ने जिस सरदार की पत्नी से विवाह किया उसका नाम मलिक अहमद था जो मलिक सुलेमान का भतीजा था। मलिक सुलेमान को ऊलूग बेग मीर्जा ने विश्वास घात द्वारा एक दावत में मरवा डाला। अफगान सूत्रों में इस विवाह का उल्लेख इस प्रकार है: जिस समय काबुल के बादशाह ऊलूग बेग मीर्जा ने यूसुफ जाइयों को उनके प्राचीन निवास—स्थान से निकाल दिया तो उसके बाद उसकी जंघा में फोड़ा निकल आया और उसकी मृत्यु हो गई। बाबर ने उसके राज्य पर अधिकार जमा लिया। यूसुफजाई लोगों ने भी उसकी अधीनता स्वीकार कर ली और मलिक अहमद और कुछ अन्य मलिकों को उपहार सहित बाबर के पास भेजा। बादशाह ने उसका भली—भांति स्वागत किया किन्तु उसके विश्वासपात्र दिलाजाक कबीले ने अहमद की उससे शिकायत कर रक्खी थी और उसके मंत्रियों को घूस दे रक्खी थी। गागियानियों ने जो मलिक अहमद के शत्रु थे किन्तु जिन्होंने अब मलिक अहमद से मेल कर लिया था, उसे बादशाह के कुत्सित विचारों की सूचना दे दी थी। बादशाह ने अन्य मलिकों को विदा कर दिया और मलिक अहमद पर बाण चलाना चाहा। मलिक अहमद ने इस विचार से कि उसका निशाना खाली न जाय, अपना सीना सामने कर दिया। बाबर उससे इतना प्रसन्न हुआ कि उसने उसे क्षमा कर दिया।

दूसरे वर्ष बादशाह सवाद की ओर रवाना हो गया। मार्ग में उसने मलिक हैदर अली जेबरी के एक किले को घेर लिया। उस पर अधिकार जमा कर वह मङ्गलोर की ओर चल दिया।

बाबर के गुप्तचर जब महोरेह पर्वत में किसी दर्रे का पता न लगा सके तो बाबर स्वयं कलन्दर का भेस रख कर वहाँ पहुँचा और वहाँ वालों की एक दावत में सम्मिलित हुआ। मलिक अहमद की पुत्री ने उसे परदेशी समझ कर कुछ भोजन की सामग्री भिजवाई। बाबर उसके रूप रंग एवं व्यवहार को देख कर उस पर आसक्त हो गया। उस स्त्री ने बाबर को अपनी बात चीत से अपने वश में कर लिया और बाबर उसके कबीले के कर को क्षमा करके काबुल वापस चला गया। तदुपरान्त उसने यूसुफ जाई लोगों का सम्मान बहुत बढ़ा दिया और उसके भाई को एक उच्च श्रेणी प्रदान करा दी। उसका भाई जमाल अपनी बहिन तथा बाबर के साथ हिन्दुस्तान तक गया; दोनों की मृत्यु अकबर के समय में हो गई।

यूसुफ़ ज़ाई क़बीले को संतुष्ट करने के लिए मैंने अपने हितैषी मलिक सुलेमान शाह के पुत्र मलिक शाह मन्सूर की पुत्री से उस समय जब कि वह यूसुफ़ जाई अफ़ग़ानों के पास से दूत बनकर आया था, विवाह का प्रस्ताव रखा था।

जब हम लोग इस पड़ाव पर थे तो समाचार प्राप्त हुए कि उसकी पुत्री यूसुफ़ ज़ाई कबीले का राज कर ले कर आ रही है। सायंकाल की नमाज के समय मदिरापान की एक महफ़िल आयोजित हुई। इसमें सवाद के सुल्तान अलाउद्दीन को भी आमंत्रित किया गया था। उसमें उसे बैठने के लिये स्थान तथा विशेष खिलअत प्रदान की गई।

(३० जनवरी)–रविवार २८ मुहर्रम को हमने उस घाट से प्रस्थान किया। शाह मन्सूर का छोटा भाई ताऊस खां अपने भाई की उपर्युक्त पुत्री को हमारे उतरने के उपरान्त उस पड़ाव पर लाया।

बजौर के किले का पुनः आबाद किया जाना

क्योंकि बीसूत वाले बजौर वालों से सम्बन्धित हैं, अतः मैंने यूसुफ़ अली बकावल को इस पड़ाव से इस आशय से भेजा कि वह उन लोगों को ले जा कर बजौर में बसा दे। काबुल में भी लिखित आदेश भेजा गया कि जो सेना वहां रह गई है वह भी हमारे पास उपस्थित हो जाय।

(४ फ़रवरी)–शुक्रवार तीसरी सफ़र को हम लोग बजौर नदी तथा पंजकूरा नदी के संगम पर उतरे।

(६ फ़रवरी)–रविवार ५ सफ़र को हम उस पड़ाव से बजौर पहुंचे। वहां ख्वाजा कलां के घर में मदिरापान की एक महफ़िल आयोजित हुई।

अफ़ग़ान क़बीलों के विरुद्ध आक्रमण

(८ फरवरी)–मंगलवार ७ सफ़र को बेग लोग तथा दिलाज़ाक अफ़ग़ानों के सरदार बुलवाये गये और उनसे परामर्श के उपरान्त यह निश्चय हुआ कि "वर्ष समाप्त होने वाला है।[1] मीन राशि में कुछ ही दिन रह गये हैं। मैदान वाले सब अनाज़ उठा ले गये हैं। यदि इस समय हम सवाद जायेंगे तो सेना अनाज के अभाव के कारण नष्ट हो जायेगी। अब इस समय यह करना चाहिये कि अम्बहर तथा पानी–मानी के मार्ग से यात्रा की जाय और हश नगर के ऊपर सवाद नदी पार करके यूसुफ़ जाई तथा मुहम्मदी अफ़ग़ानों के पास जोकि माहूरा के यूसुफ़ जाई संगुर के सामने के मैदान में निवास करते थे पहुंचा जाय। दूसरे वर्ष शरद् ऋतु के पूर्व आकर इस स्थान के अफ़ग़ानों के प्रति हम सर्वप्रथम ध्यान दें।" यह बात यहीं तक हुई।

(९ फरवरी)–दूसरे दिन बुधवार को हमने घोड़े तथा खिलअतें सवाद के सुल्तान वैस तथा सुल्तान अलाउद्दीन को प्रदान की और उन्हें जाने की अनुमति देकर हमने स्वयं कूच किया और बजौर के समक्ष पड़ाव किया।

---

[1] सम्भवतः शरद–काल का अन्त ।

(१० फरवरी)–दूसरे दिन हमने शाह मन्सूर की पुत्री को बजौर के किले में उस समय तक के लिए जब तक कि सेना न आये, छोड़कर प्रस्थान किया। ख्वाजा खिज़ पार करके हम उतर पड़े। उस पड़ाव से ख्वाजा कलां को जाने की अनुमति दे दी गई। भारी सामान, थके हुए घोड़े एवं सेना की अन्य अनावश्यक वस्तुयें कूनार के मार्ग से लमग़ान भेज दी गईं।

(११ फरवरी)–दूसरे दिन प्रातःकाल ख्वाजा मीर मीरान को ऊंटों के क़ाफ़िले का सरदार बनाया गया और कूरग़ातू तथा दरवाज़ा मार्ग से कराकूपा दर्रे की ओर से भेज दिया गया। छापा मारने के उद्देश्य से बिना अधिक सामान के हम लोगों ने स्वयं अम्बहर दर को पार किया और पानी–मानी के समीप मध्याह्नोत्तर की नमाज के उपरान्त पड़ाव किया। ऊग़ान बीरदी को कुछ आदमियों सहित वहां के विषय में पता लगाने के लिये भेज दिया गया।

(१२ फ़रवरी)–हमारे तथा अफ़ग़ानों के बीच की दूरी बहुत कम थी। हम शीघ्र रवाना न हए। ऊग़ान बीरदी नाश्ते के समय वापस आ गया। उसने एक अफ़ग़ान वीर का सिर काट लिया था किन्तु उसे मार्ग में छोड़ आया था। वह कोई ऐसे निश्चित समाचार न लाया जिससे संतोष होता। मध्याह्न हो गई हम रवाना हुए और सवाद नदी को पार करके मध्याह्नोत्तर की नमाज़ के समय पड़ाव किया। सोने के समय की नमाज के वक्त हम पुनः सवार हुए और शीघ्रातिशीघ्र रवाना हो गये।

(१३ फ़रवरी)––रुस्तम तुर्कमान, शत्रु के विषय में पता लगाने के लिए भेजा गया। जब सूर्य भाले के बराबर ऊंचा हो गया तो वह समाचार लाया कि अफ़ग़ान लोग हमारे विषय में सुनकर वहां से प्रस्थान कर रहे हैं और उनमें से एक समूह पर्वतीय मार्ग से यात्रा कर रहा है। इस पर हम वहां से तेजी से रवाना हुए और आगे कुछ आक्रमणकारियों को भेजा जिन्होंने कुछ लोगों की हत्या कर दी, उनके सिरों को काट लिया तथा थोड़े से बन्दी एवं मवेशी पकड़ लाये। दिलाजाक अफ़ग़ान भी कुछ लोगों के सिर काट कर लाये। हम लोगों ने वापस होकर कातलांग के समीप पड़ाव किया और वहां से एक मार्गदर्शक को ख्वाजा मीर मीरान के अधीन जो सामान का काफिला गया था, उससे भेंट करने के लिए तथा उसे मकाम[1] में हमारे पास लाने के लिये भेजा।

(१४ फरवरी)–दूसरे दिन प्रस्थान करके हम लोग कातलांग तथा मक़ाम के मध्य में उतरे। शाह मन्सूर का एक आदमी आया। खुसरो कूकूल्दाश तथा अहमदी परवानची कुछ अन्य लोगों के साथ सामान के काफिले के पास भेजे गये।

(१५ फ़रवरी)–बुधवार १४ सफ़र को सामान का काफिला, जब कि हम मकाम में पड़ाव किए हुए थे, पहुंच गया।

---

[1] सम्भवतः मरदान।

लगभग ३० अथवा ४० वर्ष हुए होंगे कि शहबाज नामक एक क़ाफ़िर कलन्दर ने यूसुफ़ जाई तथा दिलाजाक कबीले के कुछ लोगों को मार्ग भ्रष्ट कर दिया था। उसका मकबरा मकाम पर्वत के अन्त पर मैदान के समक्ष जो छोटी सी पहाड़ी है, उस पर स्थित है। मैंने सोचा कि एक काफ़िर कलन्दर का मकबरा ऐसे रमणीक स्थान पर क्यों रहे, अतः आदेश दिया कि उसे नष्ट करके धराशायी कर दिया जाय। वह स्थान इतना हृदयग्राही तथा रमणीक था कि हमने वहां थोड़ी देर ठहरकर माजून का सेवन निश्चय किया।

बाबर द्वारा सिंध नदी को प्रथम बार पार करना

हम लोग बजौर से भीरा के उद्देश्य से रवाना हुए थे। जब से मैं काबुल पहुंचा तब से मैं निरन्तर हिन्दुस्तान पहुंचने के विषय में सोचा करता था किन्तु अनेक कारणों से यह सब सम्भव न हो सका। ३–४ महीने से हम सेना लिये हुए इधर–उधर फिर रहे थे किन्तु कोई भी महत्वपूर्ण वस्तु हमें प्राप्त न हुई थी। इस समय जब कि भीरा जोकि हिन्दुस्तान के सीमान्त पर स्थित है, इतना निकट था तो मैंने सोचा कि सम्भव है कि हमारे आदमियों को यदि हम उनके ऊपर थोड़े से आदमियों को लेकर अचानक टूट पड़ें तो कुछ न कुछ प्राप्त हो जायेगा। मैं इसी विचार पर दृढ़ रहा किन्तु मेरे कुछ हितैषियों ने अफ़गानों पर आक्रमण करने तथा मकाम में पड़ाव करने के उपरान्त मेरे समक्ष स्थिति को इस प्रकार प्रस्तुत किया : "यदि हम लोगों को हिन्दुस्तान जाना ही है तो किसी निश्चित योजना के अनुसार प्रस्थान करना चाहिये, सेना का एक भाग काबुल में पड़ा हुआ है, कुछ योग्य वीरों का एक दल बजौर में है, सेना का एक अच्छा खासा भाग लममान चला गया है कारण कि उसके घोड़े थक गये थे और जो लोग इस स्थान तक पहुंच गये हैं उनके घोड़े इतने थक चुके हैं कि वे एक दिन की भी कठिन यात्रा नहीं कर सकते।" यह बात बड़ी ठीक थी किन्तु हमने प्रस्थान कर दिया था अतः हमने चिन्ता न की और दूसरे दिन सिन्द नदी पार करने के लिए घाट की ओर चल दिये। मीर मुहम्मद नाविक तथा उसके बड़े एवं छोटे भाई सिन्द नदी के निरीक्षण करने के लिए कुछ वीरों सहित घाट के ऊपर तथा नीचे भेजे गये।

(१६ फरवरी)–शिविर से नदी की ओर प्रस्थान करके मैं सवाती की ओर गैंडों का शिकार करने के लिए रवाना हुआ। इस स्थान को लोग कर्ग–खाना[1] कहते हैं। कुछ गैंडों का पता लगा किन्तु जंगल बड़ा घना था और हम वहां तक न पहुंच सकते थे। जब एक गैंडा एक बच्चे के साथ मैदान में निकला और भागने लगा तो उस पर बहुत से बाण चलाये गये किन्तु वह समीप के जंगल में प्रविष्ट हो गया। जंगल में आग लगा दी गई किन्तु वह गैंडा न मिला। एक अन्य बच्चा मरने के करीब था। वह अग्नि में जल चुका था और हांफ रहा था। प्रत्येक व्यक्ति ने उसमें से अपना भाग

---

[1] गेडों का घर.।

लिया। सवाती से निकलकर हम लोग इधर–उधर काफ़ी फिरते रहे और रात्रि की नमाज के समय शिविर में पहुंचे।

जो लोग घाट का निरीक्षण करने भेजे गये थे वे निरीक्षण करके लौट आये।

(१७ फरवरी)–दूसरे दिन बृहस्पतिवार १६ सफ़र को घोड़े तथा बोझ के ऊंटों ने घाट[1] से नदी पार की और शिविर के बाजार वाले एवं पदाती नौकाओं पर बैठाये गये। कुछ नीलाब[2] निवासी मेरी सेवा में घाट पर उपस्थित हुए और अभिवादन किया। वे सशस्त्र घोड़े तथा तीन सौ शाहरुखी[3] उपहार स्वरूप लाये। उसी दिन मध्याह्न उपरान्त की नमाज के समय जब कि प्रत्येक व्यक्ति ने नदी पार कर ली थी, हम आगे रवाना हो गये और एक पहर रात्रि[4] व्यतीत होने तक यात्रा करते रहे। तदुपरान्त. हमने कचाकोट[5] नदी के ऊपर पड़ाव किया।

(१८ फरवरी)–दूसरे दिन प्रस्थान करके हमने कचाकोट नदी पार की। दोपहर के समय हमने संग दकी दर्रा पार करके पड़ाव किया। सैयिद कासिम ईशक आका सेना के पिछले भाग का अधिकारी था। उसने कुछ गूजरों को पराजित कर दिया। वे पीछे से आ गये थे। वह ४–५ लोगों का सिर काट कर लाया।

(१६ फरवरी)––वहां से प्रातःकाल प्रस्थान करके सूहान[6] नदी पार करने के उपरान्त हमने मध्याह्नोत्तर की नमाज़ के समय पड़ाव किया। जो लोग पीछे रह गये थे वे आधी रात तक आते रहे। हमने बड़ी लम्बी यात्रा की थी। क्योंकि बहुत बड़ी संख्या में घोड़े कमज़ोर एवं बुरी दशा में थे अतः उन्हें मार्ग में छोड़ देना पड़ा।

जूद[7] पर्वत

भीरा के उत्तर में १४ मील पर पर्वतीय श्रेणियां हैं जिनका नाम ज़फ़रनामा[8] तथा अन्य ग्रन्थों में जूद पर्वत लिखा है। मुझे इस समय तक यह नाम पड़ने का कारण ज्ञात न था, अब मालूम हो गया है। वहां दो क़बीले रहते हैं जिनके पूर्वज एक ही हैं––एक जूद कहलाता है और दूसरा

---

[1] बाबर ने सम्भवतः अटक के कुछ ऊपर नदी पार की थी।

[2] सिन्ध नदी के.ऊपर, अटक से १५ मील नीचे।

[3] किंग के अनुसार लगभग १५ पौंड।

[4] लगभग ६ बजे रात।

[5] हर्रू नदी। यह सिन्ध नदी के बाये तट पर अटक के ६ मील नीचे सिन्ध नदी से मिलती है।

[6] सिन्ध तथा झेलम के मध्य में सिन्ध की एक सहायक नदी।

[7] नमक की पहाड़ियाँ।

[8] लेखक–शरफुद्दीन अली यज़दी (मृत्यु १४५४ ई०)। 'जफरनामा' में तीमूर के राज्य काल का पूर्ण इतिहास बड़े विस्तार से लिखा है । तीमूर के भारतवर्ष के आक्रमण का भी उसने उल्लेख किया है । .

जनजूहा। वे दोनों प्राचीनकाल से भीरा तथा नीलाब के मध्य के भाग एवं पर्वतीय श्रेणियों के लोगों एवं क़बीलों के हाकिम तथा सरदार रहे होंगे। उनका शासन मैत्रीपूर्ण तथा भाईचारे पर आधारित था। वे प्रजा से मनमाना कर न ले सकते थे। जो कुछ प्राचीन प्रथानुसार निश्चित हो चुका है उतना ही वे लेते थे और उससे अधिक नहीं। उन लोगों में यह प्रथा है कि वे एक जोड़ बैल के लिये एक शाहरुखी तथा घराने का सरदार सात शाहरुखी अदा करता है। उन्हें सेना में भी सेवा करनी पड़ती है। जूद तथा जनजूहा दोनों विभिन्न शाखाओं में विभाजित हैं। जूद पहाड़ी भीरा से १४ मील के भीतर स्थित है और कश्मीर के पर्वतीय प्रदेश से निकलती है जो उसी पर्वत श्रेणी में है जिसमें हिन्दूकुश है। वहां से वह दक्षिण–पश्चिम की ओर होती हुई सिन्द नदी पर स्थित दीनकोट में समाप्त होती है। उसके एक आधे पर जूद है और दूसरे आधे पर जनजूहा। जूद क़बीले से सम्बन्ध के कारण लोग इसे जूद पहाड़ी कहते हैं। यहां के सरदार की उपाधि राय' होती है। अन्य सरदार, उसके छोटे भाई तथा पुत्र मलिक कहलाते हैं। जनजूहा का सरदार लंगर खां का मामा है। सूहान नदी के समीप के कबीलों तथा निवासियों के हाकिम का नाम मलिक हस्त था। वास्तव में उसका नाम असद था किन्तु कभी–कभी हिन्दुस्तानी लोग एक स्वर को छोड़ देते हैं जैसे खबर को खब्र कहते हैं, उसी प्रकार असद को अस्द कहने लगे जो बाद में हस्त हो गया।

हमने पड़ाव करते ही लंगर खां को मलिक हस्त के पास भेज दिया। वह घोड़ा सरपट भगाता हुआ मलिक हस्त के पास पहुंचा और हमारी कृपाओं के प्रति आश्वासन दिला कर सोने के समय की नमाज़ के वक्त उसे लेकर लौट आया। मलिक हस्त एक सशस्त्र घोड़ा अपने साथ उपहार स्वरूप लाया और मेरी सेवा में उपस्थित हुआ। उसकी अवस्था २२–२३ वर्ष की रही होगी।

उस स्थान के निवासियों के मवेशी तथा भेड़ों के गल्ले हमारे शिविर के समीप ही चारों ओर थे। क्योंकि मेरी हार्दिक इच्छा सर्वदा हिन्दुस्तान पर अधिकार जमाने की रही है और यह विभिन्न प्रदेश भीरा[1], खूशआब[2], चीनाब[3], चीनाब[3], तथा चीनी ऊत[4] किसी समय तुर्कों के अधीन रह चुके हैं अतः मैं उन्हें अपना ही समझता था और उन्हें चाहे शान्तिपूर्वक और चाहे युद्ध कर के जिस प्रकार सम्भव होता अपने अधिकार में करना निश्चय कर लिया था। इन कारणों से इन पहाड़ियों के प्रति सद्व्यवहार परमावश्यक था अतः यह आदेश दिया गया कि, "इन लोगों के गल्लों तथा मवेशियों को किसी प्रकार

---

[1] झेलम नदी पर ३२°२८' – ७२°५६', पंजाब के शाहपुर जिले की एक तहसील । इस समय वह लाहौर के हाकिम दौलत खां के पुत्र अली खां के अधीन था।

[2] खूश–आब झेलम नदी के उतार पर ४० मील पर पंजाब के शाहपुर जिले की एक तहसील ।

[3] अर्सकिन के अनुसार चनाब नदी पर फैला हुआ एक जिला

[4] चीनी ऊत पंजाब के झंग जिले की एक तहसील और झंग नगर के उत्तर–पूर्व में ५२ मील पर.३१° ४३'–७३°

की कोई हानि न पहुंचाई जाय, यहां तक कि इनके सूत के एक टुकड़े तथा टूटी हुई सुई को भी कोई हानि न होने पाये।"

कलदा कहार झील

(२० फरवरी)––वहां से दूसरे दिन प्रस्थान करके मध्याह्नोत्तर की नमाज के उपरान्त हम् लोग कलदा कहार[1] में घने अनाज के खेतों में उतरे।

कलदा कहार भीरा से लगभग २० मील उत्तर की ओर है। यह एक समतल मैदान है जो चारों ओर से जूद पर्वत से घिरा हुआ है। इसके मध्य में एक झील है जो ६ मील की परिधि में है। इसमें चारों ओर से वर्षा का जल एकत्र हो जाता है। इस झील के पूर्व में एक अति उत्तम घास का चौरस मैदान है। उसके पश्चिम में पहाड़ी के दामन में एक झरना है जिसका स्रोत उस पहाड़ी में है जोकि झील के समक्ष है। उस स्थान के उद्यान हेतु उपयुक्त होने के कारण. मैंने वहां एक उद्यान के लगवाने का आदेश दिया और वहां पर बागेसफा नामक उद्यान, जिसका बाद में उल्लेख होगा,[2] लगवाया। यह बड़ा ही रमणीक स्थान है और यहां की वायु बड़ी ही उत्तम है।

(२१ फरवरी)–दूसरे दिन प्रातःकाल हम कलदा कहार से रवाना हो गये। जब हम हमतातू दर्रे की चोटी पर पहुंचे तो कुछ स्थानीय लोग मेरी सेवा में उपस्थित हुए और साधारण से उपहार लाये। अब्दुर रहीम शगावल[3] को उनके साथ कर दिया गया और भीरा निवासियों को यह संदेश पहुंचाने के लिये भेजा गया : "यह प्रदेश तुर्कों के अधीन होने के कारण हमारी सम्पत्ति में प्राचीन काल से पहुंचता है। तुम लोग भय व चिन्ता के कारण कोई ऐसा कार्य न कर बैठना जिससे यहां के निवासियों को हानि हो। हम यहां के लोगों की रक्षा कर रहे हैं और यहां किसी प्रकार की कोई लूट मार न होगी।"

नाश्ते के समय हम एक दर्रे के नीचे उतरे और वहां से ७–८ आदमियों को चीर्ख के कुरबन तथा ख्वास्त के अब्दुल मलूक के साथ आगे भेज दिया। जो लोग भेजे गये थे उनमें से महदी ख्वाजा का एक सेवक मुहम्मद एक आदमी को लाया। कुछ अफ़ग़ान सरदार जो इस बीच में उपहार लेकर आज्ञाकारिता प्रदर्शित करने आये थे, लंगर खां के साथ भीरा निवासियों के प्रोत्साहन हेतु भेज दिये गये।

दर्रे को पार कर के तथा जंगल से निकल कर हमने सेना को दायें, बायें तथा केन्द्रीय भागों में विभाजित कर के सुव्यवस्थित किया और भीरा की ओर बढ़े। जब हम भीरा के समीप पहुंचे तो वहां दौलत खां यूसुफ़ खेल के पुत्र अली खां के सेवकों में से सीकतू का पुत्र दीवा हिन्दू तथा भीरा के बहुत से

---

[1] कलदा कहार अथवा काला कहार झेलम जिले में मलोट से ११ मील पर।

[2] इसका उल्लेख नहीं किया गया । सम्भवतः ९२६ हि० से ९३२ हि० के वर्णन में उसने इसका उल्लेख किया होगा जो अब अप्राप्य है।

[3] मुन्शी।

प्रमुख लोग आये और उन्होंने एक ऊंट तथा एक घोड़ा उपहार स्वरूप प्रस्तुत करके अभिवादन किया। मध्याह्नोत्तर की नमाज के पश्चात् हम लोग बेहत[1] नदी के तट पर भीरा के पूर्व में एक बोए हुए खेत में उतर पड़े। यह आदेश दे दिया गया कि भीरा के लोगों को कोई हानि न पहुंचाई जाय और उन्हें हाथ न लगाया जाय।

भीरा का इतिहास

तीमूर बेग ने हिन्दुस्तान पर आक्रमण किया था। उसके आक्रमण के उपरान्त भीरा, खूशआब, चीनाब तथा चीनीऊत उसी के उत्तराधिकारियों, आश्रितों, संतान एवं सहायकों के अधीन रहते चले आये थे। सुल्तान मसऊद मीर्जा तथा उसके पुत्र अली असग़र मीर्जा की मृत्यु के उपरान्त, मीर अली बेग के पुत्र उदाहरणार्थ बाबाये काबुली, दरिया खां तथा अपाक़ खां, जो बाद में ग़ाज़ी खां के नाम से प्रसिद्ध हुआ, और जिन्हें सुल्तान मसऊद मीर्जा ने आश्रय प्रदान किया था, ने अपने प्रभुत्व के कारण काबुल, जाबुल तथा हिन्दुस्तान के उपर्युक्त प्रदेश एवं परगने अपने अधिकार में कर लिये। सुल्तान मसऊद मीर्जा सुयूरग़तमीश मीर्जा[2] का पुत्र था जो शाहरुख मीर्जा[3] का पुत्र था। काबुल तथा जाबुल के राज्य का हाकिम होने के कारण वह सुल्तान मसऊद काबुली कहलाता था।[4]

सुल्तान अबू सईद मीर्जा के राज्य काल में काबुल तथा जाबुल उनके हाथ से निकल गये और केवल हिन्दुस्तान रह गया। ९१० हि० (१५०४ ई०) में जब कि मैं पहिले पहल काबुल पहुंचा तो भीरा, खूशआब एवं चीनाब प्रदेश गाजी खां के पुत्र तथा मीर अली बेग के पौत्र सैयिद अली खां के अधीन थे। वह बहलोल के पुत्र सिकन्दर[5] के नाम का खुत्बा पढ़वाता था और उसके अधीन था।

उसी वर्ष[6] हिन्दुस्तान में प्रवेश करने की इच्छा से मैंने खैबर पार किया तथा परशावर[7] पहुंच गया। उस समय बाक़ी चग़ानियानी ने बंगश के नीचे के के भाग अर्थात् कोहाट पर आक्रमण करने का आग्रह किया। अफ़ग़ानों की बहुत बड़ी संख्या पर आक्रमण किया गया और उनका सफाया कर दिया गया। बन्नू के मैदान पर आक्रमण करके उसे लूट लिया गया और दूकी होते हुए हम लोग वापिस हुए।

---

[1] झेलम।

[2] उसकी मृत्यु ८३० हि० (१४२६ ई०) में हुई।

[3] पुत्र तीमूर मीर्जा।

[4] वह ८३४ हि० (१४४० ई०) में राज्य से हटाया गया और १४२६ ई० में सिंहासनारूढ़ हुआ था।

[5] सुल्तान सिकन्दर लोदी, देहली का सुल्तान।

[6] ९१० हि० (१५०४ ई.)।

[7] मूल पोथी में इसी प्रकार है।

जब मैं सेना लेकर पहुंचा[1] तो सैयिद अली खां भय के कारण भीरा छोड़ कर भाग गया। बेहत[2] नदी को पार करके भीरा के अधीनस्थ शेरकोट नामक ग्राम में छिप गया। कुछ वर्ष उपरान्त मेरे कारण अफ़ग़ान उसके प्रति संदेह करने लगे। उसने अपनी चिन्ताओं तथा भय के कारण इन प्रदेशों को उस समय के लाहौर के हाकिम तातार खां यूसुफ़ खेल के पुत्र दौलत खां को प्रदान कर दिया। उसने उसे अपने ज्येष्ठ पुत्र अली खां को दे दिया। वे इस समय अली खां के अधीन थे।

तातार खां, दौलत खां का पिता उन ६ या ७ सरदारों में था जिन्होंने हिन्दुस्तान पर आक्रमण करके बहलोल को बादशाह बनवाया था। सतलज[3] तथा सरहिन्द के उत्तरी प्रदेश उसके अधीन थे। यहां का राजस्व तीन करोड़[4] करोड[4] से अधिक था। तातार खां की मृत्यु के उपरान्त सुल्तान सिकन्दर लोदी ने तातार खां के पुत्र से इतने बड़े राज्य को ले लिया और दौलत खां को केवल लाहौर प्रदान कर दिया। यह घटना मेरे काबुल पहुंचने के २–१ वर्ष पूर्व घटी।

बाबर की यात्रा

(२२ फरवरी)––दूसरे दिन प्रातःकाल कुछ सैनिक दस्तों को इधर–उधर स्थानों पर छापा मारने के लिये भेजा गया। उसी दिन मैंने भीरा की सैर की। उसी दिन संगुर खां जनजूहा ने उपस्थित हो कर एक घोड़ा उपहार स्वरूप प्रस्तुत किया तथा मेरे प्रति अभिवादन किया।

(२३ फ़रवरी)––बुधवार २२ तारीख को भीरा के प्रतिष्ठित तथा चौधरी लोग बुलवाये गये। चार लाख शाहरुखी[5] माले अमान[6] निश्चित हुआ और मुहसिल[7] लोग नियुक्त कर दिये गये। हमने भी एक नौका में बैठकर सैर की और वहां माजून का सेवन किया।

(२४ फ़रवरी)–भीरा तथा खूशआब के मध्य में स्थित बिलोचियों के पास हैदर अलमदार[8] को भेजा गया था। बृहस्पतिवार को प्रातःकाल उन्होंने बादाम बादाम के रंग के एक तीपूचाक़ घोड़े को प्रस्तुत करके आज्ञाकारिता स्वीकार कर ली। क्योंकि मुझसे यह निवेदन किया गया कि कुछ सैनिक बिना सोचे समझे व्यवहार कर रहे हैं तथा भीरा निवासियों को लूट रहे हैं, अतः कुछ लोग इस आशय से भेजे गये कि वे उन मूर्खों में से कुछ लोगों की तो हत्या

---

[1] ६१० हि० (१५०४ ई०) में।

[2] झेलम नदी।

[3] मूल पोथी में इसी प्रकार है।

[4] अर्सकिन के अनुसार ७५०,००० रुपये अथवा ७५,००० पौंड ।

[5] अर्सकिन के अनुसार लंगभग २०,००० पौंड ।

[6] शान्ति प्रदान करने का कर।

[7] कर वसूल करने वाले।

[8] झंडे की देख–रेख करने वाला अधिकारी।

करा दें और कुछ लोगों के नाक कान काटकर उन्हें शिविर के चारों ओर घुमायें।

(२५ फ़रवरी)–शुक्रवार के दिन खूशआब निवासियों के पास से एक प्रार्थना–पत्र प्राप्त हुआ। तद्नुसार शाह शुजा अरगून के पुत्र शाह हसन[1] को खूशआब भेजा गया।

(२६ फरवरी)––शनिवार २५ तारीख को शाह हसन खूशआब की ओर रवाना हो गया।

(२७ फ़रवरी)––रविवार को इतनी अधिक वर्षा हुई कि जल से पूरा मैदान भर गया। एक छोटी सी खारी जलधारा, जोकि भीरा तथा उन बाग़ों के मध्य में से जहां सेना का शिविर था बहती है, मध्याह्नोत्तर की नमाज़ के पूर्व एक बहुत बड़ी नदी के समान हो गई। भीरा के समीप के घाट पर एक बाण के मार की दूरी से अधिक पैदल यात्रा असम्भव थी और लोगों को तैरना पड़ता था। मध्याह्नोत्तर में मैं जल के बहाव का दृश्य देखने के लिये सवार हुआ। वर्षा तथा तूफ़ान ने इतना विकराल रूप धारण कर लिया था कि शिविर में पहुंचने के विषय में संदेह होने लगा था। मैंने उसी नदी को घोड़े पर बैठ कर घोड़ा तैरा कर पार किया। सेना वाले बड़े ही भयभीत हो गये थे। बहुत से लोगों ने अपने शिविर तथा भारी सामान छोड दिये और अस्त्र–शस्त्र एवं घोडे का लोहे का साज़ इत्यादि अपने कंधों पर लादकर घोड़े की नंगी पीठ पर नदी पार कर गये। बहत सी नदियों द्वारा मैदान में सैलाब आ गया।

(२८ फरवरी)–दूसरे दिन नदी[2] से नौकाएं लाई गईं और सेना के अधिकांश लोग अपने खेमे तथा सामान ले आये। मध्याह्न के समय कूजबेग के आदमी नदी के चढ़ाव के ऊपर दो मील तक गये और वहां एक घाट का पता लगाकर शेष लोगों ने नदी पार की।

(१ मार्च)–भीरा के किले में जिसे लोग जहांनुमा कहते हैं, एक रात्रि व्यतीत कर के मंगलवार को प्रातःकाल हम वर्षा के सैलाब के भय से भीरा के उत्तर में स्थित टीले की ओर चल दिये।

क्योंकि जिस कर की मांग की गई थी तथा जो स्वीकार कर लिया गया था, उसकी प्राप्ति में कुछ विलम्ब था अतः उस प्रदेश को चार भागों में विभाजित कर दिया गया और बेगों को आदेश दिया गया कि वे इस समस्या का समाधान करें। खलीफ़ा को एक भाग में, कुजबेग को दूसरे में, नासिर के "दोस्त" को तीसरे में और सैयिद कासिम तथा मुहिब अली को चौथे में नियुक्त किया गया। इस प्रदेश को, इस कारण कि वह किसी समय तुर्कों के अधीन रह चुका था, अपना ही समझ कर इसमें किसी प्रकार के लूटमार की अनुमति न दी गई।

---

[1] शाह हसन ने सिन्ध के इतिहास में महत्त्वपूर्ण कार्य किये हैं।

[2] झेलम।

देहली को दूत भेजा जाना

(३ मार्च)–लोग निरन्तर यह कहते रहते थे कि "जो प्रदेश किसी समय तुर्कों के अधीन रह चुके हैं वहां सन्धि के लिये दूतों के भेजने में कोई आपत्ति न होगी।" तद्नुसार बृहस्पतिवार १ रबी–उलं अव्वल को मुल्ला मुर्शिद को सुल्तान इबराहीम के पास भेजा गया जोकि अपने पिता सुल्तान सिकन्दर की मृत्यु के उपरान्त ५–६ मास पूर्व हिन्दुस्तान का बादशाह बन गया था।[1] मैंने उसे एक कारचीगा[2] भेजा और उन प्रदेशों की मांग की जोकि इससे पूर्व तुर्कों के अधीन रह चुके हैं। मुल्ला मुर्शिद को पत्र, जो दौलत खां तथा सुल्तान इबराहीम को लिखे गये थे, दिये गये। उसके द्वारा मौखिक संदेश भी प्रेषित किया गया और उसे विदा कर दिया गया। हिन्दुस्तान वाले बुद्धि, विवेक से शून्य तथा निर्णय एवं सत्परामर्श स्वीकार करने के अयोग्य ही होंगे और सबसे अधिक अफ़ग़ान कारण कि न तो वे शत्रुओं के समान अग्रसर हो कर मुकाबला कर सकते थे और न मैत्री के नियम ही जानते थे। दौलत खां ने मेरे आदमी को कई दिन तक लाहौर में रोके रखा, न तो उसने उससे स्वयं भेंट की और न उसे उसने सुल्तान इबराहीम के पास जाने दिया। वह बिना कोई उत्तर लाये ही कुछ मास उपरान्त काबुल लौट आया।

हिन्दाल का जन्म

(४ मार्च)––शक्रवार २ रबी–उल–अव्वल को शैबाक़ तथा दरवेश अली नामक पदाती, जो अब तुफंगची है, काबुल से प्रार्थनापत्र एवं हिन्दाल के जन्म के समाचार लाये। क्योंकि यह समाचार हिन्दुस्तान के अभियान के समय प्राप्त हुए थे अतः मैंने शकुन की दृष्टि से उसका नाम हिन्दाल रखा। कम्बरबेग द्वारा मुहम्मद ज़मान मीर्ज़ा के पास से बल्ख से प्रार्थना–पत्र प्राप्त हुए।

(५ मार्च)–दूसरे दिन प्रातःकाल जब दरबार विसर्जित हुआ तो हम लोग सैर के लिए रवाना हुए और एक नाव में बैठ गये। वहां हम लोगों ने अरक[3] का सेवन किया। इस गोष्ठी में ख्वाजा दोस्त खावन्द, खुसरो, मीरीम, मीर्जा कुली, मुहम्मदी, अहमदी, गदाई, नोमान, लंगर खां, रोहदम, कासिम अली अफ़ीमची, यूसुफ़ अली तथा तींगरी कुली थे। नाव के सिरे पर एक चबूतरा[4] था, उसके ऊपर मैं कुछ लोगों के साथ बैठा, कुछ लोग उसके नीचे बैठे। नाव की दूसरी ओर बैठने का एक अन्य स्थान था, वहां मुहम्मदी, गदाई तथा

---

[1] सुल्तान सिकन्दर की मृत्यु रविवार ७ जीक़ाद ९२३ हि० (२१ नवम्बर १५१७ ई०) में हुई। इस प्रकार बाबर ने सुल्तान इबराहीम के राज्य काल के प्रारम्भ होने का समय निश्चित करने में भूल की है।

[2] एक प्रकार का छोटे परों वाला बाज़।

[3] मदिरा, यहाँ सम्भवतः चावल अथवा खजूर की मदिरा।

[4] तालार ।

नोमान बैठे। मध्याह्नोत्तर की दूसरी नमाज[1] तक अरक़ का सेवन होता रहा किन्तु बाद में उसके बुरे स्वाद से खिन्न होकर जो लोग नाव के सिरे पर थे उनकी सम्मति से माजून का सेवन हुआ। जो लोग दूसरे सिरे पर थे उन्हें माजून के सेवन का कोई पता न चला और वे अरक ही पीते रहे। सोने के समय की नमाज के वक्त हम लोग नौका से उतर कर शिविर की ओर चल दिये। अधिक रात्रि व्यतीत हो चुकी थी। मुहम्मदी तथा गदाई ने यह सोचकर कि मैं अरक़ पीता रहा था, आपस में कहा कि "हमको कोई उचित सेवा करनी चाहिये।" उन्होंने अरक़ का एक घड़ा उठा लिया और उसे बारी बारी अपने घोड़े पर लाद कर बड़े आनन्द के साथ परिहास करते हुए आये और मुझसे कहा कि "हम लोग इस अंधेरी रात में बारी–बारी कर के इस घड़े को लाये हैं।" बाद में जब उन्हें ज्ञात हुआ कि गोष्ठी दो भागों में विभाजित हो गई थी और कुछ लोग ऐसे थे जो कि माजून का सेवन कर रहे थे और कुछ लोग अरक़ पीते रहे तो वे बड़े परेशान हुए, कारण कि माजून का सेवन मदिरापान के साथ भली–भांति नहीं निभता। मैंने कहा कि, "गोष्ठी में विघ्न मत डालो, जो अरक़ पीना चाहें वे अरक़ पियें और जो माजून खाना चाहें वे माजून खायें। कोई एक दूसरे पर छींटे न कसे और न एक दूसरे के विषय में बात करे।" कुछ लोग अरक़ पीते रहे और कुछ लोग माजून खाते रहे और गोष्ठी बड़ी शान्ति से चलती रही। बाबा जान काबूज[2] बजाने वाला नौका में हमारे साथ न था। हमने उसे शिविर में पहुंच कर आमंत्रित किया। उसने अरक पीने के विषय में निवेदन किया। हमने तरदी मुहम्मद कीबचाक़ को भी बुलवा लिया और उसे भी मदिरापान की गोष्ठी में सम्मिलित कर लिया। माजून की गोष्ठी अरक अथवा मदिरापान की गोष्ठी के साथ कभी अच्छी तरह नहीं निभती। पीने वाले इधर उधर की बकवास करने लगे और माजून एवं माजून खाने वालों पर छींटे कसने लगे। बाबा जान ने मदिरा के नशे में बहुत सी अनुचित बातें कहीं। मदिरा पीने वालों ने तरदी खान को प्याले पर प्याला देकर शीघ्र बदमस्त. कर दिया। यद्यपि हमने शान्ति स्थापित रखने का बड़ा प्रयत्न किया किन्तु शान्ति स्थापित न रह सकी और अत्यधिक शोर–गुल होने लगा। गोष्ठी को इस प्रकार चलने की अनुमति न दी जा सकती थी अतः भंग कर दी गई।

(७ मार्च)––सोमवार ५ रबी–उल–अव्वल को भीरा प्रदेश हिन्दूबेग को दे दिया गया।

(८ मार्च)–मंगलवार को चीनाब प्रदेश हुसैन ईकरक[3] को प्रदान कर दिया गया और उसे तथा चीनाब वालों को प्रस्थान करने की अनुमति दे दी गई। उस समय सैयिद अली खां का पुत्र मनूचहर खां अपने उद्देश्य से हमें अवगत कराने के उपरान्त हमसे भेंट करने के लिये पहुंचा। वह हिन्दुस्तान से ऊपर

---

[1] लगभग ४ बजे सायं।

[2] एक प्रकार का बाजा।

[3] यह शब्द स्पष्ट नहीं।

के मार्ग से रवाना हुआ था और तातार खां कक्कर[1] के हाथ में फंस गया। तातार खां ने उसे आगे जाने की अनुमति न दी और उसे रोक लिया। उसने उससे अपनी पुत्री का विवाह कर के उसे अपना जामाता बना लिया और कुछ समय तक उसे रोके रक्खा।

कक्कर

नीलाब तथा भीरा के पर्वतों के मध्य में जो कश्मीर से जुड़ते हैं जूद तथा जनजूहा क़बीलों के अतिरिक्त बहुत से जाट, गूजर एवं उसी प्रकार के लोग जहां–जहां पुशते हैं, वहां ग्राम बना कर रहते हैं। कक्कर क़बीले के सरदार उनके हाकिम हैं। जिस प्रकार जूद तथा जनजूहा क़बीलों में सरदार होते है उसी प्रकार इस क़बीले में भी। उस समय[2] इस पर्वत के दामन के लोगों का सरदार तातार कक्कर[3] तथा हाती कक्कर[4] थे। उनके पितामह भाई भाई थे। नदियों के समीप के स्थान तथा खादर उनके दृढ़ स्थान हैं। तातार का स्थान जो परहाला कहलाता है, बर्फ की पहाड़ियों के काफ़ी नीचे है। हाती का प्रदेश पहाड़ियों से मिला हुआ है। इसके अतिरिक्त उसने बाबू खां को जो कालंजर का स्वामी था अपनी ओर मिला लिया। तातार कक्कर दौलत खां[5] से भेंट कर चुका था और अपने आपको कई प्रकार से उसके अधीन समझता था। हाती ने दौलत खां से भेंट न की थी। उसका उसके प्रति व्यवहार बड़ा ही खराब तथा विद्रोहात्मक था। हिन्दुस्तान के बेगों के कहने पर तथा उनसे तय करके तातार ने इस प्रकार स्थान ग्रहण कर लिया था कि उसने हाती का मार्ग दूर से रोक दिया था। जब हम लोग भीरा में थे तो हाती शिकार के बहाने से चल दिया और तातार पर अचानक टूट पड़ा तथा उसकी हत्या कर दी और उसके प्रदेश एवं उसकी स्त्री एवं सम्पत्ति पर अधिकार जमा लिया।

बाबर की यात्रा में मदिरा–पान की गोष्ठियां

मध्याह्नोत्तर की नमाज के समय हम लोग सैर के लिए निकले और एक नाव में बैठकर अरक़ पिया। उस गोष्ठी में दोस्त बेग, मीर्जा कुली, अहमदी, गदाई, मुहम्मद अली जंग जंग, असस तथाऊगान बीरदी, मुगूल थे। गायकों में रौहदम, बाबा जान, क़ासिम अली, यूसुफ़ अली, तींगरी कुली, अबुल कासिम तथा रमजान लूली थे। हम सोने के समय की नमाज़ तक पीते रहे। तदुपरान्त नौका से उतरकर मदिरा के नशे में चूर हम लोग घोड़ों पर सवार हो गये और अपने हाथों में मशाले लेकर नदी तट से घोड़ों को सरपट दौड़ाते हुए नशे में कभी इस ओर और कभी उस ओर लुढ़कते शिदिर तक पहुंचे। मैंने वास्तव में बहुत अधिक पी ली होगी कारण कि जब लोगों ने मुझे

---

[1] गक्कर।

[2] ६२५ हि० (१५१६ हि०)।

[3] तातार गक्कर।

[4] हाती गक्कर।

[5] दौलत खां यूसुफ खेल ।

दूसरे दिन बताया कि हम लोग मशालें लिये हुए घोड़ों को सरपट भगाते हुए अपने शिविर में पहुंचे थे तो मैं इस घटना का स्मरण न कर सका। अपने खेमे में पहुंच कर मैंने अत्यधिक कै की।

(११ मार्च)–शुक्रवार को हम लोग सैर के लिये रवाना हुए और झेलम नदी को नौका द्वारा पार किया। हम लोग फूलों से लदे हुए वृक्षों के बागों में तथा गन्ने के खेतों के आसपास सैर करते रहे। हमने वहां बाल्टियों सहित रहट देखा और पानी निकलवाया। मैंने पानी निकालने की विधि के विषय में प्रश्न किये और बार बार पानी निकलवाया। इस सैर के समय माजून का सेवन किया गया। वापस होते समय हम लोग एक नौका पर सवार होने के लिये पहुंचे। मनूचहर खां को भी माजून दी गई। उसके प्रभाव से उसकी ऐसी दशा हो गई कि दो आदमी उसके बाजुओं को पकड़कर उसे खड़ा रख सके। कुछ समय तक बीच धारा में नौका ठहरी रही। तदुपरान्त हम लोग नदी के उतार की ओर बढ़े। इसके पश्चात् हमने नौका चढ़ाव की ओर खिंचवाई और उसमें रात्रि में सोते रहे तथा शिविर मे प्रातःकाल के निकट वापस चले गये।

(१२ मार्च)––शनिवार १० रबी–उल–अव्वल को सूर्य मेष राशि में प्रविष्ट हुआ। हम लोग मध्याह्न–पूर्व नौका में सवार हुए और वहां अरक़ का सेवन किया गया। इस गोष्ठी में ख्वाजा दोस्त बावन्द, दोस्त बेग, मीरीम, मीर्जा कुली, मुहम्मदी, अहमदी, यूनुस अली, मुहम्मद अली जंग जंग, गदाई तगाई, मीर खुर्द तथा असस थे। गायकों में रोहदम, बाबा जान, कासिम, यूसुफ़ अली, तींगरी कुली तथा रमजान थे। हम लोग एक नदी की शाखा में प्रविष्ट हुए और कुछ समय तक नदी के बहाव की ओर चलते रहे। भीरा के बहुत नीचे हमने नदी के दूसरी ओर पड़ाव किया और बहुत देर करके शिविर में प्रविष्ट हुए।

इसी दिन शाह हसन खूशआब से वापस हुआ। वह वहां इस आशय से दूत बना कर भेजा गया था कि उन प्रदेशों की जोकि तुर्कों के अधीन रह चुके हैं, मांग करे। उसने उन लोगों से शान्तिपूर्वक ढंग से हर बात तय कर ली और जो कर लोगों के ऊपर लगाया गया था, उसका कुछ धन लेकर आया।

गर्मी प्रारम्भ होने वाली थी। भीरा में हिन्दूबेग की सहायतार्थ शाह मुहम्मद मुहर बरदार[1], उसके अनुज दोस्त बेग मुहर बरदार तथा कुछ अन्य वीरों को नियुक्त किया गया। प्रत्येक व्यक्ति की स्थिति के अनुसार एक निश्चित धन उसके लिये वृत्ति के रूप में प्रदान किया गया। एक पताका सहित लंगर खां को, जिसके कारण यह अभियान प्रारम्भ किया गया था, खूशआब प्रदान कर दिया गया। हमने यह भी निश्चय किया कि वह हिन्दूबेग की सहायता करता रहे। हिन्दूबेग की सहायतार्थ हमने तुर्को तथा भीरा के

---

[1] वह अधिकारी जो शाही मुहर रखता था।

स्थानीय सैनिकों को नियुक्त किया और दोनों ही की वृत्ति एवं वेतन में वृद्धि कर दी गई। उन्हीं में जैसा कि पूर्व उल्लेख हो चुका है, मनूचहर खां था। इसके अतिरिक्त मनूचहर खां का एक सम्बन्धी नज़र अली तुर्क तथा संगर खां जनजूहा एवं मलिक हस्त जनजूहा थे।

काबुल को वापसी

(१३ मार्च)–उस प्रदेश को पूर्ण रूप से सुव्यवस्थित करके हम लोग रविवार ११ रबी–उल अव्वल को भीरा से काबुल की ओर रवाना हो गये। हम लोग कलदा कहार में उतरे। उस दिन भी बड़े आश्चर्यजनक रूप से भीषण वर्षा हुई। जिन लोगों के पास बरसाती चुगे थे और जिनके पास न थे सब की एक ही दशा हो गई। शिविर का पिछला भाग सोने की नमाज के समय तक आता रहा।

हाती कक्कर

(१४ मार्च)–जिन लोगों को इस प्रदेश तथा राज्य के ऐश्वर्य एवं गौरव का ज्ञान था विशेषकर जनजूहा लोगों ने, जोकि कक्करों के प्राचीन शत्रु थे, निवेदन किया कि "हाती बड़ा ही दुष्ट है। वह तथा उसके साथी सड़कों पर लूट–मार किया करते हैं और लोगों को नष्ट–भ्रष्ट करते रहते हैं। या तो उसे इस भू–भाग से निकाल दिया जाय और या उसे कठोर दंड दिया जाय।" इस प्रस्ताव से सहमत हो कर हम लोगों ने दूसरे दिन ख्वाजा मीर मीरान तथा नासिर के मीरीम को शिविर में छोड़ दिया और बड़े नाश्ते[1] के समय उनसे पृथक् होकर हाती कक्कर की ओर रवाना हुए। जैसा कि इससे पूर्व उल्लेख हो चुका है, उसने कुछ दिन पूर्व तातार की हत्या कर दी थी और परहाला पर अधिकार जमा कर इस समय वहीं था। मध्याह्नोत्तर की दूसरी नमाज[2] के समय घोड़ों से उतर कर हमने उन्हें चारा दाना दिया। सोने की नमाज़ के समय हम लोग पुनः सवार हो गए। मलिक हस्त का सरूपा नामक एक गूजर हमारा मार्गदर्शक था। हम रात भर यात्रा करते रहे और प्रातःकाल घोड़ों से उतरे। वहां से बेग मुहम्मद मुगल को शिविर की ओर वापस भेज दिया गया और दिन निकलते निकलते हम लोग पुनः सवार हो गये। नाश्ते के समय[3] हमने अस्त्र–शस्त्र धारण किये और शीघ्रातिशीघ्र आगे बढ़ने लगे। परहाला की स्याही दो मील की दूरी से दिखाई पड़ने लगी। घोड़ों को सरपट भगाने का आदेश दिया गया। सेना का दायां भाग परहाला के पूर्व की ओर रवाना हुआ। कूजबेग भी जोकि दाहिने भाग का सैनिक था इसके सुरक्षित दस्ते के साथ रवाना हुआ। बायें भाग तथा मध्य भाग के लोग सीधे किले की ओर रवाना हुए। दोस्तबेग उनके साथ सुरक्षित दस्ते के अधिकारी के रूप में रहा।

---

[1] ऊलूग चाश्त जो ६ बजे प्रातः से लेकर मध्याह्न में १२ बजे तक किया जाता था।

[2] लगभग ४ बजे सायं ।

[3] लगभग ६ बजे प्रातः।

परहाला कन्दराओं में स्थित है, यहां जाने के लिये दो सड़कें हैं। एक मार्ग वह है जिससे हम लोग आये थे। यह दक्षिण–पूर्व में है। यह मार्ग कन्दराओं से मिला हुआ जाता है। इसके दोनों ओर करारे तथा कन्दरायें हैं। परहाला के एक मील पूर्व फाटक पर पहुंचने के पहिले ४–५ स्थानों पर यह केवल एक आदमी का मार्ग बन जाता है और उसके दोनों ओर कन्दरायें हैं। एक बाण के मार की दूरी से अधिक मार्ग की यात्रा लोगों को एक ही पंक्ति में सवार होकर करनी पड़ती है। दूसरा मार्ग उत्तर–पश्चिम से आता है। यह परहाला तक एक सकरी घाटी से पहुंचता है। यह भी एक ही आदमी का मार्ग है, किसी भी दिशा में कोई अन्य मार्ग नहीं है। यद्यपि परहाला में न तो कोई रक्षा की दीवार बनी हुई है और न अन्य कोई दीवार, किन्तु कोई ऐसा स्थान नहीं है जहां से इस पर आक्रमण किया जा सके। इसके चारों ओर ७–८ तथा १० गज तक सीधे सीधे खड्डे हैं।

जब हमारी सेना के बायें बाजू का अग्र भाग सकरे मार्ग को पार करता हुआ फाटक पर पहुंचा तो हाती ने जिसके साथ ३०–४० सशस्त्र आदमी एवं घोड़े तथा एक बड़ी संख्या में पदाती थे, आक्रमण कारियों को पीछे हटाने का प्रयत्न किया। दोस्तबेग ने अपनी सुरक्षित सेना को आगे बढ़ा कर कड़ा आक्रमण किया। हाती के बहुत से आदमियों को घोड़े से गिरा दिया और उन्हें पराजित कर दिया। हाती अपनी वीरता के लिये चारों ओर प्रसिद्ध था। वह अत्यधिक प्रयत्न करने के बावजूद भी कुछ भी न कर सका और भाग खड़ा हुआ। वह उन सकरे मार्गों में न ठहर सका। जब वह किले में प्रविष्ट हुआ तो उसे दृढ़ न बना सका। आक्रमणकारी भी उसका पीछा करते हुए रवाना हुए। उन्होंने कन्दराओं तथा किले के उत्तरी–पश्चिमी भाग के मार्ग से होते हुए उसका पीछा किया। हाती थोड़ा सा सामान लेकर भाग खड़ा हुआ। यहां फिर दोस्तबेग ने अत्यधिक पौरुष प्रदर्शित किया जिसके फलस्वरूप उसकी प्रसिद्धि और बढ़ गई।

इसी बीच में मैं किले में पहुंच गया और तातार कक्कर के महल में उतरा। इस आक्रमण में बहुत से आदमी जिन्हें मेरे साथ रहने का आदेश दिया गया था अन भाग के आक्रमणकारियों के साथ चले गये थे। इनमें अमीन मुहम्मद, तरखान अरगून एवं कराचा थे। इस अपराध के कारण उन्हें बिना सरापा[1] प्रदान किये सरूपा नामक गूजर के साथ निर्जन जंगलों में होते हुए शिविर में जाने का आदेश दिया गया।

(१६ मार्च)––दूसरे दिन हम लोग उत्तरी–पश्चिमी कन्दराओं की ओर से रवाना हुए और एक बोये हुए खेत में उतरे। बली खाजिन के अधीन कुछ योग्य वीर शिविर में भेज दिये गये।

(१७ मार्च) बृहस्पतिवार १५ रबी–उल–अव्वल को उस स्थान से प्रस्थान करके हम लोग सूहान पर अन्दराबा में उतरे। यहां का किला मलिक हस्त

---

[1] खिलअत । इस शब्द का प्रयोग श्लेष के रूप में किया गया है कारण कि यदि वे आज्ञा का पालन करते तो उन्हें सरोपा प्रदान किया जाता।

के पूर्वजों के अधीन बहुत समय से चला आ रहा है। हाती कक्कर ने मलिक हस्त के पिता की हत्या कर दी थी और किले को नष्ट कर दिया था। वह अब उसी टूटी हुई अवस्था में था।

इसी दिन सोने के समय की नमाज़ के वक्त, जो लोग शिविर के साथ कलदा कहार में छोड़ दिये गये थे, आकर हमारे साथ मिल गये।

बाबर की अधीनता स्वीकार करना

हाती ने तातार को पराजित कर के अपने एक सम्बन्धी पर्वत को पेशकश एवं एक सशस्त्र घोड़े सहित भेजा। पर्बत हमारे पास पहुंच न सका अपितु जिस शिविर से हम लोग रवाना हो चुके थे, वहाँ पहुंच कर अन्य लोगों के साथ उपस्थित हुआ। उसके साथ लंगर खां भी किसी कार्य से भीरा से आया। उसके कार्यों की व्यवस्था कर दी गई और उसे तथा बहुत से स्थानीय लोगों को जाने की अनुमति दे दी गई।

(१८ मार्च)–वहां से प्रस्थान कर के तथा सूहान नदी पार करने के उपरान्त हम लोग एक पुश्ते पर उतरे। यहां हाती के सम्बन्धी पर्वत को एक खिलअत द्वारा सम्मानित किया गया और हाती के लिये प्रोत्साहन युक्त पत्र देकर मुहम्मद अली जंगजंग के एक सेवक के साथ वापस भेज दिया गया। नीलाब तथा कारलूक हज़ारा हुमायूं को प्रदान कर दिये गये थे। उसके कुछ सेवक बाबा दोस्त तथा हलाहिल के अधीन इस समय उन स्थानों की दारोग़गी[1] के लिये उपस्थित हुए।

(१९ मार्च)––दूसरे दिन प्रातःकाल सवार होकर दो मील की यात्रा के उपरान्त हम लोग उतर पड़े। हम लोग ऊंचे स्थान से शिविर का निरीक्षण करने पहुंचे, और ऊंटों की गणना का आदेश दिया। ५७० ऊंट निकले।

हम लोगों ने सम्भल[2] के वृक्ष के गुण सुन रखे थे। इस स्थान पर हमने उसे देख लिया। इस पहाड़ी के दामन में यह वृक्ष कहीं कहीं उगता है और आगे हिन्दुस्तान की पहाड़ियों के दामन में यह बहुत बड़ी संख्या में होता है और इसका आकार–प्रकार भी बड़ा होता है। हिन्दुस्तान की वनस्पति एवं पशुओं के वर्णन के सम्बन्ध में इसका उल्लेख किया जायेगा।

(२० मार्च)–उस शिविर से, नक्कारा बजने के समय[3] प्रस्थान करके हम लोग संग दकी दर्रे के नीचे नाश्ते[4] के समय उतरे। मध्याह्न के समय पुनः प्रस्थान करके हमने दर्रा पार किया और जल–धारा को पार करके पुश्ते पर उतर पड़े।

(२१ मार्च)––आधी रात के समय वहां से प्रस्थान करके हमने भीरा जाते समय जिस घाट से नदी पार की थी, उसकी सैर की। अनाज की एक बहुत

---

[1] दारोगा नियुक्त होने पर अभिवादन करने के लिये।

[2] जटामासी।

[3] दिन निकलने के लगभग एक घंटा पूर्व ।

[4] ६ बजे प्रातः।

बड़ी नौका उसी घाट के दलदल में फंस गई थी। यद्यपि उसके स्वामियों ने बड़ा प्रयत्न किया किन्तु वह अपने स्थान से न हिल सकी। अनाज पर अधिकार जमा लिया गया और हम लोगों के साथ जो आदमी थे, उन्हें अनाज बांट दिया गया। वास्तव में वह अनाज बड़े अच्छे समय पर प्राप्त हुआ।

मध्याह्न के समय हम लोग काबुल तथा सिन्ध के संगम से कुछ नीचे तथा प्राचीन नीलाब के ऊपर पहुंच गये। हम वहां दो नदियों के बीच में उतर पड़े। नीलाब से ६ नौकायें लाई गईं और सेना के दायें, बायें तथा मध्य भाग वालों को बांट दी गईं। सेना वाले नदी पार करने का प्रयत्न करने लगे। हम लोग वहां सोमवार को पहुंच गये। मंगल की रात्रि तक लोग नदी पार करते रहे। कुछ लोगों ने मंगल, बुद्ध तथा वृहस्पतिवार तक नदी पार की।

हाती का सम्बन्धी पर्बत जो अन्दराब से मुहम्मद अली जंगजंग के एक सेवक के साथ वापस भेज दिया गया था, नदी तट पर हाती द्वारा प्रेषित पेशकश एवं सशस्त्र घोड़ा लेकर पहुंचा। नीलाब निवासी भी उपस्थित हुए और एक सशस्त्र घोड़ा लाये तथा अभिवादन किया।

नियुक्तियां

मुहम्मद अली जंगजंग ने भीरा में ठहरने की इच्छा प्रकट की थी किन्तु भीरा हिन्दूबेग को प्रदान कर दिया गया था अतः उसे भीरा तथा सिन्द नदी के बीच के प्रदेश उदाहरणार्थ कारलूक हजारा, हाती, ग़यासवाल तथा कीब[1] प्रदान कर दिये गये।

शेर

"जब कोई रैयत के समान अधीनता स्वीकार कर ले तो उससे वैसा ही व्यवहार करो,

जो कोई अधीनता न स्वीकार करे उसे मारो, उसका दमन करो और आज्ञाकारिता स्वीकार करने पर विवश करो।"

उसे काले मखमल की एक विशेष सरापा[2] प्रदान की गई। एक विशेष क़ीलमाक क़बा तथा एक पताका भी प्रदान की गई। जब हाती के सम्बन्धी को जाने की अनुमति दी गई तो उसके हाथ हाती के लिए एक तलवार एवं सिर से पैर तक के शाही वस्त्र तथा प्रोत्साहनयुक्त शाही पत्र भेजे गये।

(२४ मार्च)––वृहस्पतिवार को सूर्योदय के समय हम लोगों ने नदी तट से प्रस्थान किया। माजून का सेवन किया गया और नशे की तरंग में फूलों से लदे हुए आश्चर्यजनक उद्यानों की सैर की गई। कुछ स्थानों पर क्यारियों में पीले रंग के फूल खिले हुए थे, कुछ क्यारियों में लाल रंग के और कुछ क्यारियों में लाल तथा पीले दोनों ही फूल खिले हुए थे। हमने शिविर के

---

[1] 'कितिब' भी कहीं कहीं लिखा गया है।

[2] सिर से पांव तक के वस्त्र ।

निकट एक पुश्ते पर बैठकर उस दृश्य का आनन्द उठाया। टीले के चारों ओर छः क्यारियों में फूल खिले थे। कहीं पीले तथा कहीं लाल फल लगे हुए थे। दो ओर कुछ कम फूल थे किन्तु जहां तक दृष्टि जाती थी फूल ही फूल खिले हुए दृष्टिगत होते थे। बहार में परशावर के समीप फूलों के खेत का दृ श्य वास्तव में बड़ा सुन्दर होता है।

(२५ मार्च)– हम उस स्थान से प्रातःकाल रवाना हो गये मार्ग में एक स्थान पर एक चीता आकर दहाड़ने लगा। चीते की आवाज़ सुनकर घोड़े भय के कारण भड़क गये और अपने सवारों को लेकर इधर–उधर भागने एवं कन्दराओं तथा गुफाओं में गिरने लगे। चीता पुनः जंगल में प्रविष्ट हो गया। उसे बाहर निकालने के लिये हमने एक भैंसे के लाने का आदेश दिया और उसे जंगल के सिरे पर बंधवा दिया। चीता पुनः दहाड़ता हुआ आया। प्रत्येक दिशा से उस पर बाणों की वर्षा की गई। मैंने भी अन्य लोगों के साथ बाण चलाये। खलवी नामक एक पदाती ने उसके ऊपर भाले का वार किया किन्तु चीते ने भाले को चबा लिया और भाले की नोक को तोड़ डाला। बाण खाकर वह झाड़ियों में घुस गया और वहां बैठा रहा। बाबा यसावल नंगी तलवार लेकर उसके समीप तक बढ़ता चला गया। चीते ने जस्त लगाई। बाबा ने उसके सिर पर तलवार का वार किया। अली सीस्तानी ने उसके कूल्हे पर प्रहार किया। चीता नदी में कूद पड़ा,तथा जल में मार डाला गया। उसे जल के बाहर निकाला गया और उसकी खाल खींच ली गई।

(२६ मार्च)–दूसरे दिन प्रस्थान करके हम लोग बीगराम पहुंचे और गूरखत्री के दर्शनार्थ गये। यह एक छोटी सी गुफा है जोकि दरवेशों एवं सूफ़ियों की कोठरियों के समान ज्ञात होती है। यह सकरी तथा अंधेरी है। द्वार में प्रविष्ट होकर तथा कुछ क़दम आगे चलकर आगे बढ़ने के लिये लेट कर ही बढ़ा जा सकता है। उसमें बिना दीपक के प्रविष्ट होना सम्भव नहीं। उसके चारों ओर अत्यधिक मात्रा में सिर तथा दाढ़ी के बाल, जिन्हें लोगों ने उस स्थान पर मुंडवाया था, पड़े थे। गूरखत्री के समीप और भी बहुत सी गुफायें हैं जोकि सराय अथवा मदरसे के समान ज्ञात होती हैं। जिस वर्ष हम लोग काबुल पहुंचे[1] थे .और कोहाट बन्नू एवं दश्त पर आक्रमण किया था तो हम लोग बीगराम की सैर करने गये थे। हमने उसके बड़े वृक्षों को देखा था किन्तु गूरखत्री के न देखने का दुःख था परन्तु वह कोई ऐसा स्थान न निकला जिसके न देखने पर खेद प्रकट किया जाता।

उसी दिन शेखीम के पास से, जोकि बाज़ों की देखरेख का मुख्य अधिकारी था, मेरा एक अति उत्तम बाज़ उड़ गया। वह सारस तथा महावक बड़े ही अच्छे ढंग से पकड़ता था। वह इससे पूर्व भी दो–तीन बार उड़ गया था। वह अपने शिकार पर इस प्रकार झपटता था कि मुझ जैसा कुशल बाज़ द्वारा शिकार करने वाला चकित रह जाता था।

[1] ९१० हि०।

उस स्थान के ऊपर हमने निम्नांकित ६ लोगों में से प्रत्येक को १०० मिस्काल चांदी, वस्त्र, ३ वेल एवं एक भैसा जोकि हिन्दुस्तान की पेशकश द्वारा प्राप्त हुए थे, प्रदान किये।

दिलाज़ाक अफ़ग़ानों के सरदारों को, जोकि मलिक बू खां तथा मलिक मूसा के अधीन थे, तथा अन्य लोगों को उनकी श्रेणी के अनुसार धन–सम्पत्ति, वस्त्र, बैल एवं भैंसे प्रदान किये गये।

(२७ मार्च)––जब हम अली मस्जिद पर उतरे तो याकूब खेल का एक दिलाजाक अफ़ग़ान, जिसका नाम मारूफ़ था, दस भेड़ें, दो गधों के बोझ के बराबर चावल तथा ८ बड़े पनीर पेशकश के रूप में लाया।

(२८ मार्च)––अली मस्जिद से प्रस्थान करके हम लोग यदाबीर पर उतरे। यदाबीर से मध्याह्न की नमाज के समय हम लोग जूयेशाही पर पहुंचे और वहीं उतर पड़े। इस दिन दोस्तबेग को बड़ा अधिक ज्वर चढ़ आया।

(२६ मार्च)–जूयेशाही से प्रातःकाल प्रस्थान करके हमने मध्याह्न का भोजन बागे वफ़ा में किया। मध्याह्न की नमाज के समय हम लोग बाग़ के बाहर निकले और सायंकाल की नमाज के समय गन्डमक नामक स्थान पर सियाहआब को पार किया और अपने घोड़ों को अनाज के हरे–भरे एक खेत में चरने के लिये छोड़ दिया। तत्पश्चात् घड़ी दो घड़ी[1] के उपरान्त फिर सवार हो गये। सूर्खाब को पार करके हम लोग कर्क में उतरे और वहां सो गये।

(३० मार्च)–दिन निकलने के पूर्व हम लोग कर्क से रवाना हुए। मैं ५–६ अन्य लोगों के साथ एक सड़क से करातू की ओर वहां के उद्यानों का दृश्य देखने के उद्देश्य से रवाना हुआ। खलीफा तथा शाह हसन बेग एवं अन्य लोग अन्य मार्ग से क्रूरूक़ साई में मेरी प्रतीक्षा करने पहुंचे।

जब हम करातू पहुंचे तो, शाह बेग अरगून का दूत किज़ील यह समाचार लाया कि शाह बेग ने काहान पर आक्रमण कर दिया है और उसे लूट कर वापस हो गया है।

यह आदेश दिया जा चुका था कि कोई भी हमारे समाचार आगे न ले जाय। हम लोग मध्याह्न की नमाज के समय काबुल पहुंच गये। हमारे कूतलूक क़दम नामक पुल के पहुंचने तक किसी को भी हमारे विषय में कोई सूचना न मिल सकी। क्योंकि हुमायूं तथा कामरान को हमारे विषय में इसके बाद ही पता चला अतः उन्हें घोड़ों पर सवार करने का अवसर न मिला और उनके चुहरा लोग उन्हें लेकर उपस्थित हुए[2] तथा नगर के द्वार एवं भीतरी क़िले के मध्य में अभिवादन किया। मध्याह्नोत्तर की दूसरी नमाज़ के समय क़ासिम बेग मेरी सेवा में उपस्थित हुआ। नगर का काजी तथा अन्य सेवक

---

[1] २४–४८ मिनट ।

[2] हुमायूं की अवस्था १२ वर्ष की थी और कामरान उससे छोटा था।

एवं उस स्थान के प्रतिष्ठित लोग जो उस समय काबुल में थे, उसके साथ थे।

(२ अप्रैल)––शुक्रवार की मध्याह्नोत्तर की दूसरी नमाज के समय प्रथम रबी उस्सानी को मदिरापान की एक महफ़िल आयोजित हुई जिसमें शाह हसन को सिर से पांव तक के शाही वस्त्र प्रदान किये गये।

(३ अप्रैल)––शनिवार की प्रातःकाल हम एक नौका पर बैठकर सैर के लिये गये। नूरबेग ने जिसने उस समय मदिरा न त्यागी थी वीणा बजाई। मध्याह्न की नमाज के समय हम लोग नौका से उतर कर उस उद्यान की सैर को गये जो कुलकीना एवं शाहे काबुल के मध्य में है। सायंकाल की नमाज के समय हम लोग बारो बनफ़शा में पहुंचे। वहां पुनः मदिरा पी गई। कुलकीना से मैं किले की चहारदीवारी पर होता हुआ भीतरी किले में प्रविष्ट हुआ।

दोस्तबेग की मृत्यु

(६ अप्रल)––मंगलवार ५ रवी उस्सानी को, दोस्तबेग जिसे मार्ग में ज्वर चढ़ आया था, मृत्यु को प्राप्त हो गया। हमें उसकी मृत्यु का बड़ा दुःख हुआ। उसकी लाश ग़ज़नी पहुंचाई गई और वहां सुल्तान के बाग़ के रौजे में दफ़न कर दी गई।

दोस्तबेग बड़ा ही अच्छा वीर था और वह बेग की श्रेणी में उन्नति कर रहा था। बेग होने के पूर्व उसने घर के सैनिकों के रूप में बड़ी उत्तम सेवायें की थीं। एक बार जब वह रबाते जौरक में था जोकि अन्दिजान से एक यीग़ाच की दूरी पर है तो सुल्तान अहमद तम्बल ने मेरे ऊपर रात्रि में आक्रमण कर दिया[1]। मैंने १०–१५ आदमियों सहित उस पर आक्रमण करके उसके सवारों को पीछे हटा दिया; जब हम उसके मध्य भाग में पहुंचे तो वह एक सौ आदमियों सहित वहीं डटा था। उस समय मेरे साथ तीन आदमी थे और चौथा मैं था। उन तीनों में एक नासिर का दोस्त[2] और दूसरा मीर्जा कुली कूकूल्दाश और तीसरा करीम दाद तुर्कमान था। मैं केवल जीबा[3] पहिने था। तम्बल तथा एक अन्य व्यक्ति अपनी सेना की पंक्ति के सामने द्वारपाल के समान खड़े थे। मैं बिल्कुल तम्बल के सामने पहुंच गया और उसके शिरस्त्राण पर एक बाण मारा और दूसरा बाण उस स्थान पर जहां कि उसकी ढाल लगी हुई थी। उन लोगों ने मेरे पांव पर बाण मारा। तम्बल ने मेरे सिर पर प्रहार किया और बड़ी ज़ोर का वार लगाया। यह बात वास्तव में बड़े आश्चर्य की है कि मैं अपने शिरस्त्राण के नीचे की टोपी पहिने था किन्तु उसका एक तागा भी न कटा और सिर बुरी तरह घायल हो गया। अन्य लोगों ने कोई सहायता न की। मेरे पास कोई भी न रह गया था। विवश

[1] ९०८ हि० में।

[2] दोस्तबेग ।

[3] वह वस्त्र जिसके ऊपर से कवच धारण किया जाता है।

होकर मुझे भागना पड़ा! दोस्तबेग मेरे कुछ पीछे था। तम्बल ने मुझे अकेला छोड़कर उस पर प्रहार किया।

इसके अतिरिक्त जब हम लोग अख्सी के बाहर निकल रहे थे[1] तो दोस्तबेग ने बाक़ीहीज़ के सिर पर प्रहार किया। लोग यद्यपि उसे हीज[2] कहते थे किन्तु वह तलवार चलाने में बड़ा ही कुशल था। जब हम लोग अख्सी से निकले थे तो दोस्तबेग उन ८ लोगों में था जोकि हमारे साथ उस समय थे। जिन लोगों को घोड़े से गिराया गया उनमें वह तीसरा था।

इसके उपरान्त जब वह बेग हो गया और सीऊनजुक[3] खां ने ऊज़बेग सुल्तानों के साथ ताशकीन्त पहुंच कर अहमदे क़ासिम को घेर लिया तो दोस्तबेग[4] उनके पास से होता हुआ शहर में प्रविष्ट हो गया। अवरोध के समय उसने अपने प्राणों को खतरे में डाल दिया किन्तु अहमदे कासिम इस सम्मानित व्यक्ति से एक शब्द कहे बिना नगर के बाहर चला गया। दोस्तबेग ने बड़ी वीरता से खानों तथा सुल्तानों पर आक्रमण किया और उनकी सेना के बीच से होता हुआ ताशकीन्त पहुंच गया।

इसके उपरान्त जब शेरीम तग़ाई, मजीद एवं उनके सहायकों ने विद्रोह कर दिया तो वह शीघ्रातिशीघ्र २००–३०० आदमियों के साथ ग़ज़नी से बाहर निकला और तीन चार सौ वीरों का, जो उन मुगलों द्वारा भेजे गये थे, मुक़ाबला किया और उनमें से बहुतों को शेरूकान नामक स्थान पर गिरा दिया। बहुत से लोगों के सिर काट डाले और उन्हें ले आये।

इसके अतिरिक्त बजौर के किले की दीवार पर जो लोग सर्वप्रथम चढ़े[5] उनमें उसके आदमियों को ही प्राथमिकता प्राप्त थी। परहाला में भी वह ही अग्रसर हुआ और हाती को पराजित करके भगा दिया तथा परहाला को विजय कर लिया।

दोस्तबेग की मृत्यु के उपरान्त मैंने उसकी विलायत को उसके छोटे भाई नासिर के मीरीम को प्रदान कर दिया।

अन्य घटनाएं

(६ अप्रैल)––शुक्रवार ८ रबी–उस्सानी को नगर की चहारदीवारी छोड़ कर हम लोग चारबाग़ की ओर चल दिये।

(१३ अप्रैल)––मंगलवार १२ को सम्मानित सुल्तानिम बेगम, जो सुल्तान हुसेन मीर्जा की सब से बड़ी पुत्री एवं मुहम्मद सुल्तान मीर्जा की माता थी, काबुल पहुंची। जिस समय हम लोग मारे मारे फिर रहे थे तो वह ख्वारिज्म में निवास करने लगी थी। वहां यीलीपार्स सुल्तान के छोटे भाई ईसान कुली

---

[1] ९०८ हि० में।

[2] गुदा भोग्य, गांडू।

[3] सीऊनजुक खां ऊजबेग।

[4] ९१८ हि० में।

[5] ९२५ हि० में।

सुल्तान ने उसकी पुत्री से विवाह कर लिया। उसके निवास हेतु बागे खिलवत प्रदान कर दिया गया था। जब वह वहां निवास करने लगी थी और मैं उस उद्यान में उससे भेंट करने गया तो इस कारण कि वह मेरी बड़ी बहिन के समान थी, मैंने उसके सम्मान को दृष्टि में रखते हुए घुटने झुकाये।[1] उसने भी घुटने झुकाये। हम दोनों ने आगे बढ़कर बीच मार्ग में एक दूसरे से भेंट की। हम इसके उपरान्त इस प्रथा का सर्वदा पालन करते रहे।

(१८ अप्रैल)–रविवार. १७ रबी–उस्सानी को बाबा शेख नमकहराम, जो बहुत समय से बन्दीगृह में था, मुक्त कर दिया गया। उसके अपराध क्षमा कर दिये गये और उसे एक खिलअत प्रदान की गई।

कोह दामन की सैर

(२० अप्रैल)–मंगलवार १६ रबी–उस्सानी को हम लोग मध्याह्न के समीप ख्वाजा सेहयारान की ओर रवाना हुए। उस दिन मैं रोजा रखे हुए था। सब को आश्चर्य हुआ। यूनुस अली तथा अन्य लोगों ने कहा, "मंगलवार यात्रा तथा रोज़ा! यह सब आश्चर्यजनक बातें हैं।" वेहजादी में हम लोग क़ाज़ी के घर पर उतर पड़े। सायंकाल जब गोष्ठी आयोजित करने के लिये सूचना कराई गई तो काजी ने मुझसे कहा "मेरे घर में इस प्रकार की वस्तुएं नहीं होती हैं, केवल पादशाह के आदेशानुसार यह व्यवस्था की जा रही है।" उसको संतुष्ट करने के लिये यद्यपि मदिरापान को पूरी व्यवस्था हो चुकी थी, मदिरापान न किया गया।

(२१ अप्रैल)–बुधवार को हम लोग ख्वाजा सेहयारान की ओर गये।

(२२ अप्रैल)–वृहस्पतिवार २२ रबी–उस्सानी को जो उद्यान पर्वत के ऊपर बन रहा था उसमें एक बहुत बड़ा गोल चबूतरा बैठने का स्थान बनवाया।

(२३ अप्रैल)––शुक्रवार को हम लोग पुल से एक नौका पर सवार हुए। हमारे चिड़ीमारों के घर के समक्ष पहुंचने पर लोग एक दंग पकड़कर लाये। मैन इससे पूर्व कभी कोई दंग न देखा था। यह बड़ा ही विचित्र पक्षी होता है। हिन्दुस्तान के पक्षियों के सम्बन्ध में इसका उल्लेख किया जायेगा।

(२४ अप्रैल)––शनिवार २३ रबी–उस्सानी को चुनार तथा ताल के पौधे लगवाये गये। मध्याह्न की नमाज के समय उस स्थान पर मदिरापान को गोष्ठी आयोजित की गई।

(२५ अप्रैल)–प्रातः का समय हम लोगों ने उस नये स्थान पर व्यतीत किया। मध्याह्न में हम सवार होकर काबुल की ओर रवाना हो गये। बड़ी बदमस्त अवस्था में ख्वाजा हसन पहुंचे और वहां थोडी देर सोये। तदुपरान्त पुनः सवार होकर आधी रात के लगभग चारबाग पहुच गये। ख्वाजा हसन के समीप अब्दुल्लाह मदिरा के नशे में जल में अपना लम्बा खुला चुगा पहिने कूद पड़ा। वह ठंड के कारण जम गया और जब हम लोग थोड़ी सी रात्रि

---

[1] अभिवादन किया।

व्यतीत होने के उपरान्त चलने के लिये तैयार हुए तो वह हमारे साय न चल सका। वह उस रात्रि को क्रूतलूक ख्वाजा के इलाके में ठहर गया। दूसरे दिन जब उसे पिछली बदमस्ती का स्मरण हुआ तो उसने बड़ा पश्चात्ताप किया। मैंने कहा "इस प्रकार की तोबा का तुरन्त उतर मिले या न मिले किन्तु तुम इस बात की तोबा करो कि अब इस समय से तुम मेरी गोष्ठियों के अतिरिक्त कहीं भी मदिरापान न करोगे।" उसने यह बात स्वीकार कर ली और कुछ महीने तक इस नियम का पालन करता रहा किन्तु उसके बाद उसे निवाह न सका।

हिन्दूबेग का भीरा से प्रस्थान

(२६ अप्रैल)–सोमवार २५ रखी–उस्सानी को हिन्दूबेग आया। उसे उस प्रदेश में थोड़े से सैनिकों सहित सन्धि की आशा में छोड़ दिया गया था। हमारे उस स्थान से प्रस्थान करते ही हिन्दुस्तानियों तथा अफ़ग़ानों का एक बहुत बड़ा समूह एकत्र हुआ और हमारी उपेक्षा करता हुआ तथा हमारे शब्दों पर ध्यान न देते हुए हिन्दूबेग के विरुद्ध भीरा की ओर रवाना हुआ। स्थानीय लोग भी अफ़ग़ानों से मिल गये। हिन्दूबेग भीरा में न ठहर सका और खूशआब पहुंचा। दीनकोट प्रदेश होता हुआ वह नीलाब और वहां से काबुल आया। सीकतू का पुत्र दीवा हिन्दू तथा एक अन्य हिन्दू भीरा से बन्दी बना कर लाये गये थे। इन सब लोगों ने अत्यधिक धन अपनी मुक्ति के लिये प्रस्तुत किया, अतः वे मुक्त कर दिये गये। घोड़े तथा सिर से पांव तक के वस्त्र देकर उन्हें जाने की अनुमति दे दी गयी।

(३० अप्रैल)–शुक्रवार २६ रबी–उस्सानी को मेरे बड़े जोर का ज्वर चढ़ आया। मैंने रक्त निकलवाया। इस अवधि में कभी मुझे दो दिन और कभी तीन दिन तक ज्वर चढ़ता रहता था। जब कभी भी ज्वर चढ़ता तो वह उस समय तक न उतरता जब तक मैं पसीने–पसीने न हो जाता था। १०–१२ दिन की रुग्णावस्था के उपरान्त मुल्ला ख्वाजा ने मदिरा में मिला कर मुझे नरगिस दी। मैंने उसका एक या दो बार सेवन किया किन्तु उससे भी कोई लाभ न हुआ।

(१५ मई)–रविवार १५ जमादि–उल–अव्वल को ख्वाजा मुहम्मद अली ख्वास्त से आया और एक जीन सहित घोड़ा उपहार स्वरूप एवं न्योछावर हेतु कुछ धन लाया। मुहम्मद शरीफ़ ज्योतिषी तथा ख्वास्त के मीर जादा लोग भी उसके साथ आये और मेरी सेवा में उपस्थित हुए।

(१६ मई)–दूसरे दिन सोमवार को मुल्ला कबीर काशगर से आया। वह काशगर होता हुआ अन्दिजान से काबुल पहुंचा था।

(२३ मई)–सोमवार २३ जमादि–उल–अव्वल को मलिक शाह मनसूर यूसुफ़ ज़ाई ६–७ यूसुफ़ जाई सरदारों के साथ सवाद से पहुंचा और अभिवादन किया।

(३१ मई)–सोमवार १ जमादि–उस्सानी को यूसुफ़ ज़ाई अफ़ग़ानों के सरदारों को, जोकि मलिक शाह मनसूर के अधीन आये थे, खिलअतें प्रदान

की गई। मलिक शाह मनसूर को एक लम्बा रेशमी चग़ा तथा एक जीबा तुकमे सहित प्रदान किया गया। अन्य सरदारों में से एक को एक क़बा रेशमी बाहों सहित तथा ६ आदमियों को रेशमी चुरी प्रदान किये गये। सब को जाने की अनुमति दे दी गई। उन लोगों से यह निश्चय हुआ कि वे अबूहा के ऊपर सवाद प्रदेश में प्रविष्ट न हों और वे वहां के किसानों के कर को अपना न समझें। बजौर एवं सवाद के अफ़ग़ान कृषक ६ हज़ार गधों के बोझ के बराबर चावल दीवान में प्रस्तुत किया करें।

(२ जून)–बुधवार ३ जमादि–उस्सानी को मैंने विरेचन लिया।

(५ जून)–शनिवार ६ जमादि–उस्सानी को मैंने दारूये कर[1] का सेवन किया।

(७ जून)–सोमवार ८ जमादि–उस्सानी को क़ासिम बेग के सबसे छोटे पुत्र हमजा के विवाह के उपहार आये। उसका विवाह खलीफ़ा की सब से बड़ी पुत्री से हुआ था। उपहार में एक जीन सहित घोड़ा एवं एक हजार शाहरुखियां थीं।

(८ जून)–मंगलवार को शाहबेग के शाह हसन ने मंदिरापान की एक गोष्ठी के लिये जाने की अनुमति चाही। वह ख्वाजा मुहम्मद अली तथा हमारे घर के कुछ बेगों को अपने घर ले गया। मेरी सेवा में यूनुस अली तथा गदाई तग़ाई रह गये। मैंने उस समय भी मदिरापान बन्द कर रखी थी।[2] मैंने कहा कि "यह कभी नहीं हुआ है कि अन्य लोग मदिरापान करते रहे हों और मैं चुपचाप बैठा रहा हूं। और न कभी ऐसा हुआ है कि लोग मदिरा का आनन्द लेते रहे हों और मैं शान्त बैठा रहा हूं। तुम लोग आकर मेरे सामने मदिरापान करो। मैं इस बात से आनन्द लूंगा कि जब मदिरापान करने वाले तथा न करने वाले दोनों ही एकत्र होते हैं तो क्या होता है।" वह गोष्ठी एक छोटे से खेमे में, जिसमें मैं कभी–कभी बैठा करता था, हुई। यह स्थान चुनार के वृक्षों के उद्यान[3] में चित्रों के कक्ष के दक्षिण–पूर्व में था। इसके उपरान्त ग़यास कीदी[4] आ गया। परिहास हेतु उसे कई बार पृथक रहने का आदेश दिया गया था। अन्ततोगत्वा उसने बड़ा शोर मचाया और अपने परिहास द्वारा प्रविष्ट हो गया। हमने तरदी मुहम्मद कीबचाक़ तथा मुल्ला किताबदार को भी आमंत्रित किया। मैंने निम्नांकित रुबाई की तत्काल रचना करके शाह हसन तथा अन्य लोगों को, जो उसके घर में एकत्र थे, भेज दी–

---

[1] एक प्रकार की औषधि ।

[2] सम्भवतः ज्वर के कारण।

[3] कुछ पोथियों के अनुसार 'चार बाग।

[4] विदूषक

रुबाई

मेरे मित्र इस दावत में उस गुलाब के उद्यान की सुन्दरता का आनन्द उठाते हैं,

जब कि मैं उनका साथ देने के आनन्द से वंचित हूं।

किन्तु फिर भी साथ रहने के सब आनन्द उपलब्ध हैं,

मैं ईश्वर से प्रार्थना करता हूं कि उन्हें कोई हानि न पहुंचे।"

इसे इबराहीम चुहरा के हाथ भेजा गया। मध्याह्नोत्तर की दोनों नमाज़ों के मध्य में गोष्ठी बदमस्ती की दशा में विर्सजित कर दी गई।

जिस समय में रूग्ण था तो मैं एक पालकी में जाया करता था। पिछले बहुत से दिनों में मदिरा मिली हुई औषधि पी गई किन्तु कोई लाभ न हुआ था अतः मैंने उसे छोड़ दिया था, किन्तु अपनी रुग्णावस्था के अन्त में उसे पुनः एक सेब के वृक्ष के नीचे तालार उद्यान के दक्षिण–पश्चिम में पिया।

(११ जून) – शुक्रवार ११ ता० जमादि–उस्सानी को अहमद बेग तथा सुल्तान मुहम्मद दूल्दाई, जोकि बजौर में सहायतार्थ छोड़ दिये गये थे, उपस्थित हुए।

(१६ जून)–बुधवार १७ जमादि–उस्सानी को तीगरी वीरदी तथा अन्य वीरों ने हैदर तक़ी के उद्यान में मंदिरा–पान को एक गोष्ठी आयोजित की। मैंने भी वहाँ उपस्थित होकर मदिरापान किया। मैं वहां से सोने की नमाज के समय उठकर आया और वहां से उठकर एक बड़े खेमे में पहुंचा जहां पुनः मदिरापान किया गया।

(२३ जून)– बुधवार २५ जमादि–उस्सानी को मुल्ला महमूद को आदेश दिया गया कि वह मेरी सेवा में कुरान के उद्धरणों का पाठ करे।[1]

(२८ जून)–मंगलवार अन्तिम जमादि–उस्सानी को अबुल मुस्लिम कूकूल्दाश, शाह शुजा अरगून के पास से दूत बनकर आया और एक तीपूचाक़ लाया। चुनार के बाग़ के हौज़ में तैरने के विषय में शर्त लगाकर यूसुफ़ अली रिकाबदार उसके चारों ओर एक सौ बार तैरा और उसे सिर से पांव तक के वस्त्र पुरस्कार स्वरूप प्रदान किये गये। जीन सहित एक घोड़ा तथा कुछ धन भी उसे दिया गया।

(६ जुलाई)–बुधवार ८ रजब को मैं शाह हसन के घर पहुंचा और वहां मदिरापान किया। घर के बहुत से सैनिक तथा बेग भी वहां उपस्थित थे।

(६ जुलाई)–शनिवार ११ रजब को कबूतरखाने की छत के ऊपर मध्याह्नोत्तर की दूसरी नमाज एवं सायंकाल की नमाज के मध्य में मदिरापान का आयोजन हुआ। दिन ढलने के समय कुछ सवार देहे अफ़ग़ान से नगर की ओर जाते हुए दिखाई पड़े। पता चला कि दरदेश मुहम्मद सारबान, मीर्जा खान वैस का दूत बनकर मेरी सेवा में आ रहा है। हमने छत से चिल्लाकर

---

[1] सम्भवतः उसके शीघ्र स्वस्थ होने के लिये।

उसे पुकारा, "दूत की प्रथाओं एवं नियमितता को छोड़कर बिना किसी संकोच के तुरन्त आ जाओ।" वह उपस्थित होकर गोष्ठी में बैठ गया। उस समय उसने तोबा कर रखी थी और मदिरापान न करता था। सायंकाल के अन्त तक मदिरापान होता रहा। दूसरे दिन वह दरबार में नियमपूर्वक दूतों की प्रथाओं का पालन करते हये उपस्थित हुआ और मीर्जा खान के उपहार उसने पेश किये।

अन्य घटनायें

पिछले वर्ष सैकड़ों प्रयत्न, आश्वासन एवं धमकी से हमने कबीलों को काबुल की ओर दूसरी ओर से प्रस्थान कराया था। काबुल एक सीमित देश है। यहां तुर्कों तथा मुगूलों के विभिन्न क़बीलों के गल्लों एवं मवेशियों को सुगमतापूर्वक ग्रीष्म ऋतु एवं शीत ऋतु में नहीं रखा जा सकता। यदि जंगलों के निवासियों को अपनी इच्छा पर छोड़ दिया जाय तो वे काबुल न आना चाहेंगे। इस समय वे कासिम बेग की सेवा में उपस्थित हुए और उसे मध्यस्थ बना कर दूसरी ओर जाने की अनुमति चाही। उसने घोर प्रयत्न किया अतः अन्त में उन्हें कन्दूज तथा वागलान की ओर जाने की अनुमति दे दी गई।

हाफ़िज़ नामक समाचार लेखक का बड़ा भाई समरकन्द से आया हुआ था। इस समय जब मैंने उस जाने की अनुमति दी तो उसके द्वारा अपना दीवान पूलाद सुल्तान के पास भेज दिया। उसके अन्तिम पृष्ठ पर मैंने निम्नांकित पद्य लिख दिया:

पद्य

"हे मन्द समीर यदि तू उस सरो[1] के कक्ष में प्रविष्ट हो सके,
तो मेरी याद उसे दिला दे, उसके वियोग में मेरा हृदय टुकड़े–टुकड़े,
उसे बाबर की चिन्ता नहीं, बाबर को इसकी आशा है,
कि एक दिन ईश्वर उसका फ़ौलाद का हृदय पिघला देगा।"

(१५ जुलाई)––शुक्रवार १७ रजब को शेख मजीद कूकूल्दाश मुहम्मद ज़मान मीर्जा के पास से मेरी सेवा में उपस्थित हुआ और कर का धन एवं एक घोड़ा लाया। आज के दिन शाहबेग के दूत अबुल मुस्लिम कूकूल्दाश को खिलअत प्रदान की गई और उसे जाने की अनुमति दे दी गई। आज के दिन ख्वाजा मुहम्मद अली तथा तीगरी बीरदी को ख्वास्त और अन्दराब की ओर जाने की अनुमति दे दी गई। .

(२१ जुलाई)–वृहस्पतिवार २३ रजब को मुहम्मद अली जंगजंग उपस्थित हुआ। उसे कचाकोट तथा कारलूक के मध्य के प्रदेशों का सरदार नियुक्त कर दिया गया था। उसके साथ हाती के लोग तथा मीर्जाये मलूये कारलूक का पुत्र शाह हसन उपस्थित हुये। आज के दिन मुल्ला अली जान मेरी सेवा

---

[1] प्रियतम, माशूक ।

में उपस्थित हुआ। वह अपनी पत्नी को समरकन्द से लेकर वापस आ रहा था।

अब्दुर्रहमान अफ़ग़ान लोग तथा रुस्तम मैदान

(२७ जुलाई)–गीरदीज़ के सीमान्त के अब्दुर्रहमान अफ़ग़ान लोग न तो संतोषजनक रूप से कर अदा करते थे और न उनका व्यवहार ही संतोषजनक था। आने जाने वाले कारवानों को भी वे हानि पहुंचाया करते थे। बुधवार २६ रजब को हम लोग उन लोगों पर आक्रमण करने के लिये रवाना हुए। हम लोग तंगे वग़चान के समीप उतर पड़े और वहां भोजन किया तथा मध्याह्नोत्तर के भोजन के उपरान्त पुनः सवार हुए। रात्रि में हम मार्ग भूल गये और पातखे आबे शकना के दक्षिण–पूर्व की ऊंची नीची भूमि पर भटकते रहे। कुछ देर उपरान्त हमें एक मार्ग मिल गया और उसके द्वारा हमने चश्मये तूरा नामक दर्रा पार किया।

(२८ जुलाई)–प्रातःकाल की नमाज के समय हम घाटी की तलहटी से, जोकि समतल भूमि से मिली हुई थी, निकल आये और आक्रमण किया। एक सेना करमाश पर्वत की ओर गीरदीज़ के दक्षिण–पूर्व में रवाना हुई। मध्य भाग की सेना का बायाँ बाजू खुसरौ के अधीन था और मीर्जा कुली तथा सैयिद अली पीछे के भाग में थे। सेना का अधिकांश भाग गौरदीज़ के पूर्व में घाटी में घोड़ा दौड़ाता हुआ पहुंचा। उनकी सेना के पीछे के दल में सैयिद कासिम ईशक आक़ा, मीर शाह कूचीन, कय्यूम, हिन्दूबेग, कूतलूक कदम तथा हुसेन थे। जब कि सेना का अधिकांश भाग घाटी के ऊपर पहुंच गया तो मैं उनके पीछे पीछे कुछ दूर तक गया। दून वाले काफ़ी ऊपर की ओर थे। जो लोग उनके पीछे गये उन्होंने अपने घोड़े थका दिये किन्तु कोई काम की वस्तु उन्हें प्राप्त नहीं हुई।

कुछ अफ़ग़ान लोग, लगभग ४० अथवा ५० आदमी मैदान में प्रकट हुए और पीछे की सुरक्षित सेना उनके पीछे गई। एक आदमी मुझे बुलाने के लिये भेजा गया और मैं तत्काल रवाना हो गया। मेरे उनके पास पहुंचने के पूर्व ही हुसेन हसन ने मूर्खता प्रदर्शित करते हुए बिना सोचे–समझे उन अफ़ग़ानों के विरुद्ध अपना घोड़ा बढ़ाया। उनसे भिड़ गया और तलवार चलाने लगा। अफ़ग़ानों ने उसके घोड़े की बाण द्वारा हत्या करके उसे गिरा दिया और उसके ऊपर तलवार का वार किया। जैसे ही वह उठने लगा वैसे ही उन लोगों ने उसे पटक दिया और चारों ओर से उसके ऊपर चाकू से वार करके उसके टुकड़े–टुकड़े कर डाले। अन्य वीर लोग देखते रहे और चुपचाप खड़े रहे। कोई भी उसे सहायता न पहुंचा सका। यह समाचार पाकर मैं और भी तीव्र गति से रवाना हुआ और घर के कुछ विशेष सैनिकों एवं वीरों को घोड़े सरपट भगाकर अग्रसर होने का आदेश दिया। वे लोग गदाई तगााई, प्यान्दा मुहम्मद कोपलान, अबुल हसन करची तथा मोमिन अत्का के अधीन थे। मोमिन अत्का ही पहिला व्यक्ति था जिसने एक अफगान को घोड़े से गिरा दिया। भाला मार कर उसका सिर काट लिया और उसे ले आया।

अबुल हसन कूरची यद्यपि कवच न धारण किये हुए था किन्तु बड़े ही उत्तम ढंग से आगे बढ़ता हुआ चला गया। वह अफ़ग़ानों के समक्ष ठहर गया और अपने घोड़े को उनके ऊपर छोड़ दिया। एक आदमी पर तलवार का वार करके नीचे गिरा दिया और उसका सिर काटकर ले आया। यद्यपि दोनों इससे पूर्व भी अपने वीरतापूर्ण कार्यों के लिए प्रसिद्ध थे किन्तु इस युद्ध में वे अपने पौरुष के कारण अधिक प्रसिद्ध हो गये। उन ४०–५० अफ़ग़ानों में से प्रत्येक बाण तथा तलवार द्वारा गिरा दिया गया और उनके टुकड़े टुकड़े कर दिये गये। उन लोगों का सफाया करके हम लोग अनाज के खेत में उतर पड़े और आदेश दिया कि उनके सिरों का एक मीनार तैयार किया जाय। जिस समय हम लोग मार्ग पर जा रहे थे मैंने उन बेगों से, जोकि हुसेन के साथ थे, क्रोध एवं घृणा प्रदर्शित करते हुए कहा "तुम लोग कैसे आदमी थे जो वहां समतल भूमि पर खड़े रहे और देखते रहे कि थोड़े से अफ़ग़ान पदातियों ने ऐसे वीर को उस प्रकार पराजित कर दिया। तुम्हारा पद तथा तुम्हारी श्रेणी तुमसे ले लेनी चाहिये। तुम्हारे परगने तथा विलायतें छीन लेना चाहिये, तुम्हारी दाढ़ियां मुन्डवाकर तुम्हें कस्बों में घुमाना चाहिये। इसके अतिरिक्त उन लोगों के लिये कौन सा दंड हो सकता है जो ऐसे शत्रु द्वारा ऐसे वीर को समतल भूमि पर पराजित होते हुए देखें और सहायता हेतु न पहुंचें!" जो सेना करमाश भेजी गई थी वह भेड़ें तथा लूट की अन्य सामग्री लाई। उनमें से एक बाबा कश्का मुग़ूल था। एक अफ़ग़ान ने उसके ऊपर तलवार का वार किया था। वह चुपचाप खड़ा रहा और धनुष में बाण लगा कर उसकी ओर फेंका तथा उसे गिरा दिया।

(२६ जुलाई)–दूसरे दिन प्रातःकाल हम लोग काबुल के लिये रवाना हुए। मुहम्मद बख़्शी, अब्दुल अज़ीज़ अमीर आख़ूर तथा मीर ख़ूर्द बकावल को चशमातूरा पर ठहरने और वहां के लोगों से तीतर लाने का आदेश दिया गया।

मैंने कभी रुस्तम मैदान के मार्ग की यात्रा न की थी। मैं कुछ लोगों सहित उसकी सैर को गया। रुस्तम मैदान पर्वतीय प्रदेश के मध्य में एक पर्वत की चोटी पर स्थित है और कोई रमणीक स्थान नहीं है। घाटी दोनों पर्वत श्रेणियों के बीच में चौड़ाई में फैली हुई है। दक्षिण की ओर पुश्ते के दामन में एक छोटा सा झरना है। गीरदीज़ जाने के लिये रुस्तम मैदान के बाहर निकल कर बहुत से वृक्ष मिलते हैं किन्तु ये अधिक बड़े नहीं हैं। यह बड़ी ही सकरी घाटी है, किन्तु फिर भी उपर्युक्त वृक्षों के नीचे हरा भरा घास का मैदान है और छोटी घाटी में बड़ा आकर्षण है। पर्वत श्रेणी की चोटी से दक्षिण की ओर देखने पर करमाश के उस पार हिन्दुस्तान के वर्षा के गहरे गहरे बादल दिखाई पड़ते हैं। अन्य दिशाओं में जहां वर्षा नहीं होती, एक भी बादल नहीं दिखाई देता।

मध्याह्नोत्तर की प्रथम नमाज़ के समय हम लोग हूनी पहुंचे और वहां उतर पड़े।

(३० जुलाई)–दूसरे दिन मुहम्मद आग़ा के ग्राम में उतर कर हम लोगों ने माजून का सेवन किया। वहां हमने जल में मछलियां पकड़ने के लिये कुछ दवा डाली और थोड़ी सी मछलियां पकड़ ली गईं।

(३१ जुलाई)–रविवार तीसरी शाबान को हम लोग काबुल पहुंच गये।

(२ अगस्त)–मंगलवार ५ शाबान को हम काबुल पहुंचे। दरवेश मुहम्मद फ़ज़ली तथा खुसरौ के सेवकों को बुलवाया गया और हुसेन की पराजय के समय उन्होंने जो भूल की थी उस विषय में पूछताछ करके उन्हें उनके पद एवं श्रेणी से वंचित कर दिया गया। मध्याह्नोपरान्त की प्रथम नमाज के समय मदिरापान की गोष्ठी चुनार के एक वृक्ष के नीचे आयोजित की गई और वहां बाबा क़श्का मुग़ूल को एक खिलअत प्रदान की गई।

(५ अगस्त)–शुक्रवार ८ शाबान को कीपा, मीर्जा खान के पास से लौट आया।

कोहदामन की सैर

(११ अगस्त)–बृहस्पतिवार को मध्याह्नोपरान्त की दूसरी नमाज़ के समय मैं कोहदामन, बारान तथा ख्वाजा सेहयारान की सैर के लिये रवाना हुआ। सोने की नमाज़ के समय हम लोग मामा खातून पर उतर पड़े।

(१२ अगस्त)–दूसरे दिन हम लोगों ने इस्तालीफ़ में पड़ाव किया और उस दिन माजून का सेवन किया।

(१३ अगस्त)–शनिवार को इस्तालीफ़ में पड़ाव हुआ तथा मदिरापान की एक गोष्ठी आयोजित हुई।

(१४ अगस्त)––इस्तालीफ़ से प्रातःकाल सवार होकर हमने इस्तालीफ़ तथा सिंजिद घाटी के मध्य की भूमि पार की। ख्वाजा सेहयारान के समीप एक सर्प मारा गया। वह मनुष्य के बाजू के बराबर मोटा तथा एक कूलाच[1] के बराबर लम्बा था। उसके पेट से एक पतला सा सांप निकला। सम्भवतः बड़ा सर्प उसे पूरा निगल गया था और उसका प्रत्येक भाग सम्पूर्ण रूप से वर्तमान था। वह बड़े सर्प से कुछ थोड़ा सा ही छोटा था। इस छोटे सर्प के पेट से एक चूहा निकला। वह भी पूरा ही था और कहीं से टूटा न था।

ख्वाजा सेहयारान पहुंचकर. मदिरापान की एक गोष्ठी आयोजित की गई। आज के दिन फ़रमान लिखकर उस ओर[2] के बेगों के पास कीचकीना रात्रि के पहरेदार के हाथ भेजे गये। उन्हें इस बात का आदेश दिया गया कि सेना तैयार हो रही है, सावधान हो जाओ और निश्चित अवधि पर आ जाओ।

(१५ अगस्त)–हम लोग प्रातःकाल रवाना हो गये और माजून का सेवन किया। सड़क जहां परवान नदी से मिलती है वहां स्थानीय नियमानुसार जल में औषधि डाल कर बहुत सी मछलियां पकड़ी गई। भीरशाह बेग ने हमारे लिये भोजन तथा जल की व्यवस्था की। तदुपरान्त हम लोग गुलबहार की

---

[1] यदि दोनों हाथ फैलाये जावे तो एक हाथ से दूसरे हाथ की अंगुली तक की दूरी।
[2] बाबर के देश के।

ओर रवाना हो गये। सायंकाल की नमाज के उपरान्त मदिरापान की एक गोष्ठी आयोजित हुई। दरवेश मुहम्मद सारबान भी उसमें उपस्थित था। यद्यपि वह नवयुवक एवं सिपाही था किन्तु उसने मदिरापान करने का पाप न किया था और अभी तक उस पाप से मुक्त था। कूतलूक ख्वाजा कूकूल्दाश बहुत पहिले दरवेश बनने की इच्छा से सिपाही का पेशा छोड़ चुका था। इसके अतिरिक्त वह बड़ा वृद्ध हो गया था। उसकी दाढ़ी बड़ी सुफ़ेद थी। इसके बावजूद उसने इन गोष्ठियों के समय मदिरा का सेवन किया। मैंने दरवेश मुहम्मद से कहा "कूतलूक ख्वाजा की दाढ़ी तुम्हें लज्जा दिलाती है। वह दरवेश तथा वृद्ध है किन्तु फिर भी सर्वदा मदिरापान करता रहता है। तुम सिपाही तथा युवक, तुम्हारी दाढ़ी अभी काली है किन्तु तुमने कभी मदिरापान न किया, इसका क्या अर्थ है ?" मेरी यह प्रथा रही है कि जो मदिरापान न करता था मैं उसे मदिरापान करने पर विवश न करता था। इतनी बात के उपरान्त मज़ाक़ में सब बात टल गई। उससे मदिरापान करने के लिये आग्रह न किया गया।

(१६ अगस्त)–प्रातःकाल हमने सुबह की सैर की।

(१७ अगस्त)–गुलबहार से बुधवार को रवाना होकर हम लोग अबून ग्राम में उतरे और भोजन किया। तदुपरान्त पुनः सवार होकर बेगों के एक गरमी के मकान में पहुंच गये और वहां पड़ाव किया। मध्याह्नोपरान्त की प्रथम नमाज के पश्चात् मदिरापान की एक गोष्ठी आयोजित हुई।

(१८ अगस्त)–दूसरे दिन हम लोग पुनः सवार हुए और ख्वाजा खावन्द सईद के मजार का तवाफ़ करके चीनेह करगानेह[1] पर गये और वहां एक नौका पर सवार हुए। जिस स्थान से पंजहीर नदी निकलती है, वहीं नौका एक पहाड़ी से टकरा गई और डूबने लगी। रोहदम, तींगरी कुली तथा मीर मुहम्मद नाविक धक्के से नदी में गिर पड़े। रोहदम तथा तींगरी कुली नौका पर पुनः सवार कर लिये गये। एक चीनी का प्याला, एक चम्मच तथा एक तम्बूरा जल में गिर पड़ा। नीचे की ओर चलकर नौका पुनः संगे बरीदा के सामने बीच धारा में किसी शाखा अथवा डंडे से टकराई। शाह बेग का शाह हसन अपनी पीठ के बल सीधा लुढ़का और मीर्जा कुली कुकल्दाश को भी पकड़ कर गिरा दिया। दरवेश मुहम्मद सारबान भी जल में गिर पड़ा। मीर्जा कुली भी अपने तरीके से नीचे गिर पड़ा। जिस समय वह गिरा, वह एक खरबूजा जो उसके हाथ में था, काट रहा था। जैसे ही वह गिरने लगा उसने नौका की चटाई में अपना चाकू भोंक दिया। वह नदी को अपना ढीला चुगा पहिने तर करके पार कर गया और नौका में पुनः न आया। नौका से निकल कर हम लोग उस रात्रि में नाविकों के मकान में सो गये। दरवेश मुहम्मद सारबान ने मुझे एक सतरंगा वैसा ही प्याला भेंट किया जैसा कि जल में डूब चुका था।

---

[1] चीनी किला।

(१६ अगस्त)–शुक्रवार को हम लोग नदी तट से सवार हुए और कोहबचा के दामन में ईदीकी के नीचे उतर पड़े। वहां हम लोगों ने अपने हाथ से बहुत सी मिस्वाकें एकत्र की। वहां से रवाना होकर ख्वाजा खिज्र के आदमियों के यहां भोजन किया गया। हम लोग पुनः सवार हो गये और मध्याह्नोत्तर की नमाज के समय कुतलूक ख्वाजा के एक गांव में लमगान में उतरे। उसने भोजन उपस्थित किया और उसे खाकर हम लोग काबुल की ओर रवाना हो गये।

विभिन्न घटनाएं

(२२ अगस्त)–शुक्रवार २५ शाबान को एक विशेष खिलअत तथा एक जीन सहित घोड़ा दरवेश मुहम्मद सारबान को प्रदान किया गया और परिजन का पद प्राप्त करने के कारण वह घुटनों के बल झुका।[1]

(२४ अगस्त)–४–५ मास से मैंने अपना सिर न मुंडवाया था। बुधवार २७ शाबान को मैंने सिर मुंडवाया। आज ही एक मदिरापान की गोष्ठी आयोजित हुई।

(२६ अगस्त)–शुक्रवार २६ शाबान को मीर खूर्द को हिन्दाल का अतालीक बनाया गया और वह भी घुटने के बल झुका। उसने एक हजार शाहरुखियां[2] उपहार स्वरूप भेंट की।

(३१ अगस्त)–बुधवार ५ रमजान को तूलिक कूकूल्दाश के सेवक बरलास जूकी के पास से एक प्रार्थनापत्र प्राप्त हुआ। ऊज़बेग आक्रमणकारी उन भागों[3] में जा चुके थे। तूलिक ने बाहर निकल कर इनसे युद्ध किया और उन्हें पराजित कर दिया। बरलास जूकी एक ऊजबेग को जीवित तथा एक का सिर ले आया।

(२ सितम्बर)–शनिवार ८ रमज़ान की रात्रि में हमने कासिम बेग के घर में रोजा खोला। उसने मेरे लिये जीन सहित एक घोड़ा प्रस्तुत किया।

(३ सितम्बर)–रविवार की रात में खलीफ़ा के घर रोजा खोला गया। उसने मुझे जीन सहित एक घोड़ा भेंट किया।

(४ सितम्बर)–दूसरे दिन ख्वाजा मुहम्मद अली तथा जाननिसार, जो सेना के हित के लिए उनकी विलायतों से बुलाये गये थे, उपस्थित हुए।

(७ सितम्बर)–बुधवार, १२ रमजान को कामरान का मामा सुल्तान अली मीर्जा पहुंचा। जैसा कि कहा जा चुका है वह उस वर्ष जब कि मैं ख्वास्त से काबुल पहुंचा, काशगर चला गया था।

यूसुफ़ ज़ाइयों के विरुद्ध अभियान

(८ सितम्बर)– हम लोग बृहस्पतिवार १३ रमज़ान को यूसुफ़ जाइयों पर आक्रमण करने तथा उनके उत्पात को समाप्त करने के लिये रवाना हुए. और

[1] अभिवादन किया।

[2] लगभग ५० पौंड।

[3] बदख्शां।

काबुल के देहे याकूब की दिशा में उतरे। जब हम लोग सवार हो रहे थे तो बाबा जान आखूरबेग एक बड़ा खराब सा घोड़ा लाया। मैंने क्रोधित होकर उसके मुंह पर एक चांटा मारा। इससे मेरी कलाई अनामिका से नीचे की ओर उतर गई। उस समय तो अधिक पीड़ा न हुई किन्तु जब हम लोग शिविर में पहुंचे तो पीड़ा बहुत बढ़ गई। कुछ समय तक मुझे बड़ा कष्ट रहा और मैं कुछ लिख न सका। अन्त में वह ठीक हो गई।

इसी पड़ाव पर मेरी खाला दौलत सुल्तान खानम के पास से काशगर से पत्र एवं उपहार जो उसने अपने भाई दौलत मुहम्मद द्वारा भेजे, प्राप्त हुए। उसी दिन बू खान तथा मूसा, जो दिलाजाक क़बीले के सरदार थे, राज–कर लाये और अभिवादन किया।

(११ सितम्बर)–रविवार १६ रमजान को क्रूजबेग उपस्थित हुआ।

(१४ सितम्बर)–बुधवार १६ रमज़ान को प्रस्थान करके हम लोग बूतखाक नदी पर से गुजरे और प्रथानुसार बूतखाक नदी पर उतर पड़े।

क्योंकि जबेग की विलायतें बामियान, काहमर्द, एवं गूरी ऊज़बेगों की विलायतों के समीप हैं अतः उसे इस सेना के साथ जाने से क्षमा कर दिया गया और इस पड़ाव से विदा करके वापिस जाने की अनुमति दे दी गई। मैने उसे एक पगड़ी, जिसे मैंने अपने सिर के लिए बनवाया था, प्रदान की और सिर से पांव तक के वस्त्र प्रदान किये।

(१६ सितम्बर)–शुक्रवार २१ रमजान को हम बादाम चश्मे पर उतरे।

(१७ सितम्बर)–दूसरे दिन हम लोग बारीक आव पर उतरे। मैं करातू की सैर करके शिविर में पहुंचा। इस पड़ाव पर एक वृक्ष से मधु उतारी गई।

(२० सितम्बर)–हम लोग २६ रमजान बुधवार तक निरन्तर यात्रा करते हुए बढ़ते गये और बागे वफ़ा में उतर पड़े।

(२१ सितम्बर)–बृहस्पतिवार को हम लोग. बाग़ में उतरे।

(२२ सितम्बर)–शुक्रवार को हम लोग पुनः रवाना हुए और सुल्तानपुर के आगे उतरे। आज के दिन शाह मीर हुसेन अपनी विलायत से आया। आज दिलाजाक के सरदार, बू खान तथा मूसा के अधीन उपस्थित हुए। मैंने यह योजना बनाई थी कि यूसुफ़ ज़ाइयों को सवाद में पराजित किया जाय किन्तु इन सरदारों ने मुझसे निवेदन किया कि हश नगर में बहुत बड़ा समूह उपस्थित है और वहां से अत्यधिक अनाज प्राप्त हो सकता है। वे लोग हश नगर की ओर प्रस्थान करने के विषय में बड़ा आग्रह कर रहे थे। परामर्श के उपरान्त निश्चय हुआ कि 'क्योंकि कहा जाता है कि हश नगर में बहुत अनाज है अतः वहां के अफ़ग़ान पराजित कर दिये जायेंगे तथा हश नगर एवं परशावर के किलों को सुव्यवस्थित कर दिया जायेगा। अनाज के एक भाग को उनमें एकत्र कर दिया जायेगा और वीरों का एक दल शाहमीर हुसेन के अधीन वहां नियुक्त कर दिया जायेगा। शाहमीर हुसेन की सुविधा हेतु उसे १५ दिन का अवकाश दे दिया गया और एक निश्चित स्थान का पता बता कर

आदेश दे दिया गया कि वहां वह तैयारी करके अपनी विलायत से पहुंच जाये।

(२३ सितम्बर)–दूसरे दिन प्रस्थान करके हम लोग जूयेशाही पहुंचे और वहां उतर पड़े।इस पड़ाव पर तींगरी बीरदी तथा सुल्तान मुहम्मद दूल्दाई हमारे पास पहुंच गये। आज हमज़ा भी कून्दूज़ से आया।

(२५ सितम्बर)––रविवार रमज़ान मास के अन्तिम दिन हम लोग जूयेशाही से रवाना हुए और कीरीक आरीक़ में उतरे। मैं अपने कुछ विश्वासपात्रों सहित नौका द्वारा रवाना हुआ। ईद के चन्द्रमा के उसी स्थान पर दर्शन हुए। लोग नूर घाटी से कुछ पशुओं पर मदिरा लदवाकर लाये थे। सायंकाल की नमाज़ के उपरान्त मदिरापान की गोष्ठी आयोजित हुई। मुहिब अली कूरची, ख्वाजा मुहम्मद अली किताबदार, शाहबेग का शाह हसन, सुल्तान मुहम्मद दूल्दाई तथा दरवेश मुहम्मद सारबान, जिसने उस समय मदिरापान से तोबा कर ली थी, उपस्थित थे। मैंने अपनी बाल्यावस्था से यह नियम बना रखा था कि किसी को ज़बरदस्ती मदिरा न पिलाई जाय। दरवेश मुहम्मद प्रत्येक गोष्ठी में उपस्थित रहता था और मैं उससे कोई आग्रह न करता था किन्तु ख्वाजा मुहम्मद अली ने जबरदस्ती करके उसे मदिरा पिलाई।

(२६ सितम्बर)–सोमवार को ईद की प्रातःकाल हम लोग रवाना हो गये और मार्ग में थकावट मिटाने के लिये माजून का सेवन किया। जिस समय हम उसके नशे में थे तो हमारे पास एक खुंतुल[1] लाया गया। दरवेश मुहम्मद ने इस प्रकार का खुंतुल कभी न देखा था। मैंने कहा यह हिन्दुस्तान का तरबूज़ है। उसे काट कर मैंने उसका एक टुकड़ा उसे दिया। उसने तत्काल उसमें से थोड़ा सा अपने मुंह से काटा। इसके प्रभाव से उसके मुंह से रात के पूर्व कड़वाहट न गई। गरम चश्में के ऊपर हम लोग एक टीले पर उतर पड़े। यहां जिस समय लंगर खां अपने स्थान से लौटकर कुछ समय उपरान्त वापस पहुंचा तो ठंडा मांस हमारे समक्ष प्रस्तुत किया जा रहा था। वह उपहार–स्वरूप एक घोड़ा तथा कुछ माजून लाया। वहां से रवाना होकर हम यदाबीर में उतरे और मध्याह्नोपरान्त की दूसरी नमाज के समय एक नौका पर सवार हुए और दो मील तक फिर बढ़ते चले गये। तदुपरान्त उससे उतर पड़े।

(२७ सितम्बर)––दूसरे दिन प्रातःकाल वहां से रवाना होकर हम लोग खैबर दर्रे पर उतरे। आज सुल्तान बायज़ीद हमारे विषय में सुन कर बारा मार्ग से होता हुआ आया। उसने निवेदन किया कि "अफ़रीदी अफ़ग़ान लोग बारा में अपने असबाब तथा परिवार सहित पड़ाव किये हुए हैं और उन्होंने बहुत सा अनाज बों रखा है जोकि अभी खड़ा है।" हमारा उद्देश्य हश नगर के यूसुफ़ज़ाई अफ़ग़ानों पर आक्रमण करना था अतः हमने उसकी ओर कोई

[1] एक प्रकार का सेब जो बड़ा कड़वा होता है।

ध्यान न दिया। मध्याह्नोपरान्त की नमाज़ के समय ख्वाजा मुहम्मद अली के खेमे में मदिरापान की एक गोष्ठी आयोजित हुई। गोष्ठी के समय हमारे इस ओर आने का सविस्तार वर्णन लिखकर तीरह के सुल्तान के हाथ ख्वाजा कलां के पास बजौर भेज दिया गया। मैंने फ़रमान के हाशिये पर यह शेर लिख दियाः

शेर

"हे मन्द समीर उस सुन्दर मृग्णी से मधुर वाणी में कह दे,
तू ने हमारे सिर को पर्वत एवं वन में दे दिया है।"

(२८ सितम्बर)–प्रातःकाल दर्रे के उस पार से रवाना हो कर हम लोग खैबर के संकरे मार्ग पर पहुंचे और अली मस्जिद पर उतर पड़े। मध्याह्नोत्तर की नमाज के समय हम लोग पुनः सवार हुए और असबाब को अपने पीछे छोड़ दिया। आधी रात में हम काबुल नदी पर पहुंचे और वहां थोड़ी देर के लिये सो गये।

(२९ सितम्बर)–सूर्योदय के समय एक घाट मिल गया और हमने नदी उस घाट से पार की। हमारे करावलों[1] ने यह समाचार पहुँचाये कि अफ़ग़ान लोग हमारे विषय में सुनकर भाग खड़े हुए हैं। अतः हम लोग चल खड़े हुए और सवाद नदी पार करके अफ़ग़ानों के अनाज के खेतों में उतर पड़े। जितने अनाज की आशा थी उसमें से आधा, यहां तक कि चौथाई भी न प्राप्त हुआ। हश नगर के अभियान की योजना, जो अनाज के लिये बनाई गई थी, निरर्थक सिद्ध हुई। दिलाज़ाक अफ़ग़ान लोग, जिन्होंने इसके लिये आग्रह किया था, बड़े लज्जित हुए। हम लोग सवाद नदी पुनः पार कर के काबुल की दिशा में उतरे।

(३० सितम्बर)–दूसरे दिन प्रातःकाल सवाद नदी से प्रस्थान करके हमने काबुल नदी पार की और वहीं पड़ाव किया। जो बेग लोग परामर्श गोष्ठी में प्रस्तुत किये जाते थे, वे बुलाये गये और परामर्श के उपरान्त यह निश्चय हुआ कि "सुल्तान बायज़ीद ने जिन अफ़रीदी अफ़ग़ानों की चर्चा की है उन पर आक्रमण किया जाय। परशावर का किला भी सुव्यवस्थित कर दिया जाय और वहां से असबाब तथा अनाज एकत्र करके किले में रख कर क़िला किसी को सौंप दिया जाय।

इस पड़ाव पर हिन्दूबेग, कूचीन तथा ख्वास्त के मीरज़ादा लोग पहुंच गये । आज के दिन माजून का सेवन किया गया। इस गोष्ठी में दरवेश मुहम्मद सारबान, मुहम्मद कूकूल्दाश, गदाई तगाई तथा असस उपस्थित थे। बाद में शाह हसन को भी बुलवा लिया गया। भोजन के उपरान्त हम लोग मध्याह्नोत्तर की दूसरी नमाज़ के समय एक जाला पर सवार हो गये। हमने

---

[1] वे लोग जो शत्रुओं का पता लगाने के लिये भेजे जाते थे।

लंगर खां नीयाज़ाई को भी बुलवा लिया। सायंकाल की नमाज़ के समय हम लोग जाला में बैठ कर शिविर में पहुंचे।[1]

(१ अक्तूबर)–प्रातःकाल वहां से रवाना होकर काबुल नदी पर जो व्यवस्था की गई थी उसके अनुसार हमने जाम को पार किया और अली मस्जिद नदी के मुहाने पर पड़ाव किया।

बदख्शां के समाचार

सुल्तान अली तग़ाई के सेवक अबुल हाशिम ने हमारी सेवा में उपस्थित होकर निवेदन कियाः "अरफ़े की रात में मैं जयेशाही में बदख्शां के एक आदमी के साथ था। उसने मुझे बताया कि सुल्तान सईद खां बदख्शां पर आक्रमण करने के उद्देश्य से आया है। मैं इस कारण जूयेशाही से जामरूद होता हुआ पादशाह को यह समाचार पहुंचाने आया हूं।" इस बात पर बेग लोगों को बुलवाया गया और परामर्श किया गया। इस समाचार के अनुसार यह उचित ज्ञात न हुआ कि परशावर के किले में खाद्य सामग्री एकत्र की जाय अतः हम लोग बदख्शां जाने के उद्देश्य से पुनः रवाना हो गये। लंगर खां, मुहम्मद अली जंगजंग को सहायता देने के लिये नियुक्त हुआ। उसे एक खिलअत देकर जाने की अनुमति दे दी गई।

उस रात्रि में ख्वाजा मुहम्मद अली के खेमे में मदिरापान की एक गोष्ठी आयोजित हुई। दूसरे दिन हम लोग पुनः रवाना हुए और खैबर को पार करके दर्रे के नीचे उतर पड़े।

खिज्र खेल. अफ़ग़ान

(३ अक्तूबर)–खिज्र खेल अफ़ग़ानों ने बहुत सी अनुचित बातें की थीं। जब सेना इधर उधर प्रस्थान करती थी तो वे जो लोग पड़ाव किये रहते थे उनके घोड़ों को प्राप्त करने के लिए बाण चलाया करते थे। उन्हें दण्ड देना उचित एवं आवश्यक ज्ञात हुआ। यह योजना बनाकर. प्रातःकाल हम लोग दर्रे के नीचे से रवाना हो गये और अपने मध्याह्न का भोजन देहे गुलामान में किया। अपने घोड़ों को भोजन कराने के उपरान्त हम लोग मध्याह्नोत्तर की प्रथम नमाज़ के समय फिर रवाना हो गये।.

मुहम्मद हुसेन कूरची को शीघ्रातिशीघ्र काबुल की ओर यह आदेश देकर दौडाया गया कि जो खिज्र खेल वहां हैं उन्हें बन्दी अवस्था में रखा जाय तथा उनकी धन–सम्पत्ति का लेखा प्रस्तुत किया जाय इसके अतिरिक्त बदख्शां के जो भी समाचार प्राप्त हुए हों, उनका सविस्तार उल्लेख करे और किसी आदमी द्वारा उसे काबुल से मेरे पास तुरन्त भेज दे।

उस रात्रि में हम वहां से चल खड़े हुए और आधी रात तक यात्रा करते रहे। सुल्तानपूर के कुछ आगे उतरे और वहां थोड़ी देर सोकर हम लोग पुनः रवाना हो गये। खिज्र खेल के विषय में कहा जाता था कि वे बहार तथा मीच. ग्राम से करासू पहुंच गये हैं।

---

[1] ६ जिलहिज्जा, किन्तु यह असम्भव है; अतः सम्भवतः यह ईदुल फितर होगा।

(४ अक्तूबर)–प्रातःकाल होने के पूर्व ही पहुंच कर आक्रमण किया गया। खिज्र खेल अफ़ग़ानों का बहुत सा असबाब तथा उनके छोटे छोटे बच्चे सेना वालों को प्राप्त हो गये। कुछ लोग जो पर्वत के समीप थे, वहां भाग गये। उन्हें कोई हानि न पहुंचाई गई।

(५ अक्तूबर)–हम लोग कोलागू नामक पड़ाव पर उतरे और वहां तीतर पकड़े। आज के दिन पीछे से असबाब प्राप्त हो गया और हमने उसे उतरवाया। इस अभियान के कारण वजीरी अफ़ग़ान लोग, जिन्होंने इससे. पूर्व. कभी भी राज–कर न अदा किया था, तीन सौ भेड़ें लाये।

(६ अक्तूबर)–मैंने हाथ उखड़ जाने के कारण अभी तक कुछ न लिखा था। यहां १४ शव्वाल को मैंने कुछ लिखा।

(१० अक्तूबर)–दूसरे दिन खिरिलची तथा समू खेल अफ़ग़ानों के सरदार उपस्थित हुए। दिलाजाक अफ़ग़ानों ने उन्हें क्षमा करने का आग्रह किया। हमने उन्हें क्षमा करके मुक्त कर दिया और ४००० भेडें राज–कर के रूप में निर्धारित की। उनके सरदारों को चुगे[1] प्रदान किये गये और मुहसिल[2] नियुक्त किये गये।

(१३ अक्तूबर)–जब यह निश्चय हो चुका तो हम लोग बृहस्पतिवार १८ शव्वाल को बहार तथा मीच ग्राम में उतरे।।

(१४ अक्तूबर)–दूसरे दिन मैं बागे वफ़ा में पहुंचा। उस समय उद्यान अपनी रमणीयता को चरम सीमा पर था। उसकी घास मखमल के समान बिछी हुई थी। उसके अनार अत्यन्त सुन्दर एवं पीले थे। फल पक कर लाल हो चुके थे। नारंगियां बहुत बड़ी संख्या में लगी हुई थीं किन्तु वे सब की सब हरी थीं और जैसी हम चाहते थे वैसी कोई भी पीली न थी। अनार अत्यन्त उत्तम थे. किन्तु विलायत[3] के अनारों के समान न थे। बागेवफ़ा से सबसे अधिक और उत्तम लाभ जो हम प्राप्त कर सकते थे वह इसी समय था। हम वहां ३–४ दिन रहे । इस बीच में पूरे शिविर को बहुत बड़ी संख्या में अनार प्राप्त हुए।

(१७ अक्तूबर)–हम लोग सोमवार को उद्यान से रवाना हो गये। मैं पहले पहर तक वहां ठहरा रहा और नारंगियों का वितरण किया। दो वृक्षों के फल शाह हसन को प्रदान कर दिये। बहुत से बेगों को १–१ वृक्ष के फल प्रदान किये गये। कुछ लोगों में से दो दो व्यक्तियों के बीच में १–१ वृक्ष दिया गया। क्योंकि हम लोग शीत ऋतु में लमग़ान को सैर करना चाहते थे अतः मैंने आदेश दिया कि हौज़ के समीप कम से कम २० वृक्षों को सुरक्षित रखा जाय। उस दिन हम लोग गन्डमक पर ठहरे।।

---

[1] तून।

[2] कर वसूल करने वाले।

[3] सम्भवतः काबुल तूमानः ।

(१८ अक्तूबर)–दूसरे दिन हम जगदालीक में ठहरे। सायंकाल की नमाज के समय मदिरापान को एक गोष्ठी आयोजित हुई जिसमें घर के सभी सैनिक उपस्थित थे। थोड़ी देर उपरान्त कासिम बेग की बहिन का पुत्र गदाई बेहजत बुरी तरह बकने लगा और नशे में मेरे तकिये के निकट लुढ़क गया। गदाई तगाई उसे इस गोष्ठी से उठा कर ले गया।

(१६ अक्तूबर)–उस पड़ाव से दूसरे दिन प्रस्थान कर के मैं बारीक आब की घाटी की तलहटी के ऊपर करकसाई की सैर करने को गया। कुछ वृक्ष पतझड़ की बड़ी ही सुन्दर अवस्था में थे। पड़ाव करने पर मौसम के फल प्रस्तुत किये गये। मदिरापान हुआ, मार्ग से एक भेड़ को लाने का आदेश दिया गया जिसके कबाब तैयार किये गये। विलूत लकड़ी जलाकर हम लोगों ने आनन्द मनाया।

मुल्ला अब्दुल मलिक दीवाना ने आग्रह किया कि वह हमारे पहुंचने के समाचार काबुल पहुंचाना चाहता है अतः उसे आगे भेज दिया गया। इस स्थान पर मीर्जा खान के पास से हसन नबीरा उपस्थित हुआ। वह मुझे सूचना देने के उपरान्त आया होगा। सूर्यास्त के समय तक मदिरापान होता रहा तदुपरान्त हम सवार हो गये। जो लोग हमारे साथ थे वे बुरी तरह नशे में बदमस्त थे। सैयिद कासिम इतना बदमस्त था कि उसके दो सेवक उसे घोड़े पर बैठा कर उसके शिविर में बड़ी कठिनाई से ले गये। मुहम्मद बाक़िर दोस्त ने इतनी मदिरा पी ली थी कि अमीन मुहम्मद तरखान तथा मस्ती चुहरा के आदमी उसे घोड़े पर सवार न कर सके। जब उसके ऊपर पानी डाला जाता था तो भी उसके ऊपर कोई प्रभाव न होता था। उसी समय अफ़ग़ानों का एक समूह उपस्थित हुआ। अमीन मुहम्मद, जिसने स्वयं पर्याप्त मदिरा पी रखी थी, ने आग्रह किया कि "उसे इस स्थान पर जहां, वह शत्रुओं द्वारा बन्दी बना लिया जायेगा, छोड़ने के बजाय यह अच्छा होगा कि उसके सिर को हम लोग काट कर ले जायं।" बड़ी कठिनाई से उसे सवार कर के लोग लाये। हम लोग आधी रात में काबुल पहुंचे।

काबुल की घटनाएं

दूसरे दिन प्रातःकाल कुली बेग मेरी सेवा में उपस्थित हुआ। वह सुल्तान सईद खां के पास मेरा दूत बन कर काशगर गया था। उसके साथ साथ बीशका मीर्जा इटारची मेरे पास दूत के रूप में आया। वह उस देश को उत्तम वस्तुए उपहार स्वरूप मेरे पास लाया।

(२५ अक्तूबर)–बुधवार १ जीक़ाद को मैं अकेला काबिल के मकबरे में गया और वहां प्रातःकाल व्यतीत की। मेरे साथी बाद में १–१, २–२ कर के आते रहे। जब सूर्य बहुत गरम हो गया तो हम लोग बनफ़शे के बाग़ में पहुंचे और वहां हौज़ के किनारे मदिरापान किया। दोपहर हो जाने के कारण हम लोग सो गये। मध्याह्नोपरान्त की प्रथम नमाज के समय हम लोगों ने पुनः मदिरापान किया। इस

गोष्ठी में मैंने तींगरी, कुली बेग तथा महदी को, जिन्हें इससे पूर्व मदिरा न दी गई थी, मदिरा पिलाई। सोने की नमाज़ के समय मैं हमाम[1] में पहुंचा जहां रात्रि में ठहरा रहा।

(२६ अक्तूबर)—बृहस्पतिवार को हिन्दुस्तानी व्यापारियों को खिलअतें प्रदान की गई। यहया नोहानी उनका सरदार था। वे विदा कर दिये गये।

(२८ अक्तूबर)—शनिवार ४ जीक़ाद को एक खिलअत तथा उपहार बीशका मी को, जो काशग़र से आया था, प्रदान किये गये और उसे बिदा कर दिया गया।

(२६ अक्तूबर)—रविवार को चारबाग के फाटक के समक्ष छोटी चित्रशाला में मदिरापान को गोष्ठी आयोजित हुई। यद्यपि यह स्थान बड़ा छोटा है किन्तु यहां १६ व्यक्ति उपस्थित थे।

कोहदामन की सैर

(३० अक्तूबर)—आज हम लोग शरद्—काल का आनन्द उठाने के लिये इस्तालीफ़ की ओर गये। इसी दिन हमने माजून खाने का पाप किया। अत्यधिक वर्षा हुई। अधिकांश बेग तथा घर वाले मेरे खेमे में आ गये जोकि बागे कलां के बाहर था।

(३१ अक्तूबर)—दूसरे दिन उसी बाग़ में मदिरापान की एक गोष्ठी हुई जो रात तक चलती रही।

(१ नवम्बर)—पौ फटने के समय हम लोगों ने प्रातःकाल का नशा[2] खाया और अधिक नशा हो जाने के कारण सो गये। मध्याह्न की नमाज़ के समय इस्तालीफ़ से रवाना हो गये। मार्ग में माजून का सेवन किया गया। मध्याह्नोत्तर की दूसरी नमाज़ के समय हम लोग बेहज़ादी पहुंच गये। शरद काल की फ़सलें बड़ी सुन्दर थीं। जिस समय हम लोग उसका आनन्द उठा रहे थे तो बहुत से लोग, जिन्हें मदिरापान की लत थी, मदिरापान के लिये आग्रह करने लगे। शरद्—काल की फ़सलों का रंग बड़ा ही रमणीक था। यद्यपि माजून का सेवन हो चुका था, फिर भी वृक्ष के नीचे बैठ कर मदिरा पी गई। सोने की नमाज के समय तक गोष्ठी चलती रही। खलीफ़ा का मुल्ला महमूद भी पहुंच गया। हमने उसे भी गोष्ठी में बुलवा लिया। अब्दुल्लाह ने बहुत अधिक मदिरा पी ली थी। खलीफ़ा के विषय में एक (बुरा) शब्द कहा गया। अब्दुल्लाह, मुल्ला महमूद को भूल गया और उसने यह पंक्ति पढ़ी :

'जिसे भी तुम जांचोगे, उसे इसी घाव से पीड़ित पाओगे।

मुल्ला महमूद मदिरा पिये हुये न था। उसने अब्दुल्लाह की उस पंक्ति के पढ़ने पर निन्दा की। अब्दुल्लाह होश में आ गया। उसे बड़ी चिंता हुई और

---

[1] गरम स्नानागार।

[2] माजूनं ।

तदुपरान्त वह बड़ी मीठी मीठी बातें करने लगा। शरद–काल की सैर समाप्त कर के हम लोग सायंकाल की नमाज़ के समय चारबाग़ में उतरे।

(१२ नवम्बर)––शुक्रवार १६ को बनफ़शे के बाग़ में अपने कुछ विश्वासपात्रों सहित माजून का सेवन कर के हम लोग एक नौका में पहुंचे। हुमायूं तथा कामरान बाद को हमारे पास पहुंच गये। हुमायूं ने एक बत्तख पर बड़ा अच्छा निशाना लगाया।

मदिरापान की एक गोष्ठी

(१४ नवम्बर)––शनिवार १८ ज़ीक़ाद को आधी रात के समय मैं चारबाग़ से रवाना हुआ। रात के पहरेदार एवं साईस को वापस कर दिया। मुल्ला बाबा के पुल को पार करके दीऊरीन के संकरे मार्ग द्वारा कूश नादिर तथा बाजारों में से होता हुआ, खिर्स खाने के पीछे से सूर्योदय के समय तरदी बेग खाकसार के कारेज में पहुंचा।

तरदी बेग मेरे विषय में सुनकर शीघ्रातिशीघ्र मेरी सेवा में उपस्थित होने के लिये लपका। तरदी बेग की दरिद्रता प्रसिद्ध थी। मैं अपने साथ एक सौ शाहरुखियां ले गया था। मैंने उसे शाहरुखियां[1] देकर मदिरा लाने तथा अन्य वस्तुएं प्रस्तुत करने के लिये आदेश दिया कारण मैं एकान्त में बिना किसी रोकटोक के मदिरापान करना चाहता था। वह बेहज़ादी की ओर मदिरा हेतु चला गया। मैंने अपना घोड़ा उसके दास के हाथ घाटी की तलहटी में भेज दिया और एक उतार के ऊपर कारेज़ के पीछे बैठ गया। प्रथम पहर[2] में तरदी बेग घड़ा भर मदिरा लाया। हम लोग बारी बारी मदिरा पीते रहे। उसके उपरान्त मुहम्मद कासिम बरलास तथा शाहजादा, जिन्हें उसके मदिरा लाने का ज्ञान हो गया था, उसके पीछे पीछे पहुंचे। उन्हें मेरे विषय में कोई कल्पना न थी। हमने उन्हें भी उस गोष्ठी में बुलवा लिया। तरदी बेग ने कहा "हुलहुल अनीगा आपके साथ मदिरापान करना चाहती है।" मैंने कहा कि, "मैंने कभी किसी स्त्री को मदिरापान करते हुए नहीं देखा है; उसे बुलाओ।" हमने शाही नामक एक कलन्दर को भी तथा कारेज के एक आदमी को, जो रबाब अच्छा बजा लेता था, बुलवाया। सायंकाल की नमाज के समय तक कारेज के पीछे एक पुश्ते पर मदिरापान होता रहा। तदुपरान्त हम लोग तरदी बेग के घर पहुँचे और दीपक के प्रकाश में लगभग सोने की नमाज़ के समय तक मदिरापान करते रहे। यह गोष्ठी बड़े स्वतंत्र रूप से आयोजित हुई और इसमें कोई भी दिखावा न था। मैं लेट गया। अन्य लोग दूसरे घर में चले गये और वहां नक्कारा बजने[3] तक मदिरापान करते रहे। हुलहुल अनीगा आ गई और मुझे बहुत परेशान किया। मैंने अपने आपको इस प्रकार नीचे गिरा दिया मानो मैं अत्यधिक मदिरापान कर गया हूँ और उससे मुक्त हो गया। मेरी यह इच्छा थी कि मैं किसी को पता न चलने दूं और अस्तरग़च

---

[1] ५ पौंड।

[2] ६ बजे प्रातः।

[3] आधी रात तक।

अकेला चला जाऊं किन्तु यह सम्भव न हो सका कारण कि लोगों को इस बात का पता चल गया। अन्ततोगत्वा मैं नक्कारा बजने पर तरदी बेग तथा शाहजादे को सूचना देकर रवाना हो गया। हम तीनों सवार होकर अस्तरग़च की ओर रवाना हुए।

(१५ नवम्बर)–हम लोग प्रातःकाल की अनिवार्य नमाज़ के समय इस्तालीफ़ के नीचे ख्वाजा हसन पहुँच गये और थोड़ी देर के लिये उतर पड़े। माजून का सेवन करके शरद्–काल का आनन्द उठाने चल दिये। जब सूर्य चढ़ गया तो हम लोग इस्तालीफ़ के एक बाग़ में उतर पड़े और वहां अंगूरों का सेवन किया। अस्तरगच के अधीनस्थ ख्वाजा शिहाब नामक स्थान पर हम लोग सो गए। आता अमीर आखूर का घर वहीं कहीं निकट होगा कारण कि हमारे जागने के पूर्व वह भोजन तथा एक घड़ा भर मदिरा ले आया था। मदिरा बड़ी ही उत्तम थी। कुछ प्याले पीकर हम लोग सवार हो गये। हम फिर एक उद्यान में, जो शरद–काल के कारण बड़ा रमणीक हो गया था, उतरे। वहां एक गोष्ठी आयोजित हुई जहां ख्वाजा मुहम्मद अमीन भी हमारे पास पहुंच गया। सोने की नमाज के समय तक मदिरापान होता रहा। उस दिन तथा रात्रि में अब्दुल्लाह, असस, नूर बेग तथा यूसुफ़ अली सब काबुल से आ गये।

(१६ नवम्बर)– प्रातःकाल भोजन करके हम लोग फिर सवार हो गये और अस्तरग़च के नीचे वागे पादशाही की सैर की। वहां एक छोटे से सेब के वृक्ष ने शरद–काल का बडा ही उत्तम रंग धारण कर लिया था। प्रत्येक शाखा पर. ५–६ पत्तियां एक पंक्ति में लगी थीं। वह वृक्ष इतना सुन्दर बन गया था कि यदि कोई चित्रकार उसका चित्र बनाना चाहता तो भी उसे यह सम्भव न था। अस्तरगच से रवाना होकर हमने ख्वाजा हसन में भोजन किया और सायंकाल की नमाज के समय बेहज़ादी पहुंच गये। वहां हमने ख्वाजा मुहम्मद अमीन के सेवक इमाम मुहम्मद के घर में मदिरापान किया।

(१७ नवम्बर)–दूसरे दिन मंगलवार को हम काबुल के चारबाग में पहुँचे।

(१८ नवम्बर)–बृहस्पतिवार २३ ज़िलहिज्जा को प्रस्थान करके हम लोग किले में प्रविष्ट हुए।

(१६ नवम्बर)–शुक्रवार को मुहम्मद अली, जो हैदर रिकाबदार का पुत्र था, एक तूईगून[1], जो उसने पकड़ा था, उपहार स्वरूप लाया।

(२० नवम्बर)–शनिवार २५ ता० को एक गोष्ठी चुनार के उद्यान में आयोजित हुई। वहां से मैं सोने के समय की नमाज़ के वक्त सवार होकर रवाना हुआ। सैयिद कासिम ने पिछले अपराधों के प्रति लज्जा प्रकट की। हम लोग उसके घर उतरे और कुछ प्याले पिये।

(२४ नवम्बर)–बृहस्पतिवार १ जिलहिज्जा को ताजुद्दीन महमूद कन्धार से मेरी सेवा में उपस्थित हुआ।

---

[1] सफ़ेद बाज।

(१२ दिसम्बर)–सोमवार १६ मुहर्रम को मुहम्मद अली जंगजंग नीलाब से आया।

(१३ दिसम्बर)––मंगलवार को संगर खां जनजूहा भीरा से आकर मेरी सेवा में उपस्थित हुआ।

(१६ दिसम्बर)–शुक्रवार २३ जिलहिज्जा को मैंने अली शेर बेग के चार दीवानों से जिन अशआर[1] का चयन किया था, उनकी नक़ल समाप्त की।

(२० दिसम्बर)–मंगलवार २७ ता० को किले में एक गोष्ठी आयोजित थी। उसमें यह आदेश हुआ कि यदि कोई नशे में बदमस्त होकर चला जाय तो उसे पुनः गोष्ठी में प्रविष्ट न होने दिया जाय।

(२३ दिसम्बर)––शुक्रवार ३० ज़िलहिज्जा को हम लोग लमग़ान की सैर के लिये रवाना हो गये।

---

[1] शेर का बहुवचन।

९२६ हि०
(२३ दिसम्बर १५१९ ई०—१२ दिसम्बर १५२० ई०)

कोहदामन तथा कोहिस्तान की सैर

(२३ दिसम्बर)–शनिवार १ मुहर्रम को हम लोग ख्वाजा सेहयारान नामक स्थान पर पहुंच गये। एक जल–धारा के तट पर, उस स्थान पर जहां वह पर्वत से निकलती है, मदिरापान की गोष्ठी हुई।

(२४ दिसम्बर)–दूसरे दिन प्रातःकाल सवार होकर हम लोगों ने रेगे रवां की सैर की। सैयिद क़ासिम बुलबुल के मकान में मदिरापान को गोष्ठी आयोजित हुई।

(२५ दिसम्बर)–वहां से प्रस्थान करके हम लोगों ने माजून का सेवन किया और आगे बढ़ कर बिलकिर में पड़ाव किया।

(२६ दिसम्बर)–प्रातःकाल हम लोगों ने सुबह के नशे[1] का सेवन किया, यद्यपि रात में मदिरापान हो चुका था। मध्याह्न की नमाज के समय हम लोग रवाना हो गये और दूरनामा में पड़ाव करके मदिरापान की गोष्ठी आयोजित की।

(२७ दिसम्बर)–हम लोगों ने जल्दी सुबह की सैर कर ली।[2] दूरनामा के सरदार हक़दाद ने अपना बाग़ पेशकश के रूप में प्रस्तुत किया।

(२८ दिसम्बर)–वहां से बृहस्पतिवार को रवाना होकर हम लोग निजअऊ में ताजीकों के ग्राम में उतरे।

(२९ दिसम्बर)–शुक्रवार को हम लोग चेहलकुलबा तथा बारान नदी के बीच में शिकार खेलते रहे। बहुत से हिरन मारे गये। जिस समय से मेरे हाथ में चोट लगी थी, मैंने बाण न चलाया था। इस समय मैंने एक लचीले धनुष से एक मृग के कूल्हे पर बाण मारा। बाण खाल में आधा घुस गया। शिकार से लौटकर मध्याह्नोत्तर की दूसरी नमाज के समय हम लोग निज्रअऊ पहुंच गये।

(३० दिसम्बर)–दूसरे दिन निज्रअऊ वालों का राज–कर, जो ६० मिस्काल सोना[3] निश्चित हुआ था, प्राप्त हुआ।

(१ जनवरी १५२० ई०)–सोमवार को हम लोग लमग़ान की सैर के उद्देश्य से रवाना हुए। मुझे आशा थी कि हुमायूं हमारे साथ चलेगा किन्तु जब ऐसा ज्ञात हुआ कि वह ठहरना चाहता है तो कूरा दर्रे से उसे वापस जाने की अनुमति दे दी गई। हम लोग बढ़ते चले गये और बद्रअऊ में पड़ाव किया।

---

[1] माजून।

[2] सम्भवतः माजून का सेवन कर लिया।

[3] अर्सकिन के अनुमान के अनुसार ४० पौंड।

लमग़ान की सैर

हम लोग वहां से सवार होकर ऊलूगनूर पहुंचे। वहां मछेरों ने बारान नदी से मछलियां पकड़ीं। मध्याह्नोपरान्त की दूसरी नमाज़ के समय हम लोग नौका छोड़कर खेमे में पहुंचे तब भी मदिरा पी गई। सायंकाल की नमाज के समय हम नौका से वापस आ गये और एक खेमे में बैठ कर मदिरा पी गई।

हैदर पताका की देख रेख करने वाले को दावर से काफ़िरों के पास भेजा गया था। बहुत से काफ़िर सरदार बादेपोच दर्रे के नीचे उपस्थित हुए और कई मशकों में मदिरा लाये तथा अभिवादन किया। उस दर्रे को पार करते समय.......[1] आश्चर्यजनक संख्या में देखे गये।

दूसरे दिन एक नौका पर सवार होकर हम लोगों ने माजून का सेवन किया। बूलान के नीचे उतर कर हम लोग शिविर में पहुँच गये। वहां दो नावें थीं।

(५ जनवरी)–शुक्रवार १४ मुहर्रम को प्रस्थान करके हम लोगों ने मन्दरावर के नीचे पहाड़ी के दामन में पड़ाव किया। वहां एक मदिरापान की गोष्ठी आयोजित हुई।

(६ जनवरी)–शनिवार को हम लोग दरूता के संकरे मार्ग से नौका द्वारा रवाना हुए और जहांनुमा के कुछ ऊपर उतरे तथा अदीनापूर के समक्ष बागे वफ़ा में पहुंच गए। जब हम नौका से उतर रहे थे तो नीनगनहार का हाकिम क़य्याम ऊरदू शाह उपस्थित हुआ और उसने अभिवादन किया। लंगर खां नीयाजाई कुछ समय से नीलाब में था। वह मेरी सेवा में मार्ग में उपस्थित हुआ। हम लोग बागे वफ़ा में उतर पड़े। वहां की नारंगियां बड़े सुन्दर पीले रंग की हो गई थी। वहां की बहार बड़ी उन्नति पर तथा बड़ी आकर्षक थी। हम लोग वहां ५–६ दिन ठहरे रहे।

मेरी यह इच्छा थी कि मैं चालीस वर्ष की अवस्था में पहुंच कर मदिरापान त्याग दूं। क्योंकि अब केवल एक वर्ष ही रह गया था अतः मैं अत्यधिक मदिरापान करने लगा था।

(७ जनवरी)–रविवार १६ मुहर्रम को प्रातःकाल के नशे के सेवन के बाद मैंने मदिरापान न किया। मुल्ला यारक ने एक नक्श[2] जो मुखम्मस[3] में तैयार किया था, प्रस्तुत किया। मैं माजून खाता रहा। उसने बड़ा ही सुन्दर नक्श प्रस्तुत किया। मैंने इन बातों की ओर बहुत समय से ध्यान न दिया था। मैं भी चारगाह बहर[4] में नक्श की रचना की ओर प्रेरित हो गया। इसका उल्लेख बाद में किया जायगा।

---

[1] यह शब्द स्पष्ट नहीं।

[2] एक प्रकार का संगीत ।

[3] वह नज़्म जिसके प्रत्येक बन्द में पांच–पांच मिसरे हों।

[4] एक प्रकार का संगीत का वजन (छन्द)।

(१० जनवरी)—–बुधवार (१६ मुहर्रम) को जब हम लोग प्रातःकाल के नशे का सेवन कर रहे थे तो यह बात मज़ाक़ में कही गई कि जो कोई ताजीकों के समान गाना गा ले वह एक प्याला पिये। इस प्रकार बहुत से लोगों ने पिया। सुन्नत के समय[1] फिर, जब कि हम चुनार के वृक्षों के बीच में बैठे हुए थे यह कहा गया कि जो कोई तुर्कों के समान गाना गा ले वह एक प्याला पिये। इस प्रकार भी बहुत से लोगों ने पिया। जब सूर्य बहुत चढ़ गया तो हमने हौज़ के किनारे नारंगी के वृक्षों के नीचे मदिरा पी।

(११ जनवरी)—दूसरे दिन २० मुहर्रम को हम दरुता से एक नौका पर सवार हुए। सूयेशाही के नीचे उतर पड़े और अतर की ओर चले गये।

वहां से हम नूर घाटी की ओर रवाना हुए और सौसन ग्राम तक पहुंचे। वहां से वापस होकर हम लोग अमला में उतरे।

(१४ जनवरी)—क्योंकि ख्वाजा कलां ने बजौर को अच्छी दशा में कर दिया था और इस कारण कि वह मेरा मित्र था, मैंने उसे बुलवाया और बजौर को शाह मीर हुसेन को सौंप दिया। शनिवार २२ मुहर्रम को शाह मीर हुसेन को बिदा कर दिया गया। उस दिन अमला में हमने मदिरापान किया।

(१५ जनवरी)—२३ मुहर्रम को वर्षा होती रही। जब हम लोग कनार में स्थित कला ग्राम में पहुंचे जहां मलिक अली का घर है तो हम वहां उसके मंझले पुत्र के घर में, जोकि एक सन्तरे के बाग़ के सामने था, उतर पड़े। हम वर्षा के कारण बाग में न गये अपितु जहां थे वहीं मदिरापान करते रहे। वर्षा अधिक हो रही थी। मैंने मुल्ला अली खां को एक ताबीज़, जो मैं जानता था, सिखाया। उसने उसे चार कागज के टुकड़ों पर लिखकर चार ओर लटका दिया। उसके ऐसा करने पर वर्षा रुक गई और आसमान साफ़ होने लगा।

(१६ जनवरी)—प्रातःकाल २४ मुहर्रम को हम लोग एक नौका पर सवार हुए। दूसरी नौका पर बहुत से अन्य वीर सवार हुए। बजौर, सवाद, कूनार तथा उसके आसपास के लोग एक प्रकार की बीर बूज़ा[2] बनाते हैं जिसके उबाल को वे लोग "कोम" कहते हैं। यह कीम वे लोग जड़ी–बूटियों तथा बहुत सी साधारण वस्तुओं से, जोकि रोटी के समान होती हैं और जिन्हें सुखाकर रख लिया जाता है, बनाते हैं। कुछ प्रकार की बीर बूज़ा बड़ी ही तेज़ होती हैं किन्तु वे कड़वी और उनका स्वाद बड़ा खराब होता है। हमने मदिरा पीना निश्चय किया था किन्तु उसकी कड़वाहट को सोचकर माजून के सेवन को ही प्राथमिकता दी। असस, हसन, ईकिरिक तथा मस्ती, जो दूसरी नौका पर थे, को आदेश दिया गया कि वे उसमें से थोड़ी सी मदिरा पी लें। वे उसे पीकर असावधान हो गये। हसन ईकिरिक ने बड़ा शोर मचाया। असस अत्यधिक नशे में ऐसी बुरी बुरी बातें करने लगा जिससे हमें बड़ा कष्ट

---

[1] प्रातःकाल सूर्योदय के उपरान्त ।

[2] एक प्रकार की मदिरा।

हुआ। मैंने यह सोचा कि उन लोगों को नदी के उस पार कर दिया जाय किन्तु कुछ अन्य लोगों ने उनकी सिफ़ारिश की।

मैंने ख्वाजा कलां को उस समय बुलवाया था और बजौर को शाह मीर हुसेन को प्रदान कर दिया था। इसका क्या कारण था? ख्वाजा कला मित्र था, वह बजौर में बहुत समय तक रह चुका था। इसके अतिरिक्त बजौर का कार्य बड़ा ही सरल था।

कूनार नदी के घाट पर शाह मीर हुसेन बजौर जाते हुए मुझसे मार्ग में मिला। मैंने उसे बुलवा कर उससे कुछ कठोर बातें की और उसे विशेष कवच प्रदान करके विदा कर दिया।

नूरगल के समक्ष एक वृद्ध ने, जो लोग नौका पर थे उनसे, भिक्षा मांगी। सभी ने कुछ न कुछ दियाः चुगे, पगडियां, नहाने के वस्त्र इत्यादि। वह बहुत सा सामान ले गया।

बीच धारा में एक बुरे स्थान के ऊपर नौका टकरा गई और बड़े जोर का धक्का लगा। लोग बड़ी चिन्ता में पड़ गये। नाव डूबी नहीं किन्तु मीर मुहम्मद नाविक जल में गिर पड़ा। हम उस रात्रि में अतर के समीप रहे।

(१७ जनवरी)–मंगलवार २५ मुहर्रम को हम लोग मन्दरावर पहुंचे। कूतलूक क़दम तथा उसके पिता ने क़िले के भीतर एक गोष्ठी आयोजित की थी। यद्यपि इस स्थान में कोई आकर्षण न था किन्तु उसे प्रसन्न करने के लिये थोड़े से मदिरा के प्याले पिये गये। मध्याह्नोत्तर की दूसरी नमाज के समय हम लोग शिविर में पहुंच गये।

(१८ जनवरी)–बुधवार २६ मुहर्रम को हम लोग किन्दकिर झरने की सैर को गये। किन्द–किर मन्दरावर तूमान के अधोनस्थ एक गांव है। लमग़ानात में यही एक ऐसा गांव है जहां खजूरें होती हैं। यह पहाड़ के आंचल में ऊंचाई पर स्थित है। खजूर के उद्यान पूर्व की ओर हैं। खजूरों के उद्यान के एक ओर कुछ दूरी पर एक झरना है। झरने के उद्‌गम स्थान के ६ या ७ गज़ नीचे लोगों ने स्नान हेतु आड़ करने के लिये इस प्रकार पत्थर ढेर कर दिये हैं कि हौज़ का जल इतना ऊँचा उठ गया है कि वह नहाने वालों के सिर पर गिरता है। वह जल बड़ा ही हलका है। शीत ऋतु में उससे बड़ा जाड़ा लगता है किन्तु यदि कोई उसमें ठहरा रहे तो बड़ा अच्छा लगने लगता है।

(१९ जनवरी)–बृहस्पतिवार २७ मुहर्रम को शेर खां तरकलानी ने हमें अपने घर उतरवाया और हमारी दावत की। मध्याह्नोपरान्त की नमाज़ के समय हम लोग सवार होकर रवाना हुए। मछली के तालाबों से जैसा कि उल्लेख इससे पूर्व हो चुका है उस प्रकार मछलियां पकड़ी गईं।

(२० जनवरी)–शुक्रवार २८ मुहर्रम को हम लोग ख्वाजा मीर मीरान के ग्राम के समीप उतर पड़े। सायंकाल की नमाज के समय वहां एक गोष्ठी आयोजित हुई।

(२१ जनवरी)–शनिवार २६ मुहर्रम को हम अली शंग तथा अलंगार के मध्य में पहाड़ियों में शिकार खेलते रहे। अली शंग के एक ओर एक शिकार का घेरा बनाया गया था दूसरा अलंगार की ओर। हिरन पहाड़ी के उतार की ओर हँकाये गये और बहुत से मार डाले गये। शिकार से लौट कर हम लोग अलंगार के मलिकों से सम्बन्धित एक उद्यान में उतर पड़े और वहां एक गोष्ठी[1] आयोजित की।

मेरा सामने का एक दांत आधा टूट गया था, आधा बच रहा था। आज जब कि मैं भोजन कर रहा था तो वह भी आधा टूट गया।

(२२ जनवरी)–१ सफ़र को प्रातःकाल हम लोग सवार होकर रवाना हो गये और मछली पकड़ने के लिये एक जाल डलवाया। मध्याह्न के समय हम लोग अली शंग पहुंचे और एक उद्यान में मदिरापान किया।

(२३ जनवरी)–दूसरी सफ़र को अली शंग के मलिक हमजा खां को किसास[2] के लिये सौंपा गया। उसने एक निरपराधी की हत्या कराने का अपराध किया था अतः इस कारण उसे दंड दिया गया।

(२४ जनवरी)–मंगलवार को कुरान के एक अध्याय का पाठ करके हम लोग यान बूलाग़ मार्ग से काबुल की ओर रवाना हो गये। मध्याह्नोत्तर की दूसरी नमाज के समय ऊलाग़नूर से हमने बारान नदी पार की और सायंकाल की नमाज के समय करातू पहुंच गये। वहां हमने अपने घोड़ों को दाना खिलाया और शीघ्रातिशीघ्र भोजन करके जैसे ही घोड़े जौ खा चुके, रवाना हो गये।[3]

---

[1] सम्भवतः मदिरा–पान की।

[2] खून के बदले में खून।

[3] यहाँ से आगे किसी भी हस्तलिखित पोथी में कोई वर्णन नहीं। सम्भवतः यह वर्णन नष्ट हो गया कारण कि इसके बाद तथा ६६६. हि के प्रारम्भ के बीच के दिनों का हाल न मिलने का कोई कारण ज्ञात नहीं होता।

९३२ हि०
(१८ अक्तूबर १५२५ ई०—७ अक्तूबर १५२६ ई०)

हिन्दुस्तान पर पांचवाँ आक्रमण

(१७ नवम्बर)–शुक्रवार १ सफ़र ९३२ हि० (१७ नवम्बर १५२५ ई०) को जब सूर्य धनुःराशि में था तो हमने हिन्दुस्तान की ओर प्रस्थान किया। यक–लंगा[1] को पार कर के देहे याकूब की नदी के पश्चिमी चौरस घास के मैदान में हमने पड़ाव किया। इस पड़ाव पर अब्दुल मलूक[2] कूरची उपस्थित हुआ। वह ७–८ मास पूर्व सुल्तान सईद[3] खां के पास[4] भेजा गया था। वह अपने साथ यंगी बेग[5] कूकूल्दाश[6] नामक खान का एक आदमी भी लाया। उसने खानमों[7] तथा खान की ओर से पत्र, साधारण प्रकार के उपहार तथा शुभकामनायें पहुंचाई।

(१८ नवम्बर से २१ नवम्बर) हम लोग दो दिन तक इस पड़ाव पर सेना की सुविधा हेतु ठहरे रहे।[8] यहां से प्रस्थान कर[9] के, एक रात्रि ठहर कर हमने पुनः बादाम चश्मे पर पड़ाव किया। वहाँ हम लोगों ने माजून का सेवन किया।

(२२ नवम्बर)–बुधवार (६सफ़र) को जब हम लोग बारीक आब पर पड़ाव किये हुए थे तो नूरबेग का अनुज सोने की अशर्फ़ियाँ तथा तन्के जिनका मूल्य २०,००० शाहरुखी[10] था, और जिन्हें लाहौर की मालगुजारी से ख्वाजा हुसेन ने भेजा था, लाया। नूर बेग स्वयं हिन्दुस्तान ही में रह गया था। इस

---

[1] जलालाबाद के मार्ग पर बूतखाक से थोड़ी दूर एक दर्रा । इसकी शिखा पर किला गुर्जी नामक स्थित है। यहां मार्ग, जूये ख्वाजा नामक नहर से कटता है जो लोगर नदी से निकलती है। सम्भवतः देहे याकूब की यही नदी है।

[2] फारसी अनुवाद में 'अब्दुल मलिक'।

[3] काशगर का सुल्तान ।

[4] काशगर में।

[5] नया बेग अथवा अमीर।

[6] फारसी अनुवाद में 'कूकुल्ताश'।

[7] उस समय सईद के साथ दो खानमें थीं : 'सुल्तान निगार' तथा 'दौलत सुल्तान'। ये बाबर की माता की बहिनें थीं।

[8] सम्भवतः हुमायूँ के न पहुँचने के कारण प्रतीक्षा की गई। उसे काबुल की सेना के कूच करने के पूर्व ही प्रस्थान कर देना चाहिये था। फारसी अनुवाद के अनुसार सेना एकत्र करने के उद्देश्य से पड़ाव किया गया।

[9] सम्भवतः बूतखाक पर पड़ाव किया गया होगा।

[10] अर्सकिन ने अपने इतिहास में लिखा है कि बाबर ने इस धन का मूल्यांकन बहुत कम किया है । २०,००० शाहरुखियों का मूल्य उसने १००० पौंड बताया है; (History of India, 1854, Volume 1, Appendix E)

धन का अधिकांश भाग मुल्ला अहमद के हाथ, जो बल्ख का एक सम्मानित व्यक्ति था, बल्ख वालों के लाभार्थ भेज दिया।[1]

(२४ नवम्बर)–शुक्रवार ८ (सफ़र) को गंडमक में पड़ाव करने के उपरान्त मुझे बड़े ज़ोर का नजला हो गया किन्तु ईश्वर को धन्य है कि उसका सुगमतापूर्वक अन्त हो गया।

(२५ नवम्बर)–शनिवार को हमने बागे वफ़ा में पड़ाव किया। कुछ दिन तक हुमायूं[2] तथा उस ओर[3] की सेना की प्रतीक्षा में हम लोग बागे वफ़ा में ठहरे रहे। इस इतिहास में विभिन्न स्थानों पर बागे वफ़ा के सौन्दर्य तथा आकर्षण का उल्लेख हो चुका है। यह बड़ा ही सुन्दर उद्यान है। जो कोई खरीदने वाले की दृष्टि से इसे देखेगा उसे पता चल जायेगा कि यह कैसा स्थान है।[4] जितने भी दिन हम लोग वहां रहे तो जो दिन मदिरापान हेतु निश्चित थे[5] उन दिनों अधिकांश मदिरापान होता[6] और मदिरापान करते करते करते सुबह कर दी जाती। जिन दिवसों को मदिरापान निषिद्ध था, उन दिनों में माजून का सेवन किया जाता था।

हुमायूं के निश्चित अवधि से अधिक ठहर जाने के कारण मैंने उसे कठोर भाषा में पत्र लिखे और उनमें क्रोध प्रदर्शित करते हुए उन्हें उसके पास प्रेषित कराया।[7]

(३ दिसम्बर)–रविवार १७ सफ़र को प्रातःकाल के उपरान्त हुमायूँ उपस्थित हुआ। उसके विलम्ब कर देने के कारण मैंने उसे बहुत डांटा–फटकारा। ख्वाजा कलां भी उसी दिन ग़ज़नी से आ कर उपस्थित

---

[1] मसन ने अपने ग्रंथ के तीसरे भाग पृ० १७६ में बाबर के एक पड़ाव का बड़ा रोचक वर्णन दिया है जो सम्भवतः इसी पड़ाव से सम्बन्धित है। यह इस प्रकार है कि बृतखाक से सड़क बाबर पादशाह के पत्थर के ढेर की ओर जाती है। सम्भवतः यह ढेर बाबर के आदेशानुसार तैयार किया गया होगा कारण कि बाबर ने इस महत्वपूर्ण ५वें अभियान के समय सेना वालों को एक एक पत्थर उस स्थान पर फेंकने का आदेश दिया होगा।

[2] हुमायूँ इस समय अपने १८वें वर्ष में था।

[3] काबुल के ओर की।

[4] साधारण दृष्टि से नहीं अपितु रुचि लेकर।

[5] शेख जैन के अनुसार शनिवार, रविवार, मंगलवार तथा बुधवार मदिरा–पान हेतु निश्चित थे।

[6] बाबर ने एक बार ४० वर्ष की अवस्था को प्राप्त हो जाने के उपरान्त मदिरा–पान त्याग देने की प्रतिज्ञा की थी।

[7] बाबर को बारा वफा से प्रस्थान करने में एक मास विलम्ब करना पड़ा । हुमायूँ ने बदख़्शां से देर में प्रस्थान किया। उसकी सेना को काबुल में तैयारी में कुछ समय लगा होगा । कुछ हस्तलिखित पोथियों में हुमायूँ की एक टिप्पणी मिलती है: "हमारा प्रस्थान आशूरा (१० मुहर्रम) के उपरान्त निश्चय हुआ था। चूंकि हम लोग १० सफर के बाद पहुंचे अतः विलम्ब करना आवश्यक हो गया। बाबर ने सूचना प्राप्त करने के लिये पत्र लिखे थे। उत्तर में निवेदन किया गया कि बदख़्शां की सेना की तैयारी में देर हो गई । यदि यह दास अपने पिता की कृपा पर भरोसा करते हुये और अधिक विलम्ब करता तो दास का पिता और भी दुखी होता।"

हुआ। हम लोगों ने उसी रविवार को सायंकाल प्रस्थान कर दिया और सुल्तानपूर तथा ख्वाजा रुस्तम[1] के मध्य में एक नवनिर्मित उद्यान में पड़ाव किया।

(६ दिसम्बर)–बुधवार २० सफ़र को हमने वहाँ से प्रस्थान किया और जाला[2] पर सवार होकर हम लोग कूश गुम्बज़ पहुँचे। वहां नौका से उतर कर हम लोग शिविर में पहुंचे।

(७ दिसम्बर)–प्रातःकाल शिविर से निकल कर हम लोग नौका पर सवार हुए और वहीं माजून का सेवन किया। हमारे पड़ाव सर्वदा कीरीक आरीक़ में रहे किन्तु जब हम लोग क़ीरीक़ आरीक के सामने पहुंचे तो यद्यपि हमने बहुत देखा किन्तु हमें न तो शिविर का कोई चिह्न दृष्टिगत हुआ और न घोड़े ही दिखाई पड़े। मैंने सोचा "गरम चश्मा समीप ही है और वहाँ छाया भी है, सम्भवतः सेना वाले वहीं उतर पड़े हों।" यह सोच कर हम लोग क़ीरीक़ आरीक़ से चल खड़े हुए। गरम चश्मा पहुँचते पहुँचते दिन ढल गया। हम लोग वहां न रुके किन्तु रात्रि में थोड़ी सी यात्रा करके एक स्थान पर नौका को बांध दिया और कुछ देर के लिये सो गये।

(८ दिसम्बर)–प्रातःकाल हम लोग यदा बीर नामक स्थान पर नौका से उतरे। दिन निकल आने के कारण सेना वाले आने लगे। शिविर भी कोरीक़ आरीक़ ही में रहा होगा किन्तु वह हमें दृष्टिगत न हुआ।

नौका पर बहुत से लोग ऐसे थे जो कविता कर सकते थे, उदाहरणार्थ शेख अबुल वज्द[3], शेख जैन, मुल्ला अली जान, तरदी बेग खाकसार इत्यादि। इस गोष्ठी में मुहम्मद सालेह[4] की इस कविता की चर्चा हुई :

शेर

"हे प्रियतम! तेरे सरीखे हाव भाव वाले के होते हुए किसी अन्य प्रियतम को कोई क्या करे?

जिस स्थान पर तू हो, वहाँ किसी अन्य को कोई क्या करे।"

मैंने कहा इसी प्रकार के पद्यों की रचना की जाय। इस पर जो लोग पद्यों की रचना कर सकते थे वे लोग रचना करने लगे। क्योंकि मुल्ला अली जान से सर्वदा परिहास किया जाता था अतः मैंने तत्काल इस व्यंग्यपूर्ण छन्द की रचना की :

---

[1] 'ख्वाजा रुस्तम' का मकबरा जलालाबाद के लगभग ३ मील पश्चिम में स्थित है। इसके दक्षिण पश्चिम में १/1.३ मील पर 'बागे सफा' स्थित है । यह 'बागे सफ़ा' उस 'बागी सफा' से भिन्न है जिसे बाबर ने भीरा के समीप साल्टरेंज में लगवाया था।

[2] जाला :–बांस की नौका अथवा लकड़ी के गट्टे ।

[3] शेख जैन का मामा

[4] शेख जैन के अनुसार "मुहम्मद सालेह शरफ।

शेर

"तुझ सरीखे बद मस्त करने वाले को कोई क्या करे?
कोई बैल वाला किसी गधी को क्या करे?"

मुंबीन

इससे पूर्व अच्छा–बुरा, गम्भीर–परिहास जो कुछ मेरी समझ में आता, दिल बहलाने के लिये पद्य के रूप में लिख डालता था। जिन दिनों मैं मुबीन[1] की कविता के रूप में रचना कर रहा था मेरी मन्द बुद्धि को यह अनुभव हुआ तथा मेरे दुखी हृदय में यह आया कि "खेद है कि जिस वाणी से इतने उत्कृष्ट विचारों की रचना की जाती है उसका इन नीच शब्दों के लिए प्रयोग किया जाय। खेद है कि जिस हृदय में इतने उत्कृष्ट विचार आते हों उसमें इतने नीच विचार आयें।" उस समय से मैंने परिहास एवं व्यंग्यमयं काव्य की रचना समाप्त कर दी और इस बात से तोबा[2] कर ली किन्तु जिस समय मैंने (मुल्ला अली जान के सम्बन्ध में) उस पद्य की रचना की थी तो यह विचार मेरे हृदय में न थे।

बीगराम[3] पहुंचने के एक दो दिन उपरान्त जब मुझे ज्वर तथा नज़ला हो गया और खांसी के साथ जब मैं रक्त थूकने लगा तो मुझे अनुभव हुआ कि यह चेतावनी मुझे कहाँ से प्राप्त हुई है और मेरा यह कष्ट मेरे किन कुकर्मों का परिणाम है।

"जो कोई अपनी शपथ तोड़ेगा वह अपने हृदय तथा आत्मा के विरुद्ध कार्य करेगा। जो कोई अपनी प्रतिज्ञा के अनुसार, जो उसने ईश्वर से की है, आचरण करेगा तो उसे वह निःसन्देह अत्यधिक पुरस्कृत करेगा।"[4]

तुर्की पद्य

"हे वाणी! मैं तेरे साथ किस प्रकार व्यवहार करूं
क्योंकि तेरे कारण मेरे हृदय से रक्त प्रवाहित है
वह वाणी उत्कृष्ट थी जिससे ऐसे पद्य निकले,[5]
व्यंग्य, क्षुद्र तथा अश्लील असत्य तुझसे निकले।[6]
यदि तू कहे, इस प्रतिज्ञा के कारण मैं न जलूंगा,
तो तू अपनी लगाम को इस कलह के मैदान से मोड़।"[7]

---

[1] लगभग २००० शेरों की तुर्की भाषा में एक कविता जिसमें इस्लाम के विभिन्न धार्मिक सिद्धान्तों एवं एबादत के नियमों का उल्लेख है।

[2] घृणित अथवा निंद्य कम पुनः न करने का पश्चाताप अथवा शपथ–पूर्वक की गयी दृढ़ प्रतिज्ञा ।

[3] पेशावर।

[4] यह वाक्य कुरान से उद्धृत है ।

[5] मुबीन के पद्य।

[6] मुबीन के पद्यों तथा मुल्ला अली जान के सम्बन्ध के व्यंग्य की तुलना ।

[7] यह पद्य बाबर के दीवान की रामपुर पांडुलिपि में नहीं है।

"हे ईश्वर हमने अपनी आत्मा के प्रति अत्याचार किया है। यदि तू हमें क्षमा न करेगा और हमारे प्रति दया न करेगा तो हम निःसन्देह उन लोगों में होंगे जोकि नष्ट होने वाले हैं।"[1]

मैंने नये सिरे से पश्चाताप प्रकट करते हुए तोबा की और इन अश्लील तथा नीच विचारों एवं बातों को त्याग कर अपने हृदय को सांत्वना दी। मैंने अपनी लेखनी तोड़ डाली। ईश्वर की ओर से पापी मनुष्य के लिये इस प्रकार की चेतावनी महान् सौ भाग्य है। जो कोई भी इन चेतावनियों से सन्मार्ग पर आ जाय तो यह उसका बहुत बड़ा सौभाग्य है।

(८ दिसम्बर)–सायंकाल वहाँ से प्रस्थान करके हमने अली मस्जिद में पड़ाव किया। इस पड़ाव पर भूमि के संकरे होने के कारण मैं सर्वदा एक पुश्ते पर पड़ाव किया करता था। सेना वालों ने घाटी की तलहटी में पड़ाव किया। यह पुश्ता, जिस पर मैं पड़ाव किया करता था, समस्त पुश्तों से श्रेष्ठ था। शिविर वालों द्वारा आग जलाने के कारण रात्रि में एक विचित्र दीपावली दृष्टिगत होती थी। इस (रमणीयता) के कारण जब हम यहाँ पड़ाव करते थे तो मदिरापान किया जाता था। इस बार भी मदिरापान हुआ।

(९–१० दिसम्बर)–प्रातःकाल के पूर्व माजून का सेवन करके हमने प्रस्थान किया। उस दिन मैंने रोजा भी रक्खा। हमने बीगराम[2] के समीप पड़ाव किया। दूसरे दिन शिविर को उसी पड़ाव पर छोड़ कर हम लोग कर्ग अवी[3] की ओर रवाना हुए। हमने सियाह आब को बीगराम के समक्ष पार किया। नदी के बहाव की ओर हमने शिकार के घेरे की व्यवस्था कराई।

जब हम लोग कुछ दूर आगे निकल गये तो पीछे से किसी ने आकर सूचना दी कि बीगराम के समीप जंगल के एक टुकड़े में एक गैंडा मिल गया है, लोग जंगल को घेरे हुए खड़े हैं। हम लोग घोड़ों को भगाते हुए वहाँ पहुंचे और जंगल के चारों ओर घेरा डाल दिया। शोर गुल करने पर गैंडा मैदान में निकल कर भागा। हुमायूं तथा अन्य लोगों को, जो उस दिशा[4] से आये थे और जिन्होंने इससे पूर्व गैंडा न देखा था, उसे देख कर बड़ा आनन्द प्राप्त हुआ। लगभग एक कोस तक उसका पीछा किया गया और उस पर बहुत से बाण चलाये गये और उसे गिरा दिया गया। वह किसी व्यक्ति अथवा घोड़े पर आक्रमण न कर सका। दो अन्य गैंडों की भी हत्या की गई।[5]

---

[1] यह वाक्य कुरान से उद्धृत है।

[2] पेशावर ।

[3] सम्भवतः 'कर्ग खाना' अथवा गैंडों का स्थान ।

[4] 'त्रमुंतना'।

[5] इब्ने बत्तूता ने भी गैंडों के शिकार का बड़ा रोचक वर्णन दिया है :–जब हम सिन्धु नदी (नहर), जो पंजाब के नाम से प्रसिद्ध है, पार कर चुके तो हम बांसों के एक कानन के मध्य में प्रविष्ट हुये। हमारा मार्ग उसी कानन के मध्य में था। अचानक एक गैंडा हमारी ओर झपटा। यह जानवर काले रंग का होता है और इसका डील–डौल बड़ा होता है। इसके शरीर को देखते हुये इसका सिर बहुत ही बड़ा होता है। इसी कारण यह बात प्रसिद्ध हो

मैं सोचा करता था कि यदि हाथी को किसी गैंडे से मुठभेड़ करा दी जाय तो क्या हो। इस बार महावत लोग हाथी ला रहे थे कि एक गैंडा सामने से निकल पड़ा। महावतों के आगे बढ़ने पर गैंडे ने उनका सामना न किया और दूसरी ओर भाग गया।

सिन्ध नदी पार करने की तैयारी और सेना की गणना का आदेश

उस दिन हम बीगराम में रहे। कुछ अमीरों, सम्बन्धियों तथा बख्शियों[1] एवं दीवान[2] के अधिकारियों को बुलवा कर ६–७ को सरदार बना कर नीलाब के घाट पर नौकाओं के प्रबन्ध हेतु नियुक्त किया गया और उन्हें यह भी आदेश दिया गया कि सेना में जितने लोग उपस्थित हों उनके नाम लिख कर उनकी सूची तैयार की जाये और उनकी गणना की जाये।

उस रात्रि में मुझे. नज़ला तथा ज्वर हो गया और खांसी आने लगी। खांसी के समय थूक के साथ रक्त भी गिरने लगा। इससे बड़ी अधिक चिन्ता हो गई। ईश्वर को धन्य है कि दो–तीन दिन उपरान्त इसका अन्त हो गया।

(११ दिसम्बर)–हमारे बीगराम से प्रस्थान के समय वर्षा होने लगी। हम लोग काबुल नदी पर. उतर पड़े।

लाहौर से समाचार

हमें समाचार प्राप्त हुए कि दौलत खां तथा (अपाक) ग़ाजी खां ने २०–३०,००० की संख्या में सेना एकत्र करके कलानूर पर अधिकार जमा लिया है और लाहौर की ओर प्रस्थान करने वाले हैं। मोमिने अली तवाची[3] को मैंने तत्काल यह संदेश पहुँचाने के लिए भेज दिया कि "हम लोग बढ़ते हुये चले आ रहे हैं। जब तक हम न पहुँच जायें युद्ध मत करना।"

(१४ दिसम्बर)–मार्ग में दो रात के पड़ाव के उपरान्त हम लोग सिन्द नदी पर पहुँच गये और वहां बृहस्पतिवार २८ (सफ़र) को उतर पड़े।

सिन्ध पार करना तथा सेना की गणना

(१६ दिसम्बर)–रविवार प्रथम रबी–उल–अव्वल को सिन्द नदी तथा कचा कोट[4] नदी को पार करके हम लोगों ने पड़ाव किया। अमीरों, बख्शियों तथा दोवान वालों ने, जो नौकाओं की देख रेख हेतु नियुक्त हुए थे, सेना की

गई है कि गैंडे के केवल सिर ही सिर होता है और शरीर नहीं होता। यह हाथी से छोटा होता है किन्तु इसका सिर हाथी के सिर से कई गुना बड़ा होता है। आँखों के मध्य में इसके एक सींग होता है जो ३ जरा (हाथ) लम्बा और एक बालिश्त चौड़ा होता है। जब वह हमारे निकट पहुँचा तो एक सवार उसके सामने आ गया। गैंडे ने घोड़े के सींग मारा और सवार की रान चीर कर उसको भूमि पर गिरा देने के उपरान्त जंगल में भाग गया और फिर उसका पता कहीं न लगा। (रिजवीः 'तुगलुक्क कालीन भारत', भाग; १ (अलीगढ़ १९५६ ई०)पृ० १५६)

[1] बख्शी का कर्त्तव्य देहली के सुल्तानों के आरिजे ममालिक के समान सेना की भरती करना, निरीक्षण एवं सेना के वेतन के भुगतान का प्रबंध करना होता था।

[2] राज्य के विभाग, विशेष रूप से वित्त विभाग ।

[3] सेना को रसद एवं खाद्य सामग्री इत्यादि पहुँचाने वालों का अधिकारी।

[4] हारू नदी।

गणना करके निवेदन किया कि छोटे–बड़े, अच्छे बुरे, नौकर तथा अन्य लोग जो सेना के साथ हैं सब की संख्या १२,००० लिखी गई है।

पूर्व की ओर यात्रा

इस वर्ष मैदानों में वर्षा कम हुई थी किन्तु पहाड़ियों के आंचल में कृषि योग्य भूमि में अच्छी वर्षा हुई थी। इस कारण हम लोग पहाड़ियों के आंचल से होते हुए सियालकोट[1] चल खड़े हुए। हाती कक्कर[2] की विलायत[3] के समक्ष हमें एक जलधारा मिली जिसका जल तालाबों में एकत्र था। उन सब में बरफ़ जमी थी। बरफ़ की तह अधिक मोटी न थी और हाथ भर मोटी रही होगी। हिन्दुस्तान में साधारण रूप से इतनी बरफ़ नहीं मिलती। जितने वर्ष हम इस देश में रहे हमें इसके चिह्न दृष्टिगत न हुये।[4]

सिन्द से ५ पड़ाव पार करके हमने छठा पड़ाव (२२ दिसम्बर, ७ रवी–उल–अव्वल को) बुगियालों[5] के मैदान में एक जल–धारा पर किया। यह बालनाथ जोगी[6] की पहाड़ियों के नीचे है और जूद[7] पर्वत को मिलाता है।

(२३ दिसम्बर)––दूसरे दिन हम इस आशय से उस पड़ाव पर ठहर गये कि लोग खाद्य सामग्री एकत्र कर लें। उस दिन अरक[8] पिया गया। मुल्ला मुहम्मद परघरी ने बहुत सी कहानियाँ सुनाई, इसके पूर्व उसने इतनी बातें कभी न की थीं। मुल्ला शम्स भी बड़ा बातूनी था। एक बात जब वह छेड़ देता तो सायंकाल से प्रातःकाल तक समाप्त न करता।

दास तथा सेवक, अच्छे तथा बुरे जो खाद्य सामग्री हेतु गये थे इससे भी आगे बढ़ गये[9] और बड़ी असावधानी की दशा में जंगल, मैदान, पर्वत तथा ऊबड़–खाबड़ स्थान में पहुंच गये। कुछ लोग पकड़ गये। कीचकीना तून्क़िताार की वहीं मृत्यु हो गई।

---

[1] चनाब नदी के पूर्व पर्वतों के नीचे।

[2] गक्खर।

[3] राज्य, प्रदेश । सम्भवतः बाबर का तात्पर्य परहाला से है; (रावलपिंडी गजेटियर पृ० ११)।

[4] एल्फिस्टन की पोथी में हुमायूँ के हाथ की निम्नांकित टिप्पणी बताई जाती है : मेरे सम्मानित पिता ने लिखा है कि हिन्दुस्तान की विजय के पूर्व हमें यह बात ज्ञात न थी किन्तु बाद में हमें ज्ञात हो गया। यदि किसी वर्ष अधिक जाड़ा पड़ जाय तो कहीं–कहीं बरफ गिरती है। जिस वर्ष मैंने गुजरात विजय किया ६४२ हि०, १५३५ ई०) तो भूलपुर एवं ग्वालियर के मध्य में इतना अधिक जाड़ा पड़ा कि हाथ हाथ भर जल जम गया।

[5] गक्खरों का एक क़बीला है जो 'बरगोवह भी कहलाता है।

[6] चालानाथ योगी अथवा टीला गोकरण नाथ योगियों का एक मठ है जो तिलडंगा की चोटी पर ३,२०० फीट की ऊंचाई पर झेलम जिले की झेलम तहसील में झेलम से २० मील पश्चिम में स्थित है; (झेलम जिले का गजेटियर।

[7] सम्भवतः तिलडगा पहाड़ी।

[8] मद्यसार।

[9] अनाज के खेतों के आगे निकल गये।

(२४ दिसम्बर)––वहाँ से प्रस्थान करके हमने विहत नदी, झेलम[1] के एक घाट से पार की और वहीं पड़ाव कर दिया। वली फ़िज़ील वहाँ मुझसे भेंट करने आया। वह सियालकोट[2] की सुरक्षित सेना से सम्बन्धित था और बीमरूको तथा अकरीयादा नामक परगने उसके अधीन थे। सियालकोट के विषय में सोच कर मैंने उसे डांटा फटकारा। उसने यह निवेदन किया कि, "मैं खुसरो कूकूल्दाश के सियालकोट से प्रस्थान करने के पूर्व अपने परगने में पहुँच चुका था। उसने मुझे कोई सूचना नहीं कराई।" मैंने उसका बहाना सुन कर कहा, "जब तुमने सियालकोट की ओर कोई ध्यान नहीं दिया तो तुम बेग लोगों[3] के पास लाहौर क्यों नहीं चले गये?" क्योंकि शीघ्र ही कार्य करना था अतः मैंने उसके अपराध की ओर कोई ध्यान नहीं दिया।

लाहौर में समाचार का भेजा जाना

(२५ दिसम्बर)–सैयिद तूफ़ान तथा सैयिद लाचीन को दो–दो घोड़े देकर लाहौर में यह सूचना कराने के लिये दौड़ाया गया कि, "वे लोग युद्ध न करें। हमसे सियालकोट अथवा पर्सरूर[4] में भेंट करें।" सब लोग यही कहते थे कि "गाजी खाँ ने ३०–४०,००० सैनिक एकत्र कर लिये हैं। दौलत खां ने वृद्धावस्था के बावजूद अपनी कमर में दो तलवारें बांध रक्खी हैं[5] और उन लोगों ने युद्ध करने का संकल्प कर लिया है।" मैंने सोचा कि "यह लोकोक्ति प्रसिद्ध है कि, १० मित्र ६ से अच्छे होते हैं, कोई भूल न करनी चाहिये। जब लाहौर के बेग मिल जाये तो तत्काल युद्ध करना चाहिए।"

(२६–२७ दिसम्बर)–बेगों के पास दो आदमियों को भेज कर हम लोग चल खड़े हुए। एक रात्रि ठहर कर दूसरे दिन हमने चनाब के तट पर पड़ाव किया।

बहलोलपुर[6] के खालसा[7] में होने के कारण हम मार्ग को छोड़ कर उसकी सैर के लिए रवाना हुए।[8] उसका किला चनाब नदी के तट पर एक ऊंचाई पर स्थित है। मैं उसे देख कर बड़ा प्रसन्न हुआ। हमने सोचा कि

---

[1] झेलम, पंजाब का एक जिला । यह झेलम नदी के दायें तट पर स्थित है।

[2] पंजाब का एक जिला जो चनाब पर लाहौर के ७२ मील उत्तर और झेलम के लगभग ५० मील उत्तर–पूर्व में स्थित है। यह बड़ा ही प्राचीन नगर है।

[3] अमीर लोगों।

[4] सियालकोट जिले को एक तहसील। यह सियालकोट कस्बे से दक्षिण में १८ मील पर स्थित है। सियालकोट एवं कलानूर के मार्ग में यह स्थान किसी समय बड़ा प्रसिद्ध था।

[5] घोर युद्ध करने तथा प्राणों की बलि देने को तैयार है।

[6] पंजाब के गुजरात जिले के उत्तरी–पूर्वी कोने पर, चनाब नदी के दायें तट पर, सियालकोट से १५ मील तथा गुजरात से २२ मील पर।

[7] जिसकी आय केन्द्रीय सरकार में जाती हो।

[8] शेख जैन के अनुसार बाबर ने इसे इसी वर्ष खालसे में सम्मिलित किया किन्तु इससे यह बात स्पष्ट नहीं होती कि बाबर ने इसके खालसा होने के कारण सैर की। बाबर ने ९३० हि० (१५२३–२४ ई०) में इस पर अधिकार जमाया होगा। इसी वर्ष उसने सियालकोट विजय किया।

सियालकोट वालों को हम यहाँ ले आयें। यदि ईश्वर ने चाहा तो समय मिलने पर उन्हें ले आया जायगा। बहलोलपुर से हम लोग नौका द्वारा शिविर में पहुंचे। गोष्ठी आयोजित हुई। कुछ लोगों ने अरक़ का, कुछ ने बूज़ा का और कुछ ने माजून का सेवन किया। नौका से सोने के समय की नमाज के उपरान्त हम लोग शिविर में पहुँचे। वहां भी कुछ मदिरापान हुआ। नदी के किनारे एक दिन घोड़ों को आराम दिया गया।

जाट तथा गूजर

(२६ दिसम्बर)–शुक्रवार १४ रबी–उल–अव्यल को हम लोगों ने सियालकोट में पड़ाव किया। यदि कोई हिन्दुस्तान जाय तो जाट[1] तथा गूजर पहाड़ियों एवं मैदानों से बहुत बड़ी संख्या में बैलों तथा भैसों की लूट मार हेतु टूट पड़ते हैं। वे अभागे बड़े ही मूर्ख और निष्ठुर होते हैं। इससे पूर्व उनके व्यवहार से हमारा कोई सम्बन्ध न था कारण कि देश शत्रुओं के अधीन था। इस बार जब कि यह राज्य हमारे अधिकार में आ चुका था तो भी उन लोगों ने उसी प्रकार व्यवहार प्रारम्भ कर दिया। सियालकोट से भूखे नंगे, भिखारी तथा दरिद्र हमारे शिविर में आ रहे थे। अचानक शोर गुल हुआ और वे लूट लिये गये। जिन मूर्खो ने उद्दंडता प्रदर्शित की थी उनकी मैंने खोज कराई। दो–तीन व्यक्तियों के विषय में मैंने आदेश दिया कि उन्हें टुकड़े–टुकड़े कर दिया जाये।

सियालकोट से नूर बेग के भाई शाहम को आदेश दिया गया कि वह शीघ्रातिशीघ्र लाहौर में बेगों[2] के पास पहुंच कर उन्हें यह सूचना दे कि, "शत्रु "शत्रु के विषय में विश्वस्त ज्ञान प्राप्त कर लिया जाये। कुछ ऐसे लोगों द्वारा जो उनके विषय में अच्छी जानकारी रखते हों, पता लगा कर हमें सूचना दी जाये कि शत्रुओं से कहाँ मुक़ाबला हो सकता है।"

इस पड़ाव पर एक व्यापारी ने उपस्थित होकर यह समाचार पहुंचाये कि आलम खां[3] सुल्तान इबराहीम द्वारा पराजित हो गया है।

आलम खां की पराजय

इस घटना का सविस्तार उल्लेख इस प्रकार है।[4] आलम खां मुझसे विदा विदा हो कर[1] दो–दो पड़ाव एक साथ पार करता हुआ वायु के अत्यधिक

---

[1] 'बाबर नामा' में इसे 'जाट' तथा 'जट' दोनों प्रकार से लिखा गया है। ये लोग पंजाब, सिन्ध नदी के तट एवं सिविस्तान इत्यादि के मुसलमान किसान होते थे। यमुना के पश्चिम एवं आगरा तथा आस–पास के जाटों से इनका कोई सम्बन्ध नहीं।

[2] अमीर।

[3] अलाउद्दीन खां।

[4] उपर्युक्त वर्णन से कुछ योरोपियन विद्वानों के इस मत का खंडन होता है कि बाबर ने पालम खां से काम लेकर उसे छोड़ दिया। बाबर के इस वर्णन एवं बाद के वर्णन से पता चलता है कि हिन्दुस्तान में पालम खां के समर्थकों की संख्या अधिक न थी और बाबर की विजय में उनका कोई हाथ नहीं था। इससे यह भी पता चलता है कि आलम खां के देहली पर अधिकार जमाने की कोई सम्भावना न थी। यदि आलम खाँ में देहली विजय करने एवं उसे अपने अधिकार में रखने की शक्ति होती तो सम्भवतः बावर अपने राज्य को

उष्ण होने के बावजूद अपने साथियों के विषय में कोई चिन्ता किये हुये बिना रवाना हो गया। जिस समय मैंने आलम खां को विदा किया था उस समय समस्त ऊज़बेग खानों तथा सुल्तानों ने बल्ख को घेर लिया था। मैं उसको बिदा करने के पश्चात् तुरन्त बल्ख की ओर चल खड़ा हुआ।

लाहौर पहुंच कर उसने जो बेग[2] हिन्दुस्तान में थे उनसे आग्रह किया कि, "तुम लोग मेरी सहायता करो। पादशाह ने यही आदेश दिया है। हमारे साथ चलो। गाजी खाँ को भी साथ लेकर हम देहली तथा आगरा पर आक्रमण करेंगे।" उन लोगों ने उत्तर दिया, "गाजी खां के साथ हम लोग किस भरोसे पर चलें? शाही आदेश इस प्रकार है कि यदि ग़ाज़ी खाँ अपने छोटे भाई हाजी खाँ तथा अपने पुत्र को दरबार में भेज दे अथवा शरीर–बंधक के रूप में लाहौर भेज दे तो तुम लोग उसकी सहायतार्थ चले जाओ। यदि वह दोनों कार्यों में से कोई कार्य न करे तो फिर उसका साथ मत दो। आप स्वयं कल ही उस से 'युद्ध' कर चुके हैं तथा पराजित हो चुके हैं। अब आप किस भरोसे पर उससे सहायता की आशा कर रहे हैं ? इसके अतिरिक्त यह आप के हित में नहीं है कि आप उससे मिलें।" उन लोगों ने इस प्रकार की बातें कह कर आलम खाँ को रोका किन्तु उसने उन लोगों की बात स्वीकार न की। उसने अपने पुत्र शेर खाँ को दौलत खाँ तथा ग़ाज़ी खां से बात करने भेजा। तदुपरान्त सब लोगों ने एक दूसरे से भेंट की।

दिलावर खां[3] कुछ समय तक बन्दी–गृह में रह चुका था। दो–तीन मास पूर्व वह बन्दीगृह से भाग कर लाहौर आया था। आलम खां ने उसे भी अपने साथ ले लिया। वह महमूद खां[4] बिन खाने जहां को भी, जिसे लाहौर में एक परगना दे दिया गया था, अपने साथ ले गया। सम्भवतः उन लोगों ने यह निश्चय किया था कि दौलत खां, गाजी खां सहित उन समस्त बेगों[5] को, जो हिन्दुस्तान में नियुक्त थे, अपने अधीन रक्खे अपितु इस ओर[6] जो कुछ भी हो उसे वे अपने अधिकार में कर लें। आलम खां, दिलावर खां तथा हाजी खां और उनकी सेना लेकर देहली एवं आगरा पर अधिकार जमा ले। इस्माईल जिलवानी तथा कुछ अन्य अमीरों ने उपस्थित होकर आलम खां से भेंट की।

पंजाब तक ही सीमित रखता। बाबर देहली की ओर उसी समय बढ़ा जब कि उसने देख लिया कि न तो पालम खाँ देहली ही विजय कर सकता है और न अपने समर्थक ही बना सकता है।

[1] वह काबुल में ९१३ हि० १५०७–८ ई०) में बाबर से विदा हुआ था।

[2] अमीर।

[3] वह दौलत खां का पुत्र था।

[4] महमूद को सम्भवतः अपने पिता की खाने जहाँ की उपाधि प्राप्त हुई होगी किन्तु आगे उसे खाने जहाँ का पुत्र ही लिखा गया है । इसका कारण सम्भवतः यह होगा कि उसका पिता अधिक प्रसिद्ध था। उसके कबीले को हैदराबाद के तुर्की 'बाबर नामा' में प्रत्येक स्थान पर 'नोहानी' लिखा गया है । योरोपियन लेखक इस शब्द को 'लोहानी' लिखते हैं।

[5] अमीरों।

[6] देहली के पश्चिम अथवा पंजाब।

वे अविलम्ब शीघ्रातिशीघ्र यात्रा करते हुए देहली पर चढ़ाई करने के लिए चल खड़े हुये। जब वे इन्द्री[1] पहुंचे तो सुलेमान शेखजादा[2] भी उनसे मिल गया। उनकी संख्या ३०–४०,००० हो गई।

उन लोगों ने देहली को घेर लिया। वे न तो आक्रमण कर सके और न किले वालों को कोई हानि ही पहुंचा सके।[3] जब सुल्तान इबराहीम को यह हाल ज्ञात हुआ तो उसने सेना सहित उन पर चढ़ाई कर दी। जब उन्हें उसके निकट पहुंचने की सूचना मिली तो वे किले का अवरोध छोड़ कर उससे युद्ध हेतु रवाना हुये। उन लोगों ने सोचा कि, "यदि हम दिन में आक्रपण करेंगे तो (सुल्तान इबराहीम की ओर के) अफ़ग़ान उसका साथ छोड़ कर हमसे न मिल सकेंगे किन्तु यदि हम रात्रि में छापा मारें तो कोई भी एक दूसरे को न देख सकेगा और प्रत्येक अपनी इच्छानुसार कार्य करेगा।" यह निश्चय करके उन्होंने रात्रि में आक्रमण करने की योजना बनाई। दो बार रात्रि में आक्रमण के उद्देश्य से सायंकाल सवार होकर वे ६ कोस तक बढ़ते चले गये किन्तु दो–तीन पहर रात्रि तक वे घोड़े पर बैठे रहे, न–आगे बढ़ सके और न पीछे हट सके और न सब लोग मिल कर कोई बात निश्चय ही कर सके। तीसरी बार जब एक पहर रात्रि रह गई थी तो उन लोगों ने आक्रमण किया। उनका उद्देश्य सम्भवतः खेमों तथा झोपड़ों को जलाना था। उन्होंने बढ़कर प्रत्येक दिशा से आग लगा दी और शोर गुल करने लगे। जलाल खां जिगहट ने अन्य अमीरों सहित उपस्थित होकर आलम खां से भेंट की।

सुल्तान इबराहीम अपने कुछ खासा खेलों[4] के साथ अपने सराचे[5] में था। था। वह प्रातःकाल तक वहीं रहा। जो लोग आलम खां के साथ थे, वे लट मार में व्यस्त हो गये। जब सुल्तान इबराहीम की सेना ने देखा कि उन लोगों की संख्या कम ही रह गई है तो उन लोगों ने थोड़ी–सी सेना एवं एक हाथी को लेकर उन पर आक्रमण कर दिया। आलम खां के सहायक हाथी का मुकाबला न कर सके और भाग खड़े हुए। आलम खां भाग कर दोआब के मध्य से होता हुआ पानीपत के समीप पहुंचा। इन्द्री पहुंच कर उसने किसी बहाने से मियां सुलेमान[6] से ४ लाख[7] प्राप्त किये। इस्माईल

---

[1] पंजाब के करनाल जिले का एक गांव, करनाल कस्बे से १५ मील उत्तर में ।

[2] वह फ़र्मुल कबीले का था जिसे देहली राज्य में बड़ा सम्मान प्राप्त था।

[3] सम्भवतः किले वालों को खाद्य सामग्री भी प्राप्त होती रही।

[4] सम्बन्धियों एवं विश्वासपात्रों का दस्ता ।

[5] शिविरः खेमों इत्यादि का घेरा।

[6] अर्सकिन का मत है कि यह आदमी कोई बड़ा भारी महाजन था किन्तु सम्भवतः वह शेखजादा सुलेमान फ़र्मुली, जिसका इससे पूर्व उल्लेख किया गया था।

[7] सम्भवतः ३०,००० से ४०,००० पौंड तक, यदि ये रुपये हों; किंग, पृ० १६७) ।

जिलवानी, बिबन[1] तथा आलम खां के ज्येष्ठ पुत्र ने उसका साथ छोड़ दिया और वे दोआब के मध्य में चले गये। आलम खां ने जो सेना एकत्र की थी, उसमें से कुछ लोग उदाहरणार्थ दरिया खां[2] का पुत्र सैफ़ खां, खाने जहां[3] का पुत्र महमूद खां तथा शेख जमाल फ़र्मुली इत्यादि युद्ध के पूर्व ही इबराहीम के पास से भाग गये थे। जब आलम खां, दिलावर खां तथा हाजी खां के साथ सरहिन्द पार कर रहा था तो उसे हमारे प्रस्थान करने एवं मिलवट[4] पर अधिकार जमा लेने के समाचार प्राप्त हुये। यह समाचार पाकर दिलावर खां, जो सदा से ही मेरा हितैषी था और मेरे कारण ३–४ मास तक बन्दी–गृह में रह चुका था, आलम खां तथा अन्य लोगों का साथ छोड़ कर अपने परिवार वालों के पास सुल्तानपुर[5] पहुंच गया। हमारे मिलवट पर अधिकार प्राप्त कर लेने के ३–४ दिन उपरान्त वह हमारी सेवा में उपस्थित हुआ। आलम खां तथा हाजी खां शतलुत[6] नदी पार करके गिगूता[7] में, जो घाटी तथा मैदान के मध्य में एक दृढ़ स्थान है, चले गये।[8] वहां हमारे अफ़ग़ान तथा हजारा[9] सवारों ने उसे घेर लिया। उन्होंने उस दृढ़ किले को लगभग अपने अधिकार में कर लिया था कि रात्रि हो गई। जो लोग किले के भीतर थे वे किले से भाग जाने के विषय में सोचने लगे किन्तु फाटक पर घोड़ों की भीड़ के कारण वे न निकल सके। उनके साथ हाथी भी थे। जब हाथी आगे बढ़ाये गये तो उन्होंने बहुत से घोड़ों की पांव के नीचे रौंद कर हत्या कर डाली। आलम खां घोड़े पर सवार होकर भागने में अपने आपको असमर्थ पाकर अँधेरे में पैदल भाग खड़ा हुआ। अत्यधिक कठिनाइयों के बाद वह ग़ाज़ी खां के पास पहुंचा। ग़ाज़ी खां मिलवट न पहुंचा था अपितु पहाड़ियों में भाग गया था। ग़ाज़ी खां ने उसके प्रति कोई भी मित्रता न प्रदर्शित की और आलम खां विवश होकर पेहलूर के समीप घाटी की तलहटी[10] में मेरी सेवा में उपस्थित हुआ।

---

[1] मलिक बिबन जिलवानी। वह शेख बायजीद फ़र्मुली अथवा मियां बायजीद फ़र्मुली का सहायक था।

[2] दरिया खां नोहानी।

[3] खाने जहाँ नोहानी।

[4] 'मिलवट' का उल्लेख पंजाब के आस पास के वर्णन में बहुत मिलता है । सम्भवतः इसका अर्थ किला हो। जिस मिलवट का इस स्थान पर उल्लेख है उसे सिवालिक में तातार खां यूसुफ खेल ने बहलोल लोदी के समय में तैयार कराया था।

[5] कपूरथला का एक कस्बा जो कपूरथला कस्बे से १६ मील दक्षिण की ओर स्थित है। मध्य काल में लाहौर तथा देहली के मध्य के मार्ग में यह स्थान बड़ा प्रसिद्ध था।

[6] यह स्थान स्पष्ट नहीं।

[7] सम्भवतः गंगोट, होशियारपुर की सरहद पर बहरबैन के समीप।

[8] सिवालिक में जो 'कवार धार' के नाम से प्रसिद्ध है, से सम्भवतः तात्पर्य है।

[9] सम्भवतः वे लोग सिंध नदी के पूर्व के हजारा के इलाके से सम्बन्धित होंगे। तबकाते अकबरी' के अनुसार यह दस्ता खलीफा के अधीन बाबर से पृथक् अग्रसर हो रहा था ।

[10] दून ।

यात्रा का वर्णन

लाहौर के बेगों (अमीरों) के पास से सियालकोट में एक आदमी ने आकर यह सूचना पहुंचाई कि वे लोग कल प्रातःकाल मेरी सेवा में उपस्थित होंगे।

(३० दिसम्बर)–दूसरे दिन (१५ रबी–उल–अव्वल) को प्रातःकाल हम लोगों ने पर्सरूर[1] में पड़ाव किया। वहां मुहम्मद अली जंगजंग, ख्वाजा हुसेन तथा कुछ अन्य वीर मेरी सेवा में उपस्थित हुये। क्योंकि शत्रुओं का शिविर रावी नदी पर लाहौर की दिशा में था अतः हमने बूजका के अधीन कुछ लोगों को समाचार लाने के लिये भेजा। रात्रि के तीसरे पहर वे समाचार लाये कि शत्रु हमारे विषय में सूचना पाकर भाग खड़े हुए और किसी ने दूसरे की ओर मुड़ कर देखा तक नहीं।

(३१ दिसम्बर)–दूसरे दिन प्रातःकाल हमने प्रस्थान कर दिया और भारी सामान तथा अन्य असबाब शाह मीर हुसेन एवं जान बेग की देख रेख में छोड़ दिया। हम लोग मध्याह्न में कलानूर[2] पहुंच कर वहीं उतर पड़े। मुहम्मद सुल्तान मीर्जा तथा आदिल सुल्तान[3] कुछ बेगों (अमीरों) सहित मेरी सेवा में उपस्थित हुये।

(१ जनवरी, १५२६ ई०) हम लोग प्रातःकाल कलानूर से चल दिये। मार्ग में लोगों ने गाजी खां तथा अन्य लोगों के विषय में, जो भाग गये थे, निश्चित समाचार पहुंचाये। तदनुसार भागने वालों का पीछा करने के लिये मुहम्मदी, अहमदी, कूतलूक क़दम, कोषाध्यक्ष वली तथा अन्य बेगों को जिन्होंने हाल ही में काबुल में यह पद प्राप्त किया था, शीघ्रातिशीघ्र प्रस्थान करने का आदेश दिया गया। यह निश्चय हुआ कि यदि वे लोग भागने वालों को पकड़ सकें तो बड़ा ही अच्छा है किन्तु यदि वे उन्हें न पकड़ सकें तो वे मिलवट के किले के चारों ओर के स्थानों की सावधानी से रक्षा करते रहें ताकि किले वाले भाग कर न जा सकें। इस सावधानी का कारण गाजी खां था।

मिलवट पर अधिकार

(२ व ३ जनवरी)–इन बेगों (अमीरों) को आगे भेज कर हमने बियाह[4] नदी कनवाहीन[5] के समक्ष पार की और वहीं उतर पडे। वहां से दो मंजिल

---

[1] 'पर्सरूर' अकबर के लाहौर प्रांत में था।

[2] कलानूर पंजाब के गुरदासपुर जिले में है और गुरदासपुर कस्बे के १५ मील पश्चिम में स्थित है। अकबर को यहीं अपने पिता की मृत्यु के समाचार प्राप्त हुये थे, और वह कस्बे के बाहर एक टीले पर सिंहासनारूढ़ हुआ था।

[3] ये दोनों हेरात में शरण हेतु आये थे।

[4] ब्यास।

[5] अकबर के समय की बटाला सरकार, बारी दोआब में । बटाला, गुरदासपुर जिले (पंजाब) की एक तहसील है और अमृतसर के उत्तर–पूर्व में २४ मील पर स्थित है।

यात्रा करके मिलवट[1] के किले की घाटी के के अंचल में पड़ाव किया । जो बेगो (अमीर) लोग हमारे पूर्व वहां पहुंच चुके थे तथा हिन्दुस्तान के बेगों (अमीरों) को आदेश दिया गया कि वे इस प्रकार पड़ाव करें कि किले का पूर्ण रूप से अवरोध हो जाये।

इस्माईल खां नामक दौलत खां का एक पौत्र, जो उसके ज्येष्ठ पुत्र अली खां का पुत्र था, मिलवट से मुझसे भेंट करने पहुंचा। उसे आश्वासन तथा वचन के साथ–साथ धमकी एवं चेतावनी देकर लौटा दिया गया।

(५ जनवरी)–शुक्रवार (२१ रबी–उल–अव्वल) को मैंने शिविर को आगे बढ़ाया और किले के निकट आधे कोस पर पहुंच गया। मैं स्वयं उस स्थान के निरीक्षण हेतु गया। दायें–बायें तथा मध्य भाग के लिये सेनायें नियुक्त करके मैं शिविर में वापस पहुंच गया।

दौलत खां ने यह सूचना भेजी कि ग़ाज़ी खां पहाड़ियों में भाग गया है और यदि उसके अपराध क्षमा कर दिए जायें तो वह मेरी सेवा में उपस्थित हो जायेगा और मिलवट को समर्पित कर देगा। ख्वाजा मीरान को मैंने इस आशय से भेजा कि वह उसके हृदय से शंकायें निकाल कर उसे अपने साथ ले आये। वह तथा उसके साथ उसका पुत्र अली खां उपस्थित हुये। मैंने आदेश दे दिया था कि "उन्हीं दोनों तलवारों को, जिन्हें उसने मुझसे युद्ध करने के लिये अपनी कमर में बांधा था, उसकी ग्रीवा में लटका दिया जाय। कहीं कोई ऐसा भी दुष्ट गंवार होगा? इस दशा को प्राप्त हो जाने पर भी वह डींगें मारता था।" जब उसे मेरे कुछ समीप लाया गया तो मैंने आदेश दिया कि, "तलवारें इसकी गर्दन से पृथक् कर दी जायें।" मेरे समक्ष उपस्थित होकर उसने घुटने टेकने[2] में संकोच किया। मैंने अपने आदमियों को आदेश दिया कि वे उसके पांव खींच कर उसे घुटने के बल झुका दें। मैंने उसे अपने सामने बैठा कर एक व्यक्ति को जिसे हिन्दुस्तानी (भाषा) का भली भांति ज्ञान था, अपनी एक–एक बात को उसे समझाने का आदेश दिया। मैंने कहा कि इससे कहो कि, "मैंने तुझे अपना पिता कहा। मैंने तेरी अभिलाषा से कहीं अधिक तेरे प्रति आदर–सम्मान प्रदर्शित किया। तुझे एवं तेरे पुत्रों को बिलोचियों के दर–दर की ठोकर खाने से बचाया। तेरे परिवार तथा अन्तःपुर को इबराहीम के बन्दी–गृह से मुक्त कराया।[3] तातार खां[1] की

---

[1] होशियारपुर तहसील, जिला होशियारपुर (पंजाब) का एक किला जो सुल्तान बहलोल लोदी (१४५१–८९ ई०) के राज्यकाल में बना था।

[2] मुगुलों के अभिवादन का नियम । बाबर ने स्वयं अभिवादन हेतु घुटने टेकने का कई स्थानों पर बड़ा रोचक वर्णन दिया है।

[3] सम्भवतः बाबर ६३० हि० (१५२३–२४ ई०) की घटना की ओर संकेत कर रहा है जिसका संक्षिप्त वर्णन इस प्रकार है :–इस समय लाहौर दौलत खां के अधीन था। वह लाहौर छोड़कर बिलोचियों के पास सम्भवतः सुल्तान की ओर सहायता मांगने चला गया था कारण कि उसके विरुद्ध इबराहीम लोदी ने बिहार खां लोदी के अधीन एक सेना भेजी थी। बाबर तथा बिहार खां में युद्ध हुआ । बिहार खां बुरी तरह पराजित हुआ । बाबर के आदमियों ने भागने वालों का लाहोर तक पीछा किया और नगर को अत्यधिक हानि पहुँचाई। वहाँ चार

विलायत[2] में से ३ करोड[3] तुझे प्रदान किया। मैंने तेरे साथ कौन सी बुराई की थी कि तूने इस प्रकार अपने दोनों ओर तलवारें लटका कर[4] मेरे राज्य[5] पर आक्रमण कर दिया और वहां उपद्रव मचा कर शान्ति भंग कर दी?" वह दुष्ट वृद्ध अवाक हो गया। उसने केवल दो एक शब्द अपने मुंह से निकाले किन्तु वह कोई उत्तर न दे सका और मौन कर देने वाले इन शब्दों का कोई उत्तर हो भी न सकता था। उसे आदेश दिया गया कि वह ख्वाजा मीरे भीरान के साथ रहे।

(६ जनवरी)–शनिवार (२२ रबी–उल–अव्वल) को मैं स्वयं इस आशय से पहुंचा कि किले से परिवार तथा अन्तःपूर की स्त्रियां कुशलतापूर्वक बाहर निकल सकें। मैं फाटक के समक्ष एक ऊंचे स्थान पर उतर पड़ा। वहां मेरी सेवा में अली खां उपस्थित हुआ और उसने कुछ अर्शफ़ियां भेंट की। लोग अपने परिवार को दूसरी नमाज[6] के पूर्व ही लाने लगे। यद्यपि गाजी खां के विषय में यह कहा जाता था कि वह भाग गया है किन्तु कुछ लोगों ने बताया कि उन्होंने उसे किले में देखा है। इस कारण से घर के बहुत से सेवकों तथा वीरों को इस आशय से फाटक पर नियुक्त कर दिया गया कि वे उसे भागने न दें। किसी न किसी युक्ति से भाग जाना उसने पूर्ण रूप से निश्चय कर लिया था। इसके अतिरिक्त यह भी उद्देश्य था कि यदि कोई चुरा कर जवाहरात एवं अन्य बहुमूल्य वस्तुयें ले जाने लगे तो वे उससे छीन ली जायें। मैंने वह रात्रि एक खेमे में, जो फाटक के समक्ष टीले पर लगा दिया गया था, व्यतीत की।

दिन ठहर कर वे दीवालपुर की ओर रवाना हुये। यह घटना रवी–उल अव्वल ९३० हि० (लगभग २२ जनवरी १५२४ ई०) को घटी। दीवालपुर से वे सरहिन्द की ओर रवाना हुये किन्तु वहाँ पहुँचने के पूर्व लाहौर की ओर वापस हो जाना पड़ा। वापसी का कारण दौलत खां ही रहा होगा। दौलत खां एवं उसके पुत्र बाबर के सहायक बन गये थे और जब तक बाबर दीवालपुर में रहा वे उसके साथ रहे । बाबर ने उन्हें लाहौर प्रदान न किया अपितु जालंधर एवं सुल्तानपुर प्रदान कर दिये। दौलत खां बाबर के प्रति केवल दिखाने के लिये निष्ठा प्रदर्शित करता रहा किन्तु दिलावर खां ने अपने पिता दौलत खां की धूर्तता से बाबर को परिचित करा दिया। बाबर ने दौलत खां एवं अपाक को षड्यंत्र के अपराध में बन्दी बना लिया। किन्तु उन्हें शीघ्र मुक्त करके सुल्तानपुर प्रदान कर दिया गया, परन्तु वे पंजाब पर आक्रमण करने की प्रतीक्षा में पंजाब की ओर भाग गये । दौलत खां की शत्रुता के कारण बाबर को वापस होना पड़ा और पंजाब को अपने आदमियों द्वारा दृढ़ बना कर वह काबुल की ओर लौट गया।

[1] तातार खां दौलत खां का पिता था।

[2] राज्य अथवा प्रांत।

[3] अर्सकिन के अनुसार लगभग ७५,००० पौंड ।

[4] यह व्यंग्य–पूर्ण वाक्य है। जिस प्रकार गधे के दोनों ओर बोझ लटकाया जाता है उसी उदाहरण को ध्यान में रखते हुये बाबर ने दौलत खां की तलवारों पर व्यंग्य किया है।

[5] तैमूर का वंशज होने के कारण बाबर हिन्दुस्तान को अपने अधीन समझता था।

[6] मध्याहोत्तर की नमाज ।

(७ जनवरी)–दूसरे दिन प्रातःकाल मुहम्मदी, अहमदी, सुल्तान जुनैद, अब्दुल अजीज़, मुहम्मद अली जंगजंग तथा कृतलूक क़दम को आदेश दिया गया कि वे किले में प्रविष्ट होकर उसमें जो असबाब हो उस पर अधिकार जमा लें। क्योंकि फाटक पर लोग अत्यधिक कोलाहल मचा रहे थे अतः उन्हें आतंकित करने के लिये मैंने कुछ बाण चलाये। हुमायूं के किस्सा ख्वान[1] के दुर्भाग्य का बाण लग गया[2] और उसने तत्काल प्राण त्याग दिये।

(७ व ८ जनवरी)–उस टीले पर दो रातें व्यतीत करने के उपरान्त मैंने किले का निरीक्षण किया। मैं गाजी खां के पुस्तकालय में पहुंचा। वहां बहुत से उत्तम बहुमल्य ग्रन्थ मिले। उनमें से कुछ मैंने हुमायूं को दे दिये और कुछ कामरान[3] को भेज दिये। उनमें बहुत से ग्रन्थ पांडित्यपूर्ण विषयों पर थे किन्तु उनकी संख्या इतनी अधिक न थी जितनी कि सर्वप्रथम दृष्टिगत हुई थी। मैंने वह रात्रि किले में व्यतीत की। दूसरे दिन प्रातःकाल मैं अपने शिविर में चला गया।

(६ जनवरी) हमारा विचार था कि ग़ाज़ी खां क़िले में है। वह निर्लज्ज नामर्द अपने पिता, माता तथा भाईयों एवं बहिनों को मिलवट[4] में छोड़ कर पहाड़ियों में भाग गया थाः

पद्य

"उस निर्लज्ज को देखो जोकि कदापि,
सौभाग्य का मुख न देखेगा।
वह अपने शरीर का आराम ढूंढ़ता है,
पत्नी तथा सन्तान को कठिनाई में छोड़ देता है।"[5]

(१० जनवरी)–बुधवार को उस शिविर से प्रस्थान करके हम लोग उन पहाड़ियों की ओर रवाना हुये जहां गाजी खां भाग गया था। जब हम लोग शिविर से १ कोस पर मिलवट के दर्रे के दहाने पर पहुंचे तो दिलावर खां मेरी सेवा में उपस्थित हुआ। दौलत खां, अली खां, इस्माईल खां तथा कुछ अन्य सरदारों को कित्ता बेग को इस आशय से सौंप दिया गया कि वह उन्हें मिलवट के अधीनस्थ भीरा के किले में ले जाकर उनकी वहां रक्षा करे। दिलावर खां के परामर्श से जिस व्यक्ति ने जिसे बन्दी बनाया था उसे उसको इस बात की अनुमति दे दी गई कि वह उससे निश्चित धन वसूल कर ले। कुछ लोगों ने ज़मानत दे दी और कुछ लोग बन्दी रक्खे गये। जब कित्ता बेग बन्दियों सहित सुल्तानपूर पहुंचा तो दौलत खां की मृत्यु हो गई।

---

[1] वह व्यक्ति जो कहानियां सुनाने का पेशा करता था।

[2] दुर्भाग्य से बाण लगा।

[3] कामरान उस समय कंधार में था।

[4] यह मिलवट झेलम जिले में पिंदादन खां के उत्तर–पश्चिम में १६ मील पर है।

[5] शेख सादी की 'गुलिस्तां से उद्धृत ।

मिलवट मुहम्मद अली जंगजंग को सौंप दिया गया। उसने अपनी ओर से अपने बड़े भाई अरगून तथा वीरों का एक दल वहां नियुक्त कर दिया। हज़ारा तथा अफ़ग़ानों में से भी २००–२५० आदमी किले की कुमक हेतु नियुक्त कर दिये गये।

ख्वाजा कलां कई ऊंटों पर ग़ज़नी की मदिरा लदवा कर लाया था। उसकी मंज़िल[1] किले के समक्ष थी। वहां मदिरा–पान की गोष्ठी आयोजित हुई। समस्त शिविर वालों में से कुछ ने मदिरा पान किया और कुछ ने अरक़ पिया।

जसबान घाटी

वहां से प्रस्थान करके हमने मिलवट के चरागाहों की एक नीची पहाड़ी पार की और दून में प्रविष्ट हो गये। हिन्दुस्तानी भाषा में जलका को दून[2] कहते हैं।[3] इस दून में हिन्दुस्तान की एक जलधारा बहती है, जिसके दोनों ओर बहुत से ग्राम हैं। इसे जसवाल अर्थात् दिलावर खां के मामा का परगना कहा जाता है। दून ऐसा जलका है जिसके चारों ओर घास के चौरस मैदान हैं। इसकी जल धाराओं के दोनों ओर जहां–तहां चावल की कृषि होती है। इसके मध्य में ३–४ पनचक्कियां हैं जिनमें से होकर जलधारा प्रवाहित रहती है। जलका की चौड़ाई एक–दो कोस होगी। किन्हीं–किन्हीं स्थानों की चौड़ाई ३ कोस होगी। वहां की पहाड़ियां छोटी–छोटी, पुश्तों के समान हैं। वहां के ग्राम इन्हीं पहाड़ियों के आंचल में हैं। जहां ग्राम नहीं हैं वहां मोर तथा बन्दर बहुत बड़ी संख्या में पाये जाते हैं। घरेलू पक्षियों के समान यहां पक्षी भी बहुत पाये जाते हैं किन्तु वे अधिकांश एक रंग के होते हैं।

क्योंकि गाजी खां के विषय में विश्वस्त रूप से कुछ न पता चल सका था कि वह कहां है अतः हमने तरदीका को आदेश दिया कि वह बीरीम देव मलिनहास के साथ चला जाये और जहां कहीं भी वह (ग़ाज़ी खां) मिले उसे बन्दी बना कर ले

इन पहाड़ियों पर दून के चारों ओर बड़े विचित्र प्रकार के दृढ़ किले बने हुए हैं। उत्तर पूर्व में जो क़िला है उसका नाम कोटिला[4] है। उसकी दीवारें ७०–८० गज लम्बी हैं और पर्वत के करारों का ढाल जिस पर यह स्थित है, समकोण–युत है। जिस ओर बड़ा फाटक है वहां की दीवार ७–८ गज़ समकोण–युत होगी। जिस स्थान पर उठने वाला पुल है, उसकी चौड़ाई १०–१२ गज़ होगी। दो लम्बे–लम्बे लट्ठों से एक पुल बना लिया गया है जिस पर से वे लोग घोड़े तथा मवेशियों के गल्ले ले जाते हैं। इस पर्वतीय प्रदेश

---

[1] खेमा।

[2] घाटी।

[3] यह जसवान अथवा उना दून है। यह होशियारपुर जिले की एक उपजाऊ घाटी है जो ४ से ८ मील तक चौड़ी है।

[4] सम्भवतः कांगड़ा जिले के दक्षिणीय–पश्चिमी कोने पर कोटलेट, जो होशियारपुर की सरहद पर है।

में जिन क़िलों को गाजी खां ने दृढ़ बनाया था, उनमें से एक यह था। उसके आदमी इस किले में रहे होंगे। हमारे आक्रमणकारियों ने उस पर आक्रमण करके लगभग अधिकार जमा ही लिया था कि रात हो गई। किले वाले ऐसा दुर्गम स्थान छोड़ कर भाग खड़े हुये।

इस दून के उपान्त में एक अन्य दृढ़ किला है जो गिंगूता के नाम से प्रसिद्ध है। उसके चारों ओर भी कोटिला के समान पर्वत के करारे हैं किन्तु यह इतना दृढ़ नहीं है। जैसा कि इससे पूर्व उल्लेख हो चुका है, आलम खां इसी में प्रविष्ट हो गया था। बाबर का इबराहीम की ओर अग्रसर होना

ग़ाज़ी खां के विरुद्ध थोड़ी सी सेना भेज देने के उपरान्त मैंने अपने पांव संकल्प की रकाब में रक्खे और अपने हाथ में ईश्वर के भरोसे की लगाम ली और सुल्तान इबराहीम बिन (पुत्र) सुल्तान सिकन्दर बिन (पुत्र) बहलोल लोदी अफ़ग़ान के विरुद्ध प्रस्थान किया। उस समय देहली का राजसिंहासन तथा हिन्दुस्तान का राज्य उसके अधीन था। उसकी स्थायी सेना की संख्या एक लाख बताई जाती थी। उसके तथा उसके वज़ीरों एवं अमीरों के हाथियों की संख्या लगभग १००० थी।

एक मंज़िल पार करने के उपरान्त, मैंने बाक़ी नामक शगावल[1] को दीबालपुर[2] प्रदान किया और उसे बल्ख की कुमक हेतु भेज दिया। बल्ख के कार्यों की सफलता के उद्देश्य से मैंने अत्यधिक धन अपने सम्बन्धियों, अज़ीज़ों, पुत्रों तथा छोटों को, जो काबुल में थे, भेजा। जो धन–सम्पत्ति मिलवट की विजय द्वारा प्राप्त हुई थी, उसमें से भी उपहार भेजे गये।

जब हम (जसवान) दून के नीचे एक या दो मंजिल की यात्रा कर चुके तो शाह एमाद शीराज़ी, आराइश खां तथा मुल्ला मुहम्मद मजहब[3] के पास से पत्र लेकर आया जिसमें उन लोगों की हमारे अभियान की सफलता के प्रति शुभाकांक्षायें लिखी थीं और वे लोग इस सम्बन्ध में जो प्रयत्न अथवा चेष्टा कर रहे थे, उसका उल्लेख था। इसके उत्तर में हफते ने एक पदाती द्वारा अपनी कृपाओं के आश्वासन से सम्बन्धित एक फ़रमानं भेजा। तदुपरान्त हम लोग रवाना हो गये।

आलम खां का बाबर के पास शरण लेना

जो थोड़ी सी सेना हमने मिलवट से भेजी थी, उसने हुरूर, कहलूर[4] तथा आसपास के अन्य पर्वतीय क़िलों को विजय कर लिया। ये ऐसे स्थान थे,

---

[1] मुख्य कातिब (लिपिक)।

[2] पंजाब के मांटगोमरी जिले में, लाहौर के दक्षिण पश्चिम में ४० मील पर यह व्यास नदी के प्राचीन तट पर स्थित है और नदी के हर जाने से कस्बा नष्ट हो गया है। १४वीं, १५वीं शताब्दी ईसवी में देहली सल्तनत की रक्षा हेतु सबसे दृढ़ किला यहीं बना था । बाबर ने १५२४ ई० में इस पर आक्रमण किया था।

[3] सुल्तान इबराहीम लोदी के अमीर ।

[4] कहलूर बिलासपुर को कहते हैं जो शिमला के पर्वतीय प्रांत की राजधानी था और सतलज के बायें तट पर स्थित था। हुरूर भी सम्भवतः आस पास में था।

जिनकी दृढ़ता के कारण सम्भवतः वहां बहुत समय से कोई न पहुंचा था। वे लोग थोड़ी बहुत लूट–मार करके लौट आये। आलम खां भी नष्ट होकर पैदल तथा नंगा बुच्चा पहुंचा। मैंने अपने कुछ अमीरों एवं सम्बन्धियों को उसके स्वागतार्थ घोड़ा दे कर भेजा। वह उसी स्थान के आसपास मेरी सेवा में उपस्थित हुआ और अधीनता प्रदर्शित की।[1]

हमारे आक्रमणकारी आसपास की पहाड़ियों तथा घाटियों में भी पहुंचे किन्तु कई रात अनुपस्थित रहने के उपरान्त बिना कोई महत्वपूर्ण कार्य किये हुये लौट आये। शाह मीर हुसेन, जान बेग तथा कुछ अन्य वीर छापा मारने के उद्देश्य से आज्ञा लेकर रवाना हो गये।

पानीपत के मार्ग की घटनाएं

जब हम लोग (जसवान) दून में थे तो कई बार[2] इस्माईल जलवानी तथा बिबन के अधीनता प्रदर्शित करते हुये प्रार्थना–पत्र प्राप्त हुये। हमने इस स्थान से उन्हें संतुष्ट करने के लिये फ़रमान भेज दिये। जब हम लोग दून से निकल कर रूपर[3] की ओर रवाना हुये तो बड़े जोर की वर्षा होने लगी और ठंडक इतनी अधिक हो गई कि बहुत से भूखे तथा नंगे हिन्दुस्तानी मर गये।

जब हम रूपर से प्रस्थान करके सेहरिन्द[4] के समक्ष करल[5] में पड़ाव किये हुये थे तो एक हिन्दुस्तानी ने उपस्थित हो कर कहा, "मैं सुल्तान इबराहीम का दूत हूँ।" यद्यपि उसके पास कोई पत्र इत्यादि न था किन्तु उसने हमसे अपने दूत भेजने के सम्बन्ध में निवेदन किया। हमने तुरन्त एक या दो सवादी पहरेदार उसके साथ कर दिये। इबराहीम ने इन दरिद्रियों को बन्दी बना दिया। जिस दिन हमने इबराहीम को पराजित किया वे उसी दिन भाग कर हमारे पास चले आये।

मार्ग में एक रात पड़ाव करके हम लोग बनूर[6] तथा सनूर[1] की जल धारा धारा के तट पर उतरे। हिन्दुस्तान की अन्य बड़ी नदियों के अतिरिक्त एक

---

[1] इस समय से आलम खां अथवा अलाउद्दीन द्वारा देहली का बादशाह बनने का स्वप्न समाप्त हो गया। सुल्तान इबराहीम लोदी से युद्ध के दिन वह एक साधारण से दस्ते का सरदार था। वह राणा सांगा के विरुद्ध भी १५२७ ई०) बाबर के एक छोटे से दल का सरदार था। बाबर उससे संतुष्ट न था अतः उसने उसे बदख्शा के किलये जकर नामक दुर्ग में कैद करा दिया था। वहाँ से भागकर वह सिन्ध होता हुआ गुजरात के बादशाह बहादुर शाह के पास पहुँचा। वहाँ उसका पुत्र तातार खां भी उससे मिल गया।

[2] फारसी अनुवाद के अनसार 'दो–तीन बार' ।

[3] अम्बाला जिले में, सतलज के दहाने पर।

[4] सरहिन्द, अक्षांश ३०^{0} २६', देशान्तर ७६^{0} ३१'। मध्य युग में इस कस्बे को बड़ा महत्व प्राप्त था ।

[5] एल्फिन्स्टन की पोथी के अनुसार करनाल'। यह पांडुलिपि नकल करने वाले की भूल है।

[6] पटियाला स्टेट (पंजाब) की एक तहसील का सदर मुक़ाम, राजपुरा के उत्तर–पूर्व में १० मील पर । इसे प्राचीन काल में पुष्पावती कहते थे।

जल धारा यह है। वे इसे कक्कर[2] (घग्गर) की जल धारा कहते हैं। चित्र भी इसी जल धारा के तट पर स्थित है। हम इसकी सैर को गये। यह जल धारा चित्र के ऊपर तीन–चार कोस पर स्थित एक स्थान से निकलती है। कक्कर (घग्गर) धारा के ऊपर चार–पांच पनचक्कियों से होती हुई जल धारा एक चौड़ी घाटी में पहुंचती है। इसके ऊपर बड़े रमणीक, स्वास्थ्यप्रद तथा सुन्दर स्थान हैं। मैंने उस चौड़ी घाटी के दहाने पर जहां वह जल धारा है जो समतल मैदान में एक–दो कोस बहती हुई कक्कर (घग्गर) धारा में गिरती है, एक चार बाग़ के निर्माण का आदेश दिया। जहां वह धारा गिरती है वहां से कक्कर (घग्गर) के झरनों की दूरी ३–४ कोस होगी। जब वर्षा ऋतु में इस जल धारा में बाढ़ आ जाती है और कक्कर (घग्गर) से मिल जाती है तो वे दोनों बहती हुई सामाना[3] तथा सुनाम[4] तक चली जाती हैं।

इस पड़ाव पर हमने सुना कि "सुल्तान इबराहीम देहली के उस ओर है जिस ओर हम जा रहे हैं। वह आगे प्रस्थान कर चुका है। उसके अतिरिक्त हिसार फ़ीरोज़ा[5] का शिक़दार हमीद खां खासा खेल[6] हिसार फ़ीरोज़ा[7] तथा उस ओर की सेनाओं को लेकर वहां से १०–१५ कोस इस ओर निकल आया है।" कित्ता बेग को इबराहीम के शिविर के विषय में, मोमिन अतका को हिसार फ़ीरोज़ा (की सेना) के शिविर के विषय में पता लगाने के लिये भेजा गया।

हुमायूँ का हमीद खां के विरुद्ध प्रस्थान

(२५ फ़रवरी)–रविवार (१३ जमादि–उल–अव्वल) को अम्बाला[8] से प्रस्थान करके हम लोग एक झील पर पड़ाव किये हुये थे कि मोमिन अतका तथा कित्ता बेग उसी दिन वहां पहुंचे।

हमने हुमायूं को हमीद खां के विरुद्ध नियुक्त किया और दायें भाग की पूरी सेनां तथा ख्वाजा कलां, सुल्तान मुहम्मद दूल्दाई, कोषाध्यक्ष वली तथा कुछ बेगों (अमीरों) को जो हिन्दुस्तान में नियुक्त थे, उदाहरणार्थ खुसरौ, हिन्दू बेग, अब्दुल अज़ीज़ एवं मुहम्मद अली जंगजंग, तथा घर वालों एवं सेना के

---

[1] पटियाला कस्बे के दक्षिण–पूर्व में ४ मील पर । बाबर के राज्यकाल में मलिक बहाउद्दीन खुक्खर सनूर का हाकिम नियुक्त हो गया था। उसे ८४ आसपास के ग्राम प्राप्त थे अतः यह जिला चौरासी कहलाता था।

[2] घग्गर नदी सिरमूर से निकलकर अम्बाला के पास से बहती हुई पटियाला एवं हिसार की ओर जाती है और भटनेर के पास बीकानेर के रेगिस्तान में समाप्त हो जाती है ।

[3] पटियाला की भवानीगढ़ तहसील में, पटियाला कस्बे के दक्षिण–पश्चिम में १७ मील पर।

[4] पटियाला की एक तहसील, पटियाला कस्बे के दक्षिण–पश्चिम में ४३ मील पर।

[5] फारसी अनुवाद के अनुसार 'एक कोस आगे रवाना हो चुका है।

[6] इसे सुल्तान फ़ीरोज शाह तुगलुक ने १३५० ई० में बसाया था ।

[7] सम्भवतः वह सुल्तान इबराहीम के वंश का अर्थात् साहू खेल था।

[8] पंजाब का एक जिला।

मध्य भाग के वीरों में से शाह मनसूर बरलास, कित्ता बेग और मुहिब अली को उसके साथ कर दिया।

बिबन भी इसी पड़ाव पर मेरी सेवा में उपस्थित हुआ। ये अफ़ग़ान बड़े गंवार तथा मूर्ख थे। यद्यपि दिलावर खां के सहायकों की संख्या भी अधिक थी और वह उससे प्रतिष्ठित भी था तथा आलम खां[1] के पुत्र जो उसके बादशाह की संतान से सम्बन्धित थे खड़े रहते थे किन्तु इसने बैठने का आग्रह किया। उसकी मूर्खता की ओर कोई ध्यान नहीं दिया गया।

(२६ फ़रवरी)–सोमवार १४ (जमादि–उल–अव्वल) को प्रातःकाल हुमायूं हमीद खां के विरुद्ध रवाना हो गया। उसने शीघ्रातिशीघ्र कुछ आगे बढ़ कर १००–१५० वीरों को करावली[2] के लिये पृथक् कर दिया। वे लोग शत्रु तक बढ़ते चले गये और उनसे तत्काल भिड़ गये, किन्तु दोनों ओर की सेनाओं में दो चार ही हाथ तलवार के चले होंगे कि पीछे से हुमायूं की सेना के बादल दृष्टिगत हो गये। उसके पहुंचते ही शत्रु भाग खड़े हुए। हुमायूं के आदमियों ने १००–२०० अश्वारोहियों को घोड़ों से गिरा दिया और लगभग इसके आधे लोगों की हत्या कर दी तथा आधे लोगों को बन्दी बना कर ७–८ हाथियों सहित उपस्थित हुये।

(२ मार्च)–शुक्रवार १८ (जमादि–उल–अव्वल) को बेग मीरक मुगूल ने हुमायूं की विजय के समाचार शिविर में पहुंचाये। उसे तत्काल एक विशेष खिलअत तथा शाही अश्वशाला का एक घोड़ा प्रदान किया गया और उसे अन्य पुरस्कारों का आश्वासन दिलाया गया।

(५ मार्च)–सोमवार २१ (जमादि–उल–अव्वल) को हुमायूं मेरी सेवा में उपस्थित हुआ और अपने साथ लगभग १०० बन्दी तथा ७–८ हाथी लाया। उस्ताद अली कुली तथा बंदूक चलाने वालों को आदेश दिया गया कि अन्य लोगों की चेतावनी हेतु सभी को बन्दूक का निशाना बना दिया जाय। यह हुमायूं का प्रथम युद्ध तथा प्रथम अनुभव था और एक बड़ा ही उत्कृष्ट शकुन भी।

शत्रु की भागी हुई सेना का पीछा करने के लिये जो लोग भेजे गये थे उन्होंने हिसार फ़ीरोज़ा पहुंच कर उसे तुरन्त अपने अधिकार में कर लिया। वे उसे लूट कर हमारे पास लौट आये। हिसार फ़ीरोजा को उसके अधीनस्थ एवं उससे सम्बन्धित स्थानों तथा १ करोड़ नकद धन सहित हुमायूं को पुरस्कार स्वरूप प्रदान कर दिया गया।

हम उस मंजिल से प्रस्थान करके शाहाबाद[3] पहुंचे। वहां से एक आदमी को सुल्तान इबराहीम के शिविर के विषय में पता लगाने के लिये भेज कर

---

[1] आलम खां अथवा अलाउद्दीन सुल्तान इबराहीम, देहली के सुल्तान, का भाई था।

[2] शत्रु के विषय में पता लगाने ।

[3] जिला करनाल (पंजाब) की थानेश्वर तहसील का एक कस्बा, अम्बाला के दक्षिण में १३ मील पर।

हम कुछ दिनों के लिये वहां ठहर गये। रहमत पदाती को उसी पड़ाव से विजय–पत्र देकर काबुल भेज दिया गया।

इसी पड़ाव पर इसी दिन हुमायूं ने अपने चेहरे पर अस्तुरा अथवा कैंची लगवाई। क्योंकि स्वर्गीय (बाबर) ने अपने मुख पर अस्तुरा लगने का उल्लेख किया है अतः उनका अनुकरण करते हुए मैं इसकी चर्चा करता हूं। उस समय मेरी अवस्था १८ वर्ष की थी। अब मेरी अवस्था ४८ वर्ष की है। मुहम्मद हुमायूं।

(आहज़रत के खते मुबारक की नकल)[1]

इबराहीम के समाचार

(१३ मार्च)–सोमवार २८ (जमादि–उल–अव्वल) को हम उसी पड़ाव पर ठहरे रहे। सूर्य मेष राशि में प्रविष्ट हुआ। इबराहीम के शिविर से निरन्तर समाचार आने लगे कि वह एक–एक, दो दो कोस आगे बढ़ता आ रहा है और प्रत्येक मंजिल पर दो–दो, तीन–तीन दिन पड़ाव करता जाता है। हमने भी शाहाबाद से प्रस्थान कर दिया और दो रात पड़ाव करके यमुना नदी के तट पर पहुंच गये और सिरसावा के सामने उतर पड़े। उस पड़ाव से ख्वाजा कलां के सेवक हैदर कुली को समाचार लाने के लिये भेजा गया।

मैंने यमुना नदी को एक घाट से पार करके सिरसावा[2] की सैर की। उस दिन भी हम ने माजून का सेवन किया। सिरसावा में एक चश्मा[3] भी है। इससे एक छोटी सी नदी निकलती है। यह बुरा स्थान नहीं है। तरदी बेग खाकसार इसकी प्रशंसा करने लगा। मैंने कहा, "इसे तुझे प्रदान कर दिया।" इस प्रकार उसके प्रशंसा कर देने के कारण सिरसावा उसे दे दिया गया।

मैंने एक नौका पर एक मंच बनवा लिया था और नदी की सैर करने जाया करता था। कभी–कभी मैं नदी के उतार की ओर चला जाया करता था। हमने नदी के उतार की ओर दो पड़ाव की यात्रा की थी कि हैदर कुली जो समाचार लाने भेजा गया था, यह समाचार लाया कि इबराहीम लोदी ने दाऊद खां लोदी तथा हातिम खां लोदी को पांच–छः हजार व्यक्तियों सहित

---

[1] मूल तुर्की में उपर्युक्त वाक्य नहीं हैं किन्तु फारसी अनुवाद में यह वाक्य हैं। एल्फिस्टन की पोथी में भी ये वाक्य मूल ग्रन्थ के साथ नकल कर दिये गये हैं । इसे हुमायूँ ने अपनी अवस्था के ४८ वें वर्ष में लिखा था हुमायूँ की ४८वीं वर्षगांठ उसके काबुल से हिन्दुस्तान की विजय हेतु प्रस्थान के एक मास पूर्व नवम्बर १५५४ ई० (जिलहिज्जा ९६1 हि०) में पड़ी थी। वह १ रमजान ९६२ हि. (२३ जुलाई १५५५ ई०) को देहली में प्रविष्ट हुआ। उस समय भी वह अपनी आयु के ४८वें वर्ष में था। सम्भवतः उपयुक्त वाक्य इसी बीच में लिखे गये।

[2] सिरसावा सहारनपुर (उत्तर प्रदेश) में एक प्राचीन स्थान जो अम्बाला–सहारनपुर के मार्ग पर स्थित है। यह सहारनपुर के १० मील उत्तर–पश्चिम में है।

[3] सम्भवतः कोई बहुत बड़ी झील अथवा कुन्ड।

दोआब के पार भेज दिया है जो उसके (इबराहीम के) शिविर से ३–४ कोस आगे पड़ाव किये हुये हैं।

एक सफल झड़प

(१ अप्रैल)–रविवार (१८जमादि–उस्सानी) को चीन तीमूर[1] सुल्तान, महदी ख्वाजा, मुहम्मद सुल्तान मीर्जा, आदिल सुल्तान, तथा बायें भाग की सेना के सभी (सरदारों) उदाहरणार्थ सुल्तान जुनैद, शाह मीर हुसेन, क्रूतलूक क़दम को शीघ्रातिशीघ्र अग्रसर होने का आदेश दिया गया। (सेना के मध्य भाग के) अब्दुल्लाह तथा कित्ता बेग को भी उनके साथ कर दिया गया। मध्याह्नोत्तर की प्रथम नमाज के समय उन लोगों ने जिस ओर हम थे, उस ओर से नदी पार की और मध्याह्नोत्तर की दूसरी नमाज एवं सायंकाल की नमाज के मध्य में दूसरे किनारे से चल खड़े हुए। बिबन इस युद्ध में भाग लेने के बहाने से नदी पार करके पलायन कर गया।

(२ अप्रैल)–प्रातःकाल वे लोग शत्रुओं के समक्ष पहुंच गये। वे इस प्रकार आ रहे थे मानो वे अपनी पंक्तियां सुव्यवस्थित किये हों किन्तु हमारे आदमी उनसे तत्काल भिड़ गये और उन्हें पराजित करके पीछे हटा दिया और उनका पीछा करते हुए इबराहीम के शिविर के सामने तक पहुंच गये। हातिम खां को, जो दाऊद खां (लोदी) का बड़ा भाई था और उसका एक सेनापति था, घोड़े से गिरा दिया गया। हमारे आदमी जब मेरी सेवा में उपस्थित हुये तो उसे अपने साथ ले आये। वे ६०–७० बन्दी तथा ६–७ हाथी भी लाये। अन्य लोगों की चेतावनी हेतु अधिकांश की हत्या करा दी गई।

युद्ध की तैयारी

जब हम लोग दायें, बायें एवं मध्य भाग की सेना की पंक्तियों को सुव्यवस्थित करके अग्रसर हो रहे थे तो हमने सेना की गणना कराई।[2] जितना अनुमान लगाया गया था, सेना की संख्या उतनी न निकली।

हमने दूसरे पड़ाव पर आदेश दिया कि सेना का प्रत्येक व्यक्ति अपनी स्थिति के अनुसार अराबा[3] (गाड़ियां) एकत्र करे। ७०० गाड़ियां लाई गईं।

---

[1] वह बाबर के मामा सुल्तान अहमद खां चगताई का ६ वा पुत्र था और बाबर के पास भाग कर चला आया था। उसके अन्य भाई भी उसके बाद बाबर की सेवा में पहुंच गये।

[2] सेना की गणना की विधि, फारसी अनुवाद में इस प्रकार दी गई है : "सवारों की सेना का, जैसी कि निश्चित प्रथा है, इस प्रकार अनुमान लगाया जाता है : एक आदमी चाबुक अथवा धनुष लेकर अनुमान करके बताता"। इसका अर्थ यह हुआ कि सेना का अनुमान कोड़ों अथवा धनुषों में लगा कर कहा जाता होगा कि वह इतने कोड़े अथवा धनुष हुई।

[3] अराबा में वह गाड़ियां होंगी जो सामान लादने के लिये साथ में होंगी अथवा आसपास से एकत्र कर ली गई होंगी।

उस्ताद अली कुली को आदेश दिया गया कि रूमियों[1] की प्रथानुसार गाड़ियों को एक दूसरे से जोड़ दिया जाये। जंजीर के स्थान पर कच्ची खाल की रस्सियों का प्रयोग किया जाय। प्रत्येक दो गाड़ियों के बीच में ५–६ तोरें[2] लगा दिये जायें। इनके पीछे बंदूक चलाने वाले खड़े हो कर बन्दूक चलायें। इन सामग्रियों की व्यवस्था करने के लिये उस पड़ाव पर ५–६ दिन ठहरना पड़ा।

अमीरों से परामर्श

जब पूरी तैयारी हो गई तो समस्त बेगों (अमीरों) एवं जवानों को जिन्हें युद्ध का अनुभव था, परामर्श के लिये बुलवाया गया और एक आम परामर्श गोष्ठी आयोजित की गई और यह निर्णय किया गया कि, "पानीपत नगर में मुहल्ले और घर बहुत बड़ी संख्या में हैं। इसे अपने एक ओर रक्खा जाय। अन्य दिशाओं को गाड़ियों तथा तोरों द्वारा दृढ़ बना दिया जाय। पदातियों एवं बंदूक चलाने वालों को उसके पीछे खड़ा किया जाय।" यह निश्चय करके हमने प्रस्थान कर दिया और मार्ग में एक रात्रि पड़ाव करके मंगलवार जमादि–उल–आखिर के अन्तिम दिन (१२ अप्रैल) को पानीपत[3] पहुँच गये।

पानीपत में

हमारे दायीं ओर पानीपत नगर तथा उसके मुहल्ले थे। हमारे सामने गाड़ियां तथा तोरे थे, जिन्हें हमने तैयार कराया था। बाईं ओर तथा अन्य स्थानों पर खाइयां एवं शाखायें[4] थीं। एक–एक बाण के पहुंचने की दूरी तक इतना स्थान छोड़ दिया गया था कि सौ–सौ, दो–दो सौ अश्वारोही वहां से छापा मार सकें।

बाबर की सेना वालों की चिन्ता

सेना वालों में से कुछ लोग बड़े भयभीत तथा चिंतित थे। भय तथा चिन्ता का कोई कारण न था। ईश्वर ने जो कुछ भाग्य में आदि काल से लिख दिया है उसमें कोई परिवर्तन नहीं हो सकता। यद्यपि ठीक बात तो यही है किन्तु भय एवं चिन्ता के कारण किसी को आलोचना भी नहीं की जा

---

[1] आटोमन। उस्ताद अली कुली ने प्रतिरक्षा की यह विधि चाल्दिरान के युद्ध में देखी होगी। यह युद्ध तबरेज से लगभग १२० मील पर सुल्तान सलीम रूमी तथा शाह इस्माईल सफवी में १ रजब १२०. हि० (२२ अगस्त १५१४ ई०) को हुआ।

[2] एक प्रकार की आड़ जहाँ से युद्ध करने वाले बाण इत्यादि चलाते थे।

[3] जिला करनाल (पंजाब) की एक तहसील, देहली से लगभग ५० मील उत्तर पश्चिम में। यह तीन प्रसिद्ध युद्धों के लिये विख्यात है :
(अ) बाबर तथा इबराहीम लोदी का १५२६ ई० में जिसमें बाबर की विजय हुई।
(ब) अकबर द्वारा हेमूँ की पराजय १५५६ ई०।।
(स) अहमद शाह अब्दाली की मरहटों पर विजय १७६१ई।

[4] मूल पुस्तक एवं प्रकाशित अनुवाद दोनों में यह शब्द स्पष्ट नहीं। सम्भवतः वृक्ष की शाखाओं से तात्पर्य है। कदाचित् ढाक की शाखाओं का प्रयोग किया गया होगा। १७६१ ई० में अहमद शाह अब्दाली ने भी इन्हीं का प्रयोग किया था।

सकती। कारण कि जो लोग भयभीत एवं चिन्तित थे वे अपने घरों से २–३ मास की यात्रा की दूरी पर पड़े हुए थे। हमारा मुक़ाबला एक अपरिचित क़ौम एवं लोगों से था। न तो हम उनकी भाषा समझते थे और न वे हमारी।

शेर

"मारा मारा फिरने वाला समुह, अस्थिर मस्तिष्क के साथ,
एक क़बीले के वश में, एक अपरिचित कबीले के।"

शत्रु की जो सेना हमसे युद्ध करने के लिये उपस्थित थी, उसके विषय में अनुमान लगाया जाता था कि उसमें १००,००० आदमी होंगे। इबराहीम तथा उसके अमीरों के हाथियों की संख्या लगभग १००० बताई जाती थी। दो पीढ़ियों[1] का खजाना उसके अधिकार में था। हिन्दुस्तान में यह प्रथा है कि ऐसे महान् संकटों के अवसर पर धन देकर, इच्छानुसार सेना भरती कर ली जाती है। ये 'बेह हिन्दी'[2] कहलाते हैं। यदि इबराहीम इस विषय में सोच लेता तो वह लाख–दो–लाख सेना और भरती कर लेता। ईश्वर ने अच्छा ही किया। न तो वह अपने वीरों को संतुष्ट कर सका और न अपने खजाने का वितरण कर सका। वह अपने जवानों को किस प्रकार संतुष्ट रख सकता था कारण कि वह बड़ा ही कृपण था और उसे धन एकत्र करने से बड़ी रुचि थी। वह बड़ा अनुभव शून्य जवान था। उसने सेना को किसी प्रकार का अनुभव न कराया था–न बढ़ने का, न खड़े रहने का और न युद्ध करने का।

इबराहीम की ऊज़बेगों से तुलना

जिस समय पानीपत में सेना गाड़ियों, खाई तथा शाखाओं द्वारा अपनी प्रतिरक्षा का प्रबन्ध कर रही थी, दरवेश मुहम्मद सारवान ने एक बार मुझसे निवेदन किया कि, "इतनी सावधानी के बाद, वह किस प्रकार यहां आ सकेगा?" मैंने कहा, "क्या तुम उसे ऊज़बेग खान और सुल्तान समझते हो? उसने कौन सा ऐसा अनुशासन युक्त युद्ध किया है कि उसकी तुलना उन लोगों से की जाये ?" ईश्वर की कृपा से यह बात सत्य ही निकली। मैंने जो कुछ कहा था, वही हुआ।

"जिस[3] वर्ष मैं समरकन्द से निकल कर हिसार पहुंचा[4]
और समस्त ऊज़बेग खान एवं सुल्तान मिलकर
हमसे युद्ध करने आये तो हम मुगूलों तथा सैनिकों
के परिवार को लेकर हिसार के उपान्त में पहुंच गये
और उस स्थान की गलियों को बन्द करके गढ़बन्दी कर ली।
क्योंकि वे खान तथा सुल्तान युद्ध–विद्या में निपुण थे और

---

[1] उसके पिता सुल्तान सिकन्दर एवं दादा सुल्तान बहलोल ।

[2] यह शब्द स्पष्ट नहीं और विभिन्न हस्तलिखित पोथियों में विभिन्न रूप से लिखा है। प्रकाशित फारसी अनुवाद में यह शब्द 'सिह बन्दी' है।

[3] ऊजबेगों के विषय में यह टिप्पणी बाबर ने ही लिखी है।

[4] ९१८ हि० (१५१२) ई०) में।

सुव्यवस्थित रूप से आक्रमण करने और दृढ़तापूर्वक
प्रतिरक्षा के विषय में ज्ञान रखते थे अतः वे गढ़बन्दी
देख कर समझ गये कि हम जीने–मरने पर उद्यत है अतः
उन्होंने समझ लिया कि वे उसे आक्रमण द्वारा विजय नहीं कर सकते।
यह देख कर वे चग़ानियान के नूनदाक से लौट गये।"

प्रारम्भिक संघर्ष

७–८ दिन तक जब तक हम लोग पानीपत में रहे, हमारे आदमी थोड़ी–थोड़ी संख्या में इबराहीम के शिविर के समीप तक पहुंच जाते थे और उसकी अपार सेना के दस्तों पर बाणों की वर्षा करके लोगों के सिर काट लाते थे। इस पर भी वह न तो आगे बढ़ा और न उसके सैनिकों ने आक्रमण किया। अन्ततोगत्वा हमने बहुत से हिन्दुस्तानी हितैषियों के परामर्श से ४–५ हजा़र आदमी उसके शिविर पर रात्रि में छापा मारने के लिये भेजे। महदी ख्वाजा, मुहम्मद सुल्तान मीर्जा, आदिल सुल्तान, खुसरो, शाह मीर हुसेन, सुल्तान जुनैद बरलास, अब्दुल अज़ीज़ अमीर आखूर[1], मुहम्मद अली जंगजंग, क़तलक क़दम, वली खाजिन[2], मुहिब अली खलीफ़ा, मुहम्मद बख्शी, जान बेग तथा करा क्रूजी उस सेना के सरदार नियुक्त किये गये। अंधेरा होने के कारण, वे भली भांति संगठित न रह सके और इधर–उधर हो जाने के कारण वहां पहुंच कर कुछ न कर सके। वे प्रातःकाल तक इबराहीम के शिविर के समीप ठहरे रहे। प्रातःकाल (शत्रु की सेना) में नक्क़ारे बजने लगे और वे सेना की पंक्तियां ठीक करके युद्ध हेतु निकल आये। यद्यपि हमारे आदमी कोई सफलता न प्राप्त कर सके किन्तु वे सही सलामत लौट आये। यद्यपि उनकी मुठभेड़ शत्रु की इतनी बड़ी सेना से हो गई थी किन्तु कोई भी मनुष्य मारा न गया। मुहम्मद अली जंगजंग के पांव में एक बाण लग गया। यद्यपि घाव घातक न था किंतु युद्ध के दिन वह किसी कार्य योग्य न रहा।

यह समाचार पाकर मैंने हुमायूँ को उसकी सेना सहित एक या डेढ़ कोस अग्रसर हो कर उनके[3] पास पहुंच जाने का आदेश दिया। उसके पीछे–पीछे मैं स्वयं शेष सेना लेकर युद्ध हेतु पंक्तियां ठीक किये हुए अग्रसर हुआ। जो सेना रात्रि में छापा मारने गई थी, वह हुमायूँ से मिल गई, और वे वापस लौट आये। शत्रु के आगे न बढ़ने के कारण हम शिविर में पहुंच कर घोड़ों से उतर पड़े। उस रात्रि में एक झूठा शोर होने लगा और लगभग एक घड़ी[4] तक शोर होता रहा। जिन लोगों ने इस प्रकार का शोर न देखा था, उन्हें बड़ी चिन्ता हुई। कुछ समय उपरान्त शोर शान्त हो गया।

---

1 शाही घोड़ों की देख भाल करने वाला अधिकारी।

2 कोषाध्यक्ष ।

3 जो लोग रात्रि में छापा मारने भेजे गये थे।

4 २० मिनट ।

पानीपत[1] का युद्ध

(२० अप्रैल)–शुक्रवार ८ रजब को प्रातःकाल जब पर्याप्त उजाला हो गया तो समाचार प्राप्त हुये कि शत्रु युद्ध हेतु पंक्तियां सुव्यवस्थित किये अग्रसर हो रहा है। हम लोगों ने तुरन्त कवच धारण कर लिये और सशस्त्र होकर घोड़ों पर सवार हो गये। हमारी सेना के दायें भाग में हुमायूँ, ख्वाजा कलां, सुल्तान मुहम्मद दूल्दाई, हिन्दू बेग, वली खाजिन तथा पीर कुली सीस्तानी थे। हमारी सेना के बाये भाग में मुहम्मद सुल्तान मीर्जा, महदी ख्वाजा, आदिल सुल्तान, शाह मीर हुसेन, सुल्तान जुनैद वरलास, कूतलूक़ क़दम, जान बेग, मुहम्मद बख्शी, तथा यार्गी मुगूल गांची का (सेवक) शाह हुसेन थे। सेना के मध्य भाग के दायें बाजू में चीन तीमूर सुल्तान, सुलेमान मीर्जा, मुहम्मद कुकुल्दाश, शाह मनसूर बरलास, यूनुस अली, दरवेश मुहम्मद सारबान तथा अब्दुल्लाह किताबदार[2] थे। मध्य भाग के बायें बाजू में खलीफ़ा, ख्वाजा मोर मीरान, अहमदी परवानची[3], क्रूज बेग का भाई तरदी बेग, खलीफ़ा का मुहिब अली तथा मीर्जा बेग तरखान थे। सेना के अग्र भाग में खुसरो कूकूल्दाश तथा मुहम्मद अली जंगजंग थे। अब्दुल अज़ीज़ मीर आखूर को सुरक्षित सेना सौंपी गई।

तूलग़मा

तूलगमा[4] हेतु दायें भाग की सेना के सिर परे वली क़िज़ील तथा मलिक क़ासिम बाबा कश्का का भाई एवं उसके सहायक मुगूल और तूलगमा हेतु बायें भाग की सेना के सिरे पर क़रा कूज़ी, अबुल मुहम्मद नेजा बाज[5], शेख जमाल बारीन का शेख अली, मंहदी[6], तोगरी वीरदी वशागी[1] मुगूल को रक्खा

---

[1] इस रणक्षेत्र से सम्बन्धित कुछ अन्य रोचक घटनायें भी प्रसिद्ध हैं: (१) बाबर की विजय का स्थान बहुत समय तक प्रेत ग्रस्त समझा जाता रहा । ६२ वर्ष उपरान्त एक दिन प्रातःकाल उस ओर से गुजरते हुये बदायूनी ने स्वयं योद्धाओं के मार काट की आवाजें सुनीं; (२) सम्भवतः कस्बे के उत्तर–पूर्व में एक मील पर बाबर ने विजय की स्मृति में एक मस्जिद का निर्माण कराया; (३) कहा जाता है कि शेरशाह पानीपत में दो यादगारों का निर्माण कराना चाहता था एक सुल्तान इबराहीम की, दूसरी उन चगताई अमीरों की जिन्हें उसने स्वयं नष्ट किया; (४) ब्रिटिश सरकार ने १६१०ई० में अहमद शाह अब्दाली की १७६१ ई० की विजय का स्मारक बनवाया।

[2] पुस्तकालयाध्यक्ष ।

[3] परवाने (शाही आदेश) लिखने वाला।

[4] चक्कर लगाकर धावा करने वाला दस्ता।

[5] भाला चलाने वाले।

[6] यह नाम स्पष्ट नहीं।

रक्खा गया। इन दो दलों के लिये आदेश था कि शत्रु के समीप पहुंचते ही चक्कर लगा कर उसके पीछे की ओर पहुंच जायें, एक दायीं ओर से तथा दूसरा बाईं ओर से।

इबराहीम की सेना का अग्रसर होना

जब शत्रु की सेना के दल–बादल सर्व प्रथम दृष्टिगत हुये तो ऐसा आभास हुआ कि वे हमारे दायें भाग पर आक्रमण करेंगे। अब्दुल अज़ीज़ को जो दायें भाग के सुरक्षित दल में था, दायें भाग की सेना की कुमक हेतु भेजा गया। जिस समय से सुल्तान इबराहीम की सेना के दल–बादल. सर्वप्रथम दृष्टिगत हुये वह शीघ्रातिशीघ्र सीधे हमारी ओर बिना रुके बढ़ता आ रहा था, यहां तक कि उसे हमारी सेना की गहरी सियाही दिखाई पड़ी। वह ठिठक गया और हमारी सेना की पंक्तियों की सुव्यवस्था[2] देख कर मानो वह सोचने लगा हो कि ठहरे अथवा न ठहरे, अग्रसर हो अथवा न हो। वे ठहर भी न सके और न पूर्व की भांति तेजी से अग्रसर हो सके।

युद्ध

हमने तूलगमा वालों को आदेश दे रक्खा था कि वे दायें तथा बायें भाग की ओर से चक्कर काट कर शत्रु के पीछे पहुंच जायें और बाणों की वर्षा करके युद्ध प्रारम्भ कर दें। इसी प्रकार दायें तथा बायें बाजू की सेना के लिये आदेश दिया गया था कि वे युद्ध छेड़ दें। तूलगमा वालों ने चक्कर काट कर बाणों की वर्षा प्रारम्भ कर दी। बायें भाग की सेना में से सर्व प्रथम मंहदी ख्वाजा ने युद्ध प्रारम्भ किया। उसका मुकाबला एक ऐसे दल से हुआ जिसके साथ एक हाथी था। उसके आदमियों के बाणों की वर्षा के कारण वह दल विवश होकर वापस हो गया। बायें बाजू की सेना की कुमक के लिये मैंने अहमदी परवानची, क्रूज बेग के (भाई) तरदी बेग तथा खलीफ़ा के मुहिब अली [3] को भेजा। दायीं ओर भी थोड़ा सा घोर युद्ध हुआ। मुहम्मदी कूकूल्दाश, शाह मनसूर बरलास, यूनुस अली एवं अब्दुल्लाह को आदेश हुआ कि वे उन लोगों से जो मध्य भाग पर आक्रमण कर रहे थे, युद्ध करें। मध्य भाग ही से उस्ताद अली कुली ने फ़िरंगी गोलों की खूब वर्षा की। मुस्तफ़ा तोपची[4] ने मध्य भाग के बायीं ओर से जर्ब जन[5] के गोलों की खूब वर्षा की। हमारी सेना के दायें, बायें, एवं मध्य भाग तथा तूलगमा के दल वालों ने शत्रुओं को घेर कर बाणों की वर्षा करते हुए घोर युद्ध प्रारम्भ कर दिया। शत्रुओं ने हमारे दायें एवं बायें भाग पर एक दो साधारण आक्रमण किये

---

[1] यह शब्द भी स्पष्ट नहीं।

[2] तरतीब व यसाल : सम्भवतः गाड़ियों इत्यादि की व्यवस्था की ओर संकेत है जिनका सुल्तान इबराहीम को ज्ञान न था।

[3] ये लोग मध्य भाग के बाई ओर की सेना में नियुक्त थे।

[4] तोप चलाने वाला।

[5] एक प्रकार की तोप।

किन्तु हमारे सैनिकों के बाणों की वर्षा के कारण उन्हें अपने मध्य भाग की ओर वापस होना पड़ा। उसकी सेना के दायें, बायें एवं मध्य भाग वाले इस प्रकार गडमड हो गये कि न तो वे आगे ही बढ़ सकते थे और न निकल कर भाग ही सकते थे।

सुल्तान इबराहीम की पराजय

जब युद्ध प्रारम्भ हुआ था तो सूर्य एक नेजा बलन्द हो चुका था।[1] मध्याह्न तक घोर युद्ध होता रहा। मध्याह्न समाप्त होने पर शत्रु बुरी तरह पराजित हो गया। हमारे मित्र बड़े प्रसन्न थे। ईश्वर ने अपनी कृपा से यह कठिन कार्य हमारे लिये सरल कर दिया। आधे दिन में इतनी बड़ी सेना मिट्टी में मिल गई। इबराहीम के समीप एक ही स्थान पर ५–६ हजार आदमी मारे गये। अन्य स्थानों पर जो लाशें पड़ी थीं, उनकी संख्या अनुमानतः १५–१६ हजार होगी किन्तु आगरा पहुंचने पर हिन्दुस्तानियों की बातों से पता चला कि इस यद्ध में ४०–५० हजार आदमी मारे गये होगे।

इबराहीम की सेना का पीछा

जब शत्रुओं की पराजय हो गयी तो उनका पीछा करना एवं उन्हें घोड़ों से गिराना प्रारम्भ किया गया। हमारे आदमी प्रत्येक श्रेणी के अमीर तथा सरदार बन्दी बना कर लाये। महावतों ने हाथियों के झुंड के झुंड प्रस्तुत किये।

सुल्तान इबराहीम की खोज

इबराहीम के विषय में लोगों का विचार था कि वह भाग गया अतः शत्रुओं का पीछा करने वालों में से हमने किस्मताई मीर्जा, बाबा चुहरा तथा खासा ताबेईन के बूजका को आदेश दिया कि वे शीघ्राति शीघ्र आगरा तक उसका पीछा करें और उसको पकड़ लाने का प्रयत्न करें। हम इबराहीम के शिविर से होते हुए गये और उसके सराचा[2] एवं खेमों का निरीक्षण किया और एक ठहरे हुए जल के तट पर उतर पड़े।

सुल्तान इबराहीम के सिर का लाया जाना

मध्याह्नोत्तर की प्रथम नमाज़ के समय खलीफ़ा का छोटा साला ताहिर तीबरी, इबराहीम का सिर लाया। उसे उसका शरीर लाशों के एक ढेर में मिल गया था।

हुमायूँ का आगरा से भेजा जाना

उसी दिन हमने हुमायूं मीर्जा को आदेश दिया कि वह ख्वाजा कलां, मुहम्मदी, शाह मनसूर बरलास, यूनुस अली, अब्दुल्लाह तथा वली खाजिन को

---

[1] लगभग ६–१० बजे ।

[2] सराचाः–खेमों तथा शामियानों का घेरा।

लेकर आगरा की ओर शीघ्रातिशीघ्र जरीदा[1] जाये और उस स्थान को अपने अधिकार में करके खज़ाने की रक्षा हेतु आदमी नियुक्त कर दे।

महदी ख्वाजा का देहली भेजा जाना

हमने महदी ख्वाजा को आदेश दिया कि वह अपने साथ मुहम्मद सुल्तान मीर्जा, आदिल सुल्तान, सुल्तान जुनैद बरलास एवं कूतलूक क़दम को अपने साथ लेकर तुरन्त देहली पहुंच जाये और वहां के खजाने की रक्षा प्रारम्भ कर दे। वे अपने असबाब वहीं छोड़ जायें।

बाबर का देहली की ओर प्रस्थान

(२१ अप्रैल)–हमने दूसरे दिन प्रस्थान कर दिया और एक कोस यात्रा करके हम लोग घोड़ों के कारण यमुना तट पर उतर पड़े।

(२४ अप्रैल)–मंगलवार (१२ रजब) को हम दो रात के पड़ाव के उपरान्त और शेख निजामुद्दीन औलिया[2] के मजार का तवाफ़ करके देहली के समक्ष यमुना नदी पर उतर पड़े। उसी बुधवार की रात्रि में हमने देहली के किले की सैर की और रात्रि वहीं व्यतीत की।

(२५ अप्रैल)–दूसरे दिन (१३ रजब) को मैंने ख्वाजा कुतुबुद्दीन[3] के मजार का तवाफ[4] किया और सुल्तान गयासुद्दीन बलबन तथा सुल्तान अलाउद्दीन खलजी के मक़बरों एवं महलों, उसके मीनार[5], हौजे शम्सी[6], हौजे खास[7] और

---

[1] थोड़ी सी सेना लेकर।

[2] सुल्तानुल मशायख शेख निजामुद्दीन औलिया, शेख फरीदुद्दीन गंजशकर के प्रसिद्ध चेले एवं देहली के विख्यात सूफी संत थे। इनका जन्म बदायँ में अक्तूबर १२३६ ई० में हुआ और मृत्यु देहली में ३ अप्रैल १३२५ ई० में हुई । इनका मज़ार गयासपुर में है और हिन्दुस्तान के सुन्नी मुसलमानों की इनके प्रति बड़ी श्रद्धा है। प्रसिद्ध फारसी कवि अमीर खुसरो भी इनके शिष्य थे। इनकी दरगाह देहली के
दक्षिण पश्चिम में ३ मील पर स्थित है।

[3] ख्वाजा कुतुबुद्दीन बख्तियार काकी ऊशी भी देहली के बड़े प्रसिद्ध सूफी संत हुये हैं । इनकी मृत्यु २७ नवम्बर १२३५ ई० में हुई। शेख फरीदुद्दीन गंजशकर इनके शिष्य थे। इनका मजार महरौली के पास देहली से ११ मील और कुतुब मीनार के दक्षिण–पश्चिम में एक मील पर स्थित है।

[4] परिक्रमा, चारों ओर श्रद्धापूर्वक घूमना।

[5] आश्चर्य है कि बाबर ने कुतुब मीनार का उल्लेख नहीं किया । सम्भवतः उसने दोनों मीनारों का वर्णन एक ही में मिला दिया।

[6] सुल्तान शम्सुद्दीन इल्तुतमिश (१२१३–३६ ई०) का बनवाया हुआ हौज़। सुल्तान फ्रीरोज शाह तुग़लुक (१३५१–८८ ई०) ने इसकी मरम्मत कराई थी। एसामीः 'फ्रुतूहुस्सलातीन' मद्रास यूनिवर्सिटी १६४८ ई० पृ० ११४, ११५ः रिज़वी : 'आदि तुर्क कालीन भारत' अलीगढ़ १६५६, पृ० ३०१ । यह महरौली के पश्चिम में है।

[7] सुल्तान अलाउद्दीन का बनवाया हुआ हौज । "यह फीरोजशाह के मकबरे के पास देहली गुरगांव मार्ग के दाई ओर स्थित है। यह देहली के दक्षिण में ६ मील पर और कतुब मीनार के उत्तर–पश्चिम में दो मील पर है। सुल्तान अलाउद्दीन ने १२६३ ई० में इसका निर्माण कराया था। दोनों हौजों का वर्णन इब्नेबत्तुता ने इस प्रकार किया है :––

सुल्तान बहलोल एवं सुल्तान सिकन्दर लोदी के मक़बरों एवं उद्यानों की सैर की। तदुपरान्त हम शिविर में उतर पड़े और नौका में बैठ कर अरक़ का पान किया।

कुछ नियुक्तियां

हमने वली क़िज़ील को देहली का शिक़दार एवं दोस्त (बेग) को दीवान नियुक्त किया। खजानों पर मुहर लगा कर उन्हें सौंप दिया।

(२६ अप्रैल)–वृहस्पतिवार को हमने यमुना नदी पर तुग़लुकाबाद[1] के सामने पड़ाव किया। देहली में बाबर के नाम का खुत्वा

(२७ अप्रैल)–शुक्रवार (१५ रजव) को हम लोग उसी पड़ाव पर ठहरे रहे। मौलाना महमूद, शेख जैन एवं कुछ अन्य लोगों ने देहली जाकर जुमे की

देहली के बाहर के दो बड़े सरोवर :–देहली के बाहर एक बड़ा सरोवर है जिसका नाम सुल्तान शम्सुद्दीन लालमिश (इल्तुतमिश) के नाम पर है। देहली नगर के निवासी अपने पीने का जल यहीं से प्राप्त करते हैं। यह देहली के मुसल्ले (ईदगाह) के निकट है। इसमें वषो का जल एकत्र होता रहता है। यह दो मील लम्बा और एक मील चौड़ा है। इसके पश्चिम में ईदगाह के समान पत्थर के घाट बने हुये हैं और जीने के समान पत्थर का एक चबूतरा दूसरे चबूतरे के ऊपर बना हुआ है। इन जीनों द्वारा जल तक पहुँचने में सुगमता होती है। प्रत्येक चबूतरे के कोने पर पत्थर के गुम्बद बने हुये हैं, जिनमें दर्शक बैठ कर सैर तथा मनोरंजन करते हैं। हौज़ के मध्य में एक बहुत बड़ा गुम्बद है, जो दो मंजिला है और तराशे हुये पत्थर का बना है। जब सरोवर में जल अधिक हो जाता है तब गुम्बदों तक नौका में बैठकर ही जा सकते हैं । जब जल कम हो जाता है तो प्रायः लोग वैसे ही चले जाते हैं। गुम्बद के भीतर एक मस्जिद है जहाँ धार्मिक (फ़क़ीर) लोग तथा संसार को त्याग देने वाले साधु संत रहते हैं । वे लोग केवल ईश्वर का ही भरोसा करते हैं। जब सरोवर के किनारे सूख जाते हैं तो उनमें गन्ना, ककड़ी, तरबूज तथा खरबूजे बो दिये जाते हैं। खरबूजा उसमें छोटा किन्तु बड़ा मीठा होता है।

देहली तथा दारुल खिलाफा के मध्य में हौजे खास स्थित है। यह हौज सुल्तान शम्सुद्दीन के होज से भी बड़ा है। इसके किनारे पर लगभग ४० गुम्बद हैं। इसके चारों ओर अहिले–तरब (गायक) रहते हैं। इन्हों के कारण यह स्थान तरबाबाद (संगीत नगर) कहलाता है। यहां इन लोगों का एक बाजार है जो संसार का एक बहुत बड़ा बाजार कहा जा सकता है । यहाँ एक जामा मस्जिद तथा अन्य मस्जिदें हैं। मुझे बताया गया कि गाने बजाने वाली स्त्रियां जो इस मुहल्ले में रहती हैं, रमजान के महीने में तरावीह की नमाज जमाअत से पढ़ती हैं। इन्हें इमाम नमाज पढ़ाते है । स्त्रियों की बहुत बड़ी संख्या नमाज पढ़ती है। यह हाल पुरुष गायकों का भी है। मैंने अमीर सैफुद्दीन गद्दा इब्ने मुहन्नी के विवाह में देखा कि प्रत्येक गायक अजान होते ही मुसल्ला बिछाकर वजू करके नमाज के लिये खड़ा हो गया। (रिजवी : 'तुगलुक कालीन भारत भाग१' (अलीगढ़ १९५६ ई०)पृ० १७६–१७७)

[1] तुगलुकाबाद का किला कुतुब मीनार के पूर्व में लगभग ५ मील पर स्थित है । इस नगर एवं किले का निर्माण सुल्तान गयासुद्दीन तुगलक ने (१३२१–२३. ई.) में कराया था किन्तु जल के दूषित होने के कारण यह शीघ्र नष्ट हो गया। तुग़लुक शाह (मृत्यु १३२५ ई०) का मकबरा किले में है।

सामूहिक नमाज पढ़ी और मेरे नाम का खुत्बा[1] पढ़वाया और फ़क़ीरों तथा दरिद्रियों को कुछ धन बांट कर शिविर में लौट आये।

बाबर का आगरा की ओर प्रस्थान

(२८ अप्रैल)–शनिवार (१६ रजब) को उस शिविर से प्रस्थान करके हम निरन्तर पड़ाव पार करते हुये आगरा की ओर रवाना हुये। मैं तुग़लुक़ाबाद की सैर करके शिविर में लौट आया।

(४ मई)–शुक्रवार (२२ रजब) को हम लोगों ने आगरा के उपान्त में सुलेमान फ़र्मुली की मंजिल में पड़ाव किया किन्तु उस स्थान के किले से दूर होने के कारण हम लोग दूसरे दिन जलाल खां जिगहट के घर में चले गये।

हुमायूँ द्वारा बाबर की प्रतीक्षा

हुमायूँ पूर्व ही पहुंच चुका था। किले के भीतर वाले बहाना बना कर टालमटोल कर रहे थे। ये लोग वहां वालों की उदंडता देख कर इस आशय से कि कहीं वे खजाना न लूट लें, आगरा के बाहर जाने के मार्गों की रक्षा करते हुए हमारी प्रतीक्षा करने लगे।

प्रसिद्ध हीरा

सुल्तान इबराहीम की पराजय में ग्वालियर का राजा बिकर्माजीत[2] नरकगामी हो गया था।[3]

बिकर्माजीत के पूर्वज ग्वालियर में १०० वर्ष पूर्व
से राज्य करते चले आ रहे थे।[4] सिकन्दर लोदी
किले पर अधिकार जमाने के लिये आगरा में कई
वर्ष ठहरा रहा। तदुपरान्त इबराहीम के राज्यकाल
में आजम हुमायूं सरवानी ने कुछ वर्ष के पूर्ण अवरोध
के उपरान्त उसे सन्धि द्वारा प्राप्त कर लिया[5] और
उसे शम्साबाद[6] उसके बदले में दे दिया।

बिकर्माजीत को संतान एवं परिवार वाले इबराहीम की पराजय के समय आगरा में थे। जब हुमायूं आगरा पहुंचा तो वे भागने का प्रयत्न करने लगे होंगे किन्तु हुमायूं के मार्गों को रक्षा हेतु आदमी नियुक्त कर देने के कारण उनका भागना सम्भव न हो सका। हुमायूं ने स्वयं उन्हें भागने न दिया। उन

---

[1] खत्वाः वह प्रवचन जो शुक्रवार की जुहर की (मध्याहोत्तर की प्रथम) सामूहिक नमाज के समय एवं ईदुज्जहा तथा ईदुल फितर के अवसर पर पढ़ा जाता है। इसमें ईश्वर की वंदना, मुहम्मद साहब एवं उनके परिवार इत्यादि के प्रति शुभ कामनाओं के साथ साथ समकालीन बादशाह का भी उल्लेख होता है।

[2] विक्रमादित्य । वह तूनूर राजपूत था।

[3] मार डाला गया था। बाबर ने भी प्रचलित शब्दों का प्रयोग किया है। इससे किसी प्रकार की धर्मांधता का प्रमाण नहीं मिलता।

[4] लगभग १२० वर्ष।

[5] १५१८ ई० में विक्रमादित्य से किला प्राप्त किया गया।

[6] उत्तर प्रदेश के फर्रुखाबाद जिले में, फरुखाबाद कस्बे के उत्तर–पश्चिम में १८ मील पर।

लोगों ने हुमायूं को अपनी इच्छा से अत्यधिक जवाहरात एवं बहुमूल्य वस्तुएं दीं जिनमें वह प्रसिद्ध हीरा भी था जिसे अलाउद्दीन[1] लाया होगा।[2] प्रसिद्ध है कि उसका मूल्य समस्त संसार के ढाई दिन के भोजन के व्यय के बराबर आंका जाता था। यह लगभग ८ मिस्काल[3] के बराबर था। जब मैं आगरा पहुंचा तो हुमायूं ने उसे मुझको भेंट किया। मैंने उसे उसी को प्रदान कर दिया।

मलिक दाद को क्षमा किया जाना

किले के प्रभावशाली व्यक्तियों में मलिक दाद करारानी, मिल्ली सूरदूक तथा फ़ीरोज़ खां मेवाती थे। उन्होंने अत्यधिक धृष्टता प्रदर्शित की थी अतः उन्हें मृत्युदंड का आदेश दे दिया गया। बहुत से लोगों ने मलिक दाद करारानी की सिफारिश की। इसी बातचीत में ४–५ दिन व्यतीत हो गये। उनके विषय में जो प्रार्थना ये की गई थी, उनके अनुसार हमने उनके[4] प्रति कृपादृष्टि प्रदर्शित की और उनकी धन सम्पत्ति उन्हें वापस कर दी।

इबराहीम की माता के प्रति व्यवहार

इबराहीम को माता को ७ लाख[5] के मूल्य का एक परगना प्रदान किया गया। उसके इन[6] अमीरों को भी परगने प्रदान कर दिये गये। इबराहीम की माता को उसके प्राचीन सेवकों सहित आगरा से एक कोस पर नदी के उतार की ओर निवास स्थान प्रदान किया गया।

बाबर का सुल्तान इबराहीम के महल में उतरना

(१० मई)–बृहस्पतिवार (२८ रजब) को मध्याह्नोत्तर की प्रथम नमाज के उपरान्त मैं आगरा में प्रविष्ट हुआ और सुल्तान इबराहीम के महल में उतरा।

हिन्दुस्तान पर पाँच आक्रमण

९१० हि० (१५०४–५ ई०) से जब से मैंने काबुल विजय किया आज तक[7] तक[7] मुझे हिन्दुस्तान विजय करने की निरन्तर आकांक्षा रही। किन्तु कभी तो बेगों[8] के परामर्श की शिथिलता और कभी बड़े एवं छोटे भाइयों[9] के साथ न देने के कारण हिन्दुस्तान पर आक्रमण सम्भव न हो सका और यह देश विजय न हो सका। अन्ततोगत्वा इस प्रकार की कोई रुकावट न रह गई।

---

1 सुल्तान अलाउद्दीन खलजी (१२९६–१३१६ ई०)।

2 उसे दक्षिण की विजय में प्राप्त हुआ होगा।

3 लगभग ३२० रत्ती।

4 सम्भवतः तीनों को क्षमा कर दिया गया।

5 अर्सकिन के अनुसार १७५० पौंड; सम्भवतः ७ लाख दाम से तात्पर्य है।

6 सम्भवतः उपर्युक्त तीनों अफगान अमीर।

7 ९३२ हि० (१५२५–२६ ई०) ।

8 अमीरों।

9 इसमें चचाजाद भाई इत्यादि सभी सम्मिलित हैं।

कोई बड़ा अथवा छोटा या साधारण श्रेणी का अमीर इसके विरोध में कोई शब्द कहने वाला न रहा।

९२५ हि० (१५१९ ई०) में हमने सेना सहित प्रस्थान किया और वजौर पर धावा करके उसे दो—तीन घड़ी[1] में विजय कर लिया। वहां के लोगों का संहार करके हम भीरा पहुंच गये। भीरा को नष्ट—भ्रष्ट्र न कराया गया। भीरा वालों पर माले अमान[2] लगा दिया गया और उनसे ४ लाख शाहरुखी नक़द एवं सम्पत्ति के रूप में वसूल की गई। इस धन को सेना एवं अन्य सहायक दलों को बांट कर हम काबुल लौट आये।

उस समय से लेकर आज तक हम हिन्दुस्तान विजय करने का घोर प्रयत्न करते रहे और पांच[3] बार आक्रमण किया। पांचवीं बार अल्लाह ताला ने अपनी दया एवं कृपा से सुल्तान इबराहीम सरीखे शत्रु को पराजित कर दिया और हिन्दुस्तान सरीखा देश विजय हो गया तथा हमारे अधिकार में आ गया।

हिन्दुस्तान पर आक्रमण करने वाले तीन अन्य व्यक्ति

मुहम्मद साहब[4] के समय से लेकर आज तक उस ओर[5] के बादशाहों में में कुल तीन व्यक्ति हिन्दुस्तान पर अधिकार जमा सके तथा राज्य कर सके हैं:

(१) सुल्तान महमूद गाजी[6] प्रथम बादशाह था जिसने तथा जिसकी संतान ने हिन्दुस्तान पर बहुत समय तक राज्य किया।

---

[1] ४४ से ६६ मिनट।

[2] वह धन जो किसी को शान्ति देने के लिये प्राप्त किया जाये।

[3] एक आक्रमण जैसा कि ऊपर उल्लेख हुया ९२५ हि० में, दूसरा आक्रमण ९२६ हि० (१५१९—२० ई०), तीसरा आक्रमण ९३० हि० (१५२३—२४ ई०) में, चौथा आक्रमण जो क्रमानुसार पांचवां आक्रमण था ९३२ हि. (१५२५—२६ ई.) में। सम्भवतः एक आक्रमण में बाबर स्वयं न गया था और यह कदाचित् ९३१ हि० (१५२४—२५ ई०) का वह आक्रमण है जिसमें उसकी सेना आलम खां के साथ आक्रमण करने गई थी। सम्भवतः इस क्रम में बाबर का ९१० हि० (१५०४.५ ई०) का भी आक्रमण सम्मिलित हो जिसमें वह स्वयं सिंध पार करना चाहता हो।

[4] मुहम्मद साहब का जन्म मक्का में २० अप्रैल ५७१ ई० के लगभग हुआ। वे अपनी अवस्था के चालीसवें वर्ष (चन्द्रमा पर आधारित कलंडर के अनुसार) में पैगम्बर हुये। ६२२ ई० में शत्रुओं के अत्यधिक परेशान करने के कारण वे मक्का छोड़ कर मदीना चले गये। इस वर्ष मुसलमानों का हिजरी साल प्रारम्भ होता है। उनकी मृत्यु मदीना में ८ जून ६३२ ई० को हुई।

[5] हिन्दूकुश के उस पार से।

[6] ग़ज़नी का प्रसिद्ध सुल्तान तथा सुल्तान नासिरुद्दीन सुबुक्तिगीन का ज्येष्ठ पुत्र । वह ९९७ ई० में अपने पिता की मृत्यु के उपरान्त उसका उत्तराधिकारी बना। महमूद ने अपने दीर्घकालीन राज्य में हिन्दुस्तान पर अनेक आक्रमण किये और लाहौर, देहली, कन्नौज तथा हिन्दुस्तान के अनेक भाग अपने अधिकार में कर लिये। उसका जन्म १५ दिसम्बर ९६७ ई० को और मृत्यु ३० अप्रैल १०३० ई० में हुई ।

(२) सुल्तान शिहाबुद्दीन गोरी[1] दूसरा बादशाह था जिसके दास एवं अधीनस्थ लोग बहुत वर्षों तक इस देश में राज्य करते रहे।

(३) तीसरा मैं हूं किन्तु मेरा कार्य उन बादशाहों के कार्य के समान नहीं है कारण कि सुल्तान महमूद ने जब हिन्दुस्तान विजय किया तो खुरासान का राजसिंहासन उसके अधीन था। ख्वारिज्म तथा दारुल मर्ज़ के सुल्तान उसके अधीन थे। समरकन्द का बादशाह उसके मातहत था। उसकी सेना की संख्या यदि २ लाख न रही हो तो एक लाख होने में तो कोई सन्देह ही नहीं है। उसके शत्रु राजा लोग थे। समस्त हिन्दुस्तान एक बादशाह के अधीन न था। प्रत्येक राजा अपने राज्य में स्वतंत्र रूप से राज्य करता था।

अब सुल्तान शिहाबुद्दीन को लीजिये। यद्यपि वह खुरासान के राज्य का स्वामी न था किन्तु उसका बड़ा भाई सुल्तान गयासुद्दीन खुरासान का बादशाह था। 'तबक़ाते नासिरी'[2] में लिखा है कि एक बार उसने १,२०,००० सशस्त्र अश्वारोहियों की सेना लेकर हिन्दुस्तान पर आक्रमण किया था। उसके शत्रु भी वही राय तथा राजा थे। समस्त हिन्दुस्तान में एक व्यक्ति का राज्य न था।

जिस बार हम लोग भीरा पहुंचे तो हमारे साथ अधिक से अधिक १५०० से २००० तक आदमी रहे होंगे। पांचवीं बार जब हमने हिन्दुस्तान पहुंच कर सुल्तान इबराहीम को पराजित किया और हिन्दुस्तान को विजय किया तो कभी भी इससे पूर्व हिन्दुस्तान में इतनी कम सेना न आई थी। नौकर–चाकर, व्यापारी तथा समस्त लोग जो सेना के साथ थे, उनकी संख्या १२००० लिखी गई थी। जो देश मेरे अधीन थे, वे थे बदख्शां, कून्दूज, काबुल तथा क़न्धार। किन्तु इन राज्यों से कोई विशेष लाभ न होता था अपितु इनमें से बहुत से शत्रुओं के निकटतम थे अतः उन्हें अत्यधिक सहायता पहुंचानी आवश्यक रहती थी। इसके अतिरिक्त समस्त मावरा उन्नहर ऊजबेग खानों तथा सुल्तानों के अधीन था। उनकी सेना की संख्या लगभग १००,००० थी और वे मेरे प्राचीन शत्रु थे। इसके अतिरिक्त समस्त हिन्दुस्तान भीरा से लेकर बिहार

---

[1] मुइज़्जद्दीन मुहम्मद बिन साम (शिहाबुद्दीन मुहम्मद गोरी) अपने बड़े भाई. गयासुद्दीन मुहम्मद, गोर तथा गजनी के सुल्तान द्वारा ११७४ ई० में गजनी का हाकिम नियुक्त किया गया। उसने ११८६ ई० में राजनवियों के वंश के अंतिम शाहजादे खुसरो मलिक को बन्दी बना लिया और खुरासान तथा उत्तरी हिन्दुस्तान के बहुत बड़े भाग को विजय किया। उसने ११६२ ई० में देहली को विजय किया। १२०३ ई० में उसके भाई गयासुद्दीन की मृत्यु हो गई और उसने अपने भाई के उत्तराधिकारी के रूप में गोर, गजनी तथा हिन्दुस्तान पर तीन वर्ष राज्य किया। १४ मार्च १२०६ ई० में घक्करों ने उसकी हत्या कर दी। हिन्दुस्तान में सुल्तान कतुबुद्दीन ऐबक ने स्वतंत्र राज्य स्थापित कर लिया।

[2] 'तबकाते नासिरा', लेखक अबू उमर मिनहाजुद्दीन उस्मान बिन सिराजुद्दीन जूजजानी (देखिये रिजवाः 'आदि तुर्क कालीन भारत' (अलीगढ़ १६५६ ई०) पृ० १–६६।)

तक अफ़ग़ानों के अधिकार में था[1] और उनका बादशाह सुल्तान इबराहीम था। उसके राज्य के विस्तार को देखते हुए उसकी सेना की संख्या ५ लाख होनी चाहिये थी किन्तु उस समय पूर्व के अमीर उसका विरोध कर रहे थे। अनुमानतः उसकी सेना की संख्या १००,००० थी। लोगों का विचार था कि उसके तथा उसके अमीरों के हाथियों की संख्या १००० थी।

इस स्थिति में तथा इतनी सेना के साथ ईश्वर पर भरोसा करके ऊजबेग सरीखे.१००,००० प्राचीन शत्रुओं को पीछे छोड़ कर सुल्तान इबराहीम जैसे बादशाह का, जिसके राज्य के विस्तार की न तो कोई सीमा थी और न जिसकी सेना की कोई गणना की जा सकती थी, हमने मुकाबला किया। क्योंकि हम लोगों को परमेश्वर पर पूरा भरोसा था, अतः उसने हमारे परिश्रम तथा कष्ट को व्यर्थ नष्ट न होने दिया और उस शक्तिशाली शत्रु को पराजित कर दिया और हिन्दुस्तान सरीखे इतने बड़े राज्य पर हमें विजय प्रदान कर दी। इस सौभाग्य को न तो हम अपनी शक्ति एवं बल और न अपने परिश्रम तथा साहस का परिणाम समझते हैं अपितु इसे ईश्वर की महान् दया तथा कृ पा एवं देन समझते हैं।

हिन्दुस्तान

हिन्दुस्तान बड़ा लम्बा चौड़ा देश है। यह मनुष्यों तथा उपज से परिपूर्ण है। इसके पूर्वी, दक्षिणी तथा पश्चिमी भागों का अन्त समुद्र पर होता है। इसके उत्तर में पर्वत हैं जो हिन्दूकुश, काफ़िरिस्तान तथा कश्मीर के पर्वतों से मिले हैं। इसके उत्तर–पश्चिम में काबुल, ग़ज़नी तथा कन्धार स्थित हैं। देहली समस्त हिन्दुस्तान की राजधानी है। शिहाबुद्दीन गोरी की मृत्यु से लेकर सुल्तान फ़ीरोज़ शाह[2] के राज्यकाल के अन्त तक[3] हिन्दुस्तान का अधिकांश भाग देहली के सुल्तानों के अधीन रहा।

बाबर के समकालीन हिन्दुस्तान के शासक

जब मैंने हिन्दुस्तान विजय किया तो यहां पांच मुसलमान तथा दो काफ़िर बादशाह राज्य करते थे। इन लोगों को बड़ा सम्मान प्राप्त था और ये स्वतंत्र रूप से शासन करते थे। इनके अतिरिक्त पहाड़ियों तथा जंगलों में भी छोटे–छोटे राय एवं राजा थे किन्तु उनको अधिक आदर सम्मान प्राप्त था।

अफ़ग़ान सुल्तान

---

[1] १५२५ ई० में अफगानों के राज्य में पंजाब, देहली, जौनपुर, बुन्देलखंड तथा बिहार सम्मिलित थे किन्तु अधिकांश अफगान, अमीरों के विद्रोही हो गये थे और सुल्तान का अधिकार केवल नाम मात्र को रह गया था।

[2] सुल्तान फ़ीरोज शाह तुगलक ने १३५१ ई० से १३८८ ई. तक राज्य किया। उसके राज्य काल से सम्बन्धित आधारभूत सामग्री के लिये 'तुगलुक कालीन भारत', भाग २ (अलीगढ़ १६५७ ई०) का अवलोकन करें।

[3] १२०६ ई० से १३८८ ई० तक ।

सर्व प्रथम अफ़ग़ान थे जिनकी राजधानी देहली थी। भीरा से बिहार तक के स्थान उनके अधिकार में थे। अफ़ग़ानों के पूर्व जौनपुर सुल्तान हुसेन शर्की[1] के अधीन था। इन लोगों के वंश को हिन्दुस्तानी पूर्वी कहते हैं। इनके पूर्वज सुल्तान फ़ीरोज़ शाह के सक्का[2] रहे होंगे। फौरोज़ शाह की मृत्यु[3] के उपरान्त उन्होंने जोनपुर पर अधिकार जमा लिया। देहली सुल्तान अलाउद्दीन के अधिकार में थी। वे लोग सैयिद[4] थे। तीमूर बेग देहली विजय करने के उपरान्त उसका राज्य इनके पूर्वजों को देकर चला गया था। सुल्तान बहलोल लोदी[5] तथा उसके पुत्र सुल्तान सिकन्दर लोदी[6] ने जौनपुर की राजधानी को विजय करके देहली की राजधानी से मिला दिया और दोनों एक ही बादशाह के अधीन हो गये।

दूसरे गुजरात में सुल्तान मुजफ्फर[7] था। इबराहीम की पराजय के कुछ दिन पूर्व उसकी मृत्यु हो गई थी। वह बादशाह शरा का अत्यधिक पालन करता था। उसे विद्याध्ययन से भी बड़ी रुचि थी। वह हदीस का अध्ययन करता था और सर्वदा कुरान की नकल किया करता था। उसका वंश टांक[8] कहलाता था। उसके भी पूर्वज सुल्तान फीरोज़ शाह तथा उन सुल्तानों के शराबदार रहे होंगे। फ़ीरोज़ शाह की मृत्यु के उपरान्त उन्होंने गुजरात पर अधिकार जमा लिया।

तीसरे दकिन (दक्षिण) में बहमनी ये किन्तु आजकल दकिन के सुल्तानों की शक्ति एवं अधिकार छिन्न–भिन्न हो गया है। उनके समस्त राज्य पर उनके बड़े–बड़े अमीरों ने अधिकार जमा लिया है। उन्हें जिस चीज़ की आवश्यकता होती है उसे वे अपने अमीरों से मांगते हैं।

---

[1] जौनपुर के शर्की सुल्तानों के इतिहास से सम्बन्धित, आधार–भूत सामग्री के लिये 'उत्तर तैमूर कालीन भारत', भाग २ (अलीगढ़ १९५९ ई०) पृ० १२–२४ देखिये। सुल्तान हुसेन, बहलोल लोदी द्वारा पराजित हुआ किन्तु वह किसी न किसी प्रकार सुल्तान सिकन्दर लोदी के राज्य–काल तक अपने राज्य के लिये प्रयत्न करता रहा। १४७६–७७ ई० में जौनपुर के शर्की सुल्तानों के राज्य का अन्त हो गया। सुल्तान हुसेन की मृत्यु १५०० ई० में हुई।

[2] जल पिलाने वाला अथवा मदिरा पिलाने वाला।

[3] १३८८ ई०।

[4] सैयिद सुल्तानों के इतिहास से सम्बन्धित 'उत्तर तैमूर कालीन भारत', भाग १ (अलीगढ़ १९५६ ई०) पृ० १४–८७ देखिये।

[5] सुल्तान बहलोल लोदी ने १४५१ से १४८६ ई. तक राज्य किया।

[6] सुल्तान सिकन्दर लोदी ने १४८६ ई० से १५१७ ई० तक राज्य किया। लोदी सुल्तानों के विषय में आधार भूत सामग्री के अध्ययन के लिये 'उत्तर तैमूर कालीन भारत', भाग २, पृ०६१–३८६ देखिये।

[7] सुल्तान मुजफ्फर के इतिहास के लिये देखिये 'उत्तर तैमूर कालीन भारत', भाग २ (अलीगढ़ १९५९ ई)।

[8] गुजरात के सुल्तानों की वंशावली के लिये 'मिरआते सिकन्दरी' लेखक सिकन्दर इब्ने मुहम्मद उर्फ मंझू इब्ने अकबर देखिये (बम्बई १८९०–९१ ई०) पृ० ५। इसका हिन्दी अनुवाद 'उत्तर तैमूर कालीन भारत', भाग २ में पृ० २५० पर देखिये।

चौथे मालवा[1] में जिसे मन्दू भी कहते हैं सुल्तान महमूद भी था। वे खलजी सुल्तान कहलाते हैं किन्तु राणा सांगा ने उसे पराजित करके उसके राज्य के अधिकांश भाग पर अधिकार जमा लिया था। यह वंश भी शक्तिहीन हो गया था। इनके पूर्वज भी सुल्तान फ़ीरोज़ शाह के आश्रित थे। तदुपरान्त उन्होंने मालवा पर अधिकार जमा लिया था।

पांचवें बंगाले[2] के राज्य में नुसरत शाह था। उसका पिता बंगाले में बादशाह रह चुका था। वह सैयिद था। उसकी उपाधि सुल्तान अलाउद्दीन थी। नुसरत शाह को राज्य अपने पिता से मीरास में प्राप्त हुआ था। बंगाले की यह बड़ी विचित्र प्रथा है कि राज्य मीरास में बहुत कम प्राप्त होता है। बादशाह का अर्थ उसके राजसिंहासन से समझा जाता है। अमीरों, वज़ीरों तथा अधिकारियों में से प्रत्येक के लिये स्थायी रूप से एक स्थान निश्चित रहता है। बंगाल वाले केवल सिंहासन तथा पद का सम्मान करते हैं। प्रत्येक पद के अधीन नौकर–चाकर तथा आज्ञाकारी सेवक निश्चित रहते हैं। बादशाह यदि किसी को पदच्युत अथवा किसी अन्य को नियुक्त करना चाहता है और किसी को किसी के स्थान पर बैठा देता है तो सभी नौकर–चाकर एवं सेवक उसी के आज्ञाकारी हो जाते हैं। बादशाह के सिंहासन की भी यही विशेषता है। जो कोई बादशाह की हत्या करके राजसिंहासन पर आरूढ़ हो जाता है, वही बादशाह हो जाता है। बंगाले वालों का कथन है कि हम राजसिंहासन के भक्त हैं। जो कोई राजसिंहासन पर आरूढ़ होता है हम उसके आज्ञाकारी बन जाते हैं। उदाहरणार्थ नुसरत शाह के पिता अलाउद्दीन के पूर्व एक हबशी[3] अपने पिछले बादशाह[4] की हत्या करके राज सिंहासन पर पर आरूढ़ हो गया और कुछ समय तक राज्य करता रहा। सुल्तान अलाउद्दीन ने हवशी की हत्या करके राजसिंहासन पर अधिकार जमा लिया और स्वयं बादशाह हो गया। उसकी मृत्यु के उपरान्त उसका पुत्र[5] अपने पिता के मीरास के अधिकार से बादशाह हुआ।

बंगाल में एक यह भी प्रथा है कि जो कोई भी बादशाह होता है उसे नया खज़ाना एकत्र करना पड़ता है। वहां वाले खज़ाना एकत्र करना बड़े गर्व

---

[1] मालवा के इतिहास के लिये 'उत्तर तैमूर कालीन भारत', भाग २, पृ० ५१–१६१ देखिये। इस खंड में 'तबक़ाते अकबरी' (पृ. ५१–२३१) 'वाकेआते मुश्ताकी' (पृ० १३२–१४८) तथा 'जफरुल वालेह बे मुज़फ़्फ़र व आलेह' (पृ० १४६–१७२) के आवश्यक उद्धरणों का अनुवाद किया गया है।

[2] बंगाल के इतिहास के लिये 'उत्तर तैमूर कालीन भारत', भाग २, पृ० ५३३–५६२ देखिये। इस भाग में तबकाते अकबरी' (पृ० ५३३–५३६), 'गुलशने इबराहीमी' अथवा 'तारीखे फ़िरिश्ता' (पृ० ५४० ५५०) तथा 'रियाजुस्सलातीन' (पृ० ५५१–५६२) तक के आवश्यक उद्धरणों का अनुवाद किया गया है।

[3] मुजफ्फर शाह।

[4] महमूद शाह इलयास।

[5] नुसरत शाह ।

की बात तथा दूसरे के खजाने को व्यय करना बड़े अपमान की बात समझते हैं।

बंगाल में यह भी प्रथा है कि प्राचीन काल से खजाने, अश्वशाला तथा शाही व्यय हेतु परगने निश्चित हैं। इनके व्यय हेतु किसी अन्य स्थान से कुछ भी नहीं वसूल किया जा सकता।

उपर्युक्त पांच मुसलमान राज्य हिन्दुस्तान में बड़े सम्मानित समझे जाते हैं। वे बड़े ही विस्तृत एवं शक्तिशाली हैं।

काफ़िरों में राज्य के विस्तार एवं सेना की अधिकता की दृष्टि से सब से बडा बीजा नगर[1] का राजा है।

दूसरा राणा सांगा[2] है जो हाल ही में अपनी वीरता एवं तलवार की शक्ति के कारण इतना बड़ा हो गया है। वास्तव में उसका राज्य चित्तौड़[3] में था। मन्दू के सुल्तानों के राज्य के पतन के कारण उसने बहुत से स्थानों पर, जो मन्दू के सुल्तान के अधीन थे, अपना अधिकार जमा लिया। उदाहरणार्थ रणथम्बोर[4], सारंगपुर[5], भिलसा[6] तथा चन्देरी[7]। मैंने ६३४ हि० (१५२८ ई०) में

---

[1] दक्षिण में विज्यानगर का राज्य ।

[2] मेवाड़ का राणा जो सिसोदिया राजपूत था। राणा हमीर सिंह, जिसने १३१६ ई० में अलाउद्दीन खलजी से चित्तौड़ छीन लिया था, ने मेवाड़ में अपनी सत्ता पुनः स्थापित कर ली। मालवा के देहली राज्य से पृथक् हो जाने के उपरान्त, मालवा के सुल्तानों एवं मेवाड़ के राणाओं में बराबर युद्ध होता रहा। बाबर के आक्रमण के पूर्व मालवा के महमूद द्वितीय को राणा सांगा ने १५१६ ई० में पराजित करके बन्दी बना लिया था।

[3] चित्तौड़ का प्रसिद्ध किला एवं मेवाड़ की प्राचीन राजधानी, उदयपुर से ७० मील उत्तर–पूर्व में स्थित है। तीन बार इस किले पर बड़े भीषण आक्रमण हुये हैं :
अ १३०३ ई० में अलाउद्दीन खलजी दारा।
ब १३५४ ई० में बहादुर शाह गुजराती द्वारा।
स १५६७–६८ ई० में अकबर द्वारा।

[4] जयपुर के दक्षिणीय–पूर्वी कोने पर यह प्रसिद्ध किला १५७८ फीट ऊँची पहाड़ी पर स्थित है। इल्तुतमिश ने १२२६ ई० में इसे विजय किया और १३०१ ई० में अलाउद्दीन ने भी इस पर अधिकार जमा लिया। तैमूर के १३६८ ई० के आक्रमण के उपरान्त यह देहली सल्तनत से स्वतंत्र हो गया किन्तु १५६६ ई० में यह मालवा के सुल्तानों के अधिकार में हो गया था। राणा सांगा ने इस पर भी अधिकार जमा लिया था। बाबर ने १५२८ ई. में इसे अपने अधिकार में कर लिया।

[5] सारंगपुर, देवास में, काली सिंध के पूर्वी तट पर स्थित है। इस नगर को मालवा के सुल्तानों के समय से प्रसिद्धि प्राप्त हुई। १६२६ ई० में राणा सांगा ने मालवा के महमूद द्वितीय से इसे छीन लिया था।

[6] बेतवा के दाये तट पर, सेंट्रल रेलवे पर भूपाल के निकट एक स्टेशन। सुल्तान इल्तुतमिश ने १२३५ ई० में इस पर आक्रमण किया और १६६० ई० में सुल्तान अलाउद्दीन ने इस पर अधिकार जमा लिया। सांची के स्तूप भिलसा के समीप हैं।

[7] सेंट्रल रेलवे पर एक स्टेशन। यह ग्वालियर राज्य में सम्मिलित था। सुल्तान गयासुद्दीन बलवन ने १६५३ ई० में इस पर अधिकार जमा लिया था। १४३८ ई० में मालवा के महमूद प्रथम ने इस पर अधिकार जमा लिया। १५२० ई० में राणा सांगा ने इसे विजय करके मेदनी राय को प्रदान कर दिया था। बाबर ने १५२८ ई० में इसे विजय किया।

चन्देरी पर आक्रमण करके ईश्वर की कृपा से उसे दो–चार घड़ी में विजय कर लिया। वहां राणा सांगा का बहुत बड़ा विश्वासपात्र मेदनी राय[1] राज्य करता था। हमने वहां के काफ़िरों का संहार करा दिया और जो स्थान वर्षों से दारुल हर्ब[2] बना हुआ था, उसे दारुल इस्लाम[3] बना दिया। इसका उल्लेख बाद में किया जायगा।

उनके अतिरिक्त हिन्दुस्तान में चारों ओर राय एवं राजा बहुत बड़ी संख्या में फैले हुए हैं। बहुत से मुसलमानों के आज्ञाकारी हैं और कुछ दूर होने तथा इस कारण कि उनके स्थान बड़े दृढ़ हैं मुसलमान बादशाहों के अधीन नहीं हैं।

हिन्दुस्तान का भूगोल

हिन्दुस्तान के भाग प्रथम, द्वितीय तथा तृतीय[4] इक़लीमों में स्थित हैं। यहां का कोई भाग चौथी इक़लीम में नहीं है। यह बड़ा ही आश्चर्यजनक देश है और यदि हम अपने देशों से इसकी तुलना करें तो यह एक अन्य ही संसार ज्ञात होगा। यहां के पर्वत, नदियां, जंगल, ब्याबान, नगर, खेत, पशु, वनस्पति, मनुष्य, भाषायें, वर्षा तथा वायु सभी विभिन्न हैं। काबुल के अधीनस्थ स्थानों में गरम सीर[5] ही कुछ बातों में हिन्दुस्तान से मिलता जुलता है और कुछ बातों में नहीं। सिन्द नदी पार करते ही सभी बातें हिन्दुस्तानी–सी प्रतीत होने लगती हैं, भूमि, जल, वृक्ष, चट्टान, आदमी, समूह, आचार विचार एवं प्रथायें।

उत्तरी पर्वत

सिन्द नदी पार[6] कर लेने के उपरान्त उत्तरी पर्वतों से जिनका उल्लेख हो चुका है मिले हुए ऐसे प्रदेश हैं जो कश्मीर से सम्बन्धित हैं और कभी

---

[1] मेदनी राय कुछ समय तक मालवा के सुल्तान महमूद द्वितीय का शक्तिशाली वजीर रहा। उसके प्रभाव से भयभीत होकर महमूद गुजरात भाग गया और मुजफ्फर शाह द्वितीय से सहायता मांगी। मुजफ्फर शाह ने मांडू पर आक्रमण करके घोर युद्ध के उपरान्त उसे विजय कर लिया और महमूद को पुनः सिंहासनारूढ़ कर दिया। इसके उपरान्त मेदनी राय चंदेरी चला गया जिसे राणा सांगा ने उसे प्रदान कर दिया था। महमूद ने, मेदनी राय तथा राणा सांगा पर चढ़ाई की किन्तु वह पराजित हुआ और १५१६ ई० में राणा द्वारा बन्दी बना लिया गया।

[2] वह स्थान जहाँ का राज्य मुसलमानों का शत्रु हो और जहाँ से मुसलमानों का युद्ध चल रहा हो।

[3] शान्ति का घर; वह स्थान जो मुसलमानों के अधीन हो गये हों, और काफिरों से युद्ध समाप्त हो गया हो।

[4] इक़लीम : जलवायु के प्रदेश । मध्यकालीन भूगोल वेत्ताओं के अनुसार संसार सात इक्कलीमों में विभाजित था।

[5] गरम भूभाग।

[6] पूर्व की ओर जाने के लिये।

उसमें सम्मिलित थे यद्यपि उनमें से बहुत से उदाहरणार्थ पकली[1] तथा शाह मेंग[2] अब कश्मीर के अधीन नहीं हैं। कश्मीर को पार कर लेने के उपरान्त इस पर्वत में असंख्य जन समूह, जत्थे, परगने तथा कृषि योग्य भूमि मिलती है। यहां से बंगाल तक अपितु समुद्र–तट तक मनुष्यों का तांता बंधा हुआ है। यहां[3] के निवासियों के विषय में हमने बहुत कुछ पूछ–ताछ कराई किन्तु हमें कोई भी संतोषजनक उत्तर न प्राप्त हो सका। लोगों ने इतना ही बताया कि इन पर्वत के निवासियों को 'कस' कहा जाता है। मेरा विचार है कि क्योंकि हिन्दुस्तान वाले शीन[4] का उच्चारण सीन[5] के समान करते हैं और क्योंकि इन पर्वतों में कश्मीर बड़ाही महत्वपूर्ण स्थान है और इतने अधिक सम्मानित स्थान के विषय में किसी को कोई सूचना नहीं, अतः हिन्दुस्तानी इसे कस्मीर कहने लगे होंगे।[6] यहां के निवासी कस्तूरी, बहरी कूता,[7] केसर, सीसे तथा तांबे का व्यापार करते हैं।

हिन्द वाले इस पहाड़ को सवालक पर्वत कहते हैं। हिन्द की भाषा में 'सवालक' का अर्थ १,२५, ००० है और पर्वत पहाड़ को कहते हैं। इसका तात्पर्य १,२५,००० पर्वत हुआ। इन पर्वतों पर सर्वदा बरफ़ जमी रहती है। हिन्दुस्तान को कुछ विलायतों, उदाहरणार्थ लाहौर, सेहरिन्द[8] तथा सम्बल[9] से से ये पर्वत बरफ़ के कारण सफ़ेद दृष्टिगत होते हैं । पर्वत की वह श्रेणी जो काबुल में हिन्दूकुश के नाम से प्रसिद्ध है काबुल से होती हुई हिन्दुस्तान के पूर्व की ओर कुछ–कुछ दक्षिण की तरफ़ झुकती हुई जाती है। इसके दक्षिण

---

[1] 'पकली' अथवा 'पखली' पंजाब का एक प्राचीन नगर था और उत्तरी–पश्चिमी सीमांत प्रान्त के बन जाने के उपरान्त हजारा जिले में सम्मिलित हो गया था। बाबर के समय में यह भूभाग खाखा तथा भम्भा कबीलों के अधीन था। इनके सरदार सिंध नदी के पूर्व में राज्य करते थे किन्तु बजौर एवं सवाद के सुल्तान ने इन्हें निकाल दिया था।

[2] सम्भवतः 'दम तौर' (हजारा जिले में) पखली के दक्षिण में दूर नदी के किनारे एक सकरी घाटी में। दूर नदी तुरबेला नामक स्थान पर सिंध नदी में गिरती है।

[3] कश्मीर ।

[4] श

[5] स

[6] प्रकाशित फारसी अनुवाद में यह वाक्य इस प्रकार है :–मेरे हृदय में आया कि क्योंकि हिन्दुस्तानी 'शीन' का उच्चारण 'सीन' करते हैं और क्योंकि इस पर्वत में समीर नामक प्रसिद्ध नगर है अतः कश्मीर 'कस्यामीर' पर्वत हुआ । इस पर्वत के निवासियों को 'कसया' कहते हैं।

[7] सम्भवतः चामर अथवा सुरा गाय।

[8] सरहिन्द ।

[9] सम्भल।

में हिन्दुस्तानात[1] हैं। उत्तर में तिब्बत तथा वह अज्ञात समूह पाया जाता है जो 'कस' कहलाता है।[2]

नदियाँ

इन पर्वतों से अनेकों नदियां निकल कर हिन्दुस्तान में बहती हैं। सेहरिन्द के उत्तर से छः नदियां निकलती हैं–सिन्द, बिहत[3], चनाब, रावी, ब्याह[4] तथा सतलज। ये सब सुल्तान के समीप एक दूसरे से मिल कर सिन्द सिन्द नाम धारण करके पश्चिम की ओर बहती हैं और टट्टा[5] प्रदेश से होती हुई समुद्र में गिरती हैं।

इन छः नदियों के अतिरिक्त अन्य नदियां भी हैं–जून[6], गंग[7], रहप[8], गोमती, गगर[9], सरयू, गंडक इत्यादि। ये सब नदियां गंग नदी में मिलती हैं और गंग नाम धारण कर के पूर्व की ओर होती हुई बंगाल में पहुंचती हैं और वहां से होती हुई समुद्र में गिरती हैं। ये सब नदियां सबालक पर्वत से निकलती हैं।

बहुत सी नदियां हिन्दुस्तान की पहाड़ियों से भी निकलती हैं उदाहरणार्थ चम्बल, बानास, बेतवा, सीन इत्यादि। इन पहाड़ियों पर लेश मात्र को भी बरफ़ नहीं गिरती। ये नदियां भी गंग में गिरती हैं।

अरावली

हिन्दुस्तान की एक अन्य पर्वत श्रेणी उत्तर से दक्षिण में फैली है। यह देहली से एक छोटी पहाड़ी से प्रारम्भ होती है। इस पहाड़ी पर फ़ीरोज़ शाह ने जहां नुमा[10] नामक महल का निर्माण कराया था। यह पर्वत श्रेणी देहली के समीप इधर–उधर छिटकी हुई छोटी–छोटी पहाड़ी चट्टानों के समान है। मेवात[11] में पहुंचकर यह पर्वत श्रेणी काफ़ी बड़ा रूप धारण कर लेती है।[12]

---

[1] हिन्दुस्तान के प्रदेश।

[2] इस स्थान पर बाबर को कुछ भ्रम हो गया है। सिवालिक नामक पहाड़ियाँ हिमालय के समानान्तर हरिद्वार से होशियारपुर (पंजाब) तक २०० मील की दूरी में फैली हैं।

[3] झेलम।

[4] व्यास।

[5] इसे 'थट्टा' भी लिखा जाता है।

[6] यमुना।

[7] गंगा।

[8] सम्भवतः राप्ती।

[9] सम्भवतः घाघरा।

[10] 'कूश्के शिकार' से तात्पर्य है जिसे सुल्तान फ्रीरोंज शाह तुगलक ने १३७४ ई० में बनवाया था और यह देहली की पहाड़ी (रिज) पर स्थित है।

[11] मेवात किसी एक जिले का नाम नहीं अपितु इसमें जो स्थान सम्मिलित समझे जाते हैं, वे घटते. बढ़ते रहे हैं। यह वह भूभाग है जो देहली के दक्षिण में स्थित है और मथुरा (उत्तर प्रदेश) गुडगांव (पंजाब), अलवर का बहुत बड़ा भाग तथा भरतपुर का थोड़ा सा भाग इसमें सम्मिलित है।

[12] हैदराबाद की तुर्की पोथी में यह वाक्य नहीं है।

मेवात को पार करके यह ब्याना[1] में प्रविष्ट होती है। सीकरी[2], बारी[3] तथा दोलपुर[4] की पहाड़ियां भी इसी का एक भाग हैं। ग्वालियर, जिसे गालियूर भी भी लिखते हैं, की पहाड़ियां यद्यपि इस पर्वत श्रेणी से मिली हुई नहीं हैं किन्तु वे इसी का भाग हैं। इसी प्रकार रणथम्बोर, चित्तौड़, चन्देरी तथा मांडू[5] मांडू[5] की पहाड़ियां हैं। ये किन्हीं–किन्हीं स्थानों पर एक दूसरे से सात–सात, सात–सात, आठ–आठ कोस तक पृथक् हैं। ये पहाडियां बड़ी ही नीची, भद्दी तथा चट्टानों की हैं और जंगलों से भरी हैं। इन पर किसी प्रकार की बरफ़ नहीं गिरती। हिन्दुस्तान की बहुत सी नदियां इस पर्वत श्रेणी से निकलती हैं।

सिंचाई

हिन्दस्तान का अधिकांश भाग समतल भूमि पर स्थित है। यद्यपि हिन्दुस्तान में इतने अधिक नगर तथा इतनी विलायतें[6] हैं किन्तु किसी स्थान पर भी जल–धारायें नहीं हैं। नदियाँ तथा कहीं कहीं पर स्थित. जलाशय यहां की जल–धारायें हैं। कुछ नगरों में जहां नहरें खोद कर जल लाना सम्भव है वहां भी नहीं लाया जाता। इसके अनेक कारण हैं। उनमें से एक कारण यह है कि यहां की कृषि तथा यहां के उद्यानों को जल की आवश्यकता नहीं होती। खरीफ़ की फ़सल वर्षा के जल से ही हो जाती है। यह बड़ी ही विचित्र बात है. कि रबी की फसल भी जल के बिना हो जाती है। पौधों को एक दो वर्ष तक डोल अथवा रहंट से सींच दिया जाता है। तत्पश्चात् उन्हें सींचने की कोई आवश्यकता नहीं होती। कुछ तरकारियों को निरन्तर सिंचाई की आवश्यकता होती है।

रहँट

लाहौर, दीबालपुर, सेहरिन्द[7] तथा उस क्षेत्र के स्थानों में रहट से सिंचाई होती है। दो रस्सियों को जो गोलाई में कुएं तक पहुंच जायें ले लिया जाता है। दोनों रस्सियों के बीच–बीच में लकड़ियां बांध दी जाती हैं। लकड़ियों में

---

[1] ब्याना राजपूतों का बड़ा प्रसिद्ध दृढ़ स्थान रह चुका है। अब यह भरतपुर में गम्भीर नदी पर एक छोटा सा कस्बा है और आगरा एवं रणथम्बोर के मध्य में स्थित है।

[2] आगरा (उत्तर प्रदेश) जिले में करौली तहसील में आगरा के पश्चिम में लगभग २३ मील पर। अकबर लगभग १५ वर्ष तक यहां नाना प्रकार के भवनों का निर्माण कराता रहा किन्तु १५८५ ई० में जब वे तैयार हो गये तो अकबर ने वहां निवास करना बन्द कर दिया।

[3] धौलपुर में, धौलपुर स्टेशन से १६ मील पश्चिम में।

[4] धौलपुर, आगरा के दक्षिण में लगभग ३४ मील पर। सिकन्दर लोदी ने १५०१ ई० तथा बाबर ने १५२६ ई० में उस पर अधिकार जमा लिया था।

[5] मालवा की प्राचीन राजधानी जो अब लगभग नष्ट हो गई है। होशंग शाह (१४०५–३४ ई०.) ने इसे अपनी राजधानी बनाया और मालवा के सुल्तान के राज्य काल में यहाँ निरन्तर आक्रमण होते रहे। १५३५ ई० में गुजरात के बहादुर शाह ने इस पर अधिकार जमा लिया।

[6] प्रदेश।

[7] सरहिन्द, हैदराबाद की तुर्की पोथी में "सरहिन्द नहीं है।

घड़े बांध दिये जाते हैं। जिन दोनों रस्सियों में लकड़ियां तथा घड़े बंधे रहते हैं उन्हें उस चर्खी पर रख देते हैं जो कुयें पर रहती है। इस चर्खी के धुरे से एक दूसरी चर्खी जुड़ी रहती है उसके निकट ही खड़े धुरे पर एक अन्य चर्खी होती है। इस चर्खी को बैल घुमाता है। इसके दांत दूसरी चर्खी के दांत से जुड़े रहते हैं। इस प्रकार वह चर्खी जिस पर घड़े होते हैं घूमती है। जहां जल गिरता है वहां एक कठौता होता है और जल नालियों से होता हुआ प्रत्येक स्थान पर पहुँच जाता है।

चरसा

आगरा, चन्दवार[1], ब्याना तथा उस क्षेत्र में डोल से सिंचाई होती है। इसमें बड़ा परिश्रम करना पड़ता है और यह बड़ी ही भद्दी विधि है। कुयें के किनारे दो शाखाओं वाली एक लकड़ी लगा दी जाती है। इन दोनों के मध्य में एक गड़ारी लगा देते हैं। एक बहुत बड़े डोल में एक रस्सी बांध दी जाती है। रस्सी गड़ारी पर रख दी जाती है और उसका एक छोर बैल से बांध दिया जाता है। एक आदमी को बैल को हांकना पड़ता है तथा दूसरे को डोल को खाली करना पड़ता है। जब बैल डोल खींच कर वापस होता है तो रस्सी बैल के मार्ग पर जिस पर मूत्र तथा गोबर पड़ा रहता है लथेड़ती जाती है और फिर वही रस्सी कुयें में पहुंचती है।

डोल

कुछ खेतों को जिन्हें सिंचाई की आवश्यकता होती है स्त्री तथा पुरुष डोल भर–भर कर सींचते हैं।

हिन्दुस्तान की आकर्षण–शून्यता

हिन्दुस्तान की विलायतों[2] तथा नगरों में कोई आकर्षण नहीं है। इसके समस्त नगर एवं समस्त भूमि एक ही प्रकार की है। यहां के उद्यानों में चहारदीवारी नहीं होती। इसके अधिकांश स्थानों पर समतल मैदान स्थित हैं। वर्षा के समय कुछ नदियों तथा नालों में इतनी बाढ़ आ जाती है कि उनका पार करना बड़ा कठिन हो जाता है।

मैदान के बहुत से भागों में बड़े–बड़े कांटेदार जंगल हैं। परगनों के निवासी उनमें शरण ले लेते हैं और विद्रोह कर देते तथा कर नहीं अदा करते।

केवल किन्हीं किन्हीं स्थानों पर नदियां तथा जलाशय हैं। उनके अतिरिक्त यहां जलधारायें नहीं हैं, यहां तक कि नगरों तथा विलायतों के निवासी या तो कुओं के जल से जीवन–निर्वाह करते हैं, या तालाबों से, जहां वर्षा ऋतु में जल एकत्र हो जाता है।

पुरवों, ग्रामों तथा नगरों का उजड़ना और बसना

---

[1] आगरा के दक्षिण–पूर्व में, यमुना के दायें तट पर ।

[2] प्रदेशों, प्रान्तों।

हिन्दुस्तान में पुरवे, गांव तथा नगर क्षण भर में बस भी जाते हैं और उसी प्रकार नष्ट भी हो जाते हैं। इस प्रकार बड़े–बड़े नगरों के निवासी जो वर्षों से वहां बसे होते हैं। यदि वहां से भागना चाहते हैं तो वे एक या डेढ़ दिन में वहां से इस प्रकार भाग जाते हैं कि लेश मात्र भी उनका वहाँ कोई चिह्न नहीं रह जाता। यदि उन्हें किसी स्थान को आबाद करना होता है तो उन्हें न तो नहर खोदने की आवश्यकता पड़ती है और न बन्द बंधवाने की, कारण कि यहां वर्षा के सहारे पर ही कृषि होती है और जनसंख्या की तो कोई सीमा ही नहीं। लोग एकत्र हो ही जाते हैं। कुआं अथवा तालाब खोद लेते हैं। घरों तथा दीवारों के बनाने की कोई आवश्यकता नहीं पड़ती। घास बहुत होती ही है, वृक्षों की तो कोई संख्या ही नहीं बताई जा सकती। झोपड़ियां बना ली जाती हैं और तत्काल ग्राम अथवा नगर बस जाता है।

हिन्दुस्तान के पशु

हाथी

हिन्दुस्तान के वन–पशुओं में हाथी विशेष रूप से उल्लेखनीय है। इसे हिन्दुस्तानी लोग हाती[1] कहते हैं। यह कालपी[2] को विलायत[3] की सीमा पर पाया जाता है। कालपी के पूर्व में जितना ही बढ़ते चले जायें भारी भरकम तथा जंगली हाथी अधिक संख्या में मिलते जायेंगे। वहां से हाथी पकड़–पकड़ कर लाये जाते हैं। कड़ा[4] मानिकपुर में ३०–४० ग्रामों में हाथी पकड़ने का काम होता है। (वहां के) लोगों को दीवान में इस कार्य हेतु उत्तर देना पड़ता है।[5]

हाथी बहुत बड़े डील–डौल का जानवर होता है। वह बड़ा समझदार होता है। उससे यदि कुछ कहा जाय तो वह समझ लेता है और यदि उसे कोई आदेश दिया जाय तो वह उसका पालन करता है। उसका मूल्य उसके डील–डौल के अनुसार लगाया जाता है। हाथी जितना ही बड़ा होता है उसका मूल्य उतना ही अधिक होता है। कहा जाता है कि कुछ द्वीपों में १० कारी[6] के हाथी होते हैं किन्तु इस ओर चार–पांच कारी से बड़े हाथी नहीं होते। हाथी केवल अपनी सुंड से खाता पीता है। यदि उसकी सुंड कट जाय तो फिर वह जीवित नहीं रह सकता। उसके ऊपर के जबड़ों में दो बड़े बड़े दांत होते हैं। सूंड के दोनों ओर एक एक दांत होता है। दीवारें तथा वृक्ष वह इन्हीं दांतों से जोर लगा कर गिरा देता है। वह इन्हीं दांतों से युद्ध तथा ऐसे

---

[1] हाथी।

[2] उत्तर प्रदेश के जालौन जिले में, यमुना के दायें तट पर एक प्राचीन कस्बा।

[3] प्रदेश राज्य।

[4] उत्तर प्रदेश के इलाहाबाद जिले में, यमुना के बायें तट पर।

[5] राजस्व विभाग को हिसाब देना पड़ता है।

[6] इसका फारसी में अनुवाद 'गज' किया जाता है। यह गज २४ इंच का होता है किन्तु कारी की लम्बाई निश्चित नहीं। ३६ इंच का गज भी कारी ही कहा जा सकता है।

कार्य करता है जिनके लिये बल की आवश्यकता होती है। गजदंत यही दांत कहलाते हैं। हिन्दुस्तान वाले गजदंत को बड़ा बहुमूल्य समझते हैं। अन्य पशुओं के समान हाथी के बाल नहीं होते। हिन्दुस्तान वाले हाथी पर बड़ा भरोसा करते हैं। प्रत्येक सेनानायक अपने साथ कुछ न कुछ हाथी ले जाता है।

हाथी में कुछ बड़े ही उत्तम गुण पाये जाते हैं। वह बड़ी–बड़ी नदियों को सुगमतापूर्वक पार कर जाता है, भारी–भारी बोझ उठा ले जाता है। जो गाड़ियां ४००–५०० मनुष्य मिल कर बड़ी कठिनाई से खींच सकते हैं उन्हें ३–४ हाथी सुगमतापूर्वक खींच ले जाते हैं। उसका पेट बहुत बड़ा होता है। दो क़ितार[1] ऊंटों का भोजन एक हाथी अकेला ही खा डालता है।

गैंडा

एक वन–पशु गैंडा भी होता है। वह भी बहुत बड़ा पशु होता है और लगभग तीन भैसों के बराबर होता है। उन विलायतों[2] में जो यह बात प्रसिद्ध है कि गैंडा अपने सींग पर हाथी को उठा सकता है ठीक नहीं। उसकी नाक पर केवल एक सींग होता है जो ६ कारीश[3] से अधिक लम्बा होता है। एक या दो कारीश दिखाई नहीं पड़ता है। उसके एक बड़े सींग से एक जल पीने का पात्र[4] तथा एक पांसा फेंकने का गिलास तैयार किया गया और फिर भी तीन–चार अंगुल बच रहा। गैंडे की खाल बड़ी मोटी होती है। यदि किसी बड़ी कड़ी कमान से कोई बाण धनुष को बग़ल तक खींच कर पूरी शक्ति से चलाया जाय तो अगर वह उसकी खाल में प्रविष्ट होगा तो अधिक से अधिक ४ अंगुल। उसके अगले तथा पिछले पांव से परतें लटकती रहती हैं जो दूर से ऐसी ज्ञात होती हैं कि मानो वहां कुछ छिपा हो। वह घोड़े से बहुत अधिक मिलता जुलता है। जिस प्रकार घोड़े का पेट बहुत बड़ा नहीं होता उसी प्रकार इसका भी पेट बड़ा नहीं होता।[5] जिस प्रकार घोड़ों के छोटी हड्डियों के स्थान पर एक हड्डी होती है उसी प्रकार गैंडे के भी होती है। जिस प्रकार घोड़े के अगले पांव की हड्डी में गूदा होता है उसी प्रकार इसके भी अगले पांव की हड्डी में होता है।[6]

वह हाथी से अधिक भयंकर होता है और उसे उस प्रकार वश में नहीं किया जा सकता। परशावर[7] तथा हशनगर[8] के जंगलों में वे बहुत बड़ी संख्या में पाये जाते हैं। इसी प्रकार सिन्द नदी तथा भीरा के जंगलों के मध्य

---

1 एक कितार में ५ से ७ तक ऊँट होते हैं।?

2 हिन्दूकुश के उस पार के प्रदेश में।

3 लगभग १ इंच के बराबर ।

4 आबखोरा किश्तीः–सम्भवतः नाव की शक्ल का प्याला ।

5 कम खाता है।

6 ये वाक्य मूल तथा फारसी अनुवाद दोनों में अस्पष्ट है।

7 पेशावर।

8 काबुल के उपांत में।

में भी वे अधिक संख्या में मिलते हैं। हिन्दुस्तान में सरयू नदी के तट पर भी वे बहुत बड़ी संख्या में पाये जाते हैं। हमने हिन्दुस्तान की ओर प्रस्थान करते समय परशावर तथा हशनगर के जंगलों में कुछ गैंडों का शिकार किया। वह अपने सींग से बड़े जोर से आक्रमण करता है। इन शिकारों में गैंडों ने बहुत से आदमियों तथा घोड़ों को सींगों से आहत कर दिया था। एक शिकार में मकसूद नामक एक चुहरा[1] के घोड़े को गैंडे ने एक भाले की ऊंचाई के बराबर उछाल दिया। इस कारण वह मकसूदे कर्ग[2] के नाम से चिढ़ाया जाने लगा।

जंगली भैंसा

जंगली भैंसा भी हिन्दुस्तान में पाया जाता है। यह पालतू भैसे से बहुत बड़ा होता है। इसके सींग पालतू भैंसों के समान पीछे की ओर नहीं मुड़े रहते। यह बड़ा ही खूख्वार तथा हिंसक होता है।

नील गाय

नील गाय भी हिन्दुस्तान में पाये जाते हैं। वे घोड़े के बराबर होते हैं किन्तु उनकी अपेक्षा इनका शरीर हलका होता है। नर, नीलापन लिये हुये भूरे रंग के होते हैं। संभवतः इसी कारण लोग उन्हें नील गाओ कहते हैं। उसके दो छोटे–छोटे सींग होते हैं। उसके गले पर लगभग ६ इंच लम्बा बालों का गुच्छा होता है। इस बात में वह सुरा गाय से मिलता–जुलता है। उसके खुर अन्य पशुओं के खुरों के समान फटे होते हैं। मादा बुगू मराल[3] के के समान होती है। उसके सींग नहीं होते और नर की अपेक्षा वह मोटी होती है।

कोतह पाईचा

कोतह पाईचा[4] एक अन्य पशु होता है। यह आक़ कियीक[5] के बराबर होता है। इसके पांव छोटे–छोटे होते हैं अतः इसे छोटे पांव वाला[6] कहते हैं। हैं। इसके सींग बूगू के सींग के समान होते हैं किन्तु वे उससे छोटे होते हैं। बूगू[7] के समान हर वर्ष इसके नये सींग निकलते हैं। यह तेज़ नहीं दौड़ सकता, इस कारण जंगल से नहीं निकलता।

कियीक (कलहरा)

एक अन्य पशु कियीक[8] होता है जो जीरान नामक नर मृग के समान होता है। इसकी पीठ काली तथा पेट सफ़ेद होता है। इसके सींग हूना[1] के

---

[1] वीर।

[2] गैंडे का लक्ष्य।

[3] एक प्रकार का बारह सिंगा।

[4] एक छोटा भारतीय हिरन ।

[5] सफेद हिरन।

[6] कोतह पाईचा।

[7] बारह सिंगा।

[8] साधारण हिरन ।

सींग की अपेक्षा लम्बे किन्तु अधिक मुड़े हुये होते हैं। हिन्दुस्तानी लोग इसे कलहरा कहते हैं। यह शब्द काला हिरन रहा होगा और उच्चारण से कलहरा हो गया। मृगणी का रंग हलका होता है। कलहरा द्वारा हिरनों का शिकार किया जाता है। कलहरा के सींगों पर जाल कस कर बांध दिया जाता है और उसके एक पांव में गोल[2] से कुछ बड़ा पत्थर बांध देते हैं। इस प्रकार वह. अधिक दूर तक नहीं जा सकता। जंगली कलहरा को देख कर इसे छोड़ दिया जाता है। इस हिरन को युद्ध से अत्यधिक रुचि होती है अतः यह तत्काल युद्ध प्रारम्भ कर देता है। दोनों हिरन एक दूसरे को सींगों से टक्कर मारने तथा आगे–पीछे ढकेलने लगते हैं। इस युद्ध में जंगली हिरन के सींगों में वह जाल फंस जाता है जो पालतू हिरन के सीगों में बंधा रहता है। यदि जंगली हिरन भागने का प्रयत्न करता है तो पालतू हिरन नहीं भाग पाता। सम्भवतः इसका कारण वह पत्थर भी होता है जो पालतू हिरन के पांव में बंधा रहता है। इस प्रकार बहुत से हिरन पकड़ लिये जाते हैं और उन्हें पालतू बना लिया जाता है। उनका भी अन्य हिरनों को पकड़ने के लिये प्रयोग होने लगता है। ये हिरन खूब लड़ते हैं।

एक अन्य मृग

हिन्दुस्तान की पहाड़ियों के आंचल में एक छोटा मृग भी होता है जो साल भर के अकार ग़लचा के मृग के बराबर होता है।

गीनी गाय

गीनी गाय एक अन्य प्रकार का पशु है। वह बड़ी ही छोटी होती है। वह लगभग उन देशों[3] के कूचकार[4] के बराबर होती है।[5] उसका मांस बड़ा नरम तथा स्वादिष्ट होता है।

बन्दर

यहां मैमून[6] भी पाये जाते हैं। हिन्दुस्तानी लोग इसे बन्दर कहते हैं। ये भी विभिन्न प्रकार के होते हैं। एक प्रकार के बन्दर को लोग उन देशों में ले जाते हैं। मदारी लोग उन्हें करतब सिखा लेते हैं। इस प्रकार के बन्दर नूर दरा के पर्वतों, खैबर के समीप के सफ़ेद कोह की पहाड़ियों तथा उनसे नीचे पूरे हिन्दुस्तान में होते हैं। ये इससे अधिक ऊंचाई पर नहीं पाये जाते। एक प्रकार के बन्दर जो बजौर, सवाद तथा उन भागों में नहीं पाये जाते, उन

---

[1] एक प्रकार का तुर्की मृग।

[2] तोप का गोला।

[3] हिन्दूकुश के उस पार ।

[4] मेंढा।

[5] यह लगभग ३ फीट ऊँचा होता है।

[6] बन्दर ।

बन्दरों से अधिक बड़े होते हैं, जो उन देशों[1] में ले जाये जाते हैं। इनकी दुम बड़ी लम्बी होती है। इनके बाल सफ़ेदी लिये हुये होते हैं। इनका मुख बड़ा काला होता है। ये लंगूर कहलाते हैं।[2] ये हिन्दुस्तान के पर्वतों तथा जंगलों में पाये जाते हैं। एक अन्य प्रकार के बन्दर पूर्णतः काले होते हैं। उनके बाल, मुख तथा शरीर के अंग सभी काले होते हैं। इस[3] प्रकार के बन्दरों को कुछ द्वीपों से लाया जाता है। वह पीलापन लिये हुये भूरे रंग का होता है। यह रंग पोस्तीन के समान होता है। उसका सिर चौड़ा तथा उसका शरीर अन्य बन्दरों की अपेक्षा बहुत बड़ा होता है। उसकी मैथुन शक्ति बड़ी प्रबल होती है। यह एक बड़ी विचित्र बात है कि उसका शिश्न सर्वदा खड़ा रहता है।

नवल

इनके अतिरिक्त नवल[4] पाये जाते हैं। ये कीश[5] से कुछ छोटे होते हैं और और वृक्षों पर चढ़ जाते हैं। कुछ लोग इन्हें मूशे खुर्मा[6] कहते हैं। इनका दर्शन बड़ा उत्तम शकुन समझा जाता है।

गिलहरी

एक अन्य प्रकार का चूहा होता है जिसे लोग गिलहरी कहते हैं। यह अधिकांश वृक्षों पर रहती है और ऊपर नीचे आश्चर्यजनक तीव्र गति तथा फुरती से आती जाती रहती है।

पक्षी

मोर

हिन्दुस्तान के पक्षियों में एक पक्षी मोर होता है। यह बड़ा ही रंग बिरंगा तथा सुन्दर पक्षी होता है। इसका शरीर इसके रंग तथा इसकी सुन्दरता के अनुकूल नहीं होता। इसका शरीर लगभग सारस के बराबर होता है किन्तु वह इतना लम्बा नहीं होता। मोर तथा मोरनी दोनों के सिर पर २०–३० पंख दो–तीन इंच ऊंचे उठे होते हैं। मोरनी का न तो रंग ही अच्छा होता है और न यह उतनी सुन्दर ही होती है। मोर के सिर पर एक प्रकार का रंग बदलने वाला कण्ठा होता है। इसकी गर्दन बड़े सुन्दर नीले रंग की होती है। गर्दन के नीचे इसकी पीठ में पीले, तोते के रंग के समान हरे, नीले तथा बैंगनी रंग होते हैं। इसकी पीठ पर छोटे–छोटे फूल होते हैं। पीठ के नीचे से लेकर दुम की नोक तक बड़े–बड़े रंग बिरंगे फूल होते हैं। किन्हीं–किन्हीं मोरों की दुमें मनुष्य के फैले हुये दोनों हाथों के बराबर होती हैं। इसके फूलदार पंखों

---

1 हिन्दूकुश के उस पार।

2 यह वाक्य फारसी अनुवाद में है, मूल तुर्की पोथी में नहीं।

3 यह वाक्य भी मूल तुर्की पोथी में नहीं है।

4 सम्भवतः नेवला।

5 एक प्रकार का नेवला।

6 खजूर का चूहा।

के नीचे एक छोटी सी दुम होती है जो अन्य पक्षियों की दुमों के समान होती है और इसका तथा इसकी जड़ का रंग लाल होता है।

यह पक्षी बजौर तथा सवाद एवं उनसे नीचे के स्थानों पर पाया जाता है। यह कूनूर, लमगानात अथवा इनसे ऊंचे किसी स्थान पर नहीं मिलता। उड़ने में यह कीरगावल[1] से भी कमजोर होता है। यह एक दो छोटी–छोटी उड़ानों से अधिक नहीं उड़ सकता। अधिक न उड सकने के कारण यह पहाड़ियों तथा जंगलों में रहता है। यह बड़ी विचित्र बात है कारण कि गीदड़ जंगलों में बहुत बड़ी संख्या में रहते हैं। गीदड़ ऐसे पक्षियों को जो एक जंगल से दूसरे जंगल तक मनुष्य के दोनों खुले हुए हाथों के बराबर दुम लेकर उड़ते हैं, कितनी हानि पहुंचाते होंगे। हिन्दुस्तानी इस पक्षी को "मोर" कहते हैं। इसका मांस इमाम अबू हनीफ़ा[2] की धर्म व्याख्या के अनुसार हलाल[3] होता है। इसका मांस चकोर के मांस के समान होता है और बे मजा नहीं होता किन्तु ऊंट के मांस के समान इसका मांस रुचि से नहीं खाया जाता।

तोता

यहां एक अन्य पक्षी तोता होता है। यह भी बजौर तथा उससे नीचे के भूभाग में पाया जाता है। यह नीनगनहार तथा लमगानात में शहतूत के पकने के समय पहुंच जाता है। अन्य समय में यह वहां नहीं मिलता। ये विभिन्न प्रकार के होते हैं। एक किस्म ऐसे तोतों की होती है जिन्हें लोग उन देशों[4] में ले जाते हैं और उससे बात कराते हैं। एक अन्य प्रकार के तोते छोटे होते हैं। इससे भी लोग बात कराते हैं। ये जंगली तोते कहलाते हैं। बजौर, सवाद तथा उसके आसपास ये बहुत बड़ी संख्या में पाये जाते हैं। यहां पांच–पांच–छः छः हजार के झुंड एक साथ उड़ते हैं। इन तोतों तथा उन तोतों के जिनका ऊपर उल्लेख हुआ शरीर की मुटाई में अन्तर होता है। रंग तो सब का एक ही तरह का होता है।

एक अन्य प्रकार के तोते, जंगली तोतों से भी छोटे होते हैं। इनका सिर लाल होता है। इनके पंखों की नोक भी लाल होती है। इनके दुम की नोक दो अंगुल तक बड़ी चमकदार होती है। इस प्रकार के कुछ तोतों का सिर अपने रंग बदलता रहता है। यह बातचीत नहीं कर पाता। लोग इसे कश्मीरी तोता कहते हैं।

---

[1] एक प्रकार का तीतर।

[2] इमाम अबू हनीफा, जो 'इमामे आजम' के नाम से प्रसिद्ध हैं, मक्का के चार महान् सुन्नी शरीअत की व्याख्या करने वालों में से थे अर्थात् इमाम हनीफा, इमाम हम्बल, इमाम शाफई एवं इमाम मालिक। मुसलमानों के हनफी फिर्के के सिद्धान्तों की व्याख्या सर्व प्रथम इन्हीं ने कराई।

[3] धर्मानुसार स्वीकृत।

[4] हिन्दूकुश के उस पार।

एक अन्य प्रकार के तोते जंगली तोतों से भी छोटे होते हैं। इनकी चोंच काली होती है। इसकी गर्दन के चारों ओर एक चौड़ी काली हंसली रहती है। इसके पंख की जड़ लाल होती है। यह बात करना भली भांति सीख लेता है।

हमारा विचार था कि तोते अथवा मैना उतनी ही बाते कर सकते हैं जितनी उन्हें सिखा दी जायें। वे स्वयं सोच कर कुछ बात नहीं कर सकते। इस समय मेरे एक निकटतम सेवक अबुल क़ासिम जलायर ने मुझे एक बड़ी ही विचित्र बात बताई। एक ऐसे ही तोते का पिंजड़ा सम्भवतः ढंक दिया गया था। वह कहने लगा, "मेरे मुंह को खोलो। मेरा दम घुटता है।" एक अन्य बार जब कहार लोग, जो पालकी ले जा रहे थे, दम लेने के लिये ठहर गये, इस तोते ने सम्भवतः लोगों के जाने की आवाज़ सुनकर कहा, "लोग जा रहे हैं। तुम लोग क्यों नहीं चलते?" इसका उत्तरदायित्व बताने वाले पर है। जब तक कोई स्वयं अपने कानों से न सुन ले वह विश्वास नहीं कर सकता।

एक अन्य प्रकार का तोता बड़े सुन्दर प्रकार के लाल रंग का होता है। उस प्रकार के तोते अन्य रंगों के भी होते हैं किन्तु इनके विषय में मुझे ठीक से कुछ स्मरण नहीं। अतः इनके बारे में अधिक नहीं लिख सकता। यह पक्षी रंग तथा रूप दोनों ही की दृष्टि से बड़ा सुन्दर होता है। लोग इसे बातें करना भी सिखाते हैं। इसमें सब से बड़ा दोष यह है कि इसकी आवाज़ बड़ी ही तेज होती है और कानों को बुरी लगती है। इसकी आवाज़ ऐसी होती है कि मानो किसी तांबे की थाली पर कोई टूटा हुआ चीनी का बरतन खींचा जा रहा हो।

शारक

शारक[1] भी हिन्दुस्तान में पाये जाते हैं। ये लमग़ानात तथा उससे नीचे समस्त हिन्दुस्तान में बहुत बड़ी संख्या में होते हैं। तोते के समान ये भी विभिन्न प्रकार के होते हैं। जो किस्म लमग़ानात में बड़ी अधिक संख्या में पाई जाती है, उसका सिर काला होता है। इसके पंख पर चित्तियां पड़ी रहती हैं। इसका शरीर चूगूरचूक[2] की अपेक्षा अधिक बड़ा तथा मोटा होता है। लोग इसे बात करना सिखा लेते हैं। एक अन्य प्रकार का शारक पंडावली कहलाता है और बंगाल से लाया जाता है। यह पूर्णतः काला होता है और घरेलू मैना की अपेक्षा इसका रंग गहरा काला होता है। इसकी चोंच तथा टांगें पीली होती हैं। इसके प्रत्येक कान से पीले रंग की खाल लटकती रहती है और देखने में बड़ी बुरी लगती है। यह भली भांति साफ़–साफ़ बातें करना सीख लेता है। एक अन्य प्रकार का शारक उस शारक से, जिसका इससे पूर्व उल्लेख हो चुका है, दुबला होता है। उसकी आंखें लाल होती हैं। वह बात नहीं कर पाता। उसे लोग काठ का शारक कहते हैं।

---

[1] मैना।

[2] एक प्रकार की पहाड़ी मैना।

उन दिनों[1] में जब कि मैंने गंगा नदी पर पुल बंधवा कर अपने शत्रुओं को भगा दिया था तो लखनऊ एवं अवध तथा उसके आस पास मुझे एक ऐसे प्रकार का शारक दृष्टिगत हुआ जिसका सीना सफ़ेद, सिर चितकबरा तथा पीठ काली थी। मैंने इस प्रकार का शारक कभी न देखा था। इस प्रकार के शारक सम्भवतः बात करना नहीं सीख पाते।

लूजा

एक अन्य प्रकार का पक्षी लूजा[2] होता है। इस पक्षी को बूक़लमून[3] भी कहते हैं कारण कि सिर से लेकर दुम तक इसके ५–६ परिवर्तनशील रंग होते हैं जो कबूतर की गर्दन के समान चमकीले होते हैं। यह उतना ही बड़ा होता है जितना कि कब्के दरी[4]। यह हिन्दुस्तान का कब्के दरी प्रतीत होता है। जिस प्रकार कब्के दरी पर्वत की चोटियों पर चक्कर लगाया करता है उसी प्रकार यह भी। यह काबुल के निज्र अऊ नामक पर्वतीय प्रदेश तथा नीचे के पर्वतों में मिलता है किन्तु इससे ऊपर नहीं पाया जाता। इसके विषय में यह विचित्र बात बताई जाती है कि शीत ऋतु के प्रारम्भ में पर्वतों के आंचल में ये उतर पड़ते हैं। यदि वहां से हंका कर अंगूर के उद्यान पर पहुंचा दिये जाते हैं तो ये वहां से ज़रा भी नहीं उड़ पाते और पकड़ लिये जाते हैं। इस पक्षी का मांस खाया जाता है और बड़ा स्वादिष्ट होता है।

दुर्राज

इसके अतिरिक्त यहां दुर्राज[5] नामक पक्षी भी पाया जाता है। यह केवल हिन्दुस्तान में ही नहीं पाया जाता अपितु गरम सीर[6] देशों में भी मिलता है। जो विशेष प्रकार के दुर्राज केवल हिन्दुस्तान ही में मिलते हैं उनका वर्णन दिया जाता है। दुर्राज लगभग कीकलीक[7] के बराबर होता है। नर की पीठ का रंग जंगली मादा तीतर के समान होता है। इसका गला तथा सीना काला होता है और उस पर सफ़ेद सफ़ेद बिन्दु होते हैं। इसकी दोनों आंखों के दोनों ओर लाल रंग की धारी होती है। इसका नाम इसकी आवाज के अनुसार पड़ गया जो लगभग इस प्रकार की होती है : 'शिर दारम शकरक"[8]; शकरक"[8]; शिर का उच्चारण कुछ अस्पष्ट तथा 'दारम शकरक' पूर्णतः स्पष्ट होता है। अस्तराबाद के दुर्राजों के विषय में कहा जाता है कि वे यह ध्वनि निकालते हैं–बात मीनी तूतीलार"[9]। अरब तथा उस भूभाग के दुर्राजों के

---

1 ६३४ हि० (१५२७–२८ ई.)।

2 सम्भवतः चकोर के समान कोई पक्षी।

3 चकोर।

4 चकोर।

5 तीतर।

6 सम्भवतः दक्षिणी अफगानिस्तान ।

7 एक प्रकार का चकोर ।

8 'मेरे पास दूध तथा शक्कर है।

9 'जल्दी, मैं पकड़ गया।

विषय में कहा जाता है कि वे यह ध्वनि निकालते हैं –'बिल शकर तदउम अल नियम"[1]। मादा दुर्राज का रंग जवान तीतर के समान होता है। ये निज्र अऊ के नीचे पाये जाते हैं।

कंजाल

दुर्राज की एक अन्य किस्म कंजाल कहलाती है। इसका शरीर भी उन्हीं दुर्राजों के बराबर होता है जिनका उल्लेख किया गया। इसकी ध्वनि भी बहुत कुछ कीकलीक से मिलती जुलती है किन्तु अधिक कर्कश होती है। नर तथा मादा में बड़ा कम अन्तर होता है। यह परशावर[2], हशनगर[3] तथा उनसे उनसे नीचे के प्रदेशों में मिलता है किन्तु इससे ऊपर के देशों में नहीं मिलता।

फूल पैकार

यहां के पक्षियों में फूल पैकार भी एक पक्षी होता है। यह कव्के दरी के बराबर होता है। इसका शरीर पालतू मुर्ग के बराबर तथा रंग मुर्गी के समान होता है। माथे से लेकर गले तक यह बड़े सुन्दर लाल रंग का होता है। यह हिन्दुस्तान के पर्वतों में पाया जाता है।

जंगली मुर्ग

जंगली मुर्ग भी यहां पाया जाता है। जंगली मुर्गा तथा पालतू मुर्ग में यह अन्तर होता है कि जंगली मुर्ग तीतर के समान उड़ता है। इसके अतिरिक्त जंगली मुर्ग विभिन्न रंगों के नहीं होते। यह बजौर के पर्वतों तथा उनसे नीचे पाया जाता है; उनसे ऊपर नहीं मिलता।

चीलसी

चीलसी[4] भी एक पक्षी होता है। इसका शरीर फूल पैकार के बराबर होता होता है किन्तु फूल पैकार के रंग अधिक सुन्दर होते हैं। यह बजौर के पर्वतों में पाया जाता है।

शाम

यहां का एक अन्य पक्षी शाम[5] होता है। इसका शरीर पालतू मुर्ग के बराबर होता है। इसके रंग बड़े सुन्दर होते हैं। यह भी बजौर के पर्वतों में पाया जाता है।

बूदना

---

[1] 'शकर से प्रसन्नता बढ़ जाती है।

[2] पेशावर।

[3] काबुल का अन्तिम भाग।

[4] तीतर के समान एक पक्षी।

[5] लाल जंगली मुर्ग के समान एक पक्षी।

यहां जो पक्षी पाये जाते हैं उनमें बूदना[1] भी होता है। हिन्दुस्तान में चार–पांच प्रकार के बूदना विशेष रूप से होते हैं। एक वह है जो हमारे देशों को जाता है। वह उस बूदना से (जो हिन्दुस्तान में पाया जाता है) अधिक बड़ा तथा मोटा होता है। एक अन्य प्रकार का बूदना भी होता है जो उस बूदना से जिसका ऊपर उल्लेख किया गया छोटा होता है।[2] इसके पंख तथा दुम लाली लिये रहती है। यह चीर[3] के समान झुंड में उड़ता है। एक अन्य प्रकार का बूदना उस बूदना से छोटा होता है जो हमारे देशों में जाता है। उसका गला तथा सीना अधिक काला होता है। एक अन्य प्रकार का बूदना काबुल बहुत कम जाता है। वह बड़ा ही छोटा होता है। सम्भवतः वह कार्चा[4] से कुछ ही बड़ा होता है। काबुल में उसे लोग कूरातू कहते हैं।

खर्चल

एक अन्य पक्षी खर्चल[5] होता है। यह उतना ही बड़ा होता है जितना कि तूगदाक़[6] और हिन्दुस्तानी तूग़दाक़ प्रतीत होता है। इसका मांस बड़ा स्वादिष्ट होता है। किसी पक्षी की टांगें अच्छी होती हैं तो किसी के पंख। किसी खर्चल का समस्त मांस बड़ा स्वादिष्ट होता है।

चर्ज़

चर्ज़[7] भी एक पक्षी होता है। यह तूग़दीरी से छोटा होता है। नर की पीठ तुग़दीरी की पीठ के समान होती है और सीना काला होता है। इसकी मादा एक ही रंग की होती है।

बाग़री क़रा

बाग़री करा[8] भी एक पक्षी है। यह उन देशों[9] के वाग़री क़रा की अपेक्षा छोटा तथा दुबला होता है। इसकी आवाज़ कर्कश होती है।

डींग

जो पक्षी जल के पास तथा नदी के किनारे रहते हैं उनमें से एक डींग[10] होता है। इसका शरीर बहुत बड़ा होता है। इसके पंख लगभग मनुष्य के शरीर के बराबर होते हैं। इसके सिर अथवा गर्दन पर बाल नहीं होते। इसकी गर्दन के नीचे थैली के समान कोई चीज़ लटकती रहती है। इसकी

---

[1] सम्भवतः लवा।

[2] सम्भवतः झाड़ियों में रहने वाला लवा।

[3] सम्भवतः लवा अथवा बटेर की कोई किस्म ।

[4] wag tail.

[5] सारस जैसी पक्षियों की एक जाति ।

[6] एक बड़े प्रकार का खर्चल।

[7] Florican.

[8] एक प्रकार का मुर्ग।

[9] हिन्दकुश के पश्चिम के ।

[10] एक प्रकार का बहुत बड़ा सारस ।

पीठ काली तथा सीना सफ़ेद होता है। यह कभी–कभी काबुल पहुंच जाता है। एक वर्ष लोग एक डींग पकड़ कर ले आये। वह अत्यधिक पालतू हो गया। यदि उसके सामने मांस उछाल दिया जाता था तो वह उसे गिरने न देता था अपितु अपनी चोंच में ले लेता था। एक बार वह एक जूता जिसमें छः नालें थीं खा गया। एक अन्य बार वह पूरा जंगली मुर्ग पंख सहित निगल गया।

सारस

एक अन्य पक्षी सारस होता है। हिन्दुस्तान में तुर्क लोग इसे तीवा तूरना कहते हैं। यह डींग से कुछ छोटा होता है किन्तु इसकी गर्दन डींग की गर्दन से अधिक लम्बी होती है। इसका सिर खूब लाल होता है। लोग इस पक्षी को अपने घर पाल लेते हैं और यह खूब पालतू हो जाता है।

मानेक

मानेक भी एक पक्षी होता है। इसका शरीर सारस के समान होता है किन्तु यह कम मोटा होता है। यह लग–लग[1] के समान होता है किन्तु इसका डील–डौल उससे अधिक बड़ा होता है। इसकी चोंच अधिक लम्बी तथा काली होती है। इसके सिर का रंग बदलता रहता है। इसकी गर्दन सफ़ेद, पंख कुछ कुछ रंगीन तथा परों की नोक एवं किनारे तथा डैने के भीतरी भाग सफ़ेद और मध्य का भाग काला होता है।

लग–लंग

एक अन्य पक्षी लग–लग होता है। इसकी गर्दन सफ़ेद तथा शरीर का शेष भाग काला होता है। यह उन देशों[2] में भी जाता है। यहां का लग–लग वहां के लग–लग से छोटा होता है। हिन्दुस्तानी इसे यक–रंग कहते हैं।

एक प्रकार का लग–लग उसी प्रकार के लग–लग के समान होता है जो उन देशों में जाता है। इसकी चोंच अधिक काली तथा शरीर अधिक भारी होता है।

एक अन्य पक्षी अऊकार[3] तथा लग–लग के समान होता है किन्तु इसकी इसकी चोंच अऊकार की चोंच से लम्बी और इसका शरीर लग–लग के शरीर से छोटा होता है।

बुज़क

एक अन्य पक्षी बड़ा बुज़क[1] होता है। इसका शरीर लगभग सार[2] के बराबर होता है। इसके डैने का पिछला भाग सफ़ेद होता है। यह बड़े जोर से चिल्लाता है।

---

[1] एक प्रकार का सफेद कौंच ।

[2] हिन्दूकुश के पश्चिमीय देश ।

[3] एक प्रकार का सारस ।

सफ़ेद बुज़क भी एक पक्षी होता है। इसका सिर तथा चोंच काली होती है। यह उन बुज़कों से जो उन देशों में जाता है बड़ा होता है किन्तु हिन्दुस्तानी बुज़कों से छोटा होता है।

गर्म पाई

गर्म पाई[3] एक अन्य प्रकार का पक्षी होता है। यह सूना बूर चीन[4] से बड़ी होती है। नर–हंस तथा बत्तख एक ही रंग की होती हैं। ये हशनगर में हर मौसम में पायी जाती हैं। कभी कभी ये लमगानात में भी चली जाती हैं। इनका मांस बड़ा स्वादिष्ट होता है ।

शाह मुर्ग

शाह मुर्ग[5] एक अन्य प्रकार का पक्षी पाया जाता है। यह हंस से कुछ छोटा होता है। इसकी चोंच पर कुछ सूजन रहती है। इसकी पीठ काली होती है और इसका मांस खाने में बड़ा उत्तम होता है।

जुम्माज

जुम्माज भी एक पक्षी होता है। यह बूरगूत के बराबर बड़ा होता है।

आला कार्गा

आला कार्गा भी हिन्दुस्तान का एक पक्षी होता है। यह उन देशों[6] के आला कार्गा की अपेक्षा दुबला तथा छोटा होता है। इसकी गर्दन कुछ कुछ सफ़ेद होती है।

जंगली पक्षी

एक हिन्दुस्तानी पक्षी कौए तथा नीलकंठ से मिलता जुलता है। लमग़ानात में लोग इसे जंगली पक्षी कहते हैं। इसका सिर तथा सीना काला होता है। इसके डैने तथा दुम लाली लिये हुये तथा आंख पूर्णतः लाल होती है। इसकी उड़ान बड़ी साधारण होती है अतः यह जंगल में से नहीं निकलता। इसी कारण इसे जंगली पक्षी कहते हैं।

चमगादड़

शपरा भी एक पक्षी होता है। लोग इसे चमगादड़ कहते हैं। यह उल्लू के बराबर होता है। इसका सिर कुत्ते के पिल्ले के सिर के बराबर होता है। जब यह रात्रि में किसी वृक्ष पर बसेरा लेना निश्चय कर लेता है तो यह

---

[1] सारस की जाति का एक पक्षी।

[2] सम्भवतः सारस की जाति का एक पक्षी।

[3] चित्ती वाली चोंचदार बत्तख।

[4] एक प्रकार की जंगली बत्तख ।

[5] सम्भवतः नकटा।

[6] हिन्दूकुश के पश्चिम के।

(पंजों से) कोई डाली पकड़ लेता है। अपना सिर नीचे लटका लेता है और इसी प्रकार (उलटा) लटका रहता है। इसमें बड़ी विचित्र बातें पाई जाती हैं।

नीलकंठ

नीलकंठ भी एक पक्षी यहां होता है। लोग इसे मता[1] कहते हैं। यह अक्का से कुछ बड़ा होता है। अक्का चितकबरा काला और सफ़ेद होता है किन्तु मता चितकबरा–भूरा तथा काला होता है।

एक अन्य छोटा सा पक्षी होता है जो लगभग सांदूलाच[2] के बराबर होता है। यह बड़े सुन्दर लाल रंग का होता है। इसके डैनों पर कुछ कालापन होता है।

कोयल

यहां एक पक्षी कोयल भी पाया जाता है। यह लगभग कौए के बराबर होती होगी किन्तु कौए की अपेक्षा बड़ी दुबली होती है। यह एक प्रकार का गाना गाती है और हिन्दुस्तान की बुलबुल समझी जाती है। हिन्दुस्तान वाले इसका बुलबुल के समान ही आदर करते हैं। यह घने जंगलों में रहती है।

एक अन्य पक्षी शिकार्राक[3] के समान पाया जाता है। यह वृक्षों में लटका रहता है और लगभग हरे नीलकंठ के बराबर होता है। यह तोते के रंग के समान हरा होता है।

जल–जन्तु

शेर आबी

जल–जंतुओं में एक शेर आबी[4] होता है। यह ठहरे हुये जल में रहता है। यह गीलास[5] के समान होता है। लोगों का कथन है कि यह मनुष्यों, यहां यहां तक कि भैंसों तक को उठा ले जाता है।

सियाह सर

सियाह सर[6] भी एक जलजंतु है। यह भी गीलास के समान होता है। यह हिन्दुस्तान की समस्त नदियों में पाया जाता है। एक सियाह सर जो मेरे पास पकड़ कर लाया गया ४–५ कारी[7] लम्बा तथा लगभग एक भेड़ के बराबर मोटा था। कहा जाता है कि यह इससे भी अधिक बढ़ जाता है। इसकी थूथनी आधे गज से भी अधिक लम्बी होती है। इसके ऊपर तथा नीचे

---

[1] सम्भवतः किसी हिन्दी शब्द का विकृत रूप ।

[2] एक प्रकार का wag tail । सम्भवतः लाल ।

[3] एक प्रकार का हरा नीलकंठ।

[4] एक प्रकार का घड़ियाल।

[5] बभनी।

[6] एक प्रकार का घड़ियाल ।

[7] लगभग १३ फीट।

के जबड़ों में छोटे छोटे दांतों की पंक्तियां होती हैं। यह जल से निकल कर कीचड़ में प्रविष्ट हो जाता है।

घडियाल

घड़ियाल[1] भी एक जल–जंतु होता है। कहा जाता है कि ये बहुत बड़े बड़े होते हैं। सेना के बहुत से लोगों ने उसे सरयू नदी में देखा था। कहा जाता है कि वह आदमियों को उठा ले जाता है। जब हम लोग उस नदी के तट पर थे[2] तो वह एक दो दासियों को उठा ले गया। ग़ाज़ीपुर[3] तथा बनारस के मध्य में वह ३–४ शिविर वालों को उठा ले गया। उसी क्षेत्र में मैंने दूर से घड़ियाल देखा था किन्तु उसे भली भांति साफ़–साफ़ नहीं देख सका।

खूके आबी

खूके आबी[4] भी एक जल–जंतु होता है। यह भी हिन्दुस्तान की समस्त नदियों में पाया जाता है। यह अचानक जल के ऊपर निकल आता है। इसका सिर प्रकट होता एवं लुप्त होता रहता है। यह जल के ऊपर प्रकट होने के उपरान्त पुनः जल के भीतर डुबकी लगा जाता है और इसकी दुम दिखाई पड़ती रहती है। इसकी थूथनी उतनी ही लम्बी होती है जितनी कि सियाह सर की। इसके जबड़ों में भी उसी प्रकार दंत होते हैं। इसका सिर तथा शेष शरीर अन्य मछलियों के समान होता है। जब यह जल में खेलता रहता है तो सक्के की मशक के समान दृष्टिगत होता है। खूके आबी सरयू में खेलते हुए तथा जल के ऊपर उछलते हुये देखे गये हैं किन्तु मछली के समान वे कभी जल से पृथक् नहीं होते।

यहां कलह[5] मछली भी पाई जाती है। इसके दोनों कानों के बराबर लगभग तीन इंच लम्बी दो हड्डियां निकली रहती हैं। जिस समय इसे पकड़ते हैं तो यह दोनों हड्डियों को हिलाती है और बड़े विचित्र प्रकार की आवाज़ निकालती है। इसी आवाज़ के कारण सम्भवतः लोग इसे कलह कहते हैं।[6]

अन्य मछलियाँ

---

1 बाबर ने घड़ियाल की तीन किस्में बता कर उन तीनों में जो अन्तर है उसका ऊपर उल्लेख किया है।

2 ६३४–३५ हि ।

3 उत्तर प्रदेश का एक जिला। यह गंगा के तट पर वाराणसी से लगभग १२ मील उत्तर पूर्व में स्थित है।

4 जल का सुअर, सम्भवतः सूसँ ।।

5 सम्भवतः केकड़ा।

6 शेख जैन ने अपने अनुवाद में निम्नांकित वाक्य और बढ़ा दिये हैं :– उसके कानों के बाहर हड्ड़ियाँ निकली रहती हैं। पकड़े जाने के समय वह उन्हें जोर जोर से हिलाता है और काका शब्द के उच्चारण के समान ध्वनि निकालता है। वह दो वजब (१८ इंच) लम्बा होता है। उसका मांस बड़ा स्वादिष्ट होता है । वह बड़ा फुरतीला होता है। जब मछेरे जाल डालते हैं तो वह जल के बाहर एक गज़ तक उछल कर निकल जाता है।”

हिन्दुस्तान की मछलियों का मांस बड़ा स्वादिष्ट होता है। उनके बहुत कम कांटे होते हैं। वे अत्यधिक तेज़ होती हैं। एक बार कुछ लोगों ने किसी नदी में जाल लगाया। जाल के दोनों सिरे लगभग जल से आधे आधे गज़ ऊंचे थे। बहुत सी मछलियां गज–गज़ भर ऊपर फांद कर जाल के उस पार निकल गईं। हिन्दुस्तान की नदियों में छोटी छोटी मछलियां भी बहुत बड़ी संख्या में होती हैं जो शोर अथवा पांव की चाप होने पर जल के बाहर एक–एक गज़ कूद जाती हैं।

मेंढक

हिन्दुस्तान के मेंढक लगभग उन्हीं देशों के मेंढकों के समान होते हैं किन्तु ये जल पर छः–छः सात–सात गज़ तक दौड़ते रहते हैं।

वनस्पति : फल

अम्बा

अम्बा[1] हिन्दुस्तान की बहुत बड़ी विशेषता है। हिन्दुस्तानी लोग 'ब' का उच्चारण इस प्रकार करते हैं कि मानों इसके आगे कोई स्वर न हो उदाहरणार्थ अम्ब[2]। क्योंकि इसका उच्चारण अच्छा नहीं लगता अतः कुछ लोग इसे नग़ज़क कहते हैं। ख्वाजा खुसरौ[3] ने लिखा है :

शेर

"नग़जके मा नग़ज़ कुने बूस्तां
नग़ज़ तरीन मेवये हिन्दूस्तां"।[4]

जो आम अच्छे होते हैं वे बड़े ही अच्छे होते हैं किन्तु जितने आम खाये जाते हैं उनमें बहुत थोड़े से ही सर्वोत्कृष्ट होते हैं। ये साधारणतः कच्चे ही तोड़ लिये जाते हैं और घरों में पकाये जाते हैं। जब ये कच्चे होते हैं तो इनकी अत्योत्तम चटनी बनती है। यदि ये शरबत में सुरक्षित कर लिये जायें तो भी बड़े उत्तम होते हैं।[5] सभी बातों पर दृष्टि रखते हुये, आम हिन्दुस्तान का सबसे अच्छा फल होता है। कुछ लोग इसकी इतनी अधिक प्रशंसा करते

---

[1] आम।

[2] सम्भवतःआम के उच्चारण को बाबर भली–भांति न समझ सका।

[3] अमीर खुसरो का जन्म ६५१ हि० (१२५३ ई.) में पटियाली नामक स्थान में, जो उत्तर प्रदेश के एटा जिले में स्थित है, हुआ । वे बाल्यावस्था से ही कविता करने लगे। बलबन के समय से लेकर अपने मृत्यु काल तक वे देहली के सभी सुल्तानों के विश्वासपात्र बने रहे । वे शेख निजामुद्दीन औलिया के बड़े भक्त थे। उन्होंने अनेक ऐतिहासिक काव्यों की रचना की। उनकी मृत्यु ७२५ हि० (१३२५ ई०) में हुई। उनकी रचनाओं के लिये देखिये, 'आदि तुर्क कालीन भारत' (अलीगढ़ १९५६ ई.) पृ० २७४–२९६, 'खलजी कालीन भारत' (अलीगढ़ १९५५ ई०) पृ० १५१–१९४ ।

[4] 'हमारी सुन्दरी, (आम) उद्यान की सुन्दरता में वृद्धि करने वाली, हिन्दुस्तान का सुन्दरतम फल।

[5] दौलत खां यूसुफ खेल लोदी ने ९२५ हि० (१५२२–२३ ई०) में बाबर को मधु में सुरक्षित करके आम भेजे थे ।

हैं कि वे इसे कावऊन[1] के अतिरिक्त सभी फलों से श्रेष्ठ समझते हैं। किन्तु जितनी लोग इसकी प्रशंसा करते हैं यह उतना अच्छा नहीं होता। यह शफ़तालू से मिलता जुलता है, और वर्षा ऋतु में पकता है। इसके खाने की दो विधियां हैं। एक विधि यह है कि दबा दबा कर इसे गुलगुला कर लिया जाता है और फिर एक स्थान पर छेद कर लेते हैं। तदुपरान्त इसका रस चूस लिया जाता है। दूसरी विधि यह है कि शफ़तालू के समान इसका छिलका छील लिया जाता है और फिर फांक काट काट कर खाया जाता है। इसका वृक्ष बहुत बड़ा होता है और इसकी पत्तियां शफ़तालू की पत्तियों के समान दृष्टिगत होती हैं। इसका तना देखने में अच्छा नहीं होता और इसकी आकृति खराब होती है किन्तु कहा जाता है कि बंगाले तथा गुजरात के आम के वृक्ष बड़े सुन्दर होते हैं।[2]

केला

एक अन्य फल केला होता है। अरब वाले इसे मौज़ कहते हैं। इसका वृक्ष बहुत लम्बा नहीं होता। इसके वृक्ष को वृक्ष कहा भी नहीं जा सकता। कारण कि यह घास तथा वृक्ष के बीच की चीज़ होता है। इसके पत्ते अमान करा[3] के पत्तों से मिलते जुलते हैं। इनकी लम्बाई लगभग २ गज तथा चौड़ाई एक गज़ होती है। इसके मध्य से ह्रदय के समान एक डाली निकलती है जिसमें एक कली निकलती है। यह बड़ी कली भेड़ के ह्रदय के समान होती है। इस कली की पंखड़ियां जब फैल जाती हैं तो इन पंखड़ियों की जड़ से ६–७ फूलों की पंक्तियां निकलती हैं। वहीं फूल केला बन जाते हैं। वहीं डाली जो ह्रदय के समान होती है फैल जाती है और उस बड़ी कली की पंखड़ियां प्रकट हो जाती हैं तथा केले के फूल की पंक्तियां जाहिर हो जाती हैं। कहा जाता है कि इस वृक्ष में केवल एक बार फूल लगते हैं।[4]

---

[1] खरबूजा ।

[2] इब्नेबत्तूता ने अपनी यात्रा के वर्णन में आम का वर्णन इस प्रकार किया है।:
हिन्दुस्तान में एक फल अम्बा (आम) होता है। इसका वृक्ष नारंगी के वृक्ष के समान होता है, किन्तु यह उससे बहुत बड़ा होता है और इसमें पत्ते भी अधिक होते हैं। इसकी छाया भी बड़ी धनी होती है, किन्तु जो इसकी छाया में सोता है वह रुग्ण हो जाता है। इसका फल आलू बुखारे से बड़ा होता है। पकने के पूर्व यह हरा रहता है जब यह गिर पड़ता है तो इसमें नमक डाल कर उसी प्रकार अचार बनाते हैं, जिस प्रकार हमारे देश में नीबू या खट्टे का अचार बनाया जाता है। हिन्दुस्तानी अदरक तथा मिर्च का भी अचार बनाते हैं और खाने के साथ खाते हैं। प्रत्येक ग्रास के उपरान्त थोड़ा सा अचार खा लेते हैं। खरीफ में जब अम्बा (आम) पकता है तो पीले रंग का हो जाता है और सेब के समान खाया जाता है। कुछ लोग इसे चाकू से काट कर खाते और कुछ चूसते हैं। यह फल मीठा होता है, किन्तु इसमें थोड़ी सी खटास भी होती है। इसकी गुठली बड़ी निकलती है। जब गुठली बो दी जाती है तो उसमें से वृक्ष निकल आता है जिस प्रकार अन्य बीजों से वृक्ष निकलते हैं। (रिजवी : 'तुगलुक कालीन भारत' भाग १, पृ० १६८)

[3] सम्भवतः मक्का ।

[4] अबुल फजल ने लिखा है कि जब तक केले के वृक्ष को तने से न काट दिया जाये तब तक उसमें फल नहीं लगते।

इसमें दो उत्तम गुण होते हैं। एक यह कि इसके छिलके सुगमतापूर्वक पृथक् हो जाते हैं और दूसरे यह कि इसमें गुठली तथा रेशे नहीं होते। यह बादंजान[1] की अपेक्षा लम्बा तया उससे पतला होता है। यह अधिक मीठा नहीं होता। बंगाली केलों के विषय में कहा जाता है कि ये बड़े मीठे होते हैं। केले का वृक्ष देखने में सुन्दर लगता है । इसकी चौड़ी–चौड़ो, सुन्दर हरे रंग की पत्तियां अत्यधिक मनोहर प्रतीत होती हैं।

इमली

अंबली[2] भी एक फलदार वृक्ष होता है। इसे खुर्माये हिन्दी[3] भी कहते हैं। इसकी पत्तियां बड़ी छोटी छोटी तथा कटाओदार होती हैं, जो बूईआ[4] की पत्तियों के समान होती हैं। अन्तर केवल इतना होता है कि बुईआ की पत्तियों में इतना सुन्दर कटाओ नहीं होता। इसका वृक्ष देखने में बड़ा सुन्दर होता है और इसकी छाया बड़ी घनी होती है। यह बिना लगाये भी बहुत बड़ी संख्या में उगता है।

महुवा

महुवा भी एक फलदार वृक्ष होता है। लोग इसे गुलचिकन[5] भी कहते हैं। यह भी बहुत बड़ा वृक्ष होता है। हिन्दुस्तानियों के घरों के निर्माण में अधिकांश इसी की लकड़ी का प्रयोग होता है। इसके फूलों से मदिरा बनाई जाती है। केवल यही नहीं अपितु इन्हें मुनक्के के समान सुखा कर भी खाया जाता है। सूखे महुवे से भी मदिरा बनाई जाती है। सूखे फूलों का स्वाद किशिमश की भांति होता है किन्तु खाने में रस नहीं मिलता। ताजे फूल बुरे नहीं होते। वे खाने योग्य होते हैं। यह बिना लगाये भी उगता है। इसके फल में कोई स्वाद नहीं होता। इसकी गुठली बड़ी तथा ऊपर का छिलका पतला होता है। गुठली से तेल भी निकाला जाता है।[6]

---

[1] बैगन।

[2] इमली।

[3] हिन्दुस्तानी खजूर ।

[4] सम्भवतः इमली के समान पत्तियाँ।

[5] अबुल फजल के अनुसार 'फल गुलौंदा' कहलाता है।

[6] महुवे का वर्णन इब्ने बत्तूता ने इस प्रकार किया है :

महुवा–इसका वृक्ष बड़ा होता है। पत्ते अखरोट के पत्तों के समान होते हैं किन्तु इसके पत्तों में कुछ लाली तथा पीलापन मिला होता है। इसका फल भी छोटे आलू बुखारे के समान होता है। यह बड़ा मीठा होता है। प्रत्येक फल के मुँह पर एक छोटा दाना होता है जो अंगूर के समान होता है। यह बीच में से खाली होता है । इसका स्वाद अंगूर के समान होता है किन्तु अधिक खा लेने से सिर में पीड़ा होने लगती है। सूखा महुवा स्वाद में अन्जीर के समान होता है। मैं अन्जीर के स्थान पर उसे खाया करता था। अन्जीर इस देश में नहीं होता। महुवे के मुँह पर जो दूसरा दाना होता है वह भी अंगूर कहलाता है। अंगूर हिन्दुस्तान में बहुत कम होता है केवल देहली के कुछ भागों तथा कुछ अन्य प्रदेशों में पाया जाता है। महुवे में साल में दो बार फल लगते हैं। इसकी गुठली का तेल निकाला

खिरनी

खिरनी भी फलदार वृक्ष होता है। इसका वृक्ष यदि बहुत बड़ा नहीं होता तो छोटा भी नहीं होता। इसके फल का रंग पीला होता है किंतु चीकदा[1] से यह छोटा होता है। इसका स्वाद अंगूर के समान होता है। किन्तु इसे खाने के बाद कुछ तबियत बिगड़ सी जाती है। यह बुरा भी नहीं होता और खाया जा सकता है। इसकी गुठली का छिलका पतला होता है।

जामुन

एक फल जामुन नामक भी होता है। इसकी पत्तियां बेंत की पत्तियों के समान होती हैं किन्तु बेंत की पत्तियों की अपेक्षा ये अधिक मोटी तथा हरी होती हैं। वृक्ष में सुन्दरता की कमी नहीं होती। इसका फल काले अंगूर के समान होता है किन्तु वह खट्टा होता है और उसका स्वाद अधिक अच्छा नहीं होता।

कमरख

एक फल कमरक[2] भी होता है। यह पंचपहला होता है और लगभग ऐन आलू के बराबर होता है। यह कोई ३ इंच लम्बा होता है। पकने पर यह पीला पड़ जाता है। यदि इसे कच्चा तोड़ लिया जाये तो बड़ा कड़वा होता है। पक जाने पर यह खट्टा–खट्टा लगता है। इसकी खटास बुरी नहीं लगती और यह स्वाद से शून्य नहीं होता।

कटहल

कटहल भी यहां पाया जाता है। इसके फल की आकृति तथा स्वाद बड़ा विचित्र होता है। यह भेड़ के जैसे पेट के समान ज्ञात होता है जिसे गीपा[3] बना दिया गया हो। इसकी मिठास से घृणा होने लगती है। इसके भीतर खुर्मे के समान गुठलियां होती हैं किन्तु इसकी गुठलियां गोल होती हैं, लम्बी नहीं। वे नरम होती हैं और खाई जाती हैं। इसे खाते समय मुंह अत्यधिक चिपकने लगता है। इसी कारण कहा जाता है कि इसे खाने के पूर्व लोग हाथ और मुंह में तेल लगा लेते हैं। कहा जाता है कि यह केवल डालियों में ही नहीं लगता अपितु तने तथा जड़ों में भी लगता है।[4] ऐसा ज्ञात होता है कि मानो पूरे वृक्ष में कटहल ही कटहल लगे हों।[1]

जाता है जो दीपकों में जलाया जाता है। (रिजवी : 'तुगलक कालीन भारत' भाग १ (अलीगढ़ १६५६ ई०), पृ० १६८)

[1] बेर

[2] कमरख

[3] भेड़ के पेट में चावल, कीमा तथा मसाला भर कर पका हुआ भोजन 'गीपा' कहलाता है।

[4] इब्ने बत्तूता ने अपने यात्रा के वर्णन में जामुन की चर्चा इस प्रकार की है :

बड़हल

बड़हल भी एक फल होता है। यह लगभग सेब के बराबर होता है। इसकी गन्ध बुरी नहीं होती। कच्चा बड़हल बड़ा ही बदमजा होता है और बिल्कुल खाली सा लगता है। जब यह पक जाता है तो बुरा नहीं होता। पक जाने पर यह बड़ा नरम हो जाता है। इसे टुकड़े टुकड़े करके जहां से इच्छा हो वहां से खाया जा सकता है। इसका स्वाद सड़े हुए श्रीफल के समान होता है किन्तु बड़ा ही उत्तम और कुछ कुछ कर्कश होता है।

बेर

बेर भी एक फल होता है। फ़ारसी में इसे कनार कहते हैं। इसकी बहुत सी किस्में होती हैं। एक प्रकार का बेर आलूचे से बड़ा होता है। एक दूसरे प्रकार का बेर हुसेनी अंगूर के समान होता है। बेर अधिकांश अधिक उत्तम नहीं होते। हमने एक प्रकार का बेर बान्दीर[2] में देखा था। वह वास्तव में बड़ा अच्छा था। बेर की पत्तियां वृष तथा मिथुन राशि में गिर जाती हैं। कर्क तथा सिंह राशि में जब कि वास्तव में वर्षा ऋतु होती है पत्तियां निकलने लगती हैं। कुम्भ तथा मीन राशि में इसकी पत्तियां हरी हरी तथा ताजी हो जाती हैं और फल पकने लगते हैं।

करौंदा

करौंदा भी एक फल होता है। हमारे देश[3] के चीका के समान यह झाड़ियों में उगता है किन्तु चीका पर्वतों में और करौंदा मैदानों में उगता है। इसका स्वाद श्वेत.चीनी के समान होता है किन्तु यह उसकी अपेक्षा कम मीठा होता है और इसमें रस भी कम होता है।

पानीयाला

जमुन (जामुन)–इसका वृक्ष बड़ा होता है। इसका फल जैतून के फल के बराबर होता है किन्तु यह कुछ कुछ काला होता है। जैतून के समान इसके भीतर एक गुठली होती है। (रिजवीः 'तुगलुक कालीन भारत' भाग १, पृ० १६८)

[1] इब्ने बत्तूता ने अपनी यात्रा के वर्णन में कटहल की इस प्रकार चर्चा की है

यहाँ शकी व बरकी कटहल का वृक्ष भी होता है जो बहुत बड़ा होता है और बहुत समय तक वर्तमान रहता है। इसके पत्ते अखरोट के पत्तों के समान होते हैं। इसका फल वृक्ष की जड़ में लगता है। जो फल भूमि से मिला होता है वह बरकी कहलाता है; वह अधिक मीठा और स्वादिष्ट होता है। जो फल ऊपर लगता है वह शकी कहलाता है। इसका फल बड़े कद्द के समान होता है और छिलका गाय की खाल की तरह होता है। जब खरीफ में यह बहुत पीला हो जाता है तो तोड़ लिया जाता है। जब यह चीरा जाता है तो प्रत्येक कटहल में से १०० या २०० बीज खीरों के समान निकलते हैं। बीजों के बीच में पीले रंग की एक झिल्ली होती है। प्रत्येक बीज में बड़ी सेम (फूल) के बराबर गुठली होती है जब इन गुठलियों को भूनकर या पकाकर खाते हैं तो उसका स्वाद फूल (बड़ी सेम) के समान होता है। फूल (बड़ी सेम) इस देश में नहीं होती। इन गुठलियों को लाल मिट्टी से दबा देते हैं और ये दूसरे वर्ष तक रह जाती हैं। यह हिन्दुस्तान का सबसे अच्छा फल समझा जाता है। रिजवीः 'तुगलक कालीन भारत' भाग १, पृ० १६८)

[2] ग्वालियर।

[3] काबुल।

पानीयाला भी एक फल होता है। यह आलूचे से बड़ा होता है और कच्चे लाल सेब के समान होता है। यह कुछ कुछ कर्कश और अच्छा होता है। इसका वृक्ष अनार के वृक्ष से अधिक लम्बा होता है। इसकी पत्तियां बादाम के वृक्ष की पत्तियों के समान किन्तु उससे छोटी होती हैं।

गूलर

गूलर भी एक फल होता है। यह वृक्ष के तने में लगता है और अंजीर से मिलता जुलता है। इसमें कोई भी स्वाद नहीं होता।

आमला

आमला[1] भी एक फल होता है जो पंचपहला होता है। यह बिना खिले हुए कपास के बीज कोष के समान होता है। यह बड़ा ही कर्कश तथा बे मज़ा होता है। इसका मुरब्बा बुरा नहीं होता। यह बड़ा लाभदायक फल होता है। इसका वृक्ष देखने में बड़ा अच्छा लगता है और इसकी पत्तियां बड़ी छोटी छोटी होती हैं।

चिरौंजी

चिरौंजी भी यहां होती है। इसके वृक्ष के सम्बन्ध में प्रसिद्ध है कि वह पहाड़ियों में होता है किन्तु मुझे इसके विषय में बाद में ज्ञात हुआ कारण कि हमारे उद्यान में भी इसके तीन–चार वृक्ष थे। यह महुवे के समान होता है। इसकी गिरी बुरी नहीं होती। यह अखरोट तथा बादाम के मध्य की वस्तु है। यह पिस्ते से छोटी तथा गोल होती है। लोग इसे पालूद[2] तथा मिठाई में मिलाते हैं।

खुर्मा

खुर्मा भी यहां होता है किन्तु यह विशेष रूप से हिन्दुस्तान ही में नहीं होता। इसका वर्णन यहां इस कारण दिया जाता है कि यह उन देशों[3] में नहीं होता। यह लमग़ानात में भी होता है। इसकी शाखायें वृक्ष की नोक पर एक ही स्थान से निकलती हैं। इसकी पत्तियां शाखाओं के दोनों ओर प्रारम्भ से अन्त तक निकलती हैं। इसका तना भद्दा होता है और इसका रंग बड़ा खराब होता है। इसके फल अंगूर के गुच्छों के समान निकलते हैं किन्तु अंगूर से बड़े होते हैं। लोगों का कथन है कि खुर्मा ऐसी वनस्पति है जो पशुओं से दो प्रकार से मिलता है। एक इस प्रकार कि जिस तरह यदि किसी पशु का सिर काट दिया जाये तो उसकी मृत्यु हो जाती है उसी प्रकार यदि खुर्मे के वृक्ष का सिर काट दिया जाये तो वह सूख जाता है। दूसरे इस प्रकार कि जिस तरह नर के बिना किसी पशु के कोई संतान नहीं हो सकती

---

[1] आंवला।

[2] फालूदा।

[3] काबुल इत्यादि।

उसी प्रकार जब तक मादा वृक्ष के समीप किसी नर–वृक्ष की टहनी न लाई जाये उस समय तक उसमें अच्छे फल नहीं लगते। इस अन्तिम बात की सत्यता के विषय में मुझे कोई ज्ञान नहीं। खुर्मे के वृक्ष का उपर्युक्त सिर उसका पनीर कहलाता है। वृक्ष के बढ़ने पर जिस स्थान से पत्तियां निकल निकल कर बढ़ा करती हैं वह पनीर के समान सफ़ेद होता है। यह सफेद भाग जिसे पनीर कहा जाता है खाने में बुरा नहीं होता और अखरोट के समान होता है। लोग पनीर को थोड़ा सा काट देते हैं और उस कटे हुए भाग में इस प्रकार एक पत्ता लगा देते हैं कि कटे हुए स्थान से जितना द्रव पदार्थ होता है वह निकल कर पत्ते में बह आता है। वृक्ष में कोई घड़ा लटका दिया जाता है। पत्ते की नोक घड़े के मुंह पर लगा दी जाती है। कटे हुए भाग से जितना द्रव पदार्थ निकलता है वह पत्ते से होता हुआ घड़े में एकत्र हो जाता है। यदि उसे तत्काल पी लिया जाये तो वह बड़ा स्वादिष्ट होता है। यदि उसे दो तीन दिन बाद पिया जाये तो लोग बताते हैं कि उसमें अत्यधिक नशा होता है।

एक बार मैं जब कि बारी[1] गया हआ था और चम्बल नदी के तट के एक गांव में भ्रमण हेतु पहंचा तो मैंने देखा कि लोग घाटी की तलहटी में खुर्मे से द्रव पदार्थ एकत्र कर रहे हैं। हम लोग पर्याप्त द्रव पदार्थ पी गये किन्तु हमें कोई नशा न हुआ। सम्भवतः बहुत अधिक पीने पर थोड़ा सा नशा होता है।

नारियल

यहां नारियल[2] भी होता है। अरब लोग इस शब्द का अरबी रूप नारजील बताते हैं। हिन्दुस्तानी लोग इसे नालौर कहते हैं। सम्भवतः अशुब्द बोलते बोलते नारजील का ही रूप नारील हो गया। यह हिन्दी गिरी है। इससे काले चम्मच बनाये जाते हैं। बड़े बड़े नारियलों से गिटार के पेंदे बनाये जाते हैं। इसका वृक्ष खुर्मे के वृक्ष के समान होता है किन्तु इसमें पत्ते अधिक होते हैं और वे चमकीले भी बहुत होते हैं। अखरोट के समान नारियल पर भी हरा हरा छिलका होता है किन्तु इसके छिलके पर बहुत अधिक जटायें होती हैं। जहाज़ों तथा नौकाओं की रस्सियां इसी नारियल के छिलके की जटाओं से बनाई जाती हैं। जब नारियल के छिलके को साफ़ किया जाता है तो उसके एक ओर एक त्रिकोण मिलता है जिसके तीन स्थानों पर छेद होता है। इनमें से दो बहुत ठोस होते हैं और एक में सुगमता–पूर्वक कोई (नोकदार) चीज़ चुभोई जा सकती है। गिरी बनने के पूर्व भीतर जल ही जल रहता है। लोग नरम छेद में कोई (नोकदार) चीज़ चुभो कर जल पी जाते हैं। यह खुर्मे की पनीर के जल के समान होता है और बुरा नहीं होता।

---

[1] यह ब्याना तथा धौलपुर के मध्य में आगरा से दक्षिण–पश्चिम में ४५ मील पर स्थित है और अपने शिकार के लिये बड़ा प्रसिद्ध था।

[2] नारजील ।

ताड़

ताड़ भी यहां होता है। इसकी शाखायें भी वृक्ष की नोक पर निकलती हैं। जिस प्रकार खुर्मे (खजूर) में लोग घड़ा लटका कर उसका रस निकालते और पीते हैं उसी प्रकार ताड़ का भी रस निकाल कर पिया जाता है। इसके रस को लोग ताड़ी कहते हैं। खुर्मे (खजूर) के रस से इसमें अधिक नशा बताया जाता है। ताड़ की डालियों में लगभग एक गज तक कोई पत्ता नहीं होता। इसके उपरान्त शाख की नोक पर ३०–४० पत्ते एक ही स्थान से खुली हुई हथेली के समान निकलते हैं। इन पत्तों की चौड़ाई लगभग एक गज होती है। लोग अधिकांश हिन्दी लिपि में इस पर उसी प्रकार लिखते हैं जिस प्रकार अन्य कागजों पर।

नारंगी

नारंगी[1] तथा नारंगी के समान फल भी हिन्दुस्तान में होते हैं। लमगानात, बजौर तथा सवाद में नारंगियां अधिक मात्रा में उगती हैं । लमगानात की नारंगी छोटी होती हैं और उसके एक नाभि होती है। वे बड़ी स्वादिष्ट, कोमल तथा रस से परिपूर्ण होती हैं। वे खुरासान तथा उस ओर की नारंगियों से बिल्कुल नहीं मिलती जुलतीं। वे इतनी कोमल होती हैं कि लमगानात से काबुल पहुंचते पहुंचते बहुत सी नष्ट हो जाती हैं। लमगानात से क़ाबुल की दूरी १३–१४ यीगाच[2] है। इसके विपरीत अस्तराबाद की नारंगियां अपने मोटे छिलके तथा कम रस के कारण वहां से समरकन्द तक पहुंच जाती हैं और उन्हें अधिक हानि नहीं पहुंचती। अस्तराबाद से समरकन्द की दूरी लगभग २७०–२८० यीगाच[3] है। बजौर को नारंगियां लगभग बिही के बराबर होती हैं। इनमें बड़ा अधिक रस होता है और अन्य नारंगियों के रस की अपेक्षा इनका रस अधिक खट्टा होता है। ख्वाजा कलां ने एक बार मुझे बताया कि, "हमने बजौर की इस प्रकार की नारंगियों के एक वृक्ष की समस्त नारंगियां तुड़वा कर गिनवाईं। वे लगभग ७००० निकलीं।" मैं हमेशा से समझता था कि नारंग अरबी शब्द है। यह बात ठीक निकली कारण कि बजौर तथा सवाद में प्रत्येक व्यक्ति नारंज को नारंग कहता है।

लीमूं

लीमूं भी यहां होता है। यह बड़ी अधिक संख्या में होता है और इसका आकार प्रकार तथा रूप मुर्गी के अंडे के बराबर होता है। यदि किसी ने विष

---

[1] नारंगी का वर्णन इब्ने बत्तूता ने इस प्रकार किया है :
इस देश में मीठी नारंगी बहुत बड़ी संख्या में होती है किन्तु खट्टी नारंगी बहुत कम होती है। यहां एक तीसरे प्रकार की भी नारंगी होती है जो खट्टी मिठी होतो है। मुझे वह बड़ी स्वादिष्ट ज्ञात होती थी और मैं उसे बड़ी रुचि से खाता था । (रिजवी : 'तुग़लुक कालीन भारत' भाग १, पृ० १६८)

[2] ६५–७० मील ।

[3] १३५०–१४०० मील ।

खा लिया हो तो उसे लीमूं के रेशे उबाल कर यदि इसका काढ़ा पिला दिया जाये तो विष के प्रभाव का अन्त हो जाता है।

तुरंज

तुरंज[1] भी नारंगी से मिलता जुलता फल है। बजौर तथा सवाद निवासी इसे बालंग कहते हैं। इसी कारण वे इसके मुरब्बे को बालंग का मरब्बा कहते हैं। हिन्दुस्तानी लोग इसे तुरंज बजौरी[2] कहते हैं। तुरंज दो प्रकार के होते हैं। एक मीठा तथा बे मज़ा होता है और उसके खाने से जी मचलाने लगता है। मीठा तुरंज खाने के काम में नहीं आता किन्तु उसका छिलका मुरब्बे के काम आता है। लमग़ानात के तुरंज खाने से भी इसी प्रकार जी मचलाने लगता है। हिन्दुस्तान के तुरंज खट्टे होते हैं। इनका शरबत बड़ा स्वादिष्ट होता है और उसे पीने में बड़ा आनंद आता है। यह छोटे खरबूजे के बराबर होता है। इसका छिलका मोटा, झुर्रीदार तथा असमतल होता है। इसका एक सिरा पतला तथा नोकदार होता है। नारंगी की अपेक्षा इसका रंग अधिक पीला होता है। इसके वृक्ष में तना नहीं होता और वह छोटा होता है। वह झाड़ियों में उगता है और नारंगी की पत्तियों से उसकी पत्तियां बड़ी होती हैं।

संगतरा

संगतरा[3] नारंगी से मिलता जुलता एक अन्य फल होता है। रंग तथा आकार–प्रकार में यह तुरंज के समान होता है। इसका छिलका बड़ा चिकना होता है और उसमें कोई खुरदुरापन नहीं होता। यह तुरंज की अपेक्षा कुछ छोटा होता है। इसका वृक्ष बड़ा होता है और जर्द आलू के बराबर होता है। उसकी पत्तियां नारंगी की पत्तियों के समान होती हैं। इसका खट्टापन बड़ा मजेदार होता है। इसका शरबत अत्यंत स्वादिष्ट होता है और पीने में बड़ा मजेदार होता है। लीमं[4] के समान यह मेदे को शक्ति पहुंचाता है और नारंगी के समान मेदे को कमजोर नहीं करता।

गल गल

नारंगी से मिलते जुलते फलों में एक फल बड़ा लीमूं होता है। हिन्दुस्तान में इसे गल–गल कहते हैं यह हंस के अंडे के समान होता है किन्तु हंस के अंडों के विपरीत इसके दोनों सिरे बारीक नहीं होते। संगतरे के छिलकों के समान इसका छिलका भी चिकना होता है। इसमें अत्यधिक रस होता है।

जानबीरी

---

[1] चकोतरा।

[2] बिजौरा, अधिक बाज वाला।

[3] संतरा।

[4] नीबू ।

जानबीरी[1] नीबू भी नारंगी के समान एक फल होता है। यह पीला होता है किन्तु नारंगी के समान पीला नहीं। इसकी सुगंधि तुरंज के समान होती है। इसकी खटास भी बड़ी स्वादिष्ट होती है।

सदा फल

सदा फल भी नारंगी के समान ही एक फल होता है। यह नासपाती के समान होता है। इसका रंग श्रीफल के समान होता है। पक कर यह मीठा हो जाता है किन्तु नारंगी के समान इसकी मिठास से जी नहीं मचलाता।

अमृत फल

अमृर्द[2] फल भी नारंगी के समान एक फल होता है।

करना

करना नारंगी के समान ही एक फल होता है। यह लगभग गलगल के बराबर होता है। इसमें भी खटास होती है।

अमल बेद

अमल बेद भी नारंगी से मिलता जुलता फल होता है। तीन वर्ष उपरान्त मैंने पहले पहल उसे आज देखा है[3]। कहा जाता है कि यदि इसमें कोई सूई रख दी जाये तो वह पिघल जायेगी, चाहे यह अत्यधिक खट्टे होने के कारण हो और चाहे किसी अन्य विशेषता के कारण। तुरंज तथा लीमूं के समान यह भी खट्टा होता है।

वनस्पति : फूल

जासून

हिन्दुस्तान में विभिन्न प्रकार के फूल होते हैं। उनमें एक जासून है। इसे कुछ हिन्दुस्तानी गजहल[4] कहते हैं। यह घास नहीं होता। इसका तना लाल गुलाब की झाड़ी के समान होता है किन्तु इसका वृक्ष लाल गुलाब से अधिक लम्बा होता है। जासून के फूल का रंग अनार के फूल के रंग से अधिक गहरा होता है और यह लगभग लाल गुलाब के बराबर होता है किन्तु जब लाल गुलाब की कली बढ़ जाती है तो वह खिल जाती है किन्तु जासून की कली से सर्व प्रथम हृदय के समान एक वस्तु निकलती है। तदुपरान्त फूल की पंखड़ियां पैदा होती हैं। ये दोनों यद्यपि एक ही फूल का भाग होती हैं किन्तु इन दोनों के मध्य में हृदय के समान एक वस्तु इन्हीं पत्तियों से निकलती है। यह विशेषता सभी फूलों में नहीं पाई जाती। सुन्दर रंगीन फूल वृक्ष पर बड़े अच्छे लगते हैं किन्तु वे अधिक दिनों तक नहीं ठहरते। वे एक ही दिन में मुर्झा जाते हैं। जासून वर्षा ऋतु के चार महीनों में खूब फूलता

---

[1] जंबीर।

[2] अमृत फल।

[3] इससे पता चलता है कि बाबर ने यह वर्णन ९३५ हि० (१५२८–२६ ई.) में लिखा था।

[4] गुड़हल ।

है। ऐसा प्रतीत होता है कि यह लगभग पूरे साल भर फूलता रहता है। यद्यपि यह अत्यधिक फूलता है किन्तु इसमें कोई सुगन्धि नहीं होती।

कनेर

कनीर[1] भी एक फूल होता है। यह लाल तथा सफ़ेद दोनों रंगों का होता है। सत्तालू के फूलों की भांति इसमें पांच पंखड़ियां होती हैं। यह सत्तालू के फल के समान ही होता है किन्तु १४–१५ फूल एक स्थान से खिलते हैं। यदि इन्हें दूर से देखा जाये तो ये एक बड़े फूल के समान ज्ञात होते हैं। कनीर की झाड़ी गुलाब की झाड़ी की अपेक्षा लम्बी होती है। लाल कनीर में एक प्रकार की बड़ी भीनी–भीनी सुगन्धि होती है। जासून की भांति यह भी वर्षा ऋतु में खूब अधिक फूलती है और साल के अधिकांश भाग में मिलती भी है।

केवड़ा

केवड़े का भी एक फूल होता है। इसकी सुगन्धि भी बड़ी आनन्ददायक होती है। कस्तूरी का सब से बड़ा दोष यह है कि वह खुश्क होती है। इसे तर मुश्क कहा जा सकता है जिसकी सुगन्धि बड़ी आनन्ददायक होती है। इसका वृक्ष बड़ा सुन्दर होता है। इसके फूल १/१.२ से २ कारीश[2] तक लम्बे होते हैं। इसकी पत्तियां लम्बी लम्बी होती हैं। इसके फूल में कांटे भी होते हैं। जब पत्तियां कली के रूप में एकत्र रहती हैं तो बाहरी पत्तियां हरी तथा कांटेदार होती हैं और भीतरी पत्तियां नरम तथा सफ़ेद होती हैं। इन्हीं बीच की पत्तियों में से कोई ऐसी वस्तु उत्पन्न होती है जिसमें से बड़ी ही उत्तम सुगन्धि निकलती है। जब इसका वृक्ष प्रारम्भ में निकलता है और उसमें कोई तना नहीं पैदा होता तो यह नर नरकट की झाड़ी के समान होता है किन्तु इसकी पत्तियां अधिक चौड़ी तथा काँटेदार होती हैं। जो वस्तु इसके तने का काम देती है वह बड़ी ही कुरूप होती है। केवल इसकी जड़ें ही दिखाई पड़ती हैं।

यासमन

यासमन[3] भी एक फूल होता है। सफ़ेद यासमन को चम्पा कहते हैं। यह हमारे यासमन फूल से बड़ा होता है और इसकी सुगन्धि तेज होती है।

चम्पा[4] का वृक्ष बड़ा घना तथा देखने में बड़ा सुन्दर होता है। इसके फूल की सुगन्धि बड़ी ही उत्तम होती है मानो बनफ़शा महक रहा हो।

नरगिस

नरगिस[1] पीले रंग का होता है। यह देखने में सोसन[2] के समान किन्तु उससे छोटा होता है।

---

[1] करवीर, कनेर ।

[2] १३.1.२ से १८ इंच।

[3] चमेली के प्रकार का एक फूल।

[4] यह भाग तुर्की मल पोथी में नहीं है, केवल अनुवाद में ही है।

ऋतुयें

उन देशों[3] में चार ऋतुयें होती हैं किन्तु हिन्दुस्तान में तीन ही ऋतुयें होती हैं। ४ मास गरमी, ४ मास बरसात तथा चार मास जाड़े के होते हैं। यहां के महीने चन्द्रोदय के हिसाब से प्रारम्भ होते हैं। हर तीन वर्ष के उपरान्त ये साल में एक मास जोड़ देते हैं। यदि एक मास वर्षा ऋतु में जोड़ा जाता है तो दूसरा महीना तीन वर्ष उपरान्त शीत ऋतु में जोड़ा जाता है और इसी प्रकार ग्रीष्म ऋतु में। ये लोग इसी हिसाब से महीनों की गणना करते हैं।

चैत्र, वैशाख, ज्येष्ठ तथा आषाढ़ गरमियों के महीने हैं। इनसे सम्बन्धित राशि मीन, मेष, वृष तथा मिथुन हैं। श्रावण, भाद्र, कुआर तथा कार्तिक वर्षा ऋतु के महीने हैं। इनसे सम्बन्धित राशियां कर्क, सिंह, कन्या तथा तुला हैं। अग्रहायण, पौष, माघ तथा फाल्गुन शीत ऋतु के महीने हैं। इनसे सम्बन्धित राशियां वृश्चिक, धन, मकर तथा कुंभ हैं।

हिन्दुस्तान वाले वर्ष को चार–चार मास की तीन ऋतुओं में विभाजित करने के उपरान्त प्रत्येक ऋतु के ज़ोर के दो दो महीने पृथक् कर देते हैं। इस प्रकार ग्रीष्म ऋतु के ज़ोर के दो महीने ज्येष्ठ तथा आषाढ़ हैं, जो इस ऋतु के अन्तिम मास होते हैं। वर्षा ऋतु के प्रथम दो मास श्रावण तथा भाद्र अधिक वर्षा के मास होते हैं। शीत ऋतु के मध्य के दो मास पौष तथा माघ अधिक जाड़े के महीने होते हैं। इस विभाजन से हिन्दुस्तान में छः ऋतुयें हो जाती हैं।

सप्ताह के दिन

इन लोगों ने दिनों के भी नाम रख लिये हैं : शनिवार, रविवार, सोमवार, मंगलवार, बुधवार, बृहस्पतिवार तथा शुक्रवार।

समय का विभाजन

हमारे देशों में दिन और रात को २४ भागों में विभाजित किया जाता है। प्रत्येक भाग को एक साअत कहते हैं। हर साअत को ६० भागों में विभाजित

---

[1] प्याज की तरह का एक पौधा जिसमें कटोरी के आकार के सफेद रंग के फूल लगते हैं। फारसी के कवि इस फूल से आँख की उपमा देते हैं।

[2] सौसन। एक नीला फूल जिसकी पंखड़ी जिह्वा के समान होती है।

[3] हिन्दूकुश के पश्चिम के।

करते हैं। प्रत्येक भाग को एक दक़ीक़ा कहते हैं। इस प्रकार पूरे दिन तथा रात में १४४० दक़ीके होते हैं। एक दक़ीके में बिस्मिल्लाह[1] सहित छः बार फातेहा पढ़ा जा सकता है। इस प्रकार दिन तथा रात में बिस्मिल्लाह सहित ८६४० बार फ़ातेहा[2] पढ़ा जा सकता है।

हिन्दुस्तान वाले रात और दिन को ६० भागों में विभाजित करते हैं। प्रत्येक भाग घड़ी कहलाता है। ये दिन तथा रात को चार–चार भागों में विभाजित करते हैं और प्रत्येक भाग पहर कहलाता है जिसे फ़ारसी में पास कहते हैं। उन देशों[3] में पास तथा पासवान के विषय में सुना जाता था किन्तु इनके विषय में विस्तार से किसी को कोई ज्ञान न था। इसी उद्देश्य से हिन्दुस्तान के सभी बड़े–बड़े नगरों में कुछ ऐसे लोग नियुक्त किये जाते हैं जो घड़ियाली कहलाते हैं। दो अंगुल मोटा, थाली के बराबर एक पीतल का टुकड़ा काट लिया जाता है, जो घड़ियाल कहलाता है। इसे किसी ऊंचे स्थान पर लटका दिया जाता है।[4]

इसके अतिरिक्त हिन्दुस्तान वाले घड़ी के प्याले के समान एक बरतन रखते हैं। उसके पेंदे में छेद होता है। हर घड़ी पर वह भर जाता है। घड़ियाली इस बरतन में जल भर कर प्रतीक्षा किया करते हैं। जब एक बरतन भर जाता है तो वे मुगरी से घड़ियाल पर एक चोट मार देते हैं। जब वह बरतन पुनः भर जाता है तो वे दो बार मुगरी को घड़ियाल पर मार देते हैं। इसी प्रकार पहर के अन्त तक वे एक एक बढ़ा कर मुगरी मारते जाते हैं। पहर समाप्त हो जाने के उपरान्त वे जल्दी जल्दी कई बार घड़ियाल बजाते हैं और यदि एक पहर समाप्त हो जाता है तो जल्दी जल्दी बजाने के उपरान्त क्षण भर ठहर कर एक बजा देते हैं। यदि दूसरा पहर समाप्त होता है तो जल्दी जल्दी बजाने के उपरान्त दो बजाते हैं, इसी प्रकार तीन और चार। जब दिन के चार पहर समाप्त हो जाते हैं तो रात के चार पहरों में भी इसी नियम से घड़ियाल बजाये जाते हैं।

इससे पूर्व घड़ियाली लोग[5] रात एवं दिन में पहर समाप्त हो जाने के उपरान्त ही पहर का चिह्न बजाया करते थे। रात्रि में जब लोग जागते थे तो तीसरी घड़ी अथवा चौथी घड़ी के बजने के समय उन्हें इस बात का पता न लग पाता था कि यह दूसरा पहर है अथवा तीसरा। मैंने आदेश दे दिया कि

---

[1] बिस्मिल्लाहिर्रहमानिर्रहीम (अल्लाह के नाम से जो रहमान तथा रहीम है)। मुसलमान लोग प्रत्येक कार्य के करने के पूर्व साधारणतः उपयुक्त वाक्य का उच्चारण करते है किन्तु कुरान का कोई अध्याय प्रारम्भ करने के पूर्व इस वाक्य का उच्चारण परमावश्यक है।

[2] फातेहाः–कुरान का प्रथम सूरा (अध्याय)। इस सूरे के पाठ का बड़ा पुण्य बताया गया है।

[3] हिन्दूकुश के उस पार के।

[4] फ़ीरोज तुगलुक के तास घड़ियाले के विषय में देखिये शम्स सिराज अफ़ीफ की 'तारीखे फ़ीरोज शाही' पृ० २५५–२६० तथा 'तुगलुक कालीन भारत' भाग २ (अलीगढ़ १६५७), पृ० १०८–१०६ ।

[5] घड़ियाल बजाने वाले।

रात्रि तथा बदली में घड़ी के उपरान्त पहर का भी चिह्न बजाया जाये। उदाहरणार्थ रात्रि के प्रथम पहर की तीसरी घड़ी को बजाने के उपरान्त घड़ियाली लोग ज़रा सा ठहर कर पहर का चिह्न बजा दें जिससे यह पता चल जाये कि यह तीसरी घड़ी पहले पहर की है। इसी प्रकार रात्रि के तीसरे पहर की चार घड़ी बजा कर घड़ियाली ठहर जायें और तीसरे पहर का चिह्न बजायें, जिससे यह पता चल जाये कि यह चौथी घड़ी रात के तीसरे पहर की है। इस व्यवस्था से बड़ा लाभ हुआ। जो कोई रात में जाग जाता था और घंटा सुनता था तो उसे पता चल जाता था कि यह रात के किस पहर की कौन सी घड़ी है।

इसी प्रकार घड़ी को भी हिन्दुस्तानी ६० भागों में विभाजित करते हैं। प्रत्येक भाग एक पल कहलाता है। इस प्रकार प्रत्येक रात्रि तथा दिन में ३५०० पल होते हैं।[1]

कहा जाता है कि एक पल में ६० बार आंख खोली तथा बन्द की जा सकती है। रात दिन में इस हिसाब से २१६,००० बार आंख खोली तथा बन्द की जा सकती है। अनुभव से पता चलता है कि एक पल में ८ बार बिस्मिल्लाह सहित कुल हुवल्लाह[2] पढ़ा जा सकता है। इस प्रकार पूरी रात तथा पूरे दिन में २,८,००० बार बिस्मिल्लाह सहित कुल हुवल्लाह पढ़ा जा सकता है।

तोल

हिन्दुस्तान वालों ने तोलों की व्यवस्था भी बड़ी अच्छी की है :

८ रत्ती–१ माशा

४ माशा–१ टांक = ३२ रत्ती

५ माशा= १ मिस्काल = ४० रत्ती

१२ माशा=१ तोला = ६६ रत्ती

१४ तोला= १ सेर

हर स्थान पर यह निश्चित है कि

४० सेर=१ मनबान[3]

---

[1] यह हिसाब इस प्रकार है : –

६० बिपल = १ पल

६० पल = १ घडी (२४ मिनट)

६० घड़ी।

अथवा = १.दिन–रात

८ पहर

[2] कुरान का एक बड़ा संक्षिप्त सरा (अध्याय) जिसमें ईश्वर के एक्य का वर्णन है।

[3] मन।

१२ मनबान = १ मनी
१०० मनी=१ मिनासा
मोती तथा जवाहिरात टांक के हिसाब से तोले जाते हैं।

संख्या

हिन्द वालों को संख्या का भी बड़ा ही उत्तम ज्ञान है :

१०० हजार को वे लाख कहते हैं।
१०० लाख को वे एक करोर[1] कहते हैं।
१०० करोर को वे एक अरब कहते हैं।
१०० अरब को वे एक करब[2] कहते हैं।
१०० करब को वे एक नील कहते हैं।
१०० नील को वे एक पदम[3] कहते हैं।
१०० पदम को वे एक संग कहते हैं।

इन संख्याओं का निश्चित होना इस बात का प्रमाण है कि हिन्दुस्तान बड़ा धनी देश है।

हिन्दुस्तान के हिन्दूनिवासी

हिन्दुस्तान के अधिकांश निवासी काफ़िर हैं। हिन्द वाले काफ़िर को हिन्दू कहते हैं। अधिकांश हिन्दू पुनर्जन्म में विश्वास रखते हैं। हिन्दुस्तान के समस्त आमिल, कारीगर तथा श्रमिक हिन्दू हैं। हमारे देशों में विभित्र जंगली कबीलों के लोगों का नाम कबीले के नाम पर होता है। यहां जो लोग बस्तियों एवं ग्रामों में रहते हैं उनके भी नाम क़बीलों[4] के नाम पर होते हैं। यहां जितने भी शिल्पकार हैं उनके पिता तथा पितामह भी पीढ़ियों से वही कार्य करते चले आ रहे हैं।

हिन्दुस्तान के दोष

हिन्दुस्तान में बहुत कम आकर्षण है। यहां के निवासी न तो रूपवान् होते हैं और न सामाजिक व्यवहार में कुशल होते हैं। ये न तो किसी से मिलने जाते हैं और न कोई इनसे मिलने आता है। न इनमें प्रतिभा होती है और न कार्य–क्षमता। न इनमें शिष्टाचार होता है और न उदारता। कला कौशल में न तो ये किसी अनुपात पर ध्यान देते हैं और न नियम और गुण पर। न तो यहां अच्छे घोड़े होते हैं और न अच्छे कुत्ते, न अंगूर होता है, न खरबूजा, और न उत्तम मेवे। यहां न तो बरफ़ मिलती है और न ठंडा जल। यहां के बाजारों में न तो अच्छी रोटी ही मिलती है और न अच्छा भोजन ही

---

[1] करोड़।
[2] खरब।
[3] पद्मा
[4] सम्भवतः जाति के नाम।

प्राप्त होता है। यहां न हम्माम[1] हैं, न मदरसे[2], न शमा, न मशाल और न शमा दान।

---

[1] गरम स्नानागार।

[2] बाबर का यह वर्णन बड़ा ही पूर्णार्थक है। फीरोज शाह के मंदरसों के विषय में मुतहर ने सविस्तार उल्लेख किया है । वह लिखता है :– संसार के बादशाह के मदरसे में एक नया प्रज्वलित (नगर) दृष्टिगत होता था। उस प्रकार का स्थान न किसी की आँखों ने देखा न किसी के कानों ने उसके विषय में सुना था। हमने सर्व प्रथम हौजे खास के चारों ओर चक्कर लगाये। जब हम हौज के बन्द की ओर पहुँचे और ऊँचाई की ओर बढ़े तो हमें स्वर्ग के समान एक सुसज्जित नगर दृष्टिगत हुआ।

हौज की लीला देखने के उपरान्त जब हम उस शुभ भवन (मदरसे) में प्रविष्ट हुये तो हमें एक खुला हुआ विस्तृत समतल स्थान मिला। उसका प्रांगण हृदयग्राही था और उसका विस्तार जीवन प्रदान करता था। उसकी धूल से कस्तूरी की वर्षा होती थी और उसकी सुगन्धि अम्बर से परिपूर्ण थी। हरियाली, सुम्बुल, (एक सुगंधित घास जो फारसी उर्दू कविता में सुन्दर सुन्दर घुंघराले केश का उपमान मानी गयी है), रैहान (एक सुगन्धित घास) गुलाब तथा लाला (एक प्रसिद्ध फूल) खिले हुये थे और जहाँ तक दृष्टि जाती थी, बड़े सुव्यवस्थित ढंग से लगे हुये थे। अनार, नारंगी, नीबू, सेब तथा अंगूर इस प्रकार लगे हुये थे कि मानो आगे आने वाले वर्ष के कल इसी वर्ष लग गये हों। प्रत्येक दिशा में बलबुले गा रही थीं। ऐसा ज्ञात होता था कि उनके पंजों में चंग (डफ़ की शकल का एक बाजा) तथा चोंच में बाँसुरी है। इस उद्यान में एक चबुतरा था जिसकी लम्बाई चौड़ाई ४० हाथ थी। उसके ऊपर एक बहुत ही ऊँचा गुम्बद था। भवन के कोठे तथा बर्ज दुलहिन के मुख के समान सोने से सजे थे। द्वार तथा दीवार दर्पण के समान थे। उसकी दीवार का चूना तथा पत्थर कलई तथा संगमरमर के थे। उसके तहते तथा द्वार की लकड़ी चन्दन की थी। शीराज, यमन तथा दमिश्क के कालीन से उसका बाहरी तथा भीतरी भाग सुसज्जित था।

जब हम उसमें प्रविष्ट हुये तो हमें उसके भीतर एक स्वर्ग मिला। विद्वान् लोग प्रत्येक दिशा में फरिश्तों के समान उपस्थित थे। उनमें अरबो के विद्वान् तथा एराकी ज्ञान विज्ञान के जानकार लोग थे, सभी शाम को लबादे तथा मिस्र की पगड़ियां पहने थे। प्रत्येक अद्वितीय था और हर प्रकार की कला को जानता था। प्रत्येक अपनी बद्धि के कारण प्रसिद्ध था। वे फसाहत (सुन्दर तथा सुबोध भाषा) में बखारा तथा समरकन्द में और बलागत (अलंकार से परिपूर्ण भाषा) में हिजाज, यमन तथा नज्द में प्रसिद्ध थे। उन लोगों के प्रधान, जो सिर से पांव तक बद्धि एवं सम्मान थे, जलालुद्दीन रूमी थे । वे करान को सात विभिन्न नियमों से पढ़ सकते थे, और १४ विज्ञान जानते थे। मुहम्मद साहब की हदीसों के पांचों प्रसिद्ध संग्रह का उन्हें ज्ञान था। और वे चारों मजहबों के सम्बन्ध में पूर्ण जानकारी रखते थे। हमने उनका जादू रूपी व्याख्यान सुना और उनके व्याख्यान द्वारा तफसीर (कुरान की टीका) तथा हदीस (मुहम्मद साहब की वाणी का संग्रह) के सिद्धान्तों का ज्ञान प्राप्त कर लिया। मदरसे में प्रत्येक दिशा में विद्यार्थी वाद विवाद कर रहे थे। वाद–विवाद का शोर समाप्त हो जाने के उपरान्त ख्वान सालार (भोजन का प्रबन्धक) भोजन लाया। भोजन में तीतर, कबूतर के बच्चे, चकोर, कुलंग, मछली, मुर्ग तथा मोटे ताजे बकरी के बच्चे, बादाम मिला हुआ तथा सुगन्धित अनारदाना जिस पर केसर, चन्दन तथा कस्तूरी छिड़की हुई थी, भुनी हुई टिकियां, जलेबी, तथा गीली और सूखी बादाम की टिकियां प्रत्येक दिशा में ढेर थीं। सचमुच स्वर्ग की बहार सजी हुई थी। थाल पत्ते के समान तथा प्याले नरगिस (एक प्रसिद्ध फूल) के समान थे। थाल के सामने खट्टे फल तथा अचार भी थे। आबदार (जल का प्रबन्ध करने वाले) प्यालों में नारंगी मिला हुआ अनार का शरबत तैयार किये हुये थे। मिश्री तथा गुलाब मिला हुआ शरबत और कस्तूरी मिला हुआ शहद उपस्थित था। बगेदार (पान का

शमा तथा मशाल के स्थान पर यहां बहुत से मैले कुचैले लोगों का एक समूह होता है जो डीवटी कहलाते हैं। वे अपने बायें हाथ में एक छोटी सी तीन पांव की लकड़ी लिये रहते हैं। उसके एक किनारे पर मोम बत्ती की नोक के समान एक वस्तु लगी रहती है। इसमें अंगूठे के बराबर एक मोटी सी बत्ती लगी रहती है। वे अपने दायें हाथ में एक तुम्बी सी लिये रहते हैं। उसमें एक बारीक छेद होता है जिससे जब बत्ती को तेल की आवश्यकता होती है तो उस पर बड़ी पतली धार से तेल टपकाया जाता है।

बड़े बड़े लोग सौ–सौ, दो–दो सौ इस प्रकार के डीवटी रखते हैं। हिन्दुस्तान वाले उनका प्रयोग शमा तथा मशाल के स्थान पर करते हैं। यदि यहां के बादशाहों तथा बेगों (अमीरों) को रात्रि में शमा की आवश्यकता होती है तो वही मैले कुचैले डीवटी इन दीपकों को लेकर निकट खड़े हो जाते हैं।

बड़ी बड़ी नदियों तथा तालाबों, जो कन्दराओं तथा गड्ढों में बहते रहते हैं, के अतिरिक्त (यहां जल–धारायें नहीं मिलतीं)। इनके उद्यानों तथा भवनों में जल धारायें नहीं होती। इनके घरों में कोई आकर्षण नहीं होता। न उनमें हवा जाती है, न उनमें कोई सुडौलपन होता है और न अनुपात।

कृषक तथा निम्न वर्ग के लोग अधिकांश नंगे ही रहते हैं। वे लोग एक लत्ते का टुकड़ा बांधते हैं जो लंगोटा कहलाता है। नाभि के नीचे एक लत्ते के टुकड़े को दोनों जांघों के बीच से लेते हुये पीछे ले जा कर बांध देते हैं। स्त्रियां भी लुङ्गी बांधती हैं। इसका आधा भाग कमर के नीचे होता है और दूसरा सिर पर डाल लिया जाता है।[1]

हिन्दुस्तान को विशेषतायें

हिन्दुस्तान की सब से बड़ी विशेषता यह है कि यह बहुत बड़ा देश है। यहां अत्यधिक सोना–चांदी है। वर्षा ऋतु में यहां की हवा बड़ी ही उत्तम होती है। कभी कभी दिन भर में १०–१५–२० बार वर्षा हो जाती है। यहां की वर्षा से एकबारगी सैलाब आ जाता है और जिस स्थान पर लेश मात्र को भी जल नहीं होता वहां नदियां बहने लगती हैं। पानी बरसने के समय तथा वर्षा ऋतु में बड़ी ही उत्तम हवा चलती है। स्वास्थवर्धक तथा आकर्षक होने के कारण इसकी तुलना असम्भव है। इसका दोष यह है कि हवा बड़ी ही तर तथा नम होती है। उन देशों[2] के धनुष हिन्दुस्तान की वर्षा के उपरान्त खींचे भी नहीं जा सकते, वे नष्ट हो जाते हैं। केवल धनुष ही नहीं अपितु हर वस्तु

प्रबन्ध करने वाले) सोने तथा चांदी के बगदानों (पान रखने के बरतन) में पान देने में व्यस्त थे। गुलाब के पत्तों के समान पानों के बीड़े कांटे से छेद कर तैयार किये गये थे। भोजन के उपरान्त लोगों ने बादशाह तथा शाहजादों की समृद्धि हेतु ईश्वर से प्रार्थना की।"

[1] साड़ी।

[2] बाबर के वतन के ।

प्रभावित होती है, अस्त्र–शस्त्र, पुस्तकें, वस्तु तथा बरतन, सभी। घर भी बहुत दिनों तक नहीं चलते।

केवल वर्षा ऋतु में ही नहीं अपितु शीत काल तथा ग्रीष्म ऋतु में भी हवा बड़ी ही उत्तम रहती है। इन दिनों में उत्तरी पश्चिमी हवा के लगातार चलने के कारण मिट्टी–धूल बहुत बढ़ जाती है। ग्रीष्म ऋतु में यह बड़े जोरों से चलती है। गरमियों में तथा मिथुन राशि में जब वर्षा निकट होती है तो यह हवा इतनी तीव्र गति से चलती है और धूल तथा मिट्टी इतनी अधिक उड़ने लगती है कि कोई एक दूसरे को देख भी नहीं सकता। लोग इस हवा को आंधी कहते हैं। वृष तथा मिथुन राशि में मौसम बड़ा गरम होता है किन्तु गरमी इतनी अधिक नहीं पड़ती कि सहन न की जा सके। यहां बल्ख तथा कन्धार के समान तेज़ गरमी नहीं पड़ती और जितने समय तक वहां गरमी पड़ती है उसकी अपेक्षा यहां आधे समय तक भी गरमी नहीं रहती।

हिन्दुस्तान का एक बहुत बड़ा गुण यह है कि यहां हर प्रकार एवं हर कला के जानने वाले असंख्य कारीगर पाये जाते हैं। प्रत्येक कार्य तथा कला के लिये जातियां निश्चित हैं जो अपने पिता और पिता के पिता के समय से वही कार्य करते चले आ रहे हैं! मुल्ला शरफ़ ने तीमूर बेग की पत्थर की मस्जिद के निर्माण के विषय में इस बात पर बड़ा अधिक जोर दिया है कि इसमें आज़रबाईजान, फ़ारस, हिन्दुस्तान तथा अन्य देशों के २०० पत्थर काटने वाले रोज़ाना काम करते थे किन्तु केवल आगरा में ही इसी आगरा के पत्थर काटने वालों में से ६८० व्यक्ति मेरे आगरा के भवनों के निर्माण में कार्य करते थे। मेरे आगरा, सीकरी, ब्याना, दोलपुर[1] ग्वालियर तथा कोल के भवनों के निर्माण में १४६१ पत्थर काटने वाले रोज़ाना कार्य करते थे। इसी प्रकार हिन्दुस्तान में प्रत्येक प्रकार के अगणित शिल्पकार तथा कारीगर हैं।

हिन्दुस्तान की जमा

भीरा से बिहार तक जो प्रदेश इस समय[2] मेरे अधीन हैं उनकी जमा[3] ५२ करोड़[4] है। इसका सविस्तार उल्लेख इस तालिका से ज्ञात हो जायेगा। इसमें

---

[1] धौलपुर।

[2] ६३५ हि० (१५२८ ई०)।

[3] राजस्व ।

[4] एल्फिन्स्टन ने अपने हिन्दुस्तान के इतिहास में जो १८५४ ई० में प्रकाशित हुआ था, बाबर के राजस्व को ४,२१२,००० पौंड बताया है।

से ८ अथवा ९ करोड़ उन रायों तथा राजाओं के परगनों से प्राप्त होते हैं जो बहुत समय पूर्व से आज्ञाकारी हैं और जिन्हें यह परगने स्थायी रूप से दे दिये गये हैं।

हिन्दुस्तान के उन प्रदेशों का, जो इस समय तक विजयी पताकाओं के अधीन हो चुके हैं, राजस्व

सरकार	करोड़	लाख	तन्के
सतलज के उस पार के, भीरा, लाहौर, सियालकोट, दीबालपुर इत्यादि	३	३३[1]	१५६८६
सेहरिन्द[2]	१	२६	३१६८५
हिसार फ़ीरोज़ा	१	३0	७४१७४
राजधानी देहली, दोआब के मध्य के भाग	१	६६	५0२५४
मेवात, जो सिकन्दर[3] के राज्य में सम्मिलित न था	१	६६	८१000
ब्याना	—	४४	१४६३0
आगरा	२	२६	७६६१६
मध्यवर्ती विलायतें[4]	२	६२	१६[5]
ग्वालियर	२	२३	५७४५0[6]
कालपी तथा सेवधा[7]	४	२८	५५६४0
कन्नौज	१	३६	६३३५८[8]
सम्बल[9]	१	३८	४४00
लकनूर तथा बकसर[10]	—	३६	८२४३३

---

1 रामपुर की शेख जैन के अनुवाद की हस्तलिखित पोथी के अनुसार ३० लाख (पृ० ६३—६५)।

2 सरहिन्द ; शेख जैन के अनुवाद के अनुसार 'सरहिन्द व तवाबे (अधीनस्थ) (पृ० ६३—६५)।

3 सिकन्दर लोदी।

4 ये स्थान स्पष्ट नहीं।

5 शेख जैन के अनुवाद के अनुसार १६००० (पृ० ६३—६५)।

6 शेख जैन के अनुवाद के अनुसार ५५,८५० (पृ० ६३—६५)।

7 यह नाम भी स्पष्ट नहीं।

8 शेख जैन के अनुवाद के अनुसार १ करोड़, ८ लाख तथा ४० हजार तन्के (पृ० ६३—६५)।

9 सम्भल।

10 शेख जैन के अनुवाद के अनुसार केवल 'लकनूर' (पृ० ६३—६५)।

खैराबाद	–	१२	६४००
अवध तथा बहराइच	1	१७	1३६६
जौनपुर	४	0	८८३३३
कड़ा तथा मानिक पुर	1	६३	२७२८२
बिहार	४	५	६००००
सरवार	१	५५	१७५०६. १/२[1]
सारन	१	१0	1८३७३[2]
चम्पारन	–	६0	1६0६0
कन्दला	–	४३	३0३00
तिरहुत, राजा रूप नारायण के खराज द्वारा	–	२	५५000
काली चांदी (तांबा)	–	२७	५0000
रणथम्बोर–वूली, चातसू, तथा मलरना से	–	२0	00000
नागौर	–	–	–
राजा विक्रमादित्य (रणथम्बोर से)	–	–	–
कालंजरी	–	–	–
राजा वीर संग[3] देव	–	–	–
राजा विक्रम देव	–	–	–
राजा बीकम चन्द	–	–	–

जहां तक हिन्दुस्तान की भूमि तथा निवासियों के विषय में प्रामाणिक रूप से ज्ञात हो सका उसका उल्लेख कर दिया गया। लिखने के योग्य जो कुछ बाद में ज्ञात होंगी उनको मैं बाद में लिखूगा।

आगरा के खजाने का वितरण

(१२ मई)–शनिवार २६ रजब को खज़ाने का निरीक्षण तथा वितरण प्रारम्भ हुआ। हुमायूं को खज़ाने से ७० लाख प्रदान किये गये। इसके अतिरिक्त एक खज़ाना इस बात का पता लगाये बिना कि इसमें क्या है तथा लिखे बिना उसी तरह उसे दे दिया गया। कुछ बेगों[4] को १० लाख और कुछ कुछ को ८, ७ तथा ६ लाख प्रदान किये गये।[5] जितने लोग सेना में

---

[1] शेख जैन के अनुवाद के अनुसार १८६७३ (पृ० ६३–६५)।

[2] शेख जैन के अनुवाद के अनुसार ८५,०६६ (पृ० ६३–६५)

[3] सिंह।

[4] अमीरों।

[5] अर्सकिन के अनुसार, लगभग ५६,७०० पौंड हुमायूँ को तथा ८१००, ६४८०, ५६७० तथा ४८६० पौंड अन्य अमीरों को दिये गये। उस युग को देखते हुये यह धन बहुत अधिक था।

थे,–अफ़ग़ान, हजारा, अरव, बिलोच इत्यादि–उन्हें उनकी श्रेणी के अनुसार खज़ाने से नकद इनाम दिये गये। प्रत्येक व्यापारी, विद्यार्थी अपितु प्रत्येक व्यक्ति को जो इस सेना के साथ आया था इनाम तथा दान द्वारा पूर्ण रूप से लाभ पहुंचाया गया और प्रसन्न कर दिया गया। जो लोग इस सेना में न थे, उन्हें भी इस खज़ाने से अत्यधिक इनाम तथा दान भेजा गया उदाहरणार्थ कामरान को १७ लाख, मुहम्मद जमान मीर्जा को १५ लाख, तथा अस्करी, एवं हिन्दाल अपितु समस्त सम्बन्धियों, निकटवर्तियों[1] एवं छोटे बच्चों को अत्यधिक लाल व सफ़ेद वस्त्र जवाहिरात तथा दास भेजे गये। उस देश[2] के बेगों (अमीरों) तथा सैनिकों को भी बहुत कुछ उपहार भेजे गये। समरक़न्द, खुरासान, काशग़र तथा एराक में जो बहुत से सम्बन्धी थे उन्हें भी बहुमूल्य उपहार भेजे गये। खुरासान तथा समरकन्द के मशायख को भी नज़रें[3] भेजी गई और इसी प्रकार मक्का और मदीना को। काबुल तथा वरसक[4] की घाटी की ओर के प्रत्येक नर–नारी, दास, स्वतंत्र तथा बालिग़ एवं नाबालिग को एक–एक शाहरुखी इनाम में दी गई।[5]

एतिहासिक वर्णन

बाबर का विरोध

जब हम पहले पहल आगरा पहुंचे तो यहां के लोगों एवं हमारे आदमियों के मध्य में परस्पर अत्यधिक विरोध एवं घृणा की भावनायें थीं। सैनिक तथा प्रजाजन हमारे आदमियों के भय से भाग भाग जाते थे।

---

[1] गुलबदन बेगम ने दानों का वर्णन अधिक विस्तार से दिया है।

[2] काबुल इत्यादि।

[3] चढ़ावा।

[4] बदख्शां में।

[5] फ़िरिश्ता ने बाबर के दान का हाल इस प्रकार लिखा है :–२६ रजब को बाबर हिन्दुस्तान के बादशाहों के खजीने एवं दफ़ीने के निरीक्षण हेतु पहुँचा; ३००५००० रुपये नकद और एक बन्द खजाना हुमायू मीर्जा को प्रदान किया। मुहम्मद सुल्तान मीर्जा को चहार कबा, पेटी जड़ाऊ तथा २ लाख रुपये प्रदान किये। उपस्थित एवं अनुरस्थित मीर्जाओं, अमीरों तथा सैनिकों अपितु व्यापारियों एवं समस्त आदमियों को जो उस अभियान में साथ थे उन्हें उनकी श्रेणी के अनुसार खज़ाने से लाभान्वित कराया। समरकन्द, खरासान, काशगर तथा एराक में अपने मित्रों एवं सम्बन्धियों को उपहार प्रेषित किये। मक्का, मदीना, करबलाये मुअल्ला, नजफे अशरफ, मशहदे मुक़द्दस, एवं खरासान तथा समर कन्द के अधिकांश मजारों को अत्यधिक धन भेजा और उस क्षेत्र के सहायता के पात्रों को प्रसन्न कर दिया। काबुल के प्रत्येक निवासी, स्त्री तथा पुरुष, दास एवं स्वतन्त्र, छोटे–बड़े, धनी–निधन को एक एक शाहरुखी जोकि एक मिस्काल चांदी के बराबर होती है, जन गणना करवा कर भेजी। सबको प्रसन्न कर दिया। जो कुछ बहुत से बादशाहों ने वर्षों में एकत्र किया था, वह सब उसने एक दरबार में दान कर दिया। बादशाह के कलन्दर के नाम से संसार में प्रसिद्ध होने का यही कारण है।

देहली तथा आगरा के अतिरिक्त सभी स्थानों के क़िलों के स्वामियों ने अपने अपने किले दृढ़ कर लिये थे और किसी ने भी अधीनता स्वीकार न की थी। संबल[1] में कासिम सम्बली था, ब्याना में निज़ाम खां तथा मेवात में हसन खां मेवाती। समस्त अशान्ति एवं विद्रोह का नेता वही दुष्ट मुलहिद[2] था। दोलपुर[3] में मुहम्मद जैतून था, ग्वालियर में तातार खां सारंग खानी था, रापरी[4] में हुसेन खां नोहानी था, इटावा में कुतुब खां था, और कालपी में आलम खां। कन्नौज तथा गंगा के उस पार[5] के स्थान अफ़ग़ानों के अधिकार अधिकार में थे जो खुल्लमखुल्ला विरोध कर रहे थे। उनमें नसीर खां नोहानी, मारुफ़ फ़र्मुली तथा बहुत से अन्य अमीर थे। इबराहीम की मृत्यु के ३–४ वर्ष पूर्व से इन लोगों ने विद्रोह कर रखा था और जब मैंने इबराहीम को पराजित किया तो वे कन्नौज तथा कन्नौज के आगे (पूर्व) के समस्त प्रदेश अपने अधिकार में किये हुये थे। इस समय कन्नौज से दो तीन पड़ाव इस ओर[6] आकर वे लोग ठहरे हुये थे और दरया खां नोहानी के पुत्र बिहार खां को अपना बादशाह बना कर उसे सुल्तान मुहम्मद की उपाधि दे रक्खी थी। मरगूब नामक दास महावन[7] में था। वह वहीं, कुछ समय तक हमारे इतने समीप रहा किन्तु वह और अधिक निकट न आया।

बाबर की सेना में असंतोष

जब हम आगरा पहुंचे तो ग्रीष्म ऋतु थी। वहां के समस्त निवासी भय के कारण भाग खड़े हुये थे। न तो हमारे लिये और न हमारे घोड़ों के लिये चारा उपलब्ध था। गांव वालों ने हमसे शत्रुता एवं घृणा के कारण चोरी तथा डकैती प्रारम्भ कर दी थी। मार्गों पर यात्रा न होती थी। खजाने के वितरण के उपरान्त हमें अभी इतना अवकाश न मिला था कि प्रत्येक परगने तथा स्थान में शक्तिशाली आदमी भेज सकते। इसके अतिरिक्त उस वर्ष अत्यधिक गरमी पड़ रही थी। विषैली हवा ने लोगों को गिरा कर ढेर कर दिया[8] और बहुत बड़ी संख्या में वे मरने लगे।

इस कारण अधिकांश बेग (अमीर) तथा उत्कृष्ट जवान हिन्दुस्तान में ठहरने के लिये तैयार न थे अपितु बहुत से लोगों ने प्रस्थान की तैयारी कर

---

[1] सम्भल ।

[2] अधर्मी; इस शब्द से हसन खां के धार्मिक विचारों के विषय में कोई निष्कर्ष नहीं निकाला जा सकता अपितु जिस प्रकार हिन्दू शत्रुओं के लिये 'दुष्ट काफिर' इत्यादि शब्दों का प्रयोग हुआ उसी प्रकार मुसलमान घोर शत्रु के लिये 'मुलहिद' का। बदायूनी ने बाबर के शब्दों को और भी बढ़ा कर लिखा है।

[3] धौलपुर ।

[4] मैनपुरी जिले (उत्तर प्रदेश) में, मैनपुरी के दक्षिण–पश्चिम में ४४ मील पर।

[5] पूर्व की ओर।

[6] पश्चिम की ओर।

[7] मथुरा जिले (उत्तर प्रदेश) में यमुना के बायें तट के समीप।

[8] बीमार डाल दिया।

ली थी। ऐसी बातें करने पर वृद्ध तथा अनुभवी बेगों (अमीरों) की कोई निंदा नहीं की जा सकती। यदि वे ऐसा करते हैं तो इस व्यक्ति (बाबर) में इतनी योग्यता एवं विवेक है कि वह समझ ले कि उनके आग्रह में कहां तक विद्रोह की भावनायें थी और कहां तक ईमानदारी थी। यह व्यक्ति लाभ तथा हानि को पहचान सकता है किन्तु यह व्यक्ति अपने उद्देश्य को पूरा होते हुए देख चुका है। जब इसने एक बात का दृढ़ संकल्प कर लिया है तो फिर उससे विमुख होने तथा अन्य प्रकार से कार्य करने में क्या आनन्द ? कम बुद्धि वाले अरुचिकर परामर्श किस प्रेरणा से देते हैं? यह बड़ी ही विचित्र बात है कि इस अन्तिम बार जब हमने काबुल से प्रस्थान किया तो कुछ ऐसे लोगों को बेग (अमीर) बना दिया था जिनकी सेवायें बड़ी थोड़ी थीं। मुझे उनसे यह आशा थी कि यदि मैं अग्नि तथा जल में भी प्रविष्ट हूं और निकल आऊंगा तो ये लोग भी निःसंकोच मेरे साथ वहां प्रविष्ट हो जायेंगे और निकल आयेंगे और मैं जहां कहीं भी जाऊंगा वे मेरा साथ देंगे। मुझे यह आशा न थी कि वे मेरे दृढ़ संकल्प के विरुद्ध कुछ कहेंगे। (मुझे यह आशा भी न थी) कि वे किसी ऐसी बात तथा महान् कार्य से, जिसके विषय में सबसे परामर्श कर लिया गया था और जिसके बारे में सभी सहमत थे, उस परामर्श के खंडन के बिना पीछे हटेंगे।इन नये बेगों (अमीरों) ने यदि अनुचित व्यवहार किया तो इससे भी अधिक अनुचित व्यवहार अहमदी परवानची[1] तथा वली खाजिन[2] ने किया। काबुल से प्रस्थान करने के समय से ले कर इबराहीम की पराजय तथा आगरा पर अधिकार के समय तक ख्वाजा कलां द्वारा महान कार्य सम्पन्न हुये थे और उसने पौरुष से परिपूर्ण बातें तथा उत्साहवर्धक परामर्श दिये थे किन्तु आगरा की विजय के कुछ दिन उपरान्त उसकी समस्त राय बदल गई, और हर मूल्य पर चले जाने के लिये जो व्यक्ति आग्रह कर रहा था, वह ख्वाजा कलां था।

परामर्श गोष्ठी का आयोजन

जब मुझे अपने आदमियों के इस असंतोष एवं असमंजस का पता लगा तो मैंने समस्त बेगों (अमीरों) को परामर्श हेतु बुलवाया। मैंने कहा, "राज्य एवं दिग्विजय बिना साधन तथा अस्त्र–शस्त्र के सम्भव नहीं। बादशाही तथा शासन बिना सेवकों तथा अधीनस्थ राज्य के नहीं प्राप्त हो सकते। कई वर्षों के संघर्ष, कठिनाइयों, लम्बी चौड़ी यात्रा, अपने आप तथा अपनी सेना को रणक्षेत्र में झोंक कर एवं घोर युद्ध के उपरान्त हमने ईश्वरकी कृपा से शत्रुओं की इतनी बड़ी संख्या को इस आशय से पराजित किया कि ऐसे विस्तृत प्रदेशों तथा राज्यों को अपने अधिकार में कर लें। अब आज क्या हो गया है और कौन सी ऐसी विपत्ति आ गई है कि उस देश को जिसे प्राणों की बाज़ी लगा कर विजय किया है अकारण छोड़ कर चले जायें? क्या हमारे भाग्य में यही लिखा है कि हम सर्वदा काबुल में दरिद्रता के कष्ट भोगते रहें? अब

---

[1] परवाना लिखने वाला; शाही आदेश लिखने वाला।

[2] कोषाध्यक्ष।

आज से मेरे किसी हितैषी को ऐसी बात न करनी चाहिए किन्तु जिस किसी में शक्ति नहीं है और उसने जाना निश्चय कर लिया है तो फिर उसे रुकना भी न चाहिए।" लोगों के हृदय में इस प्रकार की तर्क तथा विचारपूर्ण बातें आरूढ़ करके मैंने किसी न किसी प्रकार उन्हें इस असमंजस से मुक्त करा दिया।

ख्वाजा कलां का हिन्दुस्तान से प्रस्थान

क्योंकि ख्वाजा कलां का हृदय (हिन्दुस्तान में) ठहरने को न चाहता था अतः इस प्रकार निश्चय किया गया कि इस कारण कि उसके परिजनों की संख्या अधिक है अतः वह उपहारों को अपने साथ ले जाये। क्योंकि काबुल तथा ग़ज़नी में जो लोग हैं उनकी संख्या बड़ी ही कम है अतः वह इन स्थानों की रक्षा करे और इन्हें सुव्यवस्थित रक्खे। मैंने ग़ज़नी, गिरदीज़ तथा सुल्तान मसऊदी हज़ारा उसे प्रदान कर दिये। हिन्दुस्तान का कुहराम[1] नामक परगना, जिसका राजस्व ३–४ लाख था, उसे प्रदान कर दिया। ख्वाजा मीर मीरान के विषय में भी निश्चय हुआ कि वह काबुल चला जाये और उपहार उसके सिपुर्द कर दिये गये और उन्हें मुल्ला हसन सर्राफ़ तथा टूका हिन्दू को दे दिया गया।

ख्वाजा कलां को हिन्दुस्तान से इतनी घृणा हो गई थी कि उसने लौटते समय अपने देहली के भवन पर यह छन्द लिखवा दिया :

शेर[2]

"यदि मैं कुशलतापूर्वक सिन्ध पार कर लूं,
तो मेरा मुंह काला हो जाये यदि मैं हिन्द की इच्छा करूं।"[3]

जब तक मैं हिन्दुस्तान में था उस समय तक उसके लिये इस प्रकार का व्यंग्य लिखवाना शिष्टता के विरुद्ध था। यदि उसके प्रस्थान पर मुझे एक क्रोध था तो इस प्रकार के व्यंग्य से वह दुगना हो गया। मैंने तत्काल इस रुबाई की रचना की और उसके पास इसे भिजवा दिया :

रुबाई

"सैकड़ों धन्यवाद दे, हे बाबर, कि उदार क्षमा करने वाले ने[4],
प्रदान किये हैं. तुझे सिन्द तथा हिन्द और बहुत से राज्य।
यदि तू (ख्वाजा) नहीं सहन कर सकता है इन स्थानों की गरमी,
यदि तू कहे, "मुझे ठंडी दिशा देखनी है" तो वहां ग़ज़नी है।"[1]

---

[1] पटियाला में, अम्बाला के दक्षिण–पश्चिम में २५ मील पर।

[2] 'अगर ब खैर व सलामत गुंजारे सिन्द कुनम,
सियाह रु शवम गर हवाये हिन्द कुनम ।'

[3] अबूशका के अनुसार ख्वाजा ने बाबर से विदा होकर होजे खास के समीप एक संगमरमर पर यह छन्द खुदवाया था।

[4] ईश्वर ने।

विभिन्न स्थानों को आदमियों का भेजा जाना

इस अवसर पर मुल्ला अपात को इस आशय से कोल भेजा गया कि वह उस क्षेत्र के तरकश बन्दों[2] एवं सैनिकों के पास प्रोत्साहन–युक्त फ़रमान ले जाये।

(इससे पूर्व मुल्ला अपाक़ की दशा बड़ी ही शोचनीय थी। उसने दो तीन वर्ष पूर्व अपने बड़े तथा छोटे भाइयों को संगठित कर लिया था और वह उन लोगों तथा अऊरूकज़ाई एवं अन्य अफ़ग़ानों सहित सिन्द नदी के तट पर उपस्थित हुआ था।)

शेख गूरन[3] ने मेरी सेवा में उपस्थित होकर आज्ञाकारिता एवं निष्ठा प्रदर्शित की। वह अपने साथ दोआब के मध्य के २–३ हजार सैनिक एवं तरकशबन्द लाया जिन्हें उसने मेरी सेवा में उपस्थित किया।

यूनुस अली देहली से आगरा की यात्रा में मार्ग भूल गया था और हुमायूं से पृथक् हो गया था। उसकी अली खां फ़र्मूली के पुत्रों एव सहायकों से मुठभेड़ हो गई और एक साधारण से युद्ध के उपरान्त उसने उन्हें बन्दी बना लिया और यहां ले आया। इससे लाभ उठा कर अली खां के जो पुत्र बन्दी बनाये गये थे उनमें से एक को उसके पिता के पास दौलत क़दम तुर्क के पुत्र मीर्जा मुगूल के साथ इस आशय से भेजा गया कि वे अली खां को प्रोत्साहन का फ़रमान पहुंचायें। अली खां इस अशान्ति के समय मेवात चला जा चुका था। वह मीर्जा मुगूल की वापसी पर मेरी सेवा में उपस्थित हुआ। उसे आश्रय प्रदान किया गया और इस स्थान के परगनों में से उसे २५ लाख के परगने प्रदान किये गये।

पूर्व के विद्रोहियों का दमन

सुल्तान इबराहीम ने मुस्तफ़ा फ़र्मुली तथा फ़ीरोज़ खां सारंग खानी तथा कुछ अन्य अमीरों को पूर्व के विद्रोहियों के दमन हेतु नियुक्त किया था। मुस्तफ़ा ने उन लोगों से पूर्ण रूप से युद्ध कर के कई बार उन्हें बुरी तरह पराजित किया था। इबराहीम की पराजय के पूर्व उसकी मृत्यु हो गई थी। जिस समय इबराहीम का मुझसे युद्ध हो रहा था तो शेख बायज़ीद अपने बड़े भाई के आदमियों का नेतृत्व करता रहा। वह इस समय, फ़ीरोज़ खां, महमूद खां नोहानी तथा काजी जिया सहित मेरी सेवा में उपस्थित हुआ। मैंने उनके

---

[1] यह रुबाई बाबर के रामपुर के दीवान में भी मिलती है। अबूशका ने ख्वाजा कलां के उन पद्यों का उल्लेख किया है जो उसने बाबर की रुबाई के उत्तर में लिखे थे किन्तु उसने इस बात का उल्लेख नहीं किया कि उसे ये पद्य कहां से मिले।

'तुम अपनी प्रसन्नता एवं अपने विवेक का प्रदर्शन करते हो,
प्रत्येक शब्द में आकर्षण ही आकर्षण भरा है।
यदि हिन्द की सभी वस्तुयें उलटी न होतीं,
तो तुम गरमी में इतने प्रसन्न किस प्रकार होते,
जैसा कि लोग ठंडक में होते हैं।'

[2] निषंग बांधने वाले सैनिकों।

[3] गुरान । बदायूनी के अनुसार संगीत में कोई उसका मुकाबला न कर सकता था।

प्रति उनकी प्रार्थना से अधिक कृपा एवं दया प्रदर्शित की। फ़ोरोज़ खां को जूनपुर (जौनपुर) से १ करोड, ४६ लाख तथा ५००० तन्के, शेख बायजीद को १ करोड़, ४८ लाख तथा ५०,००० तन्के अवध से, महमूद खां को ६० लाख तथा ३५,००० तन्के गाजीपुर से और काजी जिया को २० लाख (तन्के) प्रदान किये।

अन्य अधिकारियों को इनाम

शव्वाल की ईद[1] के कुछ दिन उपरान्त सुल्तान इबराहीम के अन्तःपुर के मध्य के गुम्बददार भवन[2] के ऐवान[3] में, जिसके स्तम्भ पत्थर के थे, एक बहुत बड़ी सभा हुई। इस सभा में हुमायूं को एक चार क़ब[4], एक तलवार की पेटी और एक तीपूचाक़ घोड़ा सुनहरी जीन सहित, चीन तीमूर सुल्तान, महदी ख्वाजा तथा मुहम्मद सुल्तान मीर्जा को चार क़ब एवं तलवार तथा कटार की पेटियां प्रदान की गईं। बेगों (अमीरों) तथा वीरों को उनकी श्रेणी के अनुसार तलवार तथा कटार की पेटियां और खिलअतें निम्नांकित तालिका के अनुसार प्रदान की गईः

२ तीपूचाक़ घोड़े जीनों सहित,
१६ रतन–जटित कटार
८ ऊपरी वस्त्र
२ जड़ाऊ तलवारों की पेटियां
जड़ाऊ जम्धर
२५ रतन–जटित खंजर
सुनहरी मूठ के हिन्दुस्तानी चाकू

इस सभा के दिन बड़े आश्चर्यजनक रूप से वर्षा हुई। १३ बार पानी बरसा। बहुत से लोगों को बाहर स्थान दे दिये गये थे। उनके स्थान डूब गये।

सम्भल पर अधिकार

मुहम्मदी कूकूल्दाश[5] को सामाना[6] प्रदान कर दिया गया था और उसे यह आदेश दिया गया था कि वह सम्बल[1] पर आक्रमण करे किन्तु हुमायूं को

---

[1] वह ईद जो रमजान मास के पूरे महीने के रोजे के बाद मनाई जाती है। ६३२ हि० (१५२५–२६ ई.) में यह ईद ११ जुलाई १५२६ ई० को पड़ी थी।

[2] सिकन्दर लोदी तथा इबराहीम लोदी आगरा में निवास करते थे। सिकन्दर लोदी ने सिकन्दरा के समीप बारादरी महल का निर्माण कराया था। लोदी टीले पर कहा जाता है कि बादलगढ़ का निर्माण कराया गया था।

[3] ऐवानः–दालान ।

[4] एक प्रकार की खिलअत।

[5] फारसी में कुकुल्ताश।

[6] पटियाला में।

हिसार फ़ीरोज़ा के अतिरिक्त, जो उसे पुरस्कार स्वरूप प्रदान किया गया था, अब सम्बल भी प्रदान कर दिया गया। हिन्दू बैग उसकी अधीनता में रहा। इस प्रबन्ध के कारण हिन्दू बेग को मुहम्मदी बेग के स्थान पर दोआब के मध्य के स्थानों पर आक्रमण करने के लिये भेजा गया। कित्ता बेग, बाबा करका का भाई मलिक क़ासिम, उसके बड़े तथा छोटे भाई मुल्ला अपाक तथा शेख गूरन[2] तथा तर्कश–बन्दों[3] को उसके साथ किया गया।

कासिम सम्बली के पास से लोग यह संदेश लेकर तीन–चार बार से आ रहे थे कि, "बिबन हरामखोर[4] ने सम्बल को घेर लिया है, और हमें विवश कर दिया है। यदि आप शीघ्रातिशीघ्र पहुंच जायें तो अच्छा है।" बिबन ने (जो हमारे साथ था) पर्याप्त सेना तथा तैयारी कर ली थी किन्तु वह अब हमारा साथ छोड़ कर पहाड़ियों के आंचल में भाग गया था और जो अफ़ग़ान तथा हिन्दुस्तानी हमारा साथ छोड़ कर भाग गये थे, उन्हें अपनी ओर मिला लिया था। उसने सम्बल के किले में सेना की संख्या कम पाकर उसका अवरोध प्रारम्भ कर दिया। हिन्दू बेग, कित्ता बेग तथा अन्य लोग जो आक्रमण हेतु भेजे गये थे अहार[5] के घाट पर पहुंचे और नदी पार करने की तैयारियां करने लगे। उन्होंने बाबा कश्का के मलिक कासिम, उसके बड़े तथा छोटे भाई को आगे भेज दिया। मलिक क़ासिम नदी पार करके अपने तथा अपने भाइयों के १००–१५० आदमियों सहित मध्याह्नोत्तर की नमाज के समय सम्बल पहुंच गया। बिबन भी सेना तैयार करके अपने शिविर से निकला। मलिक क़ासिम तथा उसके सैनिक शीघ्रातिशीघ्र अग्रसर हुए और उन्होंने किले को अपने पीछे करके युद्ध प्रारम्भ कर दिया। बिबन मुकाबला न कर सका और भाग खड़ा हुआ। मलिक क़ासिम ने उसकी सेना के बहुत से लोगों के सिर काट डाले और उसके कुछ हाथी तथा अत्यधिक घोड़े अपने अधिकार में कर लिये। लूट द्वारा उन्हें अत्यधिक धन सम्पत्ति प्राप्त हुई।

दूसरे दिन अन्य बेग[6] लोग भी पहुंच गये। क़ासिम सम्बली ने उन लोगों से भेंट की। वह इन लोगों को किला समर्पित न करना चाहता था अतः बहाने बनाने लगा। एक दिन शेख गूरन[7] तथा हिन्दू बेग परामर्श करके कासिम सम्बली को किले के बाहर बेगों के पास ले गये और हमारे आदमियों को सम्बल के किले के भीतर पहुंचा दिया। उन लोगों ने कासिम सम्बली की

---

[1] सम्भल उत्तर प्रदेश के मुरादाबाद जिले में, मुरादाबाद नगर के दक्षिण–पश्चिम में २२ मील पर।

[2] इसे 'गूरान' भी लिखा गया है।

[3] निषंग बांधने वाले।

[4] पिशाच, दुष्ट ।

[5] उत्तर प्रदेश के बुलन्दशहर जिले में स्थित अनूपशहर कस्बे के ऊपर।

[6] अमीर।

[7] गुरान।

पत्नी तथा सम्बन्धियों को कुशलतापूर्वक किले के बाहर करके कासिम को (दरबार) में भेज दिया।

ब्याना

कलन्दर नामक प्यादे को निज़ाम खां के पास प्रोत्साहन तथा धमकी के शाही फरमान सहित ब्याना[1] भेजा गया। फ़रमान के साथ यह पद्य भी, जिसकी मैंने तत्काल रचना की थी, भेजा :––

पद्य

"तुर्क से मत युद्ध कर, हे ब्याना के मीर
तुर्क की योग्यता एवं वीरता सभी पर स्पष्ट है।
यदि तू शीघ्र न आयेगा और परामर्श पर ध्यान न देगा,
तो जो बात स्पष्ट है, उसके उल्लेख की क्या आवश्यकता?"[2]

ब्याना का किला हिन्दुस्तान के प्रसिद्ध किलों में समझा जाता था। उस असावधान ने अपने किले की दृढ़ता के भरोसे पर ऐसी बातों की प्रार्थना की थी जिनके वह योग्य न था। जो आदमी उसके पास से आया था, उसे उचित उत्तर न दिये गये और किला विजय करने की सामग्रियों की व्यवस्था प्रारम्भ कर दी गई।

धौलपुर

बाबा कुली बेग को दोलपुर[3] में मुहम्मद जैतून के पास प्रोत्साहन तथा धमकी के फ़रमान सहित भेजा गया। उसने भी झूठे बहाने बनाये।

राणा सांगा

जब हम लोग काबुल में ही थे, तो राणा सांगा के दूत ने उपस्थित होकर उसकी ओर से निष्ठा प्रदर्शित की थी, और यह निश्चय किया था कि, "सम्मानित पादशाह उस ओर[4] से देहली के समीप पहुँच जायें तो मैं[5] इस ओर से आगरा पर आक्रमण कर दूंगा।" मैंने इबराहीम को पराजित भी कर दिया, देहली तथा आगरा पर अधिकार भी जमा लिया किन्तु इस काफ़िर के किसी ओर हिलने के चिह्न दृष्टिगत न हुये। कुछ समय उपरान्त उसने कन्दार[6] नामक किले को जो मकन के पुत्र हसन के अधीन था घेर लिया। इस मकन के पुत्र हसन के पास से कई बार आदमी आये थे किन्तु वह अभी तक मेरी सेवा में उपस्थित न हुआ था। हम उसकी सहायतार्थ सेना भी न भेज सके थे कारण कि उसके चारों ओर के किले–– इटावा[7], दोलपुर[1], तथा

---

[1] आगरा के दक्षिण–पश्चिम में।

[2] यह पद्य फारसी में है और रामपुर के बाबर के दीवान में मौजूद है।

[3] धौलपुर।

[4] काबुल की ओर से।

[5] राणा सांगा।

[6] राजपूताना में, रणथम्भोर के पूर्व में कुछ मील पर।

[7] उत्तर प्रदेश का एक जिला, जो यमुना तट पर आगरा तथा कालपी के मध्य में स्थित है।

तथा ब्याना–अभी तक मेरे अधीन न हुये थे। पूर्व की ओर के अफ़ग़ान विद्रोही बने हुए थे। कन्नौज से दो तीन कोस आगे–आगरा की ओर पहुंच कर उन्होंने अपने अपने डेरे डाल रक्खे थे। इस कारण मैं निश्चिन्त न हो सका था। दो तीन मास उपरान्त मकन के पुत्र हसन ने विवश होकर सन्धि कर ली और क़िला (राणा) को समर्पित कर दिया।

रापरी

हुसेन खां नोहानी, जो रापरी[2] में था, भयभीत होकर उसे छोड़ कर चला आया। रापरी मुहम्मद अली जंगजंग को प्रदान कर दी गई।

इटावा तथा कन्नौज

कुतुब खां के पास, जो इटावा में था, कई बार प्रोत्साहन तथा धमकियों के शाही फ़रमान भेजे जा चुके थे किन्तु न तो वह मेरी सेवा में उपस्थित हुआ और न वह इटावा को छोड़ कर निकला ही। अतः इटावा महदी ख्वाजा को प्रदान कर दिया गया और उसे उसके विरुद्ध भेजा गया। उसकी सहायतार्थ बेगों[3] तथा घर के सैनिकों के दस्तों की सेना मुहम्मद सुल्तान मीर्जा, सुल्तान मुहम्मद दूल्दाई, मुहम्मद अली जंगजंग तथा अब्दुल अजीज़ मीर आखूर[4] की अधीनता में भेजी गई।

कन्नौज सुल्तान मुहम्मद दूल्दाई को प्रदान कर दिया गया। उसे (जैसा कि उल्लेख हो चुका है) इटावा के विरुद्ध नियुक्त किया गया था। इसी प्रकार फ़ीरोज़ खां, महमूद खां, शेख बायजीद तथा काजी जिया को, जिन्हें अत्यधिक प्रोत्साहन देकर पूर्व की ओर परगने प्रदान किये गये थे, इटावा के विरुद्ध नियुक्त किया गया।

धौलपुर

मुहम्मद जैतून ने जो दोलपुर[5] में था, हमसे विश्वासघात किया और हमारे पास न आया। हमने दोलपुर को सुल्तान जुनैद बरलास को प्रदान कर दिया और आदिल सुल्तान, मुहम्मदी कूकूल्दाश[6], शाह मनसूर बरलास, कूतलूक कदम, खाजिन[7] वली, जानी बेग, अब्दुल्लाह, पीर कुली तथा शाह हसन यारगी[8] को उसकी सहायतार्थ इस आशय से नियुक्त किया कि दोलपुर पर आक्रमण कर के उसे सुल्तान जुनैद बरलास को सौंप दें और ब्याना के विरुद्ध प्रस्थान करें।

परामर्श गोष्ठी

---

[1] धौलपुर।

[2] यमुना तट परचंदवार के नीचे।

[3] अमीरों।

[4] शाही घोड़ों की देखरेख करने वाला अधिकारी। उसे 'आखूर बक' भी कहते थे।

[5] धौलपुर ।

[6] फारसी में 'कूकुल्ताश'।

[7] कोषाध्यक्ष।

[8] इसे 'बारगी' भी पढ़ा जा सकता है।

इन सेनाओं को नियुक्त करने के उपरान्त तुर्क अमीरों[1] तथा हिन्दुस्तान के अमीरों को बुलवा कर उनसे परामर्श किया गया और यह बात कही गई,"पूर्व के विद्रोही अमीरों उदाहरणार्थ नसीर खां नोहानी तथा मारूफ़ फ़र्मुली एवं उनके सहायक अमीरों ने ४०–५० हजार सैनिकों सहित गंगा पार कर ली है और कन्नौज पर अधिकार जमा लिया है। अब वे दो–तीन मंज़िल इस ओर निकल कर पड़ाव किये हुये हैं। राणा सांगा काफ़िर ने कन्दार पर अधिकार जमा लिया है और शत्रुता तथा विद्रोह कर रहा है। वर्षा भी लगभग समाप्त होने वाली है। अब यह आवश्यक है कि या तो हम विद्रोहियों पर और या काफ़िर पर आक्रमण करें। आस–पास के क़िलों का कार्य सरल है। जब बड़े बड़े शत्रुओं का अन्त हो जायेगा तो वे कहां जा सकते हैं। राणा सांगा उन विद्रोहियों की अपेक्षा अधिक हानि नहीं पहुंचा सकता।"

हुमायूँ की पूर्व की ओर नियुक्ति

सभी लोगों ने सर्वसम्मति से निवेदन किया, "राणा सांगा बड़ी दूर है। यह ज्ञात नहीं कि वह निकट आयेगा भी या नहीं। जो शत्रु अत्यधिक निकट पहुंच चुके हैं उनसे निपट लेना परमावश्यक है। हम लोग विद्रोहियों पर आक्रमण करने के पक्ष में हैं।" हुमायूं ने इस पर निवेदन किया, "पादशाह को इनके विरुद्ध प्रस्थान करने की क्या आवश्यकता है ? यह कार्य मैं कर लूंगा।" हर एक इससे बड़ा प्रसन्न हुआ। तुर्क तथा हिन्द के अमीरों ने उसकी इस बात को प्रसन्नतापूर्वक स्वीकार कर लिया। उसे पूर्व की ओर नियुक्त किया गया। काबुली अहमद कासिम को आदेश दिया गया कि वह शीघ्रातिशीघ्र जाकर उस सेना से जो दोलपुर[2] की ओर नियुक्त की गई है यह कह दे कि वह हुमायूं से चन्दवार[3] में मिल जाये। जो लोग महदी ख्वाजा ख्वाजा तथा मुहम्मद सुल्तान मीर्जा की अधीनता में इटावा के विरुद्ध भेजे गये थे, उन्हें भी आदेश प्रेषित किया गया कि वे हुमायूं से मिल जायें।

हुमायूं का पूर्व की ओर प्रस्थान

(२१ अगस्त)–हुमायूं बृहस्पतिवार १३ जीक़ाद को रवाना हुआ और आगरा से लगभग ३ कोस पर जलेसर[4] नामक एक छोटे से ग्राम में पड़ाव किया। एक रात्रि वहां ठहर कर वह वहां से निरंतर यात्रा करता हुआ रवाना हुआ।

ख्वाजा कला का प्रस्थान

(२८ अगस्त)–इस मास[5] की २० तारीख बृहस्पतिवार को ख्वाजा कलां काबुल के लिये रवाना हुआ।

---

[1] इस स्थान पर 'बेग नहीं लिखा गया है।

[2] धौलपुर।

[3] आगरा तथा इटावा के मध्य में यमुना नदी पर।

[4] यमुना तट पर आगरा के नीचे, एटा जिले (उत्तर प्रदेश में)।

[5] जीकाद।

उद्यानों का निर्माण

हिन्दुस्तान का सबसे बड़ा दोष यह है कि यहां जलधारायें नहीं हैं अतः मैंने यह निश्चय किया कि जहां कहीं मैं ठहरूं वहां रहँट द्वारा बहते हुए जल की व्यवस्था कराऊं ताकि वहां सुडौल उद्यानों की व्यवस्था की जा सके। इस उद्देश्य से आगरा में प्रविष्ट होने के कुछ दिन उपरान्त हमने जून[1] नदी पार करके उद्यान के लिये उपयुक्त स्थान ढूंढ़ना प्रारम्भ कर दिया। वह स्थान इतने खराब तथा अनाकर्षक थे कि वहां की यात्रा से हमें अत्यन्त घृणा तथा अप्रसन्नता हुई और मैंने वहां चारबाग[2] के निर्माण का विचार त्याग दिया किन्तु आगरा के निकट इस भूमि के अतिरिक्त कोई अन्य उचित भूमि थी ही नहीं, अतः कुछ दिन उपरान्त उसी भूमि को चुन लेना पड़ा।

सर्वप्रथम बड़ा कुआं जिससे हम्माम[3] के लिये जल आता है बनवाया गया तथा भूमि का वह टुकड़ा, जहां अब इमली का वृक्ष तथा अष्ट–भुजाकार हौज़ हैं, तैयार कराया गया। तदुपरान्त बड़ा हौज तथा उसकी चहारदीवारी तैयार की गई। तत्पश्चात् वह हौज तथा तालार[4] जो पत्थर के भवन के सामने है बनवाये गये। इसके बाद खिलवत खाने,[5] उसके उद्यान तथा अन्य भवनों का निर्माण कराया गया। तदुपरान्त हम्माम तैयार कराया गया। इस प्रकार हिन्द में, जो आकर्षण तथा संमिति से शून्य है, इस प्रकार के सुव्यवस्थित एवं सुडौल उद्यानों का निर्माण कराया गया जिनके प्रत्येक कोने में उचित चमन[6] और हर चमन में गुलाब तथा नस्तरन बड़े आकर्षक ढंग से लग गये।[7]

हम्माम का निर्माण

मुझे हिन्दुस्तान की तीन बातों से बड़ी घृणा थी–गरमी, आंधी तथा धूल। इन तीनों से हम्माम द्वारा ही रक्षा हो सकती है। यहां धूल तथा आंधी का कहां प्रवेश। गरमी में यह इतना अधिक ठंडा हो जाता है कि लोग ठंडक के कारण कांपने लगते हैं। वह कमरा जिसमें गरम जल का हौज़ है, पूरा पत्थर

---

[1] यमुना।

[2] शाही बाग।

[3] स्नान करने का स्थान विशेष रूप से वह स्थान जहां गरम जल से स्नान का प्रबंध हो।

[4] एक प्रकार के दालान जो खम्बों पर बनाये जाते हैं और सामने से खुले होते हैं।

[5] स्त्रियों के घर अथवा एकांतवास के लिये घर। .

[6] क्यारियां।

[7] सम्भवतः यह उस उद्यान एवं महल का उल्लेख है जिसका निर्माण बाबर ने यमुना के उत्तरी तट परलगभग ताज महल के सामने कराया था। इसी के समीप हुमायूँ ने १५३० ई० में एक मस्जिद का निर्माण कराया। आगरा के समीप तीन अन्य उद्यान भी बाबर के लगाये बताये जाते हैं :

(अ) अचानक बाग नगर के दक्षिण में एक मील पर।

(ब) जहीरे बारा, रामबाग तथा चीनी के रोजे के मध्य में।

(स) जहीरे बारा जो सम्भवतः मुख्य नगर के समीप यमुना के पास है।

का बना हुआ है। ईजारे[1] के अतिरिक्त पूरा संगेमरमर का बना हुआ है। फ़र्श तथा छत व्याना के लाल पत्थर की बनी हैं।

अमीरों द्वारा उद्यानों का निर्माण

खलीफ़ा, शेख जैन, यूसुफ़ अली तथा जिस किसी को भी नदी के उस पार भूमि मिली, उसने हौज़ सहित बड़े सुडौल तथा उत्तम उद्यानों का निर्माण करा लिया। जिस प्रकार लाहौर तथा दीवालपुर में रहँट होते हैं वैसे ही यहां भी लगवा लिये। हिन्द वाले, जिन्होंने ऐसे सुडौल स्थान तथा उत्तम उद्यान न देखे थे, जून[2] के उस ओर के स्थान को, जहां हमारे भवन थे, काबुल कहने लगे।

वाईं

किले के भीतर, इबराहीम के महल तथा क़िले की चहारदीवारी के मध्य में एक स्थान खाली था। मैंने वहां १० X १०[3] की एक वाई के निर्माण का आदेश दिया। यह एक बहुत बडा कुआं होता है जहां नीचे तक सीढ़ियां होती हैं। इसे हिन्दुस्तान में वाईं[4] कहते हैं। इस कुयें का निर्माण चारबाग़ के

---

[1] पेंदाः नीचे का फर्श।

[2] यमुना।

[3] सम्भवतः गज जो ३६ इंच से कुछ छोटा होता था।

[4] बाई के वर्णन इब्ने बत्तूता ने कई स्थानों पर किये हैं। कोल (अलीगढ़) की एक बाई की चर्चा इस प्रकार की गई है :
पहाड़ी से उतर कर मैदान में आया जिसमें कपास तथा रेंड के वृक्ष थे। वहां एक बाई भी थी जिसका अर्थ उनकी भाषा में चौड़ा कूप होता है। वह पत्थर की बनी होती है और उसमें जल तक उतरने के लिये सीढ़ियां होती हैं। कुछ में पत्थर के गुम्बद, मेहराब तथा बैठने के स्थान बने होते हैं। मलिक तथा अमीर ऐसे मागों में, जहां जल का अभाव होता है, इस प्रकार की 'बाई' बनवाने में अपना बहुत बड़ा सम्मान समझते हैं। आगे के पृष्ठों में कुछ अन्य बाइयों का जो हमने मार्ग में देखीं उल्लेख किया जायेगा । वाई पर पहुंच कर मैंने उसमें से कुछ जल पिया । वहां सरसों के कुछ पत्ते तथा शाखायें पड़ी थीं जिन्हें कोई धोते समय उस स्थान पर छोड़ गया था। मैंने सरसों की कुछ डालियां खा लीं और शेष अपने पास रख ली। तत्पश्चात् मैं एक रेंड के वृक्ष के नीचे सो गया। रिजवी : 'तुगलुग कालीन भारत' भाग १, पृ० २६१)
जुर फ्त्तन की बाई का वर्णन उसने इस प्रकार किया है :
इस नगर में एक बहुत बड़ी बाई है। वह ५०० पग लम्बी तथा ३०० पग चौड़ी है। यह लाल कटे हुये पत्थर की बनी है। इसके चारों ओर २८ बड़े–बड़े गुम्बद हैं। प्रत्येक में चार बड़े–बड़े पत्थर के बैठने के स्थान हैं। उनकी छत तक पहुंचने के लिरे पत्थर की सीढ़ियां बनी हुई हैं। जलाशय के मध्य में तीन मंजिलों का एक बहुत बड़ा गुम्बद है। प्रत्येक मंजिल में चार बैठने के स्थान है। मुझे बताया गया है कि यह बाई वर्त्तमान राजा कुएल के पिता ने बनवाई थी। (रिज़वी : 'तुगलुक कालीन भारत' भाग १, पृ० १८४)
शिहाबुद्दीन अल उमरी की मसालिकुल अबसार फ्री ममालिकुल अमसार में बाई का वर्णन इस प्रकार हैः
उसने बताया, बाई एक बहुत विस्तृत हौज होता है जिसमें उतरने के लिये चारों ओर सीढ़ियां होती हैं। सुल्तान उसकी बात सुनकर आश्चर्य चकित हो गया और उसने (उनको सुरक्षित रखने के लिये) बाईयों पर अपने नाम की मुहर लगा देने का आदेश दे दिया। अतः

पूर्व प्रारम्भ हुआ था। लोग बीच बरसात में इसे खोदने में व्यस्त रहे। कई बार गिर जाने के कारण मजदूर दब गये। राणा सांगा से जिहाद के उपरान्त इसका निर्माण समाप्त हुआ। इसका उल्लेख उस तारीख में है जो इसके निर्माण के विवरण के पत्थर में खुदी है। यह पूरी वाई है जिसके भीतर एक तीन मंजिला मकान है।[1] सबसे नीचे की मंज़िल में तीन कमरे हैं। इनमें से प्रत्येक के द्वार उन जीनों की ओर हैं जिनसे वाई में उतरा जाता है। प्रत्येक कमरा तीन–तीन जीने के अन्तर से बना है। जब जल का स्रोत बहुत नीचे होता है तो वह सब से नीचे वाले कमरे से एक जीना नीचे पहुंच जाता है। जब वर्षा ऋतु में जल अधिक हो जाता है तो वह सब से ऊंची वाली मंजिल पर पहुंच जाता है। बीच की मंजिल में एक भीतरी कमरा खोद कर बनाया गया है। यह उस गुम्बददार भवन से मिला है जिस में बैल कुयें का रहँट चलाते हैं। सबसे ऊपर की मंजिल में एक ही कमरा है। इसमें दो दिशाओं से ५–६ जीनों द्वारा नीचे पहुंच सकते हैं। ये जीने कुयें के मुंह के सामने के भवन से नीचे जाते हैं। नीचे जाने वाले मार्ग की दाई ओर वह पत्थर है जिसमें इसके निर्माण के पूरा होने की तिथि खुदी है।

इस कुयें के बराबर एक अन्य कुआ है। इस कुयें का धरातल पहले कुयें के जल–धरातल से आधा है। उस गुम्बद वाले भवन से जिसका उल्लेख किया जा चुका है बैल रहँट चला कर पहले कुयें से इस कुयें में जल पहुंचाते हैं। इसमें भी एक रहँट लगा हुआ है। इसके द्वारा जल किले की चहारदीवारी से होता हुआ ऊपर के उद्यान में जाता है। कुयें के मुंह के ऊपर एक पत्थर का भवन बना हुआ है। जिस हाते में कुआँ है उसके बाहर एक पत्थर की मस्जिद बनी हुई है। मस्जिद अच्छी नहीं बनाई जा सकी; इसका निर्माण हिन्दुस्तान की मस्जिदों के नमूने पर हुआ है।

हुमायूँ का अभियान

हुमायूं के प्रस्थान के समय नसीर खां नोहानी, मारूफ़ फ़र्मुली तथा अन्य अमीर जाजमऊ[2] में एकत्र हो गये थे। हुमायूं ने उनके पास पहुंच कर लगभग १५ कोस से मोमिन अत्का को समाचार लाने के लिये भेजा। मोमिन भली भांति उनके समाचार ला भी न पाया था कि विद्रोही लोग उसके विषय में समाचार पाकर ठहर न सके और भाग खड़े हुये। मोमिन अत्का के उपरान्त कुस्मनाई[3] को बाबा चुहरा[4] तथा बूजका के साथ समाचार लाने के लिये भेजा गया। वे विद्रोहियों के छिन्न–भिन्न हो जाने तथा पलायन के

वे सुल्तान के नाम से मुहर बन्द कर दी गई । (रिजवी : 'तुग़लुक कालीन भारत' भाग १, पृ०३३४)

[1] इस विवरण का अनुवाद बड़ा कठिन है और 'बाबर नामा' के अनुवादकों में इस विषय में बड़ा मतभेद

[2] कानपुर जिले (उत्तर प्रदेश) में।

[3] सम्भवतः बंशी बजाने वाला।

[4] वीरों के दल का।

समाचार लाये। हुमायूं ने जाजमऊ पहुंच कर उसे अपने अधिकार में कर लिया। तत्पश्चात् उसने वहां से प्रस्थान किया। दलमऊ[1] के निकट फ़तह खां सरवानी ने उससे भेंट की। उसे महदी ख्वाजा तथा मुहम्मद सुल्तान मीर्जा के साथ मेरे पास भेज दिया गया।

ऊज़बेगों के समाचार

इस वर्ष उबैदुल्लाह खां (ऊजबेग) ने बुखारा से सेना लेकर मर्व पर चढ़ाई की। मर्व के किले में सम्भवतः १०–१५ प्रजाजन थे। उसने उन्हें पराजित करके उनकी हत्या कर दी। मर्व की मालगुजारी ४०–५० दिन में वसूल करके वह सरख्स की ओर चल दिया। सरख्स में ३० अथवा ४० किजीलबाश[2] थे। उन लोगों ने अधीनता स्वीकार न की. और किले का फाटक बन्द कर लिया किन्तु वहां की प्रजा ने उन्हें छिन्न–भिन्न कर दिया और ऊजबेगों के लिये फाटक खोल दिये। उन्होंने वहां प्रविष्ट होकर क़िज़ील बाशों की हत्या कर दी। सरख्स को विजय करके वह तूस तथा मशहद के विरुद्ध रवाना हुआ। मशहद वालों ने विवश होकर उन्हें (अपने नगर में) प्रविष्ट हो जाने दिया। वह तूस को ८ मास तक घेरे रहा किन्तु सन्धि द्वारा उस पर अधिकार जमा लिया। उसने सन्धि की शर्तों का पालन न किया और पुरुषों की हत्या करा डाली तथा स्त्रियों को बन्दी बना लिया।

गुजरात

इस वर्ष सुल्तान मुजफ्फ़र गुजराती का पुत्र बहादुर खां, जो अब अपने पिता के स्थान पर गुजरात का बादशाह हो गया है, अपने पिता से रुष्ट होकर सुल्तान इबराहीम के पास चला आया था। सुल्तान इबराहीम ने उसका आदर–सम्मान न किया। जिन दिनों मैं पानीपत में था तो उसके प्रार्थनापत्र मुझे प्राप्त हुये। मैंने उसके पास कृपा प्रदर्शित करते हुये फ़रमान भेजे और उसे अपने पास बुलवाया। वह आने के विषय में सोच रहा था किन्तु बाद में उसने अपने विचार बदल दिये। वह इबराहीम की सेना से पृथक् होकर गुजरात की ओर चल दिया। इसी बीच में उसके पिता सुल्तान मुज़फ़्फ़र की मृत्यु हो गई[3]। उसका बड़ा भाई सिकन्दर शाह जो सुल्तान मुज़फ़्फ़र का ज्येष्ठ पुत्र था अपने पिता के स्थान पर बादशाह हो गया था। उसकी दुष्टता के कारण एमादुलमुल्क नामक उसके दास ने कुछ लोगों से मिलकर उसकी हत्या कर दी।[4] बहादुर खां को जो अभी मार्ग ही में था आमंत्रित किया गया और उसे उसके पिता के सिंहासन पर आरूढ़ कर दिया

---

[1] गंगा के बायें तट पर, रायबरेली के दक्षिण–पूर्व में ।

[2] ईरानी।

[3] शुक्रवार २ जमादि–उस्सानी ६३२ हि० (१६ मार्च १५२६ ई०) देखिये रिजवीः 'उत्तर तैमूर कालीन भारत', भाग २, (अलीगढ़ १६५६ ई०), पृ० २३२–२४६, ३४४–३६४, ४३३–४६१)

[4] १४ शाबान ६३२ हि० (२६ मई १५२६ ई०), देखिये रिजवीः 'उत्तर तैमूर कालीन भारत', भाग २, पृ० २४५–२४७, ३८६ ।

गया।[1] उसकी उपाधि बहादुर शाह रक्खी गई। उसने यह बड़ा अच्छा किया कि एमादुलमुल्क की जिसने इस प्रकार की नमकहरामी की थी हत्या करा दी। उसने अपने पिता के अधिकांश अमीरों की, जो रह गये थे, हत्या करा दी। लोग कहते हैं कि वह बड़ा ही अत्याचारी एवं निष्ठुर युवक है।

६३३ हि.

[1] २६ रमजान ६३२ हि० (६ जुलाई १५२६ ई०)।

(८ अक्तूबर १५२६ ई०–२७ सितम्बर १५२७ ई०)

पुत्र का जन्म

मुहर्रम में बेग, वैस फ़ारूक़ के जन्म के समाचार लाया। यद्यपि एक प्यादा यह समाचार इससे पूर्व ला चुका था किन्तु वह इस मास में इस सुखद समाचार के दूत के रूप में उपस्थित हुआ। उसका जन्म शुक्रवार २३ शव्वाल (६३२ हि०२ अगस्त १५२६ ई०) की रात्रि में हुआ होगा।[1] उसका नाम फ़ारूक रक्खा गया।

तोप ढलवाना

(२२ अक्तूबर)–उस्ताद अली कुली को ब्याना तथा अन्य किलों, जिन्होंने अभी तक अधीनता स्वीकार न की थी, के विरुद्ध प्रयोग हेतु एक बड़ी तोप के ढालने का आदेश दिया गया था। जब समस्त भट्टियां एवं सामग्री तैयार हो गई तो उसने एक आदमी मेरे पास भेजा। सोमवार १५ मुहर्रम (२२ अक्तूबर) को हम लोग तोप के डालने का दृश्य देखने पहुंचे। तोप के सांचे के चारों ओर उसने ८ भट्टियां तैयार कराई थीं। इनमें पिघला हुआ पदार्थ था। प्रत्येक भट्टी से एक नाली सीधी सांचे में जाती थी। जब हमारे पहुंचने पर उसने भट्टी के छेद खोले तो पिघली हुई धातु, इन नालियों से जल के समान बह बह कर सांचे में पहुंचने लगी। कुछ देर उपरान्त, सांचे के भरने के पूर्व, एक–एक करके भट्टियों से पिघली हुई धातु बहनी बन्द हो गई। उस्ताद अली कुली ने या तो भट्टियों और या अन्य सामग्री का हिसाब लगाने में कोई भूल कर दी होगी। वह इतना अधिक व्याकुल हुआ कि वह पिघली हुई धातु में कूद पड़ना चाहता था किन्तु हमने प्रोत्साहन देते हुये उसे खिलअत पहनाई और इस प्रकार उसे लज्जा से मुक्ति दिलाई। सांचे को एक–दो दिन तक ठंडा होने के लिये छोड़ दिया गया। जब उसे खोला गया तो उस्ताद अली कुली ने प्रसन्नता पूर्वक सूचना कराई कि तोप की प्रस्तर कोष्टिका[2] में कोई दोष नहीं। बारूद की कोष्टिका[3] का बनाना सरल है। उसने प्रस्तर कोष्टिका को निकलवा कर कुछ लोगों से उसे ठीक करने के लिये कहा और वह स्वयं बारूद कोष्टिका ढालने लगा।

फ़तह खां सरवानी को आश्रय

महदी ख्वाजा फ़तह खां सरवानी को लेकर हुमायूं के पास से आया। वे उससे दलमऊ में बिदा हुये थे। मैंने फ़तह खां के प्रति कृपादृष्टि प्रदर्शित की और उसे उसके पिता आजम हुमायूं के परगने तथा अन्य स्थान भी प्रदान

---

[1] उसकी मृत्यु ६३४ हि० (१५२७–२८ ई.) में हो गई और उसका पिता उसे न देख सका।

[2] 'ताश अवी', फारसी अनुवाद में 'खानये संग'।

[3] बारूद खाना।

कर दिये। उसे १ करोड़ तथा ६० लाख[1] के मूल्य का एक परगना भी प्रदान किया गया।

हिन्दुस्तान में जिन अमीरों को अत्यधिक सम्मानित किया जाता है उन्हें निश्चित उपाधियां[2] प्रदान की जाती हैं, उदाहरणार्थ आजम हुमायूं,[3] खाने जहाँ,[4] खाने खाना[5]। फ़तह खां के पिता की उपाधि आज़म हुमायूं थी किन्तु हुमायूं की उपस्थिति में इस उपाधि को किसी अन्य को प्रदान करना उचित न था अतः मैंने फ़तह खां सरवानी को आजम हुमायूं की उपाधि न प्रदान की अपितु खाने जहां की उपाधि प्रदान कर दी।

(१४ नवम्बर)–बुधवार ८ सफ़र[6] को हौज़ के किनारे[7] ऊपर की ओर इमली के वृक्षों के आगे शामियाने लगवा कर सभा का आयोजन कराया गया। फ़तह खां सरवानी को मदिरा की सभा में बुलवा कर मदिरा प्रदान की गई। उसे मैंने पगड़ी तथा सिर से पांव तक के वस्त्र[8] जिनका मैं स्वयं प्रयोग प्रयोग करता था प्रदान किये। इन कृपाओं तथा प्रोत्साहन द्वारा सम्मानित करके उसे उसकी विलायत[9] में जाने की अनुमति दे दी। उसके पुत्र महमूद[10] महमूद[10] के लिये यह निश्चय हुआ कि वह सर्वदा मेरी सेवा में रहे।

हुमायूं को बुलाने के लिये दूत भेजना

(३० नवम्बर)–बुधवार २४ मुहर्रम[11] को (मेहतर) हैदर के पुत्र मुहम्मद अली को जो रिकाबदार[12] था, हुमायूं के पास यह आदेश पहुंचाने के लिये भेजा गया कि, ''"ईश्वर को धन्य है, विद्रोही छिन्न भिन्न हो चुके हैं। तुम इस दूत के पहुंचते ही कुछ उचित बेगों (अमीरों) को जूनपुर में नियुक्त कर दो और स्वयं सेना सहित शीघ्रातिशीघ्र मेरे पास पहुंच जाओ कारण कि राणा सांगा काफ़िर अत्यधिक निकट पहुंच चुका है। हमें सर्वप्रथम उसका उपाय करना चाहिये।''

---

[1] असकिन के अनुसार ४०,००० पौंड।

[2] मुकर्ररी खिताबलार, फारसी अनुवाद में मुकर्ररी खिताब ।

[3] पवित्र महान् (व्यक्ति)।

[4] संसार का खान।

[5] खानों का खान।

[6] इसे मुहर्रम होना चाहिये कारण कि घटना के क्रम में मुहर्रम ही ठीक बैठता है, सफर नहीं।

[7] चारबाग।

[8] खिलअत।

[9] अधीन राज्य।

[10] प्रकाशित फारसी अनुवाद में 'महमूद खा' ।

[11] इस क्रम में यहां सफर नहीं।

[12] बादशाहों एवं बड़े बड़े अमीरों की रिकाव पकड़ कर सवार कराने वाला। वह यात्रा में बादशाह के साथ जाता था।

ब्याना पर आक्रमण

पूर्व की ओर सेना[1] भेज देने के उपरान्त हमने ब्याना तथा उसके आस पास के स्थानों पर आक्रमण करने के लिये सेना नियुक्त की। कूज बेग के भाई तरदी बेग, उसका बड़ा भाई शेर अफ़गन, मुहम्मद खलील अखता बेगी[2], बेगी[2], उसके भाई, अखता चीलार[3], रुस्तम तुर्कमान, उसके भाइयों तथा हिन्दुस्तानी लोग, दाऊद सरवानी इत्यादि इस सेना में नियुक्त हुये। उन्हें आदेश दिया गया कि यदि प्रोत्साहन अथवा धमकी से वे ब्याना के किले वालों से अधीनता स्वीकार करा लें तो वे ऐसा ही करें अन्यथा वे इधर उधर छापे मार कर शत्रु को कमजोर कर दें।

आलम खां

ब्याना के निजाम खां का बड़ा भाई आलम खां तहनगर[4] के किले में था। उसके आदमी निरन्तर मेरे पास पहुंच कर उसकी अधीनता एवं निष्ठा के विषय में निवेदन करते रहते थे। इस आलम खां ने स्वयं यह प्रस्ताव रक्खा कि, ''यदि बादशाह की ओर से कोई सेना नियुक्त हो जाये तो मैं इस बात का आश्वासन दिलाता हूं कि मैं ब्याना के समस्त तर्कशबन्दों[5] को प्रोत्साहन देकर बाहर निकाल लाऊंगा और क़िला आपके अधिकार में करा दूंगा।'' तदनुसार तरदी बेग के अभियान के वीरों को यह आदेश भेजा गया कि, ''क्योंकि आलम खां स्थानीय आदमी[6] है और उसने इस प्रकार अधीनता एवं निष्ठा प्रदर्शित की है अतः ब्याना के कार्यों को सम्पन्न करने के लिये उसके परामर्शानुसार आचरण करो।''

सेना के संचालन में हिन्दुस्तानियों की अयोग्यता

यद्यपि हिन्दुस्तान के कुछ आदमी तलवार चलाने में दक्ष हैं किन्तु अधिकांश लोग सेना के संचालन एवं आक्रमण की विधि से अनभिज्ञ हैं। उन्हें सेना के विषय में परामर्श देने का और उससे सम्बन्धित कोई ज्ञान नहीं।

आलम खां की अयोग्यता

जब हमारी ओर के वे लोग जो इस अभियान हेतु नियुक्त हुये थे आलम खां के पास पहुंचे तो उसने किसी बात की ओर ध्यान न दिया और इस बात पर दृष्टि न डाली कि जो कुछ वह कर रहा है वह ठीक भी है अथवा नहीं अपितु मेरे आदमियों को अपने साथ लेकर बढ़ता चला गया। हमारी सेना में २५०–३०० तुर्क तथा लगभग २००० से अधिक हिन्दुस्तानी एवं स्थानीय लोग थे। हमारी सेना की पराजय

---

[1] इसका सेनापति हुमायूँ

[2] मुख्य बधिया करने वाला। इसका अनुवाद घोड़ों की देख रेख करने वाला अधिकारी भी किया गया है।

[3] बधिया करने वाले।

[4] तहनगढ़, करौली (राजपूताना) में।

[5] निषंग बांधने वालों, सैनिकों।

[6] फारसी अनुवाद में 'मर्दे जमींदार', तुर्की के अनुसार स्थानीय आदमी।

इसके विपरीत ब्याना के निज़ाम खां के अफ़ग़ानों एवं सैनिकों में ४००० अश्वारोही थे। पदातियों की संख्या लगभग १०,००० से अधिक होगी। निजाम खां ने अपने शत्रुओं को देख कर अपने अश्वारोहियों को संगठित किया और हमारे सैनिकों पर एकबारगी टूट पड़ा और उन्हें भगा दिया। निज़ाम खां के आदमियों ने उसके बड़े भाई आलम को घोड़े से गिरा दिया, तथा ५–६ अन्य व्यक्तियों को बन्दी बना लिया और थोड़े से असबाब पर भी अधिकार कर लिया।

निज़ाम खां को ब्याना

क्योंकि हम इससे पूर्व निजाम खां को आश्रय प्रदान करने का आश्वासन दिला चुके थे, हमने उसकी इस धृष्टता एवं पिछले अपराधों को क्षमा करके फ़रमान भेजे। उसे यह पता लग चुका था कि राणा सांगा शीघ्रातिशीघ्र बढ़ता चला आ रहा है अतः उसने विवश होकर सैयिद रफ़ी[1] को बुलवाया और उसे मध्यस्थ बना कर हमारे आदमियों को किला समर्पित कर दिया तथा सैयिद रफ़ी के साथ पहुंचकर हमारी सेवा में उपस्थित होने का सम्मान प्राप्त किया। मैंने उसे दोआब में बीस लाख[2] का एक परगना प्रदान कर दिया।

महदी ख्वाजा की ब्याना में नियुक्ति

दोस्. ईशक आका[3] को कुछ समय के लिये ब्याना प्रदान किया गया किन्तु कुछ दिन उपरान्त उसे महदी ख्वाजा को प्रदान कर दिया गया। उसकी वजह[4] ७० लाख[5] निश्चित हुई और उसे ब्याना जाने की अनुमति दे दी गई।

ग्वालियर पर अधिकार

तातार खां सारंग खानी जो ग्वालियर में था बराबर अपनी अधीनता एवं निष्ठा का आश्वासन दिलाने के लिये आदमी भेजा करता था। काफ़िर[6] के कन्दार को अपने अधिकार में कर लेने तथा व्याना के समीप पहुंच जाने के उपरान्त, ग्वालियर के राजाओं में से धर्मानकत तथा एक अन्य काफ़िर ने जो खाने जहां कहलाता था, ग्वालियर के पड़ोस में पहुंच कर, किले पर अधिकार जमाने के लोभ में उपद्रव मचाना एवं विद्रोह करना प्रारम्भ कर दिया। तातार खां कठिनाई में पड़ गया और किले को (हमें) समर्पित करने की इच्छा करने लगा। हमारे अधिकांश बेग[7] घर के सैनिक तथा चुने हुये वीर या तो (हुमायूं)

---

[1] रफ़ी–उद्दीन सझवी इज निवासी (इज फारस की खाड़ी के पास है। वह अबुल फजल के पिता शेख मुबारक का गुरु था और आगरा के समीप दमन है। उसके समकालीन बादशाह एवं अमीर उससे बड़े प्रभावित थे।

[2] २० लाख को मालगुजारी का। अर्सकिन के अनुसार ५००० पौंड।

[3] द्वारों की रक्षा करने वालों का अधिकारी।

[4] व्यय हेतु धन, वेतन।

[5] अर्सकिन के अनुसार १७.५०० पौंड ।

[6] राणा सांगा।

[7] अमीर।

की सेना के साथ और या अन्य अभियानों पर गये हुये थे। हमने रहीम दाद के साथ भीरा के आदमियों तथा हाहौरियों का एक समूह एवं हस्तची[1] तून्कितार और उसके भाइयों को किया। हमने उपयुक्त लोगों को ग्वालियर में परगने प्रदान किये। मुल्ला अपाक़ तथा शेख गुरन[2] भी उनके साथ गये। उन्हें आदेश दिया गया कि वे रहीम दाद को ग्वालियर में आरूढ़ करके लौट आयें। उनके ग्वालियर के समीप पहुंचने तक तातार खां के विचारों में परिवर्तन हो गया और उसने उन्हें किले में न आने दिया। इसी बीच में शेख मुहम्मद गौस[3] ने, जोकि एक दरवेश हैं और जो केवल विद्वान् ही नहीं हैं अपितु जिनके मुरीदों एवं अनुयायियों की संख्या भी बड़ी अधिक है, क़िले के भीतर से रहीम दाद के पास यह संदेश भेजा कि, ''जिस प्रकार हो सके किले में पहुंच जाओ। उसके विचार बदल गये हैं और उनमें खोट पैदा हो गया है।'' रहीम दाद को जब इस बात का पता चला तो उसने तातार खां के पास यह संदेश भेजा कि, ''काफ़िरों के कारण बाहर खतरा है। मुझे कुछ आदमियों सहित किले में प्रविष्ट हो जाने दो। अन्य लोग किले के बाहर ही रहेंगे।'' उसके आग्रह पर तातार खां ने यह बात स्वीकार कर ली और रहीम दाद थोड़े से आदमियों सहित किले में प्रविष्ट हो गया। उसने (तातार खां) से कहलाया कि, ''हमारे आदमियों को इस फाटक के निकट ठहरने दो।'' उसने अपने आदमी हाथी पुल के समीप नियुक्त कर दिये और उसी फाटक से उसने उसी रात्रि में अपनी समस्त सेना को किले में प्रविष्ट करा लिया। दूसरे दिन तातार खां ने विवश होकर किला समर्पित कर दिया और आगरा पहुंच कर मेरी सेवा में उपस्थित हुआ। उसके व्यय हेतु २० लाख[4] का बियांवां[5] परगना प्रदान कर दिया गया।

धौलपुर पर अधिकार

मुहम्मद जैतून के पास भी कोई अन्य उपाय न रह गया और वह दोलपुर[6] को समर्पित करके मेरी सेवा में उपस्थित हआ। कई लाख का एक परगना उसे प्रदान कर दिया गया। दोलपुर को खालसे[7] में सम्मिलित कर

---

[1] यह शब्द विभिन्न हस्तलिखित पोथियों में भिन्न–भिन्न रूप से लिखा है।

[2] गूरान।

[3] शेख मुहम्मद गोसः हाजी हमीदुद्दीन, गोसे हिन्दुस्तान के पालम बड़े प्रसिद्ध सूफी हुये हैं उन्होंने लगभग १२ वर्ष तक मिर्जापुर जिले में स्थित चुनार की पहाड़ियों में वनस्पति एवं फल खाकर घोर तपस्या की । तत्पश्चात् वे ग्वालियर में निवास करने लगे। उनकी मृत्यु १५६२ ई० में हुई।

[4] अर्सकिन के अनुसार ५००० पौंड।

[5] 'आईने अकबरी' के अनुसार आगरा सूबे में।

[6] धौलपुर।

[7] वह भूमि जिसका प्रबंध केन्द्रीय शासन की ओर से होता है और उसकी मालगुजारी भी केन्द्रीय खजाने में जाती है।

लिया गया और अबुल फ़तह तुर्कमान को उसका शिक़दार नियुक्त कर दिया गया।

हिसार फ़ीरोज़ा में अफ़ग़ानों का दमन

हिसार फ़ोरोज़ा के आस पास हमीद खां सारंग खानी अपने सहायक अफ़ग़ानों के एक समूह तथा पनी अफ़ग़ानों सहित ३–४ हजार की संख्या में अशान्ति एवं उपद्रव मचा रहा था। बुधवार १५ सफ़र (२१ नवम्बर) को हमने चोन तीमूर सुल्तान (चग़ताई), अहमदी परवानची[1], अबुल फ़तह तुर्कमान, मलिक दाद करार नी तथा सुल्तान के मुजाहिद खां को उनके विरुद्ध नियुक्त किया। ये लोग वहां पहुंच कर उन पर दूर से अचानक टूट पड़े और उसके सहायक अफ़ग़ानों को बुरी तरह पराजित कर दिया। उन्होंने बहुत से अफ़ग़ानों की हत्या कर दी और बहुत से सिरों को (हमारे पास) भेज दिया।

ईरान के राजदूत का आगमन

सफ़र मास के अन्त[2] में ख्वाजगी असद, जो शाहजादा तहमास्प[3] सफ़वी के पास राजदूत बना कर एराक भेजा गया था, सुलेमान नामक एक तुर्कमान के साथ वापस आया। वह अन्य उपहारों के साथ दो कीज़लार[4] लाया।

बाबर को विष देने का प्रयत्न

(२१ दिसम्बर)––शुक्रवार १६ रबी–उल–अव्वल को एक विचित्र घटना घटी। इसका सविस्तार विवरण मैंने काबुल एक पत्र में लिख कर भेजा। वह पत्र मूल रूप से बिना कुछ घटाये बढ़ाये इस स्थान पर नक़ल किया जाता है।[5]

शुक्रवार १६ रबी–उल–अव्वल ९३३ हि० (२१ दिसम्बर १५२६ ई०) की महत्वपूर्ण घटना का उल्लेख इस प्रकार है––

उस अभागिनी बुवा इबराहीम की माता ने सुन लिया कि मैं हिन्दुस्तानियों के हाथ की चीजें खाता हूं। इसका किस्सा इस प्रकार है कि क्योंकि मैंने हिन्दुस्तानी भोजन न खाया था अतः इस तिथि से ३–४ मास पूर्व मैंने इबराहीम के बावरचियों को लाने का आदेश दिया था। ५०–६० बावरची लाये गये। मैंने उनमें से चार व्यक्ति रख लिये। उस अभागिन ने यह कह कर अहमद चाश्नी गीर[6] को इटावा से बुलवाया। हिन्दुस्तान में बकावल को

---

[1] परवाने (शाही आदेश) लिखने वाला।

[2] दिसम्बर मास के प्रथम सप्ताह ।

[3] शाह इस्माईल सफ़वी की मृत्यु ९३० हि० (१५२४ ई०) में हुई और उसके स्थान पर शाह तहमा सफ़वी बादशाह हुआ अतः उसे इस स्थान पर शाहजादा लिखना उचित न था। सम्भवतः शाह तहमास की आयु कम होने के कारण उसे शाहजादा लिखा गया है।

[4] फारसी अनुवाद में 'दुख्तरे चेरकस' (चेरकस लड़कियां); चेरकस पश्चिमी काकेशस।

[5] सम्भवतः यह पत्र माहीम को लिखा गया होगा और वह इसे ९३५ हि. (१५२८–२९ ई०) में अपने साथ लाई होगी।

[6] वह व्यक्ति जो शाही भोजन का प्रबंध करता था और बादशाह के समक्ष भोजन प्रस्तुत करने के पूर्व उसे चख कर संतुष्ट हो जाता था कि इसमें विष इत्यादि नहीं मिला है और

चाश्नी गीर कहते हैं। उसे बुलवा कर उसने एक दाई द्वारा उसके पास एक काग़ज़ की पुड़िया में लपेट कर एक तोला विष भिजवा दिया। जैसा कि उल्लेख हो चुका है एक तोला दो मिस्काल से कुछ अधिक होता है। अहमद ने वह विष हमारी रसोई के हिन्दुस्तानी बावरचियों को दे दिया और उन्हें इस बात का आश्वासन दिलाया कि यदि वे किसी न किसी प्रकार उसे हमारे भोजन में मिला देंगे तो उन्हें चार परगने प्रदान किये जायेंगे। पहली दाई के पीछे पीछे उस अभागिन वृद्धा ने दूसरी दाई को यह देखने के लिये भेजा कि पहली दाई ने अहमद को विष दिया अथवा नहीं।

यह बड़ा अच्छा हुआ कि विष देग में न डाला गया अपितु रकाबी पर रक्खा गया। देग में विष न डालने का कारण यह था कि मैंने बकावलों को चेतावनी दे दी थी कि जब भोजन देग में पक रहा हो तो जो हिन्दुस्तानी वहां उपस्थित हो उससे भोजन चखाया जाये। जिस समय भोजन रकाबियों में लगाया जाने लगा तो हमारे अभागे बकावल असावधान हो गये। एक चीनी की पलेट पर पतली पतली चपातियां लगाई गई और उन पर काग़ज़ की पुड़ियां में से आधे से कम विष छिड़क दिया गया। उस पर से रोशन दार कलिया[1] रख दिया गया। यदि विष कलिये के ऊपर छिड़क दिया जाता अथवा देग में डाल दिया जाता तो बड़ा बुरा होता। घबराहट में बावरची ने आधे से अधिक विष आग में डाल दिया।

शुक्रवार के दिन, मध्याह्नोत्तर की प्रथम नमाज़ के कुछ देर बाद पका हुआ मांस लगाया गया। मैंने बहुत सा खरगोश का मांस बड़े शौक़ से खाया और तली हुई गाजरें भी अधिक संख्या में खाई। मैंने कुछ ग्रास विष मिले हुये हिन्दुस्तानी भोजन के खाये। मुझे उसके स्वाद में कोई खराबी न ज्ञात हुई। मैंने दो–एक ग्रास सूखे मांस के खाये। फिर मेरा जी मचलाने लगा। इससे पूर्व एक दिन सूखा मांस खाने पर मुझे उसका स्वाद अच्छा न लगा था अतः मैंने सोचा कि मेरा जी सूखा मांस खाने के कारण मचला रहा होगा। बार बार मेरा जी बुरा होने लगा। दो–तीन बार के अधिक जी मचलाने के उपरान्त यह दशा हो गई कि मैं दस्तर ख्वान[2] पर कै कर देता। अन्त में मैंने देखा कि मैं सहन नहीं कर सकता। मैं आबखाने[3] तक ओकते हुये पहुंचा और वहां पहुंच कर बड़े ज़ोर से कै की। मैंने भोजन के उपरान्त कभी वमन न किया था, यहां तक कि मदिरापान के समय भी मैंने कभी वमन न किया था। मुझे सन्देह हो गया। मैंने बावरचियों की निगरानी का आदेश दे दिया और आदेश दिया कि थोड़ा सा वमन एक कुत्ते को खिलाया जाये और उसकी दशा का निरीक्षण किया जाये। दूसरे दिन एक पहर उपरान्त

भोजन बादशाह के खाने योग्य है। हर प्रकार से संतुष्ट हो जाने के उपरान्त वह भोजन पर अपनी मुहर लगा देता था। देखिये 'आईने अकबरी'।

[1] एक प्रकार का पक्का हुआ मांस ।

[2] वह कपड़ा जिस पर खाना खाने के समय भोजन रक्खा जाता है।

[3] वह स्थान जहाँ जल रक्खा जाता था ।

उसकी दशा बिगड़ गई। उसका पेट फूल गया। उसे लोग कितना ही पत्थर मारते और हिलाते डुलाते किन्तु वह न उठता। मध्याह्न तक वह उसी दशा में पड़ा रहा। तदुपरान्त वह उठ खड़ा हुआ किन्तु मरा नहीं। दो–एक वीरों को, जिन्होंने उस रकाबी का भोजन खाया था, दूसरे दिन बड़ी कै हुई। एक की दशा तो बड़ी ही खराब हो गई।

मिसरा[1]

"आफ़त आई थी किन्तु कुशलतापूर्वक गुज़र गई।

ईश्वर ने मुझे नया जीवन प्रदान किया। मैं उस लोक से आ रहा हूं। मेरा आज माता के गर्भ से पुनः जन्म हुआ। मैं रुग्ण रहा। मैं ईश्वर की कृपा से जी रहा हूं। मैंने आज जीवन का मूल्य समझा।"

मैंने सुल्तान मुहम्मद बख्शी को आदेश दिया कि वह बावरची पर निगरानी रखे। उसे दारुण पीड़ा पहुंचाने के लिये लोग ले गये। उसने एक एक करके पूरी घटना का उल्लेख कर दिया।

सोमवार के दिन दरबार होता था। मैंने आदेश दिया कि समस्त प्रतिष्ठित एवं सम्मानित लोग, अमीर तथा वज़ीर उपस्थित हों। उन दोनों पुरुषों तथा स्त्रियों को बुलवा कर उनसे प्रश्न किये जायें। उन लोगों ने वहां सब हाल बताया। बकावल के मैंने टुकड़े टुकड़े करा दिये। बावरची की खाल जीवित अवस्था में खिंचवाई गई। उनमें से एक स्त्री को मैंने हाथी के पांव के नीचे डलवा दिया। दूसरी स्त्री को तोप के मुंह पर रख कर उड़वा दिया गया। अभागिनी बुवा अर्थात् इबराहीम की माता पर निगरानी रखने का मैंने आदेश दे दिया। वह अपने कुकर्म का फल भोग रही है और उसे इसका परिणाम मिल जायेगा।

शनिवार को मैंने एक प्याला दूध पिया। रविवार को मैंने अरक़ पिया जिसमें गिले मख़्तूम[2] घुली हुई थी। सोमवार को मैंने दूध पिया जिसमें गिले मख़्तूम तथा उत्तम प्रकार का तिर्याक[3] मिला हुआ था। इससे पेट साफ़ हो गया। प्रथम दिन की भांति शनिवार को भी पित्त से जली हुई कोई काली सी वस्तु निकली।

ईश्वर को धन्य है कि मुझे कोई हानि नहीं हुई। मुझे आज तक यह पता न था कि प्राण कितने अधिक प्रिय हो सकते हैं। यह कहा गया है कि "जो कोई मृत्यु के निकट पहुंच जाता है उसे जीवन का मूल्य ज्ञात हो जाता है।" जैसे ही इस भयंकर दुर्घटना का स्मरण हो जाता है तो मेरी दशा खराब हो जाती है। यह ईश्वर की महान् कृपा है कि उसने मुझे पुनः जीवन प्रदान किया। मैं उसके प्रति किन शब्दों में कृतज्ञता प्रकट कर सकता हूं।

---

[1] शेर की एक पंक्ति।

[2] वह मिट्टी जो मुहर लगाने के काम में आती है।

[3] औषधि जिसके सेवन से कहा जाता है कि विष का प्रभाव समाप्त हो जाता है।

यद्यपि यह दुर्घटना इतनी अधिक भयंकर है कि इसका उल्लेख शब्दों में नहीं किया जा सकता फिर भी मैंने पूरी घटना का सविस्तार उल्लेख इस आशय से कर दिया कि, "उन लोगों"[1] के हृदय में किसी प्रकार की चिन्ता न रहे। ईश्वर को धन्य है कि मुझे अभी और दिन देखने हैं। सब कुछ कुशलता पूर्वक व्यतीत हो गया और किसी प्रकार का भय एवं चिन्ता मत करो।"

यह पत्र मंगलवार २० रबी–उल–अव्वल (२५ दिसम्बर १५२६ ई०) को चारबाग से लिखा गया।

जब हमें इस दुर्घटना की चिन्ता से मुक्ति प्राप्त हो गई तो उपर्युक्त पत्र लिख कर काबुल भिजवा दिया गया।

इबराहीम के परिवार के प्रति व्यवहार

क्योंकि इस अभागिनी बुवा ने इतना बड़ा अपराध किया था अतः वह यूनुस अली तथा ख्वाजगी असद को सौंप दी गई। उन लोगों ने उसकी नक़द तथा अन्य सम्पत्ति एवं दास तथा दासियों पर अधिकार जमा कर अब्दुर्रहीम शगावल[2] को इस आशय से सौंप दिया कि वह उसके ऊपर कड़ी निगरानी रक्खे। उसके पौत्र, इबराहीम के पुत्र के प्रति अत्यधिक आदर सम्मान प्रदर्शित किया जाता था किन्तु जब यह स्पष्ट हो गया कि इस परिवार ने मेरे प्राण लेने का प्रयत्न किया है तो उसे आगरा में रखना उचित न था। उसे मुल्ला सरसान के साथ, जो कामरान के पास से एक महत्वपूर्ण कार्य हेतु आया था, बृहस्पतिवार २६ रबी–उल–अव्वल (३ जनवरी १५२७ ई.) को कामरान के पास भेज दिया गया।[3]

हुमायूँ द्वारा जौनपुर तथा ग़ाज़ीपुर पर आक्रमण

हुमायूं जो पूर्व के विद्रोहियों के विरुद्ध गया था जूनपुर[4] को विजय करके शीघ्रातिशीघ्र नसीर[5] खां के विरुद्ध गाजीपुर पहुंचा। उसे जब उसके आक्रमण की सूचना मिली तो वह गंगा नदी पार करके भाग गया। ग़ाज़ीपुर से हुमायूं खरीद[6] पहुंचा किन्तु उस स्थान के अफ़ग़ान उसके आक्रमण की सूचना पा कर सरयू नदी पार कर के पलायन कर गये। खरीद में सेना वाले लूट मार करके वापस लौट आये।

हुमायूँ की वापसी

जिस प्रकार मैंने निश्चय किया था, हुमायूं ने शाह मीर हुसेन तथा सुल्तान जुनैद को वीरों के एक समूह सहित जूनपुर में नियुक्त कर दिया और

---

[1] बाबर के परिवार वाले जो काबुल में थे।

[2] शगावलः जो राजदूतों इत्यादि को दरबार में प्रस्तुत करता हो।

[3] कामरान उस समय कंधार में था। बाबर ने इबराहीम के पुत्र का नाम नहीं लिखा है । सम्भवतः उसकी अवस्था उस समय बहुत कम रही हो और उसके नाम को कोई प्रसिद्धि न प्राप्त हुई हो।

[4] जौनपुर।

[5] नसीर खां नोहानी।

[6] 'आईने अकबरी' में इसे जौनपुर सरकार में दिखाया गया है।

क़ाज़ी जिया को उनके साथ कर दिया। शेख बायजीद[1] को अवध में नियुक्त कर दिया। जब ये महत्त्वपूर्ण कार्य सम्पन्न हो चुके तो उसने गंगा नदी कड़ा मानिकपुर के पास पार की और कालपी की ओर रवाना हुआ।

आलम खां (कालपी) का अधीनता स्वीकार करना

कालपी में उस समय जलाल खां जिगहट का पुत्र आलम खां राज्य कर रहा था। उसने मेरे पास निष्ठापूर्ण पत्र भेजे थे किन्तु वह स्वयं मेरी सेवा में उपस्थित न हुआ था। हुमायूं ने कालपी के समीप पहुंच कर कुछ आदमियों को आलम खां के पास इस आशय से भेजा कि वे उसके हृदय से भय का अन्त करा दें। तदुपरान्त वह उसे (आगरा) लाया।

हुमायूँ का आगरा पहुंचना

रविवार ३ रबी–उस्सानी (६ जनवरी १५२७ ई०) को हुमायूँ हश्त बहिश्त नामक उद्यान[2] में मेरी सेवा में उपस्थित हुआ। उसी दिन ख्वाजा दोस्त खावन्द भी काबुल से आ पहुंचा।

राणा सांगा के विरुद्ध ब्याना को सहायता

इसी बीच में महदी ख्वाजा के आदमी लगातार पहुंचने लगे और उन्होंने यह समाचार पहुंचाये कि "इसमें कोई सन्देह नहीं कि राणा बढ़ता चला आ रहा है।[3] हसन खां मेवाती के विषय में भी सुना जाता है कि सम्भवतः वह भी राणा का ही साथ देगा। उनका उपाय सर्वोपरि समझना चाहिये। राज्य के हित में यह बड़ा अच्छा होगा कि शाही सेना के पहुंचने के पूर्व सैनिकों का एक दस्ता सहायतार्थ ब्याना पहुंच जाये।"

हमने राणा पर आक्रमण करने का संकल्प करके, मुहम्मद सुल्तान मीर्जा, यूनुस अली, शाह मनसूर बरलास, कित्ता बेग, किस्मती तथा बूजका के अधीन एक सेना करके आदेश दिया कि वे शीघ्राति शीघ्र ब्याना पहुंच जायें।

हसन खां मेवाती का विरोध

इबराहीम के युद्ध में हसन खां मेवाती का पुत्र नाहर खां बन्दी बना लिया गया था। हमने उसे बन्धक के रूप में रख लिया था। उसके कारण उसका पिता दिखावट में हमारे पास आया जाया करता था और उसकी मांग किया करता था। कुछ लोगों ने यह सोचा कि यदि हसन खां को मिलाने के लिये उसके पुत्र को उसके पास भेज दिया जाये तो सम्भवतः वह इससे प्रभावित होकर हमसे मिल जायेगा और हमारी सेवा में उपस्थित हो जायेगा। तदनुसार नाहर खां को खिलअत प्रदान किया गया और उसके पिता को उसके द्वारा आश्वासन देकर विदा कर दिया गया।

यह दुष्ट धूर्त अपने पुत्र की मुक्ति की प्रतीक्षा में चुपचाप बैठा था। जब उसे अपने पुत्र के मुक्त होने के विषय में पता चल गया तो वह उसके

---

[1] शेख बायजीद फर्मुली।

[2] सम्भवतः चारबाग जिसे बाद में आराम बारा अथवा राम बारा कहा जाने लगा।

[3] वह मारवाड़ की ओर से भा रहा होगा।

पहुंचने के पूर्व ही उसके अलवर पार कर लेने के उपरान्त राणा सांगा से टोडा[1] में मिल गया। उसके पुत्र को इस अवसर पर मुक्त करना उचित न था।

समारोह

इसी बीच में बड़ी अधिक वर्षा होने लगी थी। सभायें हुआ करती थीं। हुमायूं भी उनमें उपस्थित रहता था। यद्यपि वह इससे घृणा करता था किन्तु फिर भी वह कभी कभी पाप करता था।[2]

मावराउन्नहर के समाचार

इस बीच में जो विचित्र घटनायें घटीं उनमें एक यह थीः

जब हुमायूं किलये ज़फ़र से हिन्दुस्तान की सेना में सम्मिलित होने के लिये आ रहा था[3] तो पशागर का मुल्ला बाबा तथा उसका छोटा भाई बाबा शेख मार्ग में उससे पृथक होकर कीतीन करा सुल्तान[4] के पास, जिसने बल्ख के किले वालों की शक्तिहीनता के कारण उस पर अधिकार जमा लिया था[5], चले गये थे। इस दुष्ट अभागे ने अपने भाई सहित उस ओर के कार्यों को अपनी ग्रीवा पर ले लिया और वे अईबक, खुर्रम तथा सार बाग[6] के समीप पहुंचे।

शाह सिकन्दर के बल्ख को समर्पित कर देने के उपरान्त गूरी से पांव उखड़ गये। वह ऊजबेग को किला समर्पित कर देने वाला ही था कि मुल्ला बाबा तथा बाबा शेख ने कुछ ऊजबेगों सहित वहां पहुंच कर उसे अपने अधिकार में कर लिया। मीर हमह का किला निकट ही था अतः उसके पास इसके अतिरिक्त कोई अन्य उपाय न रह गया कि वह क़िला ऊजबेगों को सौंप दे किन्तु कुछ दिन उपरान्त मुल्ला बाबा तथा बाबा शेख कुछ ऊज़बेगों सहित मीर हमह के किले में पहुंचे और मीर तथा उसके सैनिकों के समक्ष यह प्रस्ताव रखा कि मीर तथा उसके सैनिक किला छोड़ दें और वे उन्हें बल्ख पहुंचा देंगे। मीर हमह ने बाबा शेख को क़िले में उतरवाया और शेष लोगों को ठहरने के लिये इधर उधर अऊताक[7] प्रदान कर दिये। मीर हमह ने बाबा शेख को तलवार द्वारा आहत किया और उसे तथा कुछ अन्य लोगों को बन्दी बना दिया। उसने एक आदमी को शीघ्रातिशीघ्र तीगरी बीरदी[8] की ओर दौड़ाया। तींगरी बीरदी ने यार अली तथा अब्दुल लतीफ़ को कुछ वीरों

---

[1] टोडा भीम, आगरा जिले में।

[2] मदिरापान किया करता था।

[3] मुहर्रम ६३२ हि० (अक्तूबर १५२५ ई०)।

[4] कीतीन करा सुल्तान ऊजबेग।

[5] सम्भवतः बाबर के ६३१ हि० (१५२४–२५ ई०) के युद्ध के उपरान्त ऊजबेगों ने पुनः युद्ध प्रारम्भ कर दिया था।

[6] ये स्थान खुल्म नदी पर खुल्म तथा काहमर्द के मध्य में स्थित हैं।

[7] नमर्दे की झोपडियां, खेमे।

[8] तीगरी बीरदी कूचीन जो कन्दूज में था।

सहित भेजा किन्तु उनके मीर हमह के किले में पहुंचने के पूर्व, मुल्ला बाबा वहां ऊज़बेगों सहित पहुंच चुका था। उसने युद्ध करना निश्चय कर लिया था किन्तु वह कुछ न कर सका। मीर हमह तथा उसके आदमी तींगरी बीरदी के आदमियों से मिल गये और कन्दूज़ पहुंचे। बाबा शेख के घाव गहरे रहे होंगे। उन्होंने उसका सिर काट डाला और मीर हमह उन्हीं दिनों में उसका सिर लाया।[1] मैंने मीर हमह को कृपाओं द्वारा सम्मानित किया और उसे उसके साथियों एवं बराबर वालों की अपेक्षा अधिक प्रतिष्ठा प्रदान की। जब बाक़ी शगावली जाने लगा था[2] तो मैंने उसे यह वचन दिया था कि यदि वह उन दोनों दुष्टों का सिर काट लायेगा तो उसे प्रत्येक के लिये एक एक सेर सोना प्रदान किया जायेगा। मीर हमह को अन्य पुरस्कारों एवं कृपाओं के अतिरिक्त एक सेर सोना बाबा शेख के सिर के लिये प्रदान किया।[3]

बाबर के अग्र दल द्वारा ब्याना के आस पास छापा

किस्मती, जो थोड़ी सी सेना लेकर ब्याना गया था, कुछ लोगों के सिर काट लाया। जब वह तथा वूजका कुछ वीरों सहित शत्रुओं के विषय में समाचार लाने गये, तो उन्होंने काफ़िरों की सेना के दो दलों को, जो समाचार लाने के लिये नियुक्त थे, पराजित कर दिया और लगभग ७०–८० आदमियों को बन्दी बना लिया। किस्मती समाचार लाया कि हसन खां मेवाती वास्तव में राणा सांगा से मिल गया है।

बड़ी तोप की परीक्षा

(१० फ़रवरी)–रविवार ८ जमादि–उल–अव्वल को मैं उस्ताद अली कुली की बनाई हुई बड़ी तोप से पत्थर चलाने का दृश्य देखने गया। यह वही बड़ी तोप है जिसकी पाषाण कोष्टिका[4] में कोई दोष न था और जिसका बारूद कोष्ट[5] तैयार करके उस्ताद अली कुली ने उसे पूरा कर लिया था। यह मध्याह्नोत्तर की नमाज के बाद चलाई गई और इसने १६०० क़दम तक पत्थर फेंके। उस्ताद को एक तलवार की पेटी, खिलअत तथा तीपूचाक घोड़ा इनाम में प्रदान किया गया।

बाबर का राणा सांगा के विरुद्ध आगरा से प्रस्थान

(११ फरवरी)–सोमवार ६ जमादि–उल–अव्वल को हमने जिहाद हेतु आगरा के उपान्त से प्रस्थान किया और खुले मैदान में उतर पड़े। ३–४ दिन तक हम लोग वहां सेना एकत्र करने एवं उसे सुव्यवस्थित करने में व्यस्त रहे। क्योंकि हिन्दुस्तान वालों पर अधिक विश्वास न था अतः हिन्दुस्तानी अमीरों को इधर उधर अभियानों पर शीघ्रातिशीघ्र जाने का आदेश दिया

---

[1] आगरा में।

[2] बल्ख को।

[3] अर्सकिन का विचार है कि यदि बाबर ने जिस सेर का उल्लेख किया है वह १४ तोले का हो तो उसका मूल्य २७ पौंड और यदि २४ तोले का हो तो ४५ पौंड होगा।

[4] फारसी अनुवाद में 'खानये संग' ।

[5] फारसी अनुवाद में 'दारू खाना'।

गया। आलम खां[1] को शीघ्रातिशीघ्र रहीम दाद की सहायतार्थ ग्वालियर पहुंचने का तथा मकन, कासिम बेग सम्बली[2], हमीद तथा उसके बड़े और छोटे भाइयों एवं मुहम्मद जैतून को शीघ्रातिशीघ्र सम्बल[3] पहुंचने का आदेश हुआ।

बाबर के अग्र दल की पराजय

इसी पड़ाव पर यह समाचार प्राप्त हुये कि राणा सांगा के अपनी समस्त सेना सहित ब्याना की ओर पहुंच जाने के कारण हमारी सेना का अग्र दल न तो स्वयं ब्याना के किले में प्रविष्ट हो सका और न क़िले वालों को कोई समाचार भेज सका। ब्याना के किले वाले किले से दूर निकल गये और उन्होंने बड़ी असावधानी से आक्रमण किया। शत्रुओं ने उन पर बड़ा तीव्र आक्रमण किया और उन्हें पराजित कर दिया। संगुर खां जनजूहा वहां शहीद हो गया। युद्ध के समय कित्ता बेग ने हड़बड़ी में आक्रमण किया और एक काफ़िर को घोड़े से गिरा दिया। कित्ता बेग जिस समय उसे बन्दी बनाने लगा उसने कित्ता बेग के सेवक से तलवार छीन कर बेग[4] के कंधों पर तलवार का एक वार किया। कित्ता बेग को उसके कारण बड़ा कष्ट उठाना पड़ा। वह उस जिहाद में जो राणा के विरुद्ध हुआ भाग न ले सका। उसे स्वस्थ होने में बड़ी देर लगी और सर्वदा के लिये उसके अंग भंग हो गये।

पता नहीं क़िस्मती, शाह मनसूर बरलास तथा जितने लोग ब्याना से आते थे, वे स्वयं भयभीत थे, अथवा अन्य लोगों को भयभीत करने के लिये, काफ़िर[5] की सेना की वीरता एवं प्रचंडता की अत्यधिक प्रशंसा एवं तारीफ़ करते थे।

क़ासिम मीर आख़ूर[6] को उसी पड़ाव से बेलदारों सहित इस आशय से आगे भेजा गया कि मंधाकूर[7] नामक परगने में जहां सेना का दूसरा पड़ाव होगा बहुत से कुयें खुदवा दे।

(१६ फरवरी)–शनिवार १४ जमादि–उल–अव्वल को हमने आगरा के समीप से प्रस्थान किया और जिस पड़ाव पर कुयें खुदवाये गये थे वहां उतरे।।

वहां से दूसरे दिन हम चल खड़े हुये। मैंने सोचा कि यहां सीकरी[8] ही एक ऐसा स्थान है जहां इतना अधिक जल हो जो सेना के लिये पर्याप्त हो

---

[1] पालम खां तहानगरी।

[2] सम्भली।

[3] सम्भल।

[4] कित्ता बेग ।

[5] राणा सांगा।

[6] मीर आखुर अथवा अमीर आखुर, शाही घोड़ों की देख रेख करता था।

[7] फारसी अनुवाद के अनुसार 'मंथापुर।

[8] शेख़ जैन ख्वाफी के अनुसार बाबर ने सीकरी के नुक्तों में परिवर्तन करके 'शुकरी' नाम रख लिया।

सकेगा। सम्भव है कि काफ़िर[1] वहीं पड़ाव डाले हो और जल पर अधिकार जमा लिया हो। हमने सेना की दाईं बाई और मध्य की पंक्तियां सुव्यवस्थित कर के प्रस्थान किया। क्योंकि क़िस्मती एवं दरवेश मुहम्मद सारबान ने उस क्षेत्र में आने जाने के कारण ब्याना के सभी ओर के स्थानों का ज्ञान प्राप्त कर लिया था, अतः उन्हें इस आशय से आगे भेजा गया कि वे सीकरी की झील के तट पर सेना के शिविर के लिये स्थान की खोज कर लें। (मंधाकूर) नामक पड़ाव पर पहुंच कर कुछ लोगों को आदेश दिया गया कि वे शीघ्रातिशीघ्र महदी ख्वाजा तथा उन लोगों को जो ब्याना के किले में हैं यह समाचार पहुंचायें कि वे मेरे पास शीघ्रातिशीघ्र उपस्थित हों। हुमायूं के सेवक बेग मीरक मुगूल को कुछ वीरों सहित काफ़िर के विषय में समाचार लाने के लिये भेजा गया। वे उसी रात में चल खड़े हुये और प्रातःकाल यह समाचार लाये कि शत्रु बसावर[2] से एक कोस आगे बढ़ कर पड़ाव किये हैं। उसी दिन दिन महदी ख्वाजा तथा मुहम्मद सुल्तान मीर्जा, उस सेना सहित जो ब्याना पर आक्रमण करने के लिये भेजी गई थी, पहुंच गये।

बाबर की सेना के एक अग्र दल की पराजय

बेग (अमीर) बारी–बारी से शत्रु की सेना के विषय में सूचना लाने के लिये नियुक्त किये गये। जिस दिन अब्दुल अज़ीज़ की बारी थी तो वह आगे पीछे, कुछ देखे बिना, सीधा कनवा की ओर, जो ५ कुरोह[3] की दूरी पर था, बढ़ता चला गया। राणा आगे बढ़ रहा होगा। उसने यह सुन कर कि हमारे आदमी बेतहाशा बढ़ते ही चले आ रहे हैं अपने ४–५ हजार सैनिकों द्वारा उन पर अचानक आक्रमण करा दिया। अब्दुल अज़ीज़ तथा मुल्ला अपाक़ के साथ १०००–१५०० आदमी रहे होंगे। उन्होंने अपने शत्रुओं की संख्या की ओर कोई ध्यान न दिया और युद्ध प्रारम्भ कर दिया। वे तत्काल भगा दिये गये और उनमें से बहुत से लोग बन्दी बना दिये गये।

यह समाचार पाकर हमने खलीफ़ा के मुहिब अली को खलीफ़ा के सेवकों सहित (उस ओर) भेजा। मुल्ला हसन तथा कुछ अन्य ऊबरूक सूबरूक[4] उनकी सहायतार्थ भेजे गये। तदुपरान्त मुहम्मद अली जंगजंग को भी भेजा गया। जो लोग मुहिब अली की सेना के पहुंचने के पूर्व भेजे गये थे अर्थात् अब्दुल अज़ीज़ एवं उसके सहायक, उन्हें काफ़िर ने भगा दिया था। उसकी पताका पर अधिकार जमा लिया था और मुल्ला नेमत, मुल्ला दाऊद, मुल्ला अपाक के छोटे भाई तथा अन्य बहुत से लोगों की हत्या कर दी गई थी। खलीफ़ा के मुहिब अली के अधीन जो सेना भेजी गई थी उसके ताहिर तीबरी

---

[1] राणा सांगा ।

[2] ब्याना के उत्तर–पश्चिम में १०–१२ मील पर।

[3] १० मील।

[4] प्रकाशित फारसी अनुवाद में भी इन्हीं शब्दों का प्रयोग हुआ है। किन्तु 'बाबर नामा' की मूल तुर्की पोथी में इससे पूर्व इस शब्द का प्रयोग नहीं हुआ है। अर्सकिन के अनुसार इसका अर्थ "प्रत्येक अपने घोड़े की रफतार के अनुसार" है।

पर काफ़िर[1] ने उसके अन्य सहायकों के पहुंचने के पूर्व ही विजय प्राप्त कर ली। इसी बीच में मुहिब अली भी युद्ध में गिरने वाला ही था किन्तु बाल्तू ने पीछे से पहुंच कर उसे वहां से निकाल लिया। शत्रु ने उनका एक कुरोह[2] तक पीछा किया किन्तु मुहम्मद अली जंगजंग को अधिक सेना सहित देख कर वे रुक गये।

निरन्तर यह समाचार प्राप्त होने लगे कि शत्रु बराबर निकट आता जा रहा है। हमने अस्त्र–शस्त्र धारण कर लिये तथा घोड़ों को कवच पहना दिये। हमने आदेश दिये कि गाड़ियों को खींच कर पीछे पीछे लाया जाये और हम शीघ्रातिशीघ्र बढ़ते चले गये। हम लोग एक कुरोह तक बढ़ गये। शत्रु एक ओर हो गये होंगे।

बाबर द्वारा अपने शिविर का दुर्गीकरण

हमारे एक ओर बड़ी झील थी। जल के कारण हम लोग वहीं उतर पड़े। हमने अपने सामने का भाग गाड़ियों द्वारा दृढ़ बना लिया। गाड़ियों को हमने जंजीरों से जकड़ दिया। दो गाड़ियों के बीच में, जो जंजीरों[3] से जकड़ी थीं, ७–८ गज की दूरी होगी। मुस्तफ़ा रूमी ने रूमी ढंग से गाड़ियां तैयार कराई थीं। वे अत्योत्तम बड़ी मज़बूत एवं उपयोगी थीं। क्योंकि उस्ताद अली कुली को मुस्तफ़ा से ईर्ष्या थी, अतः मुस्तफ़ा को दायें ओर की सेना में हुमायूं के सामने नियुक्त किया गया। जिन स्थानों पर गाड़ियां न पहुंच पाई थीं वहां खुरासानी एवं हिन्दुस्तानी बेलदारों द्वारा खाईं खुदवा दी गई।

बाबर की सेना का हतोत्साहित होना

काफ़िर[4] के बड़ी तीव्र गति से अग्रसर होने, ब्याना में (कुशलतापूर्वक) युद्ध करने और शाह मनसूर, किस्मती एवं व्याना के शेष लोगों द्वारा काफ़िर की अत्यधिक प्रशंसा के कारण, सेना वाले हतोत्साहित होने लगे। सब से बढ़ कर, अब्दुल अज़ीज़ की पराजय हो गई। हमने अपने आदमियों का उत्साह बढ़ाने एवं सेना की जाहिरी दृढ़ता के लिये जिन स्थानों पर गाड़ियां न पहुंची थीं ७–७ और ८–८ ग़ज़ की दूरी पर लकड़ी की तिपाइयां रखवा दीं और उन्हें कच्चे चमड़े की रस्सियों द्वारा खिंचवा कर बंधवा दिया। इन सामानों एवं यंत्रों की तैयारी के पूर्ण होने में २०–२५ दिन लग गये।

काबुल से एक सैनिक दल का सहायतार्थ पहुंचना

इसी बीच में कासिम हुसेन सुल्तान[5] जो सुल्तान हुसेन मुहम्मद[6] की एक पुत्री का पुत्र है, अहमद यूसुफ[7] कवाम ऊर्दू शाह तथा मेरे बहुत से मित्र

---

[1] राणा सांगा।

[2] दो मील।

[3] पानीपत में चमड़े की रस्सियों का प्रयोग हुआ था।

[4] राणा सांगा।

[5] कासिम हुसेन सुल्तान (ऊजबेग शैबान)।

[6] सुल्तान हुसेन मुहम्मद बाईकरा।

[7] अहमद यूसुफ़ ऊगलाकची।

लगभग ५०० की संख्या में काबुल से आ गये। अभागे मुहम्मद शरीफ़ ज्योतिषी तथा बाबा दोस्त सूची[1], जो काबुल से मदिरा लाने गया था, ऊंटों की तीन कितार[2] लेकर काबुल से पहुंच गये। ऊंटों पर ग़ज़नी की बड़ी ही उत्तम प्रकार की मदिरा थी।

मुहम्मद शरीफ़ ज्योतिषी की भविष्य–बाणी

ऐसे अवसर पर, जैसा कि उल्लेख हो चुका है, जब कि सेना हतोत्साहित और पिछली बातों के कारण भयभीत थी, अभागा मुहम्मद शरीफ़, यद्यपि उसे मुझसे कुछ कहने का साहस न होता था, जिन लोगों से मिलता अत्यधिक अतिशयोक्ति से यही कहता कि, "इन दिनों मंगल ग्रह पश्चिम दिशा में है। जो कोई इस ओर[3] से युद्ध करने जायेगा वह पराजित होगा।" जो कायर इस अभागे ज्योतिषी से प्रश्न करता वह और भी हतोत्साहित हो जाता। हमने उसकी इस बे सिर पांव की बातों की ओर कोई ध्यान न दिया और जिस प्रकार निश्चय किया था, युद्ध हेतु तैयार हो गये।[4]

बाबर द्वारा मेवात में लूट मार का आदेश

(२४ फ़रवरी)–रविवार २२ जमादि–उल–अव्वल को शेख जमाल को आदेश दिया गया कि वह दोआब के मध्य तथा देहली से जितने भी तरकशबन्द[5] एकत्र कर सके एकत्र कर के मेवात के ग्रामों में लूट मार प्रारम्भ प्रारम्भ कर दे और उससे इस सम्बन्ध में जो कुछ हो सके उसमें कमी न करे ताकि शत्रु को उस ओर की चिन्ता हो जाये। मुल्ला तर्क अली को, जो काबुल से आ रहा था, आदेश दिया गया कि वह शेख जमाल की सहायतार्थ पहुंच जाये और मेवात को नष्ट भ्रष्ट करने में कोई कसर न उठा रक्खे। मग़फ़ूर दीवान को भी इसी विषय में आदेश दिये गये। उन लोगों ने उस क्षेत्र के किनारे के कुछ ग्रामों पर आक्रमण करके उन्हें नष्ट भ्रष्ट कर दिया और कुछ लोगों को बन्दी भी बना लिया किन्तु इस कारण शत्रुओं की चिन्ता में कोई वृद्धि न हुई।

बाबर का मदिरा–पान त्यागना

(२५ फ़रवरी)–सोमवार २३ जमादि–उल–अव्वल को मैं सैर के लिये सवार हुआ था। सैर के समय मेरे हृदय में आया कि मैं पाप से तोबा करने[6] के विषय में सोचा करता था और जो कार्य मैं शरा के विरुद्ध किया करता था, उन्होंने मेरे हृदय पर अमिट छाप लगा दी थी। मैंने अपनी आत्मा से कहा: –

---

[1] सक्का, पानी पिलाने वाला।

[2] एक कितार में लगभग १० अंक होते थे।

[3] पूर्व ।

[4] ९०६ हि० (१५००–१५०१ ई०) में ज्योतिषियों की बातों पर विश्वास के कारण सरे पुल के युद्ध में बाबर बुरी तरह धोखा खा चुका था।

[5] सैनिक।

[6] मदिरापान त्यागने ।

शेर

"कब तक तू पाप से स्वाद लेती रहेगी,
तोबा स्वाद से शून्य नहीं है, इसे चख।"[1]

पद्य[2]

"वर्षों तक कितने पापों ने तुझे अपवित्र किया,
कितनी शान्ति तुझे पापों ने दी।
कितना तू अपनी वासनाओं का दास रहा,
कितना तेरा जीवन व्यर्थ गया।"

"अब तू ग़ाज़ियों के समान संकल्प करके अग्रसर हुआ है,
तू ने अपने मुख में अपनी मृत्यु देख ली है।
जो कोई मृत्यु को दृढ़तापूर्वक पकड़ने का संकल्प कर लेता है,
तू जानता है कि उसमें क्या परिवर्तन हो जाता है?"

"वह अपने आपको निषिद्ध वस्तुओं से बड़ी दूर ले जाता है,
वह अपने समस्त पापों से अपने आपको साफ़ कर लेता है।
अपने ही भले को सामने रखते हुये, मैंने शपथ ली कि त्यागूंगा
मैं अपने पापों में से, मदिरापान।"[3]

"चांदी सोने की सुराहियां तथा प्याले और दावत के बरतन,
मैंने सब के सब मंगवाये।
मैंने तत्काल उन्हें वहीं तोड़वा दिया,
इस प्रकार मदिरापान त्याग कर मेरे हृदय को शान्ति प्राप्त हो गई।"

मैंने सोने चांदी के बरतनों को तोड़वा कर सहायता के पात्रों एवं दरवेशों को बांट दिया। सर्वप्रथम मदिरापान त्यागने में मेरा साथ जिसने दिया वह असस[4] था। वह दाढ़ी न मुंडवाने में भी मेरा साथ दे चुका था। उस रात्रि में तथा दूसरे दिन तक बेगों,[5] घर के सैनिकों, अन्य सैनिकों तथा असैनिकों में से लगभग ३०० व्यक्तियों ने तोबा कर ली। जो मदिरा हमारे साथ थी, वह भूमि पर फेंक दी गई। जो मदिरा बाबा दोस्त लाया था, उसके विषय में आदेश हुआ कि उसमें नमक मिला कर सिर्का बना दिया जाये। जिस स्थान पर मदिरा फेंकी गई थी वहां एक कुआं खुदवाने तथा उसके बराबर एक

---

[1] यह शेर फारसी का है।
[2] यह पद्य तुर्की का है।
[3] इससे पता चलता है कि उसने केवल मदिरा त्यागी थी, मांजून नहीं।
[4] सम्भवतः हाजी मुहम्मद असस (रात्रि का पहरेदार)।
[5] अमीरों।

खैरातखाना बनवाने का आदेश दे दिया गया। मुहर्रम ६३५ हि० (सितम्बर–अक्तूबर १५२८ ई०) में जब मैं ग्वालियर की सैर के उपरान्त लौटते समय दोलपुर[1] से सीकरी पहुंचा तो यह पूरा हो चुका था।

मुसलमानों के लिये तमगा का क्षमा होना

इससे पूर्व मैंने संकल्प किया था कि यदि मुझे सांगा काफ़िर पर विजय प्राप्त हो जायेगी तो मैं मुसलमानों को तमगा[2] अदा करने से मुक्त कर दूंगा।[3] जिस समय मैंने मदिरापान से तोबा की तो दरवेश मुहम्मद सारबान तथा शेख जैन[4] ने मुझे इस बात का स्मरण कराया। मैंने कहा, "तुम लोगों ने बड़ी अच्छी बात याद दिलाई।"

मैंने अपने अधीनस्थ राज्य के समस्त मुसलमानों को तमग़ा से मुक्त कर दिया। मैंने मुंशियों को आदेश दिया कि वे अपनी इन दो महत्वपूर्ण बातों की, जिनका उल्लेख ऊपर हो चुका है, सूचना हेतु फ़रमान लिखें। शेख जैन ने अपनी उत्कृष्ट रचना शक्ति का प्रयोग इन फ़रमानों में किया और उसके लिखे हुए फरमान मैंने अपने अधीनस्थ समस्त राज्य में भेजे।

मदिरापान त्यागने के सम्बन्ध में फ़रमान

"उस ईश्वर की स्तुति करनी चाहिये जो अनुतापी से
प्रेम करता है और उन लोगों से प्रेम करता है जो
आत्म–शुद्धि करते हैं। हमें उस महान् दयालु
के प्रति कृतज्ञता प्रकट करनी चाहिये जो अपने
ऋणियों को मुक्त करता है और उन लोगों को
क्षमा करता है जो क्षमा–याचना करते हैं।
मुहम्मद पर जो समस्त प्राणियों में उत्कृष्ट हैं तथा उनकी
पवित्र संतान एवं उत्कृष्ट मित्रों पर प्रभु की अनुकम्पा हो।"[5]

---

[1] धौलपुर।

[2] जहांगीर ने भी तमगा के माफ करने का उल्लेख 'तुजक' में किया है।

[3] फरमान से पता चलता है कि बाबर ने राणा सांगा से युद्ध के पूर्व ही तमगा के माफ किये जाने का आदेश दे दिया था। कारण कि यह २४ जमादि–उल–अव्वल, २६ फरवरी १५२७ ई०, को निकाल दिया गया था। और बाबर को विजय १६ मार्च को प्राप्त हुई।

[4] शेख जैनुद्दीन वफाई ख्वाफी बाबर का बड़ा प्रिय मुसाहिब और अपने युग का बहुत बड़ा विद्वान् था। उसकी मृत्यु ६४० हि० (१५३३.३४ ई०) में हुई और वह आगरा में दफन हुआ। उसने 'तुजक बाबरी' के हिन्दुस्तान से सम्बंधित भाग का बड़ा जटिल फारसी में अनुवाद किया है। इस अनुवाद की एक प्रतिलिपि ब्रिटिश म्युजियम लन्दन में है। भारतवर्ष में रजा लाइब्रेरी रामपुर में भी इसकी एक हस्त लिखित पोथी है।

[5] यह भाग अरबी में है और कुरान शरीफ से उद्धृत है।

उस विख्यात जन समूह के दर्पण अर्थात उन महान बुद्धि वालों पर जो कि पवित्रता के मोतियों का खजाना हैं और जो इन चमकते हुये रत्नों की छाप के मूर्तिमान हैं कि मनुष्य स्वाभाविक रूप से पाप करता है, और पापों की लिप्सा का परित्याग केवल दैवी सहायता के कारण सम्भव है और यह सहायता केवल उस महान् (ईश्वर) की ओर से आती है–ईश्वर की अनुकम्पा हो।

"प्रत्येक व्यक्ति पापों की ओर प्रवृत्त होता है और यह
केवल ईश्वर की ही महान् अनुकम्पा पर निर्भर है
और वही जिस किसी को उसकी इच्छा होगी उसे
पापों से मुक्त करेगा और ईश्वर अत्यधिक दयालु है।"

उपर्युक्त विवरण का उद्देश्य यह है कि मनुष्य अपनी स्वाभाविक कमजोरियों, बादशाहों तथा बादशाही की प्रथाओं, अन्य बड़े लोगों की आदतों के अनुसार बादशाह से सिपाही तक–अपनी युवावस्था में कुछ न कुछ पाप एवं अनुचित कार्य करता रहता है। कुछ दिनों के उपरान्त हम भी खेद एवं पश्चाताप प्रकट करते हुये एक–एक करके उन पापों का परित्याग करते रहे और तोबा द्वारा उन पापों के द्वारों को बन्द करते रहे किन्तु मदिरापान से तोबा, जो कि समस्त तोबाओं से आवश्यक तथा अनिवार्य थी, उन कार्यों के कक्ष में, जिनका उचित अवसर पर प्रकट होना निश्चित होता है, आवरण में रही। इसने अपना मुख उस समय तक न दिखाया जब तक हमने जिहाद करने वालों के वस्त्र धारण न कर लिये और इस्लाम की सेना सहित काफिरों के संहार हेतु रणक्षेत्र में पहुंच कर पड़ाव न डाल दिये। इस अवसर पर मुझे एक गुप्त दैवी प्रेरणा मिली और मैंने एक अभ्रान्त आवाज़ सुनी जिसका तात्पर्य यह था, "क्या उन लोगों के लिये जो ईमान रखते हैं समय नहीं आया है कि वे अपने हृदय को ईश्वर की चेतावनी को तथा उस सत्य को जिसे अलौकिक शक्ति ने बताया है समर्पित कर दें ?"[1]

इस पर हम पाप के साधनों का अन्त करने का घोर प्रयत्न करने लगे और हमने बड़े प्रयत्न से तोबा के द्वार खटखटाये। सहायता के मार्गदर्शक ने इस लोकोक्ति के अनुसार कि, "जो कोई खटखटाये और पुनः खटखटायेगा, उसके लिये वह खुल जायेगा"[2] हमारा साथ दिया। यह आदेश निकाला गया कि जिहाद के साथ साथ उससे भी बड़ा एक महान् संघर्ष[3] प्रारम्भ हो जो

---

[1] कुरान शरीफ से उद्धृत ।

[2] कुरान शरीफ से उद्धृत।

[3] जिहादे अकबर। साधारण प्रयोग में जिहाद का अर्थ संघर्ष अथवा घोर प्रयत्न है किन्तु इस्लाम के हित के लिये गैर मुस्लिमों से युद्ध को भी जिहाद कहा जाता हैं। सूफी संतों के अनुसार जिहाद दो प्रकार के होते हैं :–जिहादे अकबर अथवा महान जिहाद जो मनुष्य

वासनाओं के विरुद्ध होता है। संक्षेप में हमने बड़ी पवित्र भावनाओं से यह घोषणा की कि, "हम अपनी वासनाओं को अपने वश में करेंगे"; और मैंने अपने हृदय–पट पर यह अंकित कर लियाः "मैं तेरी ओर तोबा के साथ मुख करता हूं और मैं मोमिनों[1] में अव्वल हूं।"[2] मैंने अपने इस संकल्प की, जो मेरे सीने के खजाने में छिपा था, घोषणा करा दी कि हम मदिरापान न करेंगे। विजयी सेवकों ने सम्मानित शाही आदेशानुसार सुराही, खुल्लम खुल्ला प्याले तथा सोने चांदी के अन्य बरतन जो अपनी संख्या की अधिकता एवं देदीप्यमानता के कारण आकाश के तारामंडल के समान थे, घृणा एवं विनाश की भूमि पर फिकवा दिये। उन बरतनों को उसी प्रकार टुकड़े टुकड़े कर दिया गया जैसा कि यदि ईश्वर ने चाहा तो मूर्तिपूजकों की मूर्तियों को टुकड़े टुकड़े कर दिया जायेगा। इन टुकड़ों को दरिद्रियों एवं सहायता के पात्रों में बांट दिया गया। इस तोबा के आर्शीवाद से, जो शीघ्र ही स्वीकार कर ली जायेगी, हमारे बहुत से विश्वासपात्र, इस कथनानुसार कि "सर्व साधारण लोग अपने बादशाह के धर्म का पालन करते हैं, उसी सभा में तोबा के सम्मान द्वारा सम्मानित हो गये और उन लोगों ने मदिरापान पूर्णतः त्याग दिया। इस समय तक बहुत बड़ी संख्या में हमारी प्रजा हर घंटे यह शुभ आशीर्वाद प्राप्त करती जा रही है। मुझे आशा है कि इस कथन के अनुसार कि, "जो कोई लोगों को पवित्र आचरण की ओर प्रेरित करता है उसे वही लाभ होता है जो उस कार्य के आचरण करने वाले को", इस कार्य का लाभ शाही प्रताप को प्राप्त होगा और वह उत्तरोत्तर विजयों द्वारा उन्नति करता जायेगा।

इस संकल्प के उपरान्त मैंने अपने अधीनस्थ राज्य के सभी भागों में–ईश्वर उन्हें सभी खतरों तथा आफ़तों से सुरक्षित रक्खे यह आदेश निकलवा दिया कि न तो कोई मदिरापान करेगा और न मदिरा बनायेगा, न इसका क्रय–विक्रय करेगा और न इसे अपने पास रखेगा और न कहीं लाये–ले जायेगा। "इसे कभी मत छूना–सम्भव है कि इससे कभी तुम्हारा भला हो जाये।"[3]

मैं इन महान् विजयों[4] के प्रति ईश्वर का कृतघ्न हूं। ईश्वर द्वारा अपनी तोबा एवं खेद के स्वीकार हो जाने के कारण उसके प्रति आभार प्रदर्शन करने के लिये मेरी शाही कृपाओं का समुद्र उमड़ पड़ा। और दया–भाव की वह लहरें जो संसार की समृद्धि एवं मानव के आदर–सम्मान का साधन हैं, प्रकट हो गई और मैंने अपने अधीनस्थ समस्त राज्य से मुसलमानों के लिये तमग़ा का –यद्यपि इसकी आय मनुष्य की कल्पना से कहीं अधिक थी और

अपनी वासनाओं के विरुद्ध करता हैं। और जिहादे असगर अथवा छोटा साधारण जिहाद काफिरों के विरुद्ध युद्ध को कहते हैं ।

[1] धर्मनिष्ठ मुसलमान।

[2] कुरान शरीफ से उद्धृत।

[3] कुरान शरीफ से उद्धृत।

[4] वासना पर विजय तथा अन्य सांसारिक विजय ।

यह भूत काल के बादशाहों के समय से प्रचलित था और इसकी वसूली मुहम्मद साहब की शरीअत के नियमों के बाहर थी–अन्त करा दिया। यह आदेश दिया गया कि किसी भी नगर, कस्बे, मार्ग, घाट, दर्रे अथवा बन्दरगाह पर तमगा न वसूल किया जाये। इस आदेश में किसी प्रकार के परिवर्तन की अनुमति नहीं। "जो कोई यह सुन लेने के उपरान्त इसमें किसी प्रकार का परिवर्तन करेगा तो इसका पाप उस पर होगा।"[1]

जो कोई शाही कृपा की छाया में निवास करते हैं, अर्थात् तुर्क, ताजीक, अरब, हिन्दी, ईरानी, कृषक, सैनिक एवं समस्त कौम और क़बीले वाले तथा आदम की संतान धर्म के नियमों द्वारा अपने आपको दृढ़ बना लें और इस वंश के प्रति जोकि अनन्त तक स्थापित रहेगा ईश्वर से शुभकामनायें करते रहें। वे इन आदेशों का दृढ़तापूर्वक पालन करें और इनका किसी प्रकार उल्लंघन न करें। सब के लिये यह आवश्यक है कि वे इस फ़रमान के अनुसार आचरण करें और जब यह शाही तौक़ी[2] द्वारा प्रमाणित होकर[3] उन्हें प्राप्त हो तो वे इसे प्रामाणिक समझें।

सम्मानित शाही आदेशानुसार–ईश्वर उसकी उत्कृष्टता को स्थायी रखे–२४ जमादि उल–अव्वल ९३३ हि० (२६ फ़रवरी १५२७ ई०) को लिखा गया।

बाबर के शिविर में चिन्ता

पिछली घटनाओं के कारण, उन दिनों, जैसा कि उल्लेख हो चुका है, छोटे बड़े, बड़ी चिन्ता एवं असमंजस में थे। कोई वीरता की बात एवं साहसपूर्ण राय न देता था। वजीरों द्वारा, जिन्हें बात करनी चाहिये, कोई पौरुष की बात न होती थी और न अमीर जो प्रदेशों को हड़प कर जाते हैं कोई बात करते थे। न तो कोई साहसपूर्ण परामर्श देता था और न कोई किसी आक्रमण के विषय में कोई योजना बनाता था। खलीफ़ा ने इस युद्ध के समय बड़ा अच्छा काम किया। उसने सुव्यवस्था एवं देख भाल से सम्बन्धित किसी बात की उपेक्षा न की। उसने बड़े परिश्रम एवं सावधानी से कार्य किया।

बाबर की एक आश्चर्यजनक योजना

अन्त में लोगों के हतोत्साहित होने के विषय में सूचना पाकर तथा लोगों की शिथिलता देख कर मुझे एक उपाय सूझा। मैंने अपने समस्त बेगों[4] एवं वीरों को बुलवा कर उनसे कहाः

"बेगो तथा वीरो!"

---

[1] कुरान शरीफ से उद्धृत।

[2] तौकीः–शाही आदर्श वाक्य ।

[3] शाही मुहर, जिस पर बादशाह का नाम तथा उपाधि लिखी होती है, लग कर।

[4] अमीर।

शेर

'जो कोई भी पैदा हुआ है वह मृत्यु को प्राप्त होगा,
जो स्थायी तथा बाक़ी रहेगा, वह ईश्वर है।"[1]

पद्य

'जो कोई भी जीवन की सभा में प्रविष्ट हुआ है,
अन्त में वह मृत्यु का प्याला पियेगा।
जो जीवन की सराय में आया है,
अन्त में भूमि के दुख भरे घर से चला जायेगा।'

"कुख्यात होकर जीवित रहने से यश पाकर मृत्यु को प्राप्त होना अच्छा है।

शेर

'यदि मैं यश पा कर मरूं तो यह उचित है,
मुझे यश अवश्य चाहिये कारण कि शरीर नश्वर है।"[2]

महान् ईश्वर ने हमें इतना बड़ा सौभाग्य प्रदान किया है और इतने बड़े यश को हमारे निकट कर दिया है कि हम लोग या तो शहीद होंगे और या ग़ाज़ी, अतः सब को कुरान शरीफ़ की शपथ लेनी चाहिये कि कोई भी इस शत्रु के सामने से मुंह मोड़ने के विषय में न सोचेगा और जब तक शरीर में प्राण हैं उस समय तक इस रण–क्षेत्र एवं युद्ध से पृथक् न होगा।" समस्त उपस्थित जनों, बेगों, सेवकों तथा छोटे बड़े लोगों ने प्रसन्नता पूर्वक अपने अपने हाथ में कुरान शरीफ़ लेकर इस विषय में शपथ ली एवं प्रतिज्ञा की। यह बड़ी ही उत्तम योजना निकली। इसका निकट तथा दूर के लोगों, मित्रों एवं शत्रुओं पर बड़ा अच्छा प्रभाव हुआ।

राज्य में विद्रोह

उन्हीं दिनों में प्रत्येक दिशा में विद्रोह एवं अशान्ति फैल गई। हुसेन खां नोहानी ने रापरी पहुंच कर उसे अपने अधिकार में कर लिया। कुतुब खां के आदमियों ने चंदवार[3] पर कब्जा कर लिया। रुस्तम खां नामक एक दुष्ट ने दोआब के मध्य के तरकशबन्दों[4] को एकत्र कर के कोल पर अधिकार जमा लिया और कीचीक अली को बन्दी बना लिया । ख्वाजा जाहिद सम्बल[5] को छोड़ कर चल दिया। सुल्तान मुहम्मद दूल्दाई कन्नौज से मेरे पास उपस्थित हुआ। ग्वालियर के काफ़िरों ने वहां पहुंच कर उसे घेर लिया। आलम खां को जब ग्वालियर की सहायतार्थ भेजा गया तो वह वहां न गया अपितु अपनी

---

[1] यह शेर फारसी में है।

[2] फिरदौसी के 'शाहनामा' से उद्धृत ।

[3] इसे चंदवाल भी कहते हैं। यह यमुना नदी पर आगरा से २५ मील पूर्व स्थित है।

[4] सैनिकों।

[5] सम्भल ।

विलायत में चला गया। रोजाना प्रत्येक दिशा से बुरे समाचार आने लगे। सेना से कुछ हिन्दुस्तानियों ने भागना प्रारम्भ कर दिया। हैबत खां कर्ग अन्दाज[1] भाग कर सम्बल चला गया। बारी का हसन खां भाग कर काफ़िरों से मिल गया। हमने इनमें से किसी बात की कोई चिन्ता न की अपितु अपने कार्य में व्यस्त रहे।

बाबर का युद्ध हेतु अग्रसर होना

जब समस्त सामग्री तथा यंत्र, गाड़ियां एवं पहियेदार तिपाइयां तैयार हो गईं तो हमने अपनी सेना की दायें, बायें एवं मध्य–भाग की पंक्तियों को ठीक किया और मंगलवार ९ जमादि–उल–अव्वल (१३ मार्च १५२७ ई०) को नौरोज़ के दिन[2] प्रस्थान किया। हमने गाड़ियों तथा पहियेदार तिपाइयों को अपने आगे–आगे रवाना किया। इनके पीछे–पीछे उस्ताद अली कुली तथा समस्त तोप चलाने वालों को नियुक्त किया गया ताकि वे पैदल रवाना हों और गाड़ियों से पृथक् न होने पायें और अपनी पंक्ति ठीक रखते हुये प्रस्थान करें।

जब सेना के विभिन्न भाग–दायां, बायां एवं मध्य, अपने अपने स्थान को पहुंच गये तो मैंने घोड़े पर सवार होकर एक भाग से दूसरे भाग में चक्कर लगाया और बेगों[3], वीरों तथा सैनिकों को प्रोत्साहन प्रदान किया। हर समूह को यह बता कर कि उसे कहां खड़ा होना है और प्रत्येक व्यक्ति को यह आदेश दे कर कि उसे किस प्रकार युद्ध करना है, हम निश्चित योजना के अनुसार सुव्यवस्थित दशा में लगभग १ कुरोह[4] तक रवाना हुये और फिर उतर पड़े।

काफ़िर के आदमी भी सावधान थे। वे अपनी सेना के दल सुव्यवस्थित करके अपनी दिशा से आने लगे।

शिविर लगाया गया और उसे खाइयों एवं गाड़ियों द्वारा दृढ़तापूर्वक सुरक्षित कर लिया गया। क्योंकि हमारा उस दिन युद्ध करने का विचार न था अतः हमने कुछ वीरों को यह आदेश दे कर आगे भेजा कि वे शत्रुओं से युद्ध करें और इस प्रकार इससे शकुन प्राप्त किया जाये। उन्होंने कुछ काफ़िरों को बन्दी बना लिया और कुछ लोगों के सिर काट कर ले आये। मलिक क़ासिम भी कुछ सिरों को काट कर लाया। उसने बड़ा ही उत्तम कार्य किया। इन सफलताओं के कारण हमारे आदमियों का उत्साह बढ़ गया।

जब हम लोगों ने दूसरे दिन प्रस्थान किया तो मेरा विचार था कि हम युद्ध करें किन्तु खलीफ़ा तथा अन्य हितैषियों ने निवेदन किया कि "जो पड़ाव पूर्व से निश्चित हो चुका है, वह निकट है अतः हमारे लिये यही उचित होगा

---

[1] गैंडे को मारने वाला। यदि इसे 'गुर्ग अन्दाज' पढ़ा जाय तो इसका अर्थ भेड़िये को मारने वाला होगा।

[2] इस दिन ईरानियों के अनुसार सूर्य मेष राशि में होता है।

[3] अमीरों।

[4] २ मील।

कि हम खाइयों तथा प्रतिरक्षा का वहीं प्रबन्ध करायें और सीधे उधर ही प्रस्थान करें।" खाइयों की व्यवस्था हेतु खलीफ़ा सवार हो कर उस स्थान पर पहुंचा और बेलदारों को जिन जिन स्थानों पर खाइयां खोदी जानी थीं नियुक्त कर दिया और कार्य की देखरेख हेतु मुहसिलों[1] को नियुक्त करके लौट आया।

कनवा[2] का रण–क्षेत्र

शनिवार १३ जमादि–उस्सानी (१७ मार्च १५२७ ई०) को हमने गाड़ियों को खिंचवा कर अपने सामने कराया और एक कुरोह[3] यात्रा कर के सेना के दायें, बायें तथा मध्य भाग की पंक्तियां सुव्यवस्थित की और जो रण–भूमि इस कार्य हेतु चुनी गई थी, वहां उतर पड़े।

कुछ खेमे लग चुके थे और कुछ लगाये जा रहे थे कि शत्रुओं के दृष्टिगत होने के समाचार प्राप्त हुये। मैं तत्काल सवार हो गया ताकि सेना की प्रत्येक पंक्ति का हर आदमी अपने अपने स्थान पर सावधान हो जाये और सेना की पंक्तियों को गाड़ियों द्वारा सुदृढ़ कर दिया जाये।

क्योंकि इस फ़तहनामे से जो शेख जैन की रचना है इस्लामी सेना का हाल, काफ़िरों की अत्यधिक सेना, दोनों ओर की पंक्तियों एवं व्यवस्था और मुसलमानों तथा काफ़िरों के युद्ध का सविस्तार भली भांति ज्ञान हो जाता है अतः इसे बिना कुछ घटाये बढ़ाये मूल रूप से उद्धृत किया जाता है।[4]

शेख जैन द्वारा रचित फ़तहनामा

प्रस्तावना

उस ईश्वर की स्तुति की जाती है जो अपने वचन का सच्चा, अपने दासों का सहायक, अपनी सेनाओं का मददगार, शत्रुओं का विनाशक ऐसी एक सत्ता है जिसके अतिरिक्त कुछ भी नहीं है।

हे इस्लाम के आधार को उन्नति देने वाले, अपने निष्ठावान् भक्तों के सहायक, मूर्तियों की नीवें का खंडन करने वाले, विद्रोही शत्रुओं पर विजय प्रदान करने वाले, अंधकार के अनुयायियों का समूलोउछेदन करने वाले (मैं तेरी स्तुति करता हूं।

---

[1] निरीक्षकों।

[2] कनवा अथवा कनुवा ब्याना कस्बे से तीन मंजिल दूर ब्याना कस्बे में है। राणा सांगा ने इसे अपने राज्य के उत्तरी भाग का सीमांत निश्चित किया था और वहाँ एक छोटे से महल का निर्माण कराया था।

[3] दो मील।

[4] बाबर ने इस फरमान को एक महत्वपूर्ण युद्ध के सविस्तार वर्णन का साधन बनाया है । बाबर की सीधी सादी एवं रोचक शैली की तुलना में शेख जैन ख्वाफी की शैली बड़ी ही जटिल एवं बोझल है।

वह ईश्वर पूजनीय है जो दोनों लोकों का स्वामी है और उसका आशीर्वाद प्राणियों में सर्वोत्कृष्ट मुहम्मद पर हो जो ग्राजियों, तथा ईमान के योद्धाओं के स्वामी है। उसका आशीर्वाद मुहम्मद साहब की संतान एवं मित्रों पर हो जो क़यामत तक पथ प्रदर्शन करते रहेंगे।[1]

परमेश्वर की निरन्तर देनों के कारण बारम्बार उसकी स्तुति एवं उसके प्रति आभार प्रदर्शित किया जाता है और इस स्तुति एवं आभार प्रदर्शन के कारण निरन्तर ईश्वर की कृपा प्राप्त होती रहती है। प्रत्येक देवी कृपा हेतु आभार प्रदर्शित करना चाहिये और प्रत्येक कृतज्ञता के उपरान्त दया प्राप्त होती है। पूर्ण रूप से कृतज्ञता प्रदर्शित करना मनुष्य से सम्भव नहीं। बड़े बड़े महान् व्यक्ति भी आभार–प्रदर्शन में असमर्थ रहते हैं, विशेष रूप से इतनी बड़ी देन के लिये जिससे बढ़ कर न तो इस लोक में कोई सौभाग्य है और न परलोक में। इनके प्रति कृतज्ञता प्रकट ही नहीं की जा सकती। यह देन शक्तिशाली काफ़िर की पराजय तथा अत्यधिक धनी काफ़िर के राज्य पर विजय है। बुद्धिमानों की दृष्टि में इस देन से बड़ी कोई देन हो ही नहीं सकती। "ईश्वर को धन्य है कि यह महान् देन तथा आशीर्वाद, जो इस शुभचिन्तक की झूले[2] से लेकर इस समय तक महत्वाकांक्षा थी, संसारों के बादशाह की महान् कृपा के कारण इस समय प्रकट हुआ है। उस खोलने वाले ने जो खजानों को मांगने की प्रतीक्षा के बिना ही लुटाता है, हमारे विजयी नवाब (बाबर) के लिये खोल दिया है और हमारी सेना के विजयी वीरों के नाम विख्यात ग़ाज़ियों की सूची में सुशोभित हो गये हैं। हमारे विजयी सैनिकों के कारण इस्लाम की पताकायें सर्वोच्च शिखर तक पहुंच गई हैं। इस शुभ सौभाग्य का विवरण इस प्रकार है:

राणा सांगा तथा उसकी सेनायें

जब हमारे सैनिकों की, जिनकी रक्षा इस्लाम द्वारा हो रही है, चमकती हुई तलवारों ने हिन्दुस्तान के भूभाग को विजय एवं जीत के प्रकाश से देदीप्यमान किया, जैसा कि पिछले फ़तह नामा[3] में उल्लेख हो चुका है, तो देवी कृपा ने हमारी पताकाओं को देहली, आगरा, जूनपुर,[4] खरीद, बिहार के भूभाग में बुलन्द किया और बहुत से काफ़िर तया मुसलमान सरदारों ने भाग्यशाली नवाब[5] की अधीनता स्वीकार कर ली, किन्तु राणा सांगा काफ़िर जो इससे पूर्व इस नवाब' की अधीनता स्वीकार कर चुका था अब अभिमान के कारण फूल गया और अवज्ञाकारियों के समूह में सम्मिलित हो गया।[6]

---

[1] उपर्युक्त वाक्य अरबी में है।

[2] बाल्यावस्था।

[3] विजय पत्र । 'बाबर नामा' में इस विजय–पत्र के अतिरिक्त किसी अन्य पत्र को उद्धृत नहीं किया गया है।

[4] जौनपुर।

[5] नवाब शब्द का प्रयोग बाबर ने अपने लिये किया है।

[6] कुरान शरीफ से उदधृत।

शैतान के समान उसने अपना सिर उठाया और पिशाच काफ़िरों की एक सेना एकत्र की। उनमें कोई अपनी ग्रीवा में धिक्कार का तौक़ यज्ञोपवीत के रूप में डाले हुए थे और कुछ लोग अपने दामन में कुफ के आपद्ग्रस्त कांटे रक्खे थे। बादशाह के प्रताप के सूर्योदय एवं शहंशाह की खिलाफ़त की उषा के पूर्व इस अभिशापी काफ़िर की–कयामत में उसका कोई सहायक न हो–स्थिति ऐसी थी कि इस विस्तृत देश के प्रतापी बादशाहों, उदाहरणार्थ देहली, गुजरात तथा मांडू के सुल्तानों में से कोई इस दुष्ट का बिना अन्य काफ़िरों की सहायता के मुक़ाबला न कर सकता था। एक एक कर के सभी उसकी चाटुकारी करके समय के अनुकूल व्यवहार करने लगे थे। उसे यद्यपि यह सम्मान प्राप्त था किन्तु बड़े बड़े राजाओं तथा रायों ने जो इस युद्ध में उसके अधीन थे, और हाकिमों तथा पेशवाओं ने जो इस लड़ाई में उसके सहायक थे, किसी पिछले युद्ध में उसकी आज्ञाकारिता स्वीकार न की थी और न उन्होंने अपनी मर्यादा की दृष्टि से उससे मित्रता का व्यवहार किया था। इस्लाम के राज्य के लगभग २०० नगरों में काफ़िरों की पताकाओं को प्रभुत्व प्राप्त था। उनमें मस्जिदें एवं एबादतगाहें दुर्दशा को प्राप्त हो गई थीं। वहां के मुसलमानों की पत्नियां एवं बालक बन्दी बना लिये गये थे। उसकी सेना को संख्या इतनी अधिक हो गई थी कि इसका हिसाब इस प्रकार लग सकता है : हिन्दुस्तान के प्रचलित नियम के आधार पर १ लाख की विलायत[1] वाले १०० अश्वारोही और करोड़ की विलायत वाले १०,००० अश्वारोही रखते थे। काफिरों के इस नेता ने जो स्थान विजय कर लिये थे वे १० करोड़ के थे अतः उसके पास १००,००० अश्वारोही होने चाहिये। बहुत से काफ़िर जिन्होंने किसी भी युद्ध में उसका साथ न दिया था, मुसलमानों को शत्रुता के कारण उसकी सेना में सम्मिलित हो गये थे। दस शक्तिशाली सरदार, जिनमें से प्रत्येक दुष्ट काफ़िरों के दलों का नेता था, विद्रोह हेतु धुयें के समान उठ खड़े हुये और जंजीर की कड़ियों के समान उस दुष्ट से जुड़ गये। यह इन दस काफ़िरों ने पवित्र दस[2] की तुलना में उनके कार्यों के विपरीत अत्याचार की पताका बुलन्द की। ये लोग वे हैं जो संताप के गर्त में अपमानित रहेंगे। इनके अधीन बहुत बड़ी सेना, सहायक एवं विस्तृत राज्य थे।

(१) सलाहुद्दीन[3] के पास ३०,००० अश्वारोहियों की विलायत थी।

(२) बागर के रावल उदय सिंह के पास १२,००० अश्वारोहियों की।

---

[1] राज्य ।

[2] अशरये मुबश्शेर। मुहम्मद साहब के १० भक्त जिन्हें ईश्वर की ओर से शुभ समाचार प्राप्त होते

[3] वह सम्भवतः राजपूत था और मुसलमान हो गया था और सिलहादी अथवा सिलाहदी के स्थान पर सलाहुद्दीन नाम रख लिया था। उसके पुत्र ने राणा सांगा की पुत्री से विवाह किया था। रायसेन एवं सारंगपुर उसके अधिकार में थे। वह बाद में बाबर से मिल गया था।

(३) मेदिनी राय के पास १२,००० अश्वारोहियों की।
(४) हसन खां मेवाती के पास १२,००० अश्वारोहियों की।
(५) ईदर के बारमल के पास ४,००० अश्वारोहियों की।
(६) नरपत हारा[1] के पास ७,००० अश्वारोहियों की।
७) कच्छ के सत्रवी के पास ६,००० अश्वारोहियों की।
(८) धर्मदेव के पास ४,००० अश्वारोहियों की।
(६) बीर सिंह देव के पास ४००० अश्वारोहियों की।
(१०) सुल्तान सिकन्दर के पुत्र महमूद खां के पास जिसके अधीन न तो कोई विलायत थी और न परगने १०,००० अश्वारोही इस आशय से एकत्र हो गये थे कि सम्भव है कि उसे प्रभुत्व प्राप्त हो जाये।

हिन्दुस्तानियों की गणना के नियमानुसार जो लोग अपनी मुक्ति से हाथ धो कर एकत्र हुए थे, उनकी संख्या २०१,००० थी। संक्षेप में वह अभिमानी काफ़िर, जोकि दिल का अंधा एवं पाषाण ह्रदय वाला अभागे एवं विनाश को प्राप्त होने वाले काफ़िरों की सेना लेकर इस्लाम के अनुयायियों से युद्ध करने और मानव के सरदार[2] की, जिन पर ईश्वर का आशीर्वाद हो, शरीअत के विनाश हेतु अग्रसर हुआ। बादशाही सेना के मुजाहिद देवी आदेश के समान काने दज्जाल[3] पर टूट पड़े। उस दज्जाल ने बुद्धिमानो पर यह बात स्पष्ट कर दी कि जब दुर्भाग्य प्रारम्भ हो जाता है तो आंखें अंधी हो जाती हैं और उनके सम्मुख यह आयत रख दी :–"जो कोई सच्चे धर्म को उन्नति देने की चेष्टा करता है वह अपनी आत्मा के भले के लिये ही प्रयत्न शील होता है।"[4] उन्होंने इस कथनानुसार, जिसका पालन करना चाहिये, आचरण किया : काफ़िरों एवं मुनाफ़िकों से युद्ध करो।[5]

(१७ मार्च १५२७ ई०)–१३ जमादि–उस्सानी १३३ हि० शनिवार के दिन–जिसके विषय में ईश्वर ने कहा है –ईश्वर ने तुम्हारे शनिवार को आशीर्वाद प्रदान किया है–इस्लामी सेना कनवा ग्राम के क्षेत्र में जो ब्याना के अधीनस्थ है, एक पहाड़ी के समीप जो ईस्लाम के शत्रुओं से दो कुरोह[6] पर थी पड़ाव किये हुये थी। जब मुहम्मद साहब के धर्म के शत्रु दुष्ट काफ़िरों ने इस्लामी सेना की गूंज सुनी तो उन्होंने अपनी अभागी सेना की पंक्तियाँ सुव्यवस्थित कर लीं और वे संगठित एवं एक दिल हो कर पर्वत रूपी एवं देव सरीखे हाथियों पर भरोसा कर के उसी प्रकार अग्रसर हुये जिस प्रकार

---

[1] इसे 'हाड़ा' भी लिखा गया है।
[2] मुहम्मद साहब ।
[3] झूठा। हदीस के अनुसार कुछ लोग जो झूठे धर्म का दावा करेंगे। मुसलमानों के विश्वासानुसार कयामत के पूर्व मसीहुद्दज्जाल प्रकट होगा जिसे केवल दज्जाल भी कहते हैं। कहा जाता है कि वह काना होगा।
[4] कुरान शरीफ से उद्धृत ।
[5] अरबी वाक्य।
[6] चार मील।

हाथियों का स्वामी[1] अपने हाथियों के भरोसे पर मुसलमानों के काबा को नष्ट करने के लिए अग्रसर हुआ था।

पद्य

"उन हाथियों को ले कर अपमानित हिन्दू,
अभिमानी हो गये, हाथियों के स्वामियों के समान।
थे वे घृणित एवं दुष्ट मृत्यु की सायंकाल के समान,
रात्रि से भी अधिक[2] काले, सितारों से भी संख्या में अधिक।
सभी थे अग्नि के समान[3], किन्तु धुंयें के समान,
ईर्ष्या से सिर उठाये हुये नीले आकाश की ओर।
चींटी के समान आये वे दायें और बायें से,
अश्वारोही एवं पदाती हजारों, हजारों की संख्या में।"

वे इस्लामी शिविर की ओर युद्ध के उद्देश्य से अग्रसर हुये। इस्लामी सेना के योद्धा जो वीरता के उद्यान के वृक्ष हैं, सनोबर के समान अपनी सेना की पंक्तियां सुव्यवस्थित करके और सनोबर ही की तरह अपनी कलगी को ऊंचा किये हुये, तथा अपने खोद की कलगी को, जो उन लोगों के हृदय के समान चमक रही थी जो ईश्वर के मार्ग में जिहाद करते हैं, ऊपर उठाये हुये अग्रसर हुये। उनकी सेना सिकन्दर की लोहे की दीवार[4] के समान दृढ़ थी। वे मुहम्मद साहब की शरीअत के समान दृढ़, सीधे एवं मज़बूत थे "मानो वे एक ठोस भवन के समान हों"।[5] वे इस कथनानुसार भाग्यशाली एवं सफल

---

[1] इस वाक्य में यमन के शाहजादे अबरहा की पराजय की ओर संकेत किया गया है। अबरहा उस वर्ष में जिसमें मुहम्मद साहब का जन्म हुआ अपनी सेना तथा कुछ हाथियों को लेकर काबा को जो मक्का में स्थित है नष्ट करने के लिये रवाना हुआ। जब अबरहा मक्का के समीप पहुँचा और उसमें प्रविष्ट होने वाला ही था, तो वह हाथी जिस पर वह सवार था वहीं ठहर गया। जब उसको मक्का की ओर बढ़ाने का प्रयत्न किया जाता तो वह घुटने टेक देता था किन्तु यदि उसे किसी अन्य दिशा में चलाया जाता तो वह बड़ी तीव्र गति से चलता। इसी बीच में समुद्र तट की ओर से पक्षियों का एक बहुत बड़ा झुण्ड दृष्टिगत हुआ। उनमें से प्रत्येक अपने पंजों में एक एक तथा चोंच में एक अर्थात् तीन पत्थर लिये था। इन पत्थरों को उन्होंने अबरहा के आदमियों पर गिरा दिया। जिस व्यक्ति पर पत्थर गिरा उसकी मृत्यु हो गई। जो बच गये वे एक सैलाब अथवा ताऊन द्वारा नष्ट हो गये। केवल अबरहा सिना पहुंच सका। वहाँ उसकी भी मृत्यु हो गई । कुरान शरीफ में भी इस कहानी की ओर संकेत किया गया है।

[2] सम्भवतः संख्या की अधिकता के कारण काले।

[3] सम्भवतः अग्नि के समान नष्ट करने वाले।

[4] यह ५० मील लम्बी बताई जाती है और कैस्पियन के लोहे के फाटकों का रोक थी। यह दरबन्द नामक रूसी नगर के दक्षिण तक चली जाती है। यह नगर कैस्पियन के पश्चिमी तट पर है। कहा जाता है कि यह याजूज माजूज के आक्रमण को रोकने के लिये बनाई गई थी। प्रत्येक दृढ़ रोक एवं आड़ को सिकन्दर की दीवार' कहा जाता है।

[5] कुरान शरीफ से उद्धृत ।

रहे–"उनका पथ–प्रदर्शक उनका परमेश्वर है और उन्हें उन्नति प्राप्त होगी।"[1]

पद्य

"उस सैनिक व्यवस्था में कायर आत्माओं द्वारा कोई विघ्न न था,
वह दृढ़ यी शहंशाह के संकल्प के समान और मजबूत दीन[2] की तरह।
उनकी पताकायें आकाश को छूती थीं,
निःसन्देह हमने तुझे प्रदान की है निश्चित रूप से विजय।"[3]

सावधानी की दृष्टि से हमने रूम के गाजियों का अनुसरण करते हुये तुफंगचियों[4] तथा राद अन्दाजों की,[5] जो सेना के आगे थे, रक्षा हेतु, गाड़ियों की पंक्तियों को जो एक दूसरे से जंजीर से जकड़ी हुई थीं आगे रक्खा। संक्षेप में इस्लामी सेना इस प्रकार सुव्यवस्थित एवं सुदृढ़ थी कि वृद्ध बुद्धि एवं आकाश मंडल उसकी प्रशंसा करने लगे। इस सुव्यवस्था एवं प्रबन्ध हेतु मुकरिबुल हज़रतुस् सुल्तानी, एत्मादुद्दौलतुल खाकानी [6] निजामुद्दीन अली खलीफ़ा ने अत्यधिक परिश्रम एवं प्रयत्न किया। उसके प्रयत्न, भाग्य के अनुकूल और उसके बादशाह के प्रकाशयुक्त निर्णय के द्वारा स्वीकृत थे।

सेना के मध्य भाग की व्यवस्था

बादशाह ने केन्द्र में स्थान ग्रहण किया। केन्द्र के दायें हाथ की ओर[7]... [8]चीन तीमूर सुल्तान,... [9] सुलेमान शाह,... [10]ख्वाजा दोस्त खावन्द, . . . [11]कमालुद्दीन यूनुस अली,. . . [1]जलालुद्दीन शाह मनसूर बरलास,. . . [2]दरवेश

[1] कुरान शरीफ से उद्धृत ।

[2] धर्म (इस्लाम)।

[3] कुरान शरीफ से उद्धृत ।

[4] बंदूक चलाने वालों।

[5] तोप चलाने वालों।

[6] 'बादशाह के विश्वास पात्र एवं राज्य के सौभाग्य के स्तम्भ' ।

[7] बाबर ने समस्त नाम बड़े साधारण रूप से लिखे हैं किन्त जैन स्वामी ने 'फतह नामा' में प्रत्येक नाम के साथ किसी न किसी विशेषण का प्रयोग किया है। पाठकों की सुविधा के उद्देश्य से नामों के साथ विशेषणों का अनुवाद नहीं किया गया है।

[8] 'बिरादरे अरशदे अर्जुमन्द सआदत यार अल मुखतस व अवातेफुल मलेकुल मुस्तआन चीन तीमूर सुल्तान' अर्थात् गौरव–युक्त एवं अत्यधिक निष्ठावान् भाई, सौभाग्य का प्रिय मित्र, ईश्वर द्वारा सम्मानित जिसको (ईश्वर) सहायता प्रदान करता है–चीन तीमूर सुल्तान। माता की ओर से बाबर एवं चीन तीमूर सुल्तान का वंश यूनुस खां द्वारा–मिलता था।

[9] 'फरजन्दे अइज्ज अरशद मंजूरे अनजारे हज़रते इलाह सुलेमान शाह' अर्थात् गौरव–युक्त पुत्र, पूज्य ईश्वर की दृष्टि में सम्मानित सुलेमान शाह ।

[10] जनाब हिदायत मआब विलायत इन्तेसाब ख्वाजा कमालुद्दीन दोस्त खावन्द' अर्थात् शिक्षा–दीक्षा प्राप्त राज्य के स्वामी ख्वाजा कमालुद्दीन दोस्त खावन्द।

[11] 'मोतमेदुस्सल्तनतुल उलया मोतमेनुल अतबुस्सुनिया मुकर्रिबे खास व जुब्दये असहाबे इख्तेसास यूनुस अली' अर्थात् सल्तनत के विश्वासपात्र, सम्मानित चौखट के आश्रित, विशेष निकटवर्ती, सम्मानित सहायकों में चुने हुये यूनुस अली।

मुहम्मद सारबान, ...[3]अब्दुल्लाह किताबदार, निजामुद्दीन दोस्त ईशक आका[4] नियुक्त हुये।

केन्द्र के बायें हाथ की ओर...[5]सुल्तान अलाउद्दीन आलम खां बिन सुल्तान बहलोल लोदी, ... [6]शेख जैन ख्वाफ़ी,... [7]कमालुद्दीन मुहिब अली... [8](खलीफ़ा) का पुत्र, . . . [9]निजामुद्दीन तरदी बेग–कूज का भाई अहमद का पुत्र, शेर अफ़गन उपर्युक्त कूज बेग स्वर्गवासी का पुत्र,. [10]आराइश खां, . . . [11]ख्वाजा कमालुद्दीन हुसेन तथा कुछ अन्य दीवान के अधिकारी नियुक्त हुये।

दायें बाजू में... [12]मुहम्मद हुमायूं बहादुर नियुक्त हुआ। उस सम्मानित शाहजादे के दायें हाथ की ओर कासिम हुसेन सुल्तान,. . . [13]निजामुद्दीन

---

[1] 'उमदतुल खवास कामिलुल इस्लास शाह मनसर बरलास' अर्थात् शाही सेवकों का स्तम्भ, अत्यधिक निष्ठावान् शाह मनसर बरलासा.

[2] जुब्दये असहाबे इस्तेसास निजामुद्दीन दरवेश मुहम्मद सारबान' अर्थात् शाही सेवकों का स्तम्भ, सेवकों में सर्वोत्तम, धर्म का सुव्यवस्थापक दरवेश मुहम्मद सारबान ।

[3] 'उमदतुल खवास सादिकुल इख्लास शिहाबुद्दीन अब्दुल्लाह किताबदार' अर्थात् शाही सेवकों का स्तम्भ, स्वामि भक्ति में निष्ठावान्, धर्म का चमकता सितारा अब्दुल्लाह पुस्तकालयाध्यक्ष ।

[4] द्वार की रक्षा करने वालों का अफसर ।

[5] 'सल्तनत मआब व खिलाफत इन्तेसाब सुल्तान अलाउद्दीन आलम खां इब्ने सुल्तान बहलोल लोदी' अर्थात् सल्तनत के स्रोत, खिलाफत के सहायक, शाही आश्रय प्राप्त सुल्तान अलाउद्दीन आलम खां बिन सुल्तान बहलोल लोदी।

[6] 'मुकरिबे हजरते सुल्तानी, दस्तूरे अआजिमुस्सुदूर बैनुल अनाम मलाजिल जमहूर व मुईदुल इस्लाम शेख जैन ख्वामी' अर्थात् हज़रते सुल्तान का विश्वासपात्र, सद्रों में सर्वोच्च, सब लोगों का आश्रयदाता, इस्लाम का स्तम्भ शेख जैन।

[7] उमदतुल खवास, कामिलल इख़्लास मुहिब अली' अर्थात् शाही सेवकों का स्तम्भ, पूर्ण रूप से निष्ठावान् मुहिब अली।

[8] 'वलदे मुक़र्रिबुल हजरतुस्सुल्तानी मुशारुन इलैह' अर्थात् हजरत सुल्तान का विश्वासपात्र (मुहिब अली) का पुत्र।

[9] 'उमदतुल खवास तरदी बेग बिरादरे क़्रूज बेग मरहूम मजकूर' अर्थात् शाही सेवकों का स्तम्भ तरदी बेग, कज का भाई अहमद का पुत्र ।

[10] 'उमदतुल अनआजिम वल ऐयान खाने मुअज्जम आराइश खां' अर्थात् महान् व्यक्तियों का स्तम्भ, सर्वोत्कृष्ट खान, आराइश खां ।

[11] 'दस्तूरे अनआजिम कमालुद्दीन हुसेन' अर्थात् सर्वोच्च वजीर कमालुद्दीन हुसेन ।

[12] 'फरजन्दाने अइजे अरशद अर्जुमन्द सआदत यार कामगार मनजरे इनायते हजरते आफरीदगार अख्तरे 'बुर्जे सल्तनत व कामगारी मिहरे सिपहरे खिलाफत व शहरयारी, मुइज्जुस्सल्तनत वल खिलाफत मुहम्मद हुमायूं बहादुर' अर्थात् सर्वोत्कृष्ट पुत्र, सम्मानित एवं प्रतापी, सौभाग्य का मित्र, सल्तनत की राशि का नक्षत्र, खिलाफत के आकाश का सूर्य, दासों एवं स्वतन्त्र सभी लोगों में प्रशंसा का पात्र मुहम्मद हुमायूँ बहादुर ।

[13] 'उमदतुल खवास निजामुद्दीन अहमद यूसुफ़ ऊगलाकची' अर्थात् विशेष सेवकों का स्तम्भ, धर्म की सुव्यवस्था करने वाला अहमद यूसुफ ऊगलाकची।

अहमद यूसुफ़ ऊग़लाक़ची, ...[1]हिन्दू बेग कूचीन, .. .[2] खुसरी कूकूल्दाश, ...[3]कवाम बेग ऊर्दू शाह, . . .[4]वली करा क्रूजी खाजिन,...[5]पीर कुली रोस्तानी, रोस्तानी, . . . [6]ख्वाजा कमालुद्दीन पहलवान बदख्शानी. . .[7]अब्दुश् शकूर, ... [8]सुलेमान आका एराक का राजदूत . . . [9]हुसेन आका सीस्तान के राजदूत', राजदूत', थे।

विजय–मुकुट से सुशोभित, भाग्यशाली पुत्र के, जिसका उल्लेख पूर्व में हो चुका है, बाईं ओर, . . .[10]मीर हामा,...[11]मुहम्मदी कूकुल्दाश तथा निजामुद्दीन ख्वाजगी असद जानदार[12] थे।

दायें बाजू में हिन्दुस्तान के अमीरों में, . . .[13]खाने खाना दिलावर खा. . . [14]मलिक दाद करा रानी,..........[15]शेख गूरन अपने अपने निश्चित स्थान पर खड़े थे।

बायें बाजू की व्यवस्था

इस्लामी सेना के बायें बाजू में . . . [1]सैयिद महदी ख्वाजा. . .[2]मुहम्मद सुल्तान मीर्जा . . .[3]आदिल सुल्तान बिन महदी सुल्तान, . . . [4]अब्दुल अज़ीज़

---

[1] 'मोतमेदुल मुल्क, कामिलल इख्लास जलालुद्दीन हिन्दू बेग कूचीन' अर्थात् राज्य का विश्वास–पात्र, सेवकों में सर्वोत्कृष्ट जलालुद्दीन हिन्दू बेग कूचीन।

[2] 'मोतमेदुल मुल्क, सादिकल इख़्लास जलालुद्दीन खुसरो कूकूल्दाश' अर्थात् राज्य का विश्वास–पात्र, निष्ठा में पूर्ण जलालुद्दीन खुसरो कूकूल्दाश या ककुल्ताश ।

[3] 'मोतमेदुल मुल्क किवाम बेग ऊर्दू शाह' अर्थात् राज्य का विश्वासपात्र किवाम बेग ऊर्दू शाह ।

[4] 'उमदतुल खवास, कामिलुल अकीदा वल इख्लास वली खाजिन' अर्थात् शाही सेवकों का स्तम्भः पूर्ण रूप से निष्ठावान् वली कोषाध्यक्ष ।

[5] 'उमदतुल खवास निजामुद्दीन पीर कुली सीस्तानी', राज्य के सेवकों का स्तम्भ, धर्म की सुव्यवस्था करने वाला पीर कली सीस्तानी।

[6] उमदतुल वुज़रा, अमीनुल उमम ख्वाजा पहलवान बदख्शानी' अर्थात् वजीरों का स्तम्भ, विश्वासपात्र ख्वाजा पहलवान बदख्शानी।

[7] 'मोतमेदुल खवास अब्दुश्शकूर' अर्थात् विशेष व्यक्तियों में सर्वोत्कृष्ट।

[8] 'उमदतुल ऐयान सुलेमान आका' अर्थात् सौजन्य का स्तम्भ सुलेमान आका।

[9] 'उमदतुल ऐयान हुसेन आका' अर्थात् सौजन्य का स्तम्भ हुसेन आका।

[10] 'पाली जनाब, सआदत मआब मुरतजवी इन्तेसाव' अर्थात् आली जनाब, उच्च वंश वाला सैयिद, (हज़रत अली) मुरतजा का वंशज मीर हामा।

[11] उमदतुल खवास, कामिले इस्लासे शम्सुद्दीन मुहम्मदी कूकूल्दाश' अर्थात् शाही सेवकों का स्तम्भ, पूर्ण रूप से निष्ठावान, शम्सुद्दीन मुहम्मदी कूकूल्दाश अर्थात् कूकुल्ताश।

[12] 'बादशाह का अंग रक्षक । 'अकबरनामा' में उसे जामादार और 'तारीखे फ़िरिश्ता' में सर जामादार है।

[13] 'उमदतुल मुल्क खाने खानां दिलावर खां' अर्थात् राज्य का स्तम्भ, खानों का खान दिलावर खां ।

[14] 'उमदतुल ऐयान मलिक दाद करारानी', अर्थात् राज्य के अमीरों का स्तम्भ मलिक दाद करारानी।

[15] शेखुल मशायख' अर्थात् शेख (संतों) के शेख (संत) शेख गूरन ।

अज़ीज़ मीर आख़ूर, . . .[5]मुहम्मद अली जंग जंग, . . . [6]कूतलूक क़दम क़रावल,. . .[7]शाह हुसेन यारगी मुगूल गांची तथा . . . [8]जान मुहम्मद बैग अत्का थे।

हिन्दुस्तान के अमीरों में इस भाग में... [9]कमाल खां तथा जमाल खां बिन सुल्तान अलाउद्दीन जिसका उल्लेख ऊपर हो चुका है, अली खां शेखजादा फ़र्मुली, . . . [10]तथा व्याना का निज़ाम खां, थे।

तूलगमा

सेना के दायें बाजू के तूलगमा[11] के लिये...[12]तरदी तथा मलिक क़ासिम, बाबा करका के भाई की कुछ मुगलों सहित नियुक्ति हुई। बायें वाजू के तूलग़मा के लिये दो विश्वस्त सरदारों मोमिन अत्का तथा रुस्तम तुर्कमान की कुछ विशेप दस्ते दे कर नियुक्ति की गई।

आदेशों का पहुंचाया जाना

---

[1] 'आली जाह, नक़ाबत पनाह, रफअत दस्तगाह, इफ्तेखारे आले ताहा व यासीन सैयिद महदी ख्वाजा' अर्थात्, उच्च वंश का सर्वोत्कृष्ट व्यक्ति, अधिकार सम्पन्न लोगों के शरण लेने का स्थान एवं ताहा तथा यासीन (मुहम्मद साहब के वंश) का आभूषण सैयिद महदी ख्वाजा।

[2] 'बिरादरे अइज़्जे अरशद कामगार मंजूरे नजरे अनज़ारे इनायते हजरत आफरीदगार मुहम्मद सुल्तान मीर्जा',गौरव–युक्त एवं प्रख्यात भाई, ईश्वर के निकट अत्यधिक प्रिय मुहम्मद सुल्तान मीर्जा।

[3] 'सल्तनत मआब, खिलाफत इन्तेसाव आदिल सुल्तान बिन महदी सुल्तान' अर्थात् सल्तनत का विश्वास पात्र, खिलाफत का निकटवर्ती आदिल सुल्तान पुत्र महदी सुल्तान।

[4] 'मोतमेदुल मुल्क कामिलुल इख्लास अब्दुल अजीज़ मीर आखर' अर्थात् राज्य का विश्वासपात्र, निष्ठा से परिपूर्ण अब्दुल अजीज, शाही घोड़ों की देख रेख करने वालों का अधिकारी।

[5] 'मोतमेदुल मुल्क सादिकल इख्लास शम्सुद्दीन मुहम्मद अली जंग जंग' अर्थात् राज्य का विश्वासपात्र, निष्ठा में सच्चा, धर्म का सूर्य मुहम्मद अली जंग जंग।

[6] 'उमदतुल खवास, कामिलुल इख्लास जलालुद्दीन कूतलूक कदम करावल' अर्थात् शाही सेवकों का स्तम्भ, निष्ठा से परिपूर्ण, धर्म का ऐश्वर्य कूतलूक क़दम करावल अथवा शत्रु की सेना के विषय में समाचार लाने वाला।

[7] 'जलालुद्दीन शाह हुसेन यारगी मुग़ल गांची' अर्थात् धर्म का ऐश्वर्य शाह हुसेन यारगी मुगूल गांची।

[8] निजामुद्दीन जान मुहम्मद बेग अत्का' अर्थात् धर्म के सुव्यवस्थापक जान मुहम्मद बेग अत्का ।

[9] 'नतीजतुस्सलातीन कमाल खां तथा जलाल खां बिन सुल्तान अलाउद्दीन' अर्थात् सुल्तानों में चुने हुये कमाल खां तथा जलाल खां पुत्र सुल्तान अलाउद्दीन।

[10] उमदतुल ऐयान निजाम खां ब्याना', राज्य के अमीरों का स्तम्भ ब्याना का निजाम खां।

[11] Flank Movement, सेना के बाजुओं के वे दस्ते जो झपट कर शत्रु के पीछे अथवा अन्य दिशा में जहां से सफलता की अधिक आशा होती थी, पहुंच कर आक्रमण करते थे।

[12] 'मोतमेदुल खवास', अर्थात् विशेष व्यक्तियों का विश्वास पात्र।

... [1]निजामुद्दीन सुल्तान मुहम्मद बख्शी, इस्लाम के गाजियों[2] को नियुक्त करने के उपरान्त शाही आदेश प्राप्त करने पहुंचा। उसने तवाचियों[3] तथा यसावलों[4] को विभिन्न दिशाओं में इस आशय से भेजा कि वे प्रतिष्ठित सुल्तानों, सम्मानित अमीरों तथा इस्लाम के समस्त योद्धाओं के पास सैनिकों एवं सेना (के दस्तों) को सुव्यवस्थित रखने के विषय में शाही आदेश पहुंचायें। जब सेना के उच्च अधिकारियों ने अपना अपना स्थान ग्रहण कर लिया तो उनके पास इस आशय का अनुपेक्षीय आदेश प्रेषित किया गया कि कोई भी अपने स्थान से न तो बिना आदेश के हिले और न बिना आज्ञा के युद्ध प्रारम्भ करे।

युद्ध का प्रारम्भ

उपर्युक्त दिन के लगभग एक पहर तथा दो घड़ी व्यतीत हो जाने के उपरान्त[5] दोनों ओर की सेनायें एक दूसरे के समीप पहुंच गई और युद्ध प्रारम्भ हो गया जिस प्रकार प्रकाश का अंधकार से युद्ध हुआ करता है उसी प्रकार दोनों ओर की सेनाओं की एक दूसरे से मुठभेड़ हुई। दायें तथा बायें बाजू में ऐसा घोर युद्ध प्रारम्भ हुआ कि मानो भूकम्प आ गया हो और आकाश की अन्तिम सीमा पर तेज झनझनाहट होने लगी हो।

दायें बाजू में युद्ध

अभागे काफिरों की सेना का बायां बाजू इस्लामी सेना के सौभाग्यशाली दायें भाग की ओर अग्रसर हुआ और खुसरो कूकूल्दाश[6] तथा बाबा करका के के भाई मलिक कासिम पर आक्रमण किया। प्रख्यात एवं सत्यवादी भाई चीन तीमूर सुल्तान शाही आदेशानुसार उन लोगों की कुमक पर पहुंच गया और बड़ी वीरता से युद्धप्रारम्भ कर दिया तथा काफ़िर को उस स्थान से हटा कर लगभग उसकी सेना के केन्द्र के पीछे तक ढकेल दिया। उस प्रिय भाई को इसके लिये पुरस्कृत किया गया। अपने युग का अद्वितीय व्यक्ति मुस्तफा रूमी (दाये बाजू) के केन्द्र में जहां...[7]मुहम्मद हुमायूं बहादुर था, नियुक्त था। मुस्तफा मुस्तफा रूमी ने गाड़ियों को आगे बढ़ाया और काफिरों की सेना की पंक्तियों को तुफंग[8] तथा जर्ब जन[1] द्वारा उनके काफिरों के हृदय के समान

---

[1] उमदतुल खवास, कामिलुल इख्लास, जुब्दये असहाबे इख्तेसास, सुल्तान मुहम्मद बख्शी' अर्थात् शाही सेवकों का स्तम्भ, निष्ठा से परिपूर्ण, परामर्शदाताओं में चुना हुआ, सुल्तान मुहम्मद बख्शी।

[2] विजयी योद्धाओं।

[3] सेना के मध्य श्रेणी के अधिकारी को 'तवाची' कहते थे।

[4] समाचार वाहकों।

[5] सम्भवतःप्रातः काल –१० बजे के बीच।

[6] फारसी में 'कूकुल्ताश' ।

[7] 'करज़न्दे अइजे् अरशद कामगार मंजूर अनजारे हज़रते आफरीदगार अल–मुखतस बे अवातेफुल मुल्कुल्लजी मुहम्मद हुमायूँ बहादुर'।

[8] बंदूक, matchlock।

छिन्न–भिन्न कर दिया। घोर युद्ध के समय . . . [2]कासिम हुसेन सुल्तान.... [3]अहमद यूसुफ तया कवाम बेग शाही आदेशानुसार उनकी सहायतार्थ पहुंचे। जब काफिरों की सेनाओं के दस्ते के दस्ते निरन्तर अपने आदमियों की सहायतार्थ क्षण–क्षण पर पहुंचने लगे तो हमने भी...... [4]हिन्दू बेग और उसके पीछे . . . [5]मुहम्मदी कूकूल्दाश, तया ख्वाजगी असद जानदार को और उनके बाद... [6]यूनुस अली,... [7]शाह मनसूर बरलास, . . . [8]अब्दुल्लाह किताबदार को और इन लोगों के उपरान्त... [9]दोस्त ईशक आका एवं मुहम्मद खलील अख्ता बेगी[10] को कुमक पर भेजा।

बायें बाजू में युद्ध

काफ़िरों की सेना के बायें बाजू ने इस्लामी सेना के दायें बाजू पर निरन्तर कड़े आक्रमण किये। वे ग़ाज़ियों पर टूट–टूट पड़ते थे किन्तु हर बार पीछे ढकेल दिये जाते थे अथवा विजय की तलवार द्वारा नरक में, "जहां वे जलने के लिये फेंक दिये जायेंगे और जहां वे कष्ट में जीवन व्यतीत किया करेंगे"[11], भेज दिये जाते थे।... [12]मोमिन अत्का तथा रुस्तम तुर्कमान दुष्ट काफ़िरों की अंधकार ग्रस्त सेना के पीछे की ओर बढ़े।... [13]ख्वाजा महमूद तथा अली अत्का और ... [14]निजामुद्दीन अली खलीफ़ा के सेवकों को उनकी सहायतार्थ भेजा गया।

... [15]मुहम्मद सुन्तान मीर्जा, . . . [16]आदिल सुल्तान . . . [17]अब्दुल अजीज़ अमीर आखूर,..... [18]कूतलूक क़दम क़रावल,. . . [1]मुहम्मद अली जंगजंग तथा .

---

[1] एक प्रकार की तोप।

[2] 'सल्तनत मआब कासिम हुसेन सुल्तान'।

[3] 'उमदतुल खवास निजामुद्दीन अहमद यूसुफ' ।

[4] 'मोतमेदुल मुल्क हिन्दू बेग कूचीन'।

[5] 'उमदतुल खवास मुहम्मदी कूकूल्दाश'।

[6] मोतमेदुस्सल्तनतुल उलया, मोतमेनुल अतबुस्सुनिया, मुक्तर्रिबे खास, जब्दये असहाबे इख्तेसास यूनुस अली'।

[7] उमदतुल ख्वास, कामिलुल इख्लास शाह मनसूर बरलास' ।

[8] उमदतुल खवास, सादिकुल अकीदा अब्दुल्लाह किताबदार'।

[9] 'उमदतुल खवास दोस्त ईशर्क आका'।

[10] आख्ता अथवा बधिया बनाने वालों का अधिकारी।

[11] कुरान शरीफ से उद्धृत ।

[12] 'मोतमेदुल खवास मोमिन अत्का' ।

[13] 'मोतमेदुल खवास ख्वाजा महमूद'।

[14] 'मुकर्रिबे हजरतस्सुल्तानी, एत्मादुद्दौला अल खाकानी निजामुद्दीन अली खलीफा' ।

[15] 'बिरादरे अइज़्जे अरशद मुहम्मद सुल्तान मीर्जा' ।

[16] 'सल्तनत मआब आदिल–सुल्तान' ।

[17] 'मोतमेदुल मुल्क अब्दुल अजीज मीर आखूर' ।

[18] 'जलालुद्दीन कूतलूक क़दम करावल'।

. . . [2]शाह हुसेन यारगी मुगूल गांची ने कदम जमा कर युद्ध प्रारम्भ कर दिया। उनकी सहायतार्थ हमने... [3]ख्वाजा कमालुद्दीन हुसेन तथा कुछ दीवान[4] के अधिकारियों को भेजा। प्रत्येक जिहाद करने वाला अपना उत्साह प्रदर्शित करने के लिये उद्यत था और अत्यधिक प्रसन्नता प्रदर्शित करते हुये इस आयत के अनुसार अग्रसर होता था: "अतः क्या तुम चाहते हो कि इन दो उत्कृष्ट वस्तुओं–विजय अथवा शहीद होने के अतिरिक्त–तुम्हें कोई अन्य वस्तु मिले ?"[5] उन लोगों ने अत्यधिक परिश्रम करके जीवन के परित्याग की पताका वलन्द की।

घोर युद्ध

जब युद्ध कुछ देर तक होता रहा तो यह अनुपेक्षीय आदेश दिया गया कि शाही सेना के विशेष दस्ते जिनमें बड़े बड़े योद्धा तथा निष्ठा के जंगल के सिंह थे, और जो गाड़ियों के पीछे जंजीर में बंधे हुये सिंहों की भांति खड़े थे, केन्द्र की दाई एवं बाईं ओर से निकल कर तुफंगचियों[6] को बीच में छोड़ कर दोनों ओर से युद्ध प्रारम्भ कर दें। जिस प्रकार उषा, क्षीतिज की दरार से निकलती है, उसी प्रकार वे लोग गाड़ियों के पीछे से निकले। उन लोगों ने उन अभागे काफ़िरों के रक्त को रण–क्षेत्र में, जो आकाश के समान था, बहा दिया और विद्रोहियों के सिर को सितारों के अस्तित्व के समान मिटा दिया।[7] अली कुली ने जो अपने अधीनस्थ सैनिकों सहित केन्द्र में था, अत्यधिक पौरुष का प्रदर्शन किया। उसने लोहे के वस्त्र वाले काफ़िरों के क़िलों[8] पर इतने बड़े बड़े पत्थर फेंके जो उस तराजू पर रखने योग्य हैं जिन पर लोगों के कर्म तोले जायेंगे[9]। "वह तराजू सदाचरण के कारण भारी रहेगी और वह सुखमय जीवन व्यतीत करेगा"[10] और जो यदि एक ऊंचे पर्वत पर फेंके जायें तो वह धुने हुये ऊन के समान हो जायें।[11] उस्ताद अली कुली ने उसी प्रकार के पत्थर काफ़िरों की पंक्तियों के लोहे का वस्त्र पहने हुए किलों पर फेंके जिससे कि वे नष्ट हो गये। शाही सेना के केन्द्र के जर्बजन एवं तुफंग चलाने वालों ने शाही आदेशानुसार गाड़ियों के पीछे से निकल कर बहुत से काफ़िरों को मृत्यु का विष चखा दिया। पदातियों ने एक बड़े ही खतरनाक

---

[1] निजामुद्दीन मुहम्मद अली जंग जंग'।

[2] 'जलालुद्दीन शाह हुसेन यारगी मुगल गांची'।

[3] 'दस्तूरुल आजमुल वुजरा बैनुल उमम ख्वाजा कमालुद्दीन हुसेन'।

[4] वित्त विभाग।

[5] कुरान शरीफ से उद्धृत ।

[6] बन्दुक चलाने वालों, matchlockmen।

[7] 'नादिरुल अस्र'।

[8] अर्थात् शरीरों पर।

[9] मुसलमानों के विश्वासानुसार कयामत में सभी के कर्म तोले जायेगे।

[10] कुरान शरीफ से उद्धृत।

[11] अर्थात् शत्रुओं पर भारी भारी पत्थर फेंके।

स्थान में प्रविष्ट होकर अपने नाम को वीरता के जंगल के सिंहों एवं पौरुष के रण–क्षेत्र के वीरों में प्रकट कर दिया। इसी बीच में हज़रते खाकान[1] का फरमान प्राप्त हुआ कि केन्द्र की गाड़ियों को आगे बढ़ाया जाये और सम्मानित बादशाह स्वयं काफ़िरों की सेना की ओर अग्रसर हुये। विजय तथा सौभाग्य उनकी दाई ओर तथा इक़बाल एवं (देवी) सहायता उनकी बाईं ओर थी।

विजयी सेनायें यह देख कर प्रत्येक दिशा में उनके पीछे पीछे बढ़ीं। शाही सेना का अगाध समुद्र, लहरें मारने लगा। उस समुद्र के अजगरों की वीरता का प्रदर्शन उनके कार्यों की दृढ़ता द्वारा प्रकट हो गया। आकाश पर धूल के बादल छा गये। रण क्षेत्र में जो धूल जमा थी उसको तलवार की चकाचौंध करने वाली विद्युत काटती जाती थी। सूर्य के मुख से प्रकाश का उसी प्रकार अन्त हो गया था जिस प्रकार दर्पण का उलटा भाग। मारने तथा मरने वाले, विजयी एवं पराजित इस प्रकार गड़बड़ हो गये थे कि इनमें किसी प्रकार का कोई अन्तरन हो सकता था। काल के जादूगर ने ऐसी रात्रि उत्पन्न कर दी थी कि बाण तो नक्षत्र दे और दृढ़ सवारों के दस्ते अपने स्थान पर स्थिर तारों के समूह के समान थे।

पद्य

"युद्ध के उस दिन डूबा एवं निकला,
मीन[2] तक रक्त, चन्द्रमा तक धूल के बादल।
घोड़े के खुरों से उस विस्तृत मैदान में,
एक भूमि ऊपर उड़ गई एक अन्य आकाश बनाने को।"[3]

जिस समय ग़ाज़ी लोग सिर कटाने एवं प्राणों की बलि दे रहे थे, उन्हें एक दैवी आवाज सुनाई दी जो कह रही थी, "न तो व्याकुल हो और न दुखी, कारण कि यदि तुम विश्वास रखते हो तो तुम्हें अविश्वासियों पर विजय होगी।"[4] और उन लोगों ने अभ्रान्त सूचना देने वाले से ये सुखद शब्द शब्द सुने, "ईश्वर को ओर से सहायता एवं तत्काल विजय है, और तुम यह सुखद समाचार मोमिनों के पास ले जाओ।"[5] वे इतना जी लगा कर युद्ध कर कर रहे थे कि फ़िरिश्ते उन लोगों को शाबाशी देने लगे और ईश्वर के विश्वस्त फ़िरिश्ते पतिंगों के समान उनके सिर के चारों ओर चक्कर काटने लगे। पहली[6] तथा दूसरी नमाज[1] के मध्य में हत्याकांड की अग्नि इतनी

---

[1] बादशाह सलामत।

[2] वह मछली जिसके विषय में कहा जाता है कि पृथ्वी उरा पर टिकी हुई है।

[3] कहा जाता है कि आकाश सात है। घोर युद्ध के कारण भूमि की धूल उठकर आकाश तक पहुंच गई थी और एक आठवां आकाश बन गया था।

[4] कुरान शरीफ से उद्धृत ।

[5] कुरान शरीफ से उद्धृत ।

[6] जुहर की नमाज, मध्याहोत्तर की प्रथम नमाज ।

अधिक भड़क गई थी कि उसकी लपट आकाश तक पहुंचने लगी। इस्लामी सेना के दायें एवं बायें बाजू ने अभागे काफ़िरों के बायें एवं दायें बाजू को लपेट कर उनके केन्द्र में ढेर कर दिया।

जब विख्यात मुजाहिदों की विजय और इस्लामी पताका के बुलन्द होने के चिह्न दृष्टिगत होने लगे तो एक घंटे तक पिशाच काफ़िर एवं दुष्ट अधर्मी आश्चर्यचकित रहे। अन्त में अपने प्राणों की आशा त्याग कर वे हमारे केन्द्र के दायें एवं बायें बाजू पर टूट पडे। बायें बाजू पर वे बहुत बडी संख्या में बड़ी तीव्र गति से आक्रमण करते हुये बढ़ते चले गये किन्तु वीर ग़ाज़ियों ने पुण्य को दृष्टि में रखते हुये उनमें से प्रत्येक के सीने में बाणों के वृक्ष उगा दिये और सभी को उनके अन्धकारमय दुर्भाग्य के समान भगा दिया। इस दशा में विजय तथा सौभाग्य का शीतल पवन हमारे भाग्यशाली नवाब[2] के उद्यान में बहने लगा और यह सुखद समाचार प्राप्त हुये कि "निःसन्देह हमने तुझे स्पष्ट रूप से विजय प्रदान की।"[3] विजय की प्रियतमा के केश जो संसार का श्रृंगार हैं, इस वाक्य से सुशोभित हुये, "ईश्वर तुम्हें बहुत बड़ी सहायता द्वारा मदद देगा।"[4] और यह सौभाग्य हमें प्राप्त हुआ। जो विजय आवरण में थी, वह प्रकट हो गई। झूठे हिन्दू अपनी स्थिति को खतरनाक देख कर "धुने हुये ऊन के समान हवा में छिन्न–भिन्न हो गये और पतिंगों के समान बिखर गये।"[5] बहुत से रण–क्षेत्र में मारे गये और अन्य युद्ध त्याग कर निर्वासन के मरुस्थल में भाग गये और चील कौवों का भोजन बन गये। लाशों के टीले और सिरों के मीनार बनाये गये।

सरदार जिनकी हत्या हुई

हसन खां मेवाती तुफंग द्वारा मरने वालों की सूची में प्रविष्ट हुआ। इसी प्रकार बहुत से मार्ग भ्रष्ट विद्रोही, जो अपनी अपनी क़ौम के नेता थे, मारे गये और बाण तथा तुफंग द्वारा उन्होंने अपने जीवन का अन्त कर दिया। इन्हीं में दूंगरपुर के बागर का रावल उदय सिंह था जिसके अधीन १२००० अश्वारोही थे। राय चन्द्रभान चौहान जिसके अधीन ४००० घोड़े थे, सलाहुद्दीन, जिसका उल्लेख हो चुका है, का पुत्र भूपत राव, चन्देरी का राजा जिसके साथ ६००० अश्वारोही थे, मानिक चन्द चौहान तथा दलपत राव जिनके पास ४.४ हजार अश्वारोही थे, कंकू[6] तथा कर्म सिंह और दनकूसी जिनमें से प्रत्येक के पास ३००० अश्वारोही थे और बहुत से अन्य जिनमें से प्रत्येक बड़ी बड़ी सेना का सेनापति था और बड़ा ही प्रतापी एवं महान् सरदार था, इस युद्ध में मारे गये। वे सब नरक के पथिक बने और इस

---

[1] अस्र की नमाज, मध्यहोत्तर की दूसरी नमाज ।

[2] बाबर।

[3] कुरान शरीफ से उदधृत ।

[4] कुरान शरीफ से उद्धृत।

[5] कुरान शरीफ से उद्धृत ।

[6] गंगू।

लोक से सत्यानाश के गर्त में पहुंच गये। दारुल हरब[1] उसी प्रकार भरा था जिस प्रकार नरक उन घायलों से, जो मार्ग में मृत्यु को प्राप्त हुये, भरा था। नरक का सब से तुच्छ गर्त इन दुष्टों से जिन्होंने अपने प्राण नरक के सर्वोच्च अधिकारी को समर्पित कर दिये थे, भर गया था। इस्लामी सेना से जो व्यक्ति जिस ओर भी जाता वहां कोई न कोई स्वेच्छाचारी मरा हुआ मिलता। प्रतापी शिविर[2] ने जिस ओर भी पलायन करने वालों के पीछे प्रस्थान किया, उसे कोई भी स्थान शत्रु से, जो नष्ट हो चुके थे, रिक्त न मिला।

पद्य

"समस्त हिन्दू मारे गये और वे अपमानित एवं तिरस्कृत हुये,
तुफंग तथा पत्थर से, हाथी के प्रभु[3] के समान।
उनकी लाशों से पहाड़ियां बन गईं,
और प्रत्येक पहाड़ी से प्रवाहित रक्त की एक नदी।
हमारी सेना की शानदार पंक्तियों के बाणों से भय करते हुए,
भागते फिरे वे प्रत्येक जंगल एवं पर्वत में।"

"वे पीठ दिखा गये। ईश्वर का आदेश तो पूरा ही होना है। ईश्वर, जो सब कुछ सुनता एवं बहुत बड़ा बुद्धिमान् है, प्रशंसनीय है कारण कि विजय केवल ईश्वर द्वारा जो सर्व शक्तिमान एवं बुद्धिमान् है, प्राप्त होती है।"

२५ जमादि–उस्सानी ९३३ हि० (२९ मार्च १५२७ ई०) को लिखा गया।[4]

विजय पश्चात् की घटनायें

बाबर का ग़ाज़ी की उपाधि धारण करना

इस विजय के उपरान्त शाही तुग़रा[5] में गाजी लिखा जाने लगा। फ़तहनामा[6] के तुग़रा के नीचे मैंने निम्नांकित रुबाई[7] लिखी :

रुबाई

"इस्लाम के लिये मैं वनों में चक्कर लगाता रहा,

---

[1] युद्ध का स्थान। कुरान शरीफ के अनुसार वह स्थान जहाँ मुसलमानों एवं गैर–मुस्लिमों में संधि न हुई हो।

[2] शाही सेना।

[3] अबरहहा की ओर संकेत किया गया है जिसने हाथी लेकर मक्का पर चढ़ाई की थी। देखिये पूर्व पृ० २४० ।

[4] यह युद्ध १३ जमादि–उस्सानी (१६ मार्च) को हुआ और फतह नामा युद्ध के १२ दिन उपरान्त २५ जमादि–उस्सानी ९३३ हि० को तैयार हुआ। यह ९ रजब (११ अप्रैल) को काबुल प्रेषित किया गया।

[5] शाही आदर्श वाक्य।

[6] विजय पत्र।

[7] रुबाई में चार समवृत्त चरण होते हैं। रुबाई के लिये विशेष छंदों का विधान है।

काफ़िरों तथा हिन्दुओं से युद्ध की तैयारी करता रहा।
मैंने शहीदों के समान मरना निश्चय किया,
"ईश्वर को धन्य है, मैं ग़ाज़ी हो गया।"

विजय की तारीख

शेख जैन ने "फ़तहे पादशाहे इस्लाम"[1] से इस विजय की तारीख निकाली। मीर गेसू नामक एक व्यक्ति ने जो काबुल से आया था, इन्हीं शब्दों द्वारा तारीख निकाली थी और इनका प्रयोग करते हुए एक रुबाई की रचना करके उसे मेरे पास भेजा। शेख जैन तथा मीर गेसू की तारीखें एक ही निकलीं, और दोनों ने अपनी अपनी रुबाइयों में इनका प्रयोग किया। यह एक बड़ी विचित्र बात है। एक बार जव दीबालपुर की विजय की तारीख शेख जैन ने "वस्ते[2] शहर रबी–उल–अव्वल"[3] निकाली तो मीर गेसू ने भी इन्हीं शब्दों में तारीख निकाली।

शत्रु का पीछा करना

शत्रुओं को पराजित करके हमने उन्हें एक–एक करके घोड़ों से गिराते हुये उनका पीछा किया। काफिरों का दायरा[4] हमारे शिविर से दो कोस पर रहा होगा। हमने उसके शिविर में पहुँच कर मुहम्मदी, अब्दुल अजीज़, अली खां तथा कुछ अन्य लोगों को उसका पीछा करने के लिये भेजा। इसमें मैंने थोड़ी सी शिथिलता कर दी।[5] मुझे स्वयं जाना चाहिये था और जिस कार्य की मुझे इच्छा थी, उसे अन्य लोगों पर न छोड़ना चाहिये था। काफ़िर के शिविर से लगभग १ कोस आगे निकल जाने के उपरान्त, मैं दिन का अन्त हो जाने के कारण लौट आया। मैं अपने शिविर में सोने के समय की नमाज़ के वक्त पहुंचा।

मुहम्मद शरीफ़ ज्योतिषी

मुहम्मद शरीफ़ ज्योतिषी ने यद्यपि अपने अत्यधिक अशकुन–सम्बन्धी शब्दों से चिन्ता में डाल दिया था, फिर भी वह तत्काल मुझे बधाई देने पहुंचा। मैंने उसे अत्यधिक गाली देकर अपने हृदय का बोझ हलका कर लिया किन्तु उसके काफिरों के समान होने, अशकुन–सम्बन्धी बातें करने एवं अभिमानी तथा उदंड होने पर भी मैंने उसे उसकी पिछली सेवाओं के कारण एक लाख प्रदान किया और उसे यह आदेश दे कर कि वह मेरे राज्य में न ठहरे, चले जाने का आदेश दे दिया।

एक विद्रोह का दमन

---

[1] अबजद के हिसाब से 'फतेहे पादशाहे इस्लाम से ६३३ की संख्या निकलती है।

[2] रबी–उल–अव्वल मास का मध्य।

[3] अबजद के हिसाब से ६३० हि० (१५२३–२४ ई०)।
'बाबर नामा' की वर्तमान प्रतियों में इस वर्ष का कोई वर्णन नहीं मिलता।

[4] शिविरः।

[5] बाबर राणा सांगा के भाग जाने पर पश्चाताप प्रकट कर रहा है।

(१७ मार्च)–दूसरे दिन (१४ जमादि–उस्सानी) को हमने उसी स्थान पर पड़ाव किया। मुहम्मद अली जंगजंग, शेख गूरन तथा अब्दुल मलिक कूरची[1] को अत्यधिक सेना दे कर इलयास खां[2] के विरुद्ध, जिसने दोआब में विद्रोह कर के कोल को अपने अधिकार में कर लिया था और कीचीक अली को बन्दी बना लिया था, भेजा। इन लोगों के पहुंचने पर वह युद्ध न कर सका और उसकी सेना विभिन्न दिशाओं में छिन्न–भिन्न हो गई। मेरे आगरा पहुंच जाने के कुछ दिन उपरान्त उसे बन्दी बना कर लाया गया। मैंने आदेश दिया कि उसकी खाल जब वह जीवित ही हो तो खींच ली जाये।

विजय–स्तम्भ

मैंने आदेश दिया कि काफ़िरों के सिरों का एक स्तम्भ उस छोटी पहाड़ी पर बनवाया जाये जिसके तथा हमारे शिविर के मध्य में युद्ध हुआ था।

ब्याना का निरीक्षण

(२० मार्च)–––उस स्थान से प्रस्थान करके और दो रात पड़ाव करके हम ब्याना पहुंचे।[3] काफ़िर तथा मुर्तिद[4] भागते समय मृत्यु को प्राप्त हुये। उनके शरीर ब्याना के पूरे मार्ग में अलवर[5] तथा मेवात तक पड़े थे।

राणा के राज्य पर आक्रमण के विचार त्यागना

ब्याना की सैर के उपरान्त हम ने अपने शिविर में लौट कर तुर्क अमीरों तथा हिन्द के अमीरों को बुलवा कर उनसे इस काफ़िर[6] के राज्य पर आक्रमण करने के विषय में परामर्श किया किन्तु यह अभियान मार्ग में जल की कमी तथा गरमी के कारण त्याग दिया गया।

मेवात

देहली के निकट मेवात स्थित है। उसकी मालगुजारी ३–४ करोड़ होगी। हसन खां मेवाती[7] तथा उसके पूर्वज १००–२०० वर्ष से वहां निरन्तर स्वतंत्र रूप से राज्य करते आये हैं। वे देहली के सुल्तानों के नाम–मात्र को ही अधीन रहते थे। हिन्दुस्तान के सुल्तानों[8] ने पता नहीं इस कारण कि उनका राज्य बड़ा विस्तृत था अथवा इस कारण कि उन्हें उचित अवसर प्राप्त न था

---

1 शस्त्रों की देख रेख करने वाला अधिकारी।

2 इससे पूर्व बाबर लिख चुका है कि रुस्तम खां नमकहराम ने दोआब के मध्य के तर्कशबन्दों को बन्दी बना कर कोल पर अधिकार जमा लिया और कीचीक अली को बन्दी बना लिया।

3 रविवार १६ जमादि–उस्सानी।

4 वे लोग जो एक बार इस्लाम स्वीकार करके उसे त्याग दें अथवा वे मुसलमान जो इस्लाम छोड़ दें।

5 अलवर मथुरा के पश्चिम में है। देहली तथा आगरा से इसकी दूरी बराबर बराबर है।

6 राणा सांगा।

7 मेवाती शब्द का वहाँ के शासकों के लिये, जो खानजादा कहलाते थे, प्रयोग हुआ है न कि साधारण प्रजा के लिये जो मेयो कहलाते थे।

8 इस स्थान पर बाबर ने अपनी तुलना देहली के सुल्तानों से की है।

और या इसलिये कि मेवात पर्वतीय प्रदेश है, मेवात की विलायत पर न तो आक्रमण किया और न वहां के राज्य को सुव्यवस्थित करने का प्रयत्न किया। अपितु नाममात्र की अधीनता से ही संतुष्ट होते रहे। हम भी हिन्द की विजय के उपरान्त पिछले सुल्तानों की भांति हसन खां को प्रोत्साहन प्रदान करते रहे। इस कृतघ्न काफ़िर और मुलहिद[1] ने हमारी कृपाओं तथा दया की ओर कोई ध्यान न दिया। हमने उसके प्रति जो प्रोत्साहन प्रदर्शित किया था अथवा जो उन्नति उसे प्रदान की थी उनके प्रति उसने आभार न प्रदर्शित किया अपितु वह समस्त उपद्रवों का जन्मदाता एवं समस्त दोषों का कारण बन गया।

जैसा कि उल्लेख हो चुका है, जब हमने उस[2] अभियान को त्यागा तो हम मेवात की विजय हेतु रवाना हुये। मार्ग में चार रात पड़ाव करके हम लोगों ने अलवर से ६ कुरोह[3] पर स्थित मानस–नी[4] के तट पर पड़ाव किया। किया। अलवर के किले में इस समय मेवात के शासक निवास करते थे। हसन खां तथा उसके पूर्वजों की राजधानी तिजारा में रही होगी किन्तु जब मैंने हिन्दुस्तान पर आक्रमण किया और पहाड़[5] खां को पराजित करके लाहौर लाहौर तथा दीबालपुर पर विजय प्राप्त की[6] तो उसने दूरदर्शिता के कारण अलवर के किले में अपने लिये महल का निर्माण प्रारम्भ करा दिया।

हसन खां का एक विश्वासपात्र कर्मचन्द, जो मेरे पास उस समय आगरा आया था जब उसका[7] पुत्र[8] मेरे पास वहां था, अब उस पुत्र की ओर से मेरी मेरी सेवा में उपस्थित हुआ और क्षमा–याचना की। अब्दुर्रहीम शग़ावल उसके साथ शाही प्रोत्साहन के पत्र सहित अलवर भेजा गया और वह नाहर खां को लेकर वापस आया। उसके[9] प्रति पुनः कृपा दृष्टि प्रदर्शित की गई और कई लाख के परगने उसे वजह[10] में प्रदान किये गये।

मेवात का प्रबन्ध

यह सोचकर कि "खुसरो ने इस युद्ध में कितना अच्छा काम किया था", मैंने उसे अलवर प्रदान किया और उसके व्यय हेतु ५० लाख प्रदान किये किन्तु दुर्भाग्यवश उसने अभिमान के कारण इसे स्वीकार न किया। बाद में

---

[1] अधर्मी से तात्पर्य है।

[2] राणा सांगा के विरुद्ध।

[3] १२ मील।

[4] उस ओर की एक नदी। अन्य नदियां 'बारह' तथा 'रूपारेल' हैं।

[5] कुछ स्थानों पर 'बिहार खां' भी लिखा है।

[6] ९३० हि० (१५२४ ई०)।

[7] हसन खां का।

[8] नाहर।

[9] नाहर।

[10] जीवन निर्वाह हेतु ।

यह पता चला कि कूचीन तीमूर ने यह कार्य किया होगा।[1] अतः उसे इसके लिये इनाम दिया गया। उसे मेवात की राजधानी तिजारा[2] तथा ५० लाख उसके खर्च को दिये गये।

अलवर तथा १५ लाख[3] तरदीका को प्रदान किये गये। उसने दायें बाज़ के तूलग़मे वालों के साथ अन्य लोगों की अपेक्षा प्रशंसनीय कार्य किया था। अलवर के खजाने में जो कुछ था, उसे मैंने हुमायूं को प्रदान कर दिया।

अलवर की सैर

(३ अप्रैल)–१ रजब बुधवार को हम उस पड़ाव से प्रस्थान करके अलवर के पास २ कुरोह[4] पर पहुंच गये। मैं किले का निरीक्षण करने गया और वहां रात्रि व्यतीत की और दूसरे दिन अपने शिविर में वापस आ गया।

हुमायूँ को काबुल जाने की अनुमति

जब वह शपथ, जिसका उल्लेख हो चुका है, सभी बड़े छोटे को राणा सांगा के विरुद्ध जिहाद के पूर्व दिलाई गई थी तो यह भी कहा गया था कि इस विजय के उपरान्त किसी को रोका न जायेगा और जिस किसी की भी (हिन्दुस्तान से) जाने की इच्छा होगी, उसे अनुमति दे दी जायेगी।[5] हुमायूं के के अधिकांश आदमी या तो बदख्शां के थे और या उस ओर[6] के थे। वे इससे पूर्व कभी भी एक अथवा दो मास तक के अभियान पर न गये थे। युद्ध के पूर्व भी वे बड़े व्याकुल थे। इन कारणों से और इस कारण से भी कि काबुल सैनिकों से रिक्त था, हुमायूं को काबुल जाने की अनुमति दे दी गई।

अलवर से वापसी

(११ अप्रैल)–इतने प्रबन्ध के उपरान्त बृहस्पतिवार ६ रजव को हमने अलवर से प्रस्थान किया और ४–५ कुरोह[7] की यात्रा के उपरान्त मानस नदी के तट पर पड़ाव किया।

महदी ख्वाजा को काबुल जाने की अनुमति

महदी ख्वाजा को भी बड़ी परेशानी थी। उसे भी काबुल जाने की अनुमति दे दी गई।

ब्याना तथा इटावा की नियुक्तियाँ

ब्याना की शिक़दारी ईशक आका[8] को प्रदान कर दी गई। इससे पूर्व महदी ख्वाजा को इटावा में नियुक्त किया गया था। कुतुब खां के इटावा

---

[1] खुसरों को उसे स्वीकार न करने के लिये कह दिया हो।

[2] अलवर नगर के उत्तर–पूर्व में ३० मील पर। यह बहुत समय तक मेवात के खानजादों की राजधानी रहा। हसन खां मेवाती की कब्र यहीं बताई जाती है।

[3] १५ लाख वेतन।

[4] ४ मील।

[5] इससे पूर्व इसका उल्लेख नहीं किया गया है।

[6] हिन्दूकुश के ।

[7] ८–१० मील ।

[8] द्वारपालों का अधिकारी।

छोड़ कर चले जाने पर महदी ख्वाजा के पुत्र, जाफ़र ख्वाजा को इटावा भेजा गया।

विजय–पत्र का काबुल प्रेषित किया जाना

हुमायूं को जाने की अनुमति दे देने के कारण २–३ दिन तक इस स्थान पर पड़ाव करना पड़ा। यहां से मोमिन अली तवाची[1] को फ़तहनामा[2] सहित काबुल भेजा गया।

फ़ीरोज़पुर तथा कोटला की झीलों की सैर

फ़ीरोज़पुर[3] के झरने तथा कोटला[4] की बड़ी झील की बड़ी प्रशंसा सुनी जाती थी। शिविर को उसी स्थान पर छोड़ कर मैं रविवार[5] को इन दोनों स्थानों की सैर एवं हुमायूं को पहुंचाने के लिये रवाना हुआ। फ़ीरोज़पुर तथा उसकी झील की उसी दिन सैर करने के उपरान्त माजून का सेवन किया गया। जिस घाटी से झरना निकलता है, कनीर[6] के फूल खूब खिले हुये थे। यह स्थान आकर्षण से शून्य नहीं है किन्तु जितनी प्रशंसा इस स्थान की की जाती है, उस योग्य यह नहीं है। उसी घाटी में जहां से जल का विस्तार अधिक हो जाता है, मैंने पत्थर को तराश कर एक १०X१० के हौज[7] के निर्माण का आदेश दिया। मैंने उसी घाटी में रात्रि व्यतीत की। मैंने दूसरे दिन वहां से प्रस्थान किया और कोटला झील की सैर की। यह पर्वत के आंचल से घिरी हुई है। कहा जाता है कि मानस–नदी इसी में गिरती है।[8] यह एक बहुत. बड़ी झील है। इसकी एक ओर से दूसरी ओर (की कोई वस्तु) नहीं दिखाई पड़ती। इसके मध्य में एक टीला है। इसके चारों ओर बहुत सी छोटी–छोटी नौकायें थीं। झील के समीप के ग्रामों के निवासी हलचल तथा अशान्ति के समय नौकाओं पर बैठ कर उसी टीले पर चले जाते हैं। हमारे आगमन पर भी नौकाओं में बैठ कर कुछ लोग झील के मध्य में चले गये।

---

[1] राजदूत, समाचार वाहक ।

[2] विजय–पत्र।

[3] फीरोज़पुर अथवा फीरोज़पुर झिर्का (गुडगांव में)। यह देहली से दक्षिण में ७४ मील पर हैं। कहा जाता है कि सुल्तान फीरोज शाह तुगलक ने मेवातियों को अपने वश में रखने के लिये इसे बसाया था। अबुल फजल के समय में झरने के समीप एक महादेव जी का मंदिर था।

[4] अलवर के दक्षिण में लगभग ३० मील पर। कोटला झील फ्रीरोजपुर की पहाड़ी के नीचे स्थित है । यह ३ मील X२/1.२ मील है किन्तु विभिन्न मौसमों में जल घटता बढ़ता रहता है। अबुल फज़ल के समय इसकी परिधि ४ कोस अथवा ८ मील थी। इसका कुछ भाग नूह जिले में और कुछ गुड़गांव में है।

[5] १२ रजब (१४ अप्रैल)।

[6] करवीर।

[7] बाबर ने इस तरह के हौजों का आकार इतना ही लिखा है।

[8] बाबर को विश्वस्त रूप से इस विषय में जानकारी नहीं हो सकी किन्तु पहले यह नदी इसी झील में गिरती थी, अब इसका मार्ग बदल गया है।

हुमायूं को बिदा करना

झील से वापस होते हुये हम हुमायूं के शिविर में उतरे। वहां हमने विश्राम तथा भोजन किया। उसे तथा उसके बेगों[1] को खिलअतें पहना कर हम सोने के समय की नमाज के उपरान्त हुमायूं को बिदा करके सवार हुये।

आगरा की ओर वापसी, नाहर खां का पलायन

हम मार्ग में एक स्थान पर थोड़ी देर सोकर दिन निकलते ही कुहरी[2] नामक परगने को पार कर के कुछ देर पुनः विश्राम करके अपने शिविर में, जो टोडा[3] में था, पहुंच गये। टोडा से प्रस्थान करके हमने सूनकार में पड़ाव किया। उस स्थान पर हसन खां मेवाती का पुत्र, नाहर खां, अब्दुर्रहीम की निगरानी से भाग गया।

एक रमणीक झरना

इस स्थान से प्रस्थान करके, एक रात के पड़ाव के उपरान्त हमने एक झरने पर, जो बसावर[4] तथा चौसा[5] के मध्य में एक पहाड़ी की शिखा पर स्थित है, पड़ाव किया। वहां शामियाने लगाये गये और हमने माजून के सेवन का पाप किया।

शिविर के उस झरने से गुजर जाने के उपरान्त तरदी बेग खाकसार ने उसकी बड़ी प्रशंसा की। वह उस झरने के पास पहुंच कर घोड़े की पीठ पर से उसे देख कर चल दिया था। यह एक पूर्ण झरना है। हिन्दुस्तान में जहां जल–धारायें नहीं हैं, वहां लोग झरने की खोज में रहते हैं। यदि संयोग से कहीं कोई झरना मिल जाता है तो वह बूंद–बूंद करके भूमि से फूटता है और उन स्थानों के झरनों[6] के समान भूमि से जल उबलता हुआ नहीं निकलता। इस झरने से लगभग आधी पनचक्की के प्रयोग के लिये जल निकलता है। यह पर्वत के आंचल में फूटता है और इसके चारों ओर घास के मैदान हैं। यह बड़ा ही सुन्दर है। मैंने आदेश दिया कि इस पर तराशे हुये पत्थरों का एक अष्टाकार हौज बना दिया जाये।[7] जब हम लोग झरने के किनारे थे तो माजून की तरंग में तरदी बेग ने झरने की अत्यधिक रमणीयता पर वाद–विवाद करते हुए बार बार कहा, "क्योंकि हम इस स्थान पर आनंद मंगल मना रहे हैं अतः इसके लिये एक नाम रख लिया जाये।" अब्दुल्लाह ने

---

[1] अमीरों।

[2] अकबर की रणथम्बोर सरकार में, अलवर नगर के दक्षिण–पूर्व में १५ मील पर ।

[3] टोडा भीम, अकबर की रणथम्बोर सरकार में, जयपुर नगर के पूर्व में ६२ मील पर।

[4] भुसावर, भरतपुर में।

[5] सम्भवतः 'आईने अकबरी' का चौसा।

[6] बाबर के देश के झरनों के समान।

[7] सम्भवतः जल को नष्ट होने से बचाने के लिये हौज बनाया गया होगा।

कहा कि, "इसका नाम 'चश्मये वादशाही होना चाहिये।" तरदी बेग इससे बड़ा प्रसन्न हुआ। इस बातचीत के कारण अत्यधिक हंसी मज़ाक रहा।

ब्याना तथा सीकरी होते हुए आगरा पहुंचना

इस झरने पर दोस्त ईशक आका[1] ब्याना से आकर हमारी सेवा में उपस्थित हुआ। इस स्थान से प्रस्थान करके हमने पुनः ब्याना पहुंच कर वहां की सैर की। वहां से हम सीकरी पहुंचे और वहां एक उद्यान के किनारे जिसके निर्माण का पूर्व ही से आदेश हो चुका था, पड़ाव किया। दो दिन तक हम उद्यान की देख भाल करते रहे और बृहस्पतिवार २३ रजब (२५ अप्रैल) को आगरा पहुंच गये।

चंदवार एवं रापरी पर अधिकार

चंदवार[2] तथा रापरी[3] पर, जैसा कि उल्लेख हो चुका है, विद्रोहियों ने इस अशान्ति के समय अधिकार जमा लिया था। मुहम्मद अली जंगजंग, क्रूज बैग के भाई तरदी बेग, अब्दुल मलिक क्रूरची[4], हसन खां तथा उसके दरयाखानियों को चंदवार तथा रापरी पर आक्रमण करने के लिये भेजा गया। जैसे ही वे लोग चंदवार के निकट पहुंचे, कुतुब खां के जो आदमी वहां थे, वे समाचार पाकर भाग खड़े हुये । हमारे आदमी उस पर अधिकार जमा कर रापरी की ओर चल खड़े हुये। यहां हुसेन खां नोहानी के आदमियों ने कूचा बन्दी[5] करके कुछ युद्ध करने का विचार किया, किन्तु वे हमारे आदमियों का मुकाबला न कर सके और भाग खड़े हुये।

इटावा से कुतुब खां का पलायन

कुतुब खां यह समाचार पाकर कुछ लोगों के साथ इटावा से भाग खड़ा हुआ। इटावा में महदी ख्वाजा की नियुक्ति निश्चित हो चुकी थी अतः उसके पुत्र जाफ़र ख्वाजा को उसके स्थान पर भेजा गया।

परगनों इत्यादि का प्रबन्ध

जब राणा सांगा ने हमारे ऊपर आक्रमण किया तो बहुत से हिन्दुस्तानियों तथा अफ़ग़ानों ने जैसा कि उल्लेख हो चुका है, विद्रोह कर दिया और अपने परगनों तथा विलायतों[6] पर अधिकार जमा लिया।

कन्नौज

सुल्तान मुहम्मद दूल्दाई जो कन्नौज छोड़ कर मेरे पास भाग आया था, भय अथवा अपनी मर्यादा के कारण वहां न जाना चाहता था। उसने कन्नौज

---

[1] देखिये पूर्व पृ० २५३, नोट नं०५।

[2] 'चंदवार' अथवा 'जनवार' आगरा के २५ मील पर मथुरा–इटावा की सड़क पर ।

[3] देखिये पूर्व पृ० २०३।

[4] अस्त्र शस्त्र की देख रेख करने वालों का अधिकारी।

[5] गली को रोक कर।

[6] राज्यों।

के ३० लाख के स्थान पर सेहरिन्द[1] के १५ लाख ले लिये और कन्नौज मुहम्मद सुल्तान मीर्जा को प्रदान कर दिया गया और उसकी वजह[2] ३० लाख कर दी गई।

बदायूँ

बदायूं कासिम हुसेन सुल्तान को प्रदान किया गया और उसे बिबन के विरुद्ध, जिसने राणा सांगा के विद्रोह के समय लकनूर[3] को घेर रक्खा था, भेजा गया। उसके साथ मुहम्मद सुल्तान मीर्जा तथा तुर्क अमीरों में बाबा कश्का के मलिक क़ासिम, उसके बड़े और छोटे भाइयों और उसके मुग़ूलों, अबुल मुहम्मद नेजा वाज, मुईद तथा उसके पिता के दरयाखानियों, हुसेन खां के दरयाखानियों, सुल्तान मुहम्मद दूल्दाई के सेवकों तथा हिन्दुस्तान के अमीरों में से, अली खां फ़र्मुली, मलिक दाद करारानी, शेख भिखारी[4] के शेख मुहम्मद तथा तातार खां खाने जहां को उसके साथ किया गया।

बिबन का पलायन

जब यह सेना गंगा नदी पार कर रही थी तो बिबन इसके विषय में सुनकर अपने माल–असबाब को छोड़ कर भाग खड़ा हुआ। हमारी सेना ने खैराबाद[5] तक उसका पीछा किया और वहां कुछ दिन ठहर कर वापस चली आई।

नियुक्तियों का वर्षा के कारण स्थगित होना

खज़ाने के वितरण के उपरान्त राणा सांगा के विरुद्ध युद्ध प्रारम्भ हो गया और परगनों तथा विलायतों के बांटने का अवकाश न मिल सका था। काफ़िर[6] के विरुद्ध जिहाद से निश्चिन्त होकर अब वितरण प्रारम्भ हुआ। वर्षा ऋतु के निकट आ जाने के कारण प्रत्येक व्यक्ति के लिये यह निश्चय हुआ कि वह अपने अपने परगने को चला जाये और अपना सामान तैयार करके, वर्षा–उपरान्त उपस्थित हो।

हुमायूँ द्वारा आज्ञा बिना खजाने पर अधिकार

इसी बीच में यह समाचार प्राप्त हुये कि हुमायूं ने देहली पहुंच कर वहां के बहुत से खजानों को खुलवाया और आज्ञा बिना उनमें से कुछ पर अधिकार जमा लिया। मुझे उससे ऐसी किसी बात की कोई आशा न थी। मुझे इससे बड़ा दुःख हुआ। मैंने उसे परामर्श देते हुए कठोर पत्र लिख कर भेजे।

---

[1] सरहिन्द ।

[2] खर्च, वेतन।

[3] रामपुर (उत्तर प्रदेश) में शाहाबाद ।

[4] यह शब्द स्पष्ट नहीं।

[5] सीतापुर (उत्तर प्रदेश) जिले में।

[6] राणा सांगा।

एराक को राजदूत भेजना

ख्वाजगी असद, जो एराक राजदूत बना कर भेजा गया था, सुलेमान तुर्कमान के साथ वापस आया। वह उसके साथ पुनः १५ शाबान (१७ मई) को उचित उपहार सहित शाहजादा तहमास्प[1] के पास भेजा गया।

तरदी बेग खाकसार का पुनः दरवेश बनना

मैंने तरदी बेग को दरवेशों के जीवन से निकाल कर सैनिक बना दिया था। उसने कई वर्षों तक मेरी सेवा की। अब उसमें दरवेश बनने की इच्छा पुनः प्रबल होने लगी और उसने अवकाश चाहा। उसे अवकाश प्रदान कर दिया गया और वह कामरान के पास[2] राजदूत बना कर भेज दिया गया। उसके साथ ३ लाख[3] का खज़ाना भी कामरान के लिये भेजा गया।

काबुल चले जाने वालों के विषय में पद्य

जो लोग पिछले वर्ष चले गये थे उनके विषय में मैंने एक क़ते[4] की रचना कर ली थी। मैंने मुल्ला अली खां को सम्बोधित करते हुए उसे तरदी बेग के हाथ उसके पास भिजवा दिया। वह इस प्रकार है :

कता

"हे तुम लोग जो इस देश हिन्दुस्तान से चले गये,
यहां के कष्टों एवं दुःखों से अवगत होकर।
काबुल तथा उसकी उत्तम हवा की इच्छा करके,
तुम लोग हिन्दुस्तान से शीघ्रातिशीघ्र चल दिये।
तुमको जिस आनन्द की इच्छा थी, वह तुम्हें वहां मिल गया होगा,
सुगमतापूर्वक, हंसी खुशी से एवं सानन्द।
जहां तक हमारा प्रश्न है, "ईश्वर को धन्य है कि हम जीवित हैं,
अत्यधिक कष्टों एवं असीम तकलीफ़ों के बावजूद।
आत्मा की प्रसन्नता एवं शारीरिक कष्ट,
तुमने भी बिता दिये और हमने भी भोग लिये।"

रमजान के रोजे

इस वर्ष हमने रमजान हस्त बहिश्त उद्यान में गुसुल के साथ तरावीह[1] पढ़ कर व्यतीत किया। मैंने अपनी ११ वर्ष की अवस्था से लेकर इस समय

---

[1] इस स्थान पर भी बाबर ने तहमास्त्र के लिये शाहजादा शब्द का प्रयोग किया है।

[2] कामरान कंधार में रहा होगा।

[3] अर्सकिन के अनुसार ७५० पौंड किन्तु यदि इस धन से तात्पर्य रुपया है तो यह ३०,००० पौंड होगा।

[4] ऐसे शेर जो एक ही विषय से सम्बंधित हों। साधारणतः उनके पहले शेर के दोनों मिसरों में ––'काफिया' तथा 'रदीफ' नहीं होता। कता के शेरों की संख्या निश्चित नहीं।

तक कभी भी दो वर्षों तक एक ही स्थान पर ईद[2] न मनाई थी। पिछले वर्ष मैंने आगरा में ईद मनाई थी। इस वर्ष इस उद्देश्य से कि इस नियम में विघ्न न पड़ जाये मैं मास के अन्त में सोकरी ईद मनाने के लिये पहुंच गया। बागे फ़तह[3] के उत्तर–पूर्व में एक पत्थर का चबूतरा बनवाया गया। उस पर खेमे लगवाये गये और वहां ईद मनाई गई। यह बागे फ़तह अब सीकरी में लगाया जा रहा है।

शाह हुसेन को गंजीफ़े का उपहार

जिस रात्रि में हम आगरा से सवार हो रहे थे, मीर अली कूरची को शाह हसन[4] के पास टट्टा भेजा गया। उसे गंजीफ़े से, जिसे उसने मंगवाया था, बड़ी रुचि थी। मैंने उसके पास गंजीफ़ा भिजवा दिया।

बाबर का रुग्ण होना

(३ अगस्त)–रविवार ५ जीक़ाद को मैं रुग्ण हो गया और १७ दिन तक रुग्ण रहा।

धौलपुर की ओर प्रस्थान

(२२ अगस्त)––शुक्रवार २४ जीक़ाद को हमने दोलपुर[5] की सैर हेतु प्रस्थान किया। उस रात्रि में यात्रा का आधा भाग पूरा करके एक स्थान पर हम लोग सो गये। दूसरे दिन प्रातःकाल हम सिकन्दर के बांध पर पहुंचे और वहां पड़ाव किया।

पहाड़ी के अन्त पर बांध के नीचे ऐसे पत्थर की चट्टान हैं जो भवन के लिये उपयुक्त हैं। मैंने उस्ताद शाह मुहम्मद संगतराश को बुलवाया और उसे आदेश दिया कि यदि इस चट्टान में पूरा एक घर एक टुकड़े ही में काटा जा सके तो बड़ा उत्तम है किन्तु यदि चट्टान घर के लिये नीची हो तो उसे समतल करके एक ही टुकड़े में से एक हौज़ काटा जाये।

बारी की सैर

दोलपुर[6] से हमने बारी[7] की सैर के लिये प्रस्थान किया। दूसरे दिन[8] प्रातःकाल मैंने बारी से प्रस्थान किया और बारी तथा चम्बल के मध्य की पहाड़ी पार करके हमने चम्बल नदी की सैर हेतु प्रस्थान किया। सैर के

---

[1] रमजान मास की २० रकात सामूहिक नमाजें जो रमजान में रात्रि के समय पढ़ी जाती हैं। इसे तरावीह इस कारण कहते हैं कि नमाज पढ़ने वाले प्रत्येक चार रकात और दूसरे सलाम के बाद थोड़ी देर तक बैठ कर विश्राम करते हैं। युसुल अथवा स्नान के उपरान्त नमाज पढ़ने में अधिक पुण्य बताया गया है।

[2] रमजान के पूरे मास के बाद की ईद।

[3] विजय–उद्यान ।

[4] शाह हसन अरगन।

[5] धौलपुर।

[6] धौलपुर।

[7] धौलपुर के पश्चिम में १६ मील पर।

[8] २६ अगस्त ।

उपरान्त मैं बारी लौट आया। इन्हीं पहाड़ियों में हमने आबनूस का वृक्ष देखा। इसके फल को लोग तेंदू कहते हैं। कहा जाता है कि आबनूस के वृक्ष सफ़ेद भी होते हैं। इस पहाड़ी में अधिकांश आबनूस सफ़ेद रंग के थे। बारी से प्रस्थान करके हम सीकरी पहुंचे। वहां की सैर करके बुधवार २६ ज़ीक़ाद (२७ अगस्त) को हम आगरा पहुंचे।

शेख बायज़ीद फ़र्मुली के विषय में सन्देह

उन्हीं दिनों शेख बायजीद[1] के विषय में परेशानी पैदा करने वाले समाचार प्राप्त हो रहे थे। सुल्तान कुली तुर्क को उसके पास, २० दिन की मीआद[2] देने के लिये भेजा गया।

(३० अगस्त)–शुक्रवार २ ज़िलहिज्जा को मैंने उसका[3] पाठ प्रारम्भ किया जिसे ४१ बार पढ़ा जाता है।

इन्हीं दिनों में मैंने निम्नांकित शेर की ५०४ वज़न[4] में तक़ती[5] की और इसके सम्बन्ध में एक पुस्तक की रचना की।

छन्द

"मैं उसके नयन के, उसके कटाक्ष के, अग्नि के अथवा वार्ता के विषय में कहूं, मैं उसके कद के विषय में, उसके कपोल के विषय में, उसके केश के विषय में
अथवा उसकी कटि के विषय में कहूं।"

पुनः रुग्ण होना

इस दिन[6] मैं पुनः रुग्ण हो गया और ६ दिन तक रुग्ण रहा।

सम्भल को प्रस्थान

(२५ सितम्बर)–बृहस्पतिवार २६ जिलहिज्जा को हम कोल तथा सम्बल[7] की सैर के लिये रवाना हुये।

---

[1] मुस्तफा फर्मुली का छोटा भाई।

[2] वह अवधि जिसमें शेख बायजीद फर्मुली को बाबर की सेवा में उपस्थित होना था।

[3] फारसी अनुवाद में 'विर्द' । कुरान शरीफ के किसी अंश का बार बार पढ़ना ।

[4] छन्द में वर्ण, मात्रा का घटना बढ़ना।

[5] तकतीः–काव्य पद के अक्षरों को गणों की मात्राओं से मिलाकर बराबर करना।

[6] दो जिलहिज्जा (३० अगस्त)।

[7] सम्भल।

९३४ हि०
(२७ सितम्बर १५२७ से १४ सितम्बर १५२८ ई०)

कोल तथा सम्भल की सैर

(२७ सितम्बर)–शनिवार १ मुहर्रम को हमने कोल में पड़ाव किया। दरवेश (अली) तथा यूसुफ़ अली को हुमायूं सम्बल में छोड़ गया था। उन लोगों ने एक नदी[1] पार करके, कुतुब सरवानी तथा राजाओं के एक समूह से युद्ध किया और उन्हें बुरी तरह पराजित करके बहुत से आदमियों की हत्या कर दी। जब हम लोग कोल में थे तो उन्होंने कुछ सिर तथा एक हाथी भेजा। कोल पहुंचने के दो दिन उपरान्त हम शेख गूरन के घर उसके निमंत्रण पर पहुंचे। उसने हम लोगों की दावत करके हमें उपहार भेंट किये।

(३० सितम्बर : ४ मुहर्रम)–वहां से प्रस्थान करके हम लोगों ने अतरौली[2] में पड़ाव किया।

(१ अक्तूबर : ५ मुहर्रम) बुधवार को गंगा नदी पार करके हमने सम्बल के ग्रामों में पड़ाव किया।

(२ अक्तूबर : ६ मुहर्रम)–बृहस्पतिवार को हमने सम्बल में पड़ाव किया। वहां दो दिन सैर करके हमने शनिवार को वहां से प्रस्थान किया।

(५ अक्तूबर : ६ मुहर्रम)–रविवार को हम सिकन्दरा[3] पहुंचे और राव सरवानी के घर में उतरे। उसने हमारे भोजन का प्रबन्ध किया और बड़ी सेवायें की। वहां से हम लोगों ने सूर्योदय के पूर्व प्रस्थान किया। मार्ग में एक बहाना करके मैं अन्य लोगों से पृथक् हो गया और घोड़ा भगाता हुआ आगरा से पूर्व एक कोस पर अकेला पहुंच गया। अन्य लोग वहां पहुंच कर मेरे साथ हो गये। मध्याह्नोत्तर की नमाज के समय हमने आगरा में पड़ाव किया।

बाबर का रुग्ण होना

(१२ अक्तूबर)–रविवार १६ मुहर्रम को मुझे कम्प ज्वर हो गया। यह बारी देकर २५–२६ दिन तक आता रहा। मैंने कुछ उत्तम औषधियों का सेवन किया। अन्त में स्वस्थ हो गया। मुझे तृष्णा एवं निद्रा की कमी के कारण बड़ा कष्ट हुआ।

मैंने रुग्णावस्था में एक–दो रुबाइयों की रचना की। एक रुबाई इस प्रकार है:

रुबाई

---

1 सम्भवत सम्भल के निकट की कोई नदी।

2 अलीगढ़ जिले में अलीगढ़ के उत्तर–पश्चिम में, काली नदी तथा गंगा नदी के मध्य में।

3 अलीगढ़ जिले में अलीगढ़ नगर से २३ मील दक्षिण–पूर्व में यह सिकन्दरा राव के नाम से प्रसिद्ध है।

''दिन के समय मेरे शरीर में ज्वर उग्र रूप धारण कर लेता है,
रात्रि के आगमन पर निद्रा मेरे नेत्रों को छोड़कर चली जाती है।
मेरे दु:ख एवं मेरे संतोष के समान ये दोनों,
जब एक बढ़ता है तो दूसरी कम हो जाती है।''

बेगमों का आगमन

(२३ नवम्बर)––रविवार २८ सफ़र को दो ''दादी बेगमें''––फख्रे जहां बेगम तथा खदीजा सुल्तान बेगम[1] पधारी। मैं सिकन्दराबाद[2] में उनके स्वागतार्थ उपस्थित हुआ।

एक तोप द्वारा पत्थर फेंका जाना

(२४ नवम्बर : २६ सफ़र)––रविवार को उस्ताद अली कुली ने एक बहुत बड़ी तोप से पत्थर चलाया। यद्यपि पत्थर बड़ी दूर निकल गया किन्तु तोप टुकड़े–टुकड़े हो गई। उसके एक टुकड़े से बहुत से आदमी गिर पड़े और ८ आदमियों की मृत्यु हो गई।

सीकरी की सैर

(१ दिसम्बर)–सोमवार ७ रबी–उल–अव्वल को मैं सीकरी की सैर करने गया। झील के मध्य में जिस अष्टाकार चबूतरे के निर्माण का मैंने आदेश दिया था, वह तैयार हो चुका था। हम वहां नौका पर पहुंचे और उस पर एक शामियाना लगवाया और वहां माजून का सेवन किया गया।

चन्देरी के विरुद्ध जिहाद

(८ दिसम्बर)–सीकरी की सैर से लौट कर सोमवार १४ रबी–उल–अव्वल की रात्रि में हम लोग चन्देरी के विरुद्ध जिहाद के उद्देश्य से रवाना हुये। तीन कुरोह[3] यात्रा करके हम जलेसर में उतरे। दो दिन तक लोग अपने सामान एकत्र करने एवं तैयारी के लिये ठहरे रहे। तदुपरान्त हम लोग बृहस्पतिवार[4] को रवाना होकर अनवार[5] में ठहरे। अनवार से नौका द्वारा प्रस्थान करके हमने चंदवार में पड़ाव किया।

(२३ दिसम्बर)––वहां से हम एक पड़ाव से दूसरे पड़ाव को पार करते हुये सोमवार २८ (सफ़र) को कनार[6] नामक घाट पर उतरे।

(२६ दिसम्बर)–बृहस्पतिवार २ रबी–उल–आखिर को मैंने नदी पार की। किसी न किसी तट पर सेना के पार करने में ४–५ दिन का विलम्ब हुआ। इन दिनों हमने कई बार नौका में बैठ कर माजून का सेवन किया। चम्बल

---

[1] वे बाबर को चाचियां तथा सुल्तान अबु सईद मीरान शाही की पुत्रियाँ थीं।

[2] बुलन्दशहर जिले में, बुलन्दशहर देहली की पक्की सड़क पर, बुलन्दशहर नगर से दस मील उत्तर–पश्चिम में।

[3] छ: मील।

[4] १२ दिसम्बर (१७ रबी–उल–अव्वल)।.

[5] 'अनवार' अथवा 'उनवारा' यमुना नदी के बायें तट पर आगरा के दूसरी ओर आगरा से १२ मील पर।

[6] 'आईने अकबरी के अनुसार कालपी का महाल, आगरा के दक्षिण में।

नदी का संगम कनार घाट के ऊपर की ओर एक दो कुरोह[1] पर स्थित है। शुक्रवार को मैं एक नौका में बैठ कर चम्बल में सैर करते हुये संगम तथा शिविर की ओर से गुज़रा।

शेख बायज़ीद फ़र्मुली के विरुद्ध सेना का भेजा जाना

यद्यपि शेख बायजीद के विद्रोह का कोई स्पष्ट प्रमाण न मिल सका था किन्तु उसके आचरण तथा व्यवहार से यह विश्वास हो गया था कि वह विद्रोह करना चाहता है। इस कारण मुहम्मद अली जंगजंग को सेना से पृथक् करके भेजा गया और यह आदेश दिया गया कि कन्नौज से मुहम्मद सुल्तान मीर्जा तथा उस क्षेत्र के अमीरों एवं सुल्तानों को उदाहरणार्थ कासिम हुसेन सुल्तान, बीखूब[2] सुल्तान, मलिक कासिम, कूकी, अबुल मुहम्मद नेजा बाज़[3], मनूचहर खां तथा उसके बड़े और छोटे भाई एवं दरयाखानियों को अपने साथ लेकर विद्रोही अफ़ग़ानों के विरुद्ध प्रस्थान करे। वे सर्व प्रथम शेख बायजीद को आमंत्रित करें। यदि वह निष्ठापूर्वक आकर उनके साथ हो जाये तो वे उसे साथ लेकर रवाना हों, अन्यथा वे सर्वप्रथम उसे भगा दें।

मुहम्मद अली ने कुछ हाथी मांगे। उसे दस हाथी दे दिये गये। जब उसे प्रस्थान करने की अनुमति दे दी गई तो बाबा चुहरा[4] को भी उसके साथ जाने का आदेश दिया गया।

चन्देरी की ओर प्रस्थान

कनार से एक कुरोह[5] तक नौका द्वारा यात्रा की गई।

(१ जनवरी १५२८ ई०)–बुधवार ८ रबी–उस्सानी को हम लोग कालपी के पास एक कोस पर उतरे। बाबा सुल्तान इस पड़ाव पर मेरी सेवा में उपस्थित हुआ। वह खलील सुल्तान का, जो सुल्तान सईद खां का सगा छोटा भाई है, पुत्र है। पिछले वर्ष वह अपने बड़े भाई के पास से भाग गया था किन्तु बाद में पछता कर, काशगर के समीप पहुंचने के उपरान्त वह अन्दराब की सरहद से भाग गया। खान सईद ने हैदर मीर्जा को उससे भेंट करने एवं उसे वापस लाने के लिये भेजा।

(२ जनवरी: ६ रबी–उस्सानी)–दूसरे दिन हम लोग कालपी में आलम खां के घर में ठहरे। वहां उसने हमें हिन्दुस्तानी भोजन कराया और उपहार भेंट किये।

(६ जनवरी) सोमवार १३ (रबी–उस्सानी) को हम कालपी से रवाना हो गये।

(१० जनवरी : १७ रबी–उस्सानी)–शुक्रवार के दिन हम ईरिज[1] में उतरे।

---

[1] २–४ मील।

[2] अथवा नीखूब।

[3] बर्छा चलान में दक्ष।

[4] वीर।

[5] दो मील।

(११ जनवरी)–शनिवार को हमने बान्दीर[2] में पड़ाव किया ।

(१२ जनवरी)–रविवार १६ (रबी–उस्सानी) को चीन तीमूर सुल्तान को ६–७ हजार आदमी देकर चन्देरी के विरुद्ध अग्रसर होने के लिये भेजा गया। उसके साथ बेगों[3] में बाक़ी मींग बाशी[4], कूज बेग के (भाई) तरदी बेग, आशिक़ बकावल[5], मुल्ला अपाक, मुहसिन दूल्दाई तथा हिन्दुस्तानी बेगों में शेख गूरन को भेजा गया।

(१७ जनवरी)–शुक्रवार २४ (रबी–उस्सानी) को हम लोग कचवा के निकट उतरे। हमने वहां वालों को तसल्ली देकर उस स्थान को बद्रुद्दीन[6] के पुत्रों को प्रदान कर दिया।

कचवा[7] एक विचित्र स्थान है। उसके चारों ओर छोटी–छोटी पहाड़ियां हैं। कचवा के उत्तर–पूर्व में, पहाड़ियों में एक बांध बना हुआ है जिसके कारण एक बहुत बड़ी झील जिसका घेरा ५ अथवा ६ कुरोह[8] है, बन गई है। यह झील कचवा को तीन ओर से घेरे है। उत्तर–पश्चिम में एक थोड़ा सा सूखा स्थान छूटा हुआ है। वही उसका द्वार बन गया है। इस झील में बहुत सी छोटी–छोटी नौकायें, जिनमें ३–४ आदमी बैठ सकते हैं, रहती हैं। यहां के निवासियों को जब कभी भागना पड़ता है, तो वे नौकाओं में बैठ कर झील में चले जाते हैं। कचवा पहुंचने तक दो अन्य स्थानों पर झीलें मिलती हैं जो यहां की झील से छोटी हैं। ये झीलें भी पहाड़ियों में बन्द बांध कर तैयार की गई हैं।

(१८ जनवरी)–कचवा में एक दिन ठहर कर हमने अत्यधिक मुहसिल[9] तथा बेलदार इस आशय से नियुक्त किये कि वे मार्ग को समतल बनायें और जंगल को काट डालें ताकि गाड़ियां एवं तोपें सुगमतापूर्वक गुजर सकें। कचवा तथा चन्देरी के बीच में बहुत बड़ी संख्या में जंगल हैं।

---

[1] कालपी से बाबर दक्षिण–पश्चिम के मार्ग की ओर रवाना हुआ होगी और ईरिज (एरिज) अथवा ईरिच पहुंचने के लिये बेतवा नदी पार की होगी। एरिज उत्तर प्रदेश के जालौन जिले में बेतवा के दायें तट पर, ग्वालियर के ६५ मील, दक्षिण–पूर्व में।

[2] ईरिज से प्रस्थान करके बाबर ने बेतवा पुनः पार की होगी और वहां से निकल कर बान्दीर अथवा भान्देर पहुँचने के लिये पश्चिम दिशा में यात्रा की होगी। भान्देर अथवा बान्दीर, झांसी के उत्तर पूर्व और दतिया से २० मील पूर्व की ओर।

[3] अमीरों।

[4] एक हजार के दस्ते का सेनापति।

[5] वह अधिकारी जो बादशाह के भोजन इत्यादि का प्रबन्ध करता था। भोजन बादशाह के समक्ष प्रस्तुत करने के पूर्व उसे इस बात से संतुष्ट होना पड़ता था कि इसमें विष नहीं है।

[6] 'बाबर नामा' में इससे पूर्व बद्रद्दीन नामक एक व्यक्ति का उल्लेख हो चुका है जो सुल्तान हुसेन बाईकरा का एक अमीर था।

[7] 'कचवा' अथवा 'कजवा' जिसे इब्ने बत्तूता ने 'कजर्रा' लिखा है। (रिजवीः 'तुगलुग कालीन भारत' भाग २, प० ६६६)।

[8] १०–१२ मील।

[9] निरीक्षक।

(१६ जनवरी : २६ रबी–उस्सानी)–कचवा से प्रस्थान करके हम एक रात्रि ठहरने के बाद बुरहानपुर नदी[1] को पार करके चन्देरी से ३ कोस पूर्व ठहरे।

चन्देरी

चन्देरी का अरक[2] पहाड़ी पर स्थित है। उसके नीचे शहर तथा बाहरी किला है। इनके नीचे समतल मार्ग है जिन पर गाड़ियां चल सकती हैं।

बुरहानपुर (नदी) से प्रस्थान करके गाड़ियों की सुगमता के विचार से हम चन्देरी से एक कुरोह[3] नीचे पहुंचे।

(२१ जनवरी)–एक रात के पड़ाव के उपरान्त हम लोग मंगलवार २८ रबी–उस्सानी को बहजत खां[4] के तालाब के पास, उसके बांध के ऊपर ठहरे।

(२२ जनवरी : २६ रबी–उस्सानी)–प्रातःकाल सवार होकर किले के चारों ओर सेनाओं को मध्य भाग, दाईं तथा बाईं ओर के भागों में विभाजित करके नियुक्त किया। उस्ताद अली कुली ने पत्थर दाग़ने के लिये एक ऐसा स्थान जो ढलवाँ न था, चुना। मुहसिलों[5] तथा बेलदारों को आदेश हुआ कि तोप लगाने के लिये एक ऊंचा स्थान तैयार करें। पूरी सेना वालों को आदेश हुआ कि क़िला विजय करने के यंत्र सीढ़ियां कमन्दे इत्यादि तैयार करें।

चन्देरी इसके पूर्व मन्दू[6] के सुल्तानों के अधीन रहा होगा। सुल्तान नासिरुद्दीन[7] की मृत्यु के उपरान्त, सुल्तान महमूद नामक उसके एक पुत्र ने, जो इस समय मन्दू का बादशाह है, मन्दू तथा उसके आस पास के स्थानों को अपने अधिकार में कर लिया। उसके एक अन्य पुत्र, मुहम्मद शाह ने चन्देरी को अपने अधिकार में कर लिया और सुल्तान सिकन्दर[8] से सहायता की याचना की। सुल्तान सिकन्दर ने एक बहुत बड़ी सेना भेज कर उसकी सहायता की। मुहम्मद शाह, सुल्तान सिकन्दर के राज्यकाल में जीवित रहा। सुल्तान इबराहीम के राज्यकाल में उसकी मृत्यु हो गई। उसका एक पुत्र, जिसकी अवस्था बड़ी कम थी, उसका उत्तराधिकारी बना। उसका नाम

---

[1] सम्भवतः बेतवा की कोई शाखा।

[2] भीतरी किला।

[3] दो मील।

[4] बहजत खां १५१२ ई० में चन्देरी का हाकिम था। ('तबकाते अकबरी' भाग ३, कलकत्ता १६३५ ई०), पृ० ३८६; रिजवीः 'उत्तर तैमूर कालीन भारत, भाग २ (अलीगढ़ १६५६ ई०, प० ११६)।

[5] बेलदार इत्यादि के निरीक्षक।

[6] मांडू।

[7] सुल्तान नासिरुद्दीन खलजी, मालवा का सुल्तान ६०६ हि० से ६१७ हि० (१५००–१५११ ई०), रिजवीः 'उत्तर तैमूर कालीन भारत, भाग २' (१६५६ ई०) पृ०द ६८–१०६, १६५–१६७; 'तबक़ाते अकबरी' भाग ३, कलकत्ता १६३५ ई०, पृ० ६८–१०६, 'जफरुल वालेह बेमुजफ्फर व आलेह' (लन्दन १६१० ई०) प० २१०–२१२।

[8] सुल्तान सिकन्दर लोदी।

अहमद शाह था। सुल्तान इबराहीम ने अहमद शाह को वहां से निकाल कर अपने एक आदमी को नियुक्त कर दिया। जिस समय राणा सांगा ने सुल्तान इबराहीम पर आक्रमण किया और इबराहीम के अमीरों ने दोलपुर[1] में उससे युद्ध किया तो चन्देरी पर राणा का अधिकार हो गया। राणा ने चन्देरी को मेदनी[2] राय को, जो उसका बड़ा ही विश्वासपात्र काफ़िर था, प्रदान कर दिया। वह इस समय वहां ४–५ हज़ार अन्य काफ़िरों सहित था।

कहा जाता था कि मेदिनी राय तथा आराइश खां में मित्रता है अतः उसे शेख गूरन के साथ मेदिनी राय को शाही कृपा एवं प्रोत्साहन के संदेश के साथ यह आश्वासन दिलाने के लिये भेजा गया कि उसे चन्देरी के स्थान पर शम्साबाद[3] प्रदान कर दिया जायेगा। मेदिनी राय के दो एक विश्वासपात्रों ने इससे असहगति प्रकट की किन्तु कोई निर्णय न हो सका। पता नहीं इसका यह कारण था कि मेदिनी राय को हमारी बात का विश्वास न था और या यह कि उसे अपने किले की दृढ़ता पर अभिमान था।

(२८ जनवरी)–मंगलवार ६ जमादि–उल–अव्वल को प्रातःकाल हमने वहजत खां के तालाब से चन्देरी पर आक्रमण करने के उद्देश्य से प्रस्थान किया और हौजे मियानी[4] के समीप, जो किले के निकट है, पड़ाव किया।

लखनऊ में मुगुलों की सेना की पराजय

इसी दिन प्रातःकाल, उस स्थान पर पहुंचने के उपरान्त खलीफ़ा एक–दो पत्र लाया जिनमें यह लिखा था कि जो सेना पूर्व (के प्रदेशों) पर आक्रमण हेतु नियुक्त हुई थी उसने अंधाधुंध युद्ध किया और पराजित होकर लखनऊ छोड़ कर कन्नौज चली गई। यह देख कर कि खलीफ़ा इन समाचारों के कारण बड़ा चिंतित तथा व्याकुल है, मैंने उससे कहा कि, ''चिन्ता एवं व्याकुलता व्यर्थ है। जो कुछ भाग्य में लिखा है, वह अवश्य होगा। जब तक हमारे सामने यह कार्य[5] है हमें जो कुछ ज्ञात हुआ है उसके विषय में सांस न न लेनी चाहिये। कल हम लोग किले पर आक्रमण करेंगे। इसके बाद जो कुछ होगा देखा जायेगा।''[6]

---

[1] धौलपुर।

[2] उसके विषय में उत्तर तैमूर कालीन भारत, भाग २' में मालवा एवं गुजरात का इतिहास देखिये। बाबर ने उसे मेदनी लिखा है।

[3] सम्भवतः वह शम्साबाद जो जिला फर्रुखाबाद (उत्तर प्रदेश) में है। यह फर्रुखाबाद की कायम गंज तहसील में फर्रुखाबाद के उत्तर–पश्चिम में १८ मील पर है। कहा जाता है कि सुल्तान शम्सुद्दीन इल्ततमिश ने इसे १२२८ ई० में बसाया था। एक शम्साबाद ग्वालियर में भी है।

[4] मध्य के तालाब।

[5] चन्देरी की विजय।

[6] बाबर ने खलीफा को फारसी में उत्तर दिया । सम्भवतः इसका उद्देश्य यह हो कि इसे अधिक लोग न समझ सके।

चन्देरी का अवरोध

शत्रुओं ने अरक[1] को दृढ़ बना लिया होगा। बाहरी किले में दूरदर्शिता के कारण उन लोगों ने एक–एक, दो–दो आदमी नियुक्त कर दिये थे। इस रात्रि में हमारे आदमी प्रत्येक दिशा से बाहरी किले में प्रविष्ट हो गये। उसमें बहुत थोड़े से आदमी थे। वे लोग युद्ध किये बिना अरक के भीतर भाग गये।

(२६ जनवरी)––बुधवार ७ जमादि–उल–अव्वल को हमने अपनी सेना वालों को आदेश दिया कि वे अस्त्र–शस्त्र धारण करके अपने–अपने निश्चित स्थानों को चले जायें और (शत्रुओं) को युद्ध हेतु उकसायें। मैं पताका एवं नक्कारा सहित सवार हुआ और प्रत्येक व्यक्ति ने अपने–अपने स्थान से युद्ध प्रारम्भ कर दिया।

मैंने उस समय तक के लिये जब तक युद्ध अच्छी तरह गरम न हो जाय नकारा तथा पताका वापस भेज दी और स्वयं उस्ताद अली कुली द्वारा पत्थर दाग़ने का दृश्य देखने चला गया। उन पत्थरों का कोई प्रभाव न हुआ कारण कि भूमि में कोई झुकाव न था और किले की दीवारें पूर्णतः पत्थर की होने के कारण अत्यन्त दृढ़ थीं।

यह लिखा जा चुका है कि चन्देरी का अरक पहाड़ी पर स्थित है। इस पहाड़ी की एक ओर जल तक दोहरी दीवारों का मार्ग बना है। यही एक ऐसा स्थान था जहां से उग्र आक्रमण किया जा सकता था। यह स्थान दायें एवं बायें बाज़ू के सैनिकों एवं मध्य भाग के विशेष शाही दस्ते के लिये निश्चित था। यद्यपि प्रत्येक दिशा से भीषण आक्रमण किया गया किन्तु इस दिशा में बड़ी तीव्र गति से आक्रमण हुआ। हमारे वीरों पर काफ़िरों ने ऊपर से पत्थर तथा जलती हुई अग्नि बरसाई किन्तु वे पीछे न हटे। अन्त में शाहीम[2] यूज़ बेगी[3] उस स्थान पर पहुंच गया जहां दोहरी दीवार का मार्ग किले की दीवारों से मिलता है। वीर लोग अन्य स्थानों से टूट पड़े और दोहरी दीवार के मार्ग पर अधिकार जमा लिया।

अरक[4] में काफ़िरों ने इतना भी युद्ध न किया। जब हमारे बहुत से आदमी किले पर चढ़ गये तो वे शीघ्रातिशीघ्र भाग खड़े हुये।[5] थोड़ी देर बाद बाद काफ़िर लोग नंगे होकर निकल पड़े और युद्ध प्रारम्भ कर दिया। उन लोगों ने हमारे बहुत से आदमियों को भगा दिया। वे चहारदीवारी की ओर भागने पर विवश हो गये। (हमारे) कुछ आदमियों की उन्होंने हत्या कर दी। दीवारों से उनके तुरन्त चले जाने का कारण यह था कि उन्होंने यह समझ लिया था कि उनकी पराजय निश्चित ही है अतः वे अपनी स्त्रियों एवं

---

[1] भीतरी किले।

[2] शाह मुहम्मद यूजबाशी।

[3] १०० सवारों का अधिकारी।

[4] भीतरी किले।

[5] सम्भवतः किले की चहारदीवारी से किले के अन्य भागों में भाग खड़े हुये और किले की चहार दीवारी पर युद्ध न हुआ।

रूपवतियों की हत्या कर के[1] और प्राण त्याग देने के उद्देश्य से युद्ध हेतु नंगे निकल पड़े। हमारे आदमियों ने अपने–अपने स्थान से भीषण आक्रमण करके उन्हें दीवारों के पास से भगा दिया। तदुपरान्त दो–तीन सौ आदमी मेदिनी राय के घर में प्रविष्ट हो गये। वहां शत्रुओं ने एक दूसरे की इस प्रकार हत्या कर दी :––एक आदमी तलवार ले कर खड़ा हो जाता था। अन्य लोग प्रसन्नता पूर्वक अपनी ग्रीवा उसकी तलवार के नीचे रख देते थे। इस प्रकार वे बहुत बड़ी संख्या में नरक में पहुंच गये।[2]

ईश्वर की कृपा से यह प्रसिद्ध किला २–३ घड़ी में बिना नक्कारे तथा पताका के और बिना अधिक युद्ध किये हुये विजय हो गया।[3] चन्देरी के उत्तर–पश्चिम में काफ़िरों के सिरों के एक स्तम्भ के निर्माण का आदेश हुआ। इस विजय की तारीख ''फ़तहे दारुल हर्ब''[4] निकली। मैंने इसकी रचना इस प्रकार की:

पद्य

''कुछ समय तक हम चन्देरी में ठहरे,
काफ़िरों से वह स्थान परिपूर्ण था, और हमने युद्ध किया।
युद्ध द्वारा हमने वह किला विजय कर लिया,
उसके विजय की तारीख 'दारुल हर्ब' हुई।''

चन्देरी

चन्देरी बड़ी विचित्र विलायत[5] है। इसके चारों ओर अत्यधिक जलधारायें पाई जाती हैं। इसका अरक[6] एक पहाड़ी पर स्थित है। इसके भीतर एक चट्टान को काट कर हौज़ बनाया गया है। एक बड़ा हौज़ दोहरी दीवार के मार्ग, जिस पर आक्रमण कर के अरक पर अधिकार जमाया गया था, के अन्त पर है। चन्देरी के सभी घर, चाहे वे बड़े लोगों के हों अथवा छोटे लोगों के, पत्थर के बने हुये हैं। बड़े लोगों के घरों में पत्थरों में अत्यधिक काम किया गया है किन्तु छोटे लोगों के घरों में पत्थरों पर इतना अधिक काम नहीं है।

---

[1] जौहर के उपरान्त।

[2] बाबर ने चंदेरी के आक्रमण का बड़ा संक्षिप्त वर्णन दिया है और काफिरों के संहार के हाल का जिसके विषय में इसके पूर्व वह लिख चुका है यहाँ कोई उल्लेख नहीं किया। फ़िरिश्ता के अनुसार ५–६ हजार राजपूत क़त्ल कर डाले गये। कुछ प्रतिष्ठित काफिरों का समूह अपने परिवार एवं कोम वालों सहित मेदनी राय के घर में जो किले के भीतर था प्रविष्ट हो गया और द्वार बन्द करके युद्ध किया। जब वे निराश हो गये तो अपनी प्रथानुसार नगी तलवार एक के हाथ में दे देते थे और एक–एक करके प्रसन्नता पूर्वक उसके पास जाकर उसकी तलवार के नीचे गर्दन रख कर मृत्यु को प्राप्त हो जाते थे। मेदिनी राय भी इसी प्रकार नरक पहुँच गया। ('तारीखे फ़िरिश्ता'–नवल किशोर प्रेस, पृ० २०६–२१०)।

[3] अर्थात् बिना बाबर के स्वयं युद्ध में भाग लिये हुयें समाप्त हो गया।

[4] दारुल हर्ब की विजय । वह स्थान जो मुसलमानों के अधीन न हो।

[5] प्रदेश।

[6] भीतरी किला।

उनके घरों की छतें खपरैल से नहीं छाई हैं अपितु पत्थर के टुकड़ों की बनी हैं। किले के समक्ष तीन बड़े–बड़े तालाब हैं। पिछले हाकिमों ने इनके चारों ओर बांध बंधवा कर उन्हें बनवाया है। वे ऊंचाई पर स्थित हैं।

चन्देरी से लगभग ३ कुरोह[1] दूर बेतवा नामक एक छोटी सी नदी है। इसका जल हिन्दुस्तान में बड़ा उत्तम माना जाता है और पीने में बड़ा स्वादिष्ट होता है। यह एक पूर्ण छोटी सी नदी है। इस नदी के मध्य में ढाल चट्टानें पाई जाती हैं जो भवन–निर्माण के लिये बड़ी उत्तम होती हैं। चन्देरी आगरा के दक्षिण में ९० कुरोह[2] की दूरी पर स्थित है। चन्देरी में ध्रुवतारें[3] की ऊंचाई २५ अंश पर है।

पूर्व पर आक्रमण हेतु वापसी

(३० जनवरी : ८ जमादि–उल–अव्वल)–बृहस्पतिवार को प्रातःकाल हम लोग किले से प्रस्थान करके मल्लू खा[4] के तालाब पर उतरे।

हम लोग चन्देरी इस उद्देश्य से आये थे कि इस पर विजय प्राप्त कर के हम रायसिंग[5], भीलसान[6], तथा सारंगपुर[7] पर, जो काफ़िरों के राज्य में हैं और और सलाहुद्दीन काफ़िर के अधीन हैं, आक्रमण करेंगे। इन पर विजय प्राप्त करने के उपरान्त हम राणा सांगा के विरुद्ध चित्तौड़ पर चढ़ाई करेंगे किन्तु उस चिन्ता जनक समाचार[8] के प्राप्त होने के कारण मैंने बेगों[9] को बुलवा कर उनसे परामर्श किया। यह निश्चय हुआ कि यह उचित होगा कि सर्व प्रथम उन विद्रोहियों[10] पर आक्रमण किया जाये। चन्देरी को अहमद शाह को जो सुल्तान नासिरुद्दीन का, जिसका उल्लेख हो चुका है, पौत्र था प्रदान कर दिया गया। चन्देरी में से ५० लाख खालसा[11] में सम्मिलित कर लिये गये और उसकी शिक़दारी मुल्ला अपाक को प्रदान कर दी गई। उसे वहां २–३ हजार तुर्कों एवं हिन्दुस्तानियों सहित अहमद शाह की कुमक हेतु नियुक्त कर दिया गया।

---

1 छः मील।

2 १८० मील।

3 यह शब्द स्पष्ट नहीं।

4 मल्लू खाँ १५३२ या १५३३ ई० में मालवा का बादशाह हुआ। उसकी उपाधि कादिर शाह थी।

5 राय सेन भूपाल के समीप पूर्व में। अब यह साधारण सा आम रह गया है।

6 भिल्सा, भूपाल के उत्तर पूर्व में।।

7 सारंगपुर भिल्सा के पश्चिम एवं उज्जैन के उत्तर–पूर्व में है।

8 पूर्व की पराजय।

9 अमीरों।

10 पूर्व के विद्रोहियों।

11 जिसकी आय केन्द्र को जाती थी।

(२ फरवरी)–इन कार्यों की व्यवस्था करके रविवार ११ जमादि–उल–अव्वल को वापसी के उद्देश्य से, मल्लू खां के तालाब से प्रस्थान करके हमने बुरहानपुर नदी के तट पर पड़ाव किया।

(६ फरवरी)–रविवार को यक्का ख्वाजा तथा जाफ़र ख्वाजा को बान्दीर से इस आशय से भेजा गया कि वे कालपी से नौकायें लेकर कनार नामक घाट पर पहुंच जायें।

(२२ फरवरी[1])–शनिवार २४ (जमादि–उल–अव्वल) को हमने कनार घाट पर पड़ाव किया और आदेश दिया कि सेना पार करना प्रारम्भ करे।

विद्रोहियों के समाचार

उन दिनों यह समाचार प्राप्त हो रहे थे कि जो सेना पूर्व की ओर भेजी गई थी कन्नौज छोड़ कर रापरी पहुंच गयी है। अबुल मुहम्मद नेज़ा बाज़ू[2] ने ने यद्यपि शम्साबाद के किले को दृढ़ बना लिया था किन्तु (शत्रुओं की) बहुत बड़ी संख्या ने किले पर बलपूर्वक अधिकार जमा लिया।

बाबर की सेना का कन्नौज की ओर प्रस्थान

शाही सेना के नदी को इस ओर से उस ओर पार करने में ३–४ दिन की देर हो गई। नदी पार करके हम निरन्तर यात्रा करते हुये कन्नौज की ओर रवाना हुये। कुछ वीरों को शत्रुओं के समाचार लाने के लिये आगे भेज दिया गया। जब कन्नौज पहुंचने में दो–तीन पड़ाव रह गये तो समाचार प्राप्त हुये कि समाचार लाने वालों की संख्या की अधिकता को देख कर मारूफ का पुत्र भाग खड़ा हुआ। बिबन, बायजीद तथा मारूफ, हमारे पहुंचने के समाचार पाकर गंगा नदी पार करके, गंगा के पूर्वी घाट पर कन्नौज के सामने हमारा मार्ग रोकने के लिये डटे हुये थे।

गंगा नदी पर पुल

(२७ फरवरी)– बृहस्पतिवार ६ जमादि–उस्सानी को कन्नौज पार करके हमने गंगा[3] के पश्चिमी तट पर पड़ाव किया। हमारे कुछ वीर नदी के चढ़ाव तथा उतार पर जाकर ३०–४० बड़ी और छोटी नौकाओं को छीन लाये।[4] मीर मीर मुहम्मद को पुल बनाने के लिये उचित स्थान की खोज करने एवं आवश्यक सामग्री एकत्र करने के लिये भेजा गया। जिस स्थान पर शिविर था वहां से नदी के उतार की ओर एक कुरोह[5] पर उसने एक स्थान चुना। योग्य मुहसिलों को कार्य की व्यवस्था हेतु नियुक्त किया गया। जिस स्थान पर पुल का निर्माण होने वाला था, वहां उस्ताद अली कुली ने पत्थर दागने के लिये अपनी तोप लगा दी और पत्थर दागने प्रारम्भ कर दिये। मुस्तफ़ा

---

[1] यह १५ फरवरी होना चाहिये।

[2] बरछा चलाने वाला।

[3] गंगा नदी।

[4] सम्भवतः पुल बनाने के लिये।

[5] दो मील।

रूमी ने जर्बजन[1] की गाड़ियां उस स्थान से नीचे की ओर जहां पुल तैयार हो रहा था एक टापू में उतरवा लीं और उस टापू से जर्बज़न दागना प्रारम्भ कर दिया। पुल के पास एक स्थान से जहां थोड़ी सी आड़ थी, बड़े उत्तम ढंग से बंदूकें चलाई गई। मलिक क़ासिम मुगल तथा कुछ थोड़े से आदमी एक–दो बार नदी के उस पार गये और उन्होंने बड़े उत्तम ढंग से युद्ध किया। बाबा सुल्तान तथा दरवेश सुल्तान ने भी बड़ी वीरता से नदी पार की किन्तु उनके साथ १०–१५ आदमी ही रहे होंगे। वे सायंकाल की नमाज के उपरान्त रवाना हुये और युद्ध किये बिना ही लौट आये। इस प्रकार नदी पार करने के कारण उनकी बड़ी निन्दा की गई। अन्त में मलिक क़ासिम ने वीरता प्रदर्शित करते हुये शत्रुओं के शिविर पर छापा मारा और बाणों की वर्षा करके उन्हें शिविर से निकाला। शत्रुओं ने एक बहुत बड़ी संख्या तथा एक हाथी सहित मलिक क़ासिम पर आक्रमण करके उसे भगा दिया। मलिक क़ासिम एक नौका पर सवार हुआ किन्तु उसके रवाना होने के पूर्व हाथी ने पहुंच कर उसे टकरा दिया। मलिक क़ासिम इस झड़प में मारा गया।

पुल के समाप्त होने के पूर्व उन दिनों उस्ताद अली कुली ने पत्थर दागने में बड़ी कुशलता का प्रदर्शन किया। पहले दिन उसने ८ और दूसरे दिन १६ पत्थर दागे। इसी प्रकार वह तीन–चार दिन तक भली भांति पत्थर दाग़ता रहा। यह पत्थर उसने ग़ाज़ी नामक तोप से दागे। इस तोप का प्रयोग राणा सांगा काफ़िर से युद्ध में हुआ था, अतः इसका नाम गाजी रख दिया गया था। इसके अतिरिक्त एक अन्य इससे भी बड़ी तोप थी किन्तु वह एक ही पत्थर दागने के बाद फट गई।[2] बंदूक चलाने वालों ने खूब बन्दूक चलाई और बहुत से आदमियों तथा घोड़ों को गिरा दिया। उन लोगों ने बहुत से मजदूरों तथा अन्य आदमियों एवं घोड़ों को भी, जो भय के कारण भागे जा रहे थे, बन्दूक का निशाना बना दिया।

(११ मार्च)–बुधवार १६ जमादि–उस्सानी को जब पुल लगभग तैयार हो गया तो हम वहां पहुंचे। अफ़ग़ान लोग पुल बनाने की खिल्ली उड़ा रहे होंगे क्योंकि इसके पूरे होने में देर हो रही थी।

(१२ मार्च)–जब बृहस्पतिवार को पुल तैयार हो गया तो कुछ पदातियों एवं लाहौरियों ने उसे पार किया और थोड़ा बहुत युद्ध भी हुआ।

अफ़ग़ानों से युद्ध

(१३ मार्च)––शुक्रवार के दिन खासे[3] की सेना, तथा सेना के मध्य भाग के दायें एवं बायें बाजू ने नदी को पैदल पार किया। अफ़सानों की पूरी सेना ने सशस्त्र होकर हाथियों सहित हम पर आक्रमण किया। एक बार तो उन लोगों ने हमारे बायें बाजू को पीछे हटा दिया किन्तु हमारा दायां बाजू एवं

---

[1] एक प्रकार की तोप।

[2] इससे पता चलता है कि इस अभियान में तोपों की संख्या अधिक न थी।

[3] वह दल जो बादशाह के अधीन था ।

मध्य भाग अपने स्थान पर दृढ़ रहा और उसने युद्ध कर के शत्रुओं को भगा दिया। इस सेना के दो आदमी अन्य लोगों के आगे बढ़ते चले गये। एक आदमी को घोड़े से गिरा कर बन्दी बना लिया गया। दूसरे आदमी के घोड़े पर बार बार आक्रमण किया गया। वह किसी न किसी प्रकार गिरता पड़ता हमारे आदमियों के पास पहुंच गया। उस दिन ७–८ सिर लाये गये। शत्रुओं में से बहुत से लोग बाण अथवा बंदूक द्वारा आहत हो गये।

उस रात्रि में जो लोग नदी के पार गये थे, उन्हें वापस बुला लिया गया। यदि उसी शनिवार को सायंकाल कुछ और लोग भेज दिये जाते तो अधिकांश शत्रु सम्भवतः बन्दी बना लिये जाते किन्तु मैंने यह सोचा कि पिछले वर्ष हमने राणा सांगा से युद्ध करने के लिये सीकरी से मंगलवार नव रोज़ को प्रस्थान किया और विद्रोहियों को शनिवार को पराजित किया, इस वर्ष हमने इन विद्रोहियों के विनाश हेतु नव रोज़ बुधवार को प्रस्थान किया और यदि हम रविवार को विजय प्राप्त करें तो यह बड़ी विचित्र बात होगी। यह सोच कर हमने शेष सेना को पार न कराया। शत्रुओं ने शनिवार को युद्ध हेतु न प्रस्थान किया अपितु वे दूर पंक्तियां जमाये खड़े रहे।

(रविवार १५ मार्च : २३ जमादि–उस्सानी)–इस दिन गाड़ियां पार कराई गई और प्रातःकाल सेना को पार करने का आदेश दिया गया। नक्कारा बजने के समय[1] जो लोग समाचार लाने के लिये भेजे गये थे, वे समाचार लाये कि शत्रु भाग खड़े हुये। चीन तीमूर सुल्तान को आदेश दिया गया कि वह अपनी सेना सहित उनका पीछा करे। निम्नांकित सरदारों को भी उनके साथ कर दिया गया और उन्हें यह आदेश दिया गया कि वे चीन तीमूर सुल्तान की आज्ञा–बिना कोई कार्य न करेंः–मुहम्मद अली जंगजंग, हुसामुद्दीन अली बिन [2] खलीफ़ा, मुहिब अली बिन खलीफ़ा, कूकी बिन बाबा क़रका, दोस्त मुहम्मद बिन बावा करका, बाक़ी ताशकीन्ती तथा वली क़िज़ीलबाश।

मैंने सुन्नत की नमाज के उपरान्त नदी पार की। ऊंटों के विषय में आदेश दिया गया कि नदी के उतार की ओर जो घाट देखा गया था उससे उन्हें पार कराया जाये। उस रविवार को हमने एक बंधे जल के तट पर बांगरमऊ[3] के एक कोस के भीतर पड़ाव किया। जो लोग अफ़ग़ानों का पीछा करने के लिये नियुक्त हुये थे, वे भली भांति कार्य न कर रहे थे। वे बांगरमऊ में पड़ाव किये हुये थे और उसी रविवार की मध्याह्न की नमाज़[4] के उपरान्त रवाना हुये थे।

(१६ मार्च : २४ जमादि–उस्तानी)–प्रातःकाल हमने बांगरमऊ की एक झील के किनारे पड़ाव किया।

---

[1] कूच के समय।

[2] पुत्र।

[3] उन्नाव (उत्तर प्रदेश) जिले में, कन्नौज के दक्षिण–पूर्व में।

[4] प्रातःकाल की अनिवार्य नमाज के बाद की नमाज।

तूख़्ता बूग़। सुल्तान का आगमन

इसी दिन (१६ मार्च) तूख़्ता बूगा सुल्तान, मेरी माता के भाई छोटे खान[1] का पुत्र मेरी सेवा में उपस्थित हुआ।

लखनऊ पहुंचना

(२१ मार्च)––शनिवार २६ जमादि–उस्सानी को मैंने लखनऊ की सैर की और गूई[2] पार करके वहां पड़ाव किया। मैंने उस दिन गोमती के जल में स्नान किया। पता नहीं कि मेरे कान में जल चला गया था अथवा जल–वायु का प्रभाव था, जो कुछ भी हो मेरा दायां कान बन्द सा हो गया और कुछ दिन तक उसमें बड़ी पीड़ा रही।

अवध पहुंचना

अवध से दो एक पड़ाव पूर्व चीन तीमूर सुल्तान के पास से आकर किसी ने सूचना दी कि, ''शत्रु सरदा[3] के उस पार डटा हुआ है अतः कुमक भेजी जाये।'' १००० वीरों को पृथक् करके कराचा के अधीन हमने कुमक हेतु भेजा।

(२८ मार्च)–शनिवार ७ रजब को हमने अवध से २–३ कुरोह[4] पर गगर[5] एवं सरदा के संगम के ऊपर पड़ाव किया। उस दिन तक शेख बायज़ीद सरदा के उस पार अवध के सामने रहा होगा। वह सुल्तान के पास पत्र भेजता एवं (संधि के विषय में) वार्ता करता रहा किन्तु सुल्तान ने उसकी धूर्तता से अवगत होने के कारण क़राचा को मध्याह्नोत्तर की नमाज के समय सूचना भिजवाई और नदी पार करने की व्यवस्था करने लगा। जब क़राचा सुल्तान के पास पहुंच गया तो उन्होंने तत्काल नदी पार की। वहां लगभग ५० अश्वारोही तथा ३ या ४ हाथी थे। वे युद्ध न कर सके और भाग खड़े हुये। कुछ लोगों को घोड़े से गिरा कर उनके सिर काट डाले गये और उन्हें (मेरे पास) भेज दिया गया।

सुल्तान के पीछे–पीछे बीखूब[6] सुल्तान, क्रूज बेग के (भाई) तरदी बेग, बाबा चुहरा[7] तथा बाक़ी शग़ावल ने भी नदी पार की। जिन लोगों ने इनके पूर्व नदी पार की थी, उन लोगों ने शेख बायजीद का सायंकाल की नमाज़ तक पीछा किया किन्तु वह जंगल में घुस कर भाग गया। चीन तीमूर रात्रि में बंधे हुये जल के तट[8] पर ठहरा और आधी रात में विद्रोहियों के पीछे

---

[1] अहमद चगताई।

[2] गोमती; इसे 'गोदी' भी कहते थे। गोदी का फारसी लिपि में 'गूई' बन जाना कठिन नहीं।

[3] सम्भवतः काली सरदा चौका, घाघरा की शाखा।

[4] ४–६ मील।

[5] घाघरा।

[6] इसे 'नीखूब' भी लिखा गया है।

[7] वीर।

[8] सम्भवतः किसी तालाब के तट पर ठहरा।

रवाना हुआ। वह ४० कुरोह[1] की यात्रा करके उस स्थान पर, जहां शेख बायजीद के परिवार वाले एवं सम्बन्धी ठहरे थे, पहुंच गया। वे भी भाग गये होंगे। उसने उस स्थान से द्रुतगामी अश्वारोहियों को प्रत्येक दिशा में उनका पीछा करने के लिये भेजा। बाक़ी शग़ावल ने कुछ वीरों सहित शत्रुओं को भेड़ के समान भगा दिया और उनके परिवारों के पास पहुंच कर कुछ अफ़ग़ानों को बन्दी बना लिया। हम कुछ दिन तक अवध तथा उस क्षेत्र के शासन प्रबन्ध को सुव्यवस्थित करने के लिये उस पड़ाव पर ठहरे रहे। अवध से ७–८ कोस दूर सरदा नदी के तट पर एक स्थान था जिसके विषय में कहा जाता था कि वह बड़ी अच्छी शिकार–गाह है। मीर मुहम्मद जालावान[2] को इस आशय से भेजा गया कि वह गगर[3] नदी तथा सरदा नदी के घाट का निरीक्षण कर के लौट आये।[4]

(२ अप्रैल)–बृहस्पतिवार १२ रजब को हमने शिकार के उद्देश्य से प्रस्थान किया।

---

[1] ८० मील।

[2] नौकाओं का प्रबंध करने वाला।

[3] घाघरा।

[4] खेद है कि किसी भी ज्ञात प्रतिलिपि में शिकार का वर्णन नहीं मिलता।

९३५ हि०

(१५ सितम्बर १५२८—४ सितम्बर १५२९ ई०)

अस्करी का आगमन

(१८ सितम्बर)–शुक्रवार ३ मुहर्रम को अस्करी[1], जिसे हमने चन्देरी के आक्रमण के पूर्व सुल्तान के हित को दृष्टि में रखते हुये बुलवाया था, खिलवत खाने में उपस्थित हुआ। इतिहासकार ख्वन्द मीर का आगमन

(१९ सितम्बर)–दूसरे दिन इतिहासकार ख्वन्द मीर[2], मौलाना शिहाव मुअम्माई, मीर इबराहीम क़ानूनी[3], यूनुस अली का सम्बन्धी, जो बहुत दिन पूर्व मेरी सेवा में उपस्थित होने के उद्देश्य से हिरात से रवाना हुये थे, मेरी सेवा में उपस्थित हुये।

ग्वालियर की ओर प्रस्थान

(२० सितम्बर)–रविवार ५ मुहर्रम को सायंकाल की नमाज के पूर्व की अनिवार्य नमाज के समय मैं ग्वालियर की, जिसे पुस्तकों में गालीयूर लिखा जाता है, सैर के लिये यमुना नदी पार कर के आगरा के किले में प्रविष्ट हुआ। वहां फ़से जहां बेगम तथा ख़दीजा बेगम को, जो कुछ ही दिनों में काबुल जाने वाली थीं, बिदा किया और घोड़े पर सवार हुआ। मुहम्मद जमान मीर्जा आज्ञा ले कर आगरा में ही ठहर गया। उस रात्रि में हमने ३–४ कुरोह[4] यात्रा की और एक बड़ी झील के निकट ठहर कर वहीं सो गये।

(२१ सितम्बर)–६ मुहर्रम को हमने प्रातःकाल की नमाज समय के कुछ पूर्व पढ़ कर प्रस्थान किया और मध्याह्न गम्भीर[5] नदी के तट पर व्यतीत किया। मध्याह्नोत्तर की नमाज के उपरान्त हम लोग वहां से रवाना हो गये। मार्ग में हमने भुने हुये अनाज के आटे में मिली हुई बुकनी खाई।[6] मुल्ला रफ़ी रफ़ी ने इसे उत्तेजना उत्पन्न करने के लिये तैयार कराया था। इसका स्वाद बड़ा खराब निकला। मध्याह्नोत्तर की दूसरी नमाज के समय हम दोलपुर[7] से

---

[1] अस्करी की अवस्था इस समय लगभग १२ वर्ष की थी। वह अपने बड़े भाई कामरान के स्थान पर मुल्तान में नियुक्त हुआ था। यह नियुक्ति बाबर ने काबुल पर दृढ़तापूर्वक अपना अधिकार स्थापित रखने के लिये की होगी। बाबर के इस संकल्प का पता उसके उन पत्रों से भी चलता है जो उसने हुमायूँ, कामरान, ख्वाजा कलां को लिखे।

[2] गयासुद्दीन बिन हुसामुद्दीन मुहम्मद "ख्वन्द मीर" इतिहास 'हबीबुस्सियर फ्री अख्बार अफरादुल बशर' का लेखक।

[3] मीर इबराहीम कानून बजाने वाला; कानून सितार के समान तारों का एक बाजा होता है।

[4] ६–८ मील।

[5] गम्भीर नदी जयपुर से बहती हुई, धौलपुर की उत्तरी सीमा के किनारे किनारे होती हुई, आगरा के नीचे यमुना के दायें तट से मिलती है।

[6] सम्भवतः सत्तू के साथ मिला कर कोई अन्य पिसी हुई चोज खाई होगी।

[7] धौलपुर।

एक कुरोह पश्चिम में, जहां एक उद्यान तथा भवन के निर्माण का आदेश दिया गया था,[1] ठहरे।

धौलपुर में निर्माण कार्य

दोलपुर एक चोंचदार पहाड़ी के अन्त पर है। इसकी चोंच ठोस लाल पत्थर की है जो भवन निर्माण योग्य है। मैंने आदेश दिया था कि पहाड़ी की चोंच भूमि के बराबर तक काट डाली जाये और यदि उसकी ऊंचाई पर्याप्त हो तो उसमें से काट कर एक भवन का निर्माण किया जाये। यदि वह अधिक ऊंची न हो तो उसमें छतदार एक अष्टाकार हौज़ का निर्माण किया जाये। क्योंकि वह इतनी ऊंची न थी कि उस में भवन खोदा जा सकता अतः उस्ताद शाह मुहम्मद संगतराश को आदेश दिया गया कि वह उसे समतल करके उसमें से एक छतदार अष्टाकार हौज़ को खोदे। इस हौज़ के उत्तर में आम, जामुन तथा अन्य प्रकार के वृक्ष बहुत बड़ी संख्या में हैं। इन वृक्षों के मध्य में मैंने १० X १० के एक कुयें के निर्माण का आदेश दिया था। कुआं लगभग पूरा हो चुका था। इसका जल उस हौज़ में पहुंचता था। इस हौज़ के उत्तर में एक बांध था जिसे सुल्तान सिकन्दर[2] शाह ने निर्माण कराया था। बांध के ऊपर भवनों का निर्माण कर दिया गया है। बांध से ऊंचाई पर वर्षा का जल एकत्र होता है जिससे एक बहुत बड़ी झील बन जाती है। इस झील के पूर्व में एक उद्यान है। मैंने आदेश दिया कि इसी दिशा में ठोस चट्टान में तराश कर चार स्तम्भों का एक चबूतरा बनाया जाये और इसके पश्चिम में एक मस्जिद का निर्माण कराया जाये।

(२२, २३ सितम्बर : ७, ८ मुहर्रम)–इन कार्यों के लिये हम मंगलवार तथा बुधवार को दोलपुर में ठहरे रहे।

ग्वालियर की ओर प्रस्थान

(२४ सितम्बर)––बृहस्पतिवार को हमने प्रस्थान किया। चम्बल नदी पार करके हमने मध्याह्नोत्तर की नमाज़ नदी तट पर पढ़ी। मध्याह्नोत्तर एवं सायंकाल के पूर्व की दिन की नमाज़ के बीच के समय में हम लोगों ने वहां से प्रस्थान किया और कवारी नदी पार करके सायंकाल तथा सोने के समय की नमाज़ के मध्य में पड़ाव किया। वर्षा के कारण कवारी में बड़ा अधिक जल आ गया था। अतः घोड़ों को तैरवा कर हमने नदी नौका द्वारा पार की।

(२५ सितम्बर)–दूसरे दिन शुक्रवार आशूरे[3] के दिन हम लोग प्रातःकाल रवाना हुये। मार्ग में एक ग्राम में मध्याह्न व्यतीत की। सोने के समय की

---

[1] ९३३ हि० में।

[2] सुल्तान सिकन्दर लोदी।

[3] दसवीं मुहर्रम।

नमाज के वक्त हम लोग ग्वालियर के उत्तर में एक कोस पर एक चारबाग़ में, जिसके निर्माण का हमने पिछले वर्ष आदेश दिया था,[1] उतरे।

(२६ सितम्बर)—दूसरे दिन मध्याह्नोत्तर की नमाज के उपरान्त हमने प्रस्थान किया और ग्वालियर के उत्तर की ओर की नीची पहाड़ियों एवं नमाज गाह की सैर की। वहां से लौट कर हम हाती पुल[2] नामक फाटक से क़िले में प्रविष्ट हुये। इस द्वार से मिले हुये राजा मान सिंह के महल हैं। हम लोगों ने मध्याह्नोत्तर की दूसरी नमाज के समय राजा बिक्रमाजीत (विक्रमादित्य) के भवनों के समीप, जिनमें रहीम दाद[3] ठहरा हुआ था, पड़ाव किया।

इस रात में कान की पीड़ा के कारण एवं चन्द्रमा के प्रकाश से प्रेरित होकर हमने अफ़ीम का सेवन किया।

राजाओं के महलों की सैर

(२७ सितम्बर)—दूसरे दिन अफ़ीम के खुमार के कारण मुझे बड़ा कष्ट रहा। मैंने अत्यधिक वमन किया। खुमार के बावजूद मैंने मान सिंह[4] तथा बिक्रमाजीत (विक्रमादित्य)[5] के महलों का भली भांति निरीक्षण किया। ये भवन बड़े ही विचित्र हैं। ये भवन अनुपात से शून्य भारी—भारी तराशे हुये पत्थरों के बने हैं।

मान सिंह के भवन

समस्त राजाओं के भवनों की अपेक्षा मान सिंह के भवन बड़े ही उत्तम एवं भव्य हैं। मान सिंह के महल की उत्तरी दिशा के भाग में अन्य दिशाओं के भागों की अपेक्षा बड़ा अधिक काम बना हुआ है। यह लगभग ४०—५० कारी[6] ऊंचा होगा और पूरे का पूरा तराशे हुये पत्थर का बना है। उसके ऊपर सफ़ेद पलस्तर है। कहीं—कहीं पर इसमें चार—चार मंजिलें हैं। नीचे की दो मंजिलों में बड़ा अंधेरा रहता है। हम उनमें मोम बत्तियों की सहायता से प्रविष्ट हुये। इस भवन के प्रत्येक[7] कोण में ५ गुम्बद हैं। इन गुम्बदों के मध्य में हिन्दुस्तान की प्रथानुसार चौकोर छोटे—छोटे गुम्बद हैं। बड़े गुम्बदों पर मुलम्मा किया हुआ तांबा चढ़ा है। दीवार के बाहरी भाग पर रंगीन टाइल का काम है। हरी टाइलों से चारों ओर केले के वृक्ष दिखाये गये हैं। पूर्वी कोण

---

[1] ६३४ हि० (१५२७—२८ ई०) की घटनाओं में इस चार बाग के निर्माण का कोई इतिहास नहीं मिलता। सम्भवतः बाबर ने अफगानों से युद्ध के उपरान्त लौट कर इसके निर्माण का आदेश दिया होगा।

[2] हाथी पुल।

[3] जलाल हिसारी की 'तारीखे ग्वालियार' के अनुसार ख्वाजा रहीम दाद, महदी ख्वाजा का भतीजा था। बाबर ने उसका परिचय नहीं दिया है। उसने ६३५ हि० (१५२६ ई०) में विद्रोह कर दिया था।

[4] मान सिंह ने १४८६ ई० से १५१६ ई० तक राज्य किया।

[5] राजा विक्रमादित्य ने १५१६ ई० से १५२६ ई. तक राज्य किया।

[6] गज।

[7] 'हर' के स्थान पर 'बीर' भी पढ़ा जा सकता है जिसका अर्थ होगा एक कोने पर।

के बुर्ज की ओर हाती पुल है। पील को यहां हाथी कहा जाता है और द्वार को पुल। इसके फाटक पर एक हाथी की दो महावतों सहित मूर्ति रक्खी हुई है। हाथी की मूर्ति हाथी के समान ही दृष्टिगत होती है। इसके कारण इस द्वार को हाती पुल[1] कहा जाता है। इस चौमंज़िले भवन की सब से नीचे की मंज़िल में एक खिड़की है जो इस हाथी की ओर है और वहां से इसका निकटतम दृश्य मिलता है। जिन गुम्बदों का उल्लेख किया जा चुका है वे भवन के उच्चतम भाग में हैं। बैठने के कमरे दूसरी मंजिल में एक प्रकार से धंसे हुये हैं। यद्यपि इसमें हिन्दुस्तानी आडम्बर का प्रदर्शन किया गया है किन्तु इस स्थान पर वायु नहीं पहुंचती।

विक्रमादित्य के भवन

मान सिंह के पुत्र बिक्रमाजीत के भवन किले के उत्तर में केन्द्रीय स्थान पर स्थित हैं। पुत्र के भवन पिता के भवन का मुकाबला नहीं कर सकते। उसने एक बहुत बड़ी हवेली का निर्माण कराया है जो कि बड़ी अंधेरी है किन्तु यदि उसमें कोई थोड़ी देर तक ठहरे तो इसमें कुछ–कुछ प्रकाश आने लगता है। इसके नीचे एक छोटा भवन है जिसमें किसी भी दिशा से प्रकाश नहीं आता। जब रहीम दाद बिक्रमाजीत के भवनों में निवास करने लगा तो उसने इस हवेली के ऊपर एक छोटे से हाल का निर्माण कराया। बिक्रमाजीत के भवनों से उसके पिता के भवनों तक एक मार्ग का निर्माण किया गया है। बाहर से इस मार्ग का कोई पता नहीं चलता और न भीतर से ही कहीं इसके विषय में कुछ ज्ञात होता है। यह एक प्रकार की सुरंग है।

रहीम दाद का मदरसा

इन भवनों की सैर के उपरान्त हम लोग रहीम दाद द्वारा तैयार कराये गये मदरसे में पहुंचे। उसे उसने एक बड़े हौज़ के किनारे बनवाया था। वहीं उसने एक बाग़ भी लगवाया था। हम उस बाग़ की सैर के उपरान्त चारबाग़ में जहां शिविर था, अत्यधिक रात्रि व्यतीत हो जाने पर पहुंचे।

रहीम दाद का बागीचा

रहीम दाद ने अपने बागीचे में अत्यधिक संख्या में फूल लगवाये थे। इनमें से बहुत से बड़े सुन्दर लाल रंग के कनेर के फूल थे। यहां कनेर सत्तालू के फूलों के समान होता है। ग्वालियर के कनेर बड़े सुन्दर तथा गहरे लाल रंग के होते हैं। मैंने ग्वालियर के कुछ सुन्दर कनेर, ले जा कर आगरा के बागों में लगवाये।

बागीचे के दक्षिण में एक बहुत बड़ी झील है। इसमें वर्षा का जल एकत्र हो जाता है। इसके पश्चिम में एक बहुत बड़ा मन्दिर[2] है। सुल्तान शम्सुद्दीन इल्तुतमिश[3] ने इस मन्दिर की बग़ल में एक जामा मस्जिद का निर्माण कराया

---

[1] हाथी पुल ।

[2] तेली मंदिर' अथवा 'तिलंगाना मंदिर'।

[3] सुल्तान शम्सुद्दीन इल्तुतमिश ने १२१० ई० से १२३६ ई० तक राज्य किया।

कराया था। यह मन्दिर बड़ा ही भव्य है और किले में इससे बड़ा कोई अन्य भवन नहीं है। दोलपुर[1] की पहाड़ियों से यह मन्दिर तथा क़िला दिखाई पड़ते हैं।[2] लोगों का कथन है कि इस मन्दिर के लिये उस बड़ी झील में से जिसका उल्लेख हो चुका है पत्थर काट कर निकाले गये थे।

रहीम दाद ने इस बागीचे में एक लकड़ी का तालार[3] बनवाया था। इसके द्वारों के सामने उसने हिन्दुस्तानी नमूने के कुछ नीचे एवं भद्दे एवान (दालान) बनवाये थे।

उरवा घाटी

(२८ सितम्बर)–दूसरे दिन (१३ मुहर्रम को) हम लोग मध्याह्न की नमाज के समय ग्वालियर के उन स्थानों के निरीक्षण हेतु रवाना हुये जिनकी सैर हमने अभी तक न की थी। हमने बादल गर[4] नामक भवनों का निरीक्षण किया। ये भवन मान सिंह के किले का एक भाग हैं। वहां से हम हाती पुल नामक द्वार से किले को पार करके उरवा नामक स्थान पर पहुंचे। यह किले की पश्चिमी दिशा में घाटी की तलहटी है। यद्यपि उरवा, किले की दीवार के, जो पहाड़ी की चोटी के साथ–साथ बनी है, बाहर है किन्तु इसके दहाने पर दो खंडो[5] की ऊंची–ऊंची दीवारें हैं। इनमें से सब से ऊंची दीवार ३०–३० कारी[6] ऊंची होगी। यह सब से अधिक लम्बी है। इसके प्रत्येक सिरे किले की दीवार से मिलते हैं। दूसरी दीवार कुछ घूम कर पहली के मध्य भाग से मिल जाती है। यह दोनों की अपेक्षा नीची तथा छोटी है। दीवार का मोड़ आव दुज्द[7] के लिये बनवाया गया होगा। इसमें एक दाई है जिसमें जल जल तक पहुंचने के लिये १० अथवा १५ जीने बने हैं। उस फाटक पर जहां से होकर घाटी से बाई में प्रविष्ट होते हैं, सुल्तान शम्सुद्दीन इल्तुतमिश का नाम तथा ६३० हि० (१२३३ ई०) तारीख खुदी है।

इस बाहरी दीवार के नीचे तथा क़िले के बाहर एक बहुत बड़ी झील है। यह (कभी–कभी) इतनी सूख जाती है कि झील नहीं रह पाती। इसमें से आव दुज्द में जल जाता है। उरवा के भीतर दो अन्य झीलें हैं। किले के निवासी इनके जल को सबसे अधिक उत्तम समझते हैं।

उरवा के तीन ओर ठोस चट्टानें हैं। इनका रंग ब्याना की चट्टानों के समान लाल नहीं है अपितु फीका फीका है। इन दिशाओं में लोगों ने पत्थर

---

[1] धौलपुर।

[2] लगभग ३० मील दूर से।

[3] भवन अथवा कमरा ।

[4] 'बादल गढ़' अथवा 'बादल घर' जहां बादल द्वार से होकर प्रवेश किया जाता है। यहां का गूजरी मंदिर बड़ा प्रसिद्ध है जिसके विषय में कहा जाता है कि इसे मान सिंह की गूजर पत्नी मृग–नयनी ने बनवाया था।

[5] मुत्तर्वा ।

[6] गज़।

[7] सम्भवतः वह स्थान जहां जल एकत्र किया जा सके और चुप चाप प्राप्त किया जा सके।

की मूर्तियां कटवा रक्खी हैं। वे छोटी बड़ी सभी प्रकार की है। एक बहुत बड़ी मूर्ति, जोकि दक्षिण की ओर है, सम्भवतः २० कारी[1] ऊंची होगी। यह मूर्तियां पूर्णतः नग्न है और गुप्त अंग भी ढंके हुये नहीं है। उरवा की इन दोनों बड़ी झीलों के चारों ओर २०–३० कुएं खुदे हैं। इनके जल से काम की तरकारियां, फूल तथा वृक्ष लगाये जाते हैं।

उरवा बुरा स्थान नहीं है। यह बन्द स्थान है। मूर्तियां ही इस स्थान का सब से बड़ा दोष हैं। मैंने उनके नष्ट करने का आदेश दे दिया।[2]

उरवा से निकल कर हम पुनः क़िले में प्रविष्ट हुये। हमने सुल्तानी पुल की खिड़की से सैर की। यह काफ़िरों के समय से अब तक बन्द रही होगी। हम लोग सायंकाल की नमाज़ के समय रहीम दाद के बागीचे में पहुंचे। वहीं ठहर कर हम सो गये।

राणा सांगा के एक पुत्र की बाबर से सन्धि की वार्ता

(२६ सितम्बर)–मंगलवार १४ मुहर्रम को राणा सांगा के दूसरे पुत्र बिक्रमाजीत के पास से, जो अपनी माता पद्मावती के साथ रणथम्बोर के किले में था, कुछ लोग आये।[3] हमारे ग्वालियर की ओर प्रस्थान करने के पूर्व पूर्व बिक्रमाजीत के एक विश्वासपात्र अशोक[4] नामक एक हिन्दू ने कुछ लोगों को हमारी सेवा में भेजा था, जिन्होंने बिक्रमाजीत की अधीनता एवं दासता स्वीकार करने से सम्बन्धित संदेश प्रस्तुत करके उसकी ओर से ७० लाख की जीविकावृत्ति की प्रार्थना की। उनसे यह निश्चय हुआ था कि यदि बिक्रमाजीत रणथम्बोर के किले को समर्पित कर देगा तो उसकी इच्छानुसार परगने प्रदान कर दिये जायेंगे। यह निश्चय करके उसके आदमियों को बिदा कर दिया गया था। क्योंकि हम लोग ग्वालियर की सैर के लिये जाने वाले थे अतः उनसे ग्वालियर में मिलने के लिये दिन निश्चित कर दिया गया था। वे लोग निश्चित दिन के कुछ बाद पहुंचे। अशोक नामक हिन्दू को बिक्रमाजीत की माता पद्मावती का कोई निकटतम सम्बन्धी बताया जाता है। उसने इस विषय में माता एवं पुत्र से, पुत्र एवं पिता[5] के समान व्यवहार किया। उन लोगों[6] ने भी अशोक से सहमत होकर अधीनता एवं निष्ठा प्रदर्शित करना स्वीकार कर लिया।

---

[1] गज़।

[2] मूर्तियाँ नष्ट नहीं की जा सकी अंपितु उनके अंग भंग कर दिये गये।

[3] यह घटना ६३४ हि० के अन्तिम महीनों में घटी होगी।

[4] 'मिरआते सिकन्दरी' के अनुसार अशोक मल राजपूत, राणा सांगा का सेवक। ('मिरआते सिकन्दरी' बम्बई १३०८ हि० । १६१०–११ ई०, पृ० २६०; रिजवी : 'उत्तर तैमूर कालीन भारत, भाग २१, अलीगढ़ १६५६ ई.) पृ० ३६३)।

[5] पद्मावती से पुत्र के समान एवं विक्रमादित्य से पिता के समान व्यवहार किया।

[6] पद्मावती एवं विक्रमादित्य।

जिस समय राणा सांगा ने सुल्तान महमूद[1] को पराजित कर दिया और सुल्तान काफ़िर द्वारा बन्दी बना लिया गया[2] तो उसके पास एक प्रसिद्ध मुकुट एवं सोने की पेटी थी। राणा सांगा ने उन दोनों वस्तुओं को लेकर उसे मुक्त कर दिया। वह मुकुट तथा सोने की पेटी बिक्रमाजीत के अधिकार में आ गई होगी।[3] उसके बड़े भाई रतन–सी ने जो इस समय अपने पिता के स्थान पर चित्तौड़ का राणा हो गया था, इन वस्तुओं को बिक्रमाजीत से मांगा किन्तु उसने उन्हें न दिया। उसने इन वस्तुओं को मेरे पास प्रेषित कर देने का संदेश भेज कर रणथम्बोर के स्थान पर ब्याना प्रदान किये जाने की प्रार्थना की। हमने उन्हें ब्याना के प्रश्न से हटा कर रणथम्बोर के स्थान पर शम्साबाद प्रदान करने का आश्वासन दिलाया। उन्हें आज (१४ महर्रम) को ६ दिन उपरान्त ब्याना में आकर भेंट करने का आदेश देकर बिदा कर दिया गया। विदा करते समय खिलअत भी प्रदान की गई।

हिन्दुओं के मन्दिरों की सैर

हम लोगों ने इस बाग़ीचे से प्रस्थान करके ग्वालियर के मन्दिरों की सैर की। कुछ मन्दिरों में दो–दो और कुछ में तीन–तीन मंज़िलें थीं। प्रत्येक मंज़िल प्राचीन प्रथानुसार नीची–नीची थी। उनके पत्थर के स्तम्भ के नीचे की चौकी पर पत्थर की मूर्तियां रक्खी थीं। कुछ मन्दिर मदरसों के समान थे। उनमें दालान तथा ऊंचे गुम्बद एवं मदरसों के कमरों के समान कमरे थे। प्रत्येक कमरे के ऊपर पत्थर के तराशे हुये सकरे गुम्बद थे। नीचे की कोठरियों में चट्टान से तराशी हुई मूर्तियां थीं।

रहीम दाद के चारबाग़ में दावत

इन भवनों की सैर के उपरान्त हम लोग दक्षिणी द्वार से क़िले के बाहर निकले और दक्षिण की ओर के स्थानों की सैर करके उस चारबाग़ में पहुंचे जिसका निर्माण रहीम दाद ने हाती पुल के सामने कराया था। उसने वहां हमारी दावत का प्रबन्ध किया था और बड़ा ही उत्तम भोजन कराने के उपरान्त उसने ४ लाख के मूल्य के अत्यधिक सामान तथा नक़द धन भेंट किये। इस चारबाग़ से प्रस्थान करके मैं अपने चारबाग़ में चला गया।

एक झरने की सैर

(३० सितम्बर)–बुधवार १५ मुहर्रम को मैं ग्वालियर से दक्षिण–पूर्व की ओर ६ कुरोह[4] पर स्थित एक झरने का निरीक्षण करने गया। ६ कुरोह से कम की यात्रा पर[5] मध्याह्नोत्तर की नमाज के समय हम एक झरने पर पहुंचे

---

[1] सुल्तान महमूद खलजी।

[2] यह घटना ९२५ हि० (१५१९ ई.) में घटी।

[3] 'मिरआते सिकन्दरी' के लेखक ने भी बाबर के कथन का समर्थन किया है। ('मिरआते सिकन्दरी' पृ० २३४)। सम्भवतः ये वस्तुयें पद्मावती के पास उसके पति के जीवन काल में रही होंगी।

[4] १२ मील।

[5] अर्थात् दूरी जैसा कि बाबर ने अनुमान किया था, उससे कम निकली।

जहां एक पनचक्की के योग्य जल एक ढाल से, एक अरग़मची[1] की ऊंचाई से आ रहा था। झरने के नीचे एक बहुत बड़ी झील थी। इसके ऊपर से जल ठोस चट्टान की ओर से बहता हुआ आता है। झरने के नीचे भी एक ठोस चट्टान है। जहां कहीं जल गिरता है वहां एक झील बन जाती है। जल के तट पर चट्टानों के बहुत बड़े बड़े टुकड़े हैं, मानो वे बैठने के लिये बने हों किन्तु कहा जाता है कि जल सर्वदा वहां तक नहीं रहता।

हम झरने के ऊपर बैठ गये और माजून का सेवन किया। हम जलधारा के ऊपर उसके उद्‌गम स्थान का निरीक्षण करने गये। वहां से लौटकर हम एक ऊंचे स्थान पर पहुंचे और वहां कुछ समय तक बैठे रहे। वादकों ने बाजे बजाये और गायकों ने कुछ गाया। आबनूस का वृक्ष, जिसे हिन्दुस्तान वाले तेंदू कहते हैं, उन लोगों को, जिन्होंने इससे पूर्व इसे न देखा था, दिखाया गया। वहां से हम पहाड़ी के नीचे उतर आये। सायंकाल तथा सोने के समय की नमाज़ के मध्य में हमने प्रस्थान किया। आधी रात के समय एक स्थान पर पहुंच कर हम लोग सो गये। एक पहर दिन चढ़ जाने के उपरान्त हम चारबाग पहुंच कर वहां ठहर गये।

सलाहुद्दीन का जन्म स्थान

(२ अक्तूबर)–शुक्रवार १७ मुहर्रम को मैंने नीबू तथा सदाफल के बागों की सैर की। ये बाग़ एक घाटी की तलहटी में पहाड़ियों के मध्य में सूखजाना[2] नामक ग्राम के ऊपर स्थित हैं। यह स्थान सलाहुद्दीन[3] का जन्म स्थान है। एक पहर दिन उपरान्त चारवाग़ पहुंच कर हम वहां ठहर गये।[4]

ग्वालियर से प्रस्थान

(४ अक्तूबर)–रविवार १९ मुहर्रम को सूर्योदय के पूर्व हमने चारबाग़ से प्रस्थान किया और कवारी[5] नदी पार करके एक स्थान पर मध्याह्न व्यतीत की। मध्याह्नोत्तर की नमाज़ के उपरान्त हम लोग वहां से रवाना हुये और सूर्यास्त के समीप हम लोगों ने चम्बल नदी पार की और सायंकाल एवं सोने के समय की नमाज के बीच में हम दोलपुर[6] के किले में प्रविष्ट हुये। दीपक के प्रकाश की सहायता से हमने एक हम्माम[7] का, जिसका निर्माण अबुल फ़तह ने कराया था, निरीक्षण किया। वहां से प्रस्थान करके हम बांध के ऊपर, जहां नये चारबाग़ का निर्माण हो रहा था, पहुंचे।

---

[1] लगभग २० हाथ।

[2] सम्भवतः ग्वालियर के समीप का 'सलवई' अथवा 'सुखलहारी' नामक ग्राम।

[3] सिलाहदी, सिलहदी अथवा सलहदी, राय सेन का राजा, राणा सांगा का जामाता।

[4] सम्भवतः रात के एक पहर, ६ बजे के लगभग ।

[5] कुहारी नदी, चम्बल नदी की एक शाखा है।

[6] धौलपुर।

[7] वह स्थान जहां स्नान का, विशेष रूप से गरम जल से स्नान का, प्रबंध हो।

छतदार हौज़ को ठीक कराना

(५ अक्तूबर)—– वहां रात्रि में ठहर कर, प्रातःकाल (सोमवार, २० मुहर्रम) को हमने उन स्थानों का, जिनके निर्माण का आदेश दिया जा चुका था, निरीक्षण किया। जिस छत दार हौज़ को हमने ठोस चट्टान से काटने का आदेश दिया था उसका मुख[1] भली भांति सीधा नहीं हो रहा था। मैंने कुछ अन्य पत्थर काटने वालों को बुला कर आदेश दिया कि वे हौज़ की नीचे की सतह चिकनी करके उसमें जल भर दें और जल की सहायता से दीवारों को एकसाँ कर दें। सायंकाल की नमाज़ के पूर्व उन्होंने मुख को सीधा कर दिया। तदुपरान्त उन्हें आदेश दिया गया कि वे हौज़ में जल भर दें। जल की सहायता से दीवारें एकसाँ कर दी गई। तत्पश्चात् उन्होंने दीवारों को चिकना करना प्रारम्भ किया।

आव खाने का निर्माण

मैंने आदेश दिया कि एक आव खाना[2] एक स्थान पर ठोस चट्टान को काट कर बनवाया जाये। उसके भीतर भी एक छोटा सा हौज़ तैयार किया जाये और उसे भी ठोस चट्टान में से काटा जाये।

X X X X X X X[3]

(१२ अक्तूबर)—सोमवार २७ मुहर्रम को कुछ लोगों के साथ माजून का सेवन किया गया।

(१३ अक्तूबर)—मंगलवार को भी मैं उसी स्थान पर रहा।

सीकरी की ओर प्रस्थान

(१४ अक्तूबर)—बुधवार की रात्रि में रोजा खोल कर मैंने कुछ खाया और सीकरी के लिये प्रस्थान कर दिया। आधी रात के समीप हम लोग किसी स्थान पर पहुंच कर ठहर कर सो गये। मैं कान की पीड़ा के कारण न सो सका। यह पीड़ा सम्भवतः ठंड के कारण हुई होगी किन्तु मुझे इसका कारण ज्ञात नहीं।

---

[1] प्रवेश द्वार।

[2] वह स्थान जहां जल एकत्र किया जाता है।

[3] इस स्थान पर छः दिन का कोई वर्णन नहीं। धौलपुर के निर्माण कार्य एवं सोमवार की माजून की दावत के बीच की घटनाओं का कोई उल्लेख नहीं है । बाबर ने बिक्रमादित्य के दूतों से ग्वालियर में यह निश्चय किया था कि वे १४ मुहर्रम के ६ दिन उपरान्त अथवा २३ मुहर्रम (८ अक्तूबर) को ब्याना में उपस्थित हों। बाबर सम्भवतः अपने निश्चित कार्यक्रमानुसार ब्याना पहुंचा होगा और वहीं बिक्रमादित्य के राजदूतों से भेंट की होगी कारण कि जब बाबर के आगरा पहुँच जाने के उपरान्त बिक्रमादित्य से संधि की वार्ता प्रारम्भ हुई तो वहाँ पहले एवं बाद के दो प्रकार के राजदूत उपस्थित थे। पहले के राजदूत वे रहे होंगे जो ग्वालियर एवं ब्याना में आये होंगे और दूसरे नये राजदूत रहे होंगे। इस प्रकार धौलपुर की पूरी सैर, ब्याना के किले के निरीक्षण तथा सीकरी पहुंचने तक का वर्णन नहीं मिलता।

सीकरी पहुंचना

प्रातःकाल हम लोग उस स्थान से रवाना हो गये और पहले पहर हम उस बाग़ में, जिसका सीकरी में निर्माण हो रहा है, पहुंचे। बाग़ की दीवारों तथा कुयें के निर्माण कार्य से मैं संतुष्ट न हुआ। जिन लोगों के सिपुर्द यह कार्य किया गया था उन्हें मैने धमकी एवं ताड़ना दी।

मध्याह्नोत्तर की दूसरी एवं सायंकाल की नमाज के मध्य में हमने वहां से प्रस्थान किया और मरहाकूर से निकल कर किसी स्थान पर ठहरे और वहीं सो गये।

आगरा पहुंचना

(१५ अक्तूबर) —वहां से प्रस्थान करके हम (बृहस्पतिवार ३० मुहर्रम) को एक पहर दिन[1] के समय आगर पहुंच गये। किले में मैंने खदीजा सुल्तान बेगम से भेंट की। फ़ख्रे जहां बेगम के काबुल प्रस्थान करने के समय वे किन्हीं कारणों से रुक गई थीं। यमुना नदी पार करके मैं हश्त बहिश्त नामक बाग में ठहरा।[2]

बेगमों से भेंट

(१७ अक्तूबर)—शनिवार ३ सफ़र को मध्याह्नोत्तर की दूसरी तथा सायंकाल की नमाज के मध्य में मैं अपनी तीन दादी बेगमों[3]——गौहर शाद बेगम, बदी—उल—जमाल बेगम तथा आक़ बेगम, एवं अन्य छोटी बेगमों[4]—सुल्तान मसऊद मीर्जा की पुत्री खानजादा बेगम, सुल्तान बख्त बेगम की पुत्री और मेरी यीनका[5] की पुत्री, जैनब सुल्तान बेगम से भेंट करने गया। वे तूता से होकर एक छोटे से जलाशय के निकट ठहरी हुई थीं। मैं नौका द्वारा वापस आ गया।

विक्रमादित्य के पास दूत

(१६ अक्तूबर)—सोमवार ५ सफ़र को (विक्रमाजीत) के पहले एवं बाद के दूतों के साथ, देवा के पुत्र हमूसी को, जो भीरा का एक प्राचीन हिन्दू सेवक था, इस आशय से भेजा गया कि वे रणथम्बोर के समर्पण एवं बिक्रमाजीत की अधीनता स्वीकार करने की शर्तों का अपनी[6] प्रथानुसार निर्णय करें। हमने जिस आदमी को भेजा उसे आदेश दे दिया कि वह सभी बातों को देख भाल कर तथा सोच समझ कर वापस आये। यदि विक्रमादित्य अपने वचन पर दृढ़ रहे तो मेरी ओर से उसे आश्वासन दिला दिया जाये कि मैं उसे उसके पिता चित्तौड़ के राणा के स्थान पर आरुढ़ कर दूंगा।

---

[1] ६ तथा ६ बजे के बीच में।

[2] बाबर आगरा १ सफर को पहुंचा और दूसरी सफर को विश्राम किया होगा।

[3] वे सुल्तान अबू सईद मीर्जा की पुत्रियां थीं।

[4] जो बाबर से अवस्था में छोटी अथवा उतनी बड़ी श्रेणी की न थीं।

[5] चाचा अथवा बड़े भाई की पत्नी। गुलबदन बेगम ने भी इस नाम की एक बेगम के हिन्दुस्तान में आगमन का उल्लेख किया है।

[6] हिन्दुओं की।

X X X X X X[1]

वजहदारों से धन की मांग

(२२ अक्तूबर)–इस बीच में सिकन्दर[2] तथा इबराहीम[3] के देहली एवं आगरा के खजानों का अन्त हो गया। अतः बृहस्पतिवार ८ सफ़र को यह शाही आदेश हुआ कि प्रत्येक वजहदार[4] युद्ध की सामग्री अस्त्र–शस्त्र एवं बन्दूक तथा तोप चलाने वालों के वेतन हेतु अपनी वजह में से १०० में से ३० दीवान में दाखिल कर दे।[5]

खुरासान को पत्र

(२४ अक्तूबर)–शनिवार १० सफ़र को सुल्तान मुहम्मद बख्शी का एक पदाती शाह क़ासिम[6], जिसे मैंने इससे पूर्व एक बार अपने खुरासान के सम्बन्धियों के पास प्रोत्साहन–युक्त फरमान देकर भेजा था, इस वार हेरी इस आशय के पत्रों के साथ भेजा गया कि ईश्वर की कृपा से हमारा हृदय हिन्दुस्तान के पूर्व एवं पश्चिम के विद्रोहियों एवं काफ़िरों की ओर से संतुष्ट हो गया है। यदि ईश्वर की कृपा से सब ठीक रहा तो हम पूर्ण रूप से प्रयत्न करेंगे और निःसन्देह आगामी बहार में अपने लक्ष्य को पा लेंगे।[7] अहमद अफ़शार को भी फ़रमान भेजा गया। इस फ़रमान के हाशिये पर मैंने अपने हाथ से लिख कर फ़रीदूं क़ाबूजी[8] को बुलवाया।

X X X X X X X[9]

आज मध्याह्नोत्तर की नमाज के पूर्व से मैंने पारा खाना प्रारम्भ किया।[10]

---

[1] यहां भी तीन दिन की घटनाओं का उल्लेख नहीं।

[2] सिकन्दर लोदी।

[3] इबराहीम लोदी।

[4] वे अमीर जिन्हें विभिन्न स्थान सेना रखने एवं अन्य प्रबंध तथा उनके व्यय हेतु प्राप्त थे।

[5] इसे इस प्रकार समझना चाहिये कि प्राचीन करों में ३० प्रतिशत वृद्धि कर दी गई।

[6] शाह कासिम के इससे पूर्व दूत बना कर भेजे जाने का कोई उल्लेख नहीं हुआ है। सम्भवतः उसे ६३४ हि० में भेजा गया होगा। इस वर्ष का हाल अब कहीं प्राप्त नहीं । सम्भवतः बाबर को ख्वन्द मीर द्वारा उस अशांति का पता चला होगा जो कि उबैदुल्लाह ऊजवेग के सहायकों के कारण हेरी (हिरात) में फैली थी।

[7] सम्भवतः काबुल पहुँचने एवं ऊजबेगों से युद्ध की महत्वाकांक्षा पूरी होने की ओर संकेत है।

[8] काबूज बजाने वाले काबूज गिटार के समान एक प्रकार का बाजा होता है।

[9] इसके बाद ११ दिन का कोई हाल नहीं लिखा है।

[10] सम्भवतः किसी रोग के कारण, जिसका उल्लेख नहीं, पारे का सेवन प्रारम्भ किया गया होगा।

काबुल तथा खुरासान के समाचार[1]

(४ नवम्बर)–बुधवार २१ सफ़र को एक हिन्दुस्तानी प्यादा, कामरान तथा ख्वाजा दोस्त खावन्द के पास से प्रार्थना–पत्र लाया। ख्वाजा १० जिलहिज्जा[2] जिलहिज्जा[2] को काबुल पहुंच गया था। वह हुमायूँ की सेवा में पहुंचने के लिये उत्सुक था किन्तु इसी बीच में कामरान के आदमी ख्वाजा के पास पहुंचे और उससे कहा कि "कामरान ने कहलाया है कि ख्वाजा मेरे पास आकर जो कोई फ़रमान लाया है उसे पहुंचाये। मुझसे बात कर लेने के उपरान्त वह हुमायूँ के पास जाये।" कामरान १७ जिलहिज्जा (२ सितम्बर) को काबुल पहुंच गया होगा और ख्वाजा से वार्ता करके उसे २८ जिलहिज्जा (१३ सितम्बर) को किलये ज़फ़र को जाने की अनुमति दी होगी।

जो प्रार्थना–पत्र प्राप्त हुये उनमें यह सुखद समाचार ये–

शाहजादा तहमास्प ने ऊज़बेग[3] के विनाश का संकल्प करके दामगान में रीनीश ऊज़बेग को पराजित कर दिया और उसकी हत्या करके उसके आदमियों का क़त्ले आम करा दिया। उबैद खां किज़ीलबाशों[4] के विषय में समाचार पाकर हेरी छोड़ कर मर्व पहुंच गया। उसने वहां समरकन्द तथा उस क्षेत्र के समस्त सुल्तानों को बुलवाया और मावराउन् नहर के समस्त सुल्तान उसकी सहायतार्थ पहुंच गये।

वही पदाती यह भी समाचार लाया कि हुमायूँ के यादगार तग़ाई की पुत्री से एक पुत्र का जन्म हुआ है और कामरान के विषय में कहा जाता है कि उसने काबुल में अपनी माता के भाई सुल्तान अली मीर्जा की पुत्री से विवाह कर लिया है।[5]

सैयिद रुकनी को इनाम

उसी दिन सैयिद रुकनी[6] शीराज़ी जिबागर[7] को एक खिलअत पहनाई गई। उसे इनाम देकर आदेश दिया गया कि वह मेहराबदार कुयें[1] को, जिसके निर्माण के विषय में वह जितना जानता हो उसके अनुसार, पूरा करे।

---

[1] सम्भवतः ६३४ हि० की घटनाओं के अन्य वर्णन के प्रसंग में काबुल एवं खुरासान की चर्चा की गई होगी। इसमें सम्भवतः बाबर के ख्वाजा दोस्त खावन्द के नाम आदेश एवं काबुल की अशांति का उल्लेख होगा।

[2] १० जिलहिज्जा ६३४ हि० (२६ अगस्त १५२८ ई०)।

[3] उबैदुल्लाह खां।

[4] लाल सिर अथवा मुकुट वाले, ईरानी शीआ।

[5] हुमायूँ की पत्नी का नाम बेगा बेगम था जिसकी उपाधि बाद में हाजी बेगम रख दी गई। कामरान की पत्नी सम्भवतः उसके चाचा की पुत्री माह अफरोज थी। क्योंकि पदाती राजदूत न था अतः उसने जो समाचार प्रस्तुत किये वे जनश्रुति के रूप में थे।

[6] इसके नाम के विषय में विभिन्न पांडुलिपियों में विभिन्न रूप से लिखा है 'रूकनी', 'दकनी' तथा 'जकनी।

[7] यह शब्द भी स्पष्ट नहीं। इसे विभिन्न पांडुलिपियों में तथा विभिन्न अनुवादकों द्वारा भिन्न–भिन्न प्रकार से पढ़ा गया है: 'गैबागर' अर्थात् भविष्यवाणी करने वाला, 'जीबागर'

वालिदिया रिसाला

(६ नवम्बर)–इस मास की २३ तारीख को शुक्रवार को मुझे इतना अधिक ज्वर हो गया कि मैं शुक्रवार की सामूहिक नमाज बड़ी कठिनाई से मस्जिद में पढ़ सका। मध्याह्नोत्तर की नमाज के समय मैं पुस्तकालय में पहुंच गया और कुछ समय तक बड़े कष्ट में रहा। इसके उपरान्त रविवार (२५ सफ़र) (८ नवम्बर) को ज्वर के कारण मुझे कम कपकपी रही।

मंगलवार २७ सफ़र (१० नवम्बर) की रात्रि में मैंने सोचा कि मैं ख़्वाजा उबैदुल्लाह[2] की वालिदिया[3] नामक पुस्तक को कविता के रूप में लिख डालूं। मैंने हजरत ख्वाजा की आत्मा से प्रार्थना कर के हृदय से कामना की कि यदि यह कविता हजरत ख्वाजा द्वारा स्वीकार हो जायेगी तो मैं भी इस रोग से उसी प्रकार मुक्त हो जाऊंगा जिस प्रकार क़सीदये बुरदा[4] का रचयिता उस कसीदे की रचना के उपरान्त फ़ालिज के रोग से मुक्त हो गया था। यह निश्चय करके मैंने इस कविता की रचना उसी वज़न[5] में प्रारम्भ की जिसमें मौलाना अब्दुर्रहमान जामी[6] की सुबहतुल अबरार[7] है। मैंने उसी रात्रि में १३ अशआर की रचना कर डाली। मैंने यह निश्चय किया कि प्रति दिन दस शेर से कम की रचना न हो। सम्भवतः एक दिन कुछ न लिखा जा सका। पिछले वर्ष जब कभी मुझे यह रोग होता तो वह एक मास अथवा ४० दिन तक चलता रहता था। इस वर्ष ईश्वर की कृपा एवं हजरत ख्वाजा की आत्मा के आशीर्वाद से इस मास की बृहस्पतिवार २० (१२ नवम्बर १५२८ ई०) कोही मैं इस रोग से मुक्त हो गया। केवल थोड़ा सा अवसाद रह गया। शनिवार ८ रवी–उल–अव्वल (२६ नवम्बर १५२८ ई०) को मैंने इस कविता की रचना समाप्त की। एक दिन मैंने ५६ अशआर की रचना की।

अर्थात् जिरह बक्तर बनाने वाला अथवा 'जिबागर' अर्थात् हौज बनाने वाला। 'जिबागर' ही अधिक उचित ज्ञात होता है।

[1] 'ख्वारलीक चाह' । यह शब्द भी स्पष्ट नहीं।

[2] ख्वाजा उबैदुल्लाह अहरार नक्शबन्दी खुरासान के बड़े ही विद्वान् सूफी हुये हैं। उनके चेलों में प्रसिद्ध कवि एवं सूफी मौलाना अब्दुर्रहमान जामी भी थे। निधन फरवरी १४९१ ई० में हुआ।

[3] 'रशहात ऐनुल हयात' में ख्वाजा उबैदुल्लाह अहरार एवं उनके वालिदिया रिसाले का बड़ा ही रोचक समकालीन वर्णन है। देखिये 'जर्नल रायल एशियाटिक सूसाइटी' जनवरी १९१६, हेनरी बीवरेज का इस विषय से सम्बन्धित लेख।

[4] बुसीरी का प्रसिद्ध अरबी कसीदा जो मुहम्मद साहब की प्रशंसा में है।

[5] छन्द, लय।

[6] मौलाना नूरुद्दीन अब्दुरहमान जामी फारसी के बड़े प्रसिद्ध कवि हुये हैं। उनके पिता का नाम मौलाना मुहम्मद अथवा अहमद इस्फहानी था। जामी का जन्म ७ नवम्बर १४१४ ई० में हिरात के जाम नामक ग्राम में हुआ। वह हिरात के सुल्तान अबू सईद मीर्जा के बहुत बड़े विश्वासपात्र थे। उन्होंने अनेक मसनवियों की रचना की। उन्होंने 'नफहातुल उस' नामक सूफियों की जीवनी का भी संकलन किया। उनकी मृत्यु : ९ नवम्बर १४९२ ई० को हुई।

[7] जामी की सात प्रसिद्ध मसनवियों 'हफत औरंग' की एक मसनवी।

सैनिकों को तैयार रहने का आदेश

(११ नवम्बर)–बुधवार २८ सफ़र को चारों ओर की सेनाओं को शाही आदेश भेजा गया कि यदि ईश्वर ने चाहा तो शीघ्र ही हमारी सेना सवार हो जायेगी अतः सब लोग सेवा हेतु तैयार होकर आ जायें।

X X X X X X X[1]

हुमायूँ के पास से दूत

(२१ नवम्बर)–रविवार ६ रबी–उल–अव्वल को बेग मुहम्मद तअल्लुक़्ची लौट आया। वह पिछले वर्ष[2] मुहर्रम के अन्त में हुमायूँ के पास एक खिलअत एवं एक घोड़ा पहुंचाने के लिये भेजा गया था।[3]

(२२ नवम्बर)–सोमवार १० रबी–उल–अव्वल को हुमायूं के पास से वैस लाग़री का पुत्र (बेग गीना तथा बीआन शेख नामक हुमायूं का एक सेवक आये। बीआन शेख हुमायूं के पुत्र के जन्म का सुखद संदेश लाया था। उस पुत्र का नाम हुमायूं ने अल–अमान रक्खा था। शेख जबुल वज्द ने "शाहे सआदतमन्द" के अक्षरों से उसके जन्म की तिथि निकाली।

द्रुतगामी दूत

बीआन शेख, बेग गीना के बहुत बाद रवाना हुआ था। वह हुमायूं से शुक्रवार ६ सफ़र (२३ अक्तूबर) को किश्म के नीचे दोशम्बा नामक स्थान से बिदा हुआ था और सोलवार १० रबी–उल–अब्बत (२३ नवम्बर) को आगरा पहुंच गया। उसने अत्यन्त शीघ्र यात्रा की।[4] एक बार वह किलये जफ़र से कुन्धार १० दिन में पहुंच गया था।[5]

---

[1] यहाँ ६ दिन का हाल नहीं लिखा गया । सम्भवतः इसका कारण यह होगा कि बीच के पृष्ठ नष्ट हो गये। इस बीच की घटनाओं का बाद में संकेत मिलता है जिससे पता चलता है कि इनका हाल अवश्य लिखा गया होगा. उदाहरणार्थ

(अ) तीन वस्तुओं का नुसरत शाह के पास भेजा जाना

(ब) दावत का उद्देश्य

(स) राजदूतों का अचानक आगमन ।

[2] ६३४ हि।

[3] बाबर ने इस दूत के अधिक समय तक रोक लिये जाने के विषय में हुमायूँ के नाम जो पत्र लिखा था, उसमें लिखा है।

[4] ए० ई० हिक्स, सेक्रेट्री रायल जाग्रफीकल सुसाइटी, के अनुसार इस यात्रा का अनुमान इस प्रकार लगाया जा सकता है :

किश्म से काबुल : २४० मील

काबुल से पेशावर : १७५ मील

पेशावर से आगरा : ७५६ मील।

कुल : ११७४ मील, ३८ मील प्रति दिन के हिसाब से।

[5] किलये जफर से काबुल : २६४ मील

काबुल से कंधार : ३१६ मील

कुल : ५८० मील, ५३ मील प्रति दिन के हिसाब से। यह दूसरी यात्रा सम्भवतः ६१३ हि० में की गई होगी।

ऊज़बेगों पर तहमास्प की विजय के समाचार

बीआन शेख, शाहजादा तहमास्प के एराक़ से निकल कर ऊजबेगों को पराजित करने के समाचार लाया। इसका सविस्तार वर्णन इस प्रकार है–[1]

शाहजादा तहमास्प एराक़ ४०,००० आदमियों सहित निकला और रूमियों के समान तोपे तथा अराबे[2] सुव्यवस्थित करके बड़ी तीव्र गति से अग्रसर हुआ और वस्ताम पर अधिकार जमा लिया। वह रीनीश ऊज़बेगों तथा उसके आदमियों का दामग़ान में संहार करके शीघ्रातिशीघ्र बढ़ता चला गया। कीपीक बी के पुत्र कम्बर अली बेग को एक किज़ीलबाश ने पराजित कर दिया और अपने कुछ साथियों सहित उबैद खां के पास पहुंच गया। उबैद खां ने हेरी में ठहरना उचित नहीं समझा और द्रुतगामी अश्वारोही बल्ख, हिसार, समरकन्द तथा ताशकन्द के सुल्तानों के पास भेज कर स्वयं मर्व पहुंच गया। सीयून्जक सुल्तान का लघु पुत्र वाराक सुल्तान ताशकन्द से, कूचूम खां अपने पुत्रों–अबू सईद सुल्तान, पोलाद सुल्तान, एवं जानी बेग सुल्तान और उसके पुत्र सहित समरकन्द से, और मियां काल, महदी सुल्तान तथा हमज़ा सुल्तान के पुत्र हिसार से, कीतीन करा सुल्तान वल्ख से, सब के सब सुल्तान, मर्व में शीघ्रातिशीघ्र एकत्र हुये। उनकी संख्या १०५,००० हो गई है। उनके गुप्तचर यह समाचार लाये कि शाहज़ादा तहमास्प[3], उबैद खां को हेरी में थोड़े से आदमियों सहित देखकर ४०,००० आदमियों सहित शीघ्रातिशीघ्र बढ़ता चला आ रहा था किन्तु इन लोगों के एकत्र होने के समाचार पाकर रादगान[4] के मैदान में खाई खुदवा कर ठहर गया।[5] ऊज़बेगों ने यह समाचार पाकर अपने शत्रुओं की ओर कोई ध्यान न. देकर यह निश्चय किया, "हम सब सुल्तान एवं खान मशहद में आरूढ़ हो जायें।[6] हममें हममें से कुछ २०,००० आदमियों को लेकर किजीलबाशों के शिविर[7] की ओर पहुंच जायें और उन्हें सिर न निकालने दें। जादूगरों को जादू करने का आदेश दे दिया जाये[8] ताकि वृश्चिक राशि आ जाये और शत्रु शक्तिहीन हो

---

[1] यह घटना मुहर्रम ६३४ हि. (२६ सितम्बर १५२८ ई०) को घटी। इस घटना का उल्लेख शाह तहमास्प के अन्य इतिहासोः 'हबीबुस सियर' एवं 'आलम आराये अब्बासी' में भी है। बाबर को इस घटना की सूचना हिन्दुस्तान में मिली थी अतः भूलें होना स्वाभाविक ही है।

[2] तुफग एवं अराबा, बाबर ने पानीपत एवं कनवाह के युद्ध में इनसे बड़ा लाभ उठाया।

[3] तहमास्प का मुख्य उद्देश्य यह था कि वह ऊज़बेगों के मर्व में एकत्र के पूर्व शीघ्रातिशीघ्र हिरात, जिसके समीप उबैदुल्लाह खां ऊज़बेग ७ मास से ठहरा हुआ था, पहुँच जाये।

[4] कुशन से ७ मील और मशहद से ८६ मील।

[5] सम्भवतः तहमास्प ने भी उसी प्रकार व्यवस्था की होगी जिस प्रकार बाबर ने पानीपत तथा कनवाह में की थी।

[6] उबैद खां ने मशहद पर ६३३ हि० (१५२५ ई०) में अधिकार जमा लिया था किन्तु शेख बीआन के वर्णन से इस बात का पता नहीं चलता।

[7] सम्भवतः गदगान के मैदान में।

[8] विजय हेतु।

जाये।[1] इस प्रकार हम विजय प्राप्त कर लेंगे।" यह निश्चय करके उन लोगों ने मर्व से प्रस्थान किया। शाहजादे ने मशहद से निकल कर[2] जाम[3] तथा खिरगिद[4] के समीप उनका मुकाबला किया। ऊजबेग लोग पराजित हो गये। बहुत से सुल्तान बन्दी बना लिये गये और उनकी हत्या करा दी गई।

एक पत्र में लिखा था, "यह निश्चयपूर्वक ज्ञात नहीं कि कूचूम खां के अतिरिक्त कोई सुल्तान भी बच सका । जो लोग सेना के साथ गये थे उनमें से अब तक एक आदमी भी बच कर नहीं लौट सका है। जो सुल्तान हिसार में थे, वे उसे छोड़ कर चले गये। इबराहीम जानी का पुत्र चल्मा[5], जिसका असली नाम इस्माईल है, किले में रह गया होगा।"

बाबर द्वारा लिखे हुए पत्र

(२७ व २८ नवम्बर)–उसी बीआन शेख को पत्र देकर हुमायूँ तथा कामरान के पास उन्हें शीघ्रातिशीघ्र पहुंचाने का आदेश दिया गया। ये पत्र शुक्रवार १४ रखी–उल–अव्वल (२७ नवम्बर) तक तैयार हो गये और उन्हें ले जाने का उसे आदेश दे दिया गया। वह उन्हें लेकर शनिवार १५ को आगरा से चल दिया।

हुमायूँ के नाम पत्र[6]

हुमायूँ, जिसे देखने की मेरी बड़ी अभिलाषा है, के प्रति शुभकामनाओं के बाद पहली बात इस प्रकार है:

उस ओर तथा इस ओर[7] की घटनाओं का ठीक ठीक वर्णन बेग गीना तथा बीआन शेख द्वारा लाये हुये पत्रों से, जो वे सोमवार १० रबी–उल–अव्वल (२२ नवम्बर १५२८ ई०) को लाये, मिल गया।

---

1 सम्भवतः ऊजबेग चाहते थे कि वृश्चिक राशि, जो उस समय के हिसाब से अक्तूबर–नवम्बर में प्रारम्भ होती, के प्रभाव से एक मास पूर्व आ जाये।

2 सम्भवतः ऊजबेग यह सुनकर कि तहमास्प का लश्कर रादगान में पड़ाव किये है, मशहद एवं रादगान के बीच में पहुँच जाना चाहते थे और २०,००० का लश्कर रादगान भेज देना चाहते थे। तहमास्प की तेजी के कारण इनकी योजना विफल हो गई।

3 जाम अथवा आधुनिक तुर्बते शेख जाम, मशहंद तथा हिरात के मध्य में जाम नदी पर स्थित खुरासान का क़स्बा ।

4 जाम के समीप एक ग्राम।

5 प्रारम्भिक फारसी अनुवादों के अनुसार चल्मा ने ऊजबेगों की पराजय के समाचार भेजे किन्तु उपर्युक्त वर्णन से पता चलता है कि चल्मा हिसार में रहा होगा जहां से उसने हुमायूँ के पास समाचार भेजे।

6 बाबर के हुमायूँ तथा ख्वाजा कलां के नाम तुर्की भाषा में लिखे पत्र कुछ फारसी अनुवाद की हस्त लिखित पोथियों में मूल रूप में दिये गये हैं और कुछ में फारसी अनुवाद भी दिया गया है। प्रकाशित फारसी अनुवाद में ये पत्र नहीं दिये गये हैं।

7 अर्थात् हिन्दूकुश के दोनों ओर के समाचार मिल गये। पायन्दा हसन ने अपने फारसी अनुवाद में इसे स्पष्ट करते हुये "खुरासान, मावराउन्नहर तथा काबुल" लिखा है।

छन्द

""ईश्वर को धन्य है कि तेरे एक पुत्र का जन्म हुआ,
तेरे लिये वह पुत्र और मेरे लिये वह हार्दिक प्रसन्नता[1] का विषय है,
महान् ईश्वर तुझे और मुझे ऐसे ही सुखद समाचार पहुंचाता रहे।
एवमस्तु! हे लोक तथा परलोक के स्वामी।"

तू कहता है कि तूने उसका नाम अल अमान रक्खा है। ईश्वर उसे सौभाग्यशाली बनाये। तू इसे स्वयं लिखता है (अल–अमान) किन्तु तूने इस बात पर ध्यान नहीं दिया कि साधारण लोग अधिकांश अल आमा अथवा अल–आमान बोलते हैं।[2] इसके अतिरिक्त नामों में अल का विरले ही प्रयोग होता है।[3] ईश्वर उसके नाम एवं व्यक्तित्व को सौभाग्यशाली बनाये। हे ईश्वर! ईश्वर! तू हमें वर्षों एवं करनों[4] तक शान्ति[5] प्रदान कर। हे ईश्वर! तू हमारे कार्यों को अपनी अनुकम्पा से सुव्यवस्थित कर। इस प्रकार का सौभाग्य करनों में नहीं प्राप्त होता।[6]

मंगलवार ११ (२३ नवम्बर) को यह झूठी अफ़वाह सुनी गई कि बल्ख वाले आमंत्रित हुये थे और कुरबान[7] को बल्ख ले जा रहे थे।

कामरान तथा काबुल के बेगों[8] को आदेश दे दिया गया है कि वे तुझसे मिलें। उनके पहुंच जाने के उपरान्त हिसार, समरकन्द, हेरी अथवा जिस दिशा में भाग्य तेरा साथ दे, तू आक्रमण कर। सम्भव है कि ईश्वर की अनुकम्पा द्वारा तू शत्रुओं को पराजित कर सके और विभिन्न स्थानों पर अधिकार प्राप्त कर ले जिसके फलस्वरूप मित्रों को प्रसन्नता एवं शत्रुओं को दुःख का अवसर प्राप्त हो। "ईश्वर को धन्य है कि अब तुम लोगों[9] के लिये प्राण को खतरे में डालने तथा तलवार चलाने का अवसर आ गया है।[10] जिस कार्य का अवसर मिल जाये उसकी उपेक्षा मत कर। बादशाहों के लिये एकान्तवास का आलसी जीवन उचित नहीं।

---

[1] दिल–बन्दी।

[2] बाबर के इस वाक्य का निश्चित रूप से अनुवाद कठिन है। फारसी अनुवाद भी इस विषय में स्पष्ट नहीं। ये सभी शब्द पराजयोपरान्त क्षमा–याचना के द्योतक अतः अशुभ हैं।

[3] तीमूरी वंश के नामों में 'अल' शब्द का प्रयोग नहीं होता।

[4] १०–२० अथवा ३० और कुछ लोगों के अनुसार १२० वर्ष तक की अवधि। तुक ३१ वर्ष की अवधि को करन मानते हैं।

[5] अल–अमान।

[6] सम्भवतः तहमास्प द्वारा ऊजबेगों की जाम की पराजय की ओर संकेत है।

[7] वह बाबर का सहायक था।

[8] अमीरों।

[9] हुमायूँ एवं कामरान ।

[10] हुमायूँ तथा कामरान में से किसी ने इस समय तक बाबर के समान किसी पौरुष के कार्य का प्रदर्शन नहीं किया था।

पद्य

"वह संसार को विजय करता है जो शीघ्र बढ़ता है,
राज्य देर करने से साथ नहीं देता।
विवाह के लिये समस्त कार्य रुक जाते हैं,
केवल बादशाही के कार्य नहीं।"[1]

यदि ईश्वर की कृपा से बल्ख तथा हिसार के राज्य विजय हो जायें तो तू अपने आदमियों को हिसार में नियुक्त कर दे और कामरान के आदमी बल्ख में। यदि समरकन्द पर भी विजय प्राप्त हो जाये तो उसे तू अपनी राजधानी बना ले। यदि ईश्वर ने चाहा तो मैं हिसार को खालसे में सम्मिलित कर लूंगा। यदि कामरान का विचार हो कि बल्ख उसके लिये कम है तो इसकी सूचना मुझे कर दे। यदि ईश्वर ने चाहा तो मैं अन्य राज्यों से उसकी कमी की पूर्ति कर दूंगा।

जैसा कि तुझे ज्ञात है, सर्वदा यही नियम रहा है कि यदि तेरे अधीन छः भाग रहते हैं तो कामरान के अधीन ५। यह नियम स्थायी रूप से चल रहा है तू इसमें परिवर्तन मत कर।

अपने छोटे भाई के साथ उत्तम व्यवहार कर। बड़ों को सहनशील होना चाहिये । मुझे आशा है कि जहां तक तेरा सम्बन्ध है तू उसके साथ सद्व्यवहार बनाये रखेगा। जो[2] तेज़ तथा चतुर युवक हो चुका है वह तेरे प्रति उचित निष्ठा एवं सम्मान प्रदर्शित करने में कमी न करेगा।

तेरी ओर से बहुत कम वातें आती हैं। पिछले दो–तीन वर्षों से तेरे पास से कोई व्यक्ति नहीं आया है। जिस आदमी[3] को मैंने तेरे पास भेजा वह तेरे पास से एक वर्ष से अधिक समय के बाद आया। क्या यह बात ठीक नहीं ?

तू अपने पत्रों में "एकान्तवास", "एकान्तवास" की चर्चा करता रहता है। एकान्तवास बादशाही का बहुत बड़ा दोष है। हज़रत सादी[4] ने कहा है :

शेर

"यदि तेरे पांव में जंजीर पड़ी हो तो तू एकान्त–वास ग्रहण कर,
यदि तू अकेला यात्रा कर रहा हो तो जिस प्रकार तेरी इच्छा हो, तू कर।
बादशाही के बंधन से बड़ा कोई बन्धन नहीं। एकान्तवास राज्य के लिये उचित नहीं।"

---

[1] ये शेर थोड़े से अन्तर के साथ शेख निज़ामी गंजवी (मृत्यु १२०६ ई०) की 'खुसरो व शीरी' नामक मसनवी में भी हैं। ये शेर उस समय से सम्बन्धित हैं, जब खुसरो ने शीरी से विवाह का प्रस्ताव रक्खा किन्तु उस समय खुसरो के युद्ध में व्यस्त होने के कारण शीरी ने यह प्रस्ताव रद्द कर दिया था।

[2] तेरा भाई जो....।

[3] बेग मुहम्मद तअल्लुकची।

[4] शेख मसलहुद्दीन सादी शीराजी फारसी के प्रसिद्ध ग्रंथ 'गुलिस्तां' एवं 'वोस्तां' के रचियता । यह शेर बीस्तां से उद्धृत है। शेख सादी की मृत्यु १२९२ ई० में हुई।

तूने मेरे आदेशानुसार मुझे एक पत्र लिखा है किन्तु तूने उसे दुहराया क्यों नहीं? यदि तू उसे पुनः पढ़ लेने के विषय में सोच लेता तो फिर तू उसमें ऐसी भूलें न करता। पढ़ लेने के उपरान्त तू उसमें सुधार कर लेता। यद्यपि तेरा पत्र कठिनाई के उपरान्त पढ़ लिया जाता है किन्तु यह बड़ा भ्रमात्मक है। गद्य में पहेलियों का प्रयोग किसने देखा है? तेरा अक्षर–विन्यास यद्यपि बुरा नहीं है किन्तु अधिक शुद्ध भी नहीं है। तूने इल्तेफ़ात[1] को 'तो' से और 'कूलिज'[2] को 'या' के साथ लिखा है। यदि हर प्रकार से परिश्रम किया जाये तो तेरा पत्र पढ़ा जा सकता है। किन्तु तेरे अस्पष्ट शब्दों के प्रयोग के कारण इसका अर्थ नहीं समझा जा सकता। इस कारण कि तेरे पत्र अस्पष्ट होते हैं तू पत्र लिखने में शिथिलता प्रदर्शित करता है। तेरे पत्रों के अस्पष्ट होने का कारण यह है कि वे जटिल होते हैं। भविष्य में तू उन्हें जटिल बनाये बिना लिख और सरल एवं स्पष्ट शब्दों का प्रयोग कर। इस प्रकार तेरे तथा तेरे पत्र पढ़ने वालों के कष्ट में कमी हो जायेगी।

तू अब एक महान्[3] कार्य हेतु प्रस्थान करने वाला है। योग्य तथा अनुभवी बेगों[4] से परामर्श और तदनुसार कार्य किया कर। यदि तू मुझे प्रसन्न करना चाहता है तो अकेले रहना एवं लोगों से मेल जोल का परित्याग छोड़ दे। अपने छोटे भाई तथा बेगों को दिन में दो बार अपनी सेवा में बुलवाया कर। उनका आगमन उनकी इच्छा पर मत छोड़। चाहे जो भी कार्य हो उसे परामर्श ले कर अपने हितैषियों की सहमति से सम्पन्न कर।

ख्वाजा कलां से मुझ से दीर्घकाल से घर के मित्रों के समान घनिष्ठता रह चुकी है। तू उससे उतनी ही अथवा उससे अधिक घनिष्ठता रख। यदि ईश्वर ने चाहा तो उस क्षेत्र का कार्य हलका हो जायेगा और तुझे कामरान की आवश्यकता न रहेगी। उसे अनुशासित आदमियों के साथ बल्ख में छोड़ कर मेरी सेवा में चले आना।

जब से काबुल पर अधिकार प्राप्त हुआ है उसी समय से महान् विजयों के प्राप्त होने के कारण मैंने उसे शुभ समझ कर खालसे में सम्मिलित कर लिया है। तुम लोगों में से किसी को भी इसका लोभ न करना चाहिये।

यह तूने बड़ा अच्छा किया कि सुल्तान बैस के हृदय को अपनी मुट्ठी में ले लिया। उसे अपने पास बुला ले और उसके परामर्शानुसार कार्य कर कारण कि वह व्यवहारकुशल है।

जब तक सेना भली भांति भरती न हो जाये उस समय तक कहीं मत जा।

---

[1] के स्थान पर

[2] 'कूलिंज' को 'कीलिंज'।

[3] ऊजबेकों को बल्ख एवं हिसार से निकालने का कार्य।

[4] अमीरों।

बीआन शेख को मौखिक बातें भली भांति बता दी गई हैं। वह तुझे उन बातों को बता देगा।

इन बातों के उपरान्त मैं तुझे सलाम करता हूं और तेरे दर्शन का अभिलाषी हूं।

उपर्युक्त (पत्र) बृहस्पतिवार १३ रबी–उल–अव्वल (२६ नवम्बर) को लिखा गया। इसी उद्देश्य से और अपने हाथ से मैंने कामरान तथा ख्वाजा कलां को पत्र लिख कर बीआन के हाथ भेजे।

X X X X X X[1]

अभियानों की योजना

(२ दिसम्बर)–बुधवार १६ रबी–उल–अव्वल को मीर्जाओं, सुल्तानों एवं तुर्क तथा हिन्दुस्तान के अमीरों को परामर्श हेतु बुलाया गया और उनसे यह निश्चय हुआ कि इस वर्ष सेना किसी न किसी दिशा में अवश्य प्रस्थान करे। हम लोगों के प्रस्थान करने से पहले अस्करी[2] पूर्व की ओर रवाना हो। गंगा के उस पार के अमीर तथा सुल्तान अपनी सेनाओं सहित उसके साथ हो जायें और जिस ओर प्रस्थान करना राज्य के लिये उचित हो उस ओर प्रस्थान करें। यह लिख कर शनिवार २२ रबी–उल–अव्वल को ग़यासुद्दीन कूरची[3] को सुल्तान जुनैद बरलास तथा पूर्व के अमीरों के पास शीघ्रातिशीघ्र पहुंच जाने का आदेश दिया। इस कार्य हेतु उसे १६ दिन[4] का समय दिया गया। उसके द्वारा यह मौखिक संदेश भेजा गया कि अस्करी को युद्ध के अस्त्र–शस्त्र–ज़र्बज़न, तोप, गाड़ी एवं अन्य यंत्रों के तैयार होने के पूर्व भेजा जा रहा है। गंगा के उस ओर के समस्त अमीरों एवं सुल्तानों को आदेश दिया जाता है कि वे अस्करी के पास एकत्र हो जायें और उस ओर के हितैषियों से परामर्श के उपरान्त, जिस दिशा में भी ईश्वर की कृपा से राज्य का हित हो उस दिशा में प्रस्थान करें। यदि कार्य ऐसा हो जिसके लिये मेरी आवश्यकता हो तो मैं इस व्यक्ति के, जिसे (१६ दिन की) अवधि दी गई है, वापस आने पर तुरंत, यदि ईश्वर की इच्छा हुई, घोड़े पर सवार हो जाऊंगा।

यह स्पष्ट रूप से लिखा जाये कि बंगाली[5] निष्ठावान् एवं साथ देने के लिये तैयार हैं अथवा नहीं। यदि उस ओर इतना कार्य न हो कि मेरी आवश्यकता हो तो यह बात भी स्पष्ट रूप से लिख दी जाये ताकि मैं प्रतीक्षा न करूं और अन्य दिशा में प्रस्थान करूं।[6] तुम सब हितैषी लोग परामर्श के

---

[1] यहाँ १५ से १६ रवी उल–अव्वल तक का कोई हाल नहीं दिया गया है।

[2] इस समय अस्करी की अवस्था १२ वर्ष की थी।

[3] अस्त्र–शस्त्र की देख रेख करने वाला।

[4] किन्हीं किन्हीं पोथियों में २३ दिन।

[5] नुसरत शाह।

[6] सम्भवतः राजपूतों के विरुद्ध।

उपरान्त अस्करी को अपने साथ ले लो और ईश्वर की कृपा से उस ओर के कार्यों को सम्पन्न कर डालो।

X X X X X X X X X[1]

अस्करी को इनाम

(१२ दिसम्बर)–शनिवार २६ रबी–उल–अब्बल को अस्करी को एक जड़ाऊ कटार पेटी सहित एवं खिलअत पहनाई गई। उसे अलम[2], तोग[3], नक्कारा[4], ६ से ८ तक तीपूचाक घोड़े, १० हाथी, ऊंटों तथा खच्चरों की एक–एक कितार[5], शाही असबाव एवं यंत्र प्रदान किये गये और आदेश दिया गया कि वह दीवान के मुख्य अधिकारी का स्थान ग्रहण करे। उसके[6] मुल्ला तथा दो अत्काओं[7] को बटनदार जैकेट तथा उसके अन्य सेवकों को १ जामा[8] जामा[8] के ३ जोड़े प्रदान किये जायें।

बाबर का सुल्तान मुहम्मद बख्शी के घर जाना

(१३ दिसम्बर)–रविवार, रबी–उल–अव्वल के अन्तिम दिन, मैं सुल्तान मुहम्मद बख्शी के घर पहुंचा। एक कालीन बिछा कर वह उपहार लाया। उसने जो कुछ नकद तथा सामान भेंट किया, उसका मूल्य दो लाख[9] से अधिक था। जब भोजन तथा उपहार प्रस्तुत हो चुके तो मैं दूसरे कमरे में पहुंचा जहां बैठ कर हमने माजून का सेवन किया। वहां से तीन पहर[10] व्यतीत हो जाने के उपरान्त मैंने निकल कर नदी पार की और अपने खिलवतखाने[11] में पहुंच गया।

आगरा–काबुल के मार्ग की नाप

(१७ दिसम्बर)–बृहस्पतिवार ४ रबी–उस्सानी को यह निश्चय हुआ कि चीक़माक बेग, शाही तमग़ाची[12] के नवीसिन्दे[13] के साथ आगरा से काबुल के

---

[1] यहाँ ५ दिन की घटनाओं का उल्लेख नहीं है।

[2] पताका।

[3] एक प्रकार की पताका जिस पर मोरछल लगा होता था।

[4] नगाड़ा।

[5] एक कितार में ७ से १० तक पशु होते थे।

[6] शिक्षक, गुरू।

[7] अत्का : देख रेख करने वालों।

[8] एक प्रकार के कोट।

[9] अर्सकिन के अनुसार ५०० पौंड किन्तु अपने इतिहास के प्रथम भाग में उसने इस संख्या के प्रति संदेह प्रकट किया है।

[10] आधी रात के उपरान्त।

[11] वह कमरा अथवा घर जहाँ किसी अन्य व्यक्ति को प्रवेश की अनुमति न होती थी।

[12] तमगा, मुहर का प्रबंध करने वाला, जो मुहर लगा कर चुंगी एवं अन्य करों की अदायगी का प्रमाण प्रस्तुत करता था।

[13] मुन्शी, क्लर्क।

मार्ग की दूरी की नाप करे। यह आदेश दिया गया कि ६–६ कुरोह[1] पर १२ कारी[2] ऊंचा मीनार तैयार किया जाये। उन पर एक चार दरे[3] का निर्माण किया जाये। १८–१८ कुरोह[4] पर छः घोड़े डाक चौकी के लिये बांधे जायें।[5] डाक के प्रबन्धकों तथा साईसों एवं घोड़ों के दाने के व्यय का प्रबन्ध इस प्रकार किया जाये कि यदि वह स्थान जहां घोड़े बांधे जायें[6] खालसे के परगने के समीप हों तो इन वस्तुओं की वहां से व्यवस्था की जाये अन्यथा जिस बेग[7] के परगने में वह स्थान हो, वह उसकी व्यवस्था करे। चीक़माक़ बेग, शाही के साथ उसी दिन आगरा से चल खड़ा हुआ।

कुरोह, मील के हिसाब से जिस प्रकार 'मुबीन' में वर्णित हैं, निश्चित किये गये :

४००० क़दम एक मील के बराबर होते हैं,
ज्ञात होना चाहिये कि हिन्द वाले इसे कुरोह[8] कहते हैं।
क़दम के विषय में उन लोगों का मत है कि वह १.१.२ कारी[9] होता है,
ज्ञात होना चाहिये कि प्रत्येक कारी[10] ६ तूताम के बराबर होता है।
प्रत्येक तूताम[11] चार अंगुल[12] के बराबर होता है,[13]
प्रत्येक अईलीक छः जौ के बराबर होता है। इस बात को जान लो।

तनाव[14] को ४० कारी के बराबर रक्खा गया। प्रत्येक कारी उपर्युक्त १.१.२ कारी अथवा ६ हाथ की चौड़ाई के बराबर था।

---

1 १८--१८ मील पर।
2 २४ अथवा ३६ फीट।
3 चार मेहराव अथवा द्वार का दालान ।
4 ३६–३६ मील।
5 डाक के प्रबंध के लिये देखिये इब्ने बत्तूता की यात्रा का वर्णन।
6 डाक–चौकी।
7 अमीर।
8 कोस।
9 ३६ इंच।
10 २४ इंच।
11 मुट्ठी।
12 अईलीक ।
13 यह पद्यांश 'मुबीन' नामक ग्रंथ के तयम्मुम से सम्बंधित भाग से उद्धृत है। जिस स्थान पर जल उपलब्ध न हो वहां नमाज इत्यादि के लिये वज़ू के स्थान पर मिट्टी अथवा बालू आदि वस्तुओं को हाथ से क्रमानुसार छूकर काम चला लिया जाता है। यह पद्यांश उस स्थान से सम्बंधित है जहाँ यह दिखाया गया है कि यदि जल एक मील की दूरी पर है तो तयम्मुम किया जा सकता है। इस प्रसंग में मील की उपर्युक्त व्याख्या की गई है।
14 नापने वाली रस्सी

राजदूतों की दावत

(१८ दिसम्बर)–शनिवार ६ रबी–उस्सानी को एक दावत का आयोजन हुआ।[1] इसमें किजीलवाशों, ऊजबेगों तथा हिन्दुओं[2] के राजदूत उपस्थित थे। थे। किजीलबाश दूत मेरी दाईं ओर ७०–८० कारी[3] की दूरी पर लगे हुये एक एक शामियाने में बैठे। बेगों[4] में से यूनुस अली को उनके साथ बैठने का आदेश हुआ। मेरी बाईं ओर इसी प्रकार ऊजबेग दूत बैठे। बेगों में से अब्दुल्लाह को उनके साथ बैठने का आदेश हुआ। मैं एक नव निर्मित अष्टाकार तालार[5] के, जो खस[6] से छाया हुआ था, उत्तर में बैठा। मेरी दाईं ओर ५–६ कारी की दूरी पर, तूस्ता बूगा सुल्तान, अस्करी और उसके साथ हज़रत ख्वाजा[7] के वंशज ख्वाजा अब्दुश शहीद तथा ख्वाजा कलां[8], ख्वाजा चिश्ती तथा खलीफ़ा उन हाफ़िज़ों[9] एवं मुल्लाओं[10] के साथ, जो उस पर आश्रित थे और समरकन्द में आये थे, बैठे। मेरी बाईं ओर ५–६ कारी पर मुहम्मद ज़मान मीर्जा, तागआतमीश सुल्तान, सैयिद रफी, सैयिद रूमी, शेख अबुल फतह, शेख जमाली, शेख शिहाबुद्दीन अरब तथा सैयिद रूकनी[11] बैठे।

उपहार

भोजन के पूर्व समस्त सुल्तान, खान, उच्च पदाधिकारी एवं अमीर लोगों ने लाल[12], सफ़ेद[13] तथा काले[14] (सिक्के) एवं वस्त्र तथा अन्य वस्तुएं उपहार स्वरूप भेंट की। उन्होंने लाल तथा सफ़ेद (सिक्के) एक कालीन पर जिसे मैंने बिछवा दिया था, डाल दिये। सोने–चांदी के ढेर के बराबर, सफ़ेद वस्त्रों के टुकडे एवं धन की थैलियां ढेर कर दी गईं।

---

[1] उजवेग, ईरानी एवं समरकन्द के राजदूत राणा सांगा पर विजय प्राप्त होने के उपरान्त जो फतहनामा भेजा गया था, उसके पहुंचने के बाद आये होंगे।

[2] राजपूतों।

[3] १४०–१५० फीट की दूरी पर, ३६ इंच की कारी के हिसाब से।

[4] अमीरों।

[5] एक प्रकार का दालान, कमरा।

[6] एक प्रकार की सुगंधित घास की जड़ जिसकी गरमियों में टट्यिां बनाई जाती हैं।

[7] ख्वाजा उबैदुल्लाह अहरार (मृत्यु फरवरी १४९१ ई०)।

[8] ख्वाजा उबैदुल्लाह अहरार के दुसरे पुत्र एहया के भतीजे एवं पौत्र। यह बाबर का बड़ा ही दृढ़ समर्थक रहा और ९०८ हि० (१५०२ ई०) में मारा गया। सम्भवतः ख्वाजा अब्दुल शहीद एवं ख्वाजा कलां को भी बाबर ने पत्र सहित मुबीन नामक काव्य की प्रतिलिपियां भेजी थीं। बाबर की 'वालिदिया' नामक पुस्तक (लेखक ख्वाजा उबैदुल्लाह अहरार) के पद्य रूपांतर के ३ सप्ताह उपरान्त वे आगरा पहुंच गये थे।

[9] हाफिज जिसे कुरान शरीफ कंठस्थ हो ।

[10] शिक्षक, अध्यापक।

[11] उसे 'ज़कनी' एवं 'रूकनी' भी लिखा गया है।

[12] सोने के सिक्के।

[13] चांदी के सिक्के।

[14] तांबे के सिक्के।

हाथी एवं ऊंट की लड़ाई

जब उपहार लाये जा रहे थे और भोजन प्रारम्भ न हुआ था, भयंकर ऊंट तथा हाथी. सामने के टापू में युद्ध करने के लिये छोड़ दिये गये। इसी प्रकार मेंढे, तदुपरान्त पहलवान लड़ाये गये।

इनाम

भोजन के उपरान्त ख्वाजा अब्दुश् शहीद तथा ख्वाजा कलां को बारीक मलमल की जिसमें सोने के तारों का काम था उत्तम खिलअतें पहनाई गईं। मुल्ला फ़र्रुख, हाफ़िज़ों एवं उनके सहायकों को कबायें प्रदान की गई। कूचूम खां के दूतों[1] तथा हसन चलबी के छोटे भाई को रेशमी वाशलीक तथा बारीक मलमल की जिस पर सोने के तारों का काम था, उत्तम खिलअतें पहनाई गई। अबू सईद सुल्तान (ऊज बेग), मिहरबान खानम[2], उसके पुत्र पोलाद सुल्तान एवं शाह हसन अरगून के दूतों को सोने के तारों के काम की कबायें एवं रेशमी लबादे प्रदान किये गये। दोनों ख्वाजाओं एवं दोनों मुख्य राजदूतों अर्थात् कूचूम खां के सेवकों एवं हसन चलबी[3] के छोटे भाई को क्रमशः चांदी के बांट के बराबर सोना और सोने के बांट के बराबर चांदी प्रदान की गई।

सोने का बांट ५०० मिस्काल अर्थात् काबुल के एक सेर के बराबर होता है। चांदी का बांट २५० मिस्काल अर्थात् काबुल के आधे सेर के बराबर होता है।

ख्वाजा मीर सुल्तान तथा उसके पुत्रों, ताशकन्द[4] के हाफ़िज़, ख्वाजा के सेवकों के सरदार मुल्ला फ़र्रुख तथा राजदूतों को चांदी, सोना निषंग सहित प्रदान किया गया।[5] यादगार नासिर[6] को कटार तथा पेटी प्रदान की गई। मीर मुहम्मद जाला बान[7] को गंगा नदी पर उतम पुल तैयार करने के कारण[8] कारण[8] एक कटार इनाम में प्रदान की गई। बंदूक चलाने वाले पहलवान हाजी मुहम्मद, पहलवान बहलूल तथा बली चीते के रक्षक एवं उस्ताद अली के पुत्र को कटारें प्रदान की गई। सैयिद दाऊद गरम सीरी को सोना और

---

[1] कूचूम ऊज़बेगों का खाकान था। उसकी राजधानी समरकन्द थी। उसके एक पुत्र अबू सईद ने अपने राजदूत भेजे थे।

[2] मेहरबान, कूचूम की पत्नियों में सम्मिलित थी। वह बाबर की सौतेली बहिन तथा उमर शेख की पुत्री थी।

[3] शाह तहमास्प का राजदूत।

[4] तुर्की में 'ताशकीन्त'।

[5] यह वाक्य स्पष्ट नहीं। इसका अर्थ यह भी हो सकता है कि निषंग में चांदी एवं सोना भर कर प्रदान किया गया।

[6] बाबर का सौतेला भतीजा।

[7] नाविक वह अधिकारी जो नौकाओं, पुल इत्यादि तथा नदी पार करने का प्रबन्ध करता है।

[8] ६३४ हि० (१५६८ ई०) में।

चांदी भेंट किया गया। मैंने अपनी पुत्री मासूमा[1] तथा अपने पुत्र हिन्दाल के सेवकों को तुकमे[2] दार कबायें तथा रेशमी खिलअतें प्रदान की। अन्दिजान, सूख तथा होशियार के लोगों को कबायें, रेशमी खिलअतें, सोना, चांदी एवं अन्य बहुत सी सामग्री भेंट की गईं। ये वे स्थान हैं जहां हम जिस समय पहुंचे थे तो हमारे घर बार कुछ न था।[3] इसी प्रकार के उपहार कुरबान, शेखी[4] तथा कामर्द की प्रजा[5] को प्रदान किये गये।

बाज़ीगर

भोजन के लग जाने के उपरान्त हिन्दुस्तानी बाजीगरों को आदेश हुआ कि वे अपने अपने करतब दिखायें। लूली[6] उपस्थित हुये। हिन्दुस्तानी बाजीगरों ने बहुत से ऐसे करतब दिखाये जो उस ओर[7] के बाजीगर नहीं दिखा पाते। उनमें से एक यह है। उन्होंने सात छल्ले लिये। उनमें से एक छल्ला उन्होंने मत्थे पर, दो घुटनों पर, दो हाथ की अंगुलियों में और दो पांव के अंगूठों में पहन कर एक साथ तेजी से घुमाना प्रारम्भ कर दिया। एक अन्य करतब यह है। मोर के चाल की नकल करते हुये वे अपना एक हाथ भूमि पर रख कर, दूसरा हाथ एवं दोनों टांगे ऊपर उठा कर तीनों को एक साथ तेजी से घुमाने लगे। इनके अतिरिक्त कुछ अन्य करतब इस प्रकार हैं। उन देशों[8] में दो आदमी एक दूसरे को पकड़ कर दो कलाबाज़ी खा जाते हैं किन्तु हिन्दुस्तानी लूली एक दूसरे से चिपटे हुये तीन चार क़लाबाजियां खाते चले जाते हैं। इसके अतिरिक्त एक लूली अपनी कमर पर १२–१४ फ़ीट का एक बांस सीधा रख कर पकड़े रहता है। दूसरा लूली उस पर चढ़ जाता है और अपने करतब दिखाता रहता है। इसके अलावा एक छोटा लूली बड़े लूली के सिर पर चढ़ जाता है और उसके सिर पर सीधा खड़ा रहता है। बड़ा लूली तेज़ी से इधर उधर घूमता रहता है और अपने करतब दिखाता रहता है। छोटा लूली, बड़े लूली के सिर पर सीधा खड़ा रहता है और स्वयं भी करतब दिखाता रहता है किन्तु गिरता नहीं।

---

1 मुहम्मद जमान मीर्जा की पत्नी।

2 घुंडी–तुकमा (तुकमा वह फंदा जिसमें घुंडी फंसाते हैं)।

3 असफरा के इन पहाड़ियों को पानीपत की विजय के उपरान्त निमंत्रण भेजा गया होगा। बाबर ने उनका जिस प्रकार स्वागत किया उससे उसके चरित्र की महानता का पता चलता है । सम्भवतः दिखकत के ग्रामीण भी जिन्होंने अपनी पहाड़ियों पर बादशाह को नंगे पांव भागते देखा था, आये होंगें।

4 कुरबान तथा शेखी सम्भवतः अजर के किले में थे।

5 बाबर एवं उसके सहायकों के परिवार वालों को काबुल जाते समय सहायता प्राप्त हुई थी।

6 एक प्रकार के बाजीगर, सम्भवतः कंजर।

7 बाबर की मातृभूमि की ओर के ।

8 बाबर की मातृ भूमि की ओर के।

बहुत सी ''पातुरों''[1] ने उपस्थित होकर नृत्य किया।

सायंकाल की नमाज के समीप अत्यधिक लाल, सफ़ेद एवं काले (सिक्के) लुटाये गये। बड़ी भीड़ एवं कोलाहल हुआ। सायंकाल एवं सोने की नमाज के समय के मध्य में, मैंने ५–६ विशेष आदमियों को एक पहर से अधिक अपने पास बैठाये रक्खा।

दिन के दूसरे पहर[2] एक नौका में बैठ कर मैं हश्त बहिश्त को चला गया।

अस्करी का पूर्व की ओर प्रस्थान

(२० दिसम्बर)–सोमवार को अस्करी, जो अभियान हेतु निकल चुका था हम्माम[3] में उपस्थित हो कर मुझसे विदा हुआ, और पूर्व की ओर चल दिया।

धौलपुर की सैर

(२१ दिसम्बर)––मंगलवार (६ रबी–उस्सानी) को मैं दोलपुर[4] के हौज़ एवं एवं कुयें को देखने के लिये, जिसके निर्माण का मैंने आदेश दिया था, रवाना हुआ। मैंने (आगरा) के उद्यान से एक पहर एवं एक घड़ी[5] व्यतीत हो जाने पर प्रस्थान किया और रात के प्रथम पहर की ५वीं घड़ी के उपरान्त[6] दोलपुर दोलपुर के उद्यान में प्रविष्ट हुआ।

(२३ दिसम्बर)–बृहस्पतिवार ११ तारीख[7] को पत्थर का कुआं, २६ पत्थर के फ़व्वारे तथा स्तम्भ, एवं नालियां[8] जो ढलवां चट्टान से निकाली गईं थीं तैयार हो गईं। उसी दिन तीसरे पहर में कुयें से जल निकालने का प्रबन्ध किया गया। जल में कुछ दुर्गन्ध होने के कारण सावधानी की दृष्टि से आदेश दिया गया कि १५ दिन तक २४ घंटे निरन्तर रहँट चला कर जल निकाल दिया जाये। पत्थर काटने वालों, मजदूरों तथा समस्त कारीगरों को आगरा के उस्तादकारों एवं मजदूरों की प्रथानुसार इनाम दिया गया।

(२४ दिसम्बर)––शुक्रवार के दिन प्रथम पहर में एक घड़ी शेष रह गई थी[9] कि हमने दोलपुर से प्रस्थान किया और सूर्यास्त के पूर्व (यमुना) नदी पार कर ली।

X X X X X X X X X X[10]

---

1 वेश्या, रंडी।

2 रविवार ७ रबी उस्सानी को प्रातः ८ बजे।

3 नहाने का कमरा, विशेष रूप से जहां गरम जल से स्नान का प्रबन्ध हो ।

4 धौलपुर।

5 लगभग प्रातः ६–२२ पर।

6 रात्रि के ७–४० पर।

7 रबी उस्सानी।

8 कुंआ एक होज को भरने के लिये बनाया गया था। २६ फवारे एवं रोक के स्तम्भ जल को नालियों में पहुँचाने के लिये बनाये गये थे।

9 लगभग ८–४० प्रातः।

10 यहां तीन दिन के युद्ध का हाल नहीं लिखा है।

जाम के युद्ध का वर्णन

(२८ दिसम्बर)–मंगलवार १६ (रबी–उस्सानी) को देव[1] सुल्तान के एक सेवक ने जो किज़ीलवाशों तथा ऊजबेगों के युद्ध के समय उपस्थित था, इस युद्ध का इस प्रकार उल्लेख किया:

ऊजबेगों एवं तुर्कमानों के मध्य में आशूरे[2] के दिन जाम–खिरगिर्द के समीप युद्ध हुआ। वे लोग प्रातःकाल से मध्याह्नोत्तर की नमाज के समय तक युद्ध करते रहे। ऊज़बेगों की संख्या ३००,००० तथा तुर्कमानों की संख्या ४०–५० हजार रही होगी। उसका व्यक्तिगत विचार यह था कि उनकी संख्या १००,००० रही होगी। ऊज़बेगों का कथन है कि स्वयं उनकी (ऊज़बेगों की) संख्या १००,००० रही होगी। किजीलवाश सरदारों ने रूमी प्रथानुसार अराबा, जर्बज़न तथा तोप द्वारा अपने आपको दृढ़ बना कर युद्ध किया। शाहजादा तथा जूहा सुल्तान[3] २०,००० उत्कृष्ट वीरों सहित अराबों के पीछे खड़े हुये। शेष अमीर लोग अराबों से दूर दाईं एवं बाईं ओर नियुक्त हुये। इन लोगों को ऊजबेगों ने पहुंचते ही पराजित करके घोड़ों से गिरा दिया। बहुत से लोगों को उन्होंने बन्दी बना लिया और बहुत से भाग गये। तदुपरान्त वे लोग (क़िज़ीलबाशों की) सेना की पिछली पंक्ति में चक्कर काट कर पहुंचे और ऊंटों तथा असबाव को लूटना प्रारम्भ कर दिया। अन्त में जो लोग अराबों के पीछे थे, वे अराबों की जंजीरें खोल कर बाहर निकल पड़े। यहां भी घोर युद्ध हुआ। उन लोगों ने ऊजबेगों को तीन बार पीछे हटा दिया और ईश्वर की कृ पा से उन्हें पराजित कर दिया। कूचूम खां, उबैद खां तथा अबू सईद सुल्तान एवं उनके अधीन ६ सुल्तान बन्दी बना लिये गये। अबू सईद सुल्तान के विषय में कहा जाता है कि वह अभी तक जीवित है। शेष की हत्या कर दी गई है।[4] उबैद खां के शरीर का पता चल सका किन्तु सिर का नहीं। ५०,००० ऊजबेग तथा २०,००० तुर्कमान इस युद्ध में मारे गये।[5]

---

[1] रुमेलिया (रूमलू) का सुल्तान देव जो शाह तहमास्प का अतालोक रह चुका था।

[2] दसवीं मुहर्रम।

[3] इस्फहान का हाकिम ।

[4] आश्चर्य है कि इस घटना के वर्णन करने वालों का ज्ञान बड़ा ही असंतोषजनक था। जिन तीन सुल्तानों की हत्या के विषय में वह लिखता है उनमें से कूचूम की ६३७ हि० (१५३० ई०):, अबू सईद की ६४० हि० (१५३३ ई० और उवैद की ६४६ हि० (१५३६ ई०) में मृत्यु हुई। यह युद्ध २६ सितम्बर को हुआ था और उसके समाचार आगरा में २३ नवम्बर को पहुँच गये थे। दोनों ओर के राजदूत बाबर की दावत में १६ दिसम्बर को उपस्थित थे। यह सम्भव नहीं कि बाबर इस घटना पर किसी प्रकार की कोई आलोचना न करता। सम्भवतः उसने जो कुछ लिखा वह नष्ट हो गया।

[5] शाह तहमास्प ने इस युद्ध का वर्णन इस प्रकार किया है : 'मैं ऊजबेगों के विरुद्ध रवाना हुआ। युद्ध जाम के बाहर हुआ। प्रथम आक्रमण में ऊजवेग लोग किजील बाशों पर विजयी रहे। याकूब सुल्तान भाग खड़ा हुआ और सुल्तान वालामा तकलू तथा दायें भाग के अन्य अधिकारी पराजित हुये और भाग खड़े हुये। मैं ईश्वर पर भरोसा करके आगे बढ़ा। मेरे एक अंग रक्षक की उबैद से मुठभेड़ हो गई। उसने उबैद पर तलवार का वार किया और आगे

X X X X X X X X X[1]

(३० दिसम्बर)–इसी दिन (बृहस्पतिवार, १८ रबी–उस्सानी) को ग़यासुद्दीन कूरची[2] जो १६ दिन की अवधि पर जूनपुर[3] गया था, वापस आया। क्योंकि सुल्तान जुनैद तथा अन्य लोग सेना सहित खरीद[4] पर चढ़ाई करने गये थे अतः वह उन लोगों के खरीद चले जाने के कारण निश्चित अवधि[5] में वापस न हो सका। सुल्तान जुनैद ने मौखिक सन्देश भेजा था कि, "ईश्वर की दया से इस ओर बादशाह के ध्यान देने योग्य कोई कार्य दृष्टिगत नहीं होता। मीर्जा[6] चले आयें और इस ओर के सुल्तानों, खानों एवं अमीरों को आदेश दे दिया जाये कि वे उनके चरणों के अधीन प्रस्थान करें। आशा है कि समस्त कार्य सुगमता पूर्वक सम्पन्न हो जायेंगे।" यद्यपि सुल्तान जुनैद ने यह उत्तर भेजा था किन्तु लोगों का मत था कि मुल्ला मुहम्मद मजहब जो सांगा काफ़िर[7] से जिहाद के उपरान्त बंगाल राजदूत बना कर भेजा गया था, आजकल में आने वाला है अतः वह जो समाचार लाये उसकी भी प्रतीक्षा की जाये।[8]

(३१ दिसम्बर)–शुक्रवार १६ (रबी–उस्सानी) को मैं माजून खा कर अपने कुछ विश्वास पात्रों के साथ खिलवत खाने[9] में बैठा था कि मुल्ला मजहब जो शनिवार की रात्रि[10] में अधिक मेरी सेवा में उपस्थित हुआ। उस ओर की एक

बढ़ कर दूसरे से लड़ने लगा। कुलीज बहादुर तथा अन्य ऊजबेग लोग घायल उबैद को उठा ले गये। कूच्कूनजी (कूचूम) खां तथा जानी खां बेग को जब इस बात का पता लगा तो वे मर्व भाग गये। जो आदमी हमारी सेना से भाग गये थे, वे हमारे पास पहुँच गये । उस रात्रि में मैं निर्जन जंगल में पड़ा रहा। मुझे उबैद के विषय में कुछ ज्ञात न था । मेरा विचार था कि उन लोगों ने मेरे विरुद्ध कोई न कोई अन्य जाल बिछाया है।

[1] इस स्थान से उपर्युक्त घटना की आलोचना एवं कुछ अन्य घटनाओं का वर्णन सम्भवतः नष्ट हो गया है।

[2] अस्त्र–शस्त्र की देख रेख करने वाला अधिकारी।

[3] जौनपुर।

[4] उत्तर प्रदेश के बलिया जिले में घाघरा के दायें तट पर।

[5] १६ दिन । वह २४–२५ दिन तक बाहर रहा ।

[6] मीर्जा अस्करी।

[7] राणा सांगा।

[8] कनवाह का युद्ध मार्च १५२७ ई० में हुआ था किन्तु इस समय दिसम्बर के अन्त में भी दूत की प्रतीक्षा हो रही थी।

[9] वह कमरा अथवा घर जहां लोग एकांत में बैठते हैं और केवल बहुत थोड़े लोग वहाँ जा पाते हैं।

[10] शुक्रवार के दिन के बाद की रात।

एक बात के विषय में प्रश्न करने पर मुझे ज्ञात हुआ कि बंगाली [1] आज्ञाकारिता एवं निष्ठा के पथ पर हैं।

(२ जनवरी)–रविवार (२१ रबी–उस्सानी) को मैंने तुर्क एवं हिन्दुस्तानी अमीरों को बुलवा कर उनसे खिलवत खाने में परामर्श किया। यह बात पेश की गई कि बंगाली [2] ने राजदूत [3] भेजा है और आज्ञाकारिता एवं निष्ठा प्रदर्शित कर रहा है अतः बंगाल की ओर प्रस्थान करना अनुचित होगा। यदि बंगाल की ओर प्रस्थान न किया जाये तो उस क्षेत्र में कोई ऐसा स्थान नहीं है जहां इतना खज़ाना हो जिससे सेना वालों को सहायता मिल सके। पश्चिम में बहुत से ऐसे स्थान हैं जो निकट भी हैं और जहां खज़ाना भी है।

शेर

"अत्यधिक धन–सम्पत्ति वाले, काफ़िर तथा निकट,
यद्यपि पूर्व दूर है किन्तु ये निकट हैं।"

अन्त में यह निश्चय हुआ : क्योंकि हमारा पश्चिम दिशा का मार्ग निकट है अतः कुछ दिन ठहर कर पूर्व की ओर से निश्चित होकर प्रस्थान करना चाहिये। ग़यासुद्दीन कुरची को पुनः २० दिन की मीआद देकर पूर्व के अमीरों के पास यह फ़रमान देकर दौड़ाया गया कि समस्त सुल्तान खान तथा अमीर जो गंगा के उस पार हैं अस्करी की सेवा में एकत्र होकर इन[4] शत्रुओं पर आक्रमण करें। इन फ़रमानों को पहुंचा कर वहां के जो कुछ समाचार हों उन्हें लेकर वह[5] अवधि के भीतर शीघ्रातिशीघ्र वापस चला आये।

बिलोचियों का विद्रोह

इन्हीं दिनों में मुहम्मदी कूकूल्दाश[6] के पास से यह प्रार्थना–पत्र प्राप्त हुआ कि बिलोचों ने पुनः पहुंच कर कुछ स्थानों पर आक्रमण कर दिया है। चीन तीमूर सुल्तान को इस कार्य हेतु नियुक्त किया गया। उसे यह आदेश दिया गया कि वह सेहरिन्द[7] एवं सामाना के उस पार के अमीरों को एकत्र करके और छः मास की सामग्री की व्यवस्था करके बिलोचियों पर आक्रमण करे। (उस ओर के) अमीरों में से आदिल सुल्तान, सुल्तान मुहम्मद दूल्दाई, खुसरो कूकूल्दाश, मुहम्मद अली जंगजंग, अब्दुल अज़ीज़ मीर आखूर[8], सैयिद सैयिद अली, बली क़िज़ील, कराचा, हलाहिल, आशिक बकावल[9], शेख अली, कित्ता (बेग कोहबुर), गुजूर खां तथा हसन अली सीवादी के विषय में आदेश

---

[1] नुसरत शाह।
[2] नुसरत शाह।
[3] इस्माईल मीता।
[4] लोदी अफगान तथा उनके मित्र, बिपन, बायजीद इत्यादि।
[5] गयासुद्दीन कूरची।
[6] फारसी में कूकुल्ताश।
[7] सरहिन्द।
[8] शाही घोड़ों की देख रेख करने वाला अधिकारी।
[9] शाही भोजन का प्रबंध करने वाला।

दिया गया कि वे सुल्तान के बुलाने पर सेना सहित उसके पास उपस्थित हो जायें और उसके आदेशों का यात्रा एवं ठहरने किसी भी विषय में उल्लंघन न करे।[1] अब्दुल ग़फ़्फ़ार तवाची[2] को यह फ़रमान ले जाने के लिये नियुक्त किया गया। उसे आदेश दिया गया कि वह सर्वप्रथम चीन तीमूर सुल्तान के पास यह फ़रमान ले जाये। तदुपरान्त वह उपर्युक्त बेगों[3] को फ़रमान ले जा कर दिखाये। चीन तीमूर सुल्तान जो स्थान निश्चित करे, वहां बेग लोग अपनी अपनी सेना लेकर एकत्र हो जायें । अब्दुल गफ्फार स्वयं इस सेना के साथ रहे। जिस किसी के द्वारा शिथिलता एवं असावधानी प्रदर्शित हो तो वह इस विषय में प्रार्थना–पत्र भेज दे। हम उस अपराधी को पदच्युत करके उसे उसकी विलायत[4] अथवा परगने से पृथक् कर देंगे। अब्दुल गफ्फार को ये फरमान सौंप कर एवं मौखिक बातें बता कर विदा कर दिया गया।

X X X X X X[5]

धौलपुर में बाबर को बिहार की पराजय के समाचार प्राप्त होना

(६ जनवरी)–रविवार २८ (रबी–उस्सानी) की रात्रि में हमने तीसरे पहर को छठी घड़ी के उपरान्त[6] जून[7] नदी पार की और दोलपुर[8] के नील कमल कमल के उद्यान की ओर प्रस्थान किया। रविवार को तीसरे पहर[9] के समीप हम लोग वहां पहुंच गये। बाग़ के चारों ओर बेगों एवं निकटवर्तियों को इस आशय से भूमि प्रदान की गई कि वे अपने ठहरने के लिये खेमे इत्यादि लगा लें।

(१३ जनवरी)– बृहस्पतिवार ३ जमादि–उल–अव्वल को उद्यान के दक्षिण–पश्चिम में हम्माम[10] के लिये स्थान निश्चित करके मैंने आदेश दिया कि वह स्थान ठीक किया जाये। स्थान ठीक हो जाने के उपरान्त वहां एक चबूतरा तैयार किया जाये और उस पर एक हम्माम की व्यवस्था की जाये। हम्माम के एक कमरे में १० X १० का एक हौज तैयार किया जाये।

उसी दिन खलीफ़ा ने आगरा से काजी जिया एवं वीर सिंह देव के इस आशय के प्रार्थना–पत्र प्रेषित किये किं सुना जाता है कि सिकन्दर के पुत्र

---

[1] पूर्ण रूप से आज्ञाकारी रहें।

[2] वह अधिकारी जो विशेष समाचार ले जाने के लिये नियुक्त थे।

[3] अमीरों।

[4] प्रान्त।

[5] यहाँ से लगभग ७ दिन का इतिहास नहीं।

[6] लगभग रात के सवा दो बजे।

[7] यमुना।

[8] धौलपुर।

[9] दिन के तीसरे पहर।

[10] वह स्थान जहां स्नान, विशेष रूप से गरम जल से स्नान, का प्रबंध हो।

महमूद[1] ने विहार[2] पर अधिकार जमा लिया है। यह समाचार पाते ही मैंने सेना लेकर (वहां चढ़ाई करने का) संकल्प कर लिया।

(१४ जनवरी)–शुक्रवार (४ जमादि–उल–अव्वल) को हमने प्रातःकाल छः घड़ी पर नील कमल के उद्यान से प्रस्थान कर दिया और सायंकाल की नमाज के समय आगरा पहुंच गये। मुहम्मद ज़मान मीर्जा, जो दोलपुर जा रहा था, हमें मार्ग में मिला। चीन तीमूर सुल्तान भी, जो आगरा जा रहा होगा, मार्ग में मिला।

(१५ जनवरी)–शनिवार (५ जमादि–उल–अव्वल) को उन बेगों को जिनसे परामर्श किया जाता था बुलवाया गया। उन लोगों से यह निश्चय हुआ कि बृहस्पतिवार १० (जमादि–उल–अव्वल । २१ जनवरी) को पूर्व की ओर प्रस्थान किया जाये।

बदख्शां के समाचार

उसी दिन (शनिवार को) काबुल से पत्र एवं समाचार प्राप्त हुये कि हुमायूं ने उस ओर की सेना एकत्र करके और सुल्तान वैस को अपने साथ लेकर ४०,००० सैनिकों सहित समरकन्द[3] पर चढ़ाई के उद्देश्य से प्रस्थान कर दिया दिया है। इस पर सुल्तान वैस का छोटा भाई, शाह कुली हिसार में प्रविष्ट हो गया। तर्सून मुहम्मद ने तिरमिज़ से प्रस्थान कर दिया और कबादियान पर अधिकार जमा कर सहायता की याचना की। हुमायूं ने तूलिक कूकूल्दाश तथा मीर खुर्द[4] को अपने बहुत से आदमियों एवं वहां पर उपस्थित मुगलों सहित भेज दिया। तदुपरान्त वह उनके पीछे रवाना हुआ।

X X X X X X X X[5]

---

[1] महमूद लोदी।

[2] बिहार कस्बा।

[3] इस समाचार के अतिरिक्त 'अकबर नामा' में यह लिखा है कि हुमायँ ने खबर भेजी कि संधि की वार्ता भी हो रही है । बाबर ने उत्तर भेजा कि यदि संधि का समय निकल न गया हो तो हुमायूं उतने समय के लिये जब तक कि हिन्दुस्तान के मामले तय नहीं हो जाते संधि कर लें। इसके साथ 'अकबर नामा' में बाबर के पत्र से यह भी उद्धृरत किया गया है कि वह हिन्दुस्तान से प्रस्थान करने वाला है और उसके सहायक समरकन्द के विरुद्ध आक्रमण करने की, जो उसके पहुंचने पर होगा, तैयारी करते रहें। उपर्युक्त किसी भी बात का 'बाबर नामा' की उन प्रतियों में जो उपलब्ध हैं, उल्लेख नहीं। सम्भवतः इनका उल्लेख उस प्रति में रहा होगा जिसका प्रयोग अबुल फजल ने किया और फारसी अनुवाद करने वालों के समक्ष यह प्रतियां न थीं। यह सम्भव है कि संधि की बात चलने लगी हो। इसका अनुमान निम्नांकित बातों से किया जा सकता है। तहमास्प ने जो इस समय विजेता था एक ऊजबेग शाहजादी से विवाह कर लिया था। ऊजबेग राजदूत भी आगरा में उपस्थित थे।

[4] हिन्दाल का अतालीक।

[5] इस स्थान पर चार दिन का हाल नहीं मिलता।

बाबर का पूर्व की ओर प्रस्थान

(२० जनवरी)–बृहस्पतिवार १० जमादि–उल–अव्वल को ३ घड़ी उपरान्त[1] मैंने पूर्व के लिये प्रस्थान किया और यमुना नदी नौका द्वारा जलेसर के कुछ ऊपर पार की और बागे ज़र अफ़शां[2] में पहुंचा।

मैंने आदेश दिया कि पताका, नक्कारा, अश्वशाला तथा समस्त सैनिक नदी के उस ओर, उद्यान के सामने रहें। जो लोग अभिवादन करने आयें वे नौका द्वारा नदी पार कर के आयें।

नुसरत शाह के दूत एवं कुछ अन्य लोगों का आगमन

(२२ जनवरी)–शनिवार (१२ जमादि–उल–अव्वल) को बंगाल का राजदूत इस्माईल मीता, बंगाली[3] के उपहार लेकर आया और मेरी सेवा में हिन्दुस्तान की प्रथानुसार उपस्थित हुआ। उसने एक बाण के मार की दूरी के भीतर पहुंच कर अभिवादन किया और वापस चला गया। उसे प्रथानुसार खिलअत जिसे सिर मुईनेह[4] कहते हैं, पहनाई गई। उसे मेरी सेवा में उपस्थित किया गया। वह हमारी प्रथानुसार ३ बार घुटने के बल झुका और बढ़ कर नुसरत शाह का पत्र प्रस्तुत किया जो उपहार लाया था, उन्हें हमारे समक्ष रख कर वापस चला गया।

(२४ जनवरी)–सोमवार (१४ जमादि–उल–अव्वल) को ख्वाजा अब्दुल हक़[5] पधारे। मैंने नौका द्वारा नदी पार की और उनके खेमे में पहुंच कर उनकी सेवा में उपस्थित हुआ।

(२५ जनवरी)–मंगलवार (१५ जमादि–उल–अव्वल) को हसन चलबी आकर मेरी सेवा में उपस्थित हुआ।

सेना के सम्बन्ध में हमारे जो उद्देश्य[6] थे, उनके लिये चारबाग में कुछ दिन ठहरना पड़ा।

(२७ जनवरी)–बृहस्पतिवार १७ (जमादि–उल–अव्वल) को ३ घड़ी[7] दिन चढ़े उस पड़ाव से प्रस्थान किया गया। मैं नौका द्वारा रवाना हुआ। हमने अनवार[8] नामक ग्राम में जो आगरा से ७ कुरोह[9] पर है, पड़ाव किया।

---

[1] लगभग ७.१० प्रातः।

[2] सोना लुटाने वाला बाग। आगरा से लगभग ६ मील पर।

[3] नुसरत शाह।

[4] यह वाक्य स्पष्ट नहीं और कुछ छूट गया मालूम देता है। सिर मुईनेह' का अर्थ 'मुलायम समूर' भी हो सकता है।

[5] उनके भाई हज़रत ख्वाजा नूरा की हैदर मीर्जा ने 'तारीखे रशीदी' में भूरि–भूरि प्रशंसा की है और बाबर के शब्दों से भी पता चलता है कि वे बड़े ही पूज्य व्यक्ति थे।

[6] सम्भवतः सामान इत्यादि की तैयारी।

[7] प्रातः ७–१० बजे पर।

[8] सम्भवतः 'उनवारा'।

[9] १४ मील।

दूतों को विदा करना

(३० जनवरी)–रविवार (२० जमादि–उल–अव्वल) को ऊज़बेग राजदूतों को बिदा किया गया। कूचूम खां के राजदूत अमीन मीर्जा को पेटी सहित कटार, सोने (के काम) का कपड़ा[1] तथा ७०,००० तन्के प्रदान किये गये। अबू अबू सईद के सेवक मुल्ला तग़ाई तथा मिहरबान खानम एवं उसके पुत्र पोलाद सुल्तान के सेवकों को सोने के तार के काम की कबाओं के साथ खिलअतें पहनाई गई और उनकी श्रेणी के अनुसार नकद इनाम दिया गया।

ख्वाजा अब्दुल हक को बिदा करना

(३१ जनवरी)–दूसरे दिन प्रातःकाल (सोमवार २१ जमादि–उल–अव्वल) को ख्वाजा अब्दुल हक़ को आगरा में निवास करने के लिये बिदा कर दिया गया। ख्वाजा यहया के पौत्र ख्वाजा कलां को जो ऊज़बेग खानों एवं सुल्तानों के पास से दूत बन कर आया था, समरकन्द जाने की अनुमति दे दी गई।[2]

हुमायूँ कामरान तथा हिन्दाल को उपहार

हुमायूं के पुत्र के जन्म तथा कामरान मीर्जा के विवाह की बधाई के लिये मुल्ला तवरेजी तथा मीर्जा बेग तग़ाई को प्रत्येक मीर्जा हेतु १०,००० शाहरुखियां साचाक़[3] के रूप में देकर भेजा गया। उनके द्वारा जो जामा[4] मैं पहनता था और जो कटार मैं बांधता था, उसे भी भेज दिया। मुल्ला बहिश्ती के हाथ हिन्दाल को एक जड़ाऊ पेटी सहित कटार, एक जड़ाऊ कलमदान, एक जड़ाऊ मोतियों के काम की चौकी, एक क़बा तथा एक पेटी एवं बाबरी लिपि के कुछ विभिन्न पत्र एवं बाबरी लिपि में लिखे हुये क़ते[5] भेजे। हिन्दुस्तान में मैंने जिस अनुवाद एवं जिन पद्यों की रचना की थी उन्हें हुमायूं के पास भेजा।[6] हिन्दाल तथा ख्वाजा कलां को भी अनुवाद एवं पद्य भेजे गये। उन्हें कामरान के पास भी[7] बाबरी लिपि में लिखे हुये नमूनों[8] के साथ मीर्जा बेग तग़ाई के हाथ भेजा गया।

(१ फरवरी)–मंगलवार को जो लोग काबुल जा रहे थे उन्हें पत्र देकर विदा करने के उपरान्त मुझे आगरा तथा दोलपुर[9] में जो भवन निर्माण कार्य हो रहा था, उनका स्मरण हुआ। इन कार्यों की देख रेख मुल्ला कासिम,

---

[1] जर बफ्त।

[2] सम्भवतः वे लोग संधि की वार्ता के लिये आये होंगे।

[3] विवाह के समय का उपहार।

[4] कया।

[5] कताः उर्दू अथवा फारसी नज़्म की एक किस्म जिसमें ग़जल के समान काफिये की पाबन्दी होती है और जिसमें कोई एक बात कही जाती है।

[6] दीवान का एक भाग एवं 'वालिदिया रिसाले का अनुवाद।

[7] इस प्रकार चार प्रतियां 'वालिदिया रिसाले' एवं दीवान का एक भाग।

[8] ये नमूने बाबरी लिपि के अभ्यास हेतु भेजे गये होंगे।

[9] धौलपुर।

उस्ताद शाह मुहम्मद संगतराश[1], मीरक, मीर ग़यास, मीर संगतराश तथा शाह बाबा बेलदार को सौंपी गई और उन्हें बिदा कर दिया गया।

मार्ग की अन्य घटनायें

(२ फरवरी)–१ घड़ी दिन चढ़ जाने पर[2] हमने अनवार से प्रस्थान किया।[3] किया।[3] मध्याह्नोत्तर की नमाज़ के समय हम लोग आबापुर में जो चंदवार[4] से से १ कुरोह[5] पर है उतरे।

(३ फरवरी)–बृहस्पतिवार (२४ जमादि–उल–अव्वल) की रात्रि में अब्दुल मलूक क़ूरची को हसन चलबी के साथ शाह[6] के पास और चापूक को ऊजबेग राजदूतों के साथ ऊज़बेग खानों एवं सुल्तानों के पास भेजा गया।

चार घड़ी[7] रात शेष थी कि हमने आबापुर से प्रस्थान किया। प्रातःकाल चंदवार से आगे बढ़ कर मैं नौका पर सवार हुआ। सोने की नमाज के समय मैं रापरी[8] के सामने उतरा और शिविर में, जो फतहपुर[9] में था, पहुंच गया।

(४, ५ फ़रवरी)–फतहपुर में एक दिन[10] तक ठहर कर हम लोग शनिवार (२६ जमादि उल–अव्वल) को प्रातःकाल वजू[11] करने के बाद सवार हुये और रापरी के समीप प्रातःकाल की सामूहिक नमाज़ पढ़ी। मौलाना मुहम्मद फ़ाराबी इमाम[12] थे। सूर्योदय के उपरान्त मैं रापरी के मोड़ के नीचे एक नौका पर सवार हुआ।

आज मैंने ११ सतरों वाले मिस्तर[13] अनुवाद[14] को तरकीबे खती[1] में लिखने के लिये तैयार किया। आज मेरे हृदय को ईश्वर के भक्तों की वाणी[2] ने चेतावनी दी।

---

[1] पत्थर काटने वाला।

[2] प्रातः ६ बजे।

[3] बुधवार २३ जमादि–उल–अव्वल को ।

[4] चंदवार, फीरोजाबाद के दक्षिण पश्चिम में सफीपुर नामक ग्राम के समीप है।

[5] दो मील।

[6] सम्भवतः पुस्तक नकल करने वाले ने भूल की है। बाबर ने आगे भी तहमास्प को शाहजादा ही लिखा है।

[7] प्रातः काल ४–३०।

[8] रापरी फ़ीरोजाबाद से बटेश्वर घाट के मार्ग पर है।

[9] रापरी के उत्तर–पूर्व में दो फतहपुर हैं।

[10] शुक्रवार को।

[11] नमाज के पूर्व क्रमशः हाथ मुंह धोना।

[12] वह व्यक्ति जो सामूहिक (जमाअत की) नमाज पढ़ाता है।

[13] एक दफ़्ती के दोनों ओर लाइनें खींच कर पूरी दफ़्ती को जितनी लाइनों का मिस्तर तैयार करना होता है उतने भागों में बांटकर छेद कर लिये जाते हैं और एक लम्बा डोरा दोनों ओर के छेदों में से पिरो लिया जाता है। लिखने के पूर्व दफ्ती को कागज़ के नीचे रख कर कागज को दबा दिया जाता है। इस विधि से कागज पर लाइनें बन जाती हैं और लिखने में सुगमता होती है। डोरे वाली दफ़्ती मिस्तर कहलाती है।

[14] वालिदिया रिसाला।

(६ फरवरी)–रापरी के जाकीन[3] नामक एक परगने के समक्ष हमने नौकायें नदी तट पर लगवाई और रात्रि उनमें व्यतीत की। प्रातःकाल की नमाज पढ़ कर हमने नौकायें नदी तट से आगे बढ़वा दी।

मैं नौका में ही था कि सुल्तान मुहम्मद बख्शी उपस्थित हुआ। वह अपने साथ शम्सुद्दीन मुहम्मद नामक, ख्वाजा कलां का एक सेवक लाया। उसके पत्रों तथा सेवक की बातों से काबुल के ठीक–ठीक समाचार ज्ञात हुये। जब मैं नौका में था तो महदी ख्वाजा[4] भी आया। मध्याह्नोत्तर की नमाज के समय मैं इटावा के सामने एक उद्यान में उतरा और यमुना नदी में स्नान करके नमाज़ पढ़ी। नमाज़ के उपरान्त इटावा की ओर पहुंच कर हम नदी के सामने एक टीले पर उसी उद्यान के वृक्षों की छाया में बैठ गये। वहां कुछ वीर आनंद मंगल मनाने बैठ गये।[5] महदी ख्वाजा द्वारा भोजन की व्यवस्था की गई थी। हम लोगों के समक्ष भोजन लगवाया गया। सायंकाल की नमाज़ के समय हमने नदी पार की और सोने के समय हम शिविर में पहुंच गये।

सेना के संग्रह तथा शम्सुद्दीन मुहम्मद द्वारा लाये हुये पत्रों का उत्तर लिखने के कारण इस पड़ाव पर दो–तीन दिन ठहरना पड़ा।

(६ फरवरी)–बुधवार जमादि–उल–अव्वल के अन्तिम दिन हमने इटावा से प्रस्थान किया और ८ कुरोह[6] यात्रा करके हम लोगों ने मूरी तथा अदूसा[7] में पड़ाव किया।

पत्र लिखना

बहुत से पत्र जो काबुल भेजे जाने थे और अभी तक न लिखे गये थे उन्हें हमने इस पड़ाव पर लिखा। हुमायूं को इस आशय का पत्र लिखा गया:

यदि अभी तक संतोषजनक रूप से कार्य नहीं हुआ है तो तू स्वयं डाकुओं एवं आक्रमणकारियों को रोक दे और सन्धि की बात, जो प्रारम्भ हो गई है, बिगड़ने न दे।[8] इसके अतिरिक्त यह भी लिखा गया कि मैंने काबुल को खालसा बना दिया है। कोई भी पुत्र उसका लोभ न करे। उसे यह भी लिखा गया कि मैंने हिन्दाल को बुलवा लिया है।

---

1 कविता पतले अक्षरों और शीर्षक मोटे अक्षरों में।

2 सम्भवतः उबैदुल्लाह अहरार की ओर संकेत है।

3 जाखन : इटावा के उत्तर–पश्चिम में १८ मील पर यमुना के खादर में स्थित।

4 महदी ख्वाजा इटावा का हाकिम था। उसका विवाह बाबर की बहिन खानजादा बेगम से हुआ था।

5 प्रकाशित फारसी अनुवाद में लिखा है कि ''मजाक के लिये मैंने जवानों को जल में फेंक दिया।

6 १६ मील।

7 सम्भवतः इटावा जिले का सराय बाबर पुर। इसका यह नाम बाबर के ठहरने के कारण पड़ा होगा।

8 यहां उस संधि के विषय में पुष्टि हो जाती है जिसकी बात पूर्व में चल रही थी।

कामरान को लिखा गया कि वह शाहजादे[1] के प्रति व्यवहार में अत्यधिक सावधानी प्रदर्शित किया करे और यह कि काबुल को खालसा बना दिया गया है और उसे मुल्तान प्रदान कर दिया गया है। उसे मैंने अपने परिवार वालों तथा अन्य लोगों के बुलाये जाने के विषय में भी लिखा।

जो पत्र मैंने ख्वाजा कलां को लिखा था उससे बहुत सी बातों का पता चलता है अतः उसे बिना किसी परिवर्तन के इस स्थान पर नक़ल किया जाता है।

ख्वाजा कलां के नाम पत्र की प्रतिलिपि

ख्वाजा कलां को सलाम के उपरान्त पहली बात यह (लिखी जाती) है कि शम्सुद्दीन मुहम्मद इटावा पहुंच गया है और काबुल के विषय में जानकारी हो गई है।

मेरी उत्कट एवं बहुत बड़ी अभिलाषा यह है कि मैं उस क्षेत्र[2] में पहुंच जाऊं। हिन्दुस्तान के मामले थोड़े बहुत सुलझते जा रहे हैं। परमेश्वर से आशा है कि यहां के कार्य शीघ्र सम्पन्न हो जायेंगे। ईश्वर ने चाहा तो इन कार्यों के सुव्यवस्थित होते ही मैं उस ओर तुरन्त प्रस्थान कर दूंगा।

उन देशों की रमणीक वस्तुओं को कोई, जब कि उसने पाप न करने[3] की शपथ ले ली है, किस प्रकार भूल सकता है? कोई खरबूजे एवं अंगूरों के स्वाद को जिनका सेवन हलाल है किस प्रकार भूल सकता है? इस अवसर पर मेरी सेवा में एक खरबूज़ा लाया गया। उसे काट कर खाने के पश्चात् मैं बड़ा प्रभावित हुआ और मेरी आंखों में आंसू डबडबा आये।

मुझे काबुल की अव्यवस्थित दशा के विषय में लिख कर भेजा जा चुका है। इस विषय पर सोच विचार करके मैंने यह निश्चय किया :–

कोई राज्य जिसमें ७–८ हाकिम हों किस प्रकार सुव्यवस्थित एवं सुदृढ़ रह सकता है? इस अव्यवस्थित दशा के कारण मैंने अपनी बड़ी बहिन[4] एवं पत्नियों को हिन्दुस्तान बुलवा लिया है। काबुल तथा आस पास के प्रदेश को खालसे में सम्मिलित कर लिया है और इस विषय में हुमायूं तथा कामरान दोनों को लिख दिया है। कोई योग्य व्यक्ति उन पत्रों को मीर्जाओं को पहुंचा दे। सम्भवतः तुम्हें ज्ञात होगा कि मैंने इस विषय में उन्हें इससे पूर्व लिख दिया है। उस देश की रक्षा एवं समृद्धि के विषय में अब कोई कठिनाई न होनी चाहिये और न इस विषय में एक शब्द मुंह से निकाला जाये। इसके उपरान्त यदि नगर की दीवारें दृढ़ न रहेंगी अथवा प्रजा समृद्ध न रहेगी या

---

[1] शाह तहमास्प। सम्भवतः बाबर को भय था कि कहीं कामरान शीओं के प्रति अपनी घृणा के कारण यह बात बिगाड़ न दे।

[2] काबुल की ओर।

[3] मदिरापान न करने।

[4] खानजादा बेगम।

खाद्य सामग्री का भंडार परिपूर्ण न रहेगा और खजाना भरा न रहेगा तो इसे राज्य के स्तम्भों[1] की अयोग्यता समझा जायेगा।

जो कार्य करने आवश्यक हैं उनका उल्लेख नीचे किया जाता है। इनमें से कुछ के विषय में आदेश दिया जा चुका है। और उनमें से एक इस प्रकार है : ''ख़ज़ाना एकत्र करो।'' जो बातें करनी आवश्यक हैं, वे इस प्रकार हैः–

(१) किले की मरम्मत।

(२) खाद्य सामग्री का एकत्र करना।

(३) आने जाने वाले दूतों के रहने सहने एवं दैनिक[2] व्यय की व्यवस्था।

(४) खराज से वैधानिक रूप से जो धन प्राप्त हो उसे जामा मस्जिद के निर्माण पर व्यय करना।

(५) कारवां सरायों एवं हम्मामों की मरम्मत।

(६) पक्की ईंट के उस भवन का जिसे उस्ताद हसन अली किले में बना रहा था, पूरा कराना। उस्ताद सुल्तान मुहम्मद से परामर्श के उपरान्त यह कार्य प्रारम्भ कर दिया जाये। यदि उस्ताद हसन अली द्वारा तैयार किया हुआ इसका नक्शा मौजूद हो तो उस्ताद सुल्तान मुहम्मद भवन को बिल्कुल उसी के अनुसार पूरा कराये। यदि नक्शा न हो तो एक उत्तम एवं उचित नक्शा इस प्रकार तैयार किया जाये कि इसका फ़रश एवं दरबार–कक्ष एक ही सतह में हों।

(७) खुर्द काबुल बांध का निर्माण, जो बूतखाक के जल को खुर्द काबुल के सकरे मार्ग से निकास के समय रोके ।

(८) ग़ज़नी बांध की मरम्मत[3] ।

(९) मार्ग के उद्यान की देखभाल जिसमें जल की कमी है और जिसके लिये एक पनचक्की की जल धारा मोड़ी जाये।

(१०) मैं तूतूम दरा से दक्षिण–पश्चिम के ख्वाजा बस्ता नामक पुश्ते की ओर जल लाया था और वहां हौज का निर्माण करके पौधे लगवा दिये थे। वह स्थान नजरगाह के नाम से प्रसिद्ध हो गया कारण कि वह नदी के घाट के समीप है और बड़ा ही उत्तम दृश्य प्रस्तुत करता है। वहां बड़े ही उत्तम पौधे लगाये जायें। लान तैयार कराये जायें और उत्तम झाड़ियों के, जिनमें सुन्दर रंग एवं सुगन्धित फूल लगते हों, हाशिये तैयार कराये जायें।

(११) सैयिद कासिम को आदेश दे दिया गया है कि वह तुझे कुमक पहुंचाये।

(१२) तोपचियों एवं उस्ताद मुहम्मद अमीन जीबाची[4] की ओर उपेक्षा मत प्रदर्शित करो।

---

[1] इस स्थान पर ख़्वाजा कलां को चेतावनी दी गई है।

[2] अलूफा व कूनाल।

[3] ख्वाजा कलां स्वयं इसकी मरम्मत के लिये हिन्दुस्तान से धन ले गया था।

[4] अस्त्र–शस्त्र इत्यादि बनाने वाला।

(१३) इस पत्र के प्राप्त होते ही मेरी बड़ी बहिन[1] एवं पत्नियों को काबुल से नीलाब पहुंचा जाओ। वे इसके चाहे जितना भी विरुद्ध हों किन्तु इस पत्र की प्राप्ति के एक सप्ताह के भीतर वे प्रस्थान कर दें। यह दो कारणों से आवश्यक हैः–

जो सेनायें हिन्दुस्तान से उन्हें लाने भेजी गई हैं, वे एक सकरे स्थान पर कठिनाई झेल रही हैं और इसके अतिरिक्त वे उस प्रदेश को नष्ट कर रही हैं।[2]

मैंने अब्दुल्लाह को एक पत्र लिख कर यह स्पष्ट कर दिया कि मेरे मस्तिष्क में बड़ी घबराहट थी जिसे संतुलित रखना पश्चाताप के शाद्वल में सम्भव है। जिस रुबाई की मैंने रचना की वह प्रोत्साहन–युक्त न थी।

रुबाई

''मदिरा से तोबा करके मैं बड़े असमंजस में हूं,
कैसे कार्य करना चाहिये, मुझे ज्ञात नहीं, इतना व्याकुल मैं हूं।
जब कि अन्य लोग तोबा करते हैं और त्याग की शपथ लेते हैं,
मैंने त्याग के विषय में शपथ ली है, और मैं तोबा करता हूं।''

बिनाई[3] का एक चुटकुला मुझे याद आ गया। एक दिन वह अली शेर बेग के साथ, जो बटनदार कबा पहने होगा, व्यंग्य कर रहा था। अली शेर बेग ने कहा, "तू बड़ा उत्तम व्यंग्य करता है। यदि बटन न होते तो मैं तुझे यह कबा दे देता। बटन ही इसमें रुकावट डालते हैं।" बिनाई ने कहा, "बटन कोई रोक नहीं हैं। बटन के छेद रुकावट डालते हैं।" इसका उत्तरदायित्व उस व्यक्ति पर है जिसने इस चुटकुले का उल्लेख किया। मुझे इसके लिये क्षमा किया जाये। ईश्वर के लिये इससे रुष्ट मत होना।

उपर्युक्त रुबाई की रचना पिछले वर्ष के पूर्व की गई। वास्तव में मदिरा की गोष्ठी की पिछले दो वर्षों तक मुझे अपार एवं असीम अभिलाषा रही, यहां तक कि मदिरा की इच्छा के कारण मेरे नेत्रों में आंसू आ जाते थे। "ईश्वर को धन्य है कि इस वर्ष मुझे इस कष्ट से मुक्ति प्राप्त हो गई। सम्भवतः यह उस अनुवाद[4] का आशीर्वाद है जिसकी मैंने पद्य में रचना की थी। तू भी मदिरा–पान त्याग दे। मदिरा पान एवं आनन्द–मंगल की गोष्ठियां यदि मित्रों एवं साथियों के साथ हों तो फिर इनका क्या कहना किन्तु अब तू किसके साथ आनन्द मना सकता है; यदि तू शेर अहमद तथा हैदर कुली के साथ इन गोष्ठियों का आनन्द लेता हो तो फिर तेरे लिये मदिरापान का त्याग कठिन न होना चाहिये।

---

[1] खानजादा बेगम।

[2] यहां यह बात स्पष्ट नहीं कि बेगमें नष्ट कर रही हैं या सेना ।

[3] बिनाई हिरात का एक प्रसिद्ध कवि जिसकी १५१२ ई० में मृत्यु हुई।

[4] 'वालिदिया रिसाला'।

इतना कहने के उपरान्त मैं तुझे सलाम करता हूं और तुझसे भेंट करने का अभिलाषी हूं।

यह पत्र बृहस्पतिवार १ जमादि–उस्सानी (१० फ़रवरी) को लिखा गया।[1] उपर्युक्त विषयों एवं परामर्श देने का मेरे ऊपर बड़ा प्रभाव हुआ। शुक्रवार की रात्रि में पत्र शम्सुद्दीन मुहम्मद को सौंप दिये गये। उसे मौखिक बातें समझाकर विदा कर दिया गया।

बल्ख से शिकायत

(११ फरवरी)–शुक्रवार (२ जमादि–उस्सानी) को हम लोगों ने ८ कुरोह यात्रा करके जुमन्दना[2] में पड़ाव किया। आज कीतीन करा सुल्तान का एक सेवक आया। उसे सुल्तान ने अपने एक सेवक कमालुद्दीन कीआक[3] के पास जो दूत बनकर आया था, भेजा था। उसने कीआक को बल्ख की सीमा के बेगों[4] के व्यवहार, उनसे अपनी भेंट, एवं उनकी लूट–मार तथा छापे मारने की शिकायत लिखी थी। कीआक को जाने की अनुमति दे दी गई और सीमा के बेगों को आदेश भेजे गये कि वे डाके एवं छापा मारने का अन्त करा दें, भली भांति व्यवहार करें और बल्ख के साथ सम्पर्क स्थापित रक्खें। कीतीन करा सुल्तान के सेवक द्वारा यह आदेश भेज कर उसे इस पड़ाव से बिदा कर दिया गया।

ईरान के शाह को पत्र

शाह कुली मेरे पास हसन चलबी के पास से आया था और (जाम के) युद्ध का मुझसे उल्लेख किया था। उसके द्वारा शाह को एक पत्र हसन चलबी[5] के देर में पहुंचने की क्षमा याचना को स्वीकार करते हुए लिखा गया। और शाह कुली को आज ही के दिन–दूसरी को–विदा कर दिया गया।

(१२ फ़रवरी)–शनिवार (३ जमादि–उस्सानी) को हमने ८ कुरोह[6] यात्रा करके कालपी के ककूरा एवं चचावली[7] नामक परगनों में पड़ाव किया।

(१३ फ़रवरी)–रविवार (४ जमादि–उस्सानी) को हमने ६ कुरोह[8] यात्रा करके कालपी के दीरापुर[9] नामक परगने में पड़ाव किया। यहां मैंने अपना

---

[1] कुछ फारसी अनुवादों में यह पत्र उद्धृत नहीं है।

[2] सम्भवतः 'जुमोहीन' जहां सराय बाबरपुर–अतमू फंफूद मार्ग, फफूंद के दक्षिण–पूर्व में घूमता है।

[3] इसे विभिन्न रूप से लिखा गया है, कबाक, कताक, कनाक । बाबर ने हुमायूं को भी सीमांत में शांति स्थापित करने के विषय में लिख दिया था।

[4] अमीरों।

[5] वह दावत के समय आगरा न पहुंच सका था।

[6] १६ मील।

[7] जुमोहीन के दक्षिण की ओर के मार्ग पर।

[8] १८ मील।

[9] कालपी का पुराना परगना। अब यह कानपुर परगने में सम्मिलित है।

सिर मुंडवाया।[1] मैंने पिछले दो महीनों से सिर न मुंडवाया था। तदुपरान्त मैंने मैंने सींगर नदी में स्नान किया।

(१४ फ़रवरी)–सोमवार (५ जमादि–उस्–सानी) को हमने १४ कुरोह[2] यात्रा यात्रा की और काल्पी के चपरकदा[3] नामक परगने में पड़ाव किया।

(१५ फरवरी)–मंगलवार (६ जमादि–उस्सानी) को प्रातःकाल कराचा का एक हिन्दुस्तानी सेवक उपस्थित हुआ। वह माहीम का एक आदेश कराचा के पास लाया था। इस आदेश से यह ज्ञात हुआ कि वह मार्ग में है। उसने लाहौर तथा भीरा एवं उस क्षेत्र के लोगों से मार्ग रक्षकों को भेजने का आदेश दिया था और उसने उसी प्रकार अपने हाथ से परवाने लिखे थे, जिस प्रकार मैं लिखा करता था। उसने ७ जमादि–उल–अव्वल (१७ जनवरी) को काबुल में आदेश लिखे थे।[4]

(१६ फ़रवरी)–बुधवार (७ जमादि–उस्सानी) को हमने ७ कुरोह[5] यात्रा की की और आदमपुर[6] परगने में पड़ाव किया। इसी दिन मैं प्रातःकाल के पूर्व अकेला सवार हुआ और यमुना नदी के तट पर पहुंच कर यात्रा करता रहा। जब मैं आदमपुर के सामने पहुंचा तो मैंने शिविर के समीप एक टापू[7] पर एक एक शामियाना लगवाया। वहां बैठकर मैंने माजून का सेवन किया।

इसी दिन मैंने सादिक़ का कलाल से मल्लयुद्ध कराया। कलाल ने आगरा में चुनौती दी थी। आगरा में उसने यात्रा की थकावट का बहाना करके २० दिन का अवकाश मांगा था। इस अवधि के उपरान्त इस समय तक ४०–५० दिन अधिक व्यतीत हो चुके थे अतः उसे आज मल्ल–युद्ध करने का आदेश दिया गया। सादिक़ ने भलीभांति मल्ल–युद्ध किया और उसे सुगमतापूर्वक पटक दिया। सादिक़ को १०,००० तन्के, जीन सहित घोड़ा, सरोपा[8], एवं बटन दार क़बा प्रदान किये गये। यद्यपि कलाल हार गया था किन्तु उसे नैराश्य से मुक्त करने के लिये ३००० तन्के प्रदान किये गये।

गाड़ियों को उतरवाने का आदेश दिया गया। हम लोग ३–४ दिन तक इसी पड़ाव पर ठहरे रहे। मार्ग तैयार किया जाता रहा और भूमि समतल की जाती रही तथा गाड़ियों को उतरवाया गया।

---

[1] यहां केवल साधारण रूप से बाल कटवाने का उल्लेख नहीं है अपितु सिर के समस्त बाल मुंडवाने की चर्चा है।

[2] २८ मील।

[3] चपरघट्टा, दीरापुर भोगनीपुर–चपरघट्टा–तथा मूसा नगर मार्ग पर।

[4] माहीम एवं उसकी पुत्री गुल बदन स्त्रियों के मुख्य दल के पूर्व ही आ गई थीं।

[5] १४ मील।

[6] सम्भवतः आरामपुर, सम्भवतः अकबरपुर के समीप, किन्तु नदी के आस पास के ग्रामों के कभी–कभी बहा ले जाने के कारण इस स्थान के विषय में निश्चित रूप से नहीं कहा जा सकता।

[7] आराल। कुछ फारसी अनुवादों के अनुसार 'टीला'।

[8] सिर से पांव तक के वस्त्र पूरा खिलअत।

(२१ फरवरी)––सोमवार १२ (जमादि–उस्सानी) को हमने १२ कुरोह[1] यात्रा की और कूररह[2] में पड़ाव किया। आज मैंने तख्ते रवां[3] पर यात्रा की।

(२२–२५ फ़रवरी)–कूररह से १२ कुरोह[4] यात्रा करके हमने कड़ा के एक परगने कूरीया[5] में पड़ाव किया। कूरीया से ८ कुरोह[6] की यात्रा करके हमने फतहपुर असवा[7] में पड़ाव किया। फतहपुर से ८ कुरोह[8] यात्रा करके हमने सराय मुंडा[9] में पड़ाव किया। इसी दिन सोने की नमाज के समय सुल्तान जलालुद्दीन[10] (शर्की) अपने दो छोटे पुत्रों सहित मेरी सेवा में उपस्थित हुआ।

(२६ फ़रवरी)–दूसरे दिन शनिवार १७ जमादि–उस्सानी को हमने ८ कुरोह[11] यात्रा करके कड़ा के दुगदुगी नामक एक परगने में गंगा तट पर पड़ाव किया।

(२७ फरवरी)–रविवार (१८ जमादि–उस्सानी) को मुहम्मद सुल्तान मुहम्मद, नीखूब[12] सुल्तान, तथा तरदीका[13] इस पड़ाव पर उपस्थित हुये।

(२८ फ़रवरी)––सोमवार (१९ जमादि–उस्सानी) को अस्करी भी मेरी सेवा में उपस्थित हुआ। वे सब गंगा के उस पार से आये। अस्करी एवं उसकी अधीनस्थ सेनाओं को आदेश दिया गया कि वे नदी के दूसरे तट से उसकी सेना के सामने यात्रा करें। जिस स्थान पर हमारे शिविर लगें, उसी के सामने (दूसरे तट पर) वे अपने शिविर लगा दें।

---

[1] २४ मील।

[2] सम्भवतः 'कुर्रा खेड़ा' अथवा 'कोड़ा'। इस नाम के दो स्थान फतहपुर जिले में हैं। कोड़ा यमुना के बायें तट पर फतहपुर कस्बे के दक्षिण पश्चिम में १६ मील पर। दूसरा कोड़ा खास है । सम्भवतः बाबर का तात्पर्य 'कोड़ा खास' से है। यह खजुआ तहसील में है।

[3] एक प्रकार की पालकी।

[4] २४ मील।

[5] सम्भवतः 'कुन्दा कनक' जो 'कोड़िया', 'कूड़िया', 'कुर्रा' 'कुनारा कनक' के नाम से प्रसिद्ध है। यह फतहपुर जिले की गाजीपुर तहसील में, फतहपुर के दक्षिण–पश्चिम में लगभग १८ मील पर है।

[6] १६ मील।

[7] फतहपुर हसवा, फतहपुर कस्बे के दक्षिण पूर्व में ७ मील पर।

[8] १६ मील।

[9] फतहपुर के दक्षिण–पूर्व में लगभग २० मील पर।

[10] उसके पूर्वज जौनपुर में १३६४ ई० से १४७६ ई० तक राज्य कर चुके थे। उसके पिता हुसैन शाह शकी को सुल्तान सिकन्दर लोदी ने १४७६ ई० में बुरी तरह पराजित कर दिया था। पूर्व में वह भी पूर्ण अधिकार प्राप्त करने का प्रयत्न कर रहा था। उसके अतिरिक्त जलालुद्दीन नोहानी तथा महमूद लोदी भी इस ओर अधिकार प्राप्त करने का प्रयत्न कर रहे थे।

[11] १६ मील ।

[12] बीखूब।

[13] तरदी यक्का (पहलवान)।

अफ़ग़ानों के समाचार

हम लोग जब इस क्षेत्र में थे तो निरन्तर ये समाचार प्राप्त होने लगे कि सुल्तान महमूद[1] ने १०,००० अफ़ग्रान एकत्र कर लिये हैं। उसने शेख बायजीद एवं बिवन को एक बहुत बड़ी सेना सहित सरवार[2] की ओर भेज दिया है। वह स्वयं फ़तह खां सरवानी के साथ गंगा के किनारे किनारे चुनार[3] की ओर बढ़ रहा है। शेर खां सूर[4] जिसे मैंने पिछले वर्ष आश्रय प्रदान प्रदान करके तथा बहुत से परगने देकर इस क्षेत्र में नियुक्त कर दिया था, इन अफ़ग़ानों से मिल गया है। उन लोगों ने शेर खां तथा कुछ अन्य अमीरों को नदी पार करा दी है। सुल्तान जलालुद्दीन के आदमी बनारस की रक्षा न कर सके और भाग खड़े हुये। कहा जाता है कि उसने यह प्रसिद्ध कर दिया कि उसने बनारस के किले में सैनिकों को नियुक्त कर दिया है और स्वयं नदी के किनारे किनारे सुल्तान महमूद[5] से युद्ध करने जा रहा है।

पूर्व की यात्रा की घटनायें

(१ मार्च)– दुगदुगी से (मंगलवार २० जमादि–उस्सानी) को सेना ने प्रस्थान करके ६ कुरोह[6] यात्रा की और कड़ा से ३–४ कोस पर कुसार में पड़ाव किया। मैंने नौका द्वारा यात्रा की। हम लोग सुल्तान जलालुद्दीन के आतिथ्य सत्कार के कारण यहां तीन–चार दिन तक ठहरे रहे।

(४ मार्च)–शुक्रवार (२३ जमादि–उस्सानी) को मैं कडा के किले के भीतर सुल्तान जलालुद्दीन के महल में उतरा। उसने अतिथि सेवक के रूप में पक्के हुये मांस तथा अन्य वस्तुएँ खिलाई। भोजन–पश्चात् उसे तथा उसके पुत्र को यकताई[7] जामा तथा नीमचा[8] प्रदान किये गये। उसकी प्रार्थना पर उसके ज्येष्ठ पुत्र को सुल्तान महमूद[9] की उपाधि प्रदान की गई। कड़ा से निकल कर मैंने लगभग एक कुरोह[10] की यात्रा की और गंगा तट पर उतरा।

---

[1] सुल्तान महमूद लोदी।

[2] गोरखपुर।

[3] चुनार गंगा तट पर एक दृढ़ पहाड़ी किला है। यह वाराणासी के पश्चिम में लगभग १८ मील पर स्थित है। यह मिर्जापुर जिले की एक तहसील है। यह किला १५वीं–१६वीं शताब्दी ईसवी में बिहार तथा बंगाल की कुंजी समझा जाता था।

[4] शेर खाँ दूदू बीबी के पुत्र के कार्यों की देख रेख कर रहा था। बाबर ने उसे ९३४ हि० (१५२७–२८ ई०) के पूर्वी प्रदेश के अभियान में आश्रय प्रदान किया होगा। इन घटनाओं का हाल 'बाबर नामा' से नष्ट हो चुका है।

[5] बाबर ने उसे अधिकांश 'महमूद खां लिखा है।

[6] १२ मील।

[7] एकहरी कबा।

[8] एक प्रकार का छोटा कोट।

[9] यह उपाधि अन्य अफगान सरदारों के मुकाबले में प्रदान की गई थी।

[10] दो मील।

शहरक बेग को जो माहीम के पास से हमारे गंगा के प्रथम पड़ाव[1] पर पहुंचा था, पत्र देकर विदा किया गया। ख्वाजा यहया का पौत्र ख्वाजा कलां[2] कलां[2] मुझसे उन वक़ाये[3] की, जिनकी मैं रचना करता रहता था, प्रार्थना किया करता था, अतः मैंने एक प्रतिलिपि जो तैयार कराई थी शहरक के हाथ भेज दी।

(५ मार्च)–शनिवार (२४ जमादि–उस्सानी) को हमने प्रातःकाल प्रस्थान कर दिया। मैंने नौका द्वारा यात्रा की और ४ कुरोह[4] की यात्रा के उपरान्त कोह[5] में पड़ाव किया गया। पड़ाव के इतने निकट होने के कारण हम शीघ्र ही पहुंच गये। कुछ क्षण उपरान्त हमने एक नौका में बैठकर माजून का सेवन किया। हमने ख्वाजा अब्दुश् शहीद[6] को, जो ख्वाजा नूर बेग के घर में था, तथा मुल्ला महमूद[7] को जो मुल्ला अली खां के घर में था, बुलवाया। वहां कुछ देर ठहर कर हमने नदी पार की और दूसरे किनारे पर पहलवानों का मल्ल–युद्ध कराया। मैंने दोस्त यासीन को आदेश दिया कि वह पहलवान सादिक़ से नहीं अपितु अन्य लोगों से मल्ल–युद्ध करे। यह आदेश मैंने नियम के विरुद्ध दिया कारण कि सर्व प्रथम सबसे अधिक बली से मल्ल–युद्ध कराना चाहिये था। उसने ८ व्यक्तियों से भलीभांति मल्ल–युद्ध किया।

अफ़ग़ान शत्रुओं के समाचार

मध्याह्नोत्तर की दूसरी नमाज़ के समय सुल्तान मुहम्मद बख्शी, नदी के उस पार से नौका द्वारा आया और यह समाचार लाया कि सुल्तान सिकन्दर के पुत्र महमूद खां[8] की, जिसे विद्रोही सुल्तान महमूद कहते थे, सेना छिन्न–भिन्न हो गई है। यही समाचार एक गुप्तचर भी जो इस स्थान से मध्याह्नोत्तर की प्रथम नमाज के समय गया था, लाया। मध्याह्नोत्तर की दूसरी नमाज तथा सायंकाल की नमाज के मध्य में ताज खां सारंगखानी का एक

---

[1] दुगदुगी।

[2] ख्वाजा कलां ख्वाजा उबैदुल्लाह अहरार के दूसरे पुत्र यहया का पौत्र था।

[3] इस शब्द के आधार पर कुछ विद्वानों का मत है कि उसकी स्वरचित जीवनी का नाम 'वकाये था किन्तु इस शब्द का प्रयोग किसी विशेष नाम के सम्बन्ध में नहीं हुआ है अपितु इसका तात्पर्य बाबर के जीवन की उन घटनाओं के संकलन से है जिनकी रचना बाबर किया करता था।

[4] आठ मील।

[5] कोह खराज, इलाहाबाद जिले में।

[6] ख्वाजा अब्दुशशहीद, ख्वाजा उबैदुल्लाह अहरार के पांचवें पुत्र का पुत्र था।

[7] मुल्ला महमूद फाराबी।

[8] महमूद लोदी, सुल्तान सिकन्दर लोदी का लघु–पुत्र था। पश्चिम–दिशा के अफगानों ने सुल्तान इबराहीम लोदी की पराजय के उपरान्त उसे अपना बादशाह स्वीकार कर लिया था। राणा सांगा भी उसका समर्थक था और उसने १५२७ ई. में राणा सांगा के विरुद्ध बाबर का जो युद्ध हुआ, उसमें राणा का साथ दिया । लोदी सरदारों ने उसे १५२८ ई० में बिहार तथा जोनपुर का बादशाह घोषित कर दिया था।

प्रार्थना–पत्र प्राप्त हुआ जिससे गुप्तचर के समाचार की पुष्टि होती थी। सुल्तान मुहम्मद ने घटना का इस प्रकार उल्लेख कियाः

विद्रोहियों ने चुनार पहुंच कर सम्भवतः उसे घेर लिया और थोड़ा बहुत युद्ध किया किन्तु हमारे निकट पहुंच जाने के समाचार पाकर छिन्न–भिन्न हो गये। जिन अफ़गानों ने बनारस के लिये नदी पार की थी, वे बड़ी अव्यवस्थित दशा में वापस हुये। उनकी दो नौकायें नदी पार करते समय डूब गईं और उनके बहुत से आदमी भी डूब गये।

पूर्व की यात्रा की घटनायें

(६ मार्च)–रविवार (२५ जमादि–उस्सानी) को प्रातःकाल हमने प्रस्थान करके छः कुरोह[1] यात्रा की और प्याग[2] के सीर–औलिया नामक परगने में पहुंच गये। मैंने नौका द्वारा यात्रा की।

ईसान तीमूर सुल्तान तया तूख्ता बूगा सुल्तान[3] आधे मार्ग पर उतर कर मुझसे भेंट करने की प्रतीक्षा कर रहे थे। मैंने उन्हें नौका में बुलवा लिया। तूख्ता बूग़ा सुल्तान ने कोई जादू कर दिया होगा कारण कि बड़ी तीव्र वायु चलने लगी और वर्षा होने लगी। विचित्र प्रकार की वायु के कारण मैंने माजून का सेवन किया, यद्यपि मैं पिछले दिन माजून खा चुका था। मैं पड़ाव पर पहुंचा।[4]......

(७ मार्च)–दूसरे दिन (सोमवार २६ जमादि–उस्सानी) को हम उसी पड़ाव पर ठहरे रहे।

मंगलवार (२७ जमादि–उस्सानी) को हमने प्रस्थान कर दिया।

शिविर के सामने एक बहुत बड़ा हरा भरा टापू[5] जैसा था। मैं नौका से उतर कर उसकी सैर करने गया और पहले पहर[6] में नौका पर वापस पहुंच गया।

जब मैं नदी के खादर के किनारे–किनारे घोड़े पर यात्रा कर रहा था तो मेरा घोड़ा एक स्थान पर पहुंच गया जहां दराड़ा था और टूटने लगा था। मैं तत्काल कूद कर नदी–तट पर पहुंच गया। घोड़ा भी बच गया। यदि मैं घोड़े की पीठ पर बैठा रहता तो सम्भवतः मैं तथा वह दोनों ही नीचे चले जाते।

इसी दिन मैंने गंगा नदी तैर कर पार की। मैंने जितने हाथ मारे उन्हें गिनता गया। मैंने ३३ हाथ मार कर नदी पार कर ली और फिर बिना विश्राम

---

1 १२ मील।

2 प्रयाग।

3 चगताई सुल्तान अस्करी के साथ गंगा के पूर्व में रहे होंगे।

4 यहाँ के आगे का कुछ हाल नष्ट हो गया है।

5 'आराल' । यहां इस शब्द का अर्थ स्पष्ट नहीं है।

6 ६–९ बजे प्रातः।

किये तैर कर वापस चला आया। मैं अन्य नदियां तैर कर पार कर चुका था। केवल गंगा नदी ही पार नहीं की थी।[1]

सायंकाल की नमाज के समय हम गंगा–यमुना के संगम पर पहुंचे और नौकायें प्याग की ओर लगवा दीं। एक पहर तथा ४ घड़ी[2] उपरान्त (रात्रि में) शिविर में पहुंच गये।

(६ मार्च)–बुधवार (२८ जमादि–उस्सानी) को प्रथम पहर से सेना ने यमुना नदी पार करनी प्रारम्भ कर दी। उस समय ४२० नौकायें थीं।

(११ मार्च)–शुक्रवार १ रजब को मैंने नदी पार की।

(१४ मार्च)–सोमवार ४ (रजब) को यमुना के किनारे–किनारे बिहार की ओर यात्रा प्रारम्भ की गई। ५ कुरोह[3] की यात्रा के उपरान्त लवाएन में पड़ाव हुआ। मैंने नौका द्वारा यात्रा की। सेना वाले आज के दिन तक यमुना नदी पार करते रहे। उन्हें आदेश दिया गया कि ज़र्बज़न[4] की गाड़ियों को जो आदमपुर में नौका से उतारी गई थीं, पुनः नौका में लाद दें और प्याग से उन्हें नदी द्वारा ले जायें।

इस पड़ाव पर हमने पहलवानों में मल्ल–युद्ध कराया। दोस्त यासीन खैर का मैंने लाहौर के मल्लाह पहलवान से मल्ल–युद्ध कराया। बड़ा सख्त मुक़ाबला हुआ। दोस्त[5] उसे बड़ी कठिनाई से पटक सका। दोनों को सरोपा[6] सरोपा[6] प्रदान की गई।

(१५–१६ मार्च)–लोगों ने हमें बताया कि हमारे आगे दलदल तथा कीचड़ से भरी हुई तूस[7] नामक एक बड़ी खराब नदी है। घाट के निरीक्षण एवं मार्ग

---

[1] बाबर के नदी को तैर कर पार करने का उपर्युक्त वर्णन जो २७ जमादि–उस्सानी (८ मार्च १५२६ ई०) के प्रसंग में दिया गया है, अपने स्थान पर नहीं है कारण कि उसने २५ रजब ६३५ हि० (४ अप्रैल १५२६ ई.) की घटनाओं के सम्बन्ध में लिखा है कि उसने एक वर्ष पूर्व बकसर में गंगा नदी तैर कर पार की थी। उसे कन्नौज में भी २७ फरवरी के लगभग तैर कर गंगा नदी पार करने का अवसर मिला था किन्तु इस विषय पर उस वर्ष की घटनाओं में कोई उल्लेख नहीं। इस प्रकार सम्भवतः तैर कर नदी पार करने का यह वर्णन ६३४ हि० की उन घटनाओं से ही सम्बन्धित है जो नष्ट हो गई।

[2] लगभग १०.३० बजे रात्रि में।

[3] दस मील।

[4] एक प्रकार की तोप।

[5] दोस्त यासीन खैर।

[6] सिर से पांव तक के वस्त्र, खिलअत।

[7] टोंस। बाबर के टोंस एवं कर्मनासा के वर्णन से पता चलता है कि उसने इन नदियों को पिछले वर्ष पार नहीं किया था। उस वर्ष वह ग्वालियर से कनार घाट पर पहुँचा और वहां यमुना पार करके सीधा कन्नौज की ओर चल दिया। कन्नौज के ऊपर उसने गंगा नदी पर पुल बंधवाया और बांगरमऊ की ओर चल दिया। गोमती पार करके घाघरा एवं सारदा के संगम के समीप पहुंचा। टोंस नाम की दो नदियां हैं–(१) दक्षिणी, (२) पूर्वी । दक्षिणी जिसका ऊपर उल्लेख हुआ है कैमूर पर्वत से निकल कर रीवा तथा इलाहाबाद जिले से होती हुई, गंगा यमुना के संगम के नीचे १६ मील पर गंगा में पनासा नामक स्थान पर

की मरम्मत हेतु हम दो दिन[1] तक उस पड़ाव पर ठहरे रहे। घोड़ों एवं ऊँटों के लिए चढ़ाव की ओर एक घाट मिल गया किन्तु लोगों ने बताया कि घाट के असमतल एवं पथरीला होने के कारण भरी हुई गाड़ियां उसे नहीं पार कर सकतीं किन्तु उनके विषय में आदेश हुआ कि उन्हें वहीं से पार कराया जाये।

(१७ मार्च)–बृहस्पतिवार (७ रजब) को हमने प्रस्थान कर दिया। मैं स्वयं तूस[2] तथा गंगा के संगम तक नौका द्वारा पहुंचा। वहां मैं नौका से उतर पड़ा और फिर वहां से तूस के चढ़ाव की ओर घोड़े पर सवार होकर गया। मध्याह्नोत्तर की दूसरी नमाज के समय घाट को पार करके जहाँ सेना पड़ाव किये हुए थी पहुंच गया।

आज छः कुरोह[3] की यात्रा की गई।

(१८ मार्च)–दूसरे दिन (शुक्रवार ८ रजब) को हम उस पड़ाव पर ठहरे रहे।

(१९ मार्च)–शनिवार (९ रजब) को हमने १२ कुरोह[4] यात्रा की और नुलीबा[5] नामक स्थान पर पुनः गंगा तट पर पहुंच गये।

(२० मार्च)–रविवार (१० रजब) को हमने छः कुरोह[6] की यात्रा की और किन्तित नामक स्थान पर पड़ाव किया।

(२१ मार्च)–सोमवार (११ रजब) को प्रस्थान करके हमने नानापुर[7] में पड़ाव किया। ताज खां सारंगखानी इस पड़ाव पर अपने दो छोटे पुत्रों सहित आकर मेरी सेवा में उपस्थित हुआ।

उन्हीं दिनों सुल्तान मुहम्मद बख्शी के पास से एक प्रार्थना–पत्र प्राप्त हुआ जिससे प्रामाणिक रूप से ज्ञात हुआ कि मेरे परिवार वाले एवं उनका काफ़ला[8] काबुल से प्रस्थान कर चुका है और मार्ग में है ।

(२३ मार्च)–बुधवार (१३ रजब) को हमने उस पड़ाव से प्रस्थान किया। मैंने चुनार के किले की सैर की और वहां से एक कुरोह[9] आगे बढ़ कर पड़ाव किया।

गिरती है। दूसरी फैजाबाद के पश्चिम से निकलती है और घाघरा के समानान्तर बहती हुई, बलिया के दक्षिण में दो मील पर गंगा में गिरती है।

1 मंगलवार एवं बुधवार, ५–६ रजब।

2 टोंस।

3 १२ मील।

4 २४ मील।

5 सम्भवतः 'नुलीबई स्टेशन।

6 १२ मील।

7 सम्भवतः 'नन्कुन पुर', पहारी रेलवे स्टेशन के पूर्व में।

8 स्त्रियों का काफला।

9 २ मील।

जिन दिनों हम प्याग से आगे यात्रा कर रहे थे मेरे शरीर पर बड़े कष्टदायक फोड़े निकल आये। जब हम इस पड़ाव पर थे, तो एक रूमी[1] ने इसका वह उपचार किया जिसका हाल ही में रूम में पता लगाया गया था। उसने एक हंडिया में मिर्च उबाली। मैं घाव को उसकी भाप के सामने रक्खे रहा। जब भाप बन्द हो गयी तो मैंने उसी गरम जल से घाव धोये। यह उपचार दो घंटे तक चलता रहा ।

जब हम लोग इस पड़ाव पर थे तो किसी ने बताया कि उसने एक आराल[2] में जो शिविर के समीप है, सिंह तथा गेंडे देखे हैं।

(२४ मार्च)–प्रातःकाल (१४ रजब) को हमने उस आराल में शिकार का घेरा[3] तैयार कराया। हाथी भी लाये गये। न तो सिंह और न गैंडा दृष्टिगत हुआ। एक जंगली भैंसा पंक्ति के अन्तिम सिरे पर प्रकट हुआ।

उस समय बड़ी खराब आंधी चल रही थी और धूल के चक्रवात बड़ा कष्ट दे रहे थे। मैं नौका में लौट गया और वहां से शिविर में, जो बनारस से दो कुरोह[4] ऊपर था, चला गया।

अफ़ग़ानों के समाचार

(२५ मार्च तथा २६ मार्च)–वहां पहुंच कर ज्ञात हुआ कि चुनार के समीप के एक जंगल में बहुत बड़ी संख्या में हाथी पाये जाते हैं। मैं इस पड़ाव से प्रस्थान करके हाथियों का शिकार करने के विषय में सोच रहा था कि ताज खां समाचार लाया कि महमूद खां[5] सोन नदी के समीप है। मैंने बेगों[6] को बुलवा कर उनसे उसपर तत्काल आक्रमण कर देने के विषय में परामर्श किया। अन्त में यह निश्चय हुआ कि निरन्तर तेजी से यात्रा करते रहना चाहिये।

(२७ मार्च)–वहां से (रविवार १७ रजब को) प्रस्थान करके हमने ६ कुरोह[7] कुरोह[7] यात्रा की और बिलवा[8] घाट पर पड़ाव किया।

(२८ मार्च)–सोमवार १८ (रजब) की रात्रि में इस पड़ाव से ताहिर को आगरा की ओर जो लोग काबुल से आ रहे थे उनके व्यय हेतु वरात[9] देकर भेजा गया।

दूसरे दिन (सोमवार) को प्रातःकाल मैंने नौका द्वारा यात्रा प्रारम्भ की। जब हम गोई[1] नदी, जो जूनपुर (जौनपुर) की नदी है, और गंगा नदी के

---

[1] आटोमन टर्क।

[2] सम्भवतः नदी की मोड़ के जंगल।

[3] जींगा।

[4] ४ मील।

[5] महमूद खां लोदी।

[6] अमीरों।

[7] १८ मील।

[8] सम्भवतः बलुआ।

[9] वह पत्र जिसके द्वारा किसी अन्य स्थान की मालगुजारी से धन वसूल किया जा सके।

संगम पर पहुंचे तो मैं कुछ आगे बढ़ गया और फिर पीछे लौट आया। यद्यपि यह नदी बड़ी सकरी है किन्तु इसमें कोई घाट नहीं है। पिछले वर्ष सेना वालों ने इसे नौका द्वारा तथा घोड़ों को तैरा कर पार किया था।

मैं जूनपुर नदी के एक कुरोह[2] नीचे अपने उस पड़ाव को देखने गया जहां से एक वर्ष पूर्व हमने जूनपुर[3] की ओर प्रस्थान किया था। बड़ी उत्तम वायु चलने लगी थी। हमारी बड़ी नौका छोटी बगाली नौका के साथ जोड़ दी गई। जब उसके पाल खोल दिये गये तो वह तेजी से चलने लगी। जब हम पड़ाव[4] पर पहुंचे तो दो घड़ी[5] दिन शेष था। हम बिना ठहरे वहां से चल दिये और सोने के समय की नमाज़ तक शिविर में जो मदन बनारस[6] से एक कोस ऊपर था, उन नौकाओं से बहुत पहले, जो पीछे आ रही थीं, पहुंच गये।

मुगूल बेग को आदेश दिया गया था कि वह चुनार से प्रत्येक पड़ाव के मार्ग की नाप करता जाये। लुत्फ़ी बेग को आदेश हुआ था कि जब कभी मैं नौका से यात्रा करूं तो वह नदी तट की नाप करे। आज का सीधा मार्ग ११ कुरोह[7] तथा नदी के किनारे का मार्ग १८ कुरोह[8] निकला।

(२६ मार्च)–दूसरे दिन (मंगलवार १६ रजब) को हम उस पड़ाव पर ठहर गये।

(३० मार्च)–बुधवार (२० रजब) को हम लोग गाजीपुर के एक कुरोह[9] नीचे उतरे। मैंने नौका द्वारा यात्रा की।

(३१ मार्च)–बृहस्पतिवार (२१ रजब) को महमूद खां नोहानी उस पड़ाव पर मेरी सेवा में उपस्थित हुआ।

आज बिहार खां बिहारी के पुत्र जलाल खां (नोहानी), नसीर खां (नोहानी) के पुत्र फ़रीद खां, शेर खां सूर, अलाउल खां सूर तथा कुछ अन्य अफ़ग़ान अमीरों के प्रार्थना–पत्र प्राप्त हुये। आज अब्दुल अज़ीज़ अमीर आखूर का प्रार्थना पत्र, जो उसने लाहौर से २० जमादि–उस्सानी (२६ फ़रवरी) को लिखा था, प्राप्त हुआ। जिस दिन यह पत्र लिखा गया था, कराचा का हिन्दुस्तानी सेवक, जिसे हमने कालपी[10] के समीप से भेजा था, लाहौर पहुंच

---

[1] गोमती।

[2] दो मील।

[3] सम्भवतः सैयिदपुर से।

[4] सैयिदपुर।

[5] सायंकाल ५–१५ ।

[6] जमानियाः यह नाम अकबर के समय में अली कुली खाने जमान के नाम पर जमानिया पड़ा। यह गाजीपुर में है।

[7] २२ मील।

[8] ३६ मील।

[9] २ मील।

[10] वह चपर घटा से रवाना हुआ था।

गया था। अब्दुल अज़ीज़ ने लिखा था कि वह अन्य लोगों के साथ जिन्हें यह कार्य सौंपा गया था, मेरे परिवार वालों से नीलाब पर भेंट करने गया था। उसने उनसे ६ जमादि–उस्सानी (१८ फ़रवरी) को भेंट की और उनके साथ–साथ चनाव तक आया। उन्हें वह वहां छोड़कर लाहौर, जहां से वह पत्र लिख रहा था, पहुंच गया।

(१ अप्रैल)–हमने वहां से प्रस्थान किया। मैं नौका द्वारा शुक्रवार (२२ रजब) को रवाना हुआ। मैं चौसा[1] के समीप एक वर्ष पूर्व के पड़ाव को देखने देखने के लिये जहां सूर्य–ग्रहण[2] हुआ था और मैंने रोज़ा रक्खा[3] था गया। मैं मैं नौका में वापिस चला गया। मुहम्मद ज़मानं मीर्जा भी पीछे पीछे नौका द्वारा मेरे पास पहुंच गया और उसके आग्रह पर माजून का सेवन किया गया।

सेना कर्मनासा नदी के तट पर पड़ाव किये हुए थी। हिन्दू लोग इस नदी के जल के विषय में बड़ी विचित्र बातें करते हैं। वे इसे पार नहीं करते। वे इसके दहाने के आगे नौका द्वारा गंगा पार करते हैं। उनका दृढ़ विश्वास है कि यदि किसी से इस नदी का जल छू जाये तो उसका कर्म नष्ट हो जाता है। इसी विश्वास के कारण इस नदी का यह नाम पड़ गया।

मैं नौका पर बैठकर इस नदी के कुछ ऊपर तक गया। तदुपरान्त वापस होकर गंगा के उत्तरी तट पर पहुंचा और नदी तट पर नौकायें बंधवा दीं। वीरों ने कुछ आनन्द मंगल मनाया। कुछ लोगों ने मल्ल–युद्ध किया। मुहसिन साक़ी[4] ने यह चुनौती दी कि, "मैं चार या पांच आदमियों से मल्ल–युद्ध करूंगा।" सर्व प्रथम जिससे उसने मल्ल–युद्ध किया उसे उसने पटक दिया। दूसरा शादमान था। उसने उसे (मुहसिन को) पटक दिया। मुहसिन इससे बड़ा लज्जित हुआ। जिन लोगों का व्यवसाय मल्ल–युद्ध था उन्होंने भी उपस्थित होकर मल्ल–युद्ध किया।

(२ अप्रैल)–दूसरे दिन प्रातःकाल शनिवार (२३ रजब) को पहली घड़ी[5] के के लगभग हमने कर्मनासा नदी के किसी छिछले स्थान की खोज करने के लिये आदमियों को भेजने के लिये प्रस्थान किया। मैं नदी के ऊपर एक कुरोह[6] के लगभग गया किन्तु छिछले स्थान के दूर होने के कारण नौका पर पर बैठ कर चौसा के नीचे शिविर में वापस चला गया।

---

[1] चौसा, शाहाबाद के बक्सर सब डिवीजन में। यह कर्मनाला तथा गंगा के संगम पर, बक्सर कस्बे के ४ मील दक्षिण में स्थित है।

[2] यह १० मई १५२८ ई० का सूर्य ग्रहण था।

[3] सूर्य ग्रहण के दिन रोजा रखना उचित बताया गया है।

[4] मदिरा पिलाने वाले ने।

[5] ६ बजे प्रातः।

[6] दो मील।

आज मैंने मिर्च के उपचार का पुनः प्रयोग किया। इस बार पहले की अपेक्षा जल कुछ अधिक गरम था। मेरे शरीर में इससे छाले पड़ गये और मुझे बड़ा कष्ट हुआ।

(३ अप्रैल)–आगे एक छोटी सी दलदली नदी[1] बताई जाती थी अतः मार्ग की व्यवस्था हेतु हमने वहां पड़ाव किया।

(४ अप्रैल)–सोमवार (२५ रजब) की रात्रि में अब्दुल अजीज के पत्र का, जिसे उसका हिन्दुस्तानी प्यादा लाया था, उत्तर लिख कर भेजा गया।

सोमवार को प्रातः काल में जिस नौका पर सवार हुआ उसे वायु के कारण खींचा जाना था। हम बक्सर[2] के सामने के पड़ाव पर पहुंचे। वहां पिछले वर्ष जिस स्थान पर सेना कई दिन तक ठहरी रही थी, उसे देखने गये। उस समय सेना के उतरने के लिए ४० और ५० के बीच में जीने तैयार किये गये थे। उनमें से ऊपर के दो तो बच गये थे, शेष जीने नदी ने नष्ट कर दिये थे। नौका में वापिस होकर हमने माजून का सेवन किया। शिविर के ऊपर एक आराल[3] में हमने नौकायें किनारे से लगवा दी और पहलवानों द्वारा मल्ल–युद्ध कराया। सोने की नमाज के समय में शिविर में पहुंचा।

पिछले वर्ष इसी पड़ाव पर जहां आज शिविर लगा हुआ है मैंने गंगा नदी तैर कर पार की थी। कुछ लोगों ने घोड़ों पर सवार होकर और कुछ ने ऊंट पर सवार होकर वहां सैर की। उस दिन मैंने अफ़ीम का सेवन किया था।

युद्ध की घटनायें

(५ अप्रैल)––मंगलवार (२६ रजब) को प्रातःकाल हमने करीम बरदी, हैदर अली रिकाबदार[4] के पुत्र मुहम्मद अली तथा बाबा शेख के अधीन लगभग २०० व्यक्ति (शत्रुओं के) समाचार लाने के लिये भेजे।

इसी पड़ाव पर बंगाले के दूत को आदेश हुआ कि वह इन तीन बातों की सूचना कराये[5] :––

(६ अप्रैल)–बुधवार (२७ रजव) को यूनुस अली, जिसे मुहम्मद जमान मीर्जा के पास बिहार जाने के विरुद्ध कारणों का पता लगाने के लिये भेजा गया था[1], बड़ा साधारण सा उत्तर लाया।

---

[1] सम्भवतः थोरा नदी।

[2] बंगाल के शाहाबाद जिले में एक कस्बा। यह गंगा के दायें तट पर वाराणसी के उत्तर–पूर्व में ६२ मील पर स्थित है।

[3] सम्भवतः गंगा तथा थोरा नदी के मध्य का दोआब।

[4] वह अधिकारी जो बादशाहों अथवा अमीरों के घोड़ों के साथ साथ रहता था, बादशाह अथवा अमीर की घोड़े पर बैठते समय सहायता करता था और घोड़ों की देख रेख भी करता था। शाही भोजन का प्रबन्ध करने वाले भी रिकाबदार कहलाते थे।

[5] इन बातों का कोई उल्लेख नहीं। सम्भवतः इस स्थान से बाबर की स्वरचित जीवनी का एक पृष्ठ नष्ट हो गया है।

बिहार के शेखजादों के पत्रों द्वारा ज्ञात हुआ कि शत्रु वह स्थान छोड़ कर जा चुके हैं।

(७ अप्रैल)–बृहस्पतिवार (२८ रजब) को मुहम्मद अली जंगजंग के पुत्र तरदी मुहम्मद के अधीन लगभग २००० तुर्क एवं हिन्दुस्तानी अमीरों के आदमी एवं तर्कशबन्द[2] इस आशय से भेजे गये कि वे बिहार वालों के पास शाही प्रोत्साहन के पत्र ले जायें। ख्वाजा मुर्शिद एराकी को भी, जिसे बिहार का दीवान नियुक्त कर दिया गया था, उसके साथ कर दिया गया।

(८ अप्रैल)–मुहम्मद जमान मीर्जा, जिसने बिहार जाना स्वीकार कर लिया था, ने कुछ बातें शेख जैन तथा यूनुस अली द्वारा कहलवाईं। उसने कुमक की प्रार्थना की थी। तदनुसार बहुत से जवानों को उसकी कुमक के लिये आदेश दिया गया और बहुत से उसके सेवक बना दिये गये।

(६ अप्रैल)–शनिवार प्रथम शाबान को हमने उस पड़ाव से जहां हम तीन–चार दिन से ठहरे थे प्रस्थान कर दिया। मैं भोजपुर[3] तथा बिहिया[4] की सैर करने गया और वहां से अपने शिविर में वापस चला आया।

मुहम्मद अली तथा अन्य लोग जो समाचार लाने के लिये भेजे गये थे, काफ़िरों के एक दल को मार्ग में पराजित करके उस स्थान पर जहां सुल्तान महमूद[5] सम्भवतः २००० आदमियों सहित डटा हुआ था, पहुंच गये। वह हमारी सेना के अग्र भाग की सूचना पाकर अपने दो हाथियों की हत्या करके भाग खड़ा हुआ। वह कुछ जवानों एवं एक हाथी को करावल[6] के रूप में छोड़ गया। हमारे आदमियों ने उसके कुछ आदमियों को घोड़े से गिरा दिया और एक आदमी का सिर काट डाला। वे थोड़े से उपयोगी आदमियों को जीवित बन्दी बना लाये।

पूर्व की ओर की यात्रा की घटनायें

(१० अप्रैल)–दूसरे दिन (रविवार २ शाबान) को हमने प्रस्थान कर दिया। मैंने नौका द्वारा यात्रा की। हमारे आज के पड़ाव से मुहम्मद ज़मान मीर्जा (अपनी सेना) को नदी[7] पार करा ले गया और किसी को भी पीछे न छोड़ा।

---

[1] मुहम्मद जमान मीर्जा, खुरासान के बादशाह बदी–उज–जमान मीर्जा का पुत्र था। बाबर उसे इस समय बिहार का हाकिम बनाना चाहता था। किन्तु वह सम्भवतः उसे न चाहता था। वह बाबर का जामाता था और उसका विवाह बाबर की पुत्री मासुमा बेगम से हुआ था।

[2] सैनिक।

[3] भोजपुर बंगाल के शाहाबाद जिले में गंगा के दायें तट पर स्थित है। यह बिहिया के २५ मील पश्चिम में और बक्सर के ५ मील पूर्व में है।

[4] बिहिया, बंगाल के शाहाबाद जिले की शाहाबाद तहसील का एक ग्राम।

[5] सुल्तान महमूद लोदी।

[6] सेना का वह अग्र भाग जो शत्रुओं का पता लगाने एवं रसद का प्रबन्ध करने के लिये नियुक्त किया जाता है।

[7] सोन नदी।

हम इस पड़ाव पर उसके कार्यों की व्यवस्था कराने एवं उसे बिदा करने के लिये ठहरे रहे।

(१३ अप्रैल)–(बुधवार ४ शाबान को) मुहम्मद जमान मीर्जा को एक शाही सरोपा[1] एक तलवार तथा पेटी, एक तीपूचाक़ घोड़ा तथा चत्र[2] प्रदान किया गया। बिहार की विलायत के प्रति कृतज्ञता हेतु वह घुटनों के बल झुका। बिहार से एक करोड २५ लाख को खालसा कर दिया गया[3] और मुर्शिद एराकी को उसकी दीवानी दे दी गई।

(१४ अप्रैल)–मैंने बृहस्पतिवार (६ शाबान) को उस पड़ाव से प्रस्थान किया और नौका में पहुंचा। मैंने पहले से आदेश दे दिया था कि नौकायें प्रतीक्षा करें। उनमें पहुंच कर मैंने आदेश दिया कि नौकाओं को एक पंक्ति में कर के बांध दिया जाये। यद्यपि सभी नौकायें नहीं एकत्र हुई थीं किन्तु जितनी भी नौकायें एकत्र हो सकी थीं वे नदी की चौड़ाई की अपेक्षा बढ़ गई। इस प्रकार बांधने से वे चल न सकती थीं कारण कि नदी का जल कहीं छिछला तो कहीं गहरा, कहीं तेज तो कहीं मन्द था। एक घड़ियाल दिखाई पड़ा। एक भयभीत मछली इतना ऊंचा कूद गई कि वह नौका में गिर पड़ी। उसे पकड़ कर मेरे पास लाया गया।

जब हम लोग अपने पड़ाव के निकट पहुंचने लगे तो हमने नौकाओं के नाम रक्खे। एक बहुत बड़ी नौका का, जो सांगा[4] से जिहाद के पूर्व आगरा में में बनवाई गई थी और बाबरी कहलाती थी, नाम आसाइश[5] रक्खा गया। एक एक नौका, जिसे आराइश खां ने बनवाया था, और मुझे इस वर्ष सेना के प्रस्थान के पूर्व भेंट किया था और जिस पर इस पड़ाव की ओर आते हुए मार्ग में हमने एक चबूतरा बनवाया था, का नाम आराइश[6] रक्खा गया। एक नौका का, जिसका आकार प्रकार बड़ा अच्छा था और जिसे जलालुद्दीन शर्की ने मुझे भेंट किया था, नाम गुंजाइश[7] रक्खा गया। इसमें जो एक चबूतरा था, था, उसके ऊपर मैंने दूसरा चबूतरा बनवाया। एक छोटी सी नौका का, जिसमें एक चौकन्दी[8] थी, और जो प्रत्येक कार्य हेतु प्रयोग में आती थी, नाम फ़रमाइश[9] रक्खा गया।

---

[1] खिलअत।

[2] मीर्जा के उच्च वंश एवं बाबर के जामाता होने के कारण उसे शाही चिह्न प्रदान किये गये। बाबर पूर्व से जाने के पहले उसे उच्च अधिकार देकर जाना चाहता था।

[3] बिहार की मालगुजारी में से १ करोड २५ लाख शाही खजाने के लिये सुरक्षित कर दिया गया।

[4] राणा सांगा।

[5] विश्राम सम्बंधी।

[6] सजावट।

[7] जिसमें पर्याप्त स्थान हो।

[8] एक प्रकार की कोठरी।

[9] याचित।

(१५ अप्रैल)–दूसरे दिन शुक्रवार (७ शाबान) को हमने कहीं प्रस्थान न किया। मुहम्मद ज़मान मीर्जा, जिसने बिहार के लिये पूर्ण तैयारी कर ली थी और जो शिविर के एक दो कुरोह[1] आगे पड़ाव किये हुये था, आज मुझसे विदा होने आया।

बंगाल की सेना के समाचार

बंगाल की सेना में से दो गुप्तचरों ने उपस्थित होकर बताया कि, "मख्दूमये आलम[2] के अधीन बंगाली[3], गंडक नदी के २४ स्थानों पर नियुक्त कर दिये गये हैं और वे अपनी प्रतिरक्षा का प्रबन्ध कर रहे हैं। उन लोगों ने अफ़ग़ानों[4] को, जो अपने परिवार (गंगा?) नदी से पार कराना चाहते थे, रोक दिया है और वे अब उन लोगों के पास पहुंच गये हैं।''[5] इस समाचार से युद्ध छिड़ जाने की शंका हो गई। हमने मुहम्मद जमान मीर्जा को रोक लिया और शाह सिकन्दर को ३००–४०० आदमियों सहित बिहार की ओर भेज दिया।

पूर्व की ओर की यात्रा की घटनायें

(१६ अप्रैल)–शनिवार (८ शाबान) को दूदू तथा उसके पुत्र जलाल खां विन (पुत्र) बिहार[6] खां के पास से एक आदमी आया। उसे[7] बंगाली ईर्ष्या की की दृष्टि से देख रहे थे।[8] यह सूचना देकर कि वे लोग आ रहे हैं, उसने बताया कि बंगालियों से मुक्ति प्राप्त करने के लिये उन्होंने थोड़ा बहुत युद्ध किया और नदी पार करके बिहार[9] पहुंच गये। अव बताया जाता है कि वे मेरी ओर अधीनता स्वीकार करने हेतु अग्रसर हो रहे हैं।

आज बंगाल के दूत इस्माईल मीता को, उन तीन बातों के विषय में जिनके बारे में पत्र लिख कर भेजे जा चुके थे, यह आदेश दिया गया कि वह (नुसरत शाह) को लिखे कि उत्तर आने में बड़ा विलम्ब हो रहा है । यदि

---

[1] २–४ मील।

[2] नुसरत शाह के अधीन हाजीपुर का हाकिम।

[3] बंगाल राज्य की प्रजा। इनमें बिहारी एवं पूर्विये भी रहे होंगे।

[4] सुल्तान महमूद के अधीनस्थ अफगानों को।

[5] अफगान और बंगाली मिल गये हैं।

[6] सुल्तान मुहम्मद शाह नोहानी अफगान, बिहार का हाकिम जिसकी मृत्यु १५२८ ई० में हुई। उसने फरीद खाँ सूर (शेर शाह) को शासन प्रबन्ध को सीखने का अवसर दिया था। उसने उसे अपने पुत्र का, जो बाल्यावस्था में था, नायब नियुक्त कर दिया था। वह सुल्तान मुहम्मद शाह नोहानी के बाद भी इस पद का कार्यभार ग्रहण किये रहा। दूदू, जलाल खां की माता, भी फरीद की सहायता करती थी।

[7] नुसरत शाह को।

[8] इस वाक्य का अर्थ अधिक स्पष्ट नहीं। किन्तु इसका तात्पर्य यह है कि नुसरत शाह उन लोगों को रोके हुये था।

[9] बिहार : बिहार कस्बा पटना (बिहार) नगर से ३७ मील पर स्थित है। अब यह उजड़ गया है।

(नुसरत शाह) हमारे प्रति निष्ठावान् एवं आज्ञाकारी है तो उत्तर शीघ्र आना चाहिये।

(१७ अप्रैल)–रविवार (६ शाबान) की रात्रि में एक आदमी तरदी मुहम्मद जंगजंग के पास से यह समाचार लाया कि जब बुधवार ५ शाबान को उसके करावल[1] इस ओर से बिहार पहुंचे तो उस स्थान का शिक़दार दूसरी ओर के के एक फाटक से भाग गया।

रविवार को प्रातःकाल हमने प्रस्थान कर दिया और आरी[2] नामक परगने में पड़ाव किया।

संधि की वार्ता

इस पड़ाव पर यह समाचार प्राप्त हुये कि खरीद[3] की सेना १००–१५० नौकाओं सहित सरयू एवं गंगा के संगम के निकट सरयू नदी के उस पार ठहरी हुई है। क्योंकि हममें तथा बंगाली[4] में एक प्रकार की सन्धि थी, अतः इस प्रकार के कार्यों में हम कल्याण की दृष्टि से शांति के मार्ग पर अग्रसर होते हैं। यद्यपि उसने इस समय धृष्टता प्रदर्शित की और मार्ग में आकर बैठ रहा[5] किन्तु हमने अपने प्राचीन नियम के कारण मुल्ला मज़हब को बंगाले के दूत इस्माईल मीता के साथ इस आशय से भेजा कि वे एक बार फिर उन तीनों बातों के उत्तर के लिये आग्रह करें।

(१८ अप्रैल)–सोमवार (१० शाबान) को जब बंगाल का दूत मेरी सेवा में उपस्थित हुआ तो उसे विदा कर दिया गया और उसे बता दिया गया कि हम शत्रुओं को नष्ट करने के लिये इधर उधर जाते रहेंगे किन्तु तुम्हारे राज्य के किसी भाग को कोई हानि न पहुंचेगी। उन तीन बातों में से एक बात यह थी कि जब तुम लोग खरीद की सेना को वह मार्ग छोड़ कर जिस पर हम यात्रा कर रहे हैं, हट जाने का आदेश दे दोगे तो हम कुछ तुर्कों को इस आशय से उस सेना के साथ कर देंगे कि वे खरीद की सेना वालों को तसल्ली देकर उन्हें उनके स्थान पर पहुंचा दें। यदि वे घाट न छोड़ेगे और अपनी अनुचित बातों को न त्यागेंगे तो फिर उन्हें यह समझ लेना चाहिये कि यदि इसके कारण उन्हें कोई हानि होगी अथवा कोई कष्ट होगा तो इसका उत्तरदायित्व उनकी बातों एवं आचरण पर होगा।

(२० अप्रैल)–बुधवार (१२ शाबान) को प्रथानुसार बंगाल के दूत को खिलअत पहना कर तथा इनाम देकर बिदा कर दिया गया।

(२१ अप्रैल)–बृहस्पतिवार (१३ शाबान) को शेख जमाली को दूदू एवं उसके पुत्र जलाल खां के पास प्रोत्साहन–युक्त फ़रमान देकर भेजा गया।

---

[1] सेना के अग्र भाग वाले नो शत्रुओं का पता लगाने के लिये आगे आगे जाते हैं।

[2] आराः बिहार प्रान्त का जिला।

[3] बलिया जिले का एक परगना।

[4] नुसरत शाह।

[5] नुसरत शाह की शत्रुता का स्पष्ट वर्णन।

आज माहीम का एक सेवक उपस्थित हुआ। वह वाली[1] से बागे सफ़ा के उस ओर विदा हुआ होगा।

(२३ अप्रैल)–शनिवार (१५ शाबान) को एराक़ के राजदूत, मुराद क़ाजार से भेंट की गई।

(२४ अप्रैल)–रविवार (१६ शाबान) को मुल्ला मजहब को प्रथानुसार स्मरणार्थक चिह्न[2] दे कर विदा कर दिया गया।

(२५ अप्रैल)–सोमवार (१७ शाबान) को खलीफ़ा को अन्य बेगों[3] के साथ यह पता लगाने के लिये भेजा गया कि नदी[4] कहां पार की जा सकती है।

(२७ अप्रैल)–बुधवार (१६ शाबान) को खलीफ़ा को पुनः दो नदियो[5] के मध्य में पड़ाव देखने के लिये भेजा गया।

इसी दिन मैं दक्षिण की ओर आरी[6] परगने में, आरी के समीप नील कमल देखने गया। सैर के समय शेख गूरन मेरी सेवा में कमल के ताजे बीज लाया। वे बड़े ही उत्तम छोटे–छोटे और पिस्ते के समान थे। इसके फूल को हिन्दुस्तानी लोग कंवल किकरी तथा बीज को दूदा कहते हैं।

लोगों ने बताया कि सोन (नदी) वहां से निकट ही है। हम लोग वहां जी बहलाने के लिये पहुंचे। सोन नदी के उतार की ओर वृक्षों का जंगल खड़ा था। लोगों ने बताया कि, "वही मुनेर है जहां शेख शरफुद्दीन मुनेरी के पिता शेख यहया की कब्र है।"[7] क्योंकि वह (स्थान) अत्यधिक निकट था अतः मैं सोन नदी पार करके उसके उतार की ओर दो–तीन कुरोह[8] तक गया। मैंने मुनेर के बागों की सैर की और मजार का तवाफ़[9] करके सोन नदी के तट पर वापस आ गया। वहां स्नान करके मध्याह्नोत्तर की प्रथम नमाज समय के कुछ पूर्व पढ़ ली और शिविर की ओर चल दिया। हमारे कुछ घोड़े मोटे हो जाने के कारण पीछे ही रह गये थे। कुछ थक चुके थे। हमने कुछ लोगों को वहां इस आशय से नियुक्त कर दिया कि वे उन्हें एकत्र करके आराम दे

---

[1] यह शब्द स्पष्ट नहीं। कुछ अनुवादकों ने इसे दीपाली पड़ा है किन्तु हई की पांडुलिपि में स्पष्ट रूप से 'वाली' लिखा है।

[2] यादगारलार (तुर्की) यादगारीहाये।

[3] अमीरों।

[4] गंगा नदी।

[5] गंगा तथा घाघरा।

[6] आरा।

[7] शेख शरफुद्दीन यहया मुनेरी बिहार के बड़े प्रसिद्ध संत थे। वे तथा उनके बड़े भाई शेख जलालुदीन, शेख नज्मुद्दीन फिरदौसी के शिष्य थे। शरफुद्दीन शेख निजामुद्दीन औलिया के समकालीन थे। उनके पत्रों का संग्रह सूफियों के सिद्धान्त के ज्ञान का बड़ा उत्तम साधन है। उनकी मृत्यु ७८१ हि. (१३७६ ई.) में हुई और उनका मजार सोन तथा गंगा के संगम पर स्थित है । उनके पिता शेख यहया का मज़ार मुनेर कस्बे में है।

[8] ४–६ मील।

[9] एक प्रकार की परिक्रमा।

कर जल्दी किये बिना ले आयें। यदि यह उपाय न किया गया होता तो बहुत से घोड़े नष्ट हो जाते।

जब हम मुनेर से वापस होने लगे तो मैंने आदेश दिया कि कोई यह नापे कि सोन–तट से शिविर तक कितने घोड़े के क़दम होते हैं। २३,१०० कदम निकले जो मनुष्य के ४६,२०० कदम तथा ११.९.२ कुरोह[1] के बराबर होते हैं। मुनेर से सोन की दूरी आधा कुरोह[2] है। मुनेर से शिविर तक की वापसी की यात्रा में १२ कुरोह[3] हुये। इसके अतिरिक्त इधर–उधर सैर करने में में हमने १५–१६ कुरोह[4] यात्रा की। इस प्रकार लगभग ३० कुरोह[5] की यात्रा की गई। जब हम शिविर में पहुंचे तो रात्रि के पहले पहर की छः घड़ियां[6] समाप्त हो चुकी थीं।

(२८ अप्रैल)–बृहस्पतिवार (१६ शाबान) को प्रातःकाल सुल्तान जुनैद बरलास जूनपुर (जौनपुर) के जवानों सहित जूनपुर से उपस्थित हुआ। उसके विलम्ब कर देने के कारण मैंने उसके प्रति क्रोध प्रदर्शित किया और उससे भेंट न की। मैंने काजी जिया को बुलवा कर उससे भेंट की।

बंगाल की सेना से युद्ध का कार्यक्रम

उसी दिन तुर्क तथा हिन्दुस्तानी अमीरों को गंगा पार करने के विषय में परामर्श करने के लिये बुलवाया गया और यह निश्चय हुआ कि उस्ताद अली कुली गंगा तथा सरयू नदी के मध्य के एक ऊंचे स्थान पर, तोप फ़िरंगी[7] तथा जर्बज़न[8] एकत्र कर के अपने साथ बहुत से बन्दुक चलाने वालों को ले जाये और उस स्थान से लोगों को युद्ध के लिये उकसाये।[9] मुस्तफ़ा को आदेश हुआ कि वह भी अपने साथ बहुत से बन्दूक चलाने वालों को लेकर अपनी सामग्री एवं यंत्र गंगा के उस ओर जिधर बिहार है–दोनों नदियों के संगम के थोड़ा नीचे और उस टापू के सामने जहां बंगालियों ने एक हाथी एवं बहुत सी नौकायें बंधवा रक्खी हैं–तैयार रक्खे और उस स्थान से युद्ध करे। महम्मद ज़मान मीर्जा तथा अन्य लोग जिन्हें इस कार्य हेतु लिखा गया है मुस्तफ़ा के पीछे कुमक पहुंचाने के लिये उपस्थित रहें। उस्ताद अली कुली तथा मुस्तफ़ा के जर्बज़न चलाने वालों के लिये मुलजार[10] बनाने के निमित्त

---

[1] २३ मील।

[2] १ मील।

[3] २४ मील।

[4] ३०–३२ मील।

[5] ६० मील।

[6] लगभग सवा आठ बजे रात।

[7] पत्थर अथवा गोले फेंकने का एक यंत्र।

[8] एक प्रकार की तोप।

[9] बाबर ने सम्भवतः दो घाटों को रोकने की व्यवस्था की। अली कुली पुराने कछार के ऊंचे तट पर खरीद के दक्षिण–पूर्व में भेजा गया होगा।

[10] शरण का स्थान।

बेलदारों एवं कहारों को मुहसिलों[1] के अधीन नियुक्त किया गया। जैसे ही मुलजार तैयार हो जायें, तो अस्करी एवं सुल्तान लोग जिन्हें इस कार्य हेतु लिखा गया है शीघ्रातिशीघ्र हल्दी नामक घाट[2] को पार कर लें और शत्रु पर टूट पड़ें।

इसी बीच में क्योंकि सुल्तान जुनैद एवं काजी जिया ने नदी के चढ़ाव पर ८ कुरोह[3] दूर एक घाट की सूचना दी थी अतः जर्द रूई को आदेश दिया गया कि वह कुछ मल्लाहों तथा सुल्तान[4], महमूद खां नोहानी एवं काजी जिया को ले जाकर पार करने वाले स्थान का निरीक्षण करे। यदि वहां से नदी पार की जा सकती हो तो वहीं से नदी पार कर ली जाये कारण कि यह प्रसिद्ध था कि बंगाली लोग हल्दी[5] नामक घाट पर अपने आदमियों को नियुक्त करने के विषय में सोच रहे हैं।

सिकन्दरपुर[6] के शिक़दार महमूद खां का एक प्रार्थना पत्र प्राप्त हुआ जिसमें लिखा था कि उसने हल्दी नामक घाट पर लगभग ५० नौकायें एकत्र कर ली हैं और मल्लाहों को मजदूरी दे दी है किन्तु बंगालियों के आगमन के समाचार पाकर वे बड़े भयभीत हैं।

(३० अप्रैल)–क्योंकि सरयू को पार करने का वही समय था अतः मैंने उन लोगों की, जो नदी पार करने के घाट को देखने गये थे, प्रतीक्षा न की अपितु शनिवार (२१ शाबान) को बेगों[7] को परामर्श हेतु बुलवाया और कहा, "कहा जाता है कि सिकन्दरपुर के चतुरमूक से लेकर बराईच[8] एवं अवध तक कोई ऐसा स्थान नहीं है जहां से नदी पार की जा सके। अतः हम लोग इसी स्थान पर रहें और सेना के बड़े भाग को नौका द्वारा हल्दी नामक घाट पार करवा दें और वे शत्रुओं पर आक्रमण कर दें। उस्ताद अली कुली तथा मुस्तफ़ा तोप, बन्दुक, जर्बज़न एवं फ़िरंगी द्वारा युद्ध करें और अस्करी के

---

[1] निरीक्षकों।

[2] संगम से कुछ ऊपर।

[3] १६ मील।

[4] सुल्तान जुनैद।

[5] यह घाट गोरखपुर के दक्षिण–पूर्वी कोने पर है जो बलिया और गोरखपुर को मिलाता है। हल्दी ग्राम बलिया जिले की रसरा तहसील में घाघरा के दायें तट पर सिकन्दरपुर के उत्तर–पश्चिम में ६ मील पर है।

[6] घाघरा के दायें तट पर एवं घाघरा गंगा के संगम के लगभग २० मील ऊपर। यह उत्तर प्रदेश के बलिया जिले की बांसडीह तहसील में, बलिया शहर के २४ मील उत्तर में स्थित है । इस कस्बे के खंडहर खरीद तक फैले हैं।

[7] अमीरों।

[8] सम्भवतः बरहाज, देवरिया (उत्तर प्रदेश) में घाघरा के बाये तट पर, घाघरा एवं राप्ती के संगम के समीप।

पहुंचने के पूर्व शत्रु को उनके स्थान से निकलने पर विवश कर दें।[1] हम भी गंगा नदी पार कर लें और उस्ताद अली कुली की सहायतार्थ पूर्ण रूप से तैयार रहें। यदि अस्करी की सेना निकट पहुंच जाती है तो फिर हम जहां हैं वहां से आक्रमण करते हुए नदी पार करें और युद्ध करें। मुहम्मद जमान मीर्जा तथा अन्य लोग जो उसके साथ नियुक्त हुये हैं, मुस्तफ़ा के पास से गंगा के उस पार से युद्ध करें।"

यह निश्चय करके गंगा के उत्तर की सेना को चार भागों में विभाजित करके अस्करी के अधीन हल्दी नामक घाट की ओर भेजा गया। एक दल अस्करी तथा उसके सेवकों का, एक सुल्तान जलालुद्दीन शर्की का, एक ऊज़बेग सुल्तानों–कासिम हुसेन सुल्तान, बीखूब सुल्तान, तांग आतमीश–का था, जिनके साथ गाजीपुर का महमूद खां नोहानी, बाबा कश्का का कूकी, तूलमीश ऊज़बेग, चीर्ख का कुर्बान तथा हसन खां के अधीनस्थ दरयाखानी थे। एक दल मूसा सुल्तान[2] तथा सुल्तान जुनैद बरलास का था जिसमें जूनपुर (जौनपुर) की सेना के सभी प्रकार के आदमी २०,००० की संख्या में थे। मुहसिलों[3] को इस आशय से नियुक्त किया गया कि वे उसी रात्रि अथवा रविवार की रात्रि में उन्हें सवार करा दें।

(१ मई)––रविवार (२२ शाबान) को प्रातःकाल सेना ने गंगा नदी पार करनी प्रारम्भ कर दी। मैंने पहली घड़ी[4] में नौका द्वारा नदी पार की। जर्दरूई जर्दरूई एवं वे लोग जो नदी को पार करने के स्थान की खोज में गये थे मध्याह्न में पहुंचे। उन्हें पार करने का कोई स्थान न मिला था, किन्तु वे नौकाओं के विषय[5] में सूचना तथा यह समाचार लाये कि मार्ग में उनसे सेना[6] सेना[6] से, जो उनके समीप पहुंच गई थी, भेंट हुई थी।

(३ मई)––मंगलवार (२४ शाबान) को हमने उस स्थान से, जहां नदी को पार करके उतरे थे, प्रस्थान किया और एक कुरोह[7] यात्रा करके नदी के संगम के निकट रणक्षेत्र में उतर पड़े।[8] मैं स्वयं उस्ताद अली कुली द्वारा फ़िरंगी एवं जर्बज़न चलाने का तमाशा देखने चला गया। उसने आज दो नौकाओं को फ़िरंगी के पत्थरों के निशाने से तोड़ कर डुबा दिया। मुस्तफ़ा ने भी अपनी ओर से यही किया। मैंने बड़ी तोप को रण–क्षेत्र में पहुंचवाया और

---

[1] इससे पता चलता है कि खरीद से तोपें शत्रुओं के शिविर को, जो सारन में था, हानि पहुँचा सकती थीं। गाजी नामक तोप, जिसके अतिरिक्त बाबर के पास सम्भवतः कोई बड़ी तोप न थी, १६०० कदम तक गोले फेंकती थी।

[2] मूसा सुल्तान फ़ार्मुली।

[3] निरीक्षकों।

[4] प्रातःकाल ६ बजे।

[5] सम्भवतः उन नौकाओं के विषय में जो हल्दी नामक घाट पर एकत्र थीं।

[6] अस्करी की सेना ।

[7] दो मील।

[8] जिस स्थान पर अली कुली था।

मुल्ला गुलाम को आदेश दिया कि वह उसके लगाने के लिये उचित स्थान की व्यवस्था कराये। कुछ यसावलों[1] एवं जवानों को उसकी सहायतार्थ नियुक्त किया। वहां से वापस होकर मैं शिविर के सामने एक टापू में पहुंचा और माजून का सेवन किया।

माजून की तरंग में मैंने नौका को शिविरों के निकट ले जाने का आदेश दिया और वहीं सो गया। रात्रि में एक विचित्र घटना घटी। रात्रि के तीसरे पहर के क़रीब नौका वालों ने शोर मचाना प्रारम्भ कर दिया। सेवक तथा अन्य लोग नौका से लकड़ियों के टुकड़े निकाल–निकाल कर, "मारो–मारो" चिल्लाने लगे। शोर का कारण यह था कि एक पहरेदार की, जो 'आसाइश' के समीप (जिसमें मैं सो रहा था) 'फ़रमाइश' में था, ऊंघ जाने के उपरान्त आंख खुल गई। उसने देखा कि कोई व्यक्ति 'आसाइश' की ओर हाथ बढ़ा कर चढ़ रहा है। लोग उस पर टूट पड़े। उसने डुबकी लगाई और बाहर निकल कर एक पहरेदार को घायल करके नदी के उस पार भाग गया।

इससे पूर्व एक रात्रि में जब हम लोग मुनेर से लौट कर आये थे, तो एक–दो पहरेदारों ने नौकाओं के समीप से कई हिन्दुस्तानियों का पीछा किया था और उनकी दो तलवारें तथा एक कटार ले आये थे। परमेश्वर मुझे अपनी रक्षा में रक्खे हुये था।

छन्द

"यदि संसार भर की तलवारें अपने स्थान से चलें,
तो जब तक ईश्वर की इच्छा न होगी, वे एक नस को भी न काट सकेंगी।"

(४ मई)–बुधवार (२५ शाबान) को प्रातःकाल मैं 'गुंजाइश' नामक नौका में बैठ कर उस स्थान पर पहुंचा जहां से पत्थर दागे जा रहे थे और प्रत्येक व्यक्ति को किसी न किसी कार्य हेतु नियुक्त किया।

युद्ध

ऊमान बीरदी मुगूल के अधीन लगभग १००० आदमी देकर उसे इस आशय से भेजा गया कि एक–दो–तीन कुरोह[2] चढ़ाव की ओर जिस प्रकार सम्भव हो (सरयू) नदी पार कर ले। अस्करी के शिविर के सामने से बहुत बड़ी संख्या में (बंगाली) पदाती[3] २०–३० नौकाओं द्वारा नदी के पार (ऊग़ान वीरदी) के मार्ग में सम्भवतः अपनी शक्ति का प्रदर्शन करने के लिये उतर

---

[1] जो बादशाहों के आदेश पहुँचाता एवं उनका पालन कराता है। इस स्थान पर बेलदारों एवं कहारों के अधीक्षक से तात्पर्य है।

[2] २–४–६ मील।

[3] नुसरत शाह की सेना के पदाती।

पड़े[1] किन्तु ऊग़ान बीरदी तथा उसके आदमियों ने उन पर आक्रमण करके उन्हें भगा दिया। कुछ लोगों को बन्दी बना कर उनकी हत्या करा दी। कुछ लोगों को उन्होंने बाणों का लक्ष्य बना दिया और ७–८ नौकाओं पर अधिकार जमा लिया।

आज बंगालियों ने कुछ नौकाओं में बैठ कर मुहम्मद ज़मान मीर्जा की ओर नदी पार की और नौकाओं से उतर कर युद्ध किया। जब उन पर आक्रमण किया गया तो वे भाग गये। आदमियों से भरी हुई तीन नौकायें डूब गईं। एक नौका को पकड़ कर मेरे पास लाया गया। इस झड़प में बाबा चुहरा ने अग्रसर होकर कुशलतापूर्वक युद्ध किया।

यह आदेश दिया गया कि रात के अंधेरे में उन नौकाओं को जिन्हें ऊग़ान बीरदी ने पकड़ा है, खिंचवा कर नदी के चढ़ाव की ओर ले जाया जाये और मुहम्मद सुल्तान मीर्जा, यक्का ख्वाजा, यूनुस अली, ऊग़ान बीरदी तथा अन्य लोग जिन्हें इनके साथ जाने का इससे पूर्व आदेश हुआ है, नदी पार करें।

आज अस्करी के पास से एक आदमी ने आकर सूचना दी कि उसने नदी पार कर ली है और कोई भी पीछे नहीं छूटा है और वह कल अर्थात् बृहस्पतिवार को शत्रुओं पर प्रातःकाल आक्रमण करेगा। इस पर जिन लोगों को नदी पार करने का आदेश हुआ था, उन्हें हुक्म दिया गया कि वे अस्करी के पास पहुंच जायें और उसके साथ मिल कर शत्रु पर आक्रमण करें।

मध्याह्नोत्तर की प्रथम नमाज के समय ऊस्ता के पास से एक आदमी ने आकर सूचना दी कि, "पत्थर तैयार हो गया है। क्या आदेश होता है?" मैंने आदेश दिया कि इस पत्थर को चला दिया जाये और मेरे पहुंचने तक दूसरा तैयार कर लिया जाये। मध्याह्नोत्तर की दूसरी नमाज़ के समय मैं एक छोटी सी बंगाली नौका पर बैठ कर उस स्थान पर पहुंचा जहां मुलजार[2] की व्यवस्था की गई थी। ऊस्ता द्वारा एक बहुत बड़ा पत्थर दाग़ा गया और छोटे–छोटे पत्थर 'फिरंगी' द्वारा दागे गये। बंगाली लोग अपनी आतशबाजी[3] के लिये बड़े प्रसिद्ध हैं। हमने उसका निरीक्षण किया। वे किसी स्थान को लक्ष्य बना कर अग्नि नहीं फेंकते अपितु बिना कुछ देखे भाले अंधाधुंध अग्नि फेंकते रहते हैं।

इसी मध्याह्नोतर की दूसरी नमाज़ के समय आदेश हुआ कि शत्रु के मोर्चे के सामने नदी के चढ़ाव की ओर कुछ नौकायें खींच लाई जायें। कुछ नौकायें बिना कोई भय अथवा शरण की चिन्ता किये हुए खींच लाई गईं। ईसान तीमूर सुल्तान तथा तुख्ता बूगा सुल्तान को आदेश दिया गया कि वे लोग उस स्थान पर जहां नौकायें पहुंच गई हैं, ठहरे रहें और नौकाओं की

---

[1] इससे पता चलता है कि अस्करी हल्दी घाट पर संगम के उस स्थान से जहां अली कुली अपना मोर्चा लगाये था दूर न था। यह स्थान मुख्य बंगाली सेना के ऊपर था।

[2] रक्षा के लिये रोक।

[3] सम्भवतः अग्नि बाण इत्यादि।

रक्षा करते रहें। बृहस्पतिवार की रात्रि में पहले पहर मैं शिविर में वापस चला आया।

आधी रात के लगभग (ऊग़ान बीरदी की) नौकाओं से, जो चढ़ाव की ओर ले जाई जा रही थीं, समाचार प्राप्त हुये कि, "जो सेना युद्ध हेतु नियुक्त हुई थी, वह कुछ आगे बढ़ गई थी। हम लोग नौकाओं को खिंचवाते हुये उनके पीछे–पीछे जा रहे थे। बंगालियों को यह पता चल गया कि हम उन्हें किस स्थान पर खिंचवा रहे हैं। उन्होंने हम पर आक्रमण कर दिया। एक मल्लाह के एक पत्थर लगा और उसका पांव टूट गया। हम लोग नदी न पार कर सके।"

(५ मई)–बृहस्पतिवार (२६ शाबान) को प्रातःकाल उन लोगों के पास से जो मुलजार में थे, समाचार प्राप्त हुये कि, "चढ़ाव के ओर की समस्त नौकायें आ गई हैं।[1] शत्रु घोड़ों पर सवार हो कर हमारी सेना से मुकाबला करने के लिये अग्रसर हो रहे हैं।" इस पर मैंने अपने आदमियों को शीघ्रातिशीघ्र घोड़ों पर सवार करवा दिया और उन नौकाओं तक जो रात्रि में चढ़ाव की ओर खिंचवाई गई थीं, पहुंच गया। मुहम्मद सुल्तान मीर्जा[2] तथा उन लोगों के पास जो उसके साथ नदी पार करने के लिये नियुक्त किये गये थे, एक आदमी को यह आदेश पहुंचाने के लिये दौड़ाया गया कि वे लोग तुरन्त नदी पार करके अस्करी के पास पहुंच जायें। ईसान तीमूर सुल्तान तथा तूख्ता बूग़ा सुल्तान को, जो इन नौकाओं पर थे, आदेश भेजा गया कि वे नदी पार करने में व्यस्त हो जायें। बाबा सुल्तान[3] उस स्थान पर जो उसके लिये निश्चित था, न था।

ईसान तीमूर सुल्तान ने तुरन्त एक नौका द्वारा अपने ३०–४० सेवकों के साथ नदी पार कर ली। उसके सेवक अपने घोड़ों को नौका की एक ओर उनके केसर पकड़ कर तैरा लाये। एक दूसरी नौका उनके पीछे–पीछे पहुंच गई। बंगाली लोगों ने उन्हें नदी पार करते हुये देख कर बहुत बड़ी संख्या में उनकी ओर अपने पदाती भेजे। उनसे युद्ध करने के लिये ईसान तीमूर के ७–८ सेवक सवार होकर पहुंचे। वे साथ–साथ बाण चलाते हुये उन पदातियों को (ईसान) सुल्तान की ओर खींच लाये। इसी बीच में उसने अपने आदमियों को घोड़ों पर सवार करा लिया और दूसरी नौका भी पहुंच गई। जब उसके ३०–३५ अश्वारोहियों ने उन पदातियों पर आक्रमण किया तो उन्होंने उन्हें भगा दिया। ईसान तीमूर ने बड़ा प्रशंसनीय कार्य किया। सर्व प्रथम वह अन्य लोगों से पहले बिना किसी संकोच के अत्यन्त शीघ्र नदी पार कर गया। दूसरे वह बहुत थोड़े से आदमियों के साथ कुशलतापूर्वक अग्रसर हुआ और इतने अधिक पदातियों को भगा दिया। तूख्ता बूगा सुल्तान ने भी नदी पार कर ली। तदुपरान्त एक के बाद दूसरी, नौकायें पार होने लगीं।

---

[1] सम्भवतः वह नौकायें जो अँधेरे में न पार कर सकी थीं।

[2] वह घाघरा पर बाबर तथा अस्करी की सेनाओं के मध्य में था।

[3] मीर्जा हैदर ने भी 'तारीख्ने रशीदी' में उसकी कर्तव्य विमुखता की निंदा की है ।

लाहौरी तथा हिन्दुस्तानी अपने–अपने निश्चित स्थान से तैर कर अथवा नरकट के गट्ठों पर नदी पार करने लगे। यह दशा देख कर मुलजार[1] के सामने[2] जो बंगाली नौकाओं पर थे, वे नदी के बहाव की ओर भाग खड़े हुये।

दरवेश मुहम्मद सारबान, दोस्त ईशक आका[3], नूर बेग तथा अन्य वीरों ने भी नदी पार कर ली। मैंने एक आदमी को दौड़ा कर सुल्तानों को यह संदेश भेजा कि, "जो लोग नदी पार कर लें उन्हें भलीभांति एकत्र करके, शत्रुओं के समीप पहुंच जाओ और उन्हें पार्श्व में करके युद्ध छेड़ दो। आदेशानुसार सुल्तानों ने उन लोगों को जो नदी पार कर चुके थे, एकत्र करके उनको तीन अथवा चार दलों में विभाजित किया और शत्रु की ओर अग्रसर हुये। जब वे निकट पहुंचे तो शत्रुओं का सेनापति अपनी सेना की व्यवस्था में कोई परिवर्तन किये बिना अपने पदातियों को आगे करके बढ़ा। कूकी ने अस्करी की सेना से एक दल लेकर जिस दिशा में वह था, उसी दिशा से युद्ध प्रारम्भ कर दिया। सुल्तान लोगों ने अपनी दिशा से युद्ध प्रारम्भ कर दिया और वे शत्रुओं पर भारी पड़ने लगे और उन्हें निरन्तर घोड़े से गिराना प्रारम्भ कर दिया तथा उन्हें भगा दिया। कूकी के आदमियों ने बसन्त राव नामक एक प्रसिद्ध काफ़िर को पकड़ कर उसका सिर काट डाला। उसके १०–१५ आदमी कूकी के आदमियों पर टूट पड़े और तत्काल उनके टुकड़े–टुकड़े कर डाले गये। तूख्ता बूग़ा सुल्तान ने शत्रु की सेना के आगे पहुंच कर उनसे खूब तलवार चलाई। मुगूल अब्दुल वह हाब तथा उसके छोटे भाई ने भी खूब तलवार चलाई। मुगूल यद्यपि तैरना न जानता था किन्तु वह अपने घोड़े का केसर पकड़ कर नदी पार कर आया था।

मैंने अपनी नौकायें, जो पीछे थीं[4], मंगवाई। 'फ़रमाइश' सब से पहले आ गई। मैं उसमें बैठ कर बंगालियों के पड़ाव का, जो ऊंचाई पर था, निरीक्षण करने गया। तदुपरान्त मैं 'गुंजाइश में चला गया। मैंने पूछा कि, "क्या चढ़ाव की ओर कोई पार करने के स्थान हैं?" मीर मुहम्मद जाला वान[5] ने निवेदन किया कि, "चढ़ाव की ओर सरयू नदी भलीभांति पार की जा सकती है।" तदनुसार सेना वालों को आदेश दिया गया कि चढ़ाव पर वह जहां बताये उस स्थान से सेना वाले नदी पार करें।

जब मुहम्मद सुल्तान मीर्जा के अधीनस्थ, लोग नदी पार कर रहे थे तो वह नौका जिसमें यक्का ख्वाजा था, डूब गई[6] और वह मृत्यु को प्राप्त हो

---

[1] शरण हेतु रोक।

[2] इस स्थान पर मुस्तफा था।

[3] द्वारों की रक्षा करने वालों का अधिकारी।

[4] सम्भवतः बूढ गंगा को धारा में।

[5] नाविक।

[6] सम्भवतः युद्ध के पूर्व नदी पार करने की ओर संकेत है।

गया। उसके सेवकों एवं उसकी विलायत[1] को उसके छोटे भाई कासिम ख्वाजा को प्रदान कर दिया गया।

जब मैं मध्याह्नोतर की प्रथम नमाज के लिये स्नान कर रहा था, तो सुल्तान लोग पहुंच गये। मैंने उनकी प्रशंसा करते हुये उनके प्रति कृतज्ञता प्रकट की और उन्हें कृपा एवं इनाम का आश्वासन दिलाया। अस्करी भी इसी बीच में आ गया। यह उसका प्रथम युद्ध था और उसके लिये बड़ा अच्छा शकुन हुआ।

क्योंकि अभी शिविर नदी को न पार कर सका था, अतः मैंने एक टापू के समीप 'गुंजाइश' नामक नौका में विश्राम किया।

युद्ध के बाद के दिन की घटनायें

(६ मई)–शुक्रवार (२७ शाबान) को दिन में हम लोग कून्दीह[2] नामक एक ग्राम में उतरे। यह खरीद के निरहुन[3] नामक परगने में सरयू के उत्तर की ओर है।[4]

(८ मई)–रविवार (२६ शाबान) को कूकी को कुछ लोगों के साथ समाचार लाने के लिये हाजीपुर[5] भेजा गया।

मारूफ के पुत्र शाह मुहम्मद ने, जिसके प्रति मैंने पिछले वर्ष[6] के युद्ध में बड़ी कृपा–दृष्टि प्रदर्शित की थी और उसे सारन[7] की विलायत दे दी थी, कई अवसरों पर बड़ा ही उत्तम कार्य किया। उसने अपने पिता मारूफ़[8] से दो दो बार युद्ध करके उसे पराजित कर दिया था। जिस समय सुल्तान महमूद लोदी ने विश्वासघात द्वारा बिहार पर अधिकार जमा लिया और शेख बायजीद एवं बिवन ने उसका विरोध किया, तो शाह मुहम्मद के लिये उनका साथ देने के अतिरिक्त कोई अन्य उपाय न रह गया किन्तु उस समय भी जब लोग उसके विषय में नाना प्रकार की बातें कहा करते थे, उसने मुझे निष्ठा प्रदर्शित करते हुये पत्र लिखे। जब अस्करी ने हल्दी नामक घाट पार

---

[1] अधीनस्थ राज्य।

[2] सम्भवतः 'कून्दबह।

[3] घाघरा के बायें तट पर सिकन्दरपुर के पूर्व में १० मील पर।

[4] अर्सकिन का विचार है कि खरीद, घाघरा के दोनों तट पर था। उसका विचार है कि घाघरा के उत्तरीय तट पर यह गंगा तक फैला था । बाबर के समय में गंगा, बूढ़ गंगा की ओर से आधुनिक खरीद के दक्षिणीय तट की ओर से बहती थी।

[5] पटना के सामने गंगा तट पर, गंगा तथा गंडक के संगम पर दीनापुर से लगभग १५ मील ।

[6] ६३४ हि० (१५२७–२८ ई.)।

[7] सारन, बिहार प्रान्त का ज़िला।

[8] बायजीद तथा मारूफ फर्मुली भाई–भाई थे। बायजीद ६३२ हि० (१५२६ ई०) में बाबर की सेवा में प्रविष्ट हो गया था। ६३४ हि० (१५२७ ई०) में उसने बाबर का विरोध प्रारम्भ कर दिया और कन्नौज के समीप उससे युद्ध करने के लिये डट गया। मारूफ, जो सुल्तान इबराहीम लोदी का दीर्घ काल से विरोध कर रहा था, बाबर से न मिला था। उसके दो पुत्र मुहम्मद एवं मूसा, बाबर से मिल गये थे।

कर लिया तो शाह मुहम्मद तत्काल एक सेना सहित उसकी सेवा में उपस्थित हुआ और उसके साथ बंगालियों से युद्ध करने गया। अब वह इस पड़ाव पर मेरी सेवा में उपस्थित हुआ।

इन दिनों में निरन्तर यह समाचार प्राप्त होते रहे कि बिबन तथा शेख बायजीद सरयू नदी पार करने के विषय में सोच रहे हैं।

इसी बीच में सम्बल[1] से एक आश्चर्यजनक समाचार प्राप्त हुआ। अली यूसुफ़ उस स्थान को सुव्यवस्थित करने के लिये नियुक्त किया गया था। उसके विषय में ज्ञात हुआ कि उसकी तथा एक हकीम की, जो उसका मित्र था, एक ही दिन मृत्यु हो गई। अब्दुल्लाह (किताबदार)[2] को सम्बल जाकर, उसे सुव्यवस्थित करने का आदेश हुआ।

(१३ मई)––शुक्रवार ५ रमजान को अब्दुल्लाह को सम्बल के लिये बिदा किया गया।[3]

पश्चिम दिशा के समाचार

उन्हीं दिनों चीन तीमूर सुल्तान का एक प्रार्थना–पत्र प्राप्त हुआ जिसमें लिखा था कि मेरे परिवार की काबुल से यात्रा के कारण बहुत से बेग[4], जो उसकी सहायतार्थ नियुक्त हुये थे, उसके पास न पहुंच सके। उसने मुहम्मदी एवं अन्य बेगों तथा वीरों को साथ लेकर लगभग १०० कुरोह[5] की यात्रा कर के बिलोचियों पर आक्रमण किया और उन्हें बुरी तरह पराजित कर दिया। अब्दुल्लाह किताबदार द्वारा सुल्तान को आदेश भेजे गये कि वह, सुल्तान मुहम्मद दूल्दाई, मुहम्मदी तथा उस देश के कुछ बेग लोग एवं वीर आगरा में एकत्र हों और वहां जिस दिशा में भी कोई शत्रु प्रकट हो उस दिशा में आक्रमण हेतु तैयार रहें।

बिहार तथा जौनपुर की व्यवस्था

(१६ मई)–सोमवार (८ रमज़ान) को दरिया खां का पौत्र जलाल खां जिसे बुलाने के लिये शेख जमाली गया हुआ था, अपने विश्वस्त अमीरों के साथ मेरी सेवा में उपस्थित हुआ। यहया नोहानी भी उपस्थित हुआ। वह इससे पूर्व अपने छोटे भाई को भेज कर आज्ञाकारिता प्रदर्शित कर चुका था और उसके प्रोत्साहन हेतु उसकी सेवायें स्वीकार करते हुए एक फ़रमान भेजा जा चुका था। क्योंकि ७–८ हजार नोहानी अफ़ग़ान आशा ले कर आये थे अतः उन्हें निराश न करने की दृष्टि से बिहार में से एक करोड़ को खालसा बना कर मैंने ५० लाख महमूद खां नोहानी को प्रदान कर दिया। बिहार की शेष मालगुजारी उपर्युक्त जलाल खां को प्रदान कर दी गई। उसने एक करोड़ राज–कर के रूप में अदा करना स्वीकार किया। मुल्ला गुलाम यसावल को

---

[1] सम्भल।

[2] पुस्तकालयाध्यक्ष।

[3] वह 'तीर मुहानी' नामक स्थान से बिदा हुआ था।

[4] अमीर।

[5] २०० मील।

इस राज–कर के वसूल करने के लिये भेजा गया। मुहम्मद जमान मीर्जा ने जूनपुर (जौनपुर) की विलायत प्राप्त की।[1]

नुसरत शाह से सन्धि

(१६ मई)–बृहस्पतिवार (११ रमज़ान) की रात्रि में गुलाम अली नामक खलीफ़ा का एक सेवक जो मुंगेर[2] के शाहजादा अबुल फ़तह[3] के एक सेवक के साथ, इस्माईल मीता के पूर्व तीन शर्तों को पहुंचाने के लिये गया था, अबुल फ़तह के साथ, शाहजादा एवं हुसेन खां लसकर[4] वजीर द्वारा लिखे हुये खलीफ़ा के नाम पत्र लाया। उन पत्रों में उन तीनों शर्तों को स्वीकार करते हुए नुसरत शाह की ओर से पूर्ण रूप से आश्वासन दिलाते हुये सन्धि की प्रार्थना की गई थी। क्योंकि इस अभियान का उद्देश्य विद्रोही अफ़ग़ानों का दमन था, जिनमें से कुछ तो नष्ट हो गये थे, कुछ ने अधीनता स्वीकार कर ली थी और शेष थोड़े से बंगाली[5] पर अवलम्बित हो चुके थे, जिनका उत्तरदायित्व उसने ले लिया था, और वर्षा भी निकट आ चुकी थी अतः हमने उपर्युक्त शर्तों पर सन्धि करना स्वीकार करके उसे लिख कर भिजवा दिया।

अन्य अमीरों का अधीनता स्वीकार करना

(२१ मई)–शनिवार (१३ रमज़ान) को इस्माईल जलवानी, अलाउल खां नोहानी, औलिया खां इशराकी तथा ५–६ अमीर आकर मेरी सेवा में उपस्थित हुये।

मुगूल अमीरों को इनाम

आज ईसान तीमूर सुल्तान तथा तूख्ता बूग़ा सुल्तान को पेटी सहित तलवार तथा कटार, कवच, खिलअत तथा तीपूचाक घोड़े प्रदान किये गये। ईसान तीमूर सुल्तान को नारनोल[6] परगने से ३६ लाख तथा तूख्ता बूगा सुल्तान को शम्साबाद से ३० लाख प्रदान किये गये जिसके प्रति कृतज्ञता प्रकट करने के लिये वे घुटनों के बल झुके।

बायज़ीद तथा बिवन का पीछा

(२३ मई)–सोमवार १५ (रमजान) को हमने कूंदबह के पड़ाव से, जो सरयू नदी तट पर था, प्रस्थान किया। हम बिहार तथा बंगाल की ओर से संतुष्ट हो गये थे और विश्वासघाती बिवन तथा शेख बायजीद को कुचलने का संकल्प कर लिया था।

---

[1] जुनैद बरलास इससे पूर्व जौनपुर का हाकिम था।
[2] मुंगेर : गंगा के दक्षिणी तट पर स्थित बिहार का एक जिला।
[3] नुसरत शाह का एक पुत्र।
[4] यह शब्द स्पष्ट नहीं।
[5] नुसरत शाह।
[6] पटियाला में, चोलक नदी के तट पर रिवाड़ी से २७ मील पर स्थित है।

(२५ मई)–बुधवार (१७ रमजान) को मार्ग में दो रात्रि पड़ाव कर के हम लोग सिकन्दरपुर के चौपारा[1] चतुरमूक[2] नामक सरयू के घाट पर उतरे। आज से लोगों ने नदी पार करनी प्रारम्भ कर दी।

क्योंकि यह समाचार निरन्तर प्राप्त होने लगे कि विश्वासघाती सरयू तथा गोगर[3] को पार कर के लखनऊ की ओर जा रहे हैं अतः निम्नांकित अमीरों को उनका घाट रोकने के लिये नियुक्त किया गयाः–जलालुद्दीन शर्की के अधीन तुर्क तथा हिन्द (के) अमीर, अली खां फ़र्मुली, तरदीका,[4] ब्याना का निज़ाम खां, तूलमीश ऊजबेग, चीर्क का कुर्बान, (भीरा के) दरिया खां का पुत्र हसन खां। उन लोगों को बृहस्पतिवार की रात्रि में जाने की अनुमति दे दी गई।

बाबर नामा की पांडुलिपि को हानि

उसी रात्रि में एक पहर तथा ५ घड़ी[5] उपरान्त, जब तरावीह[6] समाप्त हो हो चुकी थी, क्षणभर उपरान्त एक बहुत बड़ा तूफ़ान आ गया। वर्षा ऋतु के गहरे काले बादल आकाश पर छा गये और इतनी ज़ोर की हवा चली कि केवल थोड़े से ही खेमे खड़े रह सके। मैं खरगाह[7] में कुछ लिखने जा रहा था। मुझे काग़ज़ तथा लिखे हुये खंड[8] को एकत्र करने का भी अवसर न मिल सका और खरगाह पेशखाना[9] सहित मेरे सिर पर गिर पड़ा। तूंगलूक[10] टुकड़े टुकड़े हो गया। ईश्वर की कृपा से मैं बच गया और मुझे कोई हानि न पहुंची। पुस्तक के खंड जल में बुरी तरह भीग गये और बड़ी कठिनाई से एकत्र किये जा सके। हमने उन्हें सिंहासन के ऊनी कालीन की तहों के बीच में करके सिंहासन पर रख दिया और ऊपर से बहुत से कम्बल लाद दिये। तूफ़ान लगभग दो घड़ी[11] में शान्त हो गया। सोने वाला खेमा लगा दिया गया। एक दीपक जला दिया गया और बड़ी कठिनाई से आग जलाई जा

---

1 आधुनिक छपरा, घाघरा के बायें तट पर।

2 सिकन्दरपुर की ओर चतुरमुक है।

3 घाघरा।

4 तरदी यक्का।

5 लगभग रात्रि के १०.५५ पर।

6 तरावीह–रमजान मास की वह नमाज जो रात्रि में पढ़ी जाती है और जिसमें कुरान शरीफ सुनाया जाता है।

7 वह बड़ा खेमा जिसमें दरबार इत्यादि भी हो सके।

8 सम्भवतः लिखने के कागज एवं 'बाबर नामा' की पांडलिपि के खंड। 'बाबर नामा' में ९३४ हि० तथा ९३५ हि० एवं इनके पूर्व की घटनाओं का जो हाल नहीं मिलता; वे सम्भवतः इसी तूफान में नष्ट हो गये होंगे।

9 आगे का कक्ष।

10 खेमे की छत का वह भाग जहाँ से हवा एवं रोशनी आती है अथवा धुंवां निकल सकता है।

11 ४५ मिनट।

सकी। हम लोग प्रातःकाल तक न सोये, और वरकों तथा खंडों को सुखाते रहे।

बिबन एवं बायज़ीद का पीछा

(२६ मई)–मैंने वृहस्पतिवार (१८ रमजान) को प्रातःकाल नदी पार की।

(२७ मई)–शुक्रवार (१६ रमजान) को मैं सिकन्दरपुर तथा खरीद[1] की सैर सैर करने गया। आज अब्दुल्लाह (किताबदार)[2] एवं बाक़ी के पत्रों से लकनूर[3] लकनूर[3] की विजय के बारे में ज्ञात हुआ।

(२८ मई)–शनिवार (२० रमज़ान) को कूकी को एक सेना सहित बाकी के पास पहुंच जाने के लिये आगे भेज दिया गया।

(२६ मई)–रविवार (२१ रमज़ान) को सुल्तान जुनैद बरलास, खलीफ़ा के पुत्र हसन, मुल्ला अपाक़ के सेवकों एवं मोमिन अत्का के बड़े और छोटे भाई को इस आशय से विदा किया गया कि वे बाक़ी के पास पहुंच कर मेरे पहुंचने तक जो कुछ वे कर सकें उसमें कमी न करें।

आज मध्याह्नोत्तर की दूसरी नमाज के उपरान्त एक खिलअत एवं एक तीपूचाक घोड़ा मारुफ़ फर्मूली के पुत्र शाह मुहम्मद को प्रदान किया गया और उसे विदा कर दिया गया। पिछले[4] वर्ष का भाति सारन तथा कुंदला[5] को तर्कशबन्दों की व्यवस्था हेतु उसे प्रदान किया गया। इस्माईल जलवानी को भी सरवार में से ७२ लाख[6] वजह के रूप में तथा एक तीपूचाक घोड़ा प्रदान किया गया और उसे विदा कर दिया गया।

'गुंजाइश' एवं 'आराइश' नामक नौकाओं के विषय में बंगालियों से यह निश्चय हुआ कि वे लोग उन्हें तीर मुहानो के मार्ग से गाजीपुर ले जायें। 'आसाइश' तथा 'फ़रमाइश' नामक नौकाओं के विषय में आदेश हुआ कि शिविर के साथ साथ उन्हें सरयू के चढ़ाव पर ले जाया जाये।

(३० मई)–सोमवार (२२ रमजान) को हमने चौपारा–चतुरमूक घाट से सरयू के किनारे–किनारे प्रस्थान किया। हम लोग बिहार तथा सरवार की

---

[1] सिकन्दरपुर के दक्षिण–पूर्व में लगभग ४ मील पर।

[2] पुस्तकालयाध्यक्ष।

[3] सम्भवतः लखनौर।

[4] ६३४ हि० (१५२७–२८ ई०)।

[5] सम्भवतः कंदला' अथवा 'सारन नास।

[6] अर्सकिन के अनुसार १८,००० पोंड।

ओर से निश्चिन्त हो गये थे।[1] लगभग १० कुरोह यात्रा करके हम लोग सरयू पर स्थित किलीरह[2] नामक ग्राम में, जो फतहपुर[3] के अधीन है, उतरे।

६३४ हि० के वर्णन का एक अंश[4]

उस स्थान पर कुछ दिन आनन्द–मंगल मनाते हुए व्यतीत करके मैंने गाजीपुर की ओर प्रस्थान करने का आदेश दिया। उस स्थान पर उद्यान, बहता हुआ जल, भली भांति निर्मित भवन, वृक्ष विशेष रूप से आम के वृक्ष एवं रंग बिरंगे पक्षी पाये जाते थे।

इस्माईल खां जलवानी तथा अलाउल खां नोहानी ने मुझसे निवेदन किया कि वे अपने वतन से होकर आगरा पहुंच जायेंगे। इसपर उन्हें आदेश दिया गया कि इस विषय में एक मास उपरान्त हुक्म दिया जायेगा।

सैनिकों का मार्ग भूल जाना

(३१ मई)–जो लोग इससे पूर्व (मंगलवार २३ रमजान) को प्रस्थान कर चुके थे, वे मार्ग भूल गये और फतहपुर[5] की बड़ी झील पर पहुंच गये। कुछ लोगों को इस आशय से दौड़ाया गया कि वे उन लोगों को जो निकट हों, वापस लौटा लायें। कीचीक ख्वाजा को आदेश दिया गया कि वह झील के तट पर रात्रि व्यतीत करे और शेष लोगों को दूसरे दिन प्रातःकाल शिविर में ले आये। हमने प्रातः काल प्रस्थान किया। मैं आधी दूर तक 'आसाइश' में गया और फिर अपने शिविर के पास नदी के चढ़ाव पर उसे खिचवा कर पहुंचवा दिया।

बिवन तथा बायज़ीद द्वारा एक किले पर अधिकार

मार्ग में खलीफ़ा, शाह मुहम्मद दीवान के पुत्र को, जो बाक़ी के पास से आया था लाया। उसके द्वारा लकनूर[6] के विश्वस्त समाचार ज्ञात हुये। उन लोगों (बिबन एवं बायज़ीद) ने शनिवार १३ रमजान (२१ मई) को युद्ध किया किन्तु वे युद्ध में सफलता न प्राप्त कर सके। जिस समय युद्ध हो रहा था, तो किले के लकड़ी के टुकड़ों, सूखी घास तथा कांटों के एक बहुत बड़े ढेर में आग लग गई। किले के भीतर का भाग तन्दूर के समान तपने लगा।

---

[1] इससे पूर्व बाबर लिख चुका है कि वह बिहार तथा बंगाल की ओर से निश्चित हो चुका है। उसे यह सफलता महमूद लोदी एवं नुसरत शाह की विजय के कारण प्राप्त हुई थी। बिहार में भी उसे नोहानियों को हटाने एवं अन्य अफगानों, जलवानियों तथा फर्मुलियों को बसाने में सफलता प्राप्त हो गई थी। फर्मुली शेखजादे बाबर के काबुल के फर्मुल नामक स्थान के मूल निवासी थे।

[2] यह नाम स्पष्ट नहीं।

[3] बाबर के इस मार्ग में फतहपुर नामक कोई स्थान नहीं मिलता । सम्भवतः यह 'नथ पुर' अथवा 'नाथपुर' हो जो आजमगढ़ जिले में है।

[4] यह भाग ६३४ हि० (१५२८–२६ ई०) की उन घटनाओं से सम्बन्धित है जिनका वर्णन अब कहीं नहीं मिलता और सम्भवतः नष्ट हो चुका है। यह वर्णन सम्भवतः अवध का ही है।

[5] सम्भवतः 'नथपुर' अथवा 'नाथपुर।

[6] लखनऊ।

किले वाले, किले की दीवार पर खड़े भी न हो सकते थे अतः शत्रुओं ने किले पर विजय प्राप्त कर ली। जब उन्हें दो–तीन दिन उपरान्त हमारी वापसी के समाचार ज्ञात हुये तो वे दलमऊ की ओर भाग गये।

आज हम लोग लगभग १० कुरोह[1] यात्रा करके सरयू तट पर स्थित जलेसर[2] नामक एक ग्राम में, जो सगरी परगने में है, उतरे।

(१ जून)––हम लोग अपने पशुओं को आराम देने के लिये बुधवार (२४ रमज़ान) को उसी पड़ाव पर ठहरे रहे।

बिवन तथा बायज़ीद

कुछ लोगों ने बिवन तथा बायज़ीद के विषय में बताया कि उन लोगों ने गंगा नदी पार कर ली है और वे अब चुनार[3] के क्षेत्र के मार्ग से अपनी बस्तियों में जाने के विषय में सोच रहे हैं। इस पर मैंने बेगों को बुलाकर उनसे परामर्श किया। यह निश्चय हुआ कि मुहम्मद जमान मीर्जा तथा सुल्तान जुनैद बरलास, जिसे जूनपुर के स्थान पर चुनार एवं कुछ अन्य परगने दे दिये गये थे, महमूद खां नोहानी, काजी जिया तथा ताज खां सारंगखानी, शत्रु का मार्ग चुनार पर रोक दें।

(२ जून)–बृहस्पतिवार (२५ रमज़ान) को प्रातःकाल हमने सरयू नदी से प्रस्थान किया और ११ कुरोह यात्रा करके परसरू पार किया और उसके तट पर पड़ाव किया।

यहां मैंने बेगों को बुला कर विचार विमर्श किया और निम्नांकित अमीरों को बिवन तथा बायज़ीद का पीछा करने के लिये सेना से पृथक् करके शीघ्रातिशीघ्र दलमूद (डलमऊ) की ओर प्रस्थान करने का आदेश दिया गया :

ईसान तीमूर सुल्तान, मुहम्मद सुल्तान मीर्जा, तुख्ता बूगा सुल्तान, कासिम हुसेन सुल्तान, बी खूब[4] सुल्तान, मुजफ्फर हुसेन सुल्तान, कासिम ख्वाजा, जाफ़र ख्वाजा, जाहिद ख्वाजा, जानी बेग, अस्करी का सेवक कीचीक ख्वाजा तथा हिन्दुस्तान के अमीरों में कालपी का आलम खां, मलिक दाद करारानी तथा राव सरवानी।

वापसी की यात्रा

जब मैं रात्रि में परसरू में वजू इत्यादि करने पहुंचा, तो देखा कि लोग बहुत बड़ी संख्या में मछलियां, जो एक दीपक के सामने जल पर एकत्र हो

---

[1] २० मील।

[2] सम्भवतः 'चकसर' जो 'आईने अकबरी' के अनुसार जौनपुर सरकार एवं आजकल आज़मगढ़ जिले में हैं ।

[3] ये शब्द पांडुलिपियों में स्पष्ट नहीं हैं। बहुत सी पांडुलिपियों में 'चुनार एवं जौनपुर' है। सम्भवतः इसके लिखने का यह कारण होगा कि चुनार की ओर एक सेना भेजी गई थी, किन्तु सेना डलमऊ की ओर भी भेजी गई थी। इसे चुनार तथा जौंद भी पढ़ा जा सकता है। दोनों ही मिर्जापुर जिले में हैं ।

[4] कुछ पांडुलिपियों के अनुसार 'नीखूब' ।

गई थी, पकड़ रहे हैं। मैंने भी अन्य लोगों की भांति मछली को हाथ में लिया।

(३ जून)–शुक्रवार (२६ रमज़ान) को हम लोग परसरू नदी की एक छोटी सी शाखा पर उतरे। सेना वालों के आने जाने के कारण उत्पन्न अशान्ति से बचने के लिये मैंने १०X१० का एक स्थान वजू इत्यादि के लिये बनवाया। २७ (रमज़ान) की रात्रि हम लोगों ने उसी पड़ाव पर व्यतीत की।

(४ जून)–उसी दिन (शनिवार २७ रमज़ान) को प्रातःकाल हम लोगों ने उस नदी के पास से प्रस्थान किया और तूस[1] को पार करके उसके तट पर पड़ाव किया।

(५ जून)–रविवार (२८ रमज़ान) को हमने उसी नदी के तट पर पड़ाव किया।

(६ जून)–सोमवार (२६ रमज़ान) को हमने उसी तूस नदी पर पड़ाव किया। यद्यपि आज रात्रि में आकाश बिल्कुल साफ़ न था किन्तु कुछ लोगों ने चन्द्रमा देख लिया। जब काजी को प्रमाण मिल गया तो उसने (रमज़ान) मास की समाप्ति की घोषणा कर दी।

(७ जून)–मंगलवार (१ शव्वाल) को हम लोगों ने ईद की नमाज पढ़ कर प्रस्थान किया और १० कुरोह[2] यात्रा करके गूई[3] नदी के तट पर माईंग से १ कुरोह[4] दूर पड़ाव किया। मध्याह्नोत्तर की पहली नमाज के समय माजून के सेवन का पाप किया गया। मैंने शेख जैन, मुल्ला शिहाब, तथा ख्वान्द मीर को आमंत्रित करते हुए यह शेर लिख कर भेजा :

शेर

"शेख, मुल्ला शिहाव तथा स्वान्द मीर,
आओ तीनों, अथवा दोनों, अथवा एक।"

दरवेश मुहम्मद (सारबान), यूनुस अली तथा अब्दुल्लाह (असस)[5] भी वहीं थे। मध्याह्नोत्तर की दूसरी नमाज के समय मल्ल–युद्ध कराया गया।

(८ जून)–बुधवार (२ शव्वाल) को हम लोग उसी पड़ाव पर ठहरे रहे। नाश्ते के समय माजून का सेवन किया गया। मलिक शर्क,जो ताज खां से चुनार खाली कराने गया था, आज आया।[6] आज जब मल्ल–युद्ध प्रारम्भ हुआ हुआ तो अवध के पहलवान ने जो इससे पूर्व आया था, एक हिन्दुस्तानी पहलवान से जो इन्हीं दिनों आया था, मल्ल–युद्ध किया और उसे पटक

---

[1] टोंस ।

[2] २० मील।

[3] गोमती।

[4] दो मील ।

[5] रात्रि में पहरा देने वालों का अधिकारी।

[6] उसने ताज खां को चुनार के किले को जुनैद बरलास को प्रदान किये जाने की सूचना दी होगी।

दिया। आज यहया नोहानी को १५ लाख[1] वजह[2] के रूप में परसरूर[3] से प्रदान किये गये और खिलअत प्रदान करके उसे विदा कर दिया गया।

(६ जून)–दूसरे दिन (बृहस्पतिवार ३ शव्वाल) को हमने ११ कुरोह[4] यात्रा की और गूई[5] नदी पार करके उसके तट पर पड़ाव किया।

बिबन एवं बायज़ीद का पीछा

उन सुल्तानों तथा बेगों[6] के विषय में, जिन्हें शीघ्रातिशीघ्र अग्रसर होने के के आदेश दिये गये थे, ज्ञात हुआ कि वे दलमूद[7] पहुंच गये हैं किन्तु अभी गंगा नहीं पार की है। इस विलम्ब के कारण मैंने उनके प्रति क्रोध प्रदर्शित करते हुये आदेश भेजा कि, "वे लोग तुरन्त (गंगा) नदी पार करें और शत्रुओं का पीछा करते हुये यमुना नदी के भी पार जायें। आलम खां को अपने साथ लेकर प्रयत्न करें और शत्रुओं से भिड़ जायें।"

वापसी की यात्रा

(१० जून)–इस नदी[8] से प्रस्थान करके दो पड़ाव पार करने के उपरान्त हम दलमूद पहुँच गये। यहां सेना के अधिकांश लोगों ने उसी दिन (गंगा) नदी पार की। जिस समय शिविर पार कराया जा रहा था, घाट से उतार की ओर एक टापू[9] में माजून का सेवन किया गया।

(१३ जून)––नदी पार करने के उपरान्त हम लोग एक दिन (सोमवार ७ शव्वाल) को समस्त सेना के नदी पार करने की प्रतीक्षा करते रहे। आज बाकी ताशकन्दी अवध की सेना सहित मेरी सेवा में उपस्थित हुआ।

(१४ जून)––गंगा नदी से प्रस्थान करके[10], हमने एक पड़ाव के उपरान्त (१५ जून)––६ शव्वाल को अरिन्द नदी[11] पर कूरारह[12] नामक स्थान पर पड़ाव किया। दलमूद[13] से कूरारह २२ कुरोह[14] दूर है।

---

[1] अर्सकिन के अनुसार ३७५० पौंड।

[2] उसके व्यय हेतु।

[3] अकबर के लाहौर सूबे में।

[4] २२ मील।

[5] गोमती।

[6] अमीरों।

[7] डलमऊ।

[8] गोमती।

[9] आराल।

[10] मंगलवार ८ शव्वाल को।

[11] यह नदी मैनपुरी जिले (उत्तर प्रदेश) से निकल कर, मैनपुरी, इटावा, और कानपुर से होती हुई कोड़ा जाती है और हमीरपुर के नीचे गंगा से मिलती है।

[12] कोड़ा खास, फतहपुर (उत्तर प्रदेश) जिले में।

[13] डलमऊ।

[14] ४४ मील।

(१६ जून)–मंगलवार (१० शव्वाल) को हमने प्रातःकाल उस पड़ाव से प्रस्थान किया और आदमपुर[1] परगने के समक्ष पड़ाव किया।

शत्रुओं का पीछा करते हुये शीघ्रातिशीघ्र यमुना नदी पार करने के लिये हमने कुछ जालाबानों को[2] कालपी इस आशय से भेज दिया कि उन्हें जितनी जितनी भी नौकायें मिल जायें एकत्र कर लें। कुछ नौकायें उस रात्रि में जब हमने वहां पड़ाव किया, आ गईं। इसके अतिरिक्त यमुना नदी पार करने का घाट मिल गया।

क्योंकि उस पड़ाव पर बड़ी धूल थी अतः हम लोग एक टापू[3] पर ठहर गये। जब तक इस टापू पर रहे वहीं ठहरे रहे।

बिबन तथा वायज़ीद

शत्रुओं के विषय में विश्वस्त समाचार न पाकर, हमने बाक़ी शगावल को कुछ भीतरी[4] वीरों सहित उनका पता लगाने के लिये भेजा।

(१७ जून)–्दूसरे दिन (शुक्रवार ११ शव्वाल) को मध्याह्नोत्तर को दूसरी नमाज़ के समय बाकी बेग का एक सेवक उपस्थित हआ। बाकी ने विवन तथा बायज़ीद की सेना के अग्रदल को पराजित कर दिया था और उनके एक बड़े उपयोगी आदमी मुबारक खां जलवानी तथा कुछ अन्य लोगों की हत्या कर दी और बहुत से सिर तथा एक आदमी को बन्दी बना कर मेरी सेवा में भेज दिया।

(१८ जून)––प्रातःकाल (शनिवार १२ शव्वाल) को शाह हुसेन बख़्शी ने उपस्थित होकर (शत्रुओं के) अग्रदल की पराजय के तथा अन्य समाचार पहुंचाये।

इसी रात्रि में अर्थात् रविवार १३ (शव्वाल) की रात्रि में यमुना नदी में बाढ़ आ गई और प्रातःकाल तक वह पूरा टापू जहां हमारा पड़ाव था, जलमग्न हो गया। मैं नदी के उतार की ओर एक बाण के मार की दूरी पर चला गया और वहां खेमा लगवा कर ठहर गया।

(२० जून)–सोमवार (१४ शव्वाल) को जलाल ताशकन्दी अग्रभाग के बेगों[5] बेगों[5] तथा सुल्तानों के पास से आया। शेख बायजीद तथा बिबन, उन लोगों के अभियान की सूचना पाकर महोबा[6] के परगने को भाग गये थे।

क्योंकि वर्षा ऋतु आ चुकी थी और ५–६ मास के अभियान की दौड़ धूप के कारण सेना थक गई थी अतः उन सुल्तानों एवं बेगों को जो अभियान पर गये थे आदेश हुआ कि वे जहां हों उस समय तक वहीं ठहरे रहें जब तक आगरा तथा उन भागों से कुमक न पहुंच जाये। दूसरे दिन मध्याह्नोत्तर की

---

[1] सम्भवतः यमुना के दायें तट पर।

[2] नाविकों।

[3] आराल।

[4] सम्भवतः घर के अथवा विशेष दल के।

[5] अमीरों।

[6] हमीरपुर (उत्तर प्रदेश) जिले में।

दूसरी नमाज के समय बाकी तथा अवध की सेना को विदा कर दिया गया। अमरोहा[1] से मारूफ फ़र्मूली के पुत्र मूसा को ३० लाख[2] वजह के रूप में प्रदान किये गये। वह उस समय जब कि सेना वापस होते हुये सरयू नदी[3] पार कर रही थी, मेरी सेवा में उपस्थित हुआ था। उसे एक विशेष सरोपा[4] और जीन सहित घोड़ा प्रदान किया गया। उसे बिदा कर दिया गया।

बाबर की आगरा को वापसी

(२१ जून)–इस ओर से निश्चिन्त होकर मंगलवार की रात्रि में तीन पहर तथा एक घड़ी उपरान्त हम लोग आगरा की ओर बड़ी तेजी[5] से रवाना हुये। प्रातःकाल (मंगलवार १५ शव्वाल) को हम लोगों ने मध्याह्न के क़रीब १६ कुरोह[6] यात्रा करके कालपी के अधीनस्थ बलादर नामक परगने में पड़ाव किया। वहां हमने अपने घोड़ों को जो खिलाया। सायंकाल की नमाज़ के समय हमने प्रस्थान किया और रात्रि में १३ कुरोह[7] यात्रा की। रात्रि के तीसरे तीसरे पहर हम कालपी के अधीनस्थ सुगन्दपुर नामक परगने में बहादुर खां सरवानी के मक़बरे में ठहरे। वहां थोड़ी देर सोकर हमने प्रातःकाल की नमाज़ पढ़ी और शीघ्रातिशीघ्र रवाना हो गये। १६ कुरोह[8] यात्रा करके हम सूर्यास्त के समय इटावा पहुंच गये। वहां महदी ख्वाजा[9] हमसे भेंट करने आया। रात्रि के पहले पहर[10] में प्रस्थान करके हम मार्ग में थोड़ा सा सोये। १६ कुरोह[11] यात्रा करके हमने रापरी के फ़तहपुर में मध्याह्न के समय का विश्राम किया। मध्याह्नोत्तर की पहली नमाज (बृहस्पतिवार १७ शव्वाल) के उपरान्त हमने १७ कुरोह[12] यात्रा की और रात्रि के दूसरे पहर आगरा के हश्त बहिश्त नामक उद्यान में पड़ाव किया।

(२४ जून)––शुक्रवार (१८ शव्वाल) को प्रातःकाल सुल्तान मुहम्मद बख्शी कुछ अन्य लोगों के साथ मेरी सेवा में उपस्थित हुआ। मध्याह्नोत्तर की पहली

---

[1] मुरादाबाद (उत्तर प्रदेश) जिले में।

[2] अर्सकिन के अनुसार ७५०० पौंड।

[3] चौपारा चतुरमुक घाट पर।

[4] खिलअत।

[5] जरीदा। आदमपुर एवं आगरा के मध्य की दूरी १५७ मील थी। यह यात्रा उसने मंगलवार को १२ बजे दिन से बृहस्पतिवार की ६ बजे रात्रि तक पूरी कर ली। इससे पता चलता है कि निरन्तर मलेरिया में ग्रस्त रहने के बावजूद भी बाबर के हौसले एवं तेजी में कोई कमी न हुई थी।

[6] ३२ मील।

[7] २६ मील।

[8] ३२ मील।

[9] इटावा का हाकिम।

[10] ६ बजे रात्रि।

[11] ३२ मील।

[12] ३४ मील।

नमाज के समय मैं जून[1] नदी पार करके ख्वाजा अब्दुल हक़ की सेवा में उपस्थित हुआ। तदुपरान्त किले में जाकर बेगमों (अपनी चाचियों) से भेंट की।

हिन्दुस्तान में उगाये हुए फल

मैंने बल्ख के एक खरबूजे बोने वाले को खरबूजे बोने के लिये नियुक्त किया था। वह कुछ छोटे खरबूजे लाया जो बड़े ही उत्तम थे। मैंने हस्त बहिश्त नामक उद्यान में उत्तम अंगूर की वेलों के लगाने का आदेश दिया था। शेख गूरन ने मुझे टोकरी भर कर अंगूर भेजे जो बुरे न थे। हिन्दुस्तान में इस प्रकार के खरबूजे तथा अंगूर उगा कर मुझे बड़ी प्रसन्नता हुई।

माहीम बेगम का आगमन

(२६ जून)––रविवार (२० शव्वाल) की रात्रि समाप्त होने में दो घड़ी शेष थीं कि माहीम आ गई। यह भी एक बड़ी विचित्र घटना है कि १० जमादि–उल–अव्वल (२१ जनवरी १५२६ ई०) को ही, जिस दिन मैंने सेना लेकर प्रस्थान किया था, वह भी काबुल से रवाना हुई थी।[2]

X X X X X X[3]

(७ जुलाई)–बृहस्पतिवार (१ जीक़ाद) को बड़े दीवान खाने[4] में, हुमायूं तथा माहीम के उपहार प्रस्तुत किये गये।

आज १५० कहारों को मजदूरी देकर फूरफूर दीवान नामक एक सेवक के अधीन, काबुल से खरबूजे, अंगूर एवं अन्य फल लाने के लिये भेजा गया।

सम्भल की व्यवस्था

(६ जुलाई)–शनिवार ३ जीक़ाद को हिन्दू बेग, जो काबुल से (स्त्रियों के काफ़ले के साथ) आया था और अली यूसुफ़ की मृत्यु के कारण सम्बल[5] भेज भेज दिया गया था, मेरी सेवा में उपस्थित हुआ[6]। खलीफ़ा का पुत्र हुसामुद्दीन हुसामुद्दीन भी आज अलवर से आकर मेरी सेवा में उपस्थित हुआ।

---

[1] यमुना।

[2] माहीम को काबुल से आगरा पहुँचने में ५ मास से अधिक लगे।

[3] यहाँ पर ११दिन की घटनाओं का हाल नहीं मिलता।

[4] दरबार कक्ष।

[5] सम्भल।

[6] हिन्द बेग कूचीन को ६३२ हि० (१५२५–२६ ई०) में हुमायूँ की अधीनता में दे दिया गया था। उसने हुमायूँ की ओर से सम्भल पर अधिकार जमाया था। इस कारण बेगमों के साथ काबुल से आते समय उसे सम्भल जाने का आदेश दे दिया गया होगा। वह सम्भवतः बाबर की सेवा में उपस्थित होने के पूर्व वहां चला गया था और इस समय तक आगरा नहीं आया था।

(१० जुलाई)–– रविवार (४ जीकाद) को प्रातःकाल अब्दुल्लाह किताबदार[1] उपस्थित हुआ। वह तीर मुहानी से, अली यूसुफ़ की मृत्यु के कारण सम्बल भेज दिया गया था।

X X X X X X[2]

लाहौर में षड्यंत्र

काबुल वालों ने बताया कि कराबाग़ के शेख शरफ़ ने, या तो अब्दुल अजीज के बहकाने से अथवा उससे स्नेह के कारण एक महज़र[3] तैयार किया जिसमें उन ज्यादतियों का वर्णन किया जो मैंने न की थीं और उन अत्याचारों का उल्लेख किया जो न हुये थे। उसने इस पत्र पर लाहौर के इमामों[4] के हस्ताक्षर करा लिये थे और उसकी प्रतिलिपियां बहुत से नगरों में भेज दी थीं। इसके अतिरिक्त स्वयं अब्दुल अज़ीज़ ने बहुत से शाही आदेशों पर ध्यान न दिया था। उसने अनुचित बातें कहीं और ऐसे कार्य किये जो न करने चाहिये थे। इन कारणों से कम्बर अली अरगून को रविवार ११ ज़ीक़ाद को शेख शरफ़, लाहौर के इमामों एवं उनके सहायकों तथा अब्दुल अज़ीज़ को बन्दी बनाकर लाने के लिये भेजा गया।

सादिक़ पहलवान का मल्ल–युद्ध

(२२ जुलाई)––बृहस्पतिवार १५ जीक़ाद को चीन तीमूर सुल्तान तिजारा से आकर मेरी सेवा में उपस्थित हुआ। आज सादिक़ पहलवान, तथा अवध के प्रसिद्ध पहलवान का मल्ल–युद्ध हुआ। सादिक़ ने उसे आधा पटक दिया। इससे उसे बड़ा दुःख हुआ।

ईरान के दूत का बिदा किया जाना

(२८ जुलाई)–सोमवार १६ जीक़ाद को किज़ील वाश के राजदूत मुराद को पेटी सहित जड़ाऊ कटार एवं उचित खिलअत पहनाई गई। और २ लाख तन्के देकर बिदा कर दिया गया।

X X X X X[5]

ग्वालियर का षड्यंत्र

(११ अगस्त)––सैयिद मशहदी ने, जो इन दिनों ग्वालियर से आया था, निवेदन किया कि रहीम दाद[1] षड्यंत्र रच रहा है । खलीफ़ा के सेवक शाह

---

[1] पुस्तकालयाध्यक्ष।

[2] यहाँ से ७ दिन की घटनाओं का हाल नष्ट हो गया है।

[3] महजरः वह पत्र जो साक्षियों द्वारा प्रमाणित हो।

[4] जो मुसलमानों को नमाज़ पढ़ाते हैं।

[5] यहां से १५ दिन का हाल नहीं मिलता।

मुहम्मद मुहर दार[2] को रहीम दाद के पास शिक्षा युक्त बातें लिख कर भेजा गया। वह जा कर कुछ दिन उपरान्त रहीम दाद के पुत्र को लाया। रहीम दाद की स्वयं आने की कोई इच्छा न थी। बुधवार ५ जिलहिज्जा को नूर बेग को रहीम दाद की शंकाओं का समाधान कराने के लिये ग्वालियर भेजा गया। कुछ दिन उपरान्त नूर बेग ने वापस आकर रहीम दाद की प्रार्थना मेरी सेवा में प्रस्तुत की। उसकी प्रार्थनानुसार फ़रमान तैयार करा दिये गये। जब फ़रमान भेजा जाने वाला था तो उसके एक सेवक ने आकर निवेदन किया कि उसने मुझे अपने पुत्र को भगा लाने के लिये भेजा है और उपस्थित होने की उसकी कोई इच्छा नहीं। यह समाचार पाते ही मैं ग्वालियर की ओर तत्काल प्रस्थान करने वाला ही था कि खलीफ़ा ने निवेदन किया कि, "मैं एक बार उसे और परामर्श करते हुए पत्र लिख कर भेजता हूं। सम्भवतः वह अब भी ठीक हो जाये।" इस उद्देश्य से खुसरौ के (पुत्र?) शिहाबुद्दीन को भेजा गया।

(१२ अगस्त)–मंगलवार ६ जिलहिज्जा को महदी ख्वाजा इटावा[3] से उपस्थित हुआ।

(१६ अगस्त)––बकरईद[4] (सोमवार १० जिलहिज्जा) को हिन्दू बेग को एक विशेष सरोपा जड़ाऊ कटार पेटी सहित प्रदान की गई। उसी दिन हसन अली को, जो तुर्कमानों में चग़ताई[5] के नाम से प्रसिद्ध था सरोपा, जड़ाऊ कटार पेटी सहित तथा ७ लाख[6] का एक परगना प्रदान किया गया।[7]

९३६ हि०
(५ सितम्बर १५२९ से २५ अगस्त १५३० ई०)

रहीम दाद

---

[1] 'तारीखे ग्वालियारी' के अनुसार ख्वाजा एवं उसके चाचा महदी ख्वाजा ने बाबर को असंतुष्ट कर दिया था और रहीम दाद मालवा के सुल्तान मुहम्मद खलजी के पास भाग जाना चाहता था, और ग्वालियर एक राजदूत को समर्पित कर देना चाहता था। शेख मुहम्मद गौस आगरा पहुँच कर रहीम दाद की ओर से मध्यस्थ बना और उसे क्षमा करा दिया। ग्वालियर रहीम दाद को प्रदान कर दिया गया किन्तु कुछ समय उपरान्त अबुल फतह (शेख गूरान) को उसके स्थान पर नियुक्त कर दिया गया।

[2] जिसके पास शाही मुहर रहती थी।

[3] सम्भवतः वह अपने भतीजे के षड्यंत्र की सफाई के लिये आया होगा।

[4] १० ज़िलहिज्जा।

[5] सम्भवतः वह ईरान के उस भाग से सम्बन्धित था जो चगताई पर्वत कहलाते हैं । हसन अली चगताई मुराद नामक तुर्कमान राजदूत के साथ एराक से आया होगा।

[6] अर्सकिन के अनुसार लगभग १७५० पौंड।

[7] गुलबदन ने माहीम के आगरा पहुंच जाने के उपरान्त अनेक ऐसी घटनाओं का उल्लेख किया है जो ९३५ हि० (१५२८–२९ ई०) से सम्बन्धित हैं।

(७ सितम्बर)–बुधवार ३ मुहर्रम को शेख मुहम्मद गौस ग्वालियर से खुसरो (के पुत्र?) शिहाबुद्दीन के साथ रहीम दाद की सिफारिश करने आया। शेख मुहम्मद गौस के दरवेश एवं पूज्य व्यक्ति होने के कारण रहीम दाद के अपराध क्षमा कर दिये गये। शेख गूरन तथा नूर बेग को ग्वालियर इस आशय से भेजा गया कि वह स्थान उनके सिपुर्द कर देने के बाद. . . . . .।[1]

[1] इसके बाद से किसी भी हस्तलिखित ग्रन्थ में कुछ नहीं मिलता। सम्भवतः बाबर ने जो कुछ लिखा वह नष्ट हो गया। गुलबदन बेगम के अनुसार माहीम बेगम के काबुल से आ जाने के उपरान्त बाबर सीकरी में एकांत में एक चौकंदी में बैठ कर अपने ग्रंथ की रचना किया करता था।